Training als Beitrag zur Organisationsentwicklung

Handbuch der Weiterbildung
für die Praxis in Wirtschaft und Verwaltung

Band 4

Gefördert durch das Bundesministerium für Wirtschaft und in Zusammenarbeit mit der Deutschen Vereinigung zur Förderung der Weiterbildung von Führungskräften (Wuppertaler Kreis) e. V.

Herausgegeben von

Dr. Wolfgang Jeserich, Bergisch-Gladbach

mit den Herren

Prof. Gerhard Comelli, Mönchengladbach
Otto Daniel, Hamburg
Dr. Horst Karus, Frankfurt
Prof. Dr. Joachim Krahnen, Frankfurt
Prof. Dr. Hans Rühle von Lilienstern, Frankfurt
Dipl.-Psych. Knut Vollmer, Wuppertal

Gerhard Comelli

Training als Beitrag zur Organisationsentwicklung

Carl Hanser Verlag München Wien

CIP-Kurztitelaufnahme der Deutschen Bibliothek

Handbuch der Weiterbildung für die Praxis in Wirtschaft und Verwaltung / hrsg. von Wolfgang Jeserich ... — München; Wien: Hanser
NE: Jeserich, Wolfgang [Hrsg.]

Bd. 4. Comelli, Gerhard: Training als Beitrag zur Organisationsentwicklung. — 1985

Comelli, Gerhard:
Training als Beitrag zur Organisationsentwicklung / Gerhard Comelli. — München; Wien: Hanser, 1985.
  (Handbuch der Weiterbildung für die Praxis in Wirtschaft und Verwaltung; Bd. 4)
  ISBN 3-446-13397-6

Alle Rechte vorbehalten

© 1985 Carl Hanser Verlag München Wien
Fotosatz: Rudolf Schaber, Wels, Österreich
Druck und Bindung: Georg Wagner, Nördlingen
Printed in Germany

Vorwort zum „Handbuch der Weiterbildung für die Praxis in Wirtschaft und Verwaltung"

Während die Menschen zunehmend akzeptieren, daß wir heute in einem permanenten technologischen und gesellschaftlichen Wandel leben und leben werden, ist das lebenslange Lernen, also die fortwährende Weiterbildung als angemessene Anpassungsstrategie an diese Veränderungen noch lange nicht zur gleichen Selbstverständlichkeit geworden.

Die ständig wechselnden Leistungsanforderungen, die wir gerade an unsere qualifiziertesten Mitarbeiter stellen müssen, verlangen jedoch von diesen ein anforderungs- bzw. situationsgerechtes Verhalten, das aber ohne eine ständige Überprüfung und Weiterentwicklung von Bewußtsein und Einstellungen kaum erreichbar ist. Damit steigt neben der traditionellen und weiterhin wichtigen Wissensvermittlung die Bedeutung der sogenannten affektiven und sozialen Lehrinhalte, die sich mit der Beeinflussung des eigenen Verhaltens und des Verhaltens anderer Menschen befassen. Mit den gewandelten Anforderungen an die Weiterbildung ändern sich zwangsläufig auch die Lehrmethoden und Inhalte der einzelnen Maßnahmen und das Rollenverständnis von Teilnehmer und Trainer.

Mit dieser Handbuchreihe wird der Versuch unternommen, die Rolle der Spezialisten in Weiterbildung und Organisationsentwicklung sowie die der Teilnehmer an den entsprechenden Maßnahmen im Wandel der Anforderungen zu beschreiben. Die veröffentlichten Arbeiten sollen dabei helfen, die Praxis erfolgreich zu gestalten. Der Fachmann erhält Anregungen für seine tägliche Arbeit durch Beispiele, Auswertungsanleitungen, Kontroll-Listen und Übersichten, die so aufbereitet sind, daß sie unmittelbar eingesetzt werden können.

Ein wesentliches Anliegen ist es auch gewesen, neue Erkenntnisse, Methoden, Trainingsinhalte denen zu öffnen, die selbst wenig oder keine eigene Entwicklungsarbeit betreiben können. Dies gilt vor allem für mittlere und kleine Unternehmen, die hier hilfreiche Anregungen und Unterlagen finden können, wobei die Autoren mit der Darstellung ihrer Erfahrungen sowie der Erläuterung ihrer Arbeitsergebnisse deshalb bewußt über das hinausgehen, was gewöhnlich als „Berufsgeheimnis" betrachtet und deshalb nicht veröffentlicht wird. Angehende Nachwuchskräfte für die Weiterbildung durchlaufen heute meist einen umständlichen und teuren Lernprozeß. Lernen kann dabei zwar niemandem erspart werden, aber das Handbuch soll durch seine umfassende Darstellung der wichtigsten Themenkreise und seine Systematik helfen, den Lernprozeß abzukürzen.

Die Autoren der acht Bände beschreiben und begründen ihre Thesen und Methoden wissenschaftlich, aber verständlich und für die Praxis anwendbar. Sie müssen Woche für Woche ihre Arbeit vor Ort vertreten und sprechen daher eine anwendungsorientierte Sprache, wobei akademische Darstellungsweisen und Fachausdrücke nur da herangezogen werden, wo es zur Verdeutlichung unumgänglich erscheint.

Jeder Band bildet eine in sich geschlossene Einheit. Darin wird versucht, die umfangreiche Thematik möglichst verständlich und doch kompetent und vollständig zu behandeln. Trotzdem konnte in den einzelnen Bänden nur das Wichtigste angesprochen werden, da gerade auch dieses Wissensgebiet in einer sehr schnellen Weiterentwicklung begriffen ist.

Die Weiterbildung in Betrieb und Verwaltung ist nicht erfolgreich, solange nicht das obere Management vom Nutzen dieser Arbeit überzeugt ist. Die Unterstützung durch Rat und Tat und mehr noch durch eigenes Vorbild bildet die Voraussetzung für ein positives Lernklima. Durch ihre Mitgliedschaft im Herausgebergremium haben daher bekannte Persönlichkeiten des öffentlichen Lebens dokumentiert, daß sie diese Überzeugung teilen und dem Anliegen dieser Veröffentlichungen dienen wollen.

Ohne den Rückhalt durch dieses Gremium und durch die „Deutsche Vereinigung zur Förderung der Weiterbildung von Führungskräften (Wuppertaler Kreis e.V.)" aber auch ohne die Unterstützung und Förderung durch das „Bundesministerium für Wirtschaft" wären diese Veröffentlichungen nicht denkbar. Darüber hinaus gilt unser Dank auch dem Verlag und den Autoren, die manches Opfer erbracht haben, um die Idee des Handbuches zu realisieren.

Die Herausgeber

Inhalt

Vorwort zum „Handbuch der Weiterbildung für die Praxis in
Wirtschaft und Verwaltung" 5

Einführung zum Band 4 von Hermann Ossig 9

Vorwort des Autors 11

1. **Die Selbstverständlichkeit des Wandels** 15
   Bewußtsein für Veränderung schaffen — Der Trend zur ‚Menschgerechteren' Organisation — Erkennen von Veränderungssignalen — Entwicklungsphasen einer Organisation

2. **Die Geschichte der Organisationsentwicklung** 45
   Die Quellen der Organisationsentwicklung — Die Laboratoriumsmethode — Die Survey-Feedback-Methode — Die Aktionsforschung — Der Tavistock-Ansatz — OE in Deutschland

3. **Organisationsentwicklung: Ziele, Definition und Vorgehensweise** .. 87
   Verschiedene Definitionen von OE — Ein Definitionsvorschlag — Einige Strategie-Modelle — OE als systematischer Prozeß — OE verändert Systeme und Verhalten

4. **Die ‚Philosophie' der Organisationsentwicklung** 143
   Anwendung sozialwissenschaftlicher Erkenntnisse — Bindung an ein bestimmtes Menschenbild — Die Betroffenen zu Beteiligten machen — Betonung des Erfahrungslernens — Betonung des Prozesses und des Systemdenkens

5. **Einige sozialwissenschaftliche Modelle für den Praktiker** 193
   Psychologische Modelle als Argumentationsfiguren — Zwei Wahrnehmungsmodelle — Feedback und Zuhörtechniken — Ein Problemlösemodell — Ein Konfliktlösemodell

6. Organisationsentwicklung: Anstöße und diagnostische Maßnahmen . 247
Anstöße zur Organisationsentwicklung — Der OE-Berater — Aktivitäten zur Vorbereitung von OE — Verschiedene diagnostische Maßnahmen — Die Verwendung diagnostischer Instrumente zur Erfolgsmessung

7. OE-Interventionen auf verschiedenen Ebenen 339
Klassifizierung von OE-Maßnahmen — Interventionen auf der individuellen Ebene — Interventionen auf der interpersonellen und Teamebene — Interventionen auf der Intergruppen- und Organisationsebene — Leitfaden für ein Veränderungsprojekt — Faustregeln für Veränderer

8. Organisationsentwicklung: Zwischenbilanz und Ausblick 415
Erfolge von Organisationsentwicklung — Die Haltung der Gewerkschaften zu OE — Die Zukunft der Organisationsentwicklung

Gesamtliteratur-Verzeichnis 443

Personenregister 458

Sachregister 462

Einführung zum Band 4

Der Begriff OE ist aus dem englisch/amerikanischen OD (organizational development oder organization development) wie so oft in der Eindeutschung zur leicht mißverständlichen ‚Organisationsentwicklung' geworden. Aber dieser Begriff hat sich heute allgemein durchgesetzt und dieser Thematik ist der vorliegende Band in der bekannten Reihe „Handbuch der Weiterbildung für die Praxis in Wirtschaft und Verwaltung" gewidmet.

Professor Comelli ist ein deutscher Professor, der nicht nur den Zugang zur Praxis findet, sondern darüber hinaus auch in der Lage ist, kompetent und verständlich zu schreiben. Er gibt hier einen Überblick über Geschichte, Ziele, Durchführung, Gefahren und Tendenzen auf dem OE-Gebiet. Darüber hinaus stellt er erstmals dar, wie und wieweit sich Organisationsentwicklung und Trainingsmaßnahmen ergänzen und gegenseitig bedingen.

OE im Sinne dieses Buches bedeutet, die jeweilige Organisation oder Teilorganisation bei der Lösung ihrer Probleme und im Verwirklichen der Zielsetzung effektiver zu machen, indem man sich zielgerichtet und systematisch nicht nur den Veränderungen der Umwelt stellt, sondern selbst System und Verhaltensweisen beeinflußt.

Es ist aber spätestens nach der Lektüre leicht einzusehen, daß das nicht mit formalen Organisationsrichtlinien und Maßnahmen zu erreichen ist, auf die wir uns in der Vergangenheit verlassen haben und das auch heute noch viel zu oft tun. Es ist ja nicht zu übersehen, daß es in unserem Rechnungswesen keine Kostenart für ‚Reibungsverluste' durch schlechte Zusammenarbeit gibt oder ‚Mindererlöse' durch nicht oder mangelhaft akzeptierte Umorganisation. Wir haben solche Verlustquellen bisher einfach nicht gesehen oder als gegeben hingenommen. Dabei können sie sich zu beträchtlichen Summen addieren, die sehr schnell die schmalen Gewinnmargen überlagern.

Es ist zwingend, daß Comelli darauf hinweist und beweist, wie im ständig wechselnden Umfeld nicht administrative und formale Maßnahmen, die die Betroffenen eher zum Objekt machen, die Leistungs- und Innovationsfähigkeit steigern können, sondern nur die Identifikation der Beteiligten. D. h. aber, die Betroffenen zu Beteiligten, zu aktiv Mitgestaltenden zu machen. Eine solche Vorgehensweise wird allerdings nur dann nicht zur Manipulation, wenn dem Handeln der Verantwortlichen ein positives, partnerorientiertes Menschenbild zugrundeliegt. Dazu gehört ferner, daß Unternehmens- wie Personalleitungen bereit sind, sich viel mehr als bisher sozialwissenschaftlicher Erkenntnisse und Methoden zu bedienen.

So ist es eines der Verdienste dieses Buches darauf hinzuweisen, daß wir gerade in bezug auf Veränderung und Anpassung unserer Organisation ebenso bezüglich Zusammenarbeit bzw. Menschenführung mehr Sachverstand und kompetentes Handeln brauchen, um das zu erreichen, was eigentlich jeder Unternehmensleiter will: eine effektive, d. h. nicht nur scheinbar wirkungsvolle Organisation, die bei allen Beteiligten größtmögliche Zufriedenheit erreicht, weil persönliche und unternehmerische Ziele weitgehend im Gleichklang erfüllt werden.

Nicht nur für den Fachmann, sondern auch für den Manager vor Ort sollte die klar gegliederte Übersicht, die anschauliche Darstellung, verbunden mit den Hinweisen auf die stets praktische Nutzanwendung zur Pflichtlektüre werden. Sie wird durch die Art der Darstellung auch zum Vergnügen.

Die Anwendung und Umsetzung ist jedoch nicht nur an den Großbetrieb und seine Gegebenheiten gebunden. OE läßt sich auch ebenso fruchtbar im Klein- und Mittelbetrieb einsetzen. Gerade in mittelständischen Unternehmen können die hier aufgezeigten Vorgehensweisen schnelle und wirkungsvolle Hilfen bieten. Hier, wo langfristige und umfangreiche Bildungsmaßnahmen oft nicht sinnvoll zu empfehlen sind, können kompetente OE-Aktivitäten aktuelle Probleme beseitigen und nachhaltige Impulse geben.

Für den Fachmann ist die Erkenntnis wichtig, daß Training und OE nicht in Konkurrenz stehen, sondern sich gegenseitig ergänzen und aufeinander angewiesen sind. Deutlich wird, daß aus der OE neue Schwerpunkte der künftigen Bildungsart als Dienstleistung zur Fortbildung des Unternehmens und seiner Mitarbeiter abgeleitet werden können.

Auch hier steht die aus der Praxis gewonnene Erfahrung Pate, daß nur solche Maßnahmen — auch im Bildungsbereich — von Erfolg begleitet sind, die der Unterstützung der Hierarchie von oben sicher sind und eine möglichst transparente, spontane und weitgehende Beteiligung der Mitarbeiter aller Schichten erfahren.

Den noch offenen Fragen, die OE mit sich bringen kann, weicht Comelli nicht aus, wenn er z. B. auf die Problematik der Erfolgsmessung oder die z. Zt. noch etwas zwiespältige Haltung im Lager der Gewerkschaften, wie auch auf die Widerstände — besonders formaler Art — in den Organisationssystemen selbst hinweist.

Dr. Hermann Ossig
Vorsitzender des Vorstandes der Deutschen Gesellschaft für Personalführung E.V.
Mitglied des Vorstandes der Klöckner-Humboldt-Deutz AG

Vorwort

Ein in den letzten Jahren besonders in der sozialwissenschaftlichen, aber auch in der betriebswirtschaftlichen Fachliteratur immer häufiger auftauchender Begriff hat bei diesem vorliegenden Band Pate gestanden: Organisationsentwicklung (abgekürzt: OE).

In der englischsprachigen Literatur lautet die analoge Abkürzung OD. Sie steht für den etwas mißverständlichen Ausdruck „organizational development" (wörtlich etwa: organisatorische Entwicklung) bzw. für die inzwischen bevorzugte und präzisere Bezeichnung „organization development" (etwa: Entwicklung von Organisationen). Die deutschsprachige Bezeichnung Organisationsentwicklung bleibt hingegen mißverständlich. Gemeint ist damit nicht die organisatorische Veränderung im Sinne der klassischen Umorganisation, sondern vielmehr die ständige Weiterentwicklung von Organisationen und/oder Organisationseinheiten — einschließlich ihrer Strukturen — in einer sich laufend verändernden Umwelt.

Organisationen, ob Wirtschaftsunternehmen oder öffentliche Institutionen, ob Kirchen oder Verbände haben sich allerdings schon immer entwickelt und verändert. Der Begriff „Organisationsentwicklung" jedoch stellt einen sozialwissenschaftlichen Fachterminus dar und meint

— eine *bestimmte* Art und Vorgehensweise,
— eine *bestimmte* Systematik und Methode,
— eine *bestimmte* Denkweise und Philosophie.

In der Organisationsentwicklung begreift man Organisationen — gleich welcher Art — als von *Menschen*, d. h. sozialen Wesen, getragene und wohl auch geprägte Systeme, die ihrerseits wiederum auf den Menschen, sein Verhalten, seine Einstellungen und Werte und auf seine Persönlichkeitsentwicklung insgesamt zurückwirken. Aus diesem Grunde ist Organisationsentwicklung gebunden an ein bestimmtes Menschenbild und nimmt starken Bezug auf die Bedürfnisse der in der Organisation wirkenden Menschen. Der ‚Organisationsentwickler' sieht dabei keinen a priori gesetzten und grundsätzlich unüberwindbaren Gegensatz zwischen den Bedürfnissen des Menschen und denen einer Organisation.

Der vorliegende Band möchte in die Denk- und Vorgehensweise der Organisationsentwicklung einführen, die Philosophie, die Systematik und die Elemente von OE darstellen, verschiedene OE-Maßnahmen beschreiben und über einzelne Anwendungsbeispiele berichten. Es soll herausgearbeitet werden, daß und wie sich die Ansätze der Organisationsentwicklung in einer Trainingsabteilung realisieren lassen. Dabei soll gleich zu Beginn ein wichtiger Hinweis nicht fehlen: Organisationsentwicklung, d. h. die Fortentwicklung von Organisationen, ist weder gleichbedeutend mit Training noch etwas ‚besseres' als Training. Modernes Training vielmehr realisiert in hohem Maße die Konzepte der Organisationsentwicklung. Insofern ist die Trainingsabteilung in der Regel besonders geeignet, wertvolle und kompetente Beiträge zu Organisationsentwicklungs-Projekten beizusteuern. Auch will und kann Organisationsentwicklung keinesfalls die traditionelle Trainingsarbeit oder die Schulung von Mitarbeitern ersetzen. Trainings oder Schulungen können sogar wichtige Elemente eines bestimmten OE-Programmes sein. Außerdem ist schließlich die Durchführung eines OE-Projektes an verschiedene Bedingungen und Voraussetzungen gebunden. Allein aus diesem Grund wird es auch in Zukunft sicherlich viele Veränderungsprozesse in Organisationen geben, die *nicht* für den Ansatz der Organisationsentwicklung geeignet und nicht mit der Bezeichnung OE zu belegen sind.

Noch ein Wort zu den später aufgeführten Beispielen und Fallschilderungen: diese sind entweder mit einer Quellenangabe versehen oder stammen aus dem Erfahrungsschatz des Autors. Dabei wurden entsprechend der OE-Praxis, Auftraggebern und Betroffenen Anonymität und Diskretion zu garantieren, (unwesentliche) Details, die zu einer Identifizierung der Organisation bzw. einzelner Beteiligter durch Informierte führen könnten, bewußt verfremdet. Berichte über OE-Projekte oder OE-Versuche enthalten schließlich nicht nur Erfolgsmeldungen; sie erzählen auch über Schwierigkeiten, Konflikte und Mißerfolge. Solche Vorkommnisse sind wichtig unter dem Gesichtspunkt des Lernens. Besonders aber unter dem Gesichtspunkt *zukünftiger* Veränderungsbereitschaft macht es keinen Sinn, hier gleichsam Namen und Adressen von Beteiligten der Öffentlichkeit bekanntzugeben.

In diesem Zusammenhang aber möchte ich es auch nicht versäumen, allen jenen Unternehmen und Institutionen sowie deren Mitarbeitern zu danken, die sich mit der Durchführung von Organisationsentwicklungs-Projekten gleichsam als Lern- und Experimentierfeld zur Verfügung gestellt haben. Bei jedem OE-Projekt findet Lernen auf zwei Seiten statt: auf der Seite der Organisation wie auf der Seite des Organisationsentwicklers. Und dadurch, daß die gemachten Erfahrungen anschließend an andere Organisationen weitergegeben werden, partizipieren wieder andere. So wirken OE-Maßnahmen noch über den Rahmen der durchführenden Organisation hinaus und sind ein Glied in einer Kette stetiger Veränderungen in einer sich ständig wandelnden Welt.

Ein herzlicher Dank gilt natürlich auch meinen Kollegen bzw. den Fachleuten aus dem Personal- und Trainingsbereich, welche die Arbeit an diesem Buch mit fruchtbarer Kritik und zahlreichen Anregungen begleitet haben. Besonders erwähnen möchte ich Herrn Dr. Wolfgang JESERICH, den federführenden Herausgeber dieser Reihe und dieses Buches. Er war mir sowohl mit seinen zahlreichen inhaltlichen Impulsen als auch mit seiner unermüdlichen und geduldig-beharrlichen Art, das Projekt zu verfolgen, eine wichtige Hilfe.

Ein besonders herzlicher Dank gilt abschließend meiner Frau, die im Privaten jene Freiräume und auch jene günstige Atmosphäre schaffen half, welche dem Entstehen eines Buches förderlich sind.

Mönchengladbach, Juli 1985 GERHARD COMELLI

1. Kapitel

Die Selbstverständlichkeit des Wandels

In einer Welt, die sich laufend fort- und weiterentwickelt, ist die Veränderung, der ständige Wandel das Normale. Organisationen — gleich welcher Art — müssen sich darauf einstellen und sollten versuchen, in einem permanenten Anpassungsprozeß mit den Veränderungen Schritt zu halten. Deshalb gilt es, Veränderungssignale rechtzeitig zu erkennen, weil diese häufig schon lange vor Eintreten der Veränderung selbst wichtige Hinweise auf die Tendenzen des Wandels geben.

Veränderungssignale und Veränderungen ergeben sich nicht nur auf dem Feld der Technik und Technologie, wenngleich sie uns hier am vertrautesten sind. Auch in den gesellschaftlichen und politischen Verhältnissen beispielsweise sind bedeutsame Veränderungen zu beobachten: Rechtsnormen ändern sich ebenso wie Bildungssysteme, Marktverhältnisse ebenso wie politisches Bewußtsein. Natürlich, daß sich auch der in solche sich wandelnden Verhältnisse eingebettete Mensch mit ändert. Somit sind auch die Mitarbeiter von heute bereits anders als die von gestern, und die von morgen werden in ihren Verhaltensnormen, Bildungsniveaus, Denkweisen, Einstellungen, Ansprüchen, Erwartungen und Wertsystemen etc. schon wieder anders sein.

In den Untersuchungen beginnt man dem ‚unteren Teil des organisatorischen Eisberges' (d. h. Gefühlen, Einstellungen, Werthaltungen etc.) verstärkt Beachtung zu schenken. Es wächst der Trend zu Mensch-gerechteren Organisationsformen und -strukturen. So entwickeln und verändern sich auch die Organisationen selbst als soziale Systeme und durchlaufen dabei verschiedene Phasen.

Gliederung

1.1	**Bewußtsein schaffen für Veränderung**	17
1.2	**Veränderungen nicht nur in Technik und Technologie**	19
1.3	**Der Trend zur ‚Mensch-gerechteren' Organisation**	22
1.4	**Veränderungssignale erkennen**	
1.4.1	Einige Veränderungsfelder	25
1.4.2	Erkennen von Veränderungstrends	31
1.4.3	Einige Beispiele für Veränderungsprognosen	34
1.5	**Entwicklungsphasen einer Organisation**	39
	Literaturhinweise	42

1.1 Bewußtsein schaffen für Veränderung

Seit eh und je haben Leute in Organisationen — gleich welcher Art — Mittel und Resourcen weiterentwickelt und das Verhalten von Organisationsmitgliedern zu regulieren versucht. Dies jeweils mit der Absicht, durch solche Maßnahmen die Organisationsziele besser zu erreichen. Die stetige Fortentwicklung, und damit Veränderung der Organisationsumwelt und so auch ihrer Mitglieder hat schon immer Organisationen gezwungen, sich ändernden oder geänderten Verhältnissen möglichst geschickt, flexibel und rechtzeitig anzupassen. Für die betreffende Organisation nicht selten eine Frage des Überlebens.

Ein Familienvater, der seinen Sohn zur Konfirmation in einen neuen Konfirmationsanzug steckt, wird sich kaum der Illusion hingeben, dieser Anzug würde nun für alle Zeiten passen. Der Sohn wird vielmehr im wahrsten Sinne des Wortes aus diesem Anzug herauswachsen (vielleicht auch seine Meinung zu diesem Anzug ändern), und irgendwann wird der Moment gekommen sein, wo dieser — früher vielleicht einmal sehr schöne — Anzug zwickt und zwackt und auch die Säume nicht mehr weiter ausgelassen werden können. Spätestens dann muß ein neues Kleidungsstück her: für einen ge-(oder er-)wachsenen Sohn mit neuen bzw. anderen Einstellungen und Motiven, für neue Aufgaben und für neue Situationen.

Auch ganzen Organisationen ‚paßt von Zeit zu Zeit der Anzug' nicht mehr. Einige Beispiele:

- Neue Technologien machen andere Formen des Arbeitsflusses notwendig, was wiederum Kommunikationswege und Kommunikationsmöglichkeiten verändert;
- Markt, Kunden und Wettbewerb setzen quantitativ wie qualitativ neue oder andere Standards für Produkte, Dienstleistungen, Service und Vertriebsformen und zwingen Produzenten bzw. Anbieter zu Reaktionen;
- immer komplexer werdende Aufgabenstellungen erfordern qualitativ bessere Denk- und Entscheidungstechniken;
- geänderte Menschen, d. h. Mitarbeiter, erwarten eine andere Art des Umgangs und der Führung;
- gesellschaftliche Problemstellungen und Konstellationen (z. B. Arbeitslosigkeit, Umweltprobleme) führen zu zusätzlichen Aufgaben in Organisationen oder liefern neue Entscheidungskriterien usw.

Obwohl in manchen Organisationen ein Bewußtsein, daß stetige Veränderung die normalste Sache der Welt ist, (noch) nicht sehr stark ausgebildet ist, ist es müßig, darüber zu diskutieren, ob Veränderung not tut oder nicht. Die

18   Die Selbstverständlichkeit des Wandels

entscheidende Frage lautet nicht: „Veränderung Ja oder Nein?" sondern die beiden wichtigeren Fragen sind vielmehr:

(1) Auf **welche Veränderungssignale** soll bzw. muß eine Organisation eingehen (und zwar möglichst rechtzeitig, damit die Organisation nicht von einer Veränderung überrollt wird und damit nicht der entstehende Veränderungsdruck die Gesetze des Handelns diktiert)? und

(2) **wie** betreibe ich solche für notwendig erachteten **Anpassungs-** bzw. **Veränderungsprozesse**? (Hier bietet sich eben die Methode der Organisationsentwicklung seit einigen Jahren als eine spezielle und besondere Vorgehensweise an).

Will man die gängige Formel vom ‚stetigen Wandel in einer sich ständig verändernden Welt' etwas mit Inhalt füllen und bei Betroffenen Bewußtsein und Gespür für die sich unentwegt vollziehenden Veränderungsprozesse schärfen, bietet sich in Trainingsveranstaltungen die **Übung ‚Pressespiegel'** an. Bei dieser Übung erhalten die Teilnehmer einige aktuelle Zeitungen (oder Zeitschriften) mit dem Auftrag, diese durchzusehen und

— alle Meldungen über *aktuelle* oder *zu erwartende* Veränderungen bzw. Neuerungen

herauszuziehen und zu einer Kurzpräsentation zusammenzustellen. Es ist zum Teil sehr überraschend, welch buntes Kaleidoskop der momentanen Veränderungsprozesse eine solche zufällige Stichprobe entwerfen kann. Eine Einzel- oder Gruppenarbeit mit ähnlichem Bewußtmachungs-Effekt ist die **Übung ‚Heute — Gestern'**. Bei dieser Übung sollen die Teilnehmer zu vorgegebenen und möglicherweise gezielt ausgesuchten Stichworten kurze Heute- bzw. Gestern-Schilderungen anfertigen. Vorgegebene Stichworte können z. B. sein: Familienverhältnisse, Kommunikation zu Hause und/oder im Betrieb, Tages- und Wochenarbeitszeit, Führungsstil, Umwelt, Maschinen, Verkehrsverhältnisse, Medien, Technik oder Technologien usw. Beide Übungen eignen sich sehr gut als Start in eine Diskussion über den Umfang, die Intensität, das Tempo und die Vielschichtigkeit von Veränderungsereignissen.[1])

Bei DECKER (1984, S. 189 ff.) finden sich zahlreiche Kategorisierungen solcher Veränderungsprozesse. Diese kann man den Teilnehmern vorlegen mit der Aufforderung, Belege aus ihrer Erfahrungswelt beizusteuern.

---

1) Hierbei lenkt die Übung ‚Heute — Gestern' die Diskussion etwas stärker in die Richtung, Veränderungen auch einmal unter den Gesichtspunkten ‚momentan' und ‚überdauernd' zu betrachten bzw. länger- oder langfristige Folgewirkungen von Veränderungen zu überdenken.

1.2 Veränderungen nicht nur in Technik und Technologie

Besonders mit der Übung ‚Pressespiegel' läßt sich sehr gut demonstrieren, in welch unterschiedlichen Bereichen sich ständig Veränderungen ereignen. Vor allem in Unternehmungen, die sehr stolz darauf sind, mit den laufenden *technischen* bzw. *technologischen* Veränderungen Schritt zu halten (ob sie es wirklich tun, ist noch eine andere Frage), bietet diese Übung einen guten Absprung in ein lohnendes Gespräch darüber, daß entscheidende Veränderungen auch in anderen Bereichen passieren: in der Gesellschaft, in den Denkweisen, Einstellungen und Wertsystemen von Mitarbeitern (gegenwärtigen und zukünftigen) sowie in deren Erwartungen und in ihrem Selbstverständnis. Sogar die Sprache — immerhin unser entscheidender Kulturträger und das wichtigste Medium bei der Übermittlung kultureller Werte — verändert sich intensiv und ständig (ein Sprachvergleich zwischen der Bundesrepublik und der DDR wäre in diesem Zusammenhang ein besonders instruktives Beispiel).

Offensichtlich ist jedoch bei uns derzeit die Sensibilität für Technologie- und Marktveränderungen weiter fortentwickelt als die für ‚Mensch-Veränderungen'. So werden zum Beispiel in einer sonst sehr informativen Broschüre des Bundesverbandes Junger Unternehmer mit dem Untertitel „Leitfaden der Organisationsentwicklung" bei zwei Check-Listen zur „Umfeld-Faktoren-Analyse" (BJU, 1978, S. 22/23 und 24/25) die wichtigen Veränderungen im sozialen Bereich (d. h. beim Mitarbeiter) leider nur mehr oder weniger indirekt angesprochen. Mit dem Appell „Prüfen Sie, welche Umfeldfaktoren durch ihre Veränderung und Dynamik Einfluß auf Ihr Unternehmen haben..." und „... wo müssen/können Sie handeln?" werden folgende Check-Punkte angeboten:

▶ Thema ABSATZMARKT
- Situation und Entwicklung der Verkaufsform
  — Verlagerung der Absatzwege
  — Veränderung der Verkaufsform
  — Tendenz zunehmender Arbeitsteilung im Betrieb
- Wettbewerbssituation und Entwicklung
  — Art und Zahl der Wettbewerber
  — Veränderungen der Wettbewerbsstruktur
- Nachfragesituation / Entwicklung der Wirtschaftsunternehmen und der öffentlichen Hand
  — Art und Herkunft der nachgefragten Leistung
  — Veränderung der Nachfragestruktur
  — Entwicklung des Nachfragevolumens
  — Entscheidungs- und Verhaltensgewohnheiten

- Nachfragesituation / Entwicklung der privaten Haushalte
  — Verlagerung der Nachfrage
  — Veränderung des Nachfragevolumens und der Nachfragestruktur
  — Veränderungen von Verbraucherverhalten und -gewohnheiten
- Gesamtwirtschaftliche Situation / Entwicklung der Wachstumsraten
  — Nachfrageveränderungen
  — Auslandsmärkte
  — Verschärfter Wettbewerb

▶ Thema BESCHAFFUNGSMARKT

— Rohstoffe
— Investitionsgüter
— Fertigprodukte
— Dienstleistungen

▶ Thema ARBEITSMARKT

— Entwicklung der Bevölkerungsstruktur
— Struktur der Erwerbstätigen
— Erziehungs- und Bildungsniveau der Bevölkerung
— Personalkosten und Arbeitsbedingungen

▶ Thema TECHNOLOGIE

- Angebotsverbesserung
  — Arbeitsablauf
  — Arbeitsplanung
- Verbesserung der Produktionstechnik
  — Technischer Fortschritt
  — Lebensdauer der Produkte
  — Neue Anwendungs- und Einsatzgebiete
  — Spezialisierung im Ingenieurwesen
  — Systembildung
  — Neue Techniken
  — Systemtechnik

▶ Thema POLITISCHES UND SOZIALES UMFELD

— Nichtfinanzielle Ansprüche der Mitarbeiter
— Gesellschaftspolitischer Einfluß
— Staatliche Gesetzgebung
— Rolle der Gewerkschaft und Verbände

Zwar vermittelt diese Check-Liste einen Eindruck über den Umfang und die Verschiedenartigkeit der einzelnen Veränderungsfelder, sie bleibt nach unserer Meinung aber leider im Bereich der sozialen Veränderungen zu sehr im Allgemeinen. In HERMANS Grafik vom ‚Organizational Iceberg' (Abb. 1) sind hingegen die sozialen Faktoren wie Einstellungen, Werte, Gefühle,

Gruppennormen und zwischenmenschliche Wechselwirkungen ihrer Bedeutung entsprechend dem gewichtigeren Teil des Organisations-Eisberges zugeordnet, nämlich dem Teil, der sich verdeckt unter der Wasseroberfläche befindet.

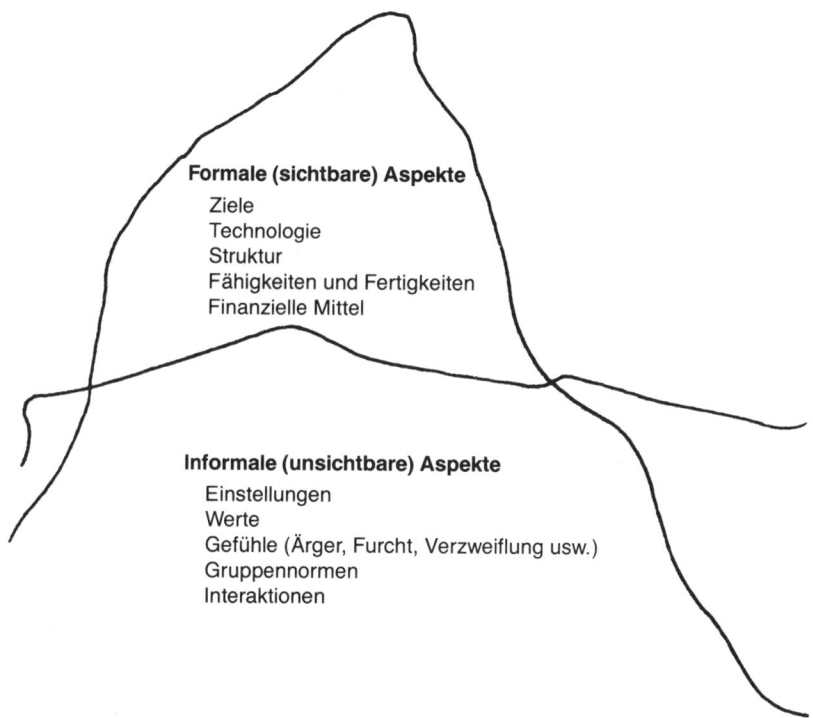

Abb. 1: The „Organizational Iceberg" (von St. N. HERMAN, entnommen aus: J. D. ADAMS, 1975, S. 108)

1.3 Der Trend zur ‚Mensch-gerechteren' Organisation

Die Hinweise von Sozialwissenschaftlern, daß der arbeitende Mensch seine Einstellungen, Wertsysteme, Denkweisen und Erwartungen nicht allmorgendlich am Werkstor beim Pförtner abgibt, sondern in den Betrieb hineinträgt, sind seit langer Zeit nichts Neues. Dennoch tun sich die meisten Organisationen immer noch sehr schwer, diesem Tatbestand dadurch Rechnung zu tragen, daß sie rechtzeitig, geplant und *vor* dem Auftreten von massiveren Spannungen oder der Eskalation von Konflikten mit einer Anpassung der Strukturen reagieren. Die überwiegende Anzahl von Organisatoren und auch Managern scheint noch immer der Fiktion des ‚homo functionalis' oder des ‚rational man' anzuhängen. Vielleicht ist es für sie auch das leichter zu bewältigende Feld, beim Entwerfen oder der Gestaltung von Organisationsstrukturen sich vorzugsweise den funktionalen, d. h. den eher logischen Aspekten der Problemstellung zu widmen, als sich auf das unbekanntere (oder möglicherweise sogar verdächtig erscheinende) Feld der ‚Psycho-Logik' zu begeben.

Außerdem sollte nicht übersehen werden, daß es dabei immer um ein doppeltes Problem geht: Einerseits müssen Organisationen sich auf veränderte Menschen einrichten; andererseits wächst das Bewußtsein dafür, daß Organisationsstrukturen ihrerseits den Mitarbeiter, der z. Zt. acht Stunden täglich und fünf Tage in der Woche in sie eingebettet ist, prägen und damit auf seine Persönlichkeitsentwicklung Einfluß nehmen! Wir sind absolut sicher, daß in nächster Zeit neben der bereits länger aktuellen Forderung nach *physisch* akzeptablen Arbeitsbedingungen auf Organisationen verstärkt die Forderung nach Arbeitsbedingungen zukommen wird, welche — im weitesten Sinne — für die *Psyche* akzeptabel sind. Damit sind Arbeitssituationen und Organisationsstrukturen gemeint,

— die eine positive ‚Lernumwelt' für das Organisationsmitglied darstellen,
— welche die individuelle Entfaltung der Person fördern und
— die somit zu der Persönlichkeitsentwicklung des Mitarbeiters beitragen statt sie zu deformieren.

Nach einer schematischen Darstellung, die schon vor etwa drei Jahrzehnten von BAKKE (1954) entwickelt wurde, verläuft der Weg zu einer Mensch-gerechteren Organisation über drei Prozesse (Abb. 2). In dieser Darstellung sind die Organisation einerseits und das Individuum als Teil der Organisation andererseits einander gegenübergestellt.

In dem sogenannten **Sozialisierungsprozeß** verwirklicht die Organisation, das Unternehmen, durch das Wirken der Unternehmensleitung ihren Betriebs-

Trend zur ‚Mensch-gerechteren' Organisation 23

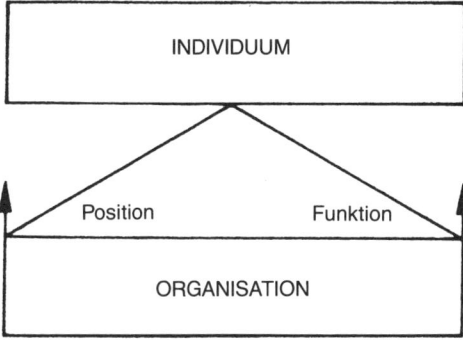

Der „Sozialisierungsprozeß"

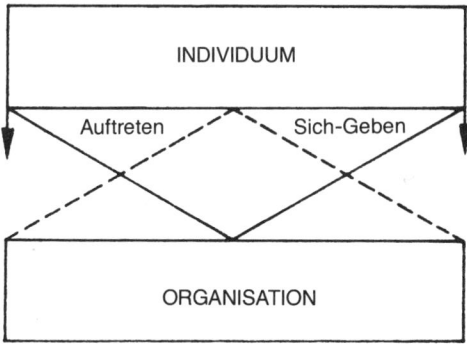

Der „Personalisierungsprozeß"

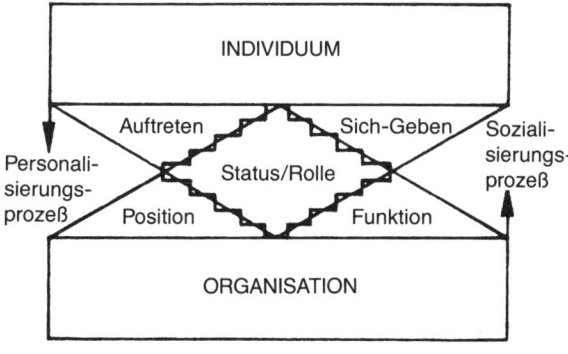

Der „Fusionsprozeß"

Abb. 2: Der Betrieb als Prozeß (von E. BAKKE, entnommen aus: A. OLDENDORFF, 1970, S. 54)

24 Die Selbstverständlichkeit des Wandels

zweck dadurch, daß sie bestimmte Teilaufgaben herausnimmt, sie zu Funktionen bündelt und sie — als Positionen etikettiert — den Individuen überträgt. Das Individuum hingegen strebt gleichzeitig in dem von ihm ausgehenden **Personalisierungsprozeß** danach, in der Organisation auch eigene Ziele zu verwirklichen und innerhalb der deutlich erlebten Abhängigkeit auch ein Stück aktiver Unabhängigkeit zu erwerben. In diesem Bestreben vollzieht das Individuum eine Reihe von Handlungen, die das für ihn typische persönliche Verhalten bilden. In seinem ‚standing', d. h. Auftreten, drückt sich das Selbstverständnis des Betreffenden aus und die Art und Weise, wie er sich am liebsten in der ihm zugewiesenen Position verstehen möchte (z. B. Freund, Beschützer, Kritiker, Förderer o. ä.).

Sozialisierungsprozeß und Personalisierungsprozeß bilden naturgemäß ein Spannungsfeld, nicht selten ein Konfliktfeld. Deshalb muß es zur Herstellung eines für beide Seiten tragbaren Kompromisses kommen, den BAKKE als **Fusionsprozeß** bezeichnet. Aus Fusion von zugewiesener Position und angestrebtem ‚standing' ergibt sich der Status bzw. das daraus resultierende Rollenverhalten des Individuums (z. B. gerechter und fairer Chef, menschlicher Personalleiter, kritischer und ethischen Prinzipien verpflichteter Forscher).

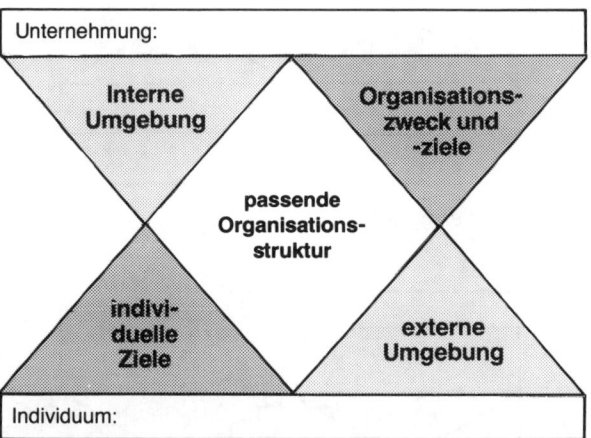

Abb. 3: Schlüsselvariablen, die für ein passendes Organisationsdesign berücksichtigt werden müssen (von T. KUBICEK, 1972, in: J. W. NEWSTROM et al., 1975, S. 79)

Die in Abb. 3 gezeigte Grafik von KUBICEK (1972, zitiert nach NEWSTROM et al., 1975, S. 79) erinnert sehr stark an das Modell von BAKKE. KUBICEK visualisiert in dieser Darstellung die entscheidenden Schlüsselvariablen, die berücksichtigt und ggfs. sorgsam untersucht werden müssen, um eine passende, d. h. den verschiedenen unterschiedlichen Anforderungen gerecht werdende Organisationsform finden zu können.

1.4 Veränderungssignale erkennen

1.4.1 Einige Veränderungsfelder

Eine sich ständig verändernde Umwelt mit den sich entsprechend wandelnden Menschen macht also neue organisatorische Lösungen erforderlich. Mit anderen Worten: Organisationsformen müssen sich laufend wandeln. Verschiedene Autoren demonstrieren dieses Erfordernis gerne am Beispiel der Bürokratie, d. h. am Beispiel von nach bürokratischen Gesichtspunkten konzipierten Organisationen, die angesichts neuer Bedingungen und Anforderungen mehr und mehr hilflos reagieren und für die sich ihnen stellenden Probleme keine Lösungen mehr wissen. Als stellvertretendes Beispiel sei hier eine Zusammenstellung von BENNIS (1975, S. 476) genannt, in der „menschliche Probleme angesichts gegenwärtiger Organisationsformen" dargestellt sind:

Problem	*Bürokratische Lösung*	*Neue Bedingungen*
Integration: Es geht darum, wie individuelle Bedürfnisse mit den Führungszielen in Übereinstimmung gebracht werden können.	Keine Lösung, weil Problem nicht vorhanden. Individuum weitgehend schematisiert, als passives Instrument betrachtet.	Entstehung der Humanwissenschaften und Einblick in die Vielgestaltigkeit des Menschen. Steigende Ansprüche. Humanistisch-demokratisches Ethos.
Gesellschaftlicher Einfluß: Es geht darum, die Macht zu verteilen, bzw. Macht und Autorität zu rechtfertigen.	Formelle Bindung an legale und rationale Machtmittel, aber in Wirklichkeit Anwendung von Druckmitteln. Verwirrend-doppeldeutiges Durcheinander von Sachautorität, Zwang, Gesetz.	Trennung von Unternehmensführung und Eigentum. Aufstieg der Gewerkschaften, Hebung der allgemeinen Bildung. Negative, unbeabsichtigte Auswirkungen autoritärer Herrschaft.
Zusammenarbeit: Probleme der Unternehmensführung und der Lösung von Konflikten.	Das „hierarchische Prinzip" zur Lösung von Konflikten zwischen verschiedenen Rängen, „Koordinationsprinzip" zwischen nebengeordneten Gruppen. „Loyalität".	Spezialisierung und Professionalisierung, wachsendes Bedürfnis nach Interdependenz, Führungsaufgaben viel zu komplex für Ein-Mann-Herrschaft und Allwissenheitsanspruch.
Anpassung: Es geht darum, in der richtigen Weise auf Veränderungen zu reagieren, die die Umwelt verursacht.	Umwelt stabil, einfach, planbar, Routineaufgaben, Anpassung geschieht aufs Geratewohl. Unvorhergesehene Nebenwirkungen.	Äußere Struktur des Betriebes turbulenter, weniger vorhersehbar. Beispiellos das Maß technologischer Veränderungen.

▶

26 Die Selbstverständlichkeit des Wandels

Problem	Bürokratische Lösung	Neue Bedingungen
Neubelebung der Organisationen: Das Problem von Wachstum und Verfall.	?	Rapide Äußerung von Technologie, Aufgaben, Arbeitsmarkt, Normen, Werten, Zielen von Unternehmen und Gesellschaft fordert ständige Revisionsbereitschaft.

Abb. 4: Menschliche Probleme angesichts der gegenwärtigen Organisationsformen (entnommen aus: W. G. BENNIS, 1975, S. 476)

Für BENNIS war die Bürokratie

„eine gewaltige Entdeckung, um die menschliche Muskelkraft für die industrielle Revolution einzuspannen. Heute ist sie eine Krücke, ohne weiteren Nutzen. Denn wir brauchen jetzt freie Strukturen, die den Ausdruck des Spiels und der Fantasie gestatten und uns das neuartige Vergnügen der Arbeit auskosten lassen" (BENNIS, 1975, S. 482).

In der Philosophie der Unternehmungen bzw. der Unternehmer ist nach seinen Beobachtungen ein Wandel vor allem in drei Bereichen im Gange:

1. Ein neuer Begriff vom **Menschen**, beruhend auf genauerer Kenntnis seiner komplexen und sich wandelnden Bedürfnisse, tritt an die Stelle der allzu simplen Knopfdruck-Vorstellung.
2. Ein neuer Begriff von **Macht**, beruhend auf Zusammenarbeit und Vernunft, ersetzt das Zwang-Furcht-Modell der Macht.
3. Neue **Wertvorstellungen** der Organisation, die auf humanistisch-demokratischen Idealen beruhen, ersetzen das entpersönlichte, mechanistische Wertsystem der Bürokratie.

Eine Organisation, welche daran interessiert ist, sich in einer wandelnden Welt dynamisch mitzuentwickeln, wird bestrebt sein, **Veränderungssignale** rechtzeitig zu erfassen. Dies setzt jedoch eine bestimmte Sensibilität und ein Bewußtsein für meist erst in der Zukunft auftauchende Probleme voraus. Eine von GOERKE (1981, S. 18) entwickelte grafische Darstellung (Abb. 5) stellt dies so dar, daß sich das Problembewußtsein von Mitarbeitern abschwächt, je größer der zu betrachtende Zeitraum ist und je weniger ein Problem unmittelbar mit der ausgeführten Tätigkeit zu tun hat. Zudem nimmt der Komplexitätsgrad der Probleme sozusagen ‚mit der Entfernung' zu, d. h. sie werden immer unüberschaubarer, während die persönliche Betroffenheit natürlich am stärksten ist, je unmittelbarer man von dem Problem tangiert ist.

Veränderungssignale erkennen 27

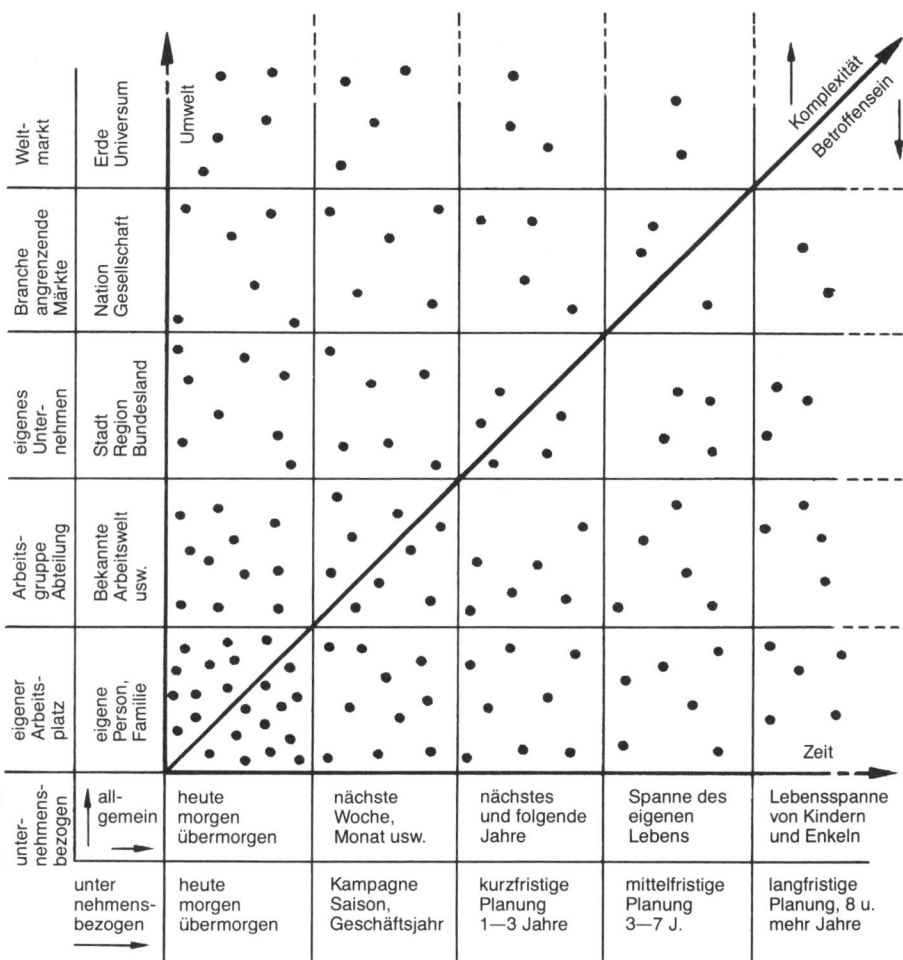

Abb. 5: Verteilung und Bewußtsein allgemeiner und unternehmensbezogener Probleme (entnommen aus: W. GOERKE, 1981, S. 18)

Zur Schaffung von Problembewußtsein eignet sich sehr gut eine **Übung**, die u.a. unter dem Namen „**Utopie 2000**" bekannt ist. Bei dieser Übung erhalten die Teilnehmer der Übung (am besten nicht mehr als 6—8 Leute, sonst Teilgruppen bilden) die Aufgabe, sich einmal ihre persönliche Zukunft und/oder die ihres Unternehmens etwa im Jahr 2000 auszumalen. Nach einer etwa 10—15 Minuten langen Phase individuellen Überlegens (Einzelarbeit) berichtet dann jeder Teilnehmer seine Zukunftsprojektion in der Gruppe. Die

28   Die Selbstverständlichkeit des Wandels

Einzelberichte bilden dann den Einstieg in eine offene, d.h. wenig strukturierte Gruppendiskussion[2]).

Eine rechtzeitige und geplante Anpassung an oder Vorbereitung auf Veränderungen läßt sich allerdings nicht auf der Basis utopischer Übungen oder über den Weg mehr oder weniger zufälliger Datensammlungen und Beobachtungen bewerkstelligen. Dies hat allenfalls Bewußtmachungs-Charakter. Notwendig ist vielmehr eine ständige, systematische und möglichst umfassende Erfassung von Veränderungssignalen. Dabei kann man davon ausgehen, daß zumindest alle gravierenden Veränderungen in der Regel niemals über Nacht und ohne jegliche Vorwarnung eintreten. Meistens kündigen mehrere, wenn auch nicht immer als solche identifizierbare Veränderungssignale die Wandlung an. So hält denn auch SHERMAN (1966, S. 27—28) nicht das Eintreten der Veränderung selbst für die eigentliche Ursache dafür, daß Organisationen in Mißerfolgszonen geraten, sondern u. a. vielmehr ihre Unfähigkeit, überhaupt Veränderungen (z. B. an den Menschen) wahrzunehmen bzw. bestimmte Probleme als Probleme der Organisation und nicht als Probleme ‚irgendwo da draußen' zu erkennen.

Viele Veränderungen kündigen sich sogar außerordentlich langfristig an, wenn auch zunächst in sehr feinen Signalen. Diese Signale häufen sich dann, ergeben Trends, und es erfolgen erste Prognosen der Fachleute. Dabei ist zu berücksichtigen, daß jede Prognose sozusagen ein doppeltes Fehlerrisiko in sich trägt: Einerseits ist jede Prognose mit einem bestimmten Maß an Unsicherheit belastet, das unterscheidet sie von einer exakten Berechnung; andererseits kann die Veröffentlichung einer Prognose bereits Veränderungsreaktionen auslösen, so daß dadurch die Prognose zum Zeitpunkt ihres Eintreffens schon wieder ‚falsch' sein kann. (Fiktives) Beispiel: Es wird prognostiziert, daß das Erdöl nur noch bis zum Jahr 2030 reicht. Daraufhin beginnen die Verbraucher zu sparen, man sucht nach neuen Fördermöglichkeiten, oder man ist bemüht, das Öl zu ersetzen — und nun reicht das Öl vielleicht bis zum Jahr 2150.

Organisationen, die sich rechtzeitig und gezielt auf Veränderungen vorbereiten und Veränderungssignale erfassen möchten, stehen zunächst vor der Frage, auf welche Bereiche sie ihre Aufmerksamkeit richten sollen. Dabei kann

---

2) Im Gegensatz zu den Übungen ‚Pressespiegel' oder ‚Heute-Gestern' ist diese Übung also zukunftsorientiert. Es befruchtet die Übung, wenn die Teilnehmerzusammensetzung sehr heterogen ist, etwa bezüglich der ausgeübten Tätigkeit, in der Altersstruktur o. ä. Die Übung kann die Teilnehmer außerordentlich nachdenklich machen und sehr tiefschürfende Diskussionen auslösen. Sie eignet sich in Trainings besonders für den späten Nachmittag (‚Dämmerschoppen') oder für eine Abendsitzung (‚Ende offen'). Wenn man möchte, kann man die Übung in ihrem Verlauf auch ein wenig lenken, indem man sie durch vorgegebene Fragen etwas strukturiert, z. B.: Wie wird im Jahr 2000 Ihr Arbeitstag und/oder Ihr Arbeitsplatz aussehen? Was wird dann mit Ihren Kindern sein, was werden sie tun? Wie wird der Betrieb aussehen? Wie sieht dann Ihre Stadt aus? usw.

man zum Beispiel auf bereits vorliegende Zusammenstellungen verschiedener Autoren zurückgreifen. So sieht etwa MORIN (1974, S. 15—19) in folgenden Feldern Veränderungen, die für Organisationsentwicklung relevant sind:

Der Wissenszuwachs: Ein immer schneller wachsender Bestand an Wissen (Wissensexplosion) und an Anwendungserfahrung zwingt Organisationen zu immer zügigerer Anpassung, erzeugt immer kurzlebigere Produkte und überfordert immer mehr Mitarbeiter, die ‚nicht mehr mitkommen'. Der Wissenszuwachs bedeutet auch eine sich immer mehr beschleunigende Veralterung des bestehenden Wissens[3]).

Der Bildungsanstieg: Ein wachsender Anteil von Mitarbeitern mit höherem Bildungsabschluß (z. B. Hochschule) wirkt sich (auch) auf hierarchische Unterschiede aus; der Bildungsunterschied funktioniert nicht mehr so stark als sozusagen automatische Garantie für Autorität, was Auswirkungen auf die Führungsform haben wird. Qualifiziertere Ausbildung erzeugt außerdem natürlich die Erwartung, eine der erworbenen Qualifikation entsprechende Tätigkeit auszuüben; in Folge davon wird die Ablehnung ‚uninteressanter' Stellen steigen[4]).

Die Massenkommunikation: Man beginnt gerade erst, die Auswirkungen dieser ‚Informationsdusche' (MORIN) zu verstehen. Ähnlich wie beim Bildungsanstieg ist mit einer Verringerung von sozialen und/oder hierarchischen Unterschieden zu rechnen, womit sich auch bestimmte Grundlagen für Vorgesetzten-Autorität verändern. Zudem werden sich Bedürfnisse nach neuen Beziehungsformen entwickeln.

Die Lebensnormen: MORIN spricht unter diesem Punkt nur einige Aspekte des Wandels von Normen und Wertvorstellungen an. So zitiert er beispielhaft DEKAR (1969), welcher auf eine Paradoxie unserer Konsumgesellschaft hinweist: Danach reizen die Werbebotschaften unserer Konsumwelt unaufhörlich zu gutem und angenehmem Leben, während gleichzeitig von den Adressaten solcher Botschaften an der Arbeitsstelle — dort verbringen sie immerhin den größten Teil ihres Tages! — verlangt wird, sich mit einer „asketischen

---

[3]) So berichtet z. B. ZELIKOFF (1969, S. 3—15) über eine Analyse von Kurs-Angeboten im Ingenieur-Bereich an fünf Colleges in der Zeit von 1933 bis 1965, wobei er in Intervallen von fünf Jahren feststellte, welche Kurse herausgenommen und welche neu hinzugekommen waren. So gemessen lag zum Zeitpunkt der Untersuchung, d. h. 1965, der Prozentsatz des (noch) anwendbaren Wissens für die Absolventen des Jahres 1935 bei 14 %, für die des Jahres 1960 (nur?) noch bei 45 %. Oder mit anderen Worten: gut die Hälfte des 1960 erworbenen Anwendungswissens war also fünf Jahre nach dem Abschluß bereits veraltet. In diesem Zusammenhang sind auch die Ausführungen von DUBIN (1974, S. 17—31) zur Psychologie des lebenslangen Lernens interessant.
[4]) HERZBERGS Ansatz (1966 und 1968), die Arbeit durch Bereicherung der Tätigkeiten (job-enrichment) attraktiver zu machen, greift genau an dieser Stelle.

Umgebung und mit einer Tätigkeit ohne viel Interesse" (MORIN, 1974, S. 17) abzufinden. Menschen werden nicht mehr allein mit dem juristischen und finanziellen Teil ihres Arbeitsvertrages zufrieden sein; der psychologische Teil wird zunehmend an Bedeutung gewinnen.[5])

Die junge Generation: Hier geht es nicht allein um die schon seit den alten Griechen bekannten Generationskonflikte zwischen Alt und Jung, sondern um die Tatsache, daß schon der wachsende Anteil jüngerer Jahrgänge an den Beschäftigten (oder auch Nicht-Beschäftigten!) gravierende Auswirkungen haben wird. Dadurch werden sich nicht nur die Altersstrukturen auf den verschiedenen betrieblichen Ebenen verändern, sondern auch die Einstellungen und Denkweisen der Leute auf diesen Ebenen, beispielsweise der Wunsch nach mehr Verantwortlichkeit und Mitbestimmung. Steigen werden auch die persönlichen Erwartungen an die ausgeübte Tätigkeit und an die Art und Weise der erlebten Führung.[6])

Eine detailliertere Zusammenstellung als die von MORIN findet sich bei BECKHARD (1969, S. 2—6). Er nennt u. a. folgende Veränderungsfelder:

- die Wissensexplosion;
- die Technologie-Explosion;
- die Explosion der Kommunikation(smöglichkeiten), d. h. die Kommunikation wird schneller, weltumspannend, die Distanzen verkürzen sich;
- die ökonomische Explosion, d. h. neue Betrachtungsweisen des Faktors Arbeitskraft, Professionalisierungs- und Spezialisierungstendenzen, Veränderung sozialer Klassen;
- die Internationalisierung der Märkte;
- kürzere Lebenszyklen von Produkten;
- zunehmende Marketing-Orientierung;
- Veränderung in den Stab-Linie-Beziehungen (mit der Gefahr eines ‚Establishments von Spezialisten');
- Mehrfach-Mitgliedschaften, d. h. komplexere Produktionsbedingungen erfordern neue Organisationsformen, in welchen die gleichzeitige Zugehörigkeit eines Mitarbeiters zu mehreren Gruppen bzw. die Zuordnung zu mehreren Vorgesetzten vorgesehen ist;

---

5) MORIN meint dazu: „Es gibt keinen Grund, warum die Ziele des einzelnen mit denen der Organisation a priori zusammenfallen, aber es gibt auch keinen Grund, warum sie mit Notwendigkeit auseinanderfallen müßten. Das eine oder das andere zu behaupten, würde nur die Situation wechselseitiger Abhängigkeit verschleiern — eine Situation, aus der es keinen anderen Ausweg gibt als den in den Konflikt oder den in die Entfremdung, es sei denn, man handelt einen Vertrag aus, in dem jeder seinen Beitrag und dessen ökonomische wie psychologische Kosten klarlegt" (1974, S. 17).
6) In diesem Zusammenhang sei der in diesen Punkten besonders interessierte Leser auf die laufenden Studien des Jugendwerkes der Deutschen Shell AG verwiesen (1980, 1981, 1982).

- die Natur der Arbeit ändert sich: Als Folge sich fortentwickelnder Technologien werden Maschinen nicht nur die Produktion übernehmen, sondern auch anfangen, Entscheidungen zu treffen, die bis dahin den Menschen oblagen;
- Wandel von Werten auf der Seite des Mitarbeiters, so zum Beispiel:
  — Trend zu mehr Unabhängigkeit und Autonomie;
  — deutliche Unterscheidung (und Entscheidung) zwischen Arbeit und Freizeit;
  — Tendenz, über einfache Sicherheitsbedürfnisse hinaus sich selbst zu entwickeln und sein persönliches Potential zu entfalten;
  — weniger Bereitschaft, im Konfliktfall die eigenen Bedürfnisse denen der Organisation zu unterwerfen;
  — steigende Erwartung, daß die Arbeitsinhalte selbst Anreize bieten und als bedeutsam erlebt werden müssen;
  — ‚Belohner' ausschließlich ‚von außen' (z. B. Bezahlung) werden als nicht mehr ausreichend angesehen;
  — Macht und Machtstrukturen verlieren ihre Beeinflussungswirkung, d. h. Organisationen werden neue Wege der Verhaltenslenkung suchen müssen, weil Druck bzw. Geben oder Entzug von finanziellen Zuwendungen nicht mehr ausreichend wirksam sind.

1.4.2 Erkennen von Veränderungstrends

Sich auf die Zukunft vorbereiten bedeutet, Trends rechtzeitig zu erfassen und richtig einzuschätzen. Dabei ist es wichtig, nicht nur in einem Bereich, z. B. in der Technologie, auf dem Laufenden zu bleiben, sondern aus den o. a. Gründen die unterschiedlichsten internen und externen Veränderungsfelder unter Beobachtung zu halten und auch die Wechselwirkungen zwischen den Bereichen zu erkennen. Eine ganze Reihe von Firmen hat deshalb inzwischen — teils allein, teils mit der Hilfe von Beratern — Programme zur frühzeitigen Erkennung von Veränderungen entwickelt. So berichtet z. B. der ‚trend letter' des *Manager Magazins* (Nr. 33/1980) von einer ‚TIP' (= Trend Impact Program) genannten Moment-Analyse, die grob in folgenden Stufen abläuft:

- Aus etwa 300 (!) laufend beobachteten Faktoren, die ein Unternehmen beeinflussen können (von neuen Technologien bis hin zu Veränderungen im Verbraucherverhalten) wählen die Unternehmensberater etwa 50 aus, von denen sie annehmen, daß sie für das betreffende Unternehmen relevant sind. Diese werden in einer Arbeitsunterlage kurz beschrieben.
- Die Unternehmensleitung bestimmt eine Gruppe von zehn Managern, die wesentliche Bereiche des Unternehmens repräsentieren. Sie gewichten jeder für sich diese Faktoren durch Anmerkungen in der Arbeitsunterlage und weisen auf Konsequenzen für die Firma hin.
- Die Unternehmensberater werten die Arbeitsunterlagen aus und stellen die zehn bis zwölf wichtigsten Einflußfaktoren zu einer Liste zusammen.
- Während eines Seminars der beteiligten Manager wird die Liste diskutiert und endgültig verabschiedet.

32 Die Selbstverständlichkeit des Wandels

- Die als wesentlich für die Zukunft des Unternehmens ermittelten Einflußfaktoren werden zukünftig genau beobachtet.

Eine ähnliche Vorgehensweise sieht eine vom Center of Futures Research an der University of California erarbeitete Methode vor, die sich ‚QUEST' (= Quick Environmental Scanning Technique) nennt und den folgenden Ablauf hat:

— Materialzusammenstellung zur Zukunft der Branche;
— Management-Seminar zur Verifizierung des Materials und zur Identifizierung von Problemen;
— Ausarbeitung eines Berichtes, der auch drei bis vier mögliche Szenarien enthält (als Beispiel siehe Abb. 6);
— nochmalige Konferenz zur Diskussion der Szenarien und zur Erstellung eines Aktionsplanes;

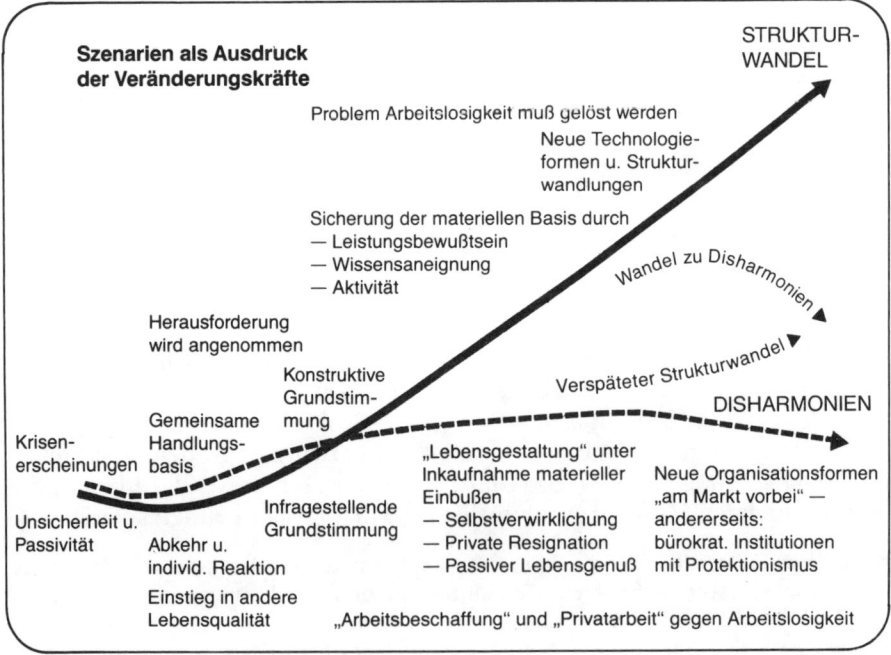

Abb. 6: Beispiel für Szenarien (DEUTSCHE SHELL AG, 1982, S. 10)

Bei beiden geschilderten Vorgehensweisen wird deutlich, daß die Vorbereitung auf zukünftige Veränderungen und der Anstoß dazu nicht alleinige Aufgabe irgendeines Beratungs-Gurus ist, sondern das Management voll einschließt. Es sollte kein Zweifel daran herrschen, daß das Erkennen von Veränderungssignalen, das Erfassen von Veränderungstrends und das Sich-Beteiligen bei Anpassungsprozessen der Organisation an geänderte Bedingungen im Prinzip die Aufgabe eines jeden Managers darstellt. **Organisationsentwicklung ist damit sozusagen Grundfunktion eines jeden Vorgesetzten.**

Es versteht sich, daß die vorstehend beschriebenen Momentanalysen eingebettet sein müssen in ein permanent institutionalisiertes Trend-Beobachtungssystem. Dazu ist der in manchen Unternehmen vorhandene Zeitungs- und Zeitschriftendienst, der mehr oder weniger unregelmäßig den Führungskräften per Kopie eine Auswahl der sie, ihre Tätigkeit oder das Unternehmen betreffenden Artikel zukommen läßt, sicherlich nicht ausreichend. Nicht wenige Unternehmen — nach unseren Erfahrungen leider besonders die mittleren und kleinen — erachten noch nicht einmal eine solche Minimalinformation ihrer Mitarbeiter für wichtig, sei es aus Kosten- oder Zeitgründen.

Was die Erfahrungen mit den verschiedenen Firmen-Programmen zur frühzeitigen Erkennung von Veränderungen angeht, berichtet der ‚trend letter' interessante Ergebnisse von der First Global Conference on the Future in Toronto, zu der sich im Juli 1980 mehr als 5000 Teilnehmer eingeschrieben hatten. Danach hängt der Erfolg solcher Programme von mindestens vier Voraussetzungen ab:

„Je einfacher ein System ist, desto intensiver beeinflußt es das Managementdenken. Kompliziertere Systeme bleiben meist in den Stabsabteilungen stecken und erwecken Mißtrauen. Die plausible Einfachheit eines Programms erreicht eher die wesentlichste Voraussetzung: die überzeugte Unterstützung des Top-Managements. Sie wiederum ermöglicht die Einbeziehung der wichtigen Funktionsbereiche und aller Management-Hierarchiestufen in den Prozeß der Früherkennung und Analyse. Wer sich dabei nur auf eine Stabsstelle verläßt, wird Schwierigkeiten haben, Konsequenzen aus den Erkenntnissen zu ziehen, denn die Sensibilisierung für Veränderungen fehlt dann im Management. Die vierte Voraussetzung ist die Relevanz der Beobachtungen für das Unternehmen. So interessant auch viele Zukunftsbetrachtungen sein mögen, wenn sie nicht für die Firma erhebliche Entwicklungsfaktoren betreffen, tragen sie nicht zur Effektivität eines Früherkennungssystems bei" (*Manager Magazin/trend letter,* 33/1980).

Gerade im letztgenannten Punkt liegt aber auch wieder ein entscheidendes Problem, denn gerade in der Beurteilung, welche Veränderungssignale nun für eine Organisation relevant sind, ergeben sich immer wieder Fehleinschätzungen, weil zu enges oder nur auf den eigenen Bereich bzw. die eigene Tätigkeit bezogenes Denken Führungskräfte und Entscheidungsträger ‚blind' macht und weil viele dieser Leute zu wenig trainiert sind im Systemdenken, d. h. im Denken in Neben- und Wechselwirkungen (= Denken in Netzen).

34 Die Selbstverständlichkeit des Wandels

1.4.3 Einige Beispiele für Veränderungsprognosen

Externe Institute oder spezielle Abteilungen von Beratungsunternehmen haben sich — als Dienstleistungsangebot — inzwischen ebenfalls auf die Beobachtung, Erfassung und Zusammenstellung von Veränderungstendenzen spe-

Weltpolitische Grundtendenzen	*Gesellschaftliche Grundtendenzen*	*Technologische Grundtendenzen*
• Kein Dritter Weltkrieg, aber wachsende Zahl von bewaffneten Konflikten vor allem in der Dritten Welt • Die Tendenz zum Polyzentrismus in der Weltpolitik dauert an • Vermehrte Labilität und Reagibilität des weltpolitischen Systems sowie Ausweitung der potentiellen, von den Großmächten nicht mehr wirksam kontrollierbaren Krisenfelder • Die Spannungen zwischen Ost und West — namentlich zwischen den USA und der UdSSR — bleiben bestehen • Wachsende weltpolitische Präsenz des Ostblocks in der Dritten Welt • Bedeutungsschwund der westlichen Industrieländer im weltpolitischen Konnex — Verringerung der marktwirtschaftlichen Aktivitätssphäre • Verstärkter Einsatz der „Ölwaffe" insbesondere seitens der arabischen Erdölländer zur Durchsetzung politischer Ansprüche.	• Evolutionärer und nicht revolutionärer sozialer Wandel • Zunehmende kritische Haltung gegenüber dem wirtschaftlichen Wachstum • Ausweitung der „Kulturlücke" — Angst vor der mißbräuchlichen Anwendung der Technik führt zur gefühlsmäßigen Ablehnung des technischen „Fortschritts" — Diese Tendenz beschränkt sich auf den Westen • Verstärkte Polarisierung der öffentlichen Meinungsbildung • Wachsende soziale Kosten der fortschreitenden räumlichen Zusammenballung der Bevölkerung • Der Interessenpluralismus verstärkt sich — die Bedeutung der traditionellen Institutionen des öffentlichen Lebens (Parteien, Verbände usw.) nimmt ab — die Funktionsfähigkeit der direkten Demokratie wird in Frage gestellt • Das heutige Spannungsfeld zwischen „Bürger" und „Staat" läßt sich nicht entscheidend abbauen • Die Leistungsgesellschaft bleibt im wesentlichen bestehen • Der Trend zur Arbeitszeitverkürzung bzw. zur Erhöhung der Freizeit setzt sich weiter durch.	• Keine Verlangsamung des technischen Fortschritts • Das weltweite Kräfteverhältnis in Wissenschaft und Technik verschiebt sich zu Ungunsten der USA • Stärkere geographische Streuung der wissenschaftlichen und technischen Spitzenleistungen und -positionen • Die Grenzen des technischen Fortschrittes liegen weniger im wissenschaftlich-technischen als im soziopolitischen Bereich; daraus ergibt sich die Gefahr, daß in gewissen Gebieten der technische Fortschritt im Westen abgebremst wird.

Abb. 7: Das Entwicklungsprofil der Weltwirtschaft in den 80er Jahren (entnommen aus: W. GOERKE, 1981, S. 16—17)

Veränderungssignale erkennen 35

zialisiert. Zusammenstellungen von Veränderungen bzw. Veränderungstrends findet man auch bei verschiedenen Autoren. Hier einige Beispiele bzw. Quellen:

* VARNEY (1977, S. 10—23) veröffentlicht eine sehr umfangreiche von HILL angefertigte Zusammenstellung über die verschiedensten Veränderungen in

Demographische Grundtendenzen	Weltwirtschaftliche Grundtendenzen (I)	Weltwirtschaftliche Grundtendenzen (II)
• Weiteres rasches Bevölkerungswachstum in den Entwicklungsländern • Stark verlangsamtes Bevölkerungswachstum in den westlichen — insbesondere in den westeuropäischen — Industrieländern • Gewichtsverlagerung der Weltbevölkerung nach den Ländern der Dritten Welt • Der Urbanisierungsprozeß schreitet fort und führt — namentlich in den Entwicklungsländern — zu wachsenden sozialen und politischen Spannungen und Konflikten • Das länderweise Wachstum des Arbeitskräftepotentials (Bevölkerung im erwerbsmäßigen Alter) divergiert noch stärker als das Wachstum der Gesamtbevölkerung.	• Weiterhin „kollegiales" Management der gemeinsamen internationalen Wirtschaftsprobleme durch die westlichen Industrieländer im Rahmen der bestehenden Organisationsformen (GATT, OECD, IMF, Weltbank, Gipfelkonferenzen usw.); Fortsetzung der bisherigen Politik des „Sich-Durchwurstelns" • Graduelle Fortschritte im Ausbau der Beziehungen zwischen westlichen Industrieländern und Entwicklungsländern • Relativ bescheidene Ausweitung der Beziehungen zwischen den Industrieländern und den kommunistischen Staaten • Die Beziehungen zwischen den westlichen Industrieländern und den Erdölländern werden durch die Produktions- und Preispolitik der Erdölländer überschattet • Starke länderweise Unterschiede in der Höhe und Entwicklung der gesamtwirtschaftlichen Arbeitsproduktivität (= reales Brutto-Inlandsprodukt je Erwerbstätigen) • Große länderweise Wachstumsunterschiede; starke Verlangsamung des Wachstums im OECD-Bereich — weiterhin hohe (aber tendenziell rückläufige) Wachstumsraten im Osten und in den OPEC-Ländern — relativ hohe Wachstumsraten in der Dritten Welt mit großen länderweisen Unterschieden.	• Die Inflation dauert in allen Industrieländern an. Die Wechselkursprobleme lassen sich dadurch nicht abbauen. International flottierendes Kapital (Petro-Dollars, „Hot Money" usw.) verstärkt die Kursausschläge und führt zeitweilig — durch die Devisenspekulation angeheizt — zu Wechselkursen, die in keinem Verhältnis mehr zu den Preis-, Kosten- und Kaufkraftparitäten stehen • Zunehmende Engpässe in der Rohstoff- und namentlich in der Erdölversorgung der westlichen Industrieländer sowie der Entwicklungsländer; Gefahr, daß sich dadurch die Lohn-Preis-Spirale noch schneller dreht • Wachsende Strukturarbeitslosigkeit wegen mangelnder Anpassungsfähigkeit der Strukturen.

der amerikanischen Gesellschaft seit 1900. Diese Zusammenstellung, die mit umfangreichem Zahlenmaterial versehen ist, ist in Form einer Check-Liste angelegt, wobei der Leser aufgefordert ist, mittels einer Skala zu jedem einzelnen Veränderungsbereich anzugeben, wie stark er persönlich von diesen Veränderungen tangiert ist. Ein solcher auf harte Fakten gestützter **historischer Rückblick** ist sicherlich besonders geeignet, speziell das Bewußtsein für das Ausmaß bereits erfolgter Veränderungen zu schärfen.

* GOERKE (1981, S. 16—17) stellt ein Entwicklungsprofil der Weltwirtschaft in den 80er Jahren zusammen (Abb. 7).

* KNABE (1980, S. 6—8) wertet über einen Zeitraum von etwa drei Jahren vorzugsweise englischsprachige Veröffentlichungen aus und diagnostiziert einen ‚Umbruch der Werte' im Management. Er stellt u. a. fest:

  — das Gewinn-Maximierungs-Motiv, bis heute Grundlage vieler Wirtschaftstheorien, ist bei Mangern in seiner Bedeutung stark zurückgetreten. Es wird nur noch unter großem Druck von Außen gewählt;
  — Werte, die auf eine ‚Vermenschlichung' des Lebens hin orientiert sind, bestimmen immer stärker das Verhalten der Menschen in ihrem persönlichen Leben wie auch in der Arbeitswelt. Dem Manager in der Führungsspitze einer Organisation wird dies durch eine in Zukunft wahrscheinlich noch wachsende Arbeitsbelastung allerdings noch mehr erschwert;
  — Familie, Freunde, Kinder, Liebe und ein positives Verhältnis zur Sexualität besitzen (immer noch) eine hohe Bedeutung dafür, ob ein Mensch sich glücklich fühlt. Viele Menschen versuchen darum heute, mehr Aufmerksamkeit und Zeit dafür frei zu halten. Das ist für viele Manager unerreichbar geworden, selbst an Wochenenden;
  — im Beruf stehen Wünsche nach mehr Selbstbestimmung am Arbeitsplatz und mehr Möglichkeiten, freie Zeiten selbst bestimmen zu können, im Vordergrund;
  — Teilzeitarbeit und unbezahlter Urlaub werden stärker ins Kalkül gezogen. Arbeit um der Arbeit willen, ohne den Inhalt der Arbeit nachdrücklich zu werten, wird seltener;
  — die Tendenz zum Wechsel des Arbeitgebers und zum Einstieg in Zweit- und Drittberufe wird zunehmen;
  — neue Mitarbeiter, besonders die Frauen, drängen auf mehr individuelle Ausnahmen bei der Gestaltung ihres Arbeitseinsatzes. Sie suchen mehr Wahlfreiheit;
  — gute Bezahlung wird als selbstverständlich angesehen und genügt allein nicht. Man sucht mehr Lebensqualität, will mitreden, mitgestalten. Dies wird ‚Verwirrungen' in die Arbeitswelt bringen;
  — frei verfügbare Zeit, Anerkennung als kreative Persönlichkeit, Verbindung von Arbeit und Hobby (dagegen verminderte Bedeutung des Einkommens), Vielseitigkeit der Interessen und Tätigkeiten, Unabhängigkeit der Meinungsbildung, keine Angst haben, Emotionen öffentlich zu zeigen, Teilnahme an der öffentlichen Diskussion — dies alles sind möglicherweise jene Zeichen (Prestige-Symbole), an denen persönlicher Erfolg in steigendem Maße gemessen wird;
  — der durchschnittliche Schul- und Ausbildungsstand wird qualifizierter sein. Ausbildung und Fähigkeiten werden oft gegenüber dem verfügbaren Arbeitsplatzangebot zu hoch entwickelt sein. Das führt zu vermehrter Unzufriedenheit. Die

Mitarbeiter drängen danach, mehr individuelle Selbstbestätigung zu erhalten und hinsichtlich der Gestaltung der Arbeitsprozesse, in die sie integriert werden, mehr Mitbestimmungsmöglichkeiten zu erhalten;
— das Führungsverhalten der Manager wird sich wahrscheinlich langsamer wandeln als die Erwartungen und Wertvorstellungen der Mitarbeiter. Innerbetriebliche Spannungen werden dadurch häufiger, was zu einer zusätzlichen Belastung des Organisationsklimas führt;[7]
— die Mitarbeiter entwickeln eine kritischere Einstellung gegenüber der Unternehmenspolitik, wehren sich aber auch dagegen, daß ihre persönliche Entwicklung von nivellierenden Tarifvertragswerken abhängig sein soll;
— die moderne Informationstechnologie wird die bisher gültige Organisationsgliederung in Großunternehmen nivellieren. Die Notwendigkeiten für eine streng hierarchische Gliederung werden zunehmend entfallen;
— Strukturveränderungen in Organisationen werden früher geplant und auf ihre Konsequenzen hin untersucht werden als bisher. Die Mitarbeiter werden früher informiert und beraten. Rechtzeitige Vorbereitung auf Versetzungen, Umschulungen usw. gelten zunehmend als ein Recht der Mitarbeiter;
— persönliche Kontakte zwischen Vorgesetzten und Mitarbeitern werden durch informationstechnische Medien seltener erforderlich. Das führt zu einem Verlust an menschlichen Beziehungen;
— der Informationsvorsprung des Vorgesetzten wird durch den direkten Zugriff zu den elektronischen Informationssystemen der Unternehmung abgebaut. Der Vorgesetzte wird stärker für die Fortbildung seiner Mitarbeiter in die Verantwortung gezogen.

* In Ergänzung zu KNABE weist COMELLI (1980b) auf folgende weitere Punkte hin:
— mit wachsender Nivellierung der Einkommen wird der Verzicht auf Teile des Einkommens zugunsten anderer Werte (z. B. Freizeit) leichter fallen;
— viele der neuen angestrebten Werte (z. B. sich die Arbeit selbst einteilen können) werden möglicherweise zunächst Prestige-Symbole oberer sozialer Schichten sein, bevor die breitere Mehrheit nach ihnen streben wird;
— Veränderungstendenzen der beschriebenen Art werden auch die Gewerkschaften erfassen, und dies wahrscheinlich in sehr intensivem Maße. Die Gewerkschaften werden auf diese Weise — wie andere Organisationen auch — zum Überdenken ihrer Organisationsstrukturen ebenso wie ihrer Ziele gezwungen sein;
— die Gewerkschaften werden Probleme wie Betriebsklima und Umgang mit Mitarbeitern zu wichtigeren Themen machen (müssen) als bisher, und sie werden u. U. auch bald Organisations- und Betriebsklimaanalysen in eigener Regie durchführen. Dabei werden Sie sich mit dem ‚Dilemma' konfrontiert sehen, daß ein zufriedener Mitarbeiter möglicherweise kein begeistertes und ‚ideales' Gewerkschaftsmitglied mehr ist. Eine Ziele- und Wertediskussion erscheint unum-

---

7) Anmerkung des Autors: Als ein Indiz für diese Entwicklung könnte die Beobachtung gedeutet werden, daß bei Firmen, die bereits über längere Zeit Klima- oder Führungsstilanalysen vornehmen, die Urteile der Befragten über die Art der erlebten Führung in vielen Fällen deutlich kritischer geworden sind, obwohl sich die Personalstruktur nicht oder nur unwesentlich geändert hat.

38 Die Selbstverständlichkeit des Wandels

gänglich und wird wohl nicht nur auf der Funktionärsebene durchgeführt werden.

* STIEFEL prognostiziert in seinem Informationsdienst ‚Management-Andragogik und Organisationsentwicklung' (1982b, S. 4—5) neben Veränderungen in der Beschäftigungsstruktur und im Verhalten der Beschäftigten sowie neben Veränderungen in den gesamtwirtschaftlichen Rahmenbedingungen bzw. Entwicklungen im Unternehmen folgende Entwicklungen in der Disziplin und in der Praxis der Weiterbildung:

— Zunahme an verwertbarem Fachwissen (steigende Zahl verwertbarer Forschungsberichte und Monographien; Gründung ständig neuer Fachzeitschriften für Personal- und Organisationsentwicklung in den USA)
— Fragmentierung der Weiterbildung als Disziplin (z. B. durch Verselbständigung von Themenkreisen zu Teildisziplinen)
— Professionalisierung der Mitarbeiter (Hochschulabsolventen mit universitärem Abschluß ersetzen den reinen Praktiker; Weiterbildung in der transfer- und problemlöseorientierten Entwicklungsstufe verlangt umfassendere methodische Ansätze als früher; ‚Schein-Professionalisierung' durch Vergabe von Zertifikaten bestimmter Trainer- und Beratergruppen als Instrument des Marketing und einer angemaßten professionellen Elitebildung, z. B. GOE-Berater, DAAG-Scheine, lizenzierter Gordon-Trainer, etc.)
— Veränderung des Stellenwertes der externen Weiterbildung (‚Grenzanbieter' im externen Weiterbildungsmarkt verschwinden oder liquidieren; innerbetriebliche Weiterbildung hat im Durchschnitt höheren Innovationsgrad als externe Weiterbildung)
— Verstärkte Tendenz zur Problemlöseorientierung und die Entdeckung problemorientierten Lernens durch die Wirtschaft (knapper werdende Bildungsbudgets mit Zunahme des Kosten-Nutzen-Denkens verlangen Konzentrierung der Bildungsarbeit auf vorhandene Probleme)
— Favorisierung selbstbestimmter Formen des Lernens (Tendenz zu Selbstlern- und Selbstorganisationsmodellen; Abkehr vom Seminar als ausschließlicher Form der Weiterbildung; Tendenz zur lernfördernden Gestaltung des Organisationsklimas im Unternehmen, damit Mitarbeiter ihr Lernen mit dem Arbeiten verbinden können).

Der obige Überblick über eine eher zufällige Zusammenstellung von Veränderungssignalen aus unterschiedlichsten Quellen macht folgendes auf jeden Fall deutlich:

1. Wer Veränderungen nur im technologischen Bereich sucht und erwartet, engt seine Wahrnehmung in gefährlicher Weise ein.
2. Die meisten Veränderungssignale häufen sich wahrnehmbar und kündigen sich meistens rechtzeitig genug für ein Reagieren der Organisation an.
3. Frühzeitiges Erkennen von Veränderungssignalen regt zu innovativem Handeln an und gibt genügend Zeit für überlegte Reaktionen — vorausgesetzt, eine Organisation ist nicht ausschließlich auf kurzzeitiges Reagieren fixiert, so daß sie sich auf diese Weise selbst lähmt.

1.5 Entwicklungsphasen einer Organisation

Schließlich sollte noch erwähnt werden, daß in einer sich ständig verändernden und weiterentwickelnden Umwelt die Organisation als System ebenfalls wächst, sich verändert und fortentwickelt. Ähnlich wie der Mensch von seiner Geburt an verschiedene und für seine Entfaltung wichtige Entwicklungsstufen durchläuft, kann man auch bei Organisationen verschiedene Phasen oder Stufen des Wachstums unterscheiden. GREINER (1975) hat ein solches Phasenmodell vorgelegt (Abb. 8), wonach eine Organisation, abhängig von ihrem Alter (d. h. von ihrem wachsenden Reifegrad) und abhängig von ihrer Größe, fünf verschiedene Phasen durchläuft.

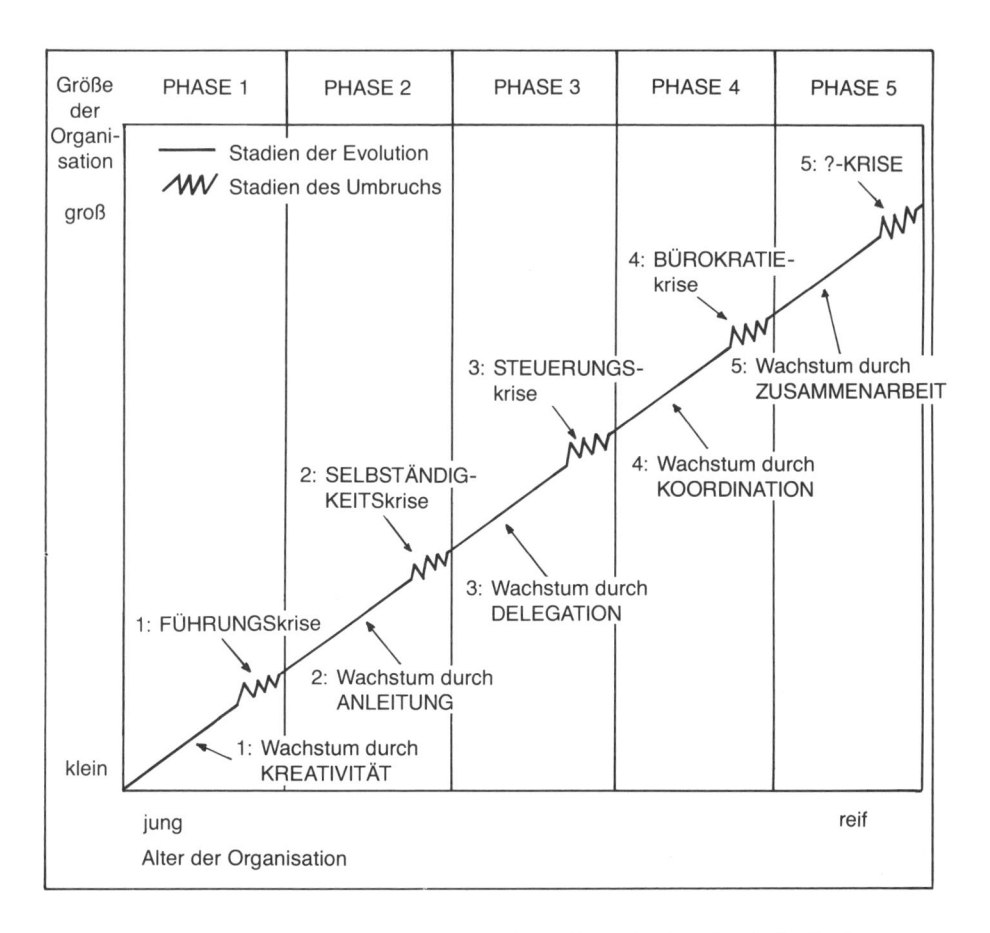

Abb. 8: Die fünf Phasen des Wachstums einer Organisation (nach L. E. GREINER, in: J. W. NEWSTROM et al., 1975, S. 500)

Dabei hat jede Phase einen längeren Zeitraum der Evolution, welche in eine für diese Phase jeweils typische Krise einmündet. Diese ‚Revolution' muß mit bestimmten Mitteln und Techniken bewältigt werden, wodurch gleichzeitig der Übergang zur nächsten Phase vollzogen wird. Diese beginnt zunächst wieder mit einem evolutionären Verlauf mit Zuspitzung auf eine diese betreffende Phase kennzeichnende Krise, d. h. der Revolution usf. Dabei ist neben dem Alter der Organisation und ihrer Größe auch die Zuwachsrate des betreffenden Wirtschaftszweiges von Bedeutung. Alle diese Faktoren und die jeweiligen evolutionären bzw. revolutionären Zustände der Organisation stehen in Wechselbeziehungen.

Die revolutionäre Krise der fünften Phase (s. Abb. 8) kennzeichnet GREINER mit einem Fragezeichen und läßt sie ohne Benennung. Er weist darauf hin, daß sich eine Vielzahl amerikanischer Unternehmungen inzwischen bereits im evolutionären Teil dieser Phase befinden und spekuliert, daß die zu erwartende Krise sich wohl um das Phänomen einer ‚psychologischen Sättigung' der Mitarbeiter zentrieren wird. In seiner Vorstellung handelt es sich dabei um Mitarbeiter, die physisch regelrecht erschöpft sind von der enormen Intensität der Teamarbeit und von dem hohen Druck innovativer Lösungsbemühungen. Eine Lösung dieser Krise sieht er in neuen Organisationsstrukturen und Programmen, welchen den Mitarbeitern erlauben, sich periodisch zu entspannen, zu reflektieren und sich selbst zu ‚revitalisieren'.

Für Organisationen ist es deshalb nicht nur wichtig, Veränderungen in oder durch Außenfaktoren zu bemerken und zu analysieren, sondern auch den jeweiligen Wachstums- und Reifestatus an sich selbst mit ins Kalkül zu ziehen. Für GREINER besitzt jede Phase ihre Schwerpunkte in den Zielsetzungen, ist gekennzeichnet durch bestimmte Organisationsstrukturen, hat ihre typischen Steuerungs- und Belohnungssysteme und weist auch einen bestimmten kennzeichnenden Managementstil auf. Dies ist in Abb. 9 dargestellt. Mit Hilfe dieser Zusammenstellung von GREINER ist es auch möglich, zumindest eine grobe Feststellung des Entwicklungsstandes einer Organisation vorzunehmen.

GREINER rückt lediglich fünf Variablen, die für die einzelnen Phasen bedeutsam sind, ins Zentrum seiner Betrachtungen. Sicherlich kann man noch weitere Dimensionen hinzufügen, so etwa das in den einzelnen Phasen geltende Menschenbild oder den Stand und die Aufgaben des betrieblichen Bildungswesens in der jeweiligen Phase usw.

Für den Organisationsentwickler jedenfalls wird und muß es von Interesse sein, in welchem Entwicklungsstatus sich ‚seine' Organisation befindet. Fast zwingend stellt sich dann in diesem Zusammenhang auch gleich die Frage, ob Organisationsentwicklung eigentlich nur den höheren Wachstumsphasen — etwa vier oder fünf — vorbehalten bleiben soll, weil die Organisation dann sozusagen erst ‚reif' ist für OE, oder ob Organisationsentwicklung im Prinzip in jeder Phase oder bei jedem Übergang von einer Phase zur anderen betrie-

Kategorie	Phase 1	Phase 2	Phase 3	Phase 4	Phase 5
Konzentration des Management auf:	Selbermachen & Verkaufen	Operative Leistungsfähigkeit	Marktexpansion	Konsolidierung der Organisation	Problemlösen und Innovation
Organisationsstruktur:	informell	zentralisiert und funktional	dezentralisiert und regionalisiert	Stab-Line & Produktgruppen	Matrix-Organisation (auf Teambasis)
Führungsstil des Top-Management:	individualistisch & unternehmerisch	direktiv	delegierend	kontrollierend und überwachend	partizipativ
Kontroll- und Lenkungssystem:	Marktergebnisse	Kostenstellen & Standards	Berichte und Profitcenters	Investitionsplanung	Zielvereinbarung
hauptsächliches Anreiz- und Belohnungssystem für das Management:	Eigentumszuwachs	Steigerung von Gehalt und Sonderzulagen	individuelle Gratifikationen	Gewinnbeteiligung und Kapitalbeteiligung	Gruppenprämien (Teambonus)

Abb. 9: Typische Praktiken während der Evolution in den fünf Phasen des Wachstums einer Organisation (nach L. E. GREINER, in: J. W. NEWSTROM et. al., 1975, S. 505)

ben werden kann. Das Letztere ist wohl vernünftiger und auch realistischer. Die Frage nach der Reife der Organisation stellt sich dann allerdings anders. Den klar definierten Fixpunkt, von dem ab Organisationsentwicklung sozusagen angebracht ist, gibt es nicht. Vielmehr gilt es, den gegenwärtigen Reife- bzw. Entwicklungszustand der Organisation zu ermitteln, um auf diese Weise festlegen zu können, welche OE-Praktiken man der betreffenden Organisation und ihren Mitgliedern zur Zeit zumuten und mit welchen OE-Ansprüchen man die Betroffenen konfrontieren kann. Dabei ist es keinesfalls notwendig, Abstriche an den allgemeinen Zielsetzungen der Organisationsentwicklung zu machen; bei der Auswahl der anzuwendenden OE-Methoden oder der OE-Interventionen (Maßnahmen/Eingriffe) hat diese Haltung jedoch Konsequenzen. **Auf jeden Fall ist es wohl eine ausgesprochene Gefahr, ‚naive' und unvorbereitete Organisationen bzw. ihre Mitglieder in zweifellos gut gemeintem, aber missionarischem (OE-)Drang auf ein Entwicklungsniveau zu treiben, dem alle Beteiligten (noch) nicht gewachsen sind.**[8])

---

8) Die negativen Erfahrungen mit manchen gruppendynamischen Trainings, die in den vergangenen Jahren von Bildungsleuten veranstaltet wurden, nur weil es eben ‚Mode' war, sollten zu denken geben.

Literaturhinweise

ADAMS, J. D. (Hrg.): New technologies in organization development, Ed. 2, Arlington/ Virg. 1974

BAKKE, E.: The fusion process, 1954. Zit. nach: OLDENDORFF, A.: Sozialpsychologie im Industriebetrieb, Köln 1970

BECKHARD, R.: Organization development: Strategies and models, Reading/Mass. 1969

BENNIS, W. G.: Organisationswandel. In: BENNIS, W. G. / BENNE, K. D. / CHIN, R.: Änderung des Sozialverhaltens, Stuttgart 1975, S. 470—482

Bundesverband Junger Unternehmer BJU (Hrg.): Heute für morgen Initiative mobilisieren, Bonn 1978

COMELLI, G.: Motivation — magic word or hard work? Vortrag auf dem „1980 Employee Relations Managers' Meeting / ESSO-EUROPE", Vevey, Oktober 1980

DEKAR, A. D.: L'entreprise américaine à l'heure du choix. In: Projet, 39, 1969. Zit. nach: MORIN, P.: Einführung in die Angewandte Organisationspsychologie, Stuttgart 1974

DECKER, F.: Grundlagen und neue Ansätze in der Weiterbildung. In: JESERICH, W. u. a. (Hrsg.): Handbuch der Weiterbildung für die Praxis in Wirtschaft und Verwaltung Bd. 7, München 1984

Deutsche Shell AG (Hrg.): Stabilisierung nach der Trendwende. Reihe: Aktuelle Wirtschaftsanalysen, 14, April 1982

DUBIN, S.: The psychology of lifelong learning: New developments in the professions. In: International Review of Applied Psychologie, April 1974, S. 17—31

GOERKE, W.: Organisationsentwicklung als ganzheitliche Innovationsstrategie, Berlin 1981

GREINER, L. E.: Evolution and revolution as organizations grow. In: Havard Business Review, July—August 1972, S. 37—46. Auch in: NEWSTROM, J. W. / REIF, W. E. / MONCZKA, R. M.: A contingency approach to management: Readings, New York 1975, S. 495—507

HERZBERG, F.: Work and the nature of man, Cleveland (World) 1966

HERZBERG, F.: One more time: How do you motivate employees? In: Havard Business Review, Jan.—Febr. 1968

Jugendwerk d. Dt. Shell / VON ILSEMANN, W. (Hrg.): Jugend zwischen Anpassung und Ausstieg, Hamburg 1980

Jugendwerk d. Dt. Shell (Hrg.): Jugend '81, Lebensentwürfe, Alltagskulturen, Zukunftsbilder, Band 1—3, Hamburg 1981

Jugendwerk d. Dt. Shell (Hrg.): Näherungsversuche — Jugend '81, Hamburg 1982

KNABE, G.: Probleme des Managements in den achtziger Jahren. In: DMG-INFO, 5/1980, S. 6—8

KUBICEK, T.: The organization planning: What it is and how to do it, Part 1 — The organizational audit. In: Cost and Management, Jan.—Febr. 1972, S. 33—41. Auch in:

NEWSTROM, J. W. / REIF, W. E. / MONCZKA, R. M.: A contingency approach to management: Readings, New York 1975, S. 73—89

Manager Magazin: trend letter, 33, 11. August 1980

MORIN, P.: Einführung in die Angewandte Organisationspsychologie, Stuttgart 1974

NEWSTROM, J. W. / REIF, W. E. / MONCZKA, R. M.: A contingency approach to management: Readings, New York 1975

OLDENDORFF, A.: Sozialpsychologie im Industriebetrieb, Köln 1970

SHERMAN, H.: It all depends: A pragmatic approach to organisation, University of Alabama Press, 1966

STIEFEL, R. TH.: Relevante Entwicklungstendenzen für die betriebliche Weiterbildungsarbeit — Ein Input für eine Strategiesitzung in Ihrer Abteilung. In: Management-Andragogik und Organisationsentwicklung (MAO), 4/1982b, S. 2—5

VARNEY, G. H.: Organization development for managers, Reading/Mass. 1977

ZELIKOFF, S. B.: On the obsolence and retraining of engineering personnel. In: Training and Development Journal, May 1969, S. 3—15

2. Kapitel

Die Geschichte der Organisationsentwicklung

Die Idee der Organisationsentwicklung geht auf mehrere Quellen zurück. Da ist zunächst die Entdeckung der Gruppendynamik (Laboratoriumsmethode, Sensitivity-Training) als neue Lehr- und Lernmethode Ende der 40er Jahre in den USA. Etwa zur gleichen Zeit wird die sogenannte Survey-Feedback-Methode (Daten-Rückkopplungs-Methode) erstmals in der Praxis erprobt. Sie setzt ebenfalls starke Impulse zur Organisationsentwicklung. Die dritte Quelle ist ein in den letzten drei Jahrzehnten populär gewordener neuer Forschungsansatz, die sogenannte Aktionsforschung. Die Aktionsforschung versteht sich als problemlösende und problemorientierte Forschungsstrategie, bei der Forscher und Betroffene Schritt für Schritt und mit vielen Rückkopplungsschleifen einen gemeinsamen Lernprozeß durchlaufen. Im Gegensatz zur traditionellen, strengen Forschung wird ein betont partnerschaftlicher Ansatz zwischen dem Forscher auf der einen Seite und dem/den Betroffenen (,Forschungsgegenstand') auf der anderen verfolgt.

Als vierte Quelle der Organisationsentwicklung sind schließlich noch die Arbeiten des Tavistock Institute of Human Relations in London zu nennen, wo man — ausgehend von Untersuchungsergebnissen aus dem englischen Kohlebergbau — die sogenannte Theorie sozio-technischer Systeme entwickelte.

In Amerika, ihrem Ursprungsland, hat sich die Organisationsentwicklung inzwischen zu einer eigenständigen sozialwissenschaftlichen Disziplin entwickelt. In den europäischen Ländern setzte die Entwicklung später ein. In Deutschland beginnt der OE-Gedanke Ende der 60er Jahre Fuß zu fassen. Im November 1978 findet in Aachen das ,1. Europäische Forum über Organisationsentwicklung' statt. Die Gründung einer ,Gesellschaft für Organisationsentwicklung (GOE) e.V.' erfolgt im Juni 1980 in Hamburg.

Gliederung

2.1	**Ein ‚historischer' Fall**	47
2.2	**Die Quellen der Organisationsentwicklung**	49
2.3	**Die Laboratoriumsmethode**	
2.3.1	Allgemeine Entwicklung	51
2.3.2	Sensitivity-Training	53
2.3.3	Erfahrungen mit Sensitivity-Training	54
2.4	**Die Survey-Feedback-Methode**	57
2.5	**Die Aktionsforschung**	
2.5.1	Kennzeichen sogenannter ‚strenger' Forschung	60
2.5.2	Kennzeichen der Aktionsforschung	61
2.5.3	Aktionsforschung bedeutet Kooperation mit dem Praktiker	63
2.5.4	Bezug der Aktionsforschung zur Organisationsentwicklung	65
2.6	**Der Tavistock-Ansatz**	69
2.7	**Organisationsentwicklung in Deutschland**	
2.7.1	Erste OE-Projekte	75
2.7.2	Beginn einer Professionalisierung	78
2.8	**Anhang: Organisationsentwicklung in Europa**	81
	Literaturhinweise	83

2.1 Ein ‚historischer' Fall

Als erstes dokumentiertes Beispiel einer Organisationsdiagnose und Organisationsänderung wird gerne das 2. Buch Moses, Kap. 18, zitiert. Es handelt sich um die Geschichte, wie Mose die Kinder Israel aus der Knechtschaft in das Gelobte Land führen sollte. Das Erreichen des Gelobten Landes war also das generelle Ziel, das die Organisation (das Volk Israel) und ihr Führer (Mose) erreichen wollte. Doch es gab ein Dilemma. Im 18. Kapitel, Vers 13 ff. wird darüber berichtet, wie Jethro, Moses Schwiegervater, einen Organisationsmangel diagnostiziert:

> „Am andern Morgen setzte sich Mose hin, um dem Volke Recht zu sprechen, und die Leute traten vor Mose vom Morgen bis zum Abend. Als aber Moses Schwiegervater sah, was er alles mit dem Volk zu tun hatte, sprach er: Was machst du dir da mit dem Volk zu schaffen? Warum sitzest du allen zu Gericht, während die Leute vom Morgen bis zum Abend vor dich treten? Mose antwortete seinem Schwiegervater: Die Leute kommen zu mir, um Gott zu befragen. Denn wenn sie eine Rechtssache haben, so kommen sie zu mir, und ich entscheide zwischen den Parteien und tue ihnen die Satzungen Gottes kund."

Doch Jethro kritisiert diese Organisationsform. Er hat Zweifel ob die gewählte Form effizient ist und deckt ihre Schwächen auf:

> „Es ist nicht gut, wie du das machst. Du wirst dich selbst und diese Leute, die bei dir sind, völlig erschöpfen, denn die Sache ist für dich zu schwer, du kannst sie nicht allein besorgen."

Jethro beschränkt sich nun nicht auf die Diagnose der von ihm festgestellten Organisationsschwäche, sondern macht einen Vorschlag zur Optimierung der Situation. Er schlägt Mose vor — statt immer alles selbst zu tun — ein Delegationssystem einzurichten. Er rät:

> „Sei du vor Gott der Anwalt für das Volk, und bringe du die Rechtssachen vor Gott ... Du aber erwähle dir aus dem ganzen Volke wackere und gottesfürchtige Männer, zuverlässige Leute, die sich nicht bestechen lassen, und mache sie zu ihren Vorgesetzten, zu Vorgesetzten über je tausend, je hundert, je fünfzig, je zehn, damit sie dem Volke jederzeit Recht sprechen. Jede große Sache sollen sie vor dich bringen, jede kleine aber selbst entscheiden; so werden sie dir's leichter machen und dir tragen helfen ... und auch alle diese Leute werden befriedigt heimgehen."

Mit seiner kritischen Diagnose stellt Jethro die entscheidende Frage nach dem *Wirkungsgrad*, der Leistungsfähigkeit der bisherigen Organisation. In der englischsprachigen Literatur steht dafür der Begriff *efficiency* (Effizienz), der klar unterschieden wird von dem Begriff *effectiveness* (Effektivität), der Wirksamkeit.

Die Art und Weise wie Mose anfänglich die Rechtsprechung für das Volk Israel organisiert hatte, war ohne Zweifel effektiv, d. h. wirksam, denn sie erreichte ihre Ziele. Jedem wurde Recht gesprochen — wenn auch mit langen Wartezeiten für die Ratsuchenden und durch einen am Ende des Tages total erschöpften Mose. Das von Jethro vorgeschlagene Delegationsmodell verspricht jedoch, effizienter, d.h. leistungsfähiger, zu sein. Es macht Mose freier für die eigentlich wichtigen Aufgaben, läßt ihn nicht in Routine ersticken und bringt nicht zuletzt auch Vorteile für die Organisationsmitglieder, deren Probleme nun zügiger abgehandelt werden und die nun „befriedigt heimgehen".

Die Heilige Schrift versäumt übrigens nicht, uns noch mitzuteilen, was Mose nach vollzogener Umorganisation anschließend mit seinem Organisationsberater Jethro tut (Kap. 18, Vers 27):

„Darauf entließ Mose seinen Schwiegervater, und dieser zog in seine Heimat."

Der Berater geht. Ein für einen Organisationsentwickler an sich völlig normaler Vorgang. Denn Organisationsentwicklung zielt nicht darauf ab, daß eine Organisation für alle Zeiten von ihrem Berater abhängig wird, sondern die Organisation soll fähig (gemacht) werden, ihre Probleme allein zu meistern. Spätestens dann erübrigt sich der Berater.

2.2 Die Quellen der Organisationsentwicklung

Die Frage nach einer möglichst optimalen Effizienz hat nicht nur Wirtschaftsorganisationen schon immer beschäftigt. Eigentlich von Anfang an sind Organisationen bemüht, wenn nicht sogar gezwungen, mit den sich um sie herum vollziehenden Veränderungen Schritt zu halten. Es erfolgen Anpassungen an technologische Fortschritte ebenso wie an neue Erkenntnisse auf dem Gebiet der Volks-und Betriebswirtschaft bzw. vom Markt und Konsumenten. An sich liegt dann auch fast in der Luft, aus der Tatsache, daß Organisationen schließlich aus *Menschen* bestehen, auch einmal an Veränderungen der *sozialen* (= zwischenmenschlichen) Beziehungen und Bezugssysteme in Organisationen zu denken. In dem Moment dann, in dem man den arbeitenden Menschen nicht mehr — wie in der klassischen Organisationslehre — als Aufgabenträger, Produktions-, Kosten- oder Störfaktor begreift, der sich an übergeordnete ökonomische Anforderungen anzupassen hat (GOERKE, 1981, S. 31), sondern als ein Individuum mit einem Recht auf eigene Gestaltungsbeiträge (SCHEIN, 1965, S. 60 ff.), beginnt man in Kategorien der Organisationsentwicklung zu denken. Hinzu tritt der Gedanke, daß die Anpassung einer Organisation an eine sich ständig verändernde Umwelt in Form des *geplanten Wandels* vollzogen werden kann und sollte, und nicht als Ergebnis von mehr oder weniger zufälligen Entscheidungsprozessen bzw. als erzwungene Reaktion auf Druck von innen oder außen.

In der inzwischen sehr umfangreichen Literatur über Organisationsentwicklung wird zur Entstehung von OE durchweg eine ‚Zwei-Quellen-Theorie' vertreten.[1]) Danach hat sich OE entwickelt aus

- der sogenannten **Laboratoriumsmethode,** die Mitte der 40er Jahre ‚entdeckt' wurde, und
- dem sogenannten **Survey-Feedback-Verfahren** (Datenerhebungs- und Rückkopplungsverfahren).

---

1) Die wohl am sorgfältigsten recherchierte Darstellung über die Geschichte der Organisationsentwicklung geben FRENCH und BELL (1977, S. 37 ff.). Wer als erster den Begriff ‚Organisationsentwicklung' prägte, läßt sich nicht exakt und verläßlich feststellen; nach Meinung von FRENCH und BELL waren es wahrscheinlich BLAKE, SHEPARD und MOUTON. In der Datierung erster OE-Projekte herrscht einigermaßen Einigkeit. Immer wieder genannt werden die Namen von MCGREGOR (der sich ab 1957 bei Union Carbide gezielt mit dem Problem befaßte, wie man den Lerntransfer von Laboratoriumstrainings in die Praxissituation optimieren könne) sowie BLAKE und SHEPARD (die etwa zur gleichen Zeit bei Esso Standard Oil in verschiedenen Raffinerien Programme entwickelten, die auf einer Befragung und Diagnose mit später anschließender Auswertung in Gruppensitzungen basierten). Aus den von MCGREGOR betreuten Projekten bei Union Carbide entstand eine interne Beratungsgruppe, die später ‚Organisationsentwicklungsgruppe' genannt wurde.

Beide Quellen sind einerseits eng verknüpft mit dem Namen des 1933 aus Deutschland emigrierten Sozialpsychologen LEWIN und andererseits mit dem Begriff

- der sogenannten **Aktionsforschung,** einem neuen sozialwissenschaftlichen Forschungsansatz, bei dem die Betroffenen nicht nur „Forschungsgegenstand" und demzufolge Objekte sind, sondern zusammen mit dem Forscher als kooperierende Partner an dem Forschungsprozeß teilnehmen.

2.3 Die Laboratoriumsmethode

2.3.1 Allgemeine Entwicklung

LEWIN zählte schon vor seiner Emigration nach den USA in Deutschland zu den Repräsentanten der Schule der sogenannten ‚Gestaltpsychologie', deren Forschungsinteresse sich nicht mehr auf einzelne psychologische Elemente richtete, sondern auf *Ganzheiten* und bedeutsame Gestaltzusammenhänge, deren Wahrnehmung den einzelnen Menschen beeinflussen und sein Verhalten lenken. Im Rahmen seiner *Feldtheorie* untersuchte LEWIN das Verhalten von Menschen in ihrem ‚Lebensraum', d. h. in ihrem psychologischen Feld.[2]) Fast zwangsläufig mußte sich LEWIN dann auch für das Phänomen ‚Gruppe' interessieren. Schließlich stellt die Gruppe einen wichtigen (Lebens-)Raum dar, in dem sich Individuen bewegen und von dem sie beeinflußt werden.

1945 gründete LEWIN an der Harvard-University (Institute of Technology, Massachussetts) ein Forschungszentrum für Gruppendynamik. Dieses Forschungszentrum gliederte er ein Jahr später, als er zur Ann-Arbor-Universität nach Michigan ging, dem dortigen ‚Institute for Social Research' an. Im Sommer des Jahres 1946 leitete er dann zusammen mit LIPPITT am State Teacher College in New Britain, Connecticut, den inzwischen berühmt gewordenen Workshop, aus dem das sogenannte T-Gruppen-Training (T-Group = Trainingsgruppe) als neue pädagogische Methode hervorging: An sich war bei dieser Tagung geplant, verschiedene Hypothesen über Effekte in Gruppendiskussionen zu überprüfen. Zu diesem Zweck waren drei Gruppen mit je zehn Teilnehmern gebildet worden. Sie sollten an Problembeispielen, welche die Teilnehmer einzeln oder insgesamt aus ihren Alltagssituationen einbrachten, in Gruppendiskussionen und Rollenspielen diese Probleme diagnostizieren und Lösungsalternativen entwickeln bzw. einüben. Jeder Gruppe wurde ein Beobachter zugewiesen, dessen Aufgabe es war, mit Hilfe von Beobachtungsbögen die Interaktionen (= Wechselwirkungen zwischen den Teilnehmern) und gruppendynamischen Prozesse zu protokollieren. Dieses Forschungsmaterial durfte den Teilnehmern nicht mitgeteilt werden, denn „die Analyse des Hier-und-Jetzt-Verhaltens war als *Lernmöglichkeit* im formellen Lehrplan nicht vorgesehen" (BENNE, 1972, S. 96).

Bereits während der Tagung setzte Kurt LEWIN Arbeitssitzungen für den Trainingsstab und die Beobachter an, um die gemachten Beobachtungen zusam-

---

2) Dieses Feld ist für das handelnde Individuum eine Anordnung und Gestalt von Bedeutungsinhalten. Der Mensch bewegt sich in einem für ihn bedeutungsvollen Raum: Eine bestimmte Situation wird als bedrohlich empfunden, eine Zielsetzung als Herausforderung, eine andere Situation als schutzgebend, ein Mensch als Ärgernis, etwas anderes als Hindernis auf dem Weg zum Ziel usw.

menzutragen, sie gemeinsam zu diskutieren und auf Tonband zu protokollieren[3]).

Es war nicht vorgesehen, auch die Teilnehmer an diesen Auswertungssitzungen teilnehmen zu lassen. Der Bitte einiger interessierter Teilnehmer jedoch, ob sie dennoch an diesen Sitzungen teilnehmen könnten, wurde — nach interner Diskussion im Forschungsstab — aber dann entsprochen. Über das, was dann folgte, berichtet BENNE (1972, S. 97 ff.):

> „Der Stab hatte keine Ahnung, wie die Beschreibung und Analyse ihres Verhaltens auf die Teilnehmer wirken würden, noch hatte er eine klare Vorstellung davon, wie man die Reaktionen von Stabsmitgliedern und Teilnehmern auf diese Erfahrung bewältigen könnte. Die offene Erörterung ihres Verhaltens und seiner beobachteten Folgen wirkte sowohl auf die Teilnehmer wie auf die Trainingsleiter elektrisierend. Was in vorangegangenen Sitzungen ein Gespräch zwischen Forschungsbeobachtern und Gruppenleitern gewesen war, erweiterte sich unerbittlich durch die Einbeziehung der Gruppenmitglieder, die an den besprochenen Ereignissen Anteil gehabt hatten."

Als einer der Beobachter eine kritische Beobachtung über eine Frau X berichtete, setzte diese in der Auswertungssitzung anwesende Dame sich heftig zur Wehr und bestritt die Richtigkeit der Beobachtung. Daraufhin bestätigten andere Teilnehmer die von dem Beobachter gelieferten Daten und fügten ihrerseits weitere eigene Beobachtungen hinzu. BENNE berichtet weiter:

> „Kurz, die Teilnehmer begannen, sich dem Versuch der Beobachter und Trainingsleiter anzuschließen, die Verhaltensvorkommnisse zu analysieren und zu interpretieren. Nach wenigen Abenden schon kamen alle Teilnehmer zu den Sitzungen, die außerhalb wohnenden ebenso wie die auf dem Campus untergebrachten. Viele Sitzungen dauerten nicht weniger als drei Stunden. Die Teilnehmer sagten, daß sie daraus wichtige Einsichten in ihr eigenes Verhalten und in das ihrer Gruppe gewännen. Dem Trainingsstab schien es, als sei man unversehens auf ein möglicherweise machtvolles Medium und Verfahren der Umerziehung (re-education) gestoßen."

Dies war die Geburtsstunde einer neuen Lehrmethode, bei der Gruppenmitglieder sich gleichsam selbst zum Gegenstand des Lernens machten. Es zeigte sich offenbar, daß die Teilnehmer einer solchen Trainingsgruppe (T-Group)

— in beträchtlichem Maß an Selbsterkenntnis gewinnen,
— ihre Erkenntnisse über die Reaktionen anderer erweitern und
— über das Verhalten und die Entwicklung von und in Gruppen weitere Erfahrungen sammeln konnten,

wenn man sie mit mehr oder weniger objektiven Informationen über ihr eigenes Verhalten und die Auswirkungen dieses Verhaltens versorgte.

---

3) Dabei mag es unerheblich sein, ob diese Sitzungen vormittags stattfanden, wie MUCCHIELLI (1972, S. 73) berichtet, oder am Abend, falls man BENNE (1972, S. 95) folgen will.

Dabei dachte man bei dem Workshop in New Britain auch nicht sofort daran, sich von nun an ausschließlich auf das ‚hic et nunc' (Hier und Jetzt) zu beschränken und alle räumlich und zeitlich entfernten Inhalte auszuklammern, wie dies schon bald die sich nun schnell entwickelnde sogenannte **Laboratoriumsmethode** tun würde.

Ein wichtiger Schritt auf diesem Weg zur Laboratoriumsmethode war ein dreiwöchiger Kurs an der Gould-Akademie in Bethel (Maine / USA) im Sommer 1947.[4]) Aus den Erfahrungen von 1946 lernend arbeitete man in Bethel erstmals mit der BST-Gruppe (= Abkürzung für engl. Basic-Skills-Training-Group, i.e. Trainingsgruppe für Grundfähigkeiten). Dazu wurden gleichbleibende Kleingruppen mit jeweils einem Leiter und einem Beobachter im Programm vorgesehen, wobei der Beobachter von Zeit zu Zeit seine Beobachtungen an die Gruppe rückkoppelte und der Kursleiter der Gruppe bei der Analyse half. In diese Analyse gingen selbstverständlich auch die Beobachtungen der Teilnehmer über ihre eigenen hic-et-nunc-Erfahrungen ein[5]).

2.3.2 Sensitivity-Training

An diesen Sommer 1947 in Bethel schlossen sich nun Jahre des Experimentierens zur Weiterentwicklung und Überprüfung der T-Gruppen-Theorien an. Dabei entwickelte sich Bethel zum Mekka und zur Hochburg jener neuen Bewegung, die mit sogenannten **Sensitivity-Trainings** (Sensitivierungs-Trainings) bei den Teilnehmern die Wahrnehmungsfähigkeit für eigene und fremde Gefühle, Stimmungen, Einstellungen und Reaktionen sowie die Einsicht in eigene und fremde Verhaltensweisen in Gruppen zu steigern suchten.

Sensitivity-Trainings in ihrer klassischen Form wurden durchweg mit sogenannten Stranger-Groups durchgeführt, d. h. mit ausschließlich einander unbekannten Teilnehmern, die nach Alter, Herkunft, Geschlecht und sozialem Status in der Regel verschieden waren. Ohne auf die vielen entstehenden Variationen im einzelnen einzugehen, läßt sich jedoch zusammenfassen, daß die Trainingsziele sich auf vier Bereiche bezogen (nach MUCCHIELLI, 1972, S. 75):

(1) **Sich selbst** (Wie ist mein eigenes Verhalten Gruppen gegenüber und welche Wirkung hat mein Verhalten auf einen anderen?).

---

4) LEWIN, der noch die Vorbereitungsarbeiten zu diesem Projekt mitbetreut hatte, verstarb einige Monate vorher, Anfang 1947.

5) Bei einer Beschreibung der Konzeption von BST-Gruppen durch BENNE (1948, S. 17 ff.) ist man erstaunt, wie stark bereits in Kategorien der Organisationsentwicklung gedacht wird. Es wird der Rolle des Innovationsagenten reflektiert sowie Punkte wie: Schaffung des Bedürfnisses nach Veränderung, gemeinsame Diagnose von Innovationsagenten und Klienten über ihre Situation, Einbeziehung anderer in den Entscheidungsprozeß, Planung von Handlungen und Einübung des Plans, Einschätzung des gemeinsamen Fortschritts sowie Festigung der erzielten Veränderungen.

(2) **Die anderen** (Worin bestehen die Verhaltensweisen der anderen in einer Gruppe und die Wirkung ihres Verhaltens auf diese?).

(3) **Die Gruppen** (Wie funktionieren Gruppen und welches sind die Bedingungen dafür?).

(4) **Lernprozesse** (Wie lernt man aus eigenen Erfahrungen, wie lernt man zu lernen?).

Die Trainingsziele wurden durchweg angesteuert mit Hilfe von Kleingruppen-Sitzungen, bei denen das ‚Hier und Jetzt' im Zentrum stand und nicht die Diskussion gruppenfremder Probleme. Hinzu kamen zu den Kleingruppensitzungen allgemeine Informationsrunden, weil man — mit Recht — erlebte Erfahrungen ohne theoretische Begriffsbildung für unverwertbar hielt und schließlich alle Lernprozesse auch irgendwie verknüpft sind mit intellektuellem Verständnis. Außerdem wurden noch Übungen eingestreut, die dem Erfahrungslernen sozialpsychologischer Phänomene dienten (Kommunikation, eigene Wirkung auf andere etc.). Wenn das Sensitivity-Training sehr stark strukturiert durchgeführt wurde, d. h. mit standardisierten oder teilweise programmierten Übungen, die nach der Durchführung analysiert und interpretiert werden sollten, sprach man von einem sogenannten **instrumentellen Laboratorium**.

2.3.3 Erfahrungen mit Sensitivity-Training

Wirtschaftsunternehmen und auch andere Institutionen (so z. B. in pädagogischen, sozialen oder kirchlichen Bereichen) sprangen sehr schnell auf diese neuen Gedanken an. Personal- und Ausbildungsleute brauchten nicht lange, um zu erkennen, daß sich hier eine neue und andere Form des Lernens anbot gegenüber dem bisherigen, meist per Vortrag (‚Musik von vorne') praktizierten ‚Kopflernen', das sich meist mit mehr oder weniger passiv bleibenden Zuhörern (‚Schülern') vollzog und das sozusagen in der Großhirnrinde endete. Man erblickte in der T-Gruppen-Methode ein interessantes Verfahren zur Management- und/oder Personalentwicklung. Indem man Manager in solche ‚Labs' (engl. Abkürzung für ‚Labors') schickte, versuchte man ihre Gruppenfähigkeiten zu entwickeln und sie zu effektiverer Gruppenarbeit zu befähigen. Die weitere Entwicklung des Sensitivity-Trainings brachte es jedoch mit sich, daß der Schwerpunkt des Erfahrungslernens in solchen Gruppen sich von der *Team*fähigkeit verlagerte und sich immer stärker dem Ziel der Sensitivierung der *Einzelperson* zuwandte.

Die Manager, die in solche externen Sensitivity-Trainings oder Laboratorien gingen, machten dabei außerordentlich intensive persönliche Erfahrungen und stellten fest, daß sie innerhalb einer kurzen Zeitspanne ein Verhältnis zu Leuten aufbauten, wie sie es noch nie zuvor bei ihrer täglichen Arbeit erlebt hatten. Es war nur konsequent, wenn sich die Teilnehmer bald fragten, warum man denn nicht mit der gleichen Lehr- bzw. Lernmethode auch die zwischenmenschlichen Beziehungen direkt am Arbeitsplatz verbessern könne. So forderte man kurzerhand die Trainer auf, ‚vor Ort' zu kommen. Dies geschah, und DYER (1978, S. 8) schildert die Auswirkungen:

> „Das Problem liegt darin, daß die T-Gruppe dazu bestimmt war, eine Gruppe von *Fremden* zusammenzubringen und dann das Schwergewicht auf deren Zusammenarbeit und gegenseitige Beeinflussung zu legen. So kamen also die Leute als Fremde zusammen, und sie begannen alle ihre Gefühle und Reaktionen ‚auszupacken'. Sie arbeiteten einige phantastische Dinge durch. Dann wird dies in die Firma transferiert, und einige Leute kommen zusammen, die schon seit 25 Jahren zusammenarbeiten. Sie übernehmen diese Methode, die darin besteht, Fremde zusammenzubringen und fangen an, alles auszupacken ... und der T-Gruppen-Leiter veranlaßte sie, alles auszupacken — und das taten sie dann auch. Alle Arten von Reaktionen, die sich über einen Zeitraum von 25 Jahren aufgestaut haben, werden dann in einer Woche ausgepackt. Der T-Gruppen-Leiter sagt: „O.K. Boys, wir hoffen, daß Ihr Euch gut fühlt; auf später!" In vielen Fällen war es ein Desaster, weil man nicht wußte, wie man mit all den Dingen fertig werden sollte, die in diesem kurzen Zeitraum an die Oberfläche kamen. Man wußte nicht, was man damit anfangen sollte. Die Leute wurden aufgeregt und ängstlich und besorgt und furchtsam. Es war einfach zuviel für sie gewesen. Es war nicht angemessen. Wir machten also in einer relativ kurzen Zeit die Erfahrung, daß die T-Gruppe keinen geeigneten Mechanismus darstellte, wie wir es im Labor für die Zusammenarbeit von Fremden gelernt haben, die ein effektives soziales System aufzubauen hatten ... Untersuchungen über das Verhalten von Teilnehmern an Trainingsveranstaltungen vor und nach den Veranstaltungen haben ... folgendes ergeben: Am Ende der Trainingsveranstaltung wurde festgestellt, daß sich die Trainingsteilnehmer in ihrem Verhalten tatsächlich geändert hatten, dann kehrten sie in ihre Firma zurück, und sechs Monate bis zu einem Jahr später wurde festgestellt, daß sie wieder in ihr altes Verhalten zurückgefallen waren. Das neue Führungsverhalten fand in dem in der Firma vorhandenen ... System keine Stütze."

Es zeigt sich also, daß es — wenn es *überhaupt* in größerem Umfang möglich war — große Schwierigkeiten bereitete, die in T-Gruppen (Stranger-Groups) erworbenen persönlichen Fähigkeiten in komplexe Organisationen hineinzutragen bzw. sie zu übertragen. Der entscheidende Unterschied einer Arbeitsgruppe gegenüber einer T-Gruppe, nämlich daß die Arbeitsgruppe *beständiger* und auch *komplexer* war, erwies sich als ein gravierendes Problem bei der Übertragung des in den Laboratorien Gelernten auf die Lösung von Organisationsproblemen.

So war es ein bedeutsamer Entwicklungsschritt voran, als MCGREGOR 1957 bei Union Carbide als Berater ‚zum Aufbau eines effektiven Management-Teams' mit dem in Abb. 10 abgebildeten Fragebogen den Weg zur **Teamentwicklung** beschritt. Etwa zur gleichen Zeit entwickelten BLAKE und MOUTON ihr sogenanntes **GRID-System.**[6]) Sie legten damit erstmals ein langfristiges und systematisches Programm vor, durch das Organisationen mit Hilfe von vorgefertigtem Material einen partizipativeren Führungsstil entwickeln bzw. bei sich einführen konnten.

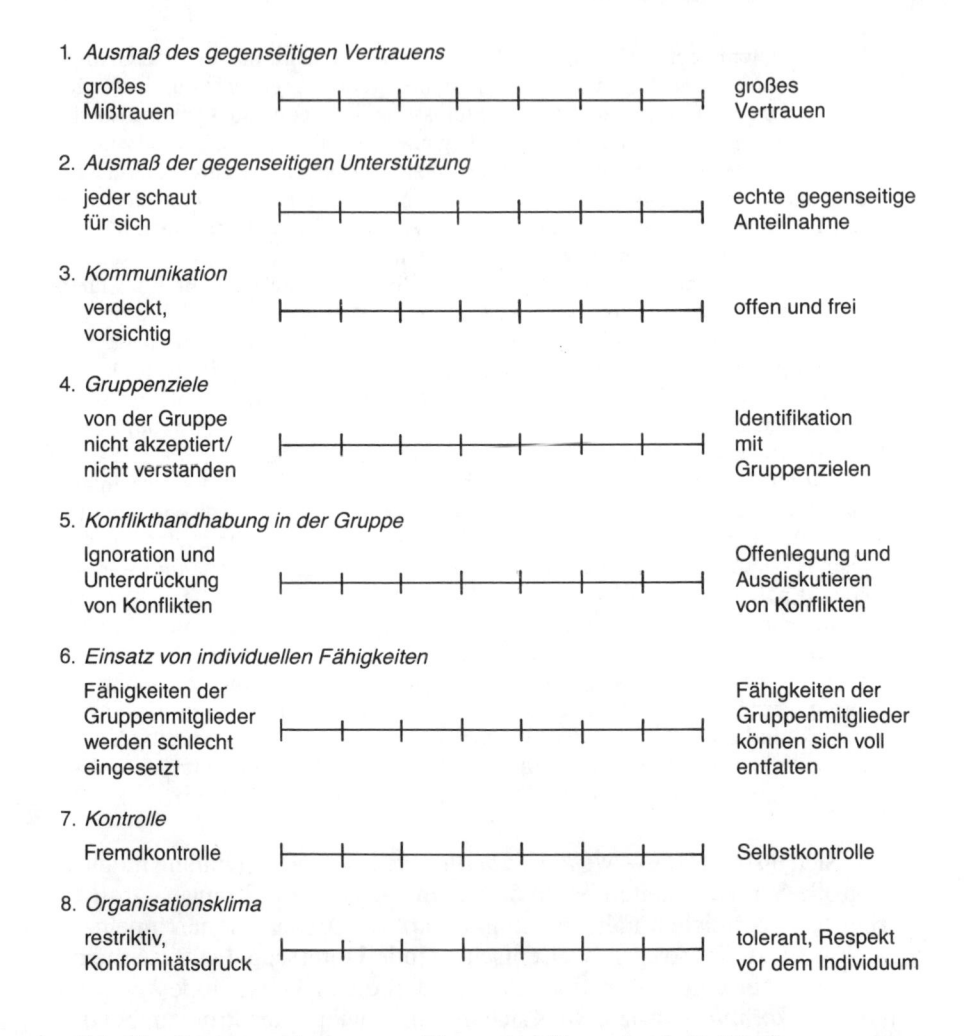

1. *Ausmaß des gegenseitigen Vertrauens*

   großes Mißtrauen ⊢—┼—┼—┼—┼—┼—⊣ großes Vertrauen

2. *Ausmaß der gegenseitigen Unterstützung*

   jeder schaut für sich ⊢—┼—┼—┼—┼—┼—⊣ echte gegenseitige Anteilnahme

3. *Kommunikation*

   verdeckt, vorsichtig ⊢—┼—┼—┼—┼—┼—⊣ offen und frei

4. *Gruppenziele*

   von der Gruppe nicht akzeptiert/ nicht verstanden ⊢—┼—┼—┼—┼—┼—⊣ Identifikation mit Gruppenzielen

5. *Konflikthandhabung in der Gruppe*

   Ignoration und Unterdrückung von Konflikten ⊢—┼—┼—┼—┼—┼—⊣ Offenlegung und Ausdiskutieren von Konflikten

6. *Einsatz von individuellen Fähigkeiten*

   Fähigkeiten der Gruppenmitglieder werden schlecht eingesetzt ⊢—┼—┼—┼—┼—┼—⊣ Fähigkeiten der Gruppenmitglieder können sich voll entfalten

7. *Kontrolle*

   Fremdkontrolle ⊢—┼—┼—┼—┼—┼—⊣ Selbstkontrolle

8. *Organisationsklima*

   restriktiv, Konformitätsdruck ⊢—┼—┼—┼—┼—┼—⊣ tolerant, Respekt vor dem Individuum

Abb. 10: Bewertungsbogen zur Teamentwicklung (nach D. MCGREGOR, entnommen aus: P. ULRICH / E. FLURI, 1975, S. 170)

---

6) In Deutsch: BLAKE, R. R. / MOUTON, J. S.: Verhaltenspsychologie im Betrieb, Düsseldorf 1968

2.4 Die Survey-Feedback-Methode

Unter Survey-Feedback (andere Bezeichnungen: survey guided feedback oder survey research und -feedback) versteht man die Anwendung von Einstellungsumfragen bei Mitgliedern einer Organisation oder einer Gruppe davon mit der anschließenden *Rückkopplung* der erlangten Ergebnisse an diese Leute sowie deren Verarbeitung in Workshops. Im Deutschen bezeichnet man diese Methode als Datenerhebungs- und Rückkopplungsmethode bzw. einfacher als Daten-Rückkopplungs-Methode.[7])

Bei der Suche nach den geschichtlichen Quellen dieser Methode stößt man wieder auf LEWIN und sein Forschungsteam.[8]) Von F. C. MANN (1957) wird ein frühes Projekt aus dem Jahr 1948 bei der Detroit Edison Company berichtet, bei der die Survey-Feedback-Methode erstmals (?) zur Anwendung kam. In der Edison Company wurden die Ergebnisse einer organisationsübergreifenden Umfrage an die befragten Mitarbeiter, Manager und Abteilungen zurückgegeben und in einer ineinander übergreifenden Folge von Konferenzen weiterverarbeitet.

Das bisher übliche Verfahren bei solchen betriebsinternen Umfragen hätte vorgesehen, daß die Forscher nach Auswertung, Zusammenstellung und Interpretation der erhobenen Daten dem Auftraggeber (hier: der Unternehmensleitung) einen Untersuchungsbericht mit Darstellung der angewandten Methoden und Präsentation der Ergebnisse abgeliefert hätten. Je nach Auftragsumfang wären von den Hypothesen vielleicht noch Empfehlungen für eventuell durchzuführende Maßnahmen abgeleitet worden. Nun aber wurde ein anderer, neuer Weg beschritten: Die Befragten wurden zu Arbeitssitzungen (Workshops) eingeladen, welche die Resultate der Umfrage zum Thema hatten. Auf diese Weise wurden die Befragten gleichsam zu ‚Klienten', welche nun die Chance hatten, die Ergebnisse nicht nur zu besprechen, sondern auch an ihren eigenen Erfahrungen zu prüfen und mit ihrer bisherigen Sicht der Dinge zu vergleichen.

Eine solche Vorgehensweise kann man ohne weiteres als eine Validitätsprüfung der Ergebnisse durch Sachkundige (nämlich die Betroffenen selbst) bezeichnen. Nicht selten fordern diese dann auch die Forscher auf, die eine oder

---

7) A. WEINERT (1981, S. 250) spricht von ‚empirischem Feedback'.
8) Die LEWIN'sche Forschungsgruppe arbeitete seit 1945 in ihrem Research Center for Group Dynamics zunächst am Massachussetts Institute of Technology und später — nach dem Tod LEWINs im Jahr 1947 — an der University of Michigan. Dort gründete man dann zusammen mit dem Michigan Survey Research Center das Institute for Social Research. FRENCH und BELL (1977, S. 41) nennen einige der führenden Mitarbeiter dieses Institutes (MTI): Außer LEWIN waren dies u. a. RADKE, FESTINGER, R. LIPPITT, McGREGOR, J. R. P. FRENCH jr., CARTWRIGHT, DEUTSCH sowie in jüngerer Zeit F. C. MANN und LIKERT — durchweg Namen, die in der Literatur einen ausgezeichneten Klang haben.

andere der aufgestellten Hypothesen noch einmal neu zu überdenken. Auch prüfen die Betroffenen in der gemeinsamen Diskussion, ob die Ergebnisse plausibel sind. Der Umgang mit den Befragungsergebnissen fordert die Leute nicht nur heraus, ihre *eigene* Analyse und Interpretation der Daten vorzunehmen, sondern er animiert sie nicht selten auch noch dazu, über Analyse und Interpretation hinaus mit weiteren eigenen Erfahrungen und Informationen das vorliegende Datenmaterial zu bereichern.

Damit wird aus einer (Befragungs-)Methode ein *Prozeß*. Die Befragungsergebnisse sind Anlaß, die Problemsituationen weiter und genauer zu beschreiben, ihren Ursachen nachzugehen, Querverbindungen aufzuspüren, Vergleiche anzustellen und — schließlich — Lösungsalternativen zu entwickeln, d. h. konkrete Veränderungsmaßnahmen einzuleiten. Ein offensichtlicher Vorteil und wohl auch ein Reiz der Methode ist die Tatsache, daß die Beteiligten von den rückgekoppelten Befragungsergebnissen im wahrsten Sinne des Wortes ‚betroffen' sind. Es sind *ihre* Daten, die naturgemäß einen extrem hohen Praxisbezug haben.[9] In einem Artikel zu der oben erwähnten Studie bei Detroit Edison faßt BAUMGARTEL (1959, S. 6) zusammen:

> „Die Ergebnisse dieser experimentellen Studie bestätigen die Idee, daß eine intensive Gruppendiskussion zur Nutzbarmachung der Ergebnisse einer schriftlichen Mitarbeiterbefragung ein wirksames Instrument zur Einführung positiver Veränderungen in Unternehmungen sein kann. Möglicherweise beruht der Erfolg dieser Methode darauf, daß sie sich — im Vergleich zu traditionellen Trainingskursen — mit dem System der menschlichen Beziehungen als Ganzes befaßt (Vorgesetzte und Untergebene können sich gemeinsam verändern) und daß sie sich mit jedem Manager, Vorgesetztem und Angestellten im Kontext seiner eigenen Arbeit, seiner eigenen Probleme und seiner eigenen Arbeitsbeziehungen befaßt."

Selbstverständlich hat sich auch die Daten-Rückkopplungs-Methode im Laufe der Jahre fortentwickelt.[10] Verschiedene Autoren weisen darauf hin, daß

---

9) SIEVERS und TREBESCH (1980) stellen die große Arbeitsbezogenheit der Methode heraus, die das unmittelbare Interesse an der weiteren Klärung einer Problematik fördert und Engagement für eine Verbesserung der betrieblichen Zusammenarbeit weckt.

10) In einem Bericht über Organisationsentwicklung im schulischen Bereich beschreiben MILES, HORNSTEIN, CALLAHAN, CALDER und SCHIAVO (1975, S. 376) eine mögliche Vorgehensweise: „Das Klientensystem wird gewöhnlich von Anfang an der Datensammlung beteiligt; häufig fordert man die Mitglieder ausdrücklich auf, Fragen für die Erhebung zu erarbeiten und mit dem externen Stab Pläne für die Datensammlung zu machen (NEFF, 1966). Außerdem können Einzelinterviews mit einer Auswahl von Klienten durchgeführt werden; diese Daten sind dann die Grundlage für die endgültige Befragung und die Interviews. Die Instrumente der Datensammlung können sich mit solchen Themen befassen wie Zufriedenheit der Mitarbeiter, Beschäftigung von Einzelnen und Aufgabengruppen mit besondern Problemen, Wahrnehmungen des Einflusses, den man selbst und/oder Vorgesetzte bei Entscheidungen haben, und Wahrnehmung von Normen und Zielen. Nachdem die Daten analysiert und so zusammengestellt worden sind, daß sie für die Betroffenengruppe deutlich und verwendbar sind, werden sie der Organisation übermittelt."

das Feedback am wirksamsten ist, wenn es in sogenannten **family-groups** durchgeführt wird, d. h. ‚Arbeitsfamilien'. Damit ist die konkrete Arbeitsgruppe gemeint, welche gleichsam als Familie unter einem gemeinsamen Vorgesetzten in der täglichen Zusammenarbeit ohnehin ständig miteinander zu tun hat und deshalb eng miteinander verknüpft ist.

In einer umfassenden Studie von BOWERS (1973) über die Wirkung von verschiedenen Strategien der Organisationsentwicklung schneidet die Survey-Feedback-Methode außerordentlich gut ab. BOWERS erfaßte insgesamt 23 Organisationen und befragte über 14 000 direkt oder indirekt in die Veränderung involvierte Personen. Nach einer Zusammenfassung von KIRSCH et al. (1979, S. 217) räumten die meisten Befragten der Survey-Feedback-Methode die „meisten und absolut höchsten signifikant positiven Wirkungen" ein. Weiter: „Negative Wirkungen treten überhaupt nicht auf." Die Ergebnisse von BOWERS bezüglich der Laboratoriumsmethode hingegen waren zwiespältig: Die Laboratoriumstrainings wirkten sich in dieser Untersuchung auf das Betriebsklima bzw. die Organisationsgesundheit fast durchweg signifikant negativ aus, auf die Gruppenprozesse hingegen signifikant positiv.

2.5 Die Aktionsforschung

2.5.1 Kennzeichen sogenannter ‚strenger' Forschung

Wie weiter oben bereits erwähnt, sind die Laboratoriumsmethode und die Survey-Feedback-Methode eng mit der sogenannten Aktionsforschung verknüpft. Um zu erläutern, was Aktionsforschung ist und welche besonderen Merkmale sie kennzeichnen, schildert man am besten zunächst einmal die typischen Kennzeichen der klassischen angewandten experimentellen Sozialforschung, die sich sowohl im Labor als auch im ‚Feld' vollziehen kann. Hierbei gelten strenge Maßstäbe, die im Endeffekt alle darauf hinauslaufen, daß der Forscher in seinem Bemühen um größtmögliche Objektivierung versucht, die Versuchsanordnung weitestmöglich zu kontrollieren und Nebeneinflüsse (speziell auch die, welche von den Versuchspersonen verursacht oder eingebracht werden) soweit es nur geht auszuschalten. Er ist also bemüht, für die Durchführung der Untersuchung so strenge Bedingungen zu definieren, daß eine Wiederholung durch andere später möglich ist.[11]) Damit ist auch die Beziehung zwischen Forscher und Versuchs- bzw. Untersuchungsperson gekennzeichnet: Auf der einen Seite steht der dominierende und alles-lenkende Forscher, auf der anderen Seite das ‚Untersuchungsobjekt', das sich ‚gehorsam' den gesetzten Bedingungen zu fügen hat, wobei es unter Umständen für die Teilnahme eine Entlohnung oder Vergünstigung erhält.

ARGYRIS (1964 und 1972, S. 7 ff.) beschreibt verschiedene unerwünschte Konsequenzen solch strenger Forschungsdesigns (Design = Aufbau, Anordnung). Er bezieht sich dabei offensichtlich in erster Linie auf *Labor*experimente. Es braucht jedoch nicht viel Phantasie, zu erkennen, daß ähnliche oder zum Teil noch härtere Konsequenzen auch bei Feldexperimenten oder -untersuchungen auftreten, die in traditioneller Art durchgeführt werden. Die von ihm beschriebene Skala der Konsequenzen reicht von physischem oder psychischem Sich-Zurückziehen (z. B. Sich-Drücken oder ‚Mauern') bis hin zur offenen oder verdeckten Feindseligkeit gegenüber dem Forscher (z. B. Weigerung, an der ‚Seelenspionage' teilzunehmen oder bewußtes Falschspiel bei der Abgabe von Informationen). Hinzu kommen noch die verschiedensten Ängste (z. B. Warum bin gerade *ich* für die Befragung ausgesucht worden?) und manche Portion Mißtrauen. Letzteres besonders dann, wenn man bei einer Befragung zu absoluter Offenheit aufgefordert wird, während man bis dahin — und wohl auch danach — in der betreffenden Organisation die

---

[11]) ARGYRIS (1972, S. 6) bemerkt in einer solchen Konstruktion Ähnlichkeiten zu betrieblichen Situationen, in denen ein Management (= Forscher) die Rolle des Mitarbeiters (= Versuchsperson) so rational und klar, aber auch so eng definiert, daß für ihn angesichts der mechanisierten Bedingungen und der über sein Verhalten ausgeübten Kontrolle sozusagen Fließband-ähnliche Verhältnisse geschaffen werden.

persönliche Erfahrung gemacht hat, daß sich Offenheit nicht auszuzahlen pflegt...

Fragen sich schließlich die Teilnehmer an einem Experiment oder einer Befragung, was mit denen an ihnen erhobenen Daten passiert, was herausgekommen ist, wozu sie verwendet werden, werden sie vielleicht feststellen, daß sie als Adressaten für den Forscher schon längst nicht mehr interessant sind und daß nicht selten die Resultate und Ergebnisse sogar *gegen* sie verwendet werden. Viele Forscher geben zwar — soweit möglich — den an einem Experiment oder einer Untersuchung beteiligten Personen noch eine Rückmeldung über die Ergebnisse, betrachten dies jedoch eher als eine faire oder großmütige Geste, sozusagen als ‚Dank fürs Mitmachen', jedoch nicht als Bestandteil ihrer Methode. Wenn man nun einmal betrachtet, welch umfangreiches Erkenntnismaterial z. B. in der Werbeforschung, in der Markt- und Konsumentenforschung, aber auch bei arbeits- und organisationspsychologischen Untersuchungen mit Hilfe derjenigen aufgebaut wird, ‚gegen' die es — theoretisch zumindest — verwendet werden kann, fragt man sich, warum sich eigentlich Untersuchungspersonen nicht schon längst und viel häufiger einfach weigern, an Untersuchungen teilzunehmen, deren Sinn und Absicht ihnen nicht offenbart wird und bei denen sie auf die Verwendung der erhobenen Daten keinen Einfluß haben.

Genau in diesen Kritikpunkten möchte sich die Aktionsforschung von den bisherigen Forschungsmethoden unterscheiden.

2.5.2 Kennzeichen der Aktionsforschung

Obgleich MOSER (1978, S. 43) nach einer Zusammenstellung verschiedenster Definitionen zum Begriff Aktionsforschung zu der Auffassung gelangt, „daß es keine einheitliche Definition dieses Forschungstyps gibt, sondern daß dazu heterogenste Charakterisierungen vorkommen", wollen wir versuchen, die wichtigsten Merkmale der Aktionsforschung zusammenzutragen. Mit FRENCH und BELL (1977, S. 110) kann man zunächst **Aktionsforschung als Prozeß** definieren. Im Ablauf dieses Prozesses erfolgt eine „systematische Sammlung empirischer Daten über ein System in bezug auf dessen Ziele und Bedürfnisse; aus dem Feedback dieser Daten an das System und aufgrund zusätzlicher Hypothesen werden Aktionen zur Veränderung einzelner Systemvariablen entwickelt; durch neue Datensammlung werden die Ergebnisse dieser Aktionen überprüft und ausgewertet".

Unter Aktionsforschung versteht man also einen sich ständig wiederholenden Wechsel von Aktionen und ihrer Auswertung (Evaluierung) mit Daten-Rückkopplung an das Betroffenensystem. Nachdem man auf ein Problem aufmerksam (gemacht) wurde, beginnt man — wie in der traditionellen Forschung — mit der Formulierung einer Basis-Hypothese, an die sich eine Datensammlung anschließt. Während der traditionelle Ansatz als nächste Schritte die Auswertung und Interpretation der Resultate durch den *Forscher* sowie vielleicht noch Schlußfolgerungen und Empfehlungen an den Auftraggeber vorsieht, geht das Aktionsforschungskonzept davon aus, daß die erhobenen Daten eine größere und angereichertere Bedeutung dadurch gewinnen können, daß sie der Betrachtung und Interpretation jener Leute unterworfen werden, welche diese Daten ‚produziert' haben. Eine weitere Annahme dabei ist, daß die Betroffenen über den Weg ihrer Einbeziehung die Natur des bearbeiteten Problems klarer erfassen und durchschauen und daß sie auf diese Weise intensiv angeregt werden, adäquate Lösungsaktivitäten zu entwickeln und deren Realisierung später auch mitzutragen.

Damit schält sich ein weiteres Merkmal der Aktionsforschung heraus: sie ist ausgesprochen **problemorientiert**. Sie greift anstehende praktische Probleme auf und ist so im wörtlichen Sinn anwendungswissenschaftlich.[12]) Auch FRENCH und BELL (1977, S. 113) bemerken, daß die Aktionsforschung als eine Art Problemlösemethode zu verstehen ist, welche in der Systematik ihrer Vorgehensweise eine sehr nützliche Abfolge von Teilschritten anbietet, die sich auch innerhalb der Organisationsentwicklung bewährt hat. SIEVERS (1977, S. 27) nennt folgende Phasen:

- die **Erkundungsphase**; sie dient zur Auslotung der Kooperationsmöglichkeiten und zur Klärung der gemeinsamen Zielsetzungen; sie mündet in
- die **Projektabsprache**; darunter versteht man eine feste Vereinbarung bezüglich der Zielsetzungen und der „Spielregeln" für die Zusammenarbeit; mit dieser Absprache beginnt das eigentliche Projekt mit den Phasen
- der **Datensammlung**,
- der **Daten-Rückkopplung**,
- der **gemeinsamen Diagnose**,
- der **Handlungsplanung**,
- der **Handlungsdurchführung** und
- der **Auswertung**.

Eine ähnliche Abfolge ist in Abb. 11 dargestellt. Selbstverständlich kann der Prozeß zyklisch durchlaufen werden, wobei jede Auswertung gleich wieder als Datensammlung für neue Hypothesenbildung und Aktionen dient.

---

12) PIEPER (1975, S. 100 ff.) bezeichnet die Aktionsforschung als problemlösende und problemorientierte Forschungsstrategie, „durch die ein Forscher oder ein Forschungsteam in einem sozialen Beziehungsgefüge in Kooperation mit den betroffenen Personen aufgrund einer ersten Analyse Veränderungsprozesse in Gang setzt, beschreibt, kontrolliert und auf ihre Effektivität zur Lösung eines bestimmten Problems beurteilt. Produkt des Forschungsprozesses ist eine konkrete Veränderung in einem sozialen Beziehungsgefüge, die eine möglichst optimale Lösung des Problems für alle Betroffenen bedeutet".

Aktions-forschungs-phase	Vorwiegend	Inhalt
Kontakt und Vorgespräche	Forschung	Erste gegenseitige Orientierung und Vorentscheidung über eine mögliche Zusammenarbeit
Vereinbarung	Aktion	Entwicklung einer gemeinsamen Arbeitsbeziehung und eines „Kontaktes"; erste Problemsicht; Auswahl der Datensammlungs- und -feedbackmethoden
Datensammlung	Forschung	Aufnahme des Ist-Zustandes durch entsprechende Methoden der Datenerhebung (im wesentlichen Befragung)
Datenfeedback	Aktion	Rückgabe der aufbereiteten Daten an das Klientensystem zur Diskussion und Diagnose
Diagnose	Forschung	Einsicht in die derzeitige „innere Verfassung" der Organisation (Stärken, Defizite und Probleme)
Maßnahmenplanung und -durchführung	Aktion	Entwicklung spezifischer Maßnahmenpläne, die eine Entscheidung darüber einschließen, wer die Pläne ausführt und wie der Erfolg gemessen und bewertet werden kann. Ausführung der erarbeiteten Veränderungsstrategien
Erfolgskontrolle	Forschung	Bewertung der Effektivität/Ineffektivität der durchgeführten Maßnahmen. Entscheidung über Abschluß oder Weiterführung des Projektes

Abb. 11: Ablaufphasen eines Aktionsforschungsprozesses (aus: B. SIEVERS / K. TREBESCH, 1980, S. 54)

2.5.3 Aktionsforschung bedeutet Kooperation mit dem Praktiker

Ein weiterer Anstoß zur Entwicklung der Aktionsforschung entsteht eigentlich aus einem Forschungs-Dilemma: Je mehr sich der Forscher von abstrakten Theorien entfernt und je mehr er sich um möglichst unmittelbar auf die Praxis anwendbare Modelle bemüht, desto stärker kommt es für ihn zu einer Konkurrenz zwischen seinen wissenschaftlichen Ansprüchen einerseits und den Forderungen der Praxis auf der anderen Seite. Besonders der im Feld der Organisationspsychologie arbeitende Forscher kann sich heutzutage nicht mehr länger im Elfenbeinturm der Wissenschaft verkriechen. Will er wirklich empirisch arbeiten, muß er ‚vor Ort' gehen. Er muß sich der ungeheuren Komplexität der Realität stellen, die sich ohnehin im Laborexperiment nicht exakt abbilden läßt. Jedoch auch wenn er sich zu einem Feldexperiment entschließt, werden die oben erwähnten Bedingungen ‚strenger Forschung' nur unzureichend oder nur in seltenen Fällen zu verwirklichen sein. Es sei denn, man unterwirft sich einem entsprechenden Zwang zur Vereinfachung, wobei man damit auch gleichzeitig die Ursachen schafft für mögliche Scheinergebnisse (Artefakte), die ihre Entstehung ausschließlich den künstlichen Bedingungen der Versuchsanordnung verdanken und die sich später nie reproduzieren lassen.

Hier bietet die Aktionsforschung zweifellos einen neuen Weg, und sie schlägt eine Brücke über den zum Teil sehr tiefen Graben zwischen Theorie und Praxis. Der Aktionsforscher arbeitet im Praxisfeld mit der Überzeugung, daß er gut beraten ist, sich mit seinen Forschungen

a) an den Bedürfnissen, Problemen und Fragestellungen der *Praktiker* zu orientieren sowie
b) seine Vorgehensweise und Versuchsanordnung auf die *Realitäten* abzustimmen und dabei die Anregungen und Erfahrungen der Praktiker aufzunehmen.

Dies bedeutet ganz klar **Kooperation mit dem Praktiker** innerhalb des Forschungsprojektes. Damit ändert sich gleichzeitig auch die Beziehung zwischen dem Forscher und den ‚Betroffenen': Die bisherige traditionelle Rollenverteilung zwischen dem Forscher auf der einen Seite und dem *Objekt* seiner Forschung auf der anderen Seite wird durchbrochen. Aus dem ‚Forschungsgegenstand', der einer Untersuchung oder einem Experiment ‚unterworfen' wird, wird ein Kooperationspartner, ein Mitbeteiligter an der Forschung, ein Forschungsmitarbeiter. Aus dem **Objekt** wird ein **Subjekt.**[13]) Der Forscher und die Betroffenen (die ‚Klienten') arbeiten zusammen; Forscher- und Klientensystem bilden für die Projektdauer ein gemeinsames Handlungssystem.

Vorausgesetzt wird dabei, daß auf der Klientenseite die Arbeit des Forschers betrachtet und akzeptiert wird als brauchbare Hilfestellung bei der Bewältigung von Problemen, d. h. bei ihrer Analyse, bei der Entwicklung von Lösungsaktivitäten, bei der Durchführung von Aktivitäten (Aktionen) zur Problembewältigung (= Veränderung) sowie bei der Bewertung des Erfolges. Das Engagement des Forschers hingegen wird genährt durch die Hoffnung und Chance, der Aktionsforschungsprozeß möge das eigene Theoriesystem und Anwendungswissen befruchten und zur Verfeinerung seiner Methoden und Instrumente beitragen. Typisch für das Selbstverständnis des Forschers bei Aktionsforschungsprogrammen ist jedoch auch, daß er sich — über die Suche nach neuen Erkenntnissen hinaus — auch bei den Entscheidungsprozessen und der Durchsetzung ihrer Ergebnisse **persönlich engagiert** (Egoinvolvement).[14])

---

13) SIEVERS (1977, S. 26) sieht im Vergleich zur traditionellen empirischen Sozialforschung den „grundlegenden Unterschied des Aktionsforschungsmodells in der expliziten Kooperation von Wissenschaftlern und Praktikern bei dem Design, der Durchführung und Auswertung von Forschung". Außerdem hebt er hervor, daß bei solchen Projekten auch nicht — wie häufig im Labor — mit künstlich zusammengestellten, sondern mit *echten*, d. h. wirklich vorhandenen, gesellschaftlichen Gruppen bzw. Einheiten geforscht wird.

14) Nach KIRSCH et al. (1979, S. 176) treibt das Egoinvolvement den Forscher aus der Rolle des kühlen Beobachters für Abläufe heraus. Er identifiziert sich mit den Aktivitäten und findet Befriedigung darin, an Aktivitäten beteiligt zu sein, die greifbaren sozialen Sinn haben.

Sozusagen durch ein Prinzip des Gebens und Nehmens zwischen allen Beteiligten wird die Aktionsforschung zum **Forschungs- und Lernprozeß** zugleich. HAAG (1975, S. 43) formuliert: „Aktionsforschung wird zum Erkenntnisprozeß in einem Herstellungsprozeß." Dadurch, daß bei der Aktionsforschung die anfallenden Erkenntnisse sofortigen und unmittelbaren Eingang finden in die noch laufenden Prozesse, d. h. in die in Gang gesetzten Aktionen, werden Lernprozesse in sozialen Systemen initiiert und gesteuert. SHEPARD (1960, S. 33 ff.) nennt deshalb zu Recht die Aktionsforschung ein *normatives* (d. h. Richtschnur-setzendes) Lernmodell.[15])

2.5.4 Bezug der Aktionsforschung zur Organisationsentwicklung

Aktionsforschung ist trotz aller Gegensätzlichkeit zur traditionellen Forschung allerdings keinesfalls ein einfaches und laienhaftes ‚Mal etwas unternehmen und sehen, was dabei herauskommt'. Dies wäre auch verantwortungslos den Betroffenen gegenüber. Selbstverständlich ist Aktionsforschung als empirische Methode um exakte Meßmethoden besorgt und gebunden an theoretische Konzepte, die als Basis für Hypothesenbildung sowie als Bezugsrahmen für Diagnose, zur Entwicklung von Handlungsschritten und zur Bewertung der Aktivitäten dienen.

Aber es soll nicht unerwähnt bleiben, daß Aktionsforschung auch eine **politische und gesellschaftliche Dimension** besitzt. FENGLER (1978, S. 378), der in der Aufhebung der Subjekt-Objekt-Spaltung die eigentliche Kennzeichnung der Aktionsforschung sieht, verdeutlicht dies, indem er die Aktionsforschung als alternative Art der Forschung skizziert:

— Versuchsleiter und Versuchsperson arbeiten gleichberechtigt zusammen;
— die Untersuchungssituation ist für jedermann durchschaubar;
— das Instrumentarium wird gemeinsam entwickelt oder zumindest in seiner Funktion erläutert;

---

15) SHEPARD begründet dies (1960, S. 33 f.): „Menschliches Handeln sollte zielorientiert sein, mögen die Ziele dabei auch vage sein. Ebenso sollte jedem menschlichen Handeln ein Plan zugrunde liegen, es sollten Pläne gemacht werden, auch wenn die Wege zum Ziel immer ungenügend bekannt sind. Das Handeln selber sollte schrittweise erfolgen, und nach jedem Schritt sollte ein Blick auf den neuen Zustand geworfen werden. Dieser Blick kann zeigen, ob das Ziel realistisch ist, ob es näher gekommen oder weiter weggerückt ist und ob es geändert werden sollte. Durch eine solche Untersuchung der Tatsachen kann die gegenwärtige Situation beurteilt werden, und diese Information kann zusammen mit der Information über das Ziel beim Planen des zweiten Schrittes mitverwendet werden. Die Bewegung auf ein Ziel hin besteht aus einer Reihe von solchen Zyklen: Planen — Handeln — Untersuchen — Planen."

— der Forscher ist selbst Teil des Forschungsprozesses und u. U. auch Gegenstand desselben;
— erhobene Daten verschwinden nicht mehr in Aktenschränken und EDV-Anlagen, sondern werden den Betroffenen zur Verfügung gestellt und in ihrer Bedeutung für die Fragestellung mit ihnen erörtert;
— vielleicht fassen Versuchsleiter und Versuchspersonen gemeinsam den Forschungsbericht ab."[16])

Die Aktionsforschung wird von verschiedenen Autoren als deutlicher Schritt zur **Demokratisierung der Forschung** verstanden. Von daher ergibt sich auch ihre politische Bedeutung — mit der nicht von der Hand zu weisenden Gefahr einer Ideologisierung. So weist etwa PAULS (1980, S. 47) darauf hin, daß bei der Durchführung von Aktionsforschungsprojekten, die ja gleichzeitig Aktion und Forschung sind, Handlungen stattfinden, „die als gesellschaftliche Experimente gelten können". Gesellschaftspolitisches Engagement führt dann auch eine ganze Reihe von Aktionsforschern dazu, über Aktionsforschungsprojekte Veränderungen besonders zugunsten sogenannter sozial benachteiligter Gruppen zu betreiben (wobei hier unter Demokratisierung wohl eher der Einsatz für sozial Benachteiligte verstanden wird als die Mitkontrolle eines Prozesses durch beteiligte Betroffene). Es gibt schließlich noch eine sehr zugespitzte Tendenz, Aktionsforschung ganz allein durch die Betroffenen betreiben zu lassen (d. h. ohne sich dem ‚Herrschaftswissen' von Experten unterwerfen zu müssen). Solche Versuche, sozusagen total basisdemokratisch zu forschen, scheinen — wenigstens zur Zeit — auf große Realisierungsschwierigkeiten zu stoßen. EXNER (1981, S. 71) analysiert ein derartiges, in einem großen deutschen Industrieunternehmen durchgeführtes Projekt und führt sein Scheitern u. a. auf „gewisse dogmatische Annahmen" und auf das „bewußte Außerachtlassen des Wesens von Organisationen als Netzwerke einander beeinflussender Regelkreise" zurück.

Eine ganze Reihe von Autoren bezeichnet — wie bereits bei der Laboratoriumsmethode und der Survey-Feedback-Methode — den an sozialen Veränderungen höchst interessierten LEWIN auch als den ‚Erfinder' der Aktionsforschung. Immerhin führte dieser seit Mitte der 40er Jahre mit seinen Studenten verschiedene Aktionsforschungsprojekte praktisch durch, die er auch theoretisch untermauerte. Auch der Name COLLIER (1945) wird im Zusammenhang mit der Entstehung der Aktionsforschung genannt. COLLIER war von 1933 bis 1945 in den USA als Beauftragter für Indianerfragen tätig und mit der Entwicklung von Programmen zur Verbesserung der Rassenbeziehungen befaßt. Er vertrat ebenfalls schon frühzeitig die Meinung, daß wirksamen Maßnahmen zunächst eine genaue Untersuchung der vorliegenden Probleme vorangehen müsse und daß zur Durchführung eines guten Handlungsplanes auch

---

16) FENGLER fügt hinzu, daß natürlich nicht bei allen Aktionsforschungsprojekten alle genannten Merkmale realisiert werden.

die Kooperation der Klienten gehöre. Dies sei notwendig, weil Lösungen schließlich dem Problem angemessen und anwendbar sowie von den Problemträgern akzeptiert und bei der Realisierung getragen werden müßten. COLLIER nannte seine an diesen Prinzipien orientierte Vorgehensweise Aktionsforschung.[17])

PETZOLD (1980, S. 142 ff.) schließt sich nicht der von der Mehrheit der Autoren vertretenen Meinung an, daß LEWIN die ersten Anregungen zur Aktionsforschung zuzuschreiben sind. Eine Durchsicht von Originalquellen führt ihn zu der Überzeugung, daß „MORENO nicht nur den Begriff Aktionsforschung prägte, sondern zehn Jahre bevor das Konzept bei LEWIN auftaucht, wichtige Prinzipien eines Aktionsforschungsansatzes in seinen soziometrischen Arbeiten formulierte: Arbeit im Feld, teilnehmende Beobachtung, Beteiligung des Beforschten an der Forschungsarbeit, Forschung mit den Zielen der Veränderung von Situationen, gemeinsam mit allen, die von der Situation betroffen sind"[18]).

Inzwischen hat sich die Aktionsforschung in vielen verschiedenen Varianten entwickelt. So beschreiben bereits CHEIN, COOK und HARDING (1948) vier verschiedene Arten der Aktionsforschung (diagnostisch, partizipativ, empirisch und experimentell), auf deren Unterschiede hier jedoch nicht weiter eingegangen werden soll.

Obwohl Aktionsforschung seit ihrer Entstehung von vielen ernstzunehmenden Forschern praktiziert und weiterentwickelt worden ist, hängt ihr immer noch der Geruch der Unwissenschaftlichkeit, des Unseriösen, der Zweitrangigkeit oder sogar des wissenschaftlichen Fehltritts an. Dabei sollte es selbst konservativsten Sozialforschern einleuchten, daß besondere und neuartige Methoden notwendig sind, um die vielen verschiedenen Einflußgrößen im ‚Feld' in ihrer Komplexität forscherisch zu meistern. Dies gilt besonders angesichts der oft erschreckend geringen externen Validität herkömmlich erzielter experimenteller Forschungsergebnisse. Die Aktionsforschung, von KIRSCH (1979, S. 126) eine „relativ extreme Form der angewandten Forschung" genannt, wird *niemals ein Ersatz* für klassische experimentelle Forschung sein können, aber zweifellos eine *Bereicherung* der sozialwissenschaftlichen Methodenpalette. Wichtig ist auch der Hinweis, daß Aktionsforschung *nicht identisch* mit Organisationsentwicklung ist. Vielmehr gingen von ihr wichtige Impulse für eine bei Organisationsentwicklung typische Vorgehensweise aus

---

17) siehe FRENCH und BELL (1977, S. 118)
18) Nach PETZOLD hat MORENO diese Forschungsmethode als ‚interaction-research' praktiziert und dabei einen radikaleren Ansatz als LEWIN und seine Schüler vertreten. PETZOLD berichtet auch über belegte Kontakte zwischen MORENO und LEWIN, die letzteren erst zur Aktionsforschung inspiriert hätten (wobei der weitere theoretische Ausbau des Aktionsforschungsansatzes durch K. LEWIN eigenständig erfolgt sei).

mit einer Vielzahl von gegenseitigen Entsprechungen. Die Abb. 12 zeigt, wie sich der Aktionsforschungsansatz in den einzelnen Handlungsschritten eines OE-Projektes widerspiegelt.

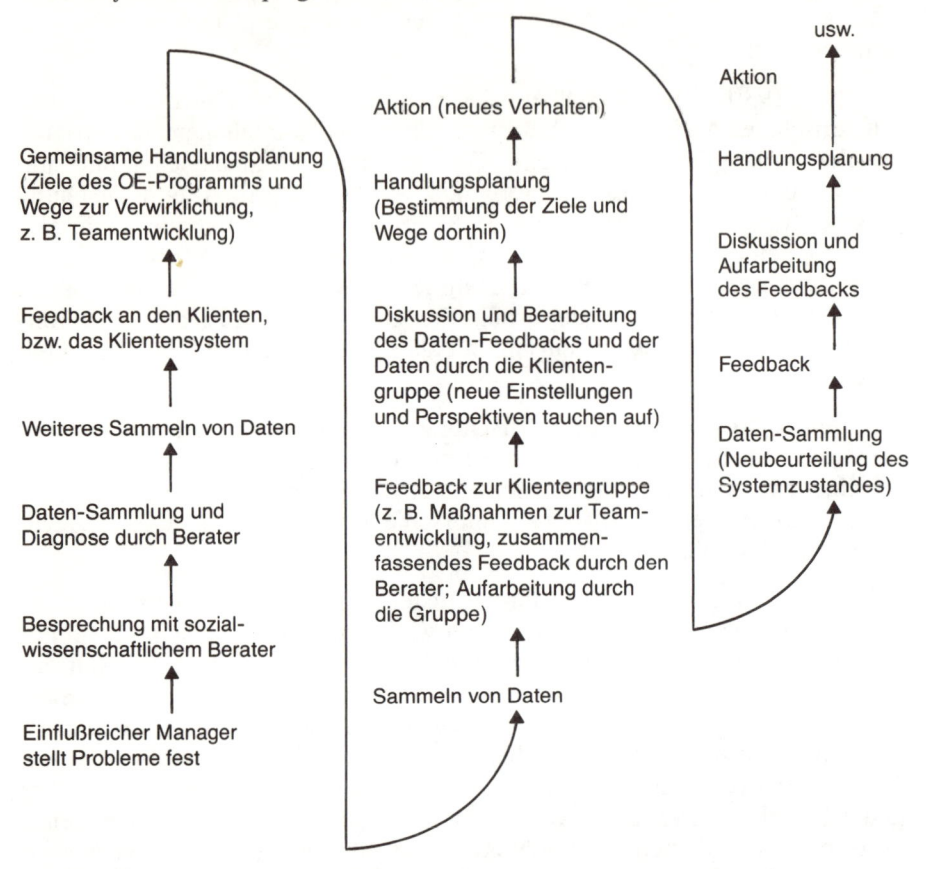

```
                                                                                  usw.
                                                                                   ↑
                                                                                Aktion
                                                                                   ↑
                                    Aktion (neues Verhalten)
                                            ↑
Gemeinsame Handlungsplanung         Handlungsplanung                       Handlungsplanung
(Ziele des OE-Programms und         (Bestimmung der Ziele und                      ↑
Wege zur Verwirklichung,            Wege dorthin)                          Diskussion und
z. B. Teamentwicklung)                      ↑                              Aufarbeitung
        ↑                                                                  des Feedbacks
                                    Diskussion und Bearbeitung                     ↑
Feedback an den Klienten,           des Daten-Feedbacks und der            Feedback
bzw. das Klientensystem             Daten durch die Klienten-                      ↑
        ↑                           gruppe (neue Einstellungen             Daten-Sammlung
                                    und Perspektiven tauchen auf)          (Neubeurteilung des
Weiteres Sammeln von Daten                  ↑                              Systemzustandes)
        ↑                           Feedback zur Klientengruppe
Daten-Sammlung und                  (z. B. Maßnahmen zur Team-
Diagnose durch Berater              entwicklung, zusammen-
        ↑                           fassendes Feedback durch den
                                    Berater; Aufarbeitung durch
Besprechung mit sozial-             die Gruppe)
wissenschaftlichem Berater                  ↑
        ↑
Einflußreicher Manager              Sammeln von Daten
stellt Probleme fest
```

Abb. 12: Der Aktionsforschungsprozeß bei Organisationsentwicklung (aus: W. L. FRENCH / C. H. BELL jr., 1977, S. 112)

In diesem Zusammenhang weist auch REHN (1979, S. 162) darauf hin, daß sich Aktionsforschung und Organisationsentwicklung hinsichtlich ihrer Schwerpunktsetzung deutlich unterscheiden: In der Organisationsentwicklung sei eine sehr umfangreiche, an einer bestimmten Soll-Setzung als Zielvorgabe orientierte Beratertätigkeit vorstellbar, ohne dabei die Interventionsschritte (Eingriffe) im einzelnen wissenschaftlich zu untersuchen. Bei der Aktionsforschung hingegen sieht er die Gefahr, daß das wissenschaftliche Interesse an der Erprobung neuer Methoden zu stark dominiert und das eigentliche Anliegen des Klientensystems (nämlich der Wunsch nach Veränderung) zu kurz kommt.

2.6 Der Tavistock-Ansatz

Die Laboratoriumsmethode, die Daten-Rückkopplungsmethode und die Aktionsforschung werden in der amerikanischen Literatur durchweg als drei Hauptquellen der Organisationsentwicklung genannt.

Will man die Quellen der Organisationsentwicklung noch detaillierter und noch personenbezogener nachvollziehen, so ist auf eine Art ‚Stammbaum' zu verweisen (Abb. 13), der von den Autoren CHIN und BENNE (1975, S. 74—75) zusammengestellt wurde.

In ihrem grundlegenden Aufsatz „Strategien zur Veränderung sozialer Systeme"[19]) ordnen sie eine Vielzahl maßgeblicher Namen drei grundsätzlich unterschiedlichen Gruppen von Veränderungsstrategien zu, deren Ansätze, Denk- und Vorgehensweise sie jeweils ausführlich beschreiben. Sie unterscheiden die folgenden Strategien:

(a) **Die empirisch-rationalen Strategien.** Diese gehen von der Annahme aus, daß Menschen rationale Wesen sind, die ihren Eigeninteressen folgen, sobald sie darüber rational aufgeklärt sind. Etwas vereinfacht gesagt: Es wird angenommen, daß Menschen vorgeschlagenen Veränderungen zustimmen werden, wenn man ihnen überzeugend aufweisen kann, daß sie von diesen Veränderungen profitieren.

(b) **Die normativ-reedukativen Veränderungsstrategien.** Die Verfechter dieser Strategien leugnen keinesfalls, daß Menschen (auch) über Rationalität verfügen und sich ihrer Intelligenz bedienen können. Sie überbetonen diese Faktoren jedoch nicht. Vielmehr nehmen sie an, daß menschliches Verhalten in beträchtlichem Maße beeinflußt wird durch Motivationen, Normen und Gewohnheiten, die sich durch ausschließlich rationale Erklärungsmuster nicht ausreichend verstehen lassen. Die normativ-reedukativen Veränderungsstrategien gehen nicht vom Bild des rationalen Menschen, sondern von einem komplexen Menschenbild aus. GLASL (1975, S. 221) nennt solche Strategien, die insbesondere den irrationalen, emotionalen und affektiven seelischen Dimensionen des Menschen Rechnung zu tragen suchen und es nicht nur bei rationalen Appellen und einer Veränderung der Wissensstruktur bewenden lassen, Mentalitätsveränderungsstrategien. Diese Strategien geben einer Änderung in den Grundmustern des Handelns oder des konkreten Verhaltens zugunsten neuer Muster nur dann eine Chance, wenn es bei den betroffenen Personen zu einer Veränderung von Einstellungen, Werten und Fertigkeiten kommt.

Die normativ-reedukativen Veränderungsstrategien gehen deutlich über den empirisch-rationalen Ansatz (a) hinaus. Sie sind in Ihrer Art und Vor-

---

19) auch in: Gruppendynamik 2/1971 (S. 343—374) und in KUTTER (1981, S. 207—248).

gehensweise anspruchsvoller, greifen weiter und kommen dem, was man unter OE-Vorgehensweise versteht, am nächsten.

(c) **Die Macht- und Zwangsstrategien.** Bei Anwendung dieser Strategien erzeugt man Veränderungen durch die Anwendung von Macht in irgendeiner Form. Dies kann zum Beispiel politische Macht sein, ökonomische Macht, moralische Macht (sie stellt auf Scham- oder Schuldgefühle ab), Positionsmacht u.s.w. Bei diesen Strategien besteht der Ansatz nicht im Einleiten von Umdenk-Prozessen oder Mentalitätsveränderungen bei Menschen in Organisationen, sondern im Durchsetzen von Veränderungen durch Vorschriften, Anordnungen, Druckmittel und Sanktionen. Auch die sogenannten ‚Strategien der Gewaltlosigkeit' (z. B. GANDHI), mit deren Hilfe der Einsatz von offizieller, etablierter oder staatlicher Macht

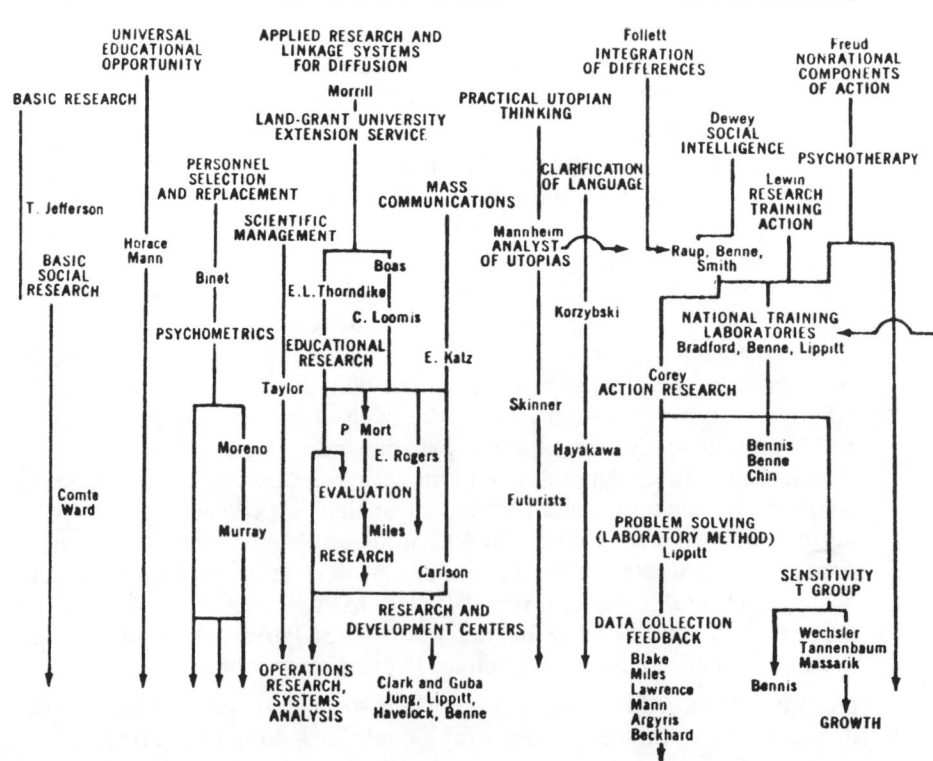

Abb. 13: Übersicht über Strategien geplanten Veränderns (Reproduktion nach dem amerikanischen Original aus: R. CHIN / K. D. BENNE, 1975, S. 74—75)

sozusagen ohnmächtig gemacht werden soll (um so eine Offenlegung der angewendeten Wertsysteme zu erzwingen) fallen unter diese Rubrik.

Eine nicht nur aus europäischer Sicht wichtige weitere Quelle der Organisationsentwicklung sucht man in amerikanischen Zusammenstellungen so gut wie vergebens. In dem oben erwähnten Aufsatz von CHIN und BENNE schlägt sie sich lediglich mit einigen Zeilen nieder:

> „... Eine parallele Entwicklung in England, die aus dem Freudschen Gedankengut erwachsen ist, müßte ebenfalls vermerkt werden. Diese Arbeit entstand aus den Bemühungen an der Tavistock-Klinik, therapeutische Ansätze auf Veränderungsprobleme in Industrieorganisationen und in Gemeinden anzuwenden" (1975, S. 61).

Hinzugefügt wird noch ein knapper Hinweis auf die entsprechenden Ausführungen von JAQUES (1952) und TRIST (1969) über diese Arbeiten.

RE-EDUCATIVE
TRAINERS, AND SITUATION CHANGERS

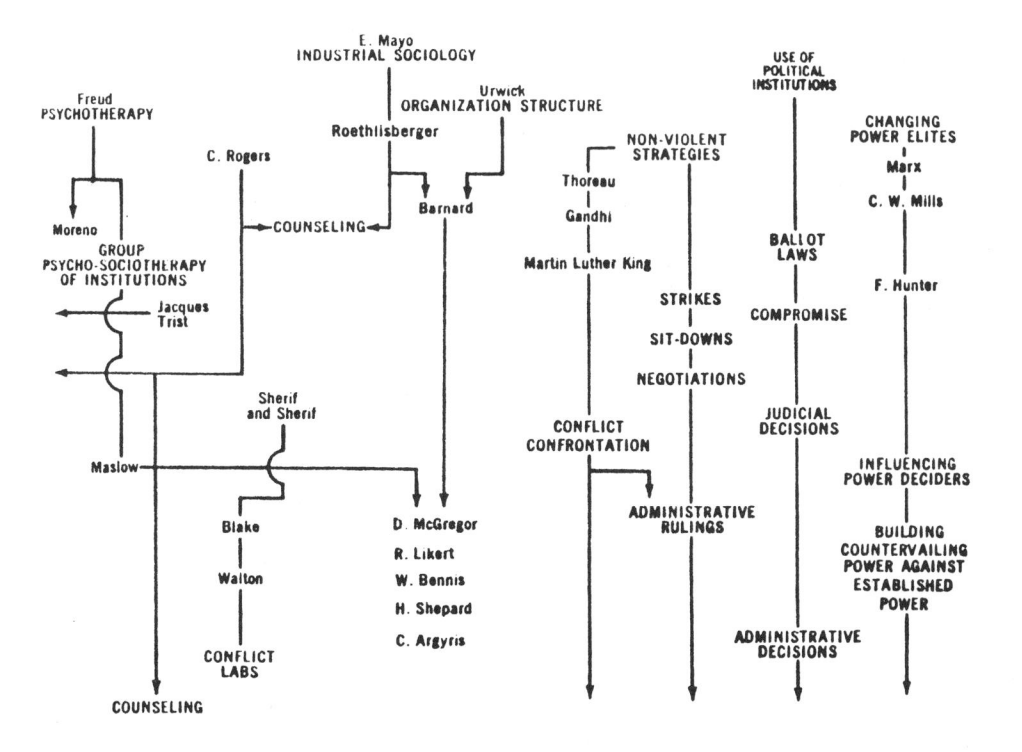

C. POWER-COERCIVE

E. Mayo
INDUSTRIAL SOCIOLOGY

Freud
PSYCHOTHERAPY

Urwick
ORGANIZATION STRUCTURE

USE OF POLITICAL INSTITUTIONS

Roethlisberger

C. Rogers

NON-VIOLENT STRATEGIES

CHANGING POWER ELITES

Thoreau

Marx

Barnard

COUNSELING

Gandhi

C. W. Mills

Moreno
GROUP PSYCHO-SOCIOTHERAPY OF INSTITUTIONS

Martin Luther King

BALLOT LAWS

Jacques
Trist

STRIKES

F. Hunter

SIT-DOWNS

COMPROMISE

NEGOTIATIONS

Sherif and Sherif

CONFLICT CONFRONTATION

JUDICIAL DECISIONS

Maslow

INFLUENCING POWER DECIDERS

Blake

D. McGregor

ADMINISTRATIVE RULINGS

BUILDING COUNTERVAILING POWER AGAINST ESTABLISHED POWER

Walton

R. Likert

W. Bennis

H. Shepard

C. Argyris

ADMINISTRATIVE DECISIONS

CONFLICT LABS

COUNSELING

TREBESCH (in: KOCH, MEUERS, SCHUCK, 1980, S. 35 ff.) billigt den Arbeiten des Tavistock Institute of Human Relations in London einen erheblichen Rang zu. Zu Recht weist er darauf hin, daß die Entwicklung der sogenannten **Theorie der sozio-technischen Systeme** durch die Mitarbeiter dieses Institutes die Entwicklung der Organisationsforschung in Europa maßgeblich befruchtet hat. Die Tavistock-Forscher waren Ende der 40er Jahre bei der Untersuchung von Produktivitätseinbußen und hohen Fehlzeitenquoten im englischen Kohlebergbau auf gravierende Zusammenhänge zwischen Veränderungen in der Technologie und Veränderungen in den sozialen Beziehungen der dort arbeitenden Menschen gestoßen. So war zum Beispiel in frühen Jahren bei den damals üblichen kleinen Arbeitsteams mit flexibler Aufgabenverteilung (d. h. jeder beherrschte jede anfallende Tätigkeit) hoher Gruppenzusammenhalt und großes Verantwortungsbewußtsein festzustellen. Beides sind fraglos ausgezeichnete Voraussetzungen für gute Produktivität. Jedoch die Entwicklung neuer und anspruchsvollerer Technologie und der Einsatz größerer Maschinen im Bergbau führten nun u. a. dazu, daß

- die Arbeitsorganisation sich änderte (z. B. wurden jetzt Gruppen von etwa 40 Mann Stärke eingesetzt statt bisher Sechsergruppen),
- das Entlohnungssystem sich änderte (jetzt ersetzte ein Akkordsystem eine bis dahin auf die Leistung des ganzen Teams bezogene Bezahlung),
- die Aufgabenverteilung sich änderte (früher konnte notwendigerweise jeder alles, jetzt absolvierten die einzelnen Schichten jeweils nur einen bestimmten Teil der Haupttätigkeiten).

Weitere Folgewirkungen: Verschlechterung des Klimas, Absinken der Identifikation mit der Arbeitsgruppe, Auflösung des Gruppenzusammenhaltes, Konflikte in den Gruppen und zwischen den Schichten (z. B. darüber, in welchem Zustand der nachfolgenden Gruppe der Arbeitsplatz übergeben wurde), Führungsprobleme und schließlich Absinken der Produktivität und Anstieg der Fehlzeitenrate.

Durch ihre Beobachtungen und Untersuchungen in der Praxis wuchs bei den Tavistock-Forschern die Überzeugung, daß eine **Veränderung von Technologien zwingend auch eine Veränderung von Sozialstrukturen zur Folge** hat, d. h. eine Veränderung in der Art und Weise der Beziehungen zwischen den mit diesen neuen Technologien direkt und auch indirekt arbeitenden Menschen. Sie stellten die These auf, daß sich technische und soziale Strukturen in Einklang befinden und daß sie in sinnvoller Ergänzung ineinandergreifen müßten, damit ihre Funktionstüchtigkeit gewährleistet bliebe. So entstand die Theorie der sozio-technischen Systeme.

Dabei müssen nach den Erkenntnissen aus den Tavistock-Arbeiten Organisationen als *offene* Systeme betrachtet und verstanden werden, die mit ihrer Umwelt mehr oder weniger heftig interagieren (d. h. in wechselseitiger Beeinflussung stehen). Hierbei ‚pendeln' die in einer Organisation beschäftigten

Menschen im wahrsten Sinne des Wortes täglich zwischen ‚innen' (= die Organisation) und ‚außen' (= die Umwelt) hin und her und müssen deshalb bei allen Veränderungsprozessen als besonders wichtige Einflußträger besondere Berücksichtigung finden. Es reicht nach diesen Einsichten für Organisationen nicht (mehr) aus, eine für sich optimale Aufbauorganisation zu finden, sondern Probleme wie Arbeitszeitregelung, Entlohnungssysteme, Führungsstil, Entscheidungsprozesse, Kommunikationsbeziehungen, Gestaltung der Arbeitsinhalte werden zu bedeutsamen strukturellen Faktoren. Aus dieser Sicht betrachtet wird man auch die Ursachen für einen Großteil von Problemen in Organisationen nicht vorzugsweise in den individuellen Unzulänglichkeiten der Menschen zu suchen haben, sondern in den Unzulänglichkeiten der Strukturen, in welche diese Menschen eingebettet sind und auf welche sie reagieren[20]).

---

20) Der oben erwähnte Bericht von TRIST ist unter dem Titel „Soziotechnische Systeme" in dem von BENNIS, BENNE, CHIN herausgegebenen Buch „Änderung des Sozialverhaltens" (1975, S. 201—218) nachzulesen. Dort schreibt TRIST (S. 206) u. a.: „Bei der ersten Tavistock-Untersuchung von Produktionssystemen im Kohlebergbau zeigte sich, daß die Beziehung zwischen diesen beiden Aspekten (Anm.: soziales System und Technologie) so eng war, daß der soziale und psychologische Aspekt nur im Zusammenhang mit ausführlichen technischen Daten und der Arbeitsweise des gesamten technologischen Systems unter Tage verstanden werden konnte. Wir haben daher mit der damaligen Tradition der Sozialforschung in diesem Bereich gebrochen und uns hinfort systematisch um die Klärung der Beziehungen zwischen sozialem und technologischen System — beide als Ganzes betrachtet — bemüht, auf welcher Ebene auch immer die Untersuchung durchgeführt worden ist. Wir haben diese Ebene auch zumindest mit der unmittelbar darüber und darunter liegenden Ebene in Beziehung gebracht."

2.7 Organisationsentwicklung in Deutschland

Nachdem auf jeden Fall die Hauptquellen der Organisationsentwicklung in den USA zu suchen sind, wird es kaum verwundern, daß nicht nur die meisten OE-Theorien und OE-Methoden aus diesem Raum kommen, sondern daß auch die Professionalisierung in Amerika am weitesten fortgeschritten ist. Übereinstimmend berichten verschiedene Autoren (SIEVERS, 1977, REHN, 1979, TREBESCH, 1980b und 1980c), daß sich Organisationsentwicklung in den Vereinigten Staaten inzwischen längst als eine eigenständige sozialwissenschaftliche Disziplin etabliert und auch entsprechende Akzeptanz gefunden hat. Allerdings muß hinzugefügt werden, daß hierbei unter dem Begriff Organisationsentwicklung eine große Anzahl unterschiedlicher Konzepte, Theorien, Strategien und Methoden verstanden werden muß.[21])

Ein kurzer Abriß zum Stand der Organisationsentwicklung in Europa findet sich im Anhang zu diesem Kapitel.

Was die Situation in Deutschland betrifft, verzeichnet man einerseits seit einigen Jahren eine enorme Popularisierung des Begriffes Organisationsentwicklung, andererseits kennt man — gemessen an der Zahl derer, die über Organisationsentwicklung reden — nur eine relativ kleine Zahl von externen oder internen OE-Fachleuten, die wirklich kompetente OE-Arbeit leisten. Karsten TREBESCH meint zur Situation: „Es ist mir nicht viel mehr als eine Handvoll qualifizierter OE-Berater bekannt" (1980c, S. 12). Es soll hier aber nun nicht über jene flinken und alerten ‚Berater' geredet werden, die sich schon recht früh die Vokabel Organisationsentwicklung zu eigen gemacht haben und die — ähnlich zur Vermarktung des Begriffes ‚Gruppendynamik' Anfang der 70er Jahre — inzwischen fast jedes Führungskräfte-Seminar und jede traditionelle Beratung oder Umorganisation als Organisationsentwicklung verkaufen. Diese Leute leben in erster Linie von der Uninformiertheit ihres Auftraggebers. Neben diesem ‚Etikettenschwindel' gibt es jedoch inzwischen eine ganze Reihe von Firmen, in denen heute qualifiziert geplante und betreute OE-Projekte durchgeführt werden.[22])

---

21) Schon in den 60er Jahren haben sich amerikanische Forscher und Berater, die im Bereich der Organisationsentwicklung tätig sind, zu eigenen Organisationen zusammengeschlossen (z. B. ‚OE Network'), und an den Universitäten sind inzwischen entsprechende Ausbildungsgänge in den sozialwissenschaftlichen Disziplinen entstanden. TREBESCH (1980c) berichtet, daß in den USA schon 1973 zwischen 500 und 1000 externe OE-Berater tätig sind. 1976 umfaßt ‚OE Network' etwa 1300 Mitglieder. In vielen amerikanischen Firmen sind inzwischen OE-Abteilungen entstanden.

22) Es gibt inzwischen allerdings auch schon Unternehmen, in denen der Begriff Organisationsentwicklung tabuisiert ist, entweder weil er überstrapaziert wurde oder weil die Idee der Organisationsentwicklung durch unqualifizierte Berater in Mißkredit gebracht wurde.

2.7.1 Erste OE-Projekte

Man kann feststellen, daß praktisch in den meisten größeren deutschen Konzernen Organisationsentwicklung zumindest diskutiert wird oder daß man bereits nach OE-Methoden und -Ansätzen arbeitet. Allerdings ergibt sich bei größeren und großen Organisationen nicht selten das Problem, daß begonnene OE-Prozesse nicht mit ausreichender Geduld vorangetrieben und verfolgt werden, bzw. sie werden ‚von den Ereignissen überrollt'. Letzteres besagt, daß kurzfristige oder relativ plötzliche unternehmenspolitische Entscheidungen wie z. B. Umorganisation, Fusion, Änderung der Zielsetzungen, der Personalpolitik oder der Produktionsschwerpunkte die inner-organisatorische Situation so stark verändern, daß begonnene OE-Projekte nicht mehr ‚passen' oder — wenn sie dennoch weiterbetrieben werden — an der Realität vorbeilaufen.

Bei der Masse der mittleren und kleineren Betriebe ist der Gedanke der Organisationsentwicklung noch wenig verbreitet. Dies hat seine Gründe weniger in geringerer Aufgeschlossenheit, sondern ist eher schlicht ein Informationsdefizit. Zudem verfügen mittlere und kleinere Unternehmen in der Regel kaum über eigene Spezialisten oder gar ganze Abteilungen, die aus eigener Initiative OE-Konzepte in ihre Organisation hineintragen könnten. Bei größeren Organisationen mit einer institutionalisierten Aus- und Weiterbildung für die Mitarbeiter werden allein über diesen Weg die Teilnehmer interner Trainings mit der OE-Denkweise vertraut gemacht.

Dabei sind die Methoden und Ansätze der Organisationsentwicklung keinesfalls ein Privileg großer Unternehmungen, die ‚sich so etwas leisten können'. Fast möchte man sagen, im Gegenteil: Organisationsentwicklung ist ohne weiteres auch in mittleren und kleinen Unternehmungen praktikabel. Die in der Literatur immer wieder gern zitierten OE-Vorzeigefälle der Herz-Armaturen AG (LEHRNER, 1976), der Firma Opel-Hoppmann (Psychologie Heute, Sonderteil, 1977) und der Firma Schmidt & Clemens (GOTTSCHALL, 1978) sind nicht die einzigen Beispiele. Allerdings bestätigen diese Beispiele den Eindruck, daß es gerade in den mittleren und kleinen Unternehmen von besonderer Bedeutung ist, daß sich die Unternehmensleitung persönlich mit dem OE-Prozeß identifiziert, von dem Sinn der OE-Konzepte überzeugt ist und alle Aktivitäten mit vollem Einsatz der eigenen Person stützt.

Gerne werden im Zusammenhang mit Organisationsentwicklung auch die vielen unterschiedlichen Projekte zur Humanisierung der Arbeit erwähnt, welche seit mehreren Jahren vom Bundesministerium für Forschung und Technologie gefördert werden. Es ist sicherlich falsch, diese geförderten Programme a priori dem Begriff Organisationsentwicklung zuzuordnen, wenngleich man bei verschiedenen Einzelprojekten versucht, OE-Ansätze (z. B. den der Aktionsforschung) zu realisieren bzw. bei der Projektabwicklung

Methoden der Organisationsentwicklung anzuwenden. Wenn allerdings TREBESCH bei solchen Vorhaben „ziemlich umstrittene Erfolge" diagnostiziert, sieht er die Ursachen dafür weniger in mangelhaften OE-Konzepten, als

„... vielmehr in den ‚Turbulenzen', die entstehen, wenn — wie dies bei der staatlichen Förderung in der jetzigen Form unvermeidbar ist — zu viele Externe mit zu unterschiedlichen Interessen die ohnehin sensiblen internen Entwicklungsprozesse ‚begleiten': Viele Köche verderben den Brei." (TREBESCH, 1980c, S. 12).

Projekte zur Humanisierung der Arbeit von vornherein als OE-Projekte zu bezeichnen, ist also nicht angebracht. Viele Maßnahmen dieser Art sind den klassischen Methoden der Organisations- oder Arbeitsplatzveränderung verpflichtet und unterscheiden sich dann allenfalls durch den größeren Aufwand, durch größeren Mitteleinsatz und vielleicht durch das wissenschaftliche Begleitprogramm von einer normalen Umorganisation.[23])

Natürlich wächst in letzter Zeit die Anzahl der Veröffentlichungen zum Thema Organisationsentwicklung im deutschsprachigen Raum enorm. Eine Vorreiterrolle bei der Propagierung des OE-Gedankens in Deutschland kommt zweifellos der Zeitschrift ‚Gruppendynamik' zu, die schon Anfang der 70er Jahre diesem Thema Raum gab und es seitdem ständig durch meist sehr qualifizierte Beiträge kompetenter Autoren vervollständigte. Unter den populären Zeitschriften für Führungskräfte darf wahrscheinlich das MANAGER MAGAZIN (GOTTSCHALL, 1973) für sich in Anspruch nehmen, erstmals im deutschen Sprachraum den Begriff der Organisationsentwicklung einem breiteren Publikum bekannt gemacht zu haben.[24]) Auch bei dieser Zeitschrift wird seitdem laufend über interessante OE-Projekte und die dabei gemachten Erfahrungen berichtet.

Den vielen veröffentlichten Berichten nach wird Organisationsentwicklung mittlerweile nicht nur in Wirtschaftsunternehmen des Handels und der Industrie praktiziert, sondern ebenso in der Öffentlichen Verwaltung, in Verbänden, in Kirchengemeinden, beim Militär, in Beratungsinstitutionen, im Strafvollzug, in Krankenhäusern, in Schulen usw.[25])

---

23) Bei manchen Projekten bleibt oft als einziger Unterschied, daß ein geschicktes Management es verstanden hat, mit Hilfe eines gut klingenden und eindrucksvollen Programm-Titels für eine vielleicht ohnehin fällige Reorganisation und/oder sogar Rationalisierung eine Förderung mit öffentlichen Geldern zu erlangen.
24) Gleiches nimmt auch ‚Plus — Zeitschrift für Führungspraxis' (seit längerer Zeit eingestellt) für sich in Anspruch.
25) Es bleibt allerdings festzustellen, daß trotz einer Fülle an berichteten Fallbeispielen und Projekten alle diese Aktivitäten noch stets die Ausnahme darstellen gemessen an der Menge der in diesen verschiedenen Feldern insgesamt passierenden Veränderungsprozesse — gleich ob sie nach traditionellen Methoden organisiert sind oder sich mehr oder weniger unsystematisch (wenn nicht konzeptionslos) einfach ereignen.

Was die berichteten Fälle angeht, sind sie mit einiger Vorsicht zu betrachten und nicht mit sogenannten ‚harten' wissenschaftlichen Daten zu verwechseln. Fallschilderungen und Erfahrungsberichte unterliegen möglicherweise gleich in zweifacher Hinsicht bestimmten ‚gestalterischen' Einflüssen: Einerseits ist der Autor und Berichterstatter in vielen Fällen auch gleichzeitig der das berichtete Projekt begleitende oder betreuende Berater bzw. Veränderungsagent oder eine eng mit der Projektdurchführung verbundene Person. Ein Interesse, in dem Bericht persönlich nicht allzu schlecht abzuschneiden, wäre vorstellbar und verständlich. Andererseits neigen Organisationen und Institutionen, welche Gegenstand einer Berichterstattung werden, leicht dazu, Erfolgsberichterstattungen lieber zu sehen als Berichte, in denen die Organisation oder sogar einzelne, unter Umständen identifizierbare Personen weniger gut abschneiden.

Fallbeispiele sind insofern nicht authentisch und ersetzen keinesfalls das Dabeigewesen-Sein. Damit soll nicht ihr Wert als Anregung oder als Lernstoff herabgemindert werden. Fallschilderungen und Erfahrungsberichte können jedoch nicht systematische und möglichst noch mit Kontroll-Untersuchungen verbundene Beobachtungen und Datensammlungen durch neutrale (d. h. nicht beteiligte) Instanzen ersetzen. Es gibt leider nach wie vor einen Mangel an solchen Originalarbeiten zum Thema Organisationsentwicklung oder über OE-Projekte festzustellen. Die Ursache dafür ist wohl ein Stück bundesdeutscher Realität, die SIEVERS — seit 1977 in Deutschland Inhaber des ersten Lehrstuhls für Organisationsentwicklung an der Gesamthochschule Wuppertal — als „eigenartige Diskrepanz" bezeichnet, wonach

> „... die theoretische und die praktische Thematisierung und Verarbeitung der Organisationsentwicklung bislang relativ unabhängig und voneinander getrennt erfolgen. Die wissenschaftliche Rezeption und Diskussion, die im deutschen Raum vorwiegend innerhalb der Betriebswirtschaftslehre erfolgt, scheint — von ganz wenigen Ausnahmen einmal abgesehen — die mittlerweile auch hier in Ansätzen sich abzeichnende Anwendung von Organisationsentwicklungsverfahren in der Praxis zu ignorieren, während andererseits bei diesen Praxisprojekten durchweg auf eine wissenschaftliche Begleitung, Kontrolle und Evaluation verzichtet wird. Momentan wird in Deutschland offensichtlich weder die Organisationsentwicklung zum Gegenstand wissenschaftlicher Forschung, noch kommt die Theorieentwicklung in der Praxis zum Ausdruck" (SIEVERS, 1977, S. 11).

An dieser von SIEVERS beschriebenen Situation hat sich inzwischen noch nichts Wesentliches geändert. Dabei ist die von SIEVERS beklagte Situation keinesfalls nur typisch für den Bereich der Organisationsentwicklung. Vielmehr sieht es so aus, als ob sich hier ein — vielleicht gerade für Deutschland typisches — Transferproblem von der Wissenschaft zur Praxis (und zurück!) abbildet. Da steht auf der einen Seite der Wissenschaftler mit oft so hohen methodischen Ansprüchen und mit einem Drang zur Filigranarbeit und zum Perfektionismus, daß sich nur sehr gesunde und mit geringem Problemdruck ausgestattete Unternehmungen wissenschaftliche Eingriffe solchen Kalibers leisten können. Etwas mehr Kompromißbereitschaft, Pioniergeist und Bereitschaft, in die Niederungen der Praxis hinabzusteigen auf Seiten der Wissenschaft, würde dem möglichst konkrete Hilfestellung erwartenden Praktiker sicher entgegenkommen. Andererseits sieht sich selbst der praxisorientierte Wissenschaftler oft einem Theorie-scheuen bis -feindlichen Praktiker gegenüber, der bei langfristig entstandenen Problemsituationen nach schnell wirksamen Patentrezepten (am liebsten über Nacht) lechzt, der daran interessiert ist, ‚daß es läuft' (aber nicht daran, wie und warum es läuft) und der Evaluierungen (d. h. Erfolgskontrollen) scheut, weil dies (a) zusätzlichen Aufwand verursacht und somit Zeit und Geld kostet und weil sich (b) bei dieser Erfolgskontrolle ja auch herausstellen könnte, daß oberflächliche Konzepte und wenig fundierte Maßnahmen zu einem Mißerfolg geführt haben. Da bewahrt sich mancher lieber seine Illusionen über sich selbst. Dabei sollte niemand erst davon überzeugt werden müssen, daß das Kennen, Überprüfen und Vergleichen von Theorien die Arbeit des Praktikers enorm befruchten können und daß eine gute und systematische Erfolgsüberprüfung durchgeführter Maßnahmen eine außerordentlich wichtige Lernchance für zukünftige Maßnahmen darstellt.

2.7.2 Beginn einer Professionalisierung

Betrachtet man die Tatsache, daß sich Organisationsentwickler zusammenschließen bzw. die Gründung eines eigenen Verbandes betreiben, als erste Zeichen einer Professionalisierung, kann man in Deutschland erste Aktivitäten etwa seit 1975/76 ausmachen. Seinerzeit fand sich eine Gruppe von Hochschullehrern, Beratern und Managern zusammen, um die Möglichkeit der Durchführung eines Europäischen Forums über Organisationsentwicklung in Deutschland zu diskutieren. Es wurde ein Verein gegründet, der ein solches Forum inhaltlich und organisatorisch konzipierte, das dann vom 30. Oktober bis zum 1. November 1978 in Aachen als ‚1. Europäisches Forum über Organisationsentwicklung' durchgeführt wurde. Der Verein ist nach dem Kongreß wieder aufgelöst worden.

Etwa zur gleichen Zeit (1978) finden sich OE-Fachleute aus Deutschland und der Schweiz im Hamburger ‚Arbeitskreis für Organisationsentwicklung e.V.' zusammen mit dem Ziel, eine praxisorientierte OE-Fortbildung zu entwerfen. Diese soll sich an Mitarbeiter von Unternehmungen, Organisationen und Institutionen sowie an externe Berater richten. In Zusammenarbeit mit dem renommierten Gottlieb-Duttweiler-Institut in Rüschlikon (Schweiz) entsteht ein dreiphasiges Weiterbildungsprogramm, das sich über ein Jahr erstreckt und das seit 1980 als „Berufsbegleitende Fortbildung für Organisationsentwicklung" angeboten wird. Das Programm besteht aus drei Teilen:

A) einer zehntägigen Orientierungsphase (Seminar),

B) einer praxisbegleitenden Supervision (sechs Treffen von je eineinhalb Tagen in kleinen, festen Gruppen innerhalb eines Jahres, die von einem Supervisor betreut werden) und

C) einer abschließenden viertägigen Phase zur Reflektion und Zukunftsplanung (Seminar).

Die Abb. 14 gibt einen Überblick über das insgesamt einjährige Programm und über die Grobziele der einzelnen Phasen. Als grundsätzliche Lernstrategie für dieses Weiterbildungsprogramm wird in der Ankündigung das „Lernen an Erfahrungen und Bedürfnissen der Teilnehmer" genannt mit dem „dementsprechenden Akzent auf die Eigeninitiative und Gruppenarbeit", so daß die Teilnehmer das Programm selbst „bereits als Entwicklungsprozeß erleben und auswerten können"[26]).

Ausgehend von den Impulsen des Aachener OE-Forums und des Hamburger Arbeitskreises findet am 4. Juni 1980 dann (zum Teil durch Personen, die auch bei den vorangegangenen Aktivitäten initiativ gewesen waren) die Gründung der ‚Gesellschaft für Organisationsentwicklung (GOE) e.V.' statt. International arbeitet man mit der IAASS (International Association of Applied Social Scientists) zusammen. Die GOE hat sich als gemeinnütziger Verein konstituiert und strebt an, „bessere Voraussetzungen für Information, Kommunikation und Zusammenarbeit auf dem Gebiet der Organisationsentwicklung zu schaffen", indem sie für OE-Interessierte eine ‚fachliche Heimat' darstellt und gleichzeitig auf eine „Verbesserung der fachlichen Qualität der OE in der Praxis hinwirkt" (GOE-Informationen, 1981a und 1981b).[27])

---

26) Das Programm wendet sich global an Mitarbeiter aus Unternehmen, Organisationen und Institutionen, deren berufliche Aufgabe in Verbindung mit Maßnahmen zur Organisations- und Personalentwicklung steht oder die entsprechende Aufgaben übernehmen werden. Als Veranstalter tritt der Hamburger Arbeitskreis für Organisationsentwicklung e.V. in Zusammenarbeit mit dem Gottlieb-Duttweiler-Institut in Rüschlikon (Schweiz) auf.

27) Das GOE-Leitungsteam besteht z. Zt. aus vier Personen. Das Sekretariat befindet sich in D-4018 Langenfeld, Postfach 4062. Regionalgruppen bestehen inzwischen in Berlin, Frankfurt/M., Hamburg, Hannover (im Aufbau), Köln/Düsseldorf, München, Nürnberg (im Aufbau) und Stuttgart. Als österreichische Regionalisierung führt die GOE den ‚Offenen Arbeitskreis Organisationsentwicklung (OAOE)' auf, während es in der Schweiz ein mit drei Personen besetztes Leitungsteam und Regionalgruppen in Basel und Bern gibt (Stand 1983).

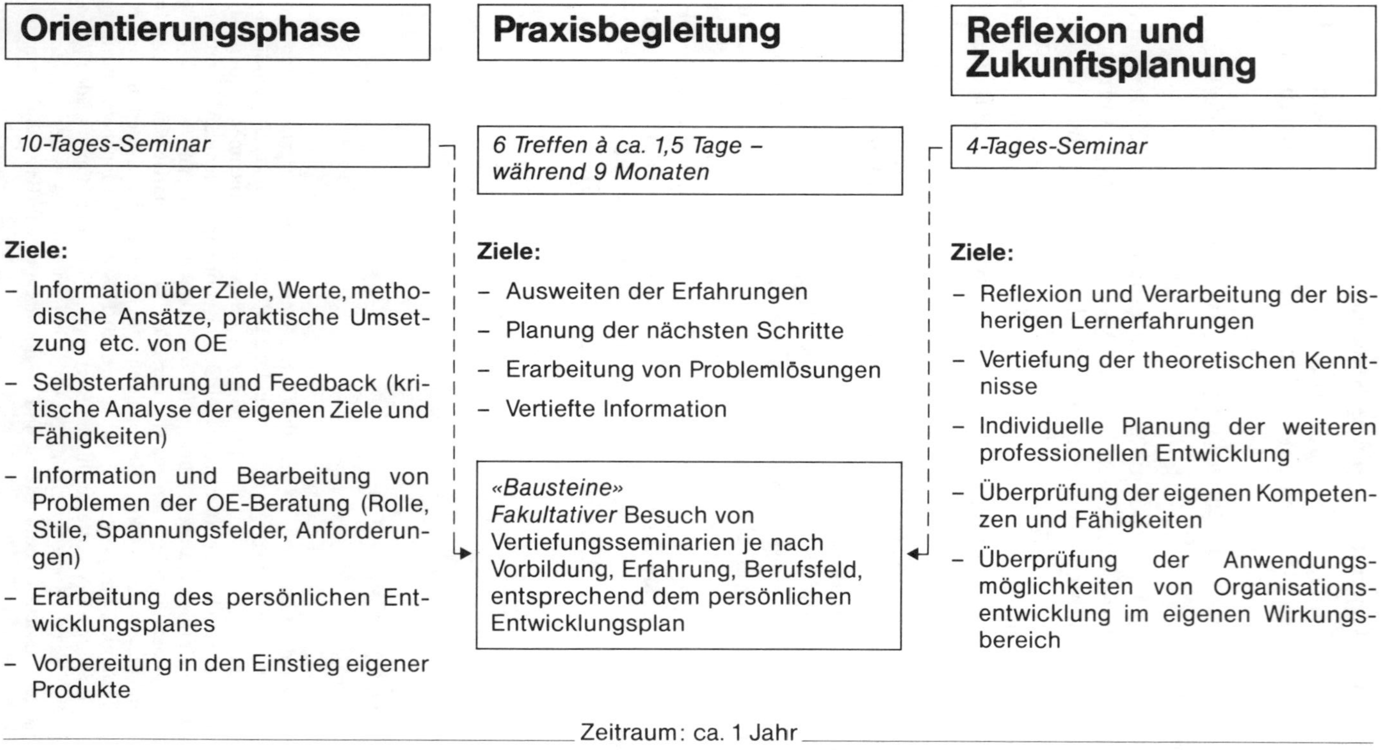

Orientierungsphase

10-Tages-Seminar

Ziele:
- Information über Ziele, Werte, methodische Ansätze, praktische Umsetzung etc. von OE
- Selbsterfahrung und Feedback (kritische Analyse der eigenen Ziele und Fähigkeiten)
- Information und Bearbeitung von Problemen der OE-Beratung (Rolle, Stile, Spannungsfelder, Anforderungen)
- Erarbeitung des persönlichen Entwicklungsplanes
- Vorbereitung in den Einstieg eigener Produkte

Praxisbegleitung

6 Treffen à ca. 1,5 Tage – während 9 Monaten

Ziele:
- Ausweiten der Erfahrungen
- Planung der nächsten Schritte
- Erarbeitung von Problemlösungen
- Vertiefte Information

«Bausteine»
Fakultativer Besuch von Vertiefungsseminarien je nach Vorbildung, Erfahrung, Berufsfeld, entsprechend dem persönlichen Entwicklungsplan

Reflexion und Zukunftsplanung

4-Tages-Seminar

Ziele:
- Reflexion und Verarbeitung der bisherigen Lernerfahrungen
- Vertiefung der theoretischen Kenntnisse
- Individuelle Planung der weiteren professionellen Entwicklung
- Überprüfung der eigenen Kompetenzen und Fähigkeiten
- Überprüfung der Anwendungsmöglichkeiten von Organisationsentwicklung im eigenen Wirkungsbereich

Zeitraum: ca. 1 Jahr

Abb. 14: Gesamtstruktur der berufsbegleitenden Fortbildung für Organisationsentwicklung am Gottlieb-Duttweiler-Institut in Rüschlikon (Schweiz)

2.8 Anhang: Organisationsentwicklung in Europa

Der nachfolgende kurze Abriß zum Stand der Organisationsentwicklung in Europa bezieht sich stark auf TREBESCH (1980d und 1980c), der einer der Mit-Organisatoren des „1. Europäischen Forums über Organisationsentwicklung" 1978 in Aachen war.

Während OE-Maßnahmen in den USA in erster Linie auf Einstellungs- und Verhaltensänderung von Personen gerichtet sind, man also hauptsächlich einen individualpsychologischen Ansatz bevorzugt, stößt der Gedanke der Organisationsentwicklung in Europa in den frühen 60er Jahren auf ein anderes, mit den Verhältnissen in Amerika nicht vergleichbares sozio-kulturelles Feld. TREBESCH (1980d, S. 41):

> „Es gab zwar in vielen Ländern eine häufig unkritische Rezeption amerikanischer OE-Techniken, aber die in den meisten europäischen stabileren Sozialbeziehungen, die Dominanz bürokratischer Regelungen, die eine höhere Empfänglichkeit für strukturelle Gegebenheiten bewirken und die Wahrnehmung der politischen Relevanz der Konflikthandhabung haben Forschungs- und Änderungsorientierungen gefördert, die die Umwelteinflüsse weniger vernachlässigt haben."

Bezüglich der OE-Aktivitäten in einzelnen europäischen Ländern berichtet TREBESCH (1980d, S. 42 ff. und 1980c, S. 9 ff.) u. a.:

England:
Grundlegende Arbeiten am Tavistock-Institut und an der Aston Universität; zahlreiche OE-Aktivitäten in der Wirtschaft, in sozialen Einrichtungen und in der Öffentlichen Verwaltung — oft noch nicht unter dem Namen Organisationsentwicklung; 1963/64 Gründung des Social Research Council; ab 1970 vermehrte Aktivitäten amerikanischer OE-Berater, was zu einer Verstärkung der Diskussion über die Qualität und die Konsequenzen verschiedener OE-Strategien führt.

Niederlande:
Schon seit Ende der 50er Jahre Einrichtung verschiedener Forschungsprogramme zur ‚Wissenschaft vom sozialen Wandel'; zum Teil erhebliche Förderung von OE-Programmen durch Regierungsinstanzen; relativ rasche Professionalisierung der Organisationsentwicklung und Formulierung einer Berufsethik; zahlreiche Experimente über neue Formen der Arbeitsorganisation bei Philips; das NPI (Nederlands Paedagogisch Instituut), in dem antroposophisch orientierte Berater zusammengeschlossen sind, leistet qualifizierte Arbeit und übernimmt auch jenseits der holländischen Grenzen — z. B. in Deutschland — mehrere OE-Projekte als beratende oder verschiedene Maßnahmen durchführende Institution.

Skandinavien:
Besonders in Norwegen und Schweden seit den 60er Jahren hohes Interesse und große Aufgeschlossenheit für sozialwissenschaftliche Aspekte von Veränderungsprozessen in Organisationen; in Norwegen arbeitet man zusammen mit Tavistock-Forschern an einer Konzeption zur ‚Industriellen Demokratie', wobei die Aktivitäten gleichermaßen von Arbeitgebern und Gewerkschaften getragen sind (dabei war das Ziel, Formen der betrieblichen Partizipation zu finden und zu entwickeln, welche den Mitarbeitern wirklichen Einfluß auf betriebliche Entscheidungsprozesse ermöglichen sollten); in Schweden werden zur gleichen Zeit — ebenfalls in enger Zusammenarbeit zwischen Gewerkschaften und Arbeitgebern — betriebliche Experimente und Untersuchungen zur Dynamik und zu den Auswirkungen von Veränderungsprozessen systematisch gefördert; durch besseres Verstehen der Veränderungsdynamik will man neue und fruchtbarere Ansätze für Kooperationsstrategien und Konfliktlöseaktivitäten finden; besonders bekannt werden die Bemühungen um neue Wege zur Arbeitsorganisation bei Volvo (wo man sehr schnell verstanden hatte, daß Probleme wie Fluktuation, Absentismus und Qualitätsmangel über personale Ansätze allein nicht erfolgreich anzugehen sind).

Österreich:
Hier wird das Thema Organisationsentwicklung besonders in den Kreisen der Gruppendynamiker aufgegriffen; es gibt einige, zum Teil von Universitäten begleitete OE-Projekte bzw. Projekte mit OE-Ansätzen in der Wirtschaft und im Bereich der Öffentlichen Verwaltung.

Schweiz:
In der Schweiz ist das Thema Organisationsentwicklung an verschiedenen Universitäten gut vertreten; bekannt geworden sind die beachtenswerten Arbeiten von Forschern der Eidgenössischen Technischen Hochschule in Zürich zur Entwicklung neuer Formen der Arbeitsorganisation (z. B. autonome Gruppen); das Gottlieb-Duttweiler-Institut in Rüschlikon engagiert sich seit 1980 in Zusammenarbeit mit der (deutschen) Gesellschaft für Organisationsentwicklung (GOE) e.V., auf dem Gebiet der Ausbildung zum ‚Organisationsentwickler'.

Frankreich, Italien, Spanien und Griechenland:
Aus Frankreich ist nach TREBESCH kaum eine bemerkenswerte Forschungs- und Beratungsstrategie mit OE-Methoden zu berichten: „Das mag an der individualistischen Grundhaltung, der geringeren Sensibilität für soziale Konsequenzen organisatorischer Regelungen u. a. liegen. Bekannt ist, daß der Bereich der Sozialwissenschaften in Frankreich sehr theoretisch ist" (TREBESCH 1980d, S. 41). Ebensowenig ist über maßgebliche OE-Aktivitäten in Italien, Spanien und Griechenland bekannt. Hier mag einerseits das gelten, was TREBESCH zur Situation in Frankreich meint, andererseits aber auch vielleicht

ein Informationsdefizit vorliegen. Zumindest von einigen multinationalen Konzernen ist bekannt, daß sie Konzepte der Organisationsentwicklung auch in diesen genannten Ländern zu realisieren suchen.

Bei dem Einsatz von Organisationsentwicklung in multi-nationalen Organisationen wird man sicherlich nicht an der Erkenntnis vorbeikommen, daß die unterschiedlichen Kulturen der jeweiligen Nationen auch einen unterschiedlichen Nährboden und Background für die sozio-kulturellen Verhältnisse einer Organisation darstellen. Dies wiederum fordert dann selbstverständlich auch zu unterschiedlichen Lösungsansätzen und Strategien bei der Problembewältigung und bei Veränderungsprozessen heraus. Mit anderen Worten: OE-Prozesse bzw. OE-Aktivitäten, die für ein Land ‚maßgeschneidert' sind und dort von den Mitarbeitern akzeptiert und getragen werden, können für die Mitarbeiter (des gleichen Konzerns!) in einem anderen Land eine Über- und für die in einem weiteren Land wiederum eine Unterforderung darstellen. Dies kann beispielsweise daran liegen, daß die Mitarbeiter — je nach Einflußintensität der hierarchischen Strukturen und/oder je nach individueller Lerngeschichte innerhalb ihrer jeweiligen Organisation — unterschiedlich emanzipiert sind. Die Nicht-Übertragbarkeit von OE-Programmen von einem Land auf ein anderes oder zumindest die Schwierigkeiten bei der direkten Übernahme können darüber hinaus auch ihre Ursachen in den äußeren Bedingungen haben, etwa in geltenden gesetzlichen Bestimmungen (z. B. Mitbestimmung o. ä.).

Literaturhinweise

ARGYRIS, C.: Integrating the individual and the organization, New York 1964

ARGYRIS, C.: Unerwartete Folgen ‚strenger' Forschung. In: Gruppendynamik, 3, Heft 1, März 1972, S. 5—22

BAUMGARTEL, H.: Using employee questionnaire results for improving organizations: The survey „feedback" experiment. In: Kansas Business Review, 12, Dez. 1959, S. 2—6

BENNE, K. D.: Principles of training method. In: The Group, 10/2, Januar 1948, S. 17 ff.

BENNE, K. D.: Geschichte der Trainingsgruppe im Laboratorium. In: BRADFORD, L. / GIBB, J. R. / BENNE, K. D.: Gruppentraining — T-Gruppentheorie und Laboratoriumsmethode, Stuttgart 1972, S. 95—154

BENNIS, W. G. / BENNE, K. D. / CHIN, R.: Änderung des Sozialverhaltens, Stuttgart 1975

BLAKE, R. R. / MOUTON, J. S.: Verhaltenspsychologie im Betrieb, Düsseldorf 1968

BOWERS, D. G.: OD techniques and their results in 23 organizations: The Michigan ICL study. In: The Journal of Applied Behavioral Science 1973, 9 (1), S. 21—43 (Nachdruck in KATZ, C. / KAHN, R. / ADAMS, J. (Hrg.): The study of organizations, San Francisco, 1980, S. 506—522)

CHEIN, I. / COOK, S. / HARDING, J.: The field of action research. In: American Psychologist, 3, Februar 1948, S. 43—50

CHIN, R. / BENNE, K. D.: Strategien zur Veränderung sozialer Systeme. In: BENNIS, W. G. / BENNE, K. D. / CHIN, R.: Änderung des Sozialverhaltens, Stuttgart 1975, S. 43—81

COLLIER, J.: United States indian administration as a labatory of ethnic relation, Social Research, 12, Mai 1945, S. 275—276

DYER, W. G.: Ein Organisationskonzept. Trainingsunterlage (Übersetzung), Travemünde 1978

EXNER, H. J.: Ist die Aktionsforschung gescheitert? In: Zeitschrift für Arbeitswissenschaft, 35 (7 NF), 2/1981, S. 71—76

FENGLER, J.: Editorial zum Schwerpunktthema ‚Aktionsforschung'. In: Gruppendynamik, 9, Dezember 1978, S. 337—379

FRENCH, W. L. / BELL, C. H. jr.: Organisationsentwicklung, Bern 1977

GLASL, F. / DE LA HOUSSAYE, L.: Organisationsentwicklung, Bern 1975

GOE, Gesellschaft für Organisationsentwicklung e.V., Satzung, Fassung vom 14. Dezember 1981, 1981a

GOE, Gesellschaft für Organisationsentwicklung e.V., Geschäftsordnung, Fassung vom 14. Dezember 1981, 1981b

GOE, Gesellschaft für Organisationsentwicklung, Informationsmaterial, März 1983

GOERKE, W.: Organisationsentwicklung als ganzheitliche Innovationsstrategie, Berlin 1981

GOTTSCHALL, D.: Kein Pardon für einsame Entschlüsse. In: Manager Magazin 1/1973, S. 50—55

GOTTSCHALL, D.: Die Betroffenen zu Beteiligten machen. In: Manager Magazin 10/1978

HAAG, F.: Sozialforschung als Aktionsforschung. In: HAAG, F. / KRÜGER, H. / SCHWÄRZEL, W. / WILDT, J. (Hrg.): Aktionsforschung — Forschungsstrategien, Forschungsfelder und Forschungspläne, 2. Auflage, München 1975, S. 22—55

JAQUES, E.: The changing culture of a factory, New York 1952

KIRSCH, W. / ESSER, W.-M. / GABELE, E.: Das Management des geplanten Wandels von Organisationen, Stuttgart 1979

KOCH, U. / MEUERS, H. / SCHUCK, M. (Hrg.): Organisationsentwicklung in Theorie und Praxis. Europäische Hochschulschriften: Reihe 5, Volks- und Betriebswirtschaft, Band 275, Frankfurt 1980

KUTTER, P.: Gruppendynamik der Gegenwart. Wege der Forschung Nr. 543, Darmstadt 1981

LEHRNER, R.: Funktionale Mitbestimmung bei Herz Armaturen AG. In: Gruppendynamik 2/1976, S. 108—119

MANN, F. C.: Studying and creating change: A means to understanding social organization. Research in Industrial Relation No. 17, Michigan 1957

MILES, M. B. / HORNSTEIN, H. A. / CALLAHAN, D. M. / CALDER, P. H. / SCHIAVO, R. S.: Feedback von Befragungsergebnissen: Theorie und Bewertung. In: BENNIS, W. G. / BENNE, K. D. / CHIN, R.: Änderung des Sozialverhaltens, Stuttgart 1975, S. 374–388

MOSER, H.: Aktionsforschung als kritische Theorie der Sozialwissenschaften, 2. Auflage, München 1978

MUCCHIELLI, R.: Gruppendynamik, Salzburg 1972

NEFF, F. W.: Survey research: A tool for problem diagnoses and improvement in organizations. In: GOULDNER, A. W. / MILLER, S. M. (Hrg.): Applied sociology, New York 1966, S. 23–38

PAULS, W.: Psychologische Forschung: Mehr Demokratie! In: Psychologie Heute, 7, Februar 1980, S. 37–52

PETZOLD, H.: Moreno — nicht Lewin — Begründer der Aktionsforschung. In: Gruppendynamik, 11, Juni 1980, S. 142–166

PIEPER, R.: Aktionsforschung und Systemwissenschaften. In: HAAG, F. / KRÜGER, H. / SCHWÄRZEL, W. / WILDT, J. (Hrg.): Aktionsforschung — Forschungsstrategien, Forschungsfelder und Forschungspläne, 2. Auflage, München 1975, S. 100–116

Psychologie Heute, Sonderteil: Humanisierung des Arbeitslebens, Nr. 9/1977, S. 39–46

REHN, G.: Modelle der Organisationsentwicklung, Bern 1979

SCHEIN, E. H.: Organizational psychology, Englewood Cliffs, 1965

SHEPARD, H. A.: An action research model. In: An action research program for organization improvement, Ann Arbor 1960, S. 33–34. Deutsch zitiert nach: W. L. FRENCH & C. H. BELL jr., Bern 1977, S. 113–114

SIEVERS, B. (Hrg.): Organisationsentwicklung als Problem, Stuttgart 1977

SIEVERS, B. / TREBESCH, K.: Bessere Arbeit durch OE: Offenheit und Effizienz. In: Psychologie Heute, 7, Juni 1980, S. 49–56

TREBESCH, K. (Hrg.): Organisationsentwicklung in Europa, Bd. 1A: Konzeptionen, Bern 1980 a

TREBESCH, K. (Hrg.): Organisationsentwicklung in Europa, Bd. 1B: Fälle, Bern 1980 b

TREBESCH, K.: Ursprung und Ansätze der Organisationsentwicklung (OE). In: Management-Zeitschrift io, 49/1980 c, Nr. 1, S. 9–12

TREBESCH, K.: Ursprung und Ansätze der Organisationsentwicklung sowie Anmerkungen zur Situation in Europa. In: KOCH, U. / MEUERS, H. / SCHMUCK, M. (Hrg.): Organisationsentwicklung in Theorie und Praxis. Frankfurt 1980 d, S. 31–50

TRIST, E. L.: On Socio-Technical Systems. (PoC). Deutsch: Soziotechnische Systeme. In: BENNIS, W. G. / BENNE, K. D. / CHIN, R.: Änderung des Sozialverhaltens, Stuttgart 1975, S. 201–218

ULRICH, P. / FLURI, E.: Management, Bern 1975

WEINERT, A.: Lehrbuch der Organisationspsychologie, München 1981

3. Kapitel

Organisationsentwicklung: Ziele, Definition und Vorgehensweise

Generell dient Organisationsentwicklung einer doppelten Zielsetzung: Einerseits soll die Arbeitswelt des Menschen in der Organisation humanisiert und ihm Raum für Persönlichkeitsentfaltung und Selbstverwirklichung gegeben werden, andererseits soll OE die Leistungsfähigkeit der Organisation und ihre Anpassungs- und Innovationsfähigkeit steigern. Diese beiden Zielsetzungen werden nicht als grundsätzlich unverträglich angesehen. Vielmehr strebt man Lösungen an, bei denen die Organisation und der Mensch gleicherweise profitieren.

Unter OE versteht man einen geplanten, gelenkten und systematischen Prozeß zur Veränderung der Kultur, der Systeme und des Verhaltens einer Organisation mit dem Ziel, die Effektivität der Organisation bei der Lösung ihrer Probleme und Erreichung ihrer Ziele zu steigern.

OE ist ein umfassender, organisationsumgreifender Veränderungsprozeß, der einer Steuerung und Betreuung bedarf. Er folgt einer bestimmten Systematik mit den Schritten: Problemerkennung, Datensammlung, Organisationsdiagnose, Datenfeedback, Maßnahmenplanung, Maßnahmendurchführung und Erfolgskontrolle.

Unter den verschiedenen Realisierungsstrategien sollte man, wenn möglich, die Top-down-Strategie anstreben. Da OE nicht nur auf Verhaltensänderung abzielt, sondern wegen der prägenden Wirkung der Verhältnisse gegebenenfalls auch eine Veränderung im Gesamtsystem bzw. in den Subsystemen zu realisieren sucht, ist es lohnender, die Hierarchen als Promotoren von OE-Prozessen zu gewinnen.

Das für OE typische Systemdenken (Denken in Netzen) fordert den OE-Praktiker zu interdisziplinärer Zusammenarbeit mit den Experten der verschiedenen Subsysteme heraus.

Gliederung

3.1	**Die Ziele von OE**	89
3.2	**Verschiedene Definitionen von OE**	93
3.3	**Ein Definitionsvorschlag**	
3.3.1	OE als Veränderungsprozeß	96
3.3.2	OE ist geplant und gelenkt	101
3.3.3	OE verändert die Organisationskultur	103
3.4	**Einige Strategie-Modelle**	
3.4.1	Top-down- und Basis-upwards-Strategie	109
3.4.2	Die bi-polare, die Keil- und die Multiple Nucleus-Strategie	111
3.4.3	Eine praktische Vorgehensweise	113
3.5	**OE als systematischer Prozeß**	
3.5.1	Problemerkennung und Datensammlung	116
3.5.2	Die Organisation als System von Systemen	118
3.5.3	Datenrückkopplung und Maßnahmenplanung	125
3.5.4	Maßnahmendurchführung und Erfolgskontrolle	126
3.6	**OE verändert Systeme und Verhalten**	127
3.7	**Anhang**	
	Anhang 1: Fallbeispiel ‚Keil-Strategie'	129
	Anhang 2: Merkmale einer ‚gesunden' und einer ‚kranken' Organisation	131
	Anhang 3: Fallbeispiel ‚Leistungsabfall' (Abfolge der Vorgehensschritte)	137
	Literaturhinweise	141

3.1 Die Ziele von OE

Wer zu dem Begriff Organisationsentwicklung eine klare, eindeutige und unumstrittene Definition erwartet, wird enttäuscht werden. Im Gegenteil: Der Begriff OE ist außerordentlich schillernd.[1]) Fast sieht es so aus, als ob jeder Autor ‚seine' Definition besitzt, wenngleich wieder zahlreiche partielle Deckungen zwischen den einzelnen Autoren bestehen. Entsprechend ironisch merkt denn auch KAHN (1977, S. 281) an:

> „Der Beruf, die Mächtigen dabei zu beraten, wie sie ihre Ziele besser erreichen können, ist sehr alt.
> Organisationsentwicklung andererseits ist ein neues Etikett für ein Konglomerat von Dingen, die eine wachsende Zahl von Beratern unternehmen, während sie gleichzeitig darüber schreiben. Was sich hinter diesem Etikett versteckt, hängt im hohen Maße vom jeweiligen ‚Täter' bzw. ‚Schreiber' ab."

KAHN (1977, S. 286) meint: „Organisationsentwicklung ist kein Begriff, zumindest nicht im wissenschaftlichen Sinne des Wortes", obwohl er gleichzeitig zugesteht, daß es ernsthafte Versuche gebe, eine brauchbare Definition und einen sinnvollen theoretischen Kontext bereitzustellen.

Einen Zugang zu dem auf den ersten Blick vielleicht etwas verwirrenden Konzept der Organisationsentwicklung findet man, indem man zunächst einmal nach den **Zielen von OE** fragt. Die in der deutschsprachigen Literatur wohl am häufigsten zitierte Formulierung stammt von GEBERT (1974, S. 11), der für OE **zwei Hauptziele**[2]) angibt:

a) „Auf der einen Seite geht es um eine Humanisierung der Arbeitswelt, um mehr Raum für Persönlichkeitsentfaltung und Selbstverwirklichung."

b) „Auf der anderen Seite geht es um eine Erhöhung der Leistungsfähigkeit einer Organisation, um mehr Flexibilität, Veränderungs- und Innovationsbereitschaft."

GEBERT selbst nennt diese Zielformulierungen eine „grobe Vereinfachung". WUNDERER und GRUNWALD (1980, S. 446) bemerken denn auch kritisch:

> „Derart formuliert kann über diese Zielsetzung leicht Einverständnis hergestellt werden. Geht es hingegen um Präzisierung von Forderungen, Konkretisierung von Förderungsprogrammen und praxisnahe Veränderungen, werden zunehmend Meinungsdifferenzen sichtbar."

---

1) PARTIN (1973, S. 4) weist darauf hin, daß sich OE in jeder Unternehmung unterschiedlich entwickelt hat und daß jeder OE-Praktiker wiederum seinen eigenen Konzepten folgt.
2) GOTTSCHALL (1973, S. 50) geht davon aus, daß OE zur nachfolgenden ‚Kettenreaktion' führt: Selbstverwirklichung → Sachlichkeit → Selbständigkeit → Offenheit → Spontaneität → Zufriedenheit → Motivation durch Arbeit → Engagement → Kreativität → Kooperation. Die beiden GEBERTschen Hauptziele spiegeln sich in dieser Folge wider.

Damit weisen sie auf die Erfahrung hin, daß mit zunehmender Konkretisierung das Konfliktpotential eines Problems steigt. ULRICH und FLURI (1975, S. 167—186), in ihrem Verständnis von OE sehr auf den gruppendynamischen Aspekt fixiert, schlüsseln die möglichen Ziele von OE: Förderung der Einsicht in zwischenmenschliche Prozesse, Stärkung des gegenseitigen Vertrauens und Entwicklung einer offeneren Kommunikation, Schaffung von Selbstentfaltungsmöglichkeiten für alle und eine bessere Involvierung des Individuums in eine Gruppe, besseres Führungsverhalten von Vorgesetzten, Abbau von psychischem Energieverzehr durch Angst vor Statusverlust, Gesichtsverlust etc. sowie kooperatives Angehen von Konflikten. Daraus erhofft man sich: eine bessere Übereinstimmung von Werten und Zielen von Individuen, Gruppen und Gesamtsystem, eine Erhöhung der Problemlösequalität und Kreativität in der Unternehmung und eine größere Bereitschaft zu organisatorischen Änderungen.

Welche Zielbeschreibung man auch aus der Literatur heranzieht, bei allen herrscht Einigkeit darüber, daß Organisationsentwicklung **sowohl die Organisationsmitglieder als auch die Organisation profitieren** läßt. Die Nennung der beiden Hauptziele von OE durch GEBERT trifft fraglos den Kern. Was das erstgenannte Ziel betrifft, weist er darauf hin, daß in einer Zeit wachsenden Bewußtseins für die Notwendigkeit einer grundsätzlichen Humanisierung und qualitativen Verbesserung der Lebensbedingungen weder ein schulmeisterlich gängelnder und bevormundender Führungsstil angebracht ist, noch Arbeitsbedingungen und -strukturen, die Autonomie, eigenverantwortliches Handeln und somit ein gewisses Maß an Spontaneität und Individualität verhindern. Eine Humanisierung der Verhältnisse sollte also angestrebt werden,[3] da sie nicht zuletzt gesellschaftspolitische Ziele unterstützt.

Die zweite von GEBERT genannte OE-Zielsetzung bezieht sich auf das schnelle Reagieren der Organisation in einer Zeit immer zügigeren Wandels — nicht selten eine Überlebensfrage für die Organisation. Voraussetzung für solch schnelles Reagieren ist jedoch zunächst einmal der Aufbau von Veränderungsbereitschaft. Dazu gehört auch die Bereitschaft, Probleme zu erkennen, Schwachstellen offen zuzugeben und anzugehen, Konfliktaustragung zu entwickeln. PORTER, LAWLER III und HACKMAN (1975, S. 496 ff.) setzen sich mit dieser zwingenden Notwendigkeit und Fähigkeit einer Organisation, sich laufend inneren und äußeren Veränderungen anpassen zu können und sich sozusagen ständig zu revitalisieren, auseinander. Sie haben die in Abb. 15 gezeigte Sequenz von Zielen, die den Bestand einer Organisation sichern, entwickelt. Dabei ist jeweils die Erreichung eines Teilzieles Voraussetzung und Vorbedingung für die Realisierung des nächsten.

---

3) Daß mitarbeiterorientierte Führung bzw. generell Partizipation am Arbeitsplatz ‚anstrengend' ist, bestimmte Anforderungen an alle Beteiligten stellt und entsprechender Rahmenbedingungen bedarf, soll hier nicht unterschlagen werden.

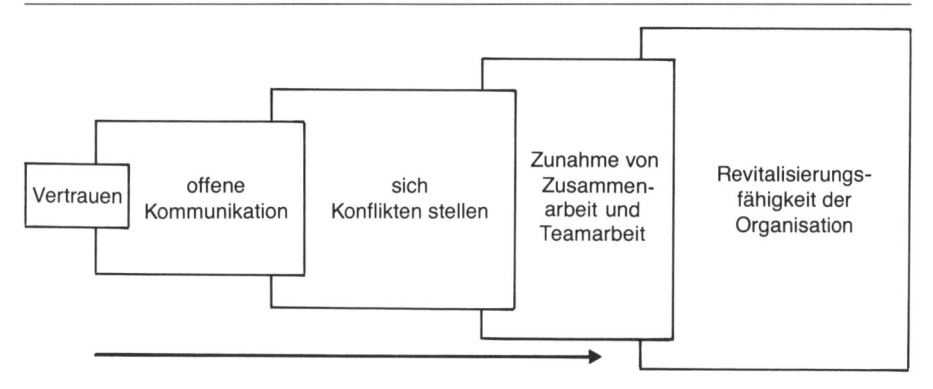

```
┌─────────────────────────────────────────────────────────┐
│                                           Revitalisierungs- │
│         ┌──────────────────────────────┐  fähigkeit der    │
│         │                   Zunahme von │  Organisation    │
│     ┌───┤          sich     Zusammen-  │                  │
│ ┌───┤offene         Konflikten arbeit und │              │
│ │Vertrauen Kommunikation stellen Teamarbeit │             │
│ └───┤       │         │          │         │              │
│     └───────┘         │          │         │              │
│         └─────────────┘          │         │              │
│                   └──────────────┘         │              │
│                              └─────────────┘              │
│  ──────────────▶                                          │
└─────────────────────────────────────────────────────────┘
```

Abb. 15: Hypothetische Sequenz von notwendigen Zielen für die Erhaltung einer Organisation (entnommen aus: L. W. PORTER, E. E. LAWLER III und J. R. HACKMAN, 1975, S. 497)

Der Aufbau eines hohen Maßes an Vertrauen sowie darauf aufbauend eine offene Kommunikation sind demnach die ersten beiden und grundlegenden Teilziele. Offene Kommunikation ist dann die Voraussetzung dafür, Konflikten zu begegnen und sie erfolgreich zu bewältigen. Die Fähigkeit der konstruktiven Konfliktregelung wiederum wird als Vorbedingung für eine ‚Maximierung' der Zusammenarbeit und der Arbeit im Team gesehen, und erst die Realisierung dieser genannten Teilziele erzeugt die ‚Revitalisierungsfähigkeit' der Organisation.[4])

Es liegt auf der Hand, daß die von GEBERT formulierten beiden Hauptzielsetzungen von OE nicht à priori miteinander harmonieren, sondern eine gewisse Unverträglichkeit in sich tragen. So wird kein ernsthafter Autor die These vertreten, daß Humanisierung der Arbeit und Verbesserung der zwischenmenschlichen Beziehungen automatisch eine höhere Leistungsfähigkeit zur Folge haben werden (jeder Praktiker kennt den innerbetrieblichen ‚Harmonie-Verein', d. h. die Gruppe oder Abteilung, in der beste Stimmung herrscht und wo dennoch nichts geleistet wird). Allerdings gibt es in der Forschung etliche Hinweise darauf, daß eine Humanisierung von Arbeitsbedingungen eine höhere Leistungs**bereitschaft** bewirken kann, was sich unter Umständen in erhöhter Leistung ausdrückt. Auch umgekehrt wird niemand sagen wollen,

---

[4]) PORTER, LAWLER III und HACKMAN (1975, S. 504 ff) nennen darüber hinaus noch weitere Ziele, die sich (a) auf den Erfolg einer Organisation auswirken (Klärung der Organisationsziele, Identifikation mit diesen Zielen, Schaffung eines Klimas für Problemlösung, Steigerung der Innovationsfähigkeit, effektive Nutzung der Ressourcen der gesamten Organisation), sowie (b) Ziele für die Rolle des einzelnen Organisationsmitgliedes (Steigerung der zwischenmenschlichen Kompetenz, Selbstkontrolle und Selbstlenkung, individuelles Wachstum und Nutzung der gesamten Person, Aufgeschlossenheit für den Wandel).

daß die Betonung von Leistungszielen oder die Erhöhung der Leistungsfähigkeit grundsätzlich mit einem Mehr an Humanisierung verbunden ist, etwa nach dem Motto: Mehr Leistung — mehr Humanisierung in der Organisation. Nicht selten ist das Gegenteil zu verzeichnen, daß nämlich eine zu starke Festlegung auf die Leistungsziele zu ausgesprochen inhumanen Arbeits- oder Organisationsformen führt.

Letzteres hat nun dazu geführt, daß viele Leute Humanisierung in der Arbeit und Leistungsgerichtetheit einer Organisation grundsätzlich als unvereinbare Gegensätze ansehen (etwa nach dem Prinzip der kommunizierenden Röhren, wonach ein Anstieg auf der einen Seite immer nur möglich ist durch einen Abfall auf der anderen). FRENCH und BELL (1977, S. 8) weisen in diesem Zusammenhang darauf hin, daß hier oft ein Dilemma gesehen wird, wo gar keines besteht. Sie stellen in Frage, daß in der Konkurrenz zwischen Zielen und Organisation und denen des einzelnen immer nur einer auf Kosten des anderen gewinnen könne. Schließlich gibt es ja auch die Möglichkeit, daß beide oder keiner seine Ziele erreicht. Die Auffassung der Organisationsentwicklung ist denn auch, daß es, wenn auch nicht für alle, so doch für eine Vielzahl von betrieblichen Problemen gute Lösungschancen gibt, die beides einschließen: Humanisierung der Arbeitsbedingungen und Berücksichtigung menschlicher Grundbedürfnisse auf der einen Seite bei gleichzeitiger Stärkung der Leistungskraft und der Effektivität der Organisation andererseits.[5])

---

5) In der Theorie der Konfliktlösung spricht man vom sogenannten Sieg:Sieg-Modell im Gegensatz zum Sieg:Niederlage-Denken (s. Kap. 5.6). Voraussetzung für das Sieg:Sieg-Modell ist jedoch, daß alle Beteiligten ihre Wünsche und Bedürfnisse wirklich offenlegen und daß bei allen echte Kompromißbereitschaft bzw. -fähigkeit vorhanden ist.

3.2 Verschiedene Definitionen von OE

Was nun die Definition des Begriffes Organisationsentwicklung angeht, soll darauf verzichtet werden, die Vielzahl verschiedener Definitionen der einzelnen Autoren gegeneinanderzustellen. Wir verweisen den interessierten Leser statt dessen auf eine Veröffentlichung von TREBESCH (1982), der unterschiedliche Definitionen gleich dutzendweise zusammengetragen hat und noch „kein Ende" sieht. Burkard SIEVERS (1977, S. 10) führt passend dazu aus:

> „Auch handelt es sich dabei (Anm.: OE) bislang noch weniger um einen einheitlichen Ansatz oder gar um eine in sich geschlossene Theorie im strengen wissenschaftlichen Sinne als um eine Art Etikett, hinter dem sich eine Vielzahl unterschiedlicher Strategien, Methoden und Zielvorstellungen verbirgt."

FRENCH und BELL (1977, S. 31) hingegen halten den Begriff OE für „ziemlich genau" beschrieben und meinen, daß die Ansichten verschiedener Autoren und Praktiker nur noch „gelegentlich etwas" voneinander abweichen.

Folgende Punkte werden u. a. bei den zahlreichen Definitionen verschiedenster Autoren mehrheitlich hervorgehoben:

- OE ist ein umfassender Prozeß der Systemveränderung bzw. Systementwicklung,
- der OE-Prozeß wird von den Betroffenen getragen,
- die Veränderung bzw. die Anpassung an Veränderungen erfolgt über die Gestaltung von Lernprozessen, wobei sowohl die Organisationsmitglieder als auch die Organisation selbst lernen,
- OE-Prozesse verändern die Kultur und die Strukturen einer Organisation (Verhalten schafft Verhältnisse und Verhältnisse schaffen Verhalten),
- die Lebensqualität innerhalb einer Organisation soll verbessert werden,
- bei OE handelt es sich in aller Regel um langfristige Bemühungen,
- die Problemlöse- und Erneuerungsfähigkeit einer Organisation sollen durch OE gefördert werden,
- die Aktualisierung, Aktivierung und Erneuerung der Organisation erfolgt durch technische und menschliche Ressourcen.[6])

Aus praktisch allen Definitionen geht hervor, daß Organisationsentwicklung keinesfalls als eine Fortsetzung der gruppendynamischen Welle unter anderer Bezeichnung oder als schlichte Vermittlung von Sozialtechniken verstanden wird. Hilfreich bei der Eingrenzung dessen, was das Typische an Organisationsentwicklungen ausmacht, ist eine Zusammenstellung von LAUTERBURG

---

6) In dieser Zusammenstellung wird Bezug genommen auf Definitionsvorschläge u. a. von SIEVERS (1977, S. 22), CARRIGAN (1973, S. 48), ULRICH und FLURI (1975, S. 248), ARGYRIS (zit. nach FRENCH und BELL, 1977, S. 32), GOERKE (1981, S. 39 ff.), REHN (1979, S. 135 ff.) und L. KLEIN (in TREBESCH, 1980b, S. 29—30).

	Organisationsentwicklung (OE)	Übliche Formen der Management-Entwicklung	Traditionelle Organisationsplanung
Wer	**organisatorische „Familien"** → natürliche organisatorische Einheiten → Gruppen/Abteilungen/Betriebe	eine bunt zusammengewürfelte Schar von Teilnehmern, die sonst wenig oder gar nichts miteinander zu tun haben	eine Beratungsfirma, die Geschäftsleitung, die zentrale Stabsstelle für Organisation (oder eine daraus zusammengesetzte „Mafia")
Was	**konkrete Probleme der täglichen Zusammenarbeit und der gemeinsamen Zukunft** → Sachprobleme und Kommunikationsprobleme → interne und externe (Umwelt-)Beziehungen	theoretischer Wissensstoff	organisatorische Strukturen und Abläufe
Wie	**offene Information und aktive Beteiligung der Betroffenen** → Kommunikation in und zwischen Gruppen → direkte Mitwirkung, Partnerschaft	vorgegebener Lehrplan, Fachlektionen, Fallstudien, Sandkastenspiele	Eingriffe von oben aufgrund einsamer Entscheidungen (hierarchische Macht) und/oder bilateraler Absprachen (Manipulation)
Wann	**fortlaufend, regelmäßig** → kontinuierlicher Prozeß → rollende Planung	punktuelle „Ein-für-alle-mal"-Veranstaltungen oder kurz befristete Lernprozesse mit minimalen oder gar keinen Transferchancen	plötzliche, unvorhersehbare und in den Kausalzusammenhängen undurchschaubare Einzelmaßnahmen und „Hauruck"-Aktionen
Wo	**Arbeitsplatz, Betrieb** → On-the-Job-Training in Problemlösung → integrierter Bestandteil der täglichen Arbeit	in der keimfreien Atmosphäre eines Bildungsinstituts, eines Hotels oder allenfalls eines internen Schulungsraums	im stillen Kämmerlein von Chefetagen und an den Schreibtischen interner und externer Experten
Warum	**Leistungsfähigkeit der Organisation (Produktivität) und Qualität des Arbeitslebens (Humanität)** → Motivation/Kooperation/Flexibilität → Selbständigkeit/Beteiligung/Wachstum	Aufbau von Wissen und Fertigkeiten bei ausgewählten Einzelindividuen (ohne Berücksichtigung der gegebenen organisatorischen Strukturen und Abläufe)	Steigerung der Effizienz der Organisation (ohne Berücksichtigung der Bedürfnisse, Einstellungen und Verhaltensweisen der Menschen)

Abb. 16: Kriterien der Organisationsentwicklung zur Differentialdiagnose zwischen Organisationsentwicklung, Managemententwicklung und Organisationsplanung (entnommen aus: CH. LAUTERBURG, 1980, S. 3)

(1980, S. 3). In einer vergleichenden Übersicht (Abb. 16) stellt er die üblichen Formen der Management-Entwicklung, traditionelle Organisationsplanung und Organisationsentwicklung einander gegenüber.

Diese Darstellung stellt als für OE typisch heraus:

— die **Träger** von OE-Prozessen sind die echten organisatorischen Einheiten, d. h. die ‚organisatorischen Familien', (ein ganz typischer Unterschied zum klassischen Training oder Seminar),
— die **Inhalte der OE-Aktivitäten** sind konkrete Probleme der täglichen Zusammenarbeit und der gemeinsamen Zukunft,
— die **Art der Vorgehensweise** ist gekennzeichnet durch offene Information und aktive Beteiligung der Betroffenen,
— bezüglich des **Zeitrahmens** wird OE als ein fortlaufender und regelmäßiger Prozeß angesehen (‚rollende Planung'),
— der **Ort**, an dem OE stattfindet, ist unmittelbar der Arbeitsplatz bzw. der Betrieb und
— die **Zielsetzungen** von OE beziehen sich auf die Leistungsfähigkeit der Organisation und auf die Qualität des Arbeitslebens, d. h. auf Produktivität und Humanität gleichermaßen.

LAUTERBURG beschreibt in seiner Gegenüberstellung die Konzepte der Management-Entwicklung bzw. der Organisationsplanung spürbar liebloser als das OE-Konzept. Die typischen Merkmale der Organisationsentwicklung werden von ihm aber klar herausgearbeitet.

3.3 Ein Definitionsvorschlag

Nach Durchsicht der verschiedenen OE-Definitionen soll hier der folgenden, allerdings recht umfassenden Formulierung von RUSH (1973, S. 2) der Vorzug gegeben werden.[7]) Danach versteht man unter **Organisationsentwicklung:**

> - einen geplanten, gelenkten und systematischen Prozeß
> - zur Veränderung der Kultur, der Systeme und des Verhaltens einer Organisation
> - mit dem Ziel, die Effektivität der Organisation bei der Lösung ihrer Probleme und der Erreichung ihrer Ziele zu verbessern.

Die einzelnen Aspekte dieser Definition sollen nachfolgend näher betrachtet werden.[8]) Allgemein gesagt ist OE ein Prozeß, der auf die Probleme einer Organisation — aktuelle wie zukünftige — zentriert ist und diese mit bestimmten Methoden zu lösen sucht. Zur Problemlösung wird versucht, die ‚human resources' der Organisationsmitglieder zu mobilisieren, d. h. man versucht, das in den Organisationsmitgliedern liegende Potential nutzbar zu machen. Dabei wird unter Potential nicht nur ihre intellektuelle Ausstattung, also ihr ‚Geist-Kapital' verstanden, sondern auch ihre Affekte, ihr Engagement, ihre Motivationen usw. Zudem fühlt man sich in der Organisationsentwicklung bestimmten Basis-Prinzipien verpflichtet, die im Kapitel 4 als ‚Philosophie' der Organisationsentwicklung behandelt werden.

3.3.1 OE als Veränderungsprozeß

OE ist also ein **Prozeß der Veränderung.** Die Veränderung, der Wandel ist das zentrale Merkmal der Organisationsentwicklung. Eine Ausrichtung auf Veränderungen setzt jedoch voraus, daß man eine Organisation überhaupt als ein offenes System betrachtet, welches die Fähigkeit besitzt, auf interne wie externe Kraftfeldveränderungen mit Anpassung, Wandel oder auch Wachstum zu reagieren (= organischer Prozeß). Diese Fähigkeit muß auf allen Ebenen vorhanden sein: auf der Ebene des Individuums, der Gruppe oder der ganzen Organisation. Die Kennzeichnung von OE als Prozeß unterscheidet außer-

---

[7] auch bei DYER (1978)
[8] Dies geschieht in ziemlich enger Anlehnung an jene Ausführungen, die RUSH (1973) im Auftrag des New Yorker Wirtschaftsforschungsinstitutes ‚The Conference Board Inc.' (Report No. 605) gemacht hat.

dem Organisationsentwicklung von allen anderen zufälligen, an einen bestimmten Zeitpunkt oder gewissen Zeitrahmen gebundenen Veränderungen. Unter Prozeß versteht man einen dynamischen Vorgang mit einer bestimmten Folge zielgerichteter Abläufe. Selbstverständlich bedarf es besonderer Aktivitäten, die der **Prozeßbetreuung,** der **Prozeßsteuerung** und der **Aufrechterhaltung des Prozesses** dienen. Die einzelnen Elemente oder Teilschritte eines (OE-)Prozesses sind voneinander abhängig und stehen in Wechselbeziehung zueinander, so daß sie ein Netzwerk von Regelmechanismen bilden und eine Notwendigkeit für Feedback-Schleifen gegeben ist.[9]) Daraus ergibt sich, daß OE-Prozesse üblicherweise als lang- oder längerfristige Maßnahmen zu verstehen sind und sich stark am Aktionsforschungs-Modell orientieren.

Prozesse lassen sich in der Regel als eine Abfolge verschiedener **Phasen** darstellen. So gibt es denn auch zur Darstellung des OE-Prozesses mehrere Phasenmodelle. Das wohl populärste Phasenschema eines Veränderungsprozesses stammt von LEWIN. Es gilt im Prinzip für Veränderungen jeglicher Art und geht von LEWINS ‚Theorie des dynamischen Gleichgewichtes' aus. Danach ist ein stabiler Zustand dadurch gekennzeichnet, daß das Feld der insgesamt in einer Situation einwirkenden bzw. wirksamen Kräfte sich in gegenseitiger Balance, d. h. in einem Gleichgewicht befinden. Will man diesen Zustand verändern, muß dieser stabile Zustand zunächst aufgelöst werden. Dabei müssen zwei Grundarten von Kräften unterschieden werden. **Antriebskräfte,** die auf einen neuen, angestrebten Zustand hindrängen, und **Hemmkräfte,** welche der Veränderung entgegengerichtet sind und die es zu überwinden gilt. Das Phasenmodell von LEWIN unterscheidet dann drei Stufen:

I. AUFTAUEN (unfreezing) des bestehenden Gleichgewichtes, d. h.: In-Frage-Stellen des herrschenden Zustandes, Wecken der Bereitschaft für und der Motivation zur Veränderung.

II. VERÄNDERN (move), d. h.: Bewegung und Aktivitäten initiieren, die zum angestrebten Zustand hinführen, sowie Entwickeln von neuen (Verhaltens-)Mustern.

III. EINFRIEREN (refreezing), d. h.: Herstellung und Stabilisierung des neuen Gleichgewichtszustandes, Verstärkung und Stützung der ange-

---

[9]) FRENCH und BELL (1977, S. 66) beschreiben dies so: „Ein Vorgang oder Prozeß ist ein identifizierbarer Fluß von miteinander in Beziehung stehenden Ereignissen, die sich mit der Zeit auf einen Zweck oder ein Ziel hinbewegen. Im OE-Vorgang besteht der identifizierbare Fluß von miteinander verbundenen Ereignissen aus Interventionen in das System des Klienten und aus Reaktionen auf diese Interventionen. Hinter dem Muster steht die übergeordnete OE-Strategie, welche die Auswahl, den Zeitpunkt und die Reihenfolge der eingreifenden Maßnahmen bestimmt. ... In der Praxis wird eine vorläufige Strategie formuliert; diese wird angepaßt und verändert, sobald auftauchende Probleme und unerwünschte Entwicklungen dies empfehlen."

strebten (Verhaltens-)Muster, Einbindung in einen sicheren und festen Bezugsrahmen.

Berücksichtigt man diese drei Stufen nicht oder nicht ausreichend, kommt es in der Praxis bei Veränderungsprozessen immer wieder zu zwei typischen Fehlern:

(a) **Unterschätzung oder Mißachtung der Hemmkräfte:**
Das gesamte Engagement und die volle Motivation der Träger einer Veränderung sind ausschließlich auf die Erzeugung von Antriebskräften gerichtet, während die Analyse der Hemmkräfte und die Beschäftigung mit ihnen unterbleibt. So kreisen z. B. alle Überlegungen um die Frage ‚Wie bekomme ich diesen oder jenen da und da hin?' Vorrangig sollte man sich jedoch zunächst um den Abbau der Hemmkräfte bemühen und z. B. der Frage nachgehen ‚Warum ist jemand gegen etwas? Was hindert ihn mitzuziehen?' Sind die Hemmkräfte ganz oder teilweise abgebaut, können die Antriebskräfte entweder effektiver greifen bzw. es muß geringerer Antriebsaufwand getrieben werden. (Entsprechend käme niemand auf die Idee, ein Auto mit angezogenen Bremsen bergauf zu schieben, sondern jeder würde doch sicherlich zunächst die Bremsen lösen). Bei der Einführung von Bildschirm-Arbeitsplätzen beispielsweise präsentiert man mit riesigem Argumentationsaufwand den betroffenen Mitarbeitern die große Fülle der Vorteile, stellt die zu erwartenden Bequemlichkeiten heraus und preist die Faszination der neuen Technik. Dennoch bleiben die Mitarbeiter zurückhaltend und sind offensichtlich wenig motiviert. Selbst Kollegen aus anderen Bereichen, die bereits mit der neuen Technik arbeiten und begeistert darüber berichten, erzeugen nicht viel (Antriebs-)Wirkung. Alles ist auf Argumentation *für* die Veränderung ausgerichtet. — Vielleicht hätte man klüger daran getan, zuvor einmal nach den Ängsten der Mitarbeiter zu fragen oder nach ihrem Mißtrauen gegenüber der (möglicherweise viel zu perfekten) Präsentation? Interessante Fragen wären etwa gewesen:

— Welche Erfahrungen haben die Betroffenen mit früheren Veränderungen gemacht?
— Wer könnte Verlierer sein bei der geplanten Veränderung (z. B. Verlust von Einfluß, Status, Sicherheit, Kontakten o. ä.)?
— Welche Ängste könnten vorliegen oder durch die Veränderung entstehen (etwa die Angst, Neues lernen zu müssen oder die Umstellung nicht zu schaffen; die Angst, das vertraute Gebiet zu verlieren o. ä.)?
— War die Präsentation überhaupt glaubwürdig?

Wäre im ersten Schritt zunächst einmal eine Analyse der Hemmkräfte *gegen* die Veränderung durchgeführt worden, hätten sich vielleicht schon im Vorfeld der Veränderung wertvolle Hinweise auf vorliegende Bedenken und Ängste bei den Mitarbeitern ergeben. Diese vorrangig zu behandeln, sie auszuräumen bzw. darauf einzugehen, wäre sicherlich besser gewesen als der Versuch, die Leute mit Pro- und Positiv-Argumenten zu überrollen. Unerledigte Hemmkräfte belasten zudem die Kommunikation und verringern die Zuhörbereitschaft und -fähigkeit in der Argumentation.

(b) **Veränderung ohne ausreichende Stabilisierung:**
In diesem Fall ist zwar der durch die Veränderungsmaßnahme angestrebte Zustand erreicht, man vergißt jedoch nachfolgende Aktivitäten einzuplanen und durchzuführen, die diesen Zustand stabilisieren bzw. vor Störungen und Turbulenzen schützen. Dies muß (mindestens) so lange geschehen, bis das neue Gleichgewicht sich einbalanciert hat. Auch dazu ein Beispiel: Um den von allen Beteiligten als schlecht und unzureichend empfundenen Informationsfluß von oben nach unten (Chef zum Mitarbeiter) zu verbessern, wird in einem Unternehmen beschlossen, ab sofort regelmäßige Abteilungsbesprechungen bzw. Informationskonferenzen durchzuführen. Dies geschieht danach auch einige Male. Doch schon nach wenigen Wochen oder Monaten werden die Besprechungen seltener und seltener, man hat wieder keine Zeit oder muß zu einem wichtigen Termin, und bald herrscht wieder der alte Zustand. Grund: Man hat den neu vereinbarten Zustand sich selbst überlassen. Zum Beispiel hat man vergessen, immer wieder an die Durchführung der Besprechungen zu erinnern, regelmäßig nachzufragen, ob sie durchgeführt wurden bzw. warum sie ausgefallen sind, oder nachzuhaken, wann die letzte Besprechung war oder ob die Mitarbeiter auch rechtzeitig die notwendige Information bekommen haben. Denn erst nach einer gewissen Zeit gezielter Anstrengungen und besonderer Aufmerksamkeit werden die Besprechungen zur Routine und Gewohnheit, die dann auch jeder Beteiligte bei seiner Terminplanung berücksichtigt. Erst dann ist ein neuer, stabiler Gleichgewichtszustand ‚festgefroren'.

Wie bereits erwähnt haben neben LEWIN verschiedene andere Autoren eigene Phasenmodelle für Veränderungsprozesse entwickelt — teils allgemein, teils speziell für OE-Prozesse. Im Prinzip gehen sie alle auf den Ansatz von LEWIN zurück und unterscheiden sich eigentlich nur durch mehr oder weniger große Teilschritte und deren Anzahl.[10]) Erwähnenswert ist das sogenannte NPI-Modell von GLASL und DE LA HOUSSAYE (1975, S. 16 ff. und S. 79 ff.) Diesem Modell fühlt sich das anthroposophisch ausgerichtete Nederlands Paedagogisch Institut (NPI) verpflichtet. Ihm liegt die in Abb. 17 visualisierte Basisannahme zugrunde, wonach sich jeder OE-Prozeß in dem doppelten Spannungsfeld der beiden Pole Vergangenheit und Zukunft bzw. Idee (= SOLLEN, Konzeption) und Realität (= SEIN, Wirklichkeit) entwickelt und abspielt. Daraus ergibt sich für die fünf Prozeßstufen des Phasenmodells ein Bündel von parallelen und gegenseitig abhängigen Teilaktivitäten und Prozes-

---

10) VON ROSENSTIEL (1980, S. 319) hat zum Beispiel fünf solcher Phasenmodelle gegenübergestellt.

100 Ziele, Definition, Vorgehensweise

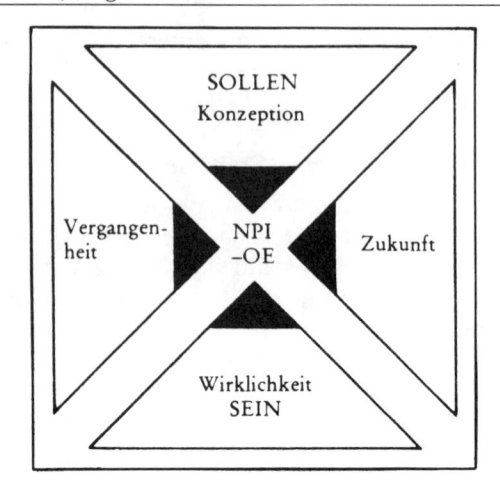

Abb. 17: Polaritätsmodell des NPI (entnommen aus: W. GOERKE, 1981, S. 134)

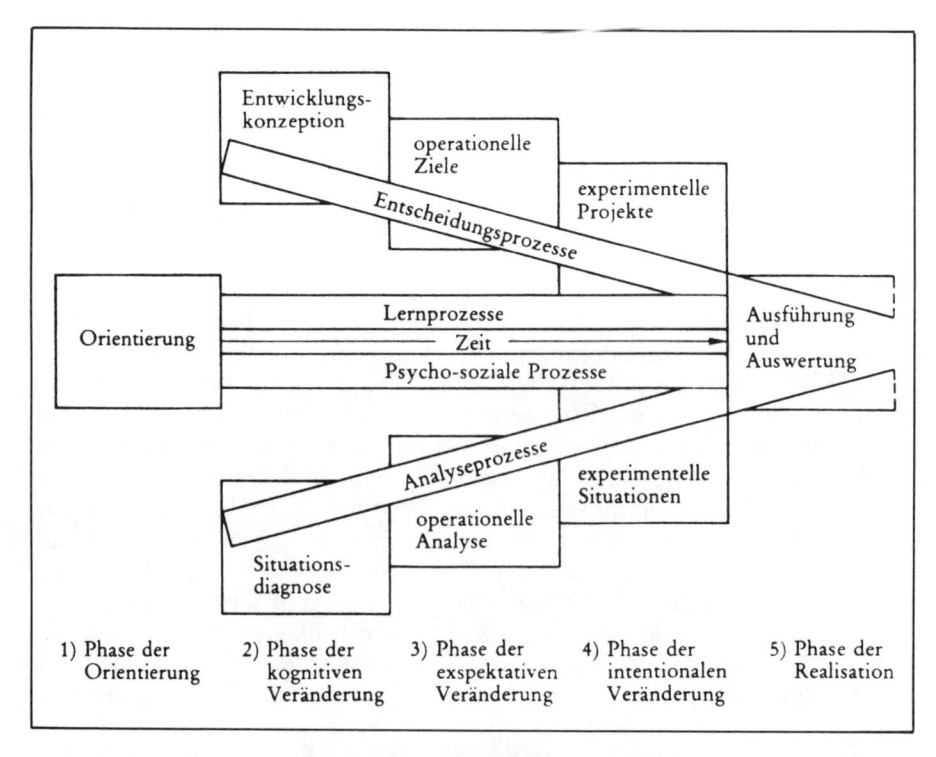

Abb. 18: Phasen- und Prozeßstruktur der NPI-Organisationsentwicklung (entnommen aus: W. GOERKE, 1981, S. 135)

sen, die — wie Abb. 18 zeigt — schließlich zusammen in die Realisierung/ Ausführung von Maßnahmen und deren Bewertung einmünden.

Schließlich soll noch das von Ronald und Gordon LIPPITT (1977, S. 96 ff.) entworfene **Phasenmodell für den Beratungsprozeß** vorgestellt werden. Die beiden Autoren differenzieren in vier Phasen mit insgesamt vierzehn als ‚Arbeitsschwerpunkte' bezeichneten Handlungsschritten:

Phase I: Kontakt und Einstieg

Arbeitsschwerpunkt 1: Die Initiative der ersten Kontaktaufnahme (die ausgehen kann von seiten des potentiellen Klienten, von seiten des Beraters oder seitens Dritter);

Arbeitsschwerpunkt 2: Hilfe beim Erkennen und Klären eines Veränderungsbedürfnisses;

Arbeitsschwerpunkt 3: Untersuchung der Veränderungsbereitschaft;

Arbeitsschwerpunkt 4: Untersuchung der Kooperationsmöglichkeit;

Phase II: Kontraktformulierung

Arbeitsschwerpunkt 5: Welche Ergebnisse werden angestrebt?

Arbeitsschwerpunkt 6: Wer müßte was tun?

Arbeitsschwerpunkt 7: Zeitperspektive und Verantwortlichkeit;

Phase III: Planung für eine Problemlösung

Arbeitsschwerpunkt 8: Kraftfelddiagnose und Bestimmung der Handlungsziele;

Arbeitsschwerpunkt 9: Planung einzelner Schritte, der Handlung, der Dokumentation und der Auswertung;

Arbeitsschwerpunkt 10: Planung und Einbeziehung — wer und wie?

Phase IV: Handlungsdurchführung und Kontinuität

Arbeitsschwerpunkt 11: Erfolgreiche Handlungsdurchführung;

Arbeitsschwerpunkt 12: Auswertung und Feedback bei der Handlungsdurchführung;

Arbeitsschwerpunkt 14: Unterstützung bei der Weiterführung und Beendigung.

Alle diese vorgestellten Ablaufmodelle für den OE-Prozeß sind sozusagen bewährte Schrittfolgen, die dem Praktiker in seiner Organisationsentwicklungsarbeit als Leitlinie und Orientierung dienen können.

3.3.2 OE ist geplant und gelenkt

Geplant und gelenkt bedeutet hier, daß Organisationsentwicklung eine **absichtliche** und mit einer **bestimmten Zielrichtung** betriebene Veränderung ist. Wenn ein Veränderungsprozeß geplant genannt wird, beinhaltet dies, daß er von einem bestimmten und definierten Startpunkt aus (IST-Zustand) bewußt in Gang gesetzt wird und daß dabei zugleich auch über die Richtung und das Ziel (SOLL-Zustand) des Prozesses entschieden worden ist. Dieser planerische Aspekt setzt bei den Prozeßverantwortlichen die Fähigkeit voraus, in gewissem Maße die Entwicklung des Prozesses, seine Geschwindigkeit, seine Ausmaße wie auch seine Auswirkungen zu kalkulieren, um Aktivitäten und Strategien entsprechend auszurichten.

Gelenkt besagt nichts anderes, als daß es für den Prozeß bzw. für die Zeit seiner Dauer einen ‚Lenker', einen **Verantwortlichen** gibt. Der Begriff Lenkung beinhaltet einerseits, daß es überhaupt Eingriffsmöglichkeiten und Steuermechanismen gibt. Andererseits weist er darauf hin, daß der OE-Prozeß sich nicht selbst überlassen bleibt, sondern daß es jemanden oder eine Instanz gibt, welche sich für Initiierung, Ablauf und auch Folgen des Prozesses verantwortlich fühlt. Dies schließt ein, daß die Verantwortlichkeit auch nach außen deutlich gemacht ist und der Verantwortliche den Prozeß mit seinem vollen Engagement und mit seinen Einflußmöglichkeiten stützt. RUSH (1973) äußert sich nicht genauer, wer im Regelfall dieser Verantwortliche sein soll. Allerdings liegt es wohl nicht in seiner Absicht, den Organisationsentwickler selbst, also den ‚Veränderungsagenten' (change agent) zum Verantwortlichen zu machen. Bindet man die Verantwortlichkeit an die zu Beginn und während des Prozesses zu treffenden Entscheidungen, so erfolgen diese ja nicht durch den Prozeßberater, sondern durch den jeweiligen unternehmerischen Willens- bzw. Entscheidungsträger. Der Prozeßberater stellt lediglich sein Methodenwissen und sein OE-Know-how zur Verfügung. Die Rolle des Organisationsentwicklers kann es nicht sein, *für* andere, deren Probleme es zu lösen gilt, Entscheidungen zu treffen und für sie in die Verantwortung zu gehen. Dies wäre sogar ein Akt der Entmündigung des Klientensystems, denn es enthält den Betroffenen die Lernchance vor, den Entscheidungsprozeß selber zu bewältigen. Allerdings kann der Organisationsentwickler natürlich alle nur erdenklichen Hilfestellungen für einen solchen Entscheidungsprozeß geben (z. B. Methodik der Entscheidungsfindung).

Aus diesem Grund ist es so eminent wichtig, daß am Anfang eines jeden OE-Projektes die sogenannte **Kontaktphase** steht zwischen dem Berater einerseits und dem Klientensystem andererseits. Hierbei wird das Klientensystem repräsentiert durch seine jeweiligen Entscheidungsträger aus der durch das OE-Projekt erfaßten organisatorischen Einheit. In der Kontaktphase findet eine sehr genaue **Rollenklärung** und Abstimmung der **gegenseitigen Erwartungen** statt, und es wird (schriftlich!) ein regelrechter **Kontrakt** mit den **Spielregeln für die Zusammenarbeit** geschlossen. Es ist dringend zu empfehlen, dies grundsätzlich zu tun, gleichgültig ob der OE-Berater intern (d. h. als Organisationsmitglied) tätig wird oder ob er als Externer arbeitet. Es besteht sogar die Gefahr, daß sich ‚ungeregelte Verhältnisse' für den internen Organisationsentwickler noch viel hinderlicher auswirken als für den externen. Bei Leuten, die aus der internen Position heraus mit OE beginnen, herrscht zuweilen besondere Unsicherheit oder auch Angst, gleich zu Anfang mit solchen ‚harten' Forderungen zu kommen. Dies ist unbegründet: Die angeblich harten Forderungen sind nichts anderes als die Offenlegung der Grundprinzipien der eigenen Denk- und Vorgehensweise, die Klärung der gegenseitigen Rollenerwartungen und die Vereinbarungen gewisser Spielregeln als Garantie für Kontinuität und zur Regelung der Beziehung (so z. B. für den Zeitrahmen, für Unterstützung, für Konfliktfälle etc.). Jedermann sollte einsehen, daß dies sinnvollerweise zu Beginn eines Prozesses geschehen muß und nicht zwischendurch oder am Ende. Außerdem gilt dabei ein einfaches Prinzip: **Beide Seiten können ‚Nein' sagen!** Das heißt, eine Organisation sagt ‚Nein' — und damit ist der OE-Ansatz oder das OE-Projekt ‚gestorben'. Aber auch der Organisationsentwickler kann ‚Nein' sagen, und er sollte dies gegebenenfalls auch tun, wenn er nicht die OE-gemäßen Grundbedingungen für seine Arbeit vorfindet.[11])

3.3.3 OE verändert die Organisationskultur

Prozesse der Organisationsentwicklung haben in jeglicher Hinsicht Auswirkungen auf die gesamte Kultur einer Organisation. Wie alle sozialen Gebilde entwickeln auch Organisationen eine eigene, sie kennzeichnende Kultur, welche den Hintergrund bildet für sämtliche Lebensäußerungen dieses Systems. Wenn beispielsweise das Management eines bestimmten Konzerns von Insidern der Branche als ‚Gangster' bezeichnet wird, so mag dies Rückschlüsse auf die kulturellen Verhältnisse in dieser betreffenden Organisation gestatten. Oder wenn man einmal die ‚Sitten und Gebräuche' in einer großen Behörde, etwa einem Ministerium, vergleicht mit denen in der deutschen Tochter eines amerikanischen Konzerns, wird man mit Sicherheit auf beträchtliche ‚kulturelle Unterschiede' stoßen. So kann es in dem Ministerium möglicherweise ein Skandal sein, wenn ein Gruppenleiter mit der Kugelschreiberfarbe des Abteilungsleiters oder sogar des Staatssekretärs unterzeichnet hat, während in dem Konzern niemand auch nur stutzen würde, wenn ein Mitarbeiter seinen Chef einmal kurz um seinen Kugelschreiber bittet. Oder in einer anderen Firma hält man sich sehr viel darauf zugute, daß man noch nie mit einem Fall vor dem Arbeitsgericht erschienen ist usw. — die Reihe von Symptomen für unterschiedliche Organisationskulturen ließe sich endlos fortsetzen.

Eine Organisationskultur entsteht, wächst, entwickelt und verändert sich wie jede andere Kultur auch. Organisationskultur ist das Ergebnis eines evolutionären Prozesses. Damit besitzt die Kultur einer Organisation auch immer einen **historischen Hintergrund** und kann nicht losgelöst davon betrachtet werden. Der historische Hintergrund wiederum wird maßgeblich geprägt von Er-

---

11) Letzteres bedeutet nicht, daß nun überhaupt keine Veränderungen stattfinden, sondern lediglich, daß diese nach traditionellen Mustern und Konzepten des organisatorischen Wandels vollzogen werden.

eignissen und Personen. Eine Organisation baut im Verlauf ihrer Entwicklung Normen, Wertsysteme, aber auch Wissen, Kenntnisse und Fähigkeiten auf. Damit entwickelt sie **Traditionen**. Auf der Basis dieser Traditionen oder mit ihrer Hilfe versucht sie dann, in Innovationen einzutreten und mit dem ständigen Wandel Schritt zu halten. Dabei kann die Organisationskultur bzw. können die Traditionen Chance und Hemmschuh zugleich sein. Für den Organisationsentwickler ist die Organisationskultur demnach nicht nur als Faktor zu berücksichtigen, sondern in der Regel selber Veränderungsgegenstand. MATENAAR (1983, S. 19) beklagt, daß in der Organisationstheorie bisher Vorgeschichte und Organisationskultur vernachlässigte Faktoren waren, und er weist u. a. auf folgende Probleme und Begriffe hin:

— „Relevanz der Vergangenheit eines Systems für die aktuelle Gestaltung,
— Notwendigkeit und Gefahren einer Übernahme alter Regelungen in aktuelle Lösungsszenarien,
— systemimmanentes Streben nach Aufbau und Entwicklung einer spezifischen Identität,
— Ausbau und Stabilisierung einer sowohl für die Unternehmung als auch für ihre Subsysteme notwendigen Autonomie und
— funktionale und dysfunktionale Folgen dieser gesamt- und intrasystemischen Autonomiebestrebungen."

BOJE, FEDOR und ROLAND (1982) betonen die Wichtigkeit des historischen Hintergrundes für die Organisationskultur und weisen darauf hin, daß diese sich (auch) in Mythenbildungen konkretisiert. Wer kennt nicht die ‚Heldengeschichten' von der Eroberung von Marktanteilen, von der Übernahme des Konkurrenten, von der tollen Erfindung, an der die anderen gescheitert waren, von dem Senior des Hauses mit der unglaublichen Spürnase für Trends, usw.[12]) Für RUSH (1973, S. 3) bezieht sich der Begriff Kultur darauf, wie eine Organisation (sich) fühlt, wie sie von ihren Mitgliedern erlebt wird, und darauf, welches Klima die Rollen und Beziehungen bestimmt. Außerdem schließt er in den Begriff die Ziele der Organisation mit ein sowie die tragenden Werte der Organisation, ihre Normen, die charakteristische Art der Interaktion sowie die Art und Weise wie Einfluß ausgeübt wird bzw. an welchen Stellen sich Einfluß zentriert. FRENCH und BELL setzen sich an mehreren Stellen mit dem Begriff Organisationskultur auseinander. So betrachten sie diese zum Beispiel (1977, S. 7) als

> „... das vorherrschende Muster von empfohlenen und vorgeschriebenen Verhaltensweisen, das System der Ansichten und Werte, die Technologie und Aufgabe der Organisation zusammen mit den Auffassungen darüber. Die Kultur einer Organisation hat einen starken Einfluß auf das Verhalten der einzelnen."

---

12) BOJE, FEDOR und ROLAND (1982) halten deshalb die Analyse der Mythen im Rahmen von Organisationsentwicklung für unerläßlich; sie legen in ihrem Aufsatz auch ein entsprechendes diagnostisches Modell vor.

Demnach kommt es also für den Organisationsentwickler darauf an, ob die Kultur einer Organisation Verhaltensmuster stützt und fördert, welche mit den Zielen dieser Organisation konform gehen, oder solche, die diesen Zielen entgegenwirken. Davon wird dann auch die Leistungsfähigkeit einer Organisation abhängen. An anderer Stelle schreiben FRENCH und BELL (1977, S. 32) über die Kultur einer Organisation: Es sind

> „... vorherrschende Muster von Tätigkeiten, Interaktionen, Normen, Empfindungen (... und Gefühle), Einstellungen, Überzeugungen, Werten und Produkten. Durch die Einbeziehung von Produkten schließen wir die Technologie in unsere Definition mit ein, obwohl technologische Veränderungen gewöhnlich eine untergeordnete Rolle bei der Anwendung von Organisationsentwicklung spielen. Versteht man jedoch unter dem Begriff der Technologie neben den Maschinen auch Einrichtungen, Abläufe und Methoden, dann besteht in der Mehrzahl der OE-Maßnahmen eine enge Wechselbeziehung zwischen Technologie und Organisationsentwicklung."[13])

MATENAAR (1983) nennt vier Kennzeichen der Kultur: Sie ist **tradiert** (Riten, Mythen, Zeremonien, Tabus), und sie ist aufgrund ihres evolutionären Charakters **wandlungsfähig.** Außerdem ist Kultur **akzeptiert,** denn sie bildet sozusagen den gemeinsamen Nenner aller Systemmitglieder. Hierbei wird die Akzeptanz mitbestimmt durch die Dauer der Beziehung zwischen System und Individuum, durch den Grad der Konkretisierung der Kulturinhalte (denn: je konkreter, desto weniger individueller Freiraum) und durch die Partizipationsmöglichkeiten der Mitglieder bei der Kulturgestaltung (d. h. je mehr Mitgestaltungsmöglichkeit, desto höher die Akzeptanz). Außerdem kann die Akzeptanz auch noch beeinflußt werden durch die individuelle Bereitschaft des Individuums zur Kulturübernahme und durch eventuell vorhandene ‚Kulturpromotoren'. Dies sind Systemmitglieder, die den Eintritt von Neuen in das System unterstützen.[14]) Schließlich nennt MATENAAR noch als vierte Kennzeichnung den Aspekt der **Vielschichtigkeit** einer Kultur, was bedeutet, daß es auch in Organisationen wiederum verschiedene **Subkulturen** gibt oder geben kann.

Als ein allgemeines und wahrscheinlich leicht vorstellbares Beispiel für den Fall der Umstellung einer ganzen Organisationskultur mag das Familienunternehmen gelten, in dem bisher ausschließlich Mitglieder der Familie in entscheidende Positionen gelangen konnten und das sich nun entschließt, die Geschicke des Unternehmens einem von außen kommenden professionellen Management zu übertragen. Daß es in solchen Fällen nicht einfach mit dem Aushandeln entsprechender Beschäftigungsverträge getan ist, beweisen zahlreiche Fälle gescheiterter Umstellungen (s. auch HANDY, 1978, S. 404 ff.):

---

13) Zudem rechnen die Autoren der Organisationskultur ausdrücklich auch informelle Aspekte wie Gefühle, informelle Handlungen, Interaktionen, Gruppennormen und Werte zu.
14) Die in verschiedenen Unternehmen übliche Einrichtung von Patenschaften für neue Mitarbeiter wäre hierzu ein Beispiel.

— die in das bisherige Familienunternehmen neu eintretenden Manager unterschätzen die bisherige ‚Kultur' (an der sich zunächst noch längere Zeit das Mitarbeiter-Verhalten orientiert),
— Mitglieder der Familie schaffen nicht den ‚Kultursprung' vom ‚Herzogtum' (oder ‚Königreich') zur ‚Republik' bzw. sie sind nicht bereit, diesen Sprung zu vollziehen,
— die bisherigen Mitarbeiter sind überfordert und können nicht so schnell umschalten von einer ‚Personenkultur' auf eine ‚Aufgaben- und Rollen-Kultur'.[15])

In ihrem Ansatz und auch von ihrer Methode her greift nun Organisationsentwicklung intensiv und unter Umständen recht tief in die Organisationskultur ein. So zielen OE-Prozesse beispielsweise auf

— die Art der Beziehungen zwischen den Organisationsmitgliedern oder zwischen Gruppen von ihnen (und zwar formell wie informell),
— die Arten von Einflußnahme und Machtausübung,
— den Grad der Mitbestimmung und Partizipationsmöglichkeit durch die Organisationsmitglieder,
— die Rollen, die Rollenerwartungen und das Rollenverständnis,
— die tragenden Werte der Organisation, welche als Orientierung dienen, die Beziehungen beeinflussen und/oder zu Kriterien für Entscheidungen werden, usw.

Was die Werte betrifft, denen sich Organisationsentwicklung verpflichtet fühlt, weisen etwa PORTER, LAWLER III und HACKMAN (1975, S. 486 ff.) darauf hin, daß zunächst der Mitarbeiter als Mensch an und für sich als im wahrsten Sinne des Wortes ‚wert-voll' anzusehen ist.[16]) Einen anderen Wert sehen sie darin, daß man das Ausdrücken von Gefühlen und Emotionen für gut hält, statt es zu unterdrücken, zu tabuisieren oder diesen Teil des Menschen zu ‚amputieren'. Als eine weitere Wertannahme stellen sie heraus, daß die Ziele des Individuums und die der Organisation als kompatibel angesehen werden. Schließlich kann ihrer Meinung nach auch die Organisationskultur an und für sich als Wert betrachtet werden, der für die Erreichung der Organisationsziele bedeutsam ist.

Die Abb. 19 zeigt verschiedene Veränderungsziele für Organisationsentwicklung, die unterschiedlich tief in die Kultur einer Organisation eingreifen und dabei in unterschiedlichen Graden bzw. verstärkt auch emotionale Bereiche

---

15) Der Übergang von einer Machtkultur zu einer anderen ist natürlich weniger problematisch.
16) Diesen Wert sehen sie unter anderem darin, daß der Mitarbeiter die Fähigkeit zum Wachstum besitzt und daß er das Bestreben hat, sich zu entwickeln, etwas zu erreichen und seine Fähigkeiten zu nutzen. Wer dies als Wert respektiert, wird dann auch entsprechend bestrebt sein, dem Mitarbeiter dafür Chancen und Möglichkeiten zu eröffnen.

	Veränderungsziele	Veränderungsmethoden	Anteil der kognitiven und der emotionalen Aspekte
grundlegende Verhaltensänderung ← → geringe Verhaltensänderung	Veränderte Interaktionsmittel	Neue Koordinationsregeln, Budgets, Planungen usw. Neue offizielle Kommunikationswege	kognitiv
	Veränderte Rollen	Intensive Weiterbildungsprogramme. Neue Arbeits- und Autoritätsverteilung	
	Veränderte Haltungen und Werte	Neue Entlohnungssysteme. Veränderter Führungsstil	
	Veränderte Grundmotivationen (Macht, persönliche Bindungen)	Neue Kriterien für Personalauswahl und Stellenumbesetzungen, radikaler Wandel von Klima und Beziehungen	emotional

Abb. 19: Typen von Veränderungen nach P. R. LAWRENCE und J. W. LORSCH (entnommen aus: E. GROCHLA und G. FÖRSTER, 1977, S. 7)

berühren. Wenn nun OE offensichtlich die Kultur einer Organisation relativ stark tangiert, ist es wohl auch von dieser Seite her verständlich, daß dies nur in Form lang- oder längerfristiger Prozesse geschehen kann. Für den Organisationsentwickler ist die sorgfältige Analyse der Organisationskultur eminent wichtig für den Erfolg von OE-Prozessen (s. auch Abschnitt 3.5.2). Denn erst nach einer solchen Diagnose wird man einigermaßen verläßlich wissen, welchen Reifezustand eine Organisation besitzt, von welchen Fähigkeiten, Kenntnissen und Fertigkeiten man ausgehen kann sowie welche Normen, Werte, Mythen, Riten und Tabus man beachten muß. Auf der Basis dieses Wissens wird man entscheiden können,

- welche Veränderungspotentiale man für den Prozeß in der betreffenden Organisation nutzen oder wecken kann,
- welches Maß an Veränderung diese Organisation innerhalb einer bestimmten Zeit überhaupt verkraften kann und — daraus folgend —
- auf welcher organisatorischen Ebene mit welchem Anspruchsniveau man überhaupt in dem betreffenden System Organisationsentwicklung betreiben kann.

Ein wichtiger Punkt soll bereits an dieser Stelle hervorgehoben werden: Wenngleich vor allem dieses und auch das nachfolgende Kapitel eine ganze

Reihe von Merkmalen aufzeigen, die kennzeichnend für Organisationsentwicklung sind, wird es in der Praxis vielleicht **kaum einen OE-Prozeß geben, der *allen* genannten Kriterien genügt.** Zwar ist es im Prinzip und per definitionem möglich, OE ausreichend deutlich von anderen Formen der Veränderung oder Umorganisation abzuheben. Es ist auch relativ leicht, bei Projekten festzustellen, daß sie (noch) *nicht* OE sind, wenn etwa bestimmte Grundprinzipien wie z. B. die Beteiligung von Betroffenen nicht realisiert sind. Man sollte sich jedoch davor hüten, immer nur die Idealkonstellation von OE im Auge zu haben. Ist es nicht auch schon Organisationsentwicklung, wenn man die Bereitschaft in einer Organisation erzeugt, in Zukunft Betroffenen-orientierter zu planen und zu entscheiden? Ist es nicht schon ein erstes Stück Organisationsentwicklung, wenn man das Management dafür gewinnt, die Ergebnisse einer Mitarbeiter-Befragung zu einem Teilthema in den laufenden Führungskräfte-Trainings zu machen oder sie sogar an alle Mitarbeiter rückzukoppeln? In beiden Beispielen ist zu diesem Zeitpunkt vielleicht der Ausbildungsleiter der einzige in dem Unternehmen, welcher bereits in OE-Kategorien denkt und zur Organisationsentwicklung hinstrebt. OE in Reinkultur wird wohl eher die Ausnahme sein. Organisationsentwicklung sollte als ein **Kontinuum von Prozessen** betrachtet werden, bei denen sich im Laufe der Zeit mehr und mehr OE-Kriterien erfüllen — anhängig vom Entwicklungs- bzw. Reifezustand der jeweiligen Organisation.

3.4 Einige Strategie-Modelle

3.4.1 Top-down- und Basis-upwards-Strategie

Das Problem der Lenkung des OE-Prozesses löst oft zwingend die Frage aus, von wo aus ein OE-Prozeß zu starten ist, welche Einflußkräfte diesen Prozeß beeinflussen sollen bzw. mit welchen Einflußkräften man sich verbünden kann, um den Prozeß möglichst erfolgreich voranzutreiben. In der Literatur werden dazu einige grundsätzliche Strategien vorgestellt. PORTER, LAWLER III und HACKMAN (1975, S. 473 ff.) stellen drei Wege vor: ‚From top to bottom', ‚From bottom to top' und ‚Middle: Both directions'. GLASL (1975, S. 151 ff.) nennt fünf ‚Wege durch die Hierarchie', wobei er betont, daß es keine uniformen Strategien gibt, sondern daß sie situativ angepaßt werden müssen.

Unter **Top-down-Strategie** (‚Spitze-abwärts-Strategie') wird verstanden, daß der Prozeß der Organisationsentwicklung an der Spitze beginnt und sich dann schrittweise nach unten fortpflanzt. Sie ist in Abb. 20 dargestellt.[17])

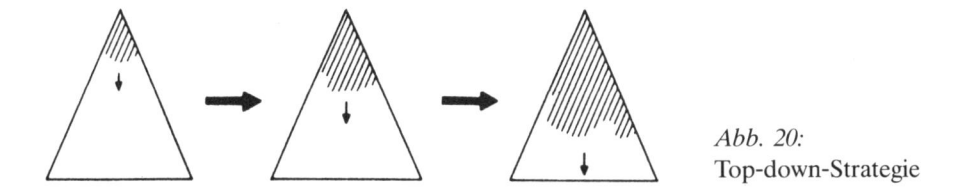

Abb. 20: Top-down-Strategie

Eine ganze Reihe von namhaften Autoren (SCHEIN, BECKHARD, BENNIS, ARGYRIS et al.) betonen, daß dies der entscheidende Weg sei, Veränderungen zu initiieren. Auch GLASL (1975, S. 16) hält ihn für den Ansatz, der sich wohl am häufigsten ergibt:

„Ein Organisations-Entwicklungsprozeß muß an die bestehende Situation anknüpfen. Das bedeutet, daß der Prozeß bei der Personengruppe beginnt, die einen entscheidenden Einfluß auf den allgemeinen Lauf der Dinge und die Policy der Organisation ausüben kann. In hierarchisch strukturierten Organisationen beginnt man also in den meisten Fällen beim ‚top', damit er von Anfang an den Prozeß aktiv unterstützt und sich mit Enthusiasmus daran beteiligt."

Für die Top-down-Strategie spricht auch die einfache Überlegung, daß man sich bei OE-Projekten der Unterstützung jener Einflußstrukturen (das heißt oft auch Machtstrukturen) bedient, denen auch sonst alle übrigen Prozesse in der Organisation unterliegen. Darüber hinaus ist es sinnvoll, Bemühungen zu

---

17) Die Abbildungen 20 bis 24 in diesem Abschnitt 3.4 sind entnommen aus GLASL / DE LA HOUSSAYE, 1975, S. 145–158.

unternehmen, die Führungsspitze einer Organisation für das OE-Gedankengut und für den OE-Prozeß zu gewinnen, denn sonst könnte es sein, daß sich die Führungsspitzen zu einem späteren Zeitpunkt durch die Auswirkungen der bereits auf unteren Ebenen vorangetriebenen Veränderungen bedroht fühlen. Immerhin haben OE-Prozesse in der Regel Auswirkungen auf die Beziehungen zwischen einzelnen und Gruppen, speziell auch auf die Macht- und Abhängigkeitsverhältnisse. Schließlich spricht sogar das Argument einer gewissen Fairneß für den Start von oben: Organisationsentwicklung erhebt den Anspruch einer ausgesprochen Betroffenen-orientierten Vorgehensweise, um diese zu Beteiligten zu machen. Betroffene von Veränderungen sind aber nicht nur ‚die da unten‘, sondern auch die Hierarchen. Die von Praktikern oft ‚Che-Guevara-Methode‘ genannte Vorgehensweise, einfach auf unteren Stufen Veränderungen einzuleiten, auf Verhältnisse einzuwirken und auf diese Weise Druck nach oben zu erzeugen, ist zumindest dann nicht sauberes OE-Denken, wenn man vorher keine oder keine ausreichenden Versuche unternommen hat, die Unterstützung der Top-Leute zu gewinnen. Dies schließt das Verständnis dafür ein, daß *auch* Hierarchen — wie alle Organisationsmitglieder — Ängste, Unsicherheiten und Zweifel haben und haben dürfen, daß sie Abhängigkeiten und Zwänge erleben und daß auch sie Zeit benötigen, sich neuen Gedanken aufzuschließen. Das kann nicht selten Jahre dauern. Innerhalb dieser Zeit können allenfalls kleinere und begrenzte OE-Projekte durchgeführt werden, umfassendere Ansätze sind noch nicht realisierbar. Als eine Art verdeckte Top-down-Strategie könnte man es bezeichnen, wenn die Spitze sich zwar nicht offiziell und nach außen sichtbar engagiert, jedoch Projekte sozusagen wohlwollend duldet.

Bei der **Basis-upwards-Strategie** gehen die Initialzündung, die Veränderungsimpulse und die Veränderung selbst von der Basis aus. Von dort aus setzt sich dann der Prozeß nach oben fort (Abb. 21).

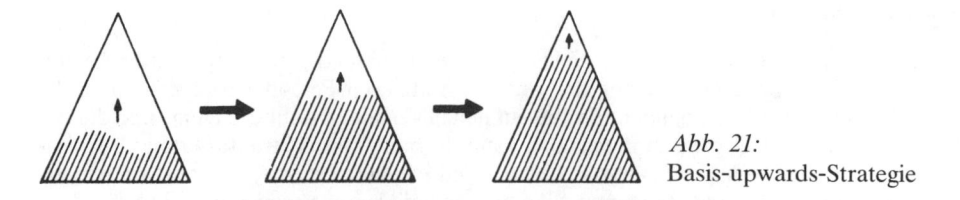

Abb. 21:
Basis-upwards-Strategie

Die ‚Basis-aufwärts-Strategie‘ wird in der Praxis kaum angewendet. Über umfassende oder größere Projekte nach diesem Ansatz wurde bisher kaum berichtet.[18]) Dieser Ansatz ist jedoch praktikabel und erfolgversprechend bei

---

18) Dies kann aber auch daran liegen, daß über solche Aktivitäten nach außen wenig gesprochen wird bzw. daß die Hierarchen gerne einen sich erfolgreich entwickelnden Prozeß usurpieren.

begrenzten Problemstellungen (z. B. Kooperation innerhalb einer Arbeitsgruppe oder zwischen Abteilungen, Organisation der Zusammenarbeit etc.) und bei ausgesprochenen Basisproblemen. Die Erwartungen und Bedürfnisse der unteren Ebenen haben bei dieser Vorgehensweise die Chance, unmittelbar den OE-Prozeß beeinflussen zu können. Voraussetzung dafür ist jedoch, daß die Beteiligten auf diesen Ebenen nicht nur beträchtliches Engagement und Standvermögen mitbringen, sondern auch über ausreichende Fähigkeiten verfügen müssen, sich adäquat zu artikulieren, um ihre Anliegen entsprechend vorzutragen bzw. verständlich zu machen. Oft gibt auch die oberste Führungsebene ein generelles ‚o.k.' für einen OE-Prozeß im Rahmen einer bestimmten Problemstellung, woraufhin anschließend die Aktivitäten von der Basis nach oben entwickelt werden.[19]) Ein praktikabler und erfolgversprechender Ansatz dieser Art ist zum Beispiel die Entwicklung von Führungsleitlinien von unten nach oben. Der Zeitaufwand dafür ist zwar weitaus größer als wenn die Initiative von oben aus erfolgt, jedoch gestaltet sich der Lernprozeß der Beteiligten durch die ausgelösten Diskussionen über Werte, Einstellungen zum Menschen und Führungsleitbilder beträchtlich intensiver und fruchtbarer.

Allgemein bleibt festzustellen, daß die Basis-aufwärts-Strategie sich in der Regel nur für begrenzte Problemstellungen (möglichst Linien-Probleme innerhalb einer Organisation) und/oder für Teilphasen innerhalb eines umfangreicheren OE-Prozesses eignet.

3.4.2 Die bi-polare, die Keil- und die Multiple Nucleus-Strategie

Unter **bi-polarer Strategie** versteht man, daß die Veränderungsaktivitäten gleichzeitig an der Spitze und an der Basis beginnen (Abb. 22).

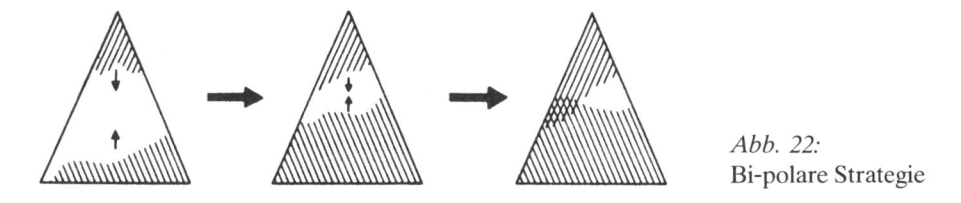

Abb. 22:
Bi-polare Strategie

Diese Strategie wird im OE-Jargon auch ‚Sandwich-Strategie' genannt. Zweifellos kann es ein Vorteil sein, daß OE-Gedankengut zur gleichen Zeit an zwei Stellen in die Organisation eingebracht wird. Als Problem ergibt sich allerdings oft, daß die mittleren Ebenen sich regelrecht ‚eingeklemmt' fühlen

---

19) Man mag darüber streiten, ob es sich in einem solchen Fall dann um eine verdeckte Top-down- oder um eine Basis-upwards-Strategie handelt.

und daß sie blockieren, weil sie sich einer unmittelbaren Artikulationsmöglichkeit beraubt glauben. Eine weitere Gefahr ist, daß sich an der Basis zu starke Erwartungen gegenüber der Führungsspitze aufbauen, die von dieser nicht oder nicht in der erwarteten Zügigkeit in die Realität umgesetzt werden können. Frustrationen und Enttäuschung sind dann die Folge dieser Diskrepanz zwischen Erwartungen und Realität. GLASL, (1975, S. 156) sieht Möglichkeiten für bi-polare-Strategien bei Konfliktfällen (z. B. bei Bürgerinitiativen), in denen die unmittelbare Konfrontation zwischen den ‚Machtlosen und den Mächtigen' hergestellt wird. Dies gilt etwa für Fälle in denen mittlere Ränge oder Ebenen drückende Probleme aus Absicht oder auch nur aus Trägheit verschleppt haben und dies nur durch eine solche Strategie der Spitze bewußt gemacht werden kann.

Bei Anwendung der **Keil-Strategie** setzt der Veränderungsprozeß bei den mittleren Führungsebenen an. Man versucht, diese Ebenen für den OE-Gedanken oder gleich für ein bestimmtes Projekt zu gewinnen und setzt darauf, daß dies nach oben wie nach unten ausstrahlt (Abb. 23).

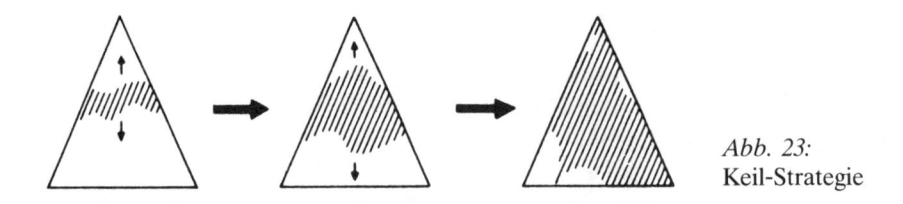

Abb. 23: Keil-Strategie

Dies ist an sich der übliche Weg, den viele Bildungspraktiker in den vergangenen Jahren in Unternehmen beschritten haben. Da sie die oberste Spitze — aus welchen Gründen auch immer — (noch) nicht für das Konzept der Organisationsentwicklung gewinnen konnten, setzten sie auf die nächste bzw. auf mittlere Ebenen. Eine solche Vorgehensweise muß sehr langfristig angelegt sein und erfordert viel Geduld. Man beginnt damit, daß man im mittleren Management eine Bewußtseinsänderung einleitet und die Bereitschaft erzeugt, einmal neue gedankliche Bahnen wie zum Beispiel Organisationsentwicklung zu erproben. Daran knüpft sich die Hoffnung, daß einige dieser Leute demnächst vielleicht den Mut finden, gewisse OE-Ansätze schon einmal ohne viel Aufsehen in ihrem Einflußbereich zu erproben, und daß auf diese Weise erste innerbetriebliche Experimentierfelder zur Verfügung gestellt werden. Gleichzeitig hegt man die Hoffnung, daß einerseits solche ersten Experimente Beachtung finden und ausstrahlen und daß andererseits mit fortschreitender Zeit einige Mitglieder der mittleren Ebene in höhere Positionen aufsteigen und dort weiter für die Vorgehensweise nach OE-Konzepten plädieren bzw. dann auch solche Konzepte stützen. Im Anhang 1 zu diesem Kapitel findet sich eine Fallschilderung, in der eine Keil-Strategie beschrieben wird.

Die **Multiple Nucleus-Strategie** setzt auf verschiedenen hierarchischen Ebenen bzw. in unterschiedlichen Bereichen oder Abteilungen sozusagen ‚dezentral' an und beginnt, mehrere kleinere und begrenzte Probleme nach OE-Prinzipien anzugehen. Auf diese Weise werden gleichzeitig ‚viele Feuer angemacht' (Abb. 24).

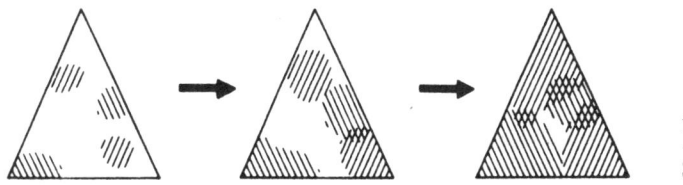

Abb. 24:
Multiple Nucleus-Strategie

Man verzichtet bei dieser Vorgehensweise bewußt auf das übergreifende Gesamtkonzept und schafft statt dessen lieber viele kleine Exempel und Beweise für OE. Man könnte es eine Art ‚Fuß-in-der-Tür-Technik' nennen, welche mit ganz kleinen Schritten beginnt, unterschiedlichste Problemstellungen aufgreift und erst mittel- oder langfristig organisationsumgreifende Ansätze verfolgt. Wenn beispielsweise eine Bildungsabteilung den Organisationsmitgliedern oder organisatorischen Einheiten das Angebot macht, Problemlöse-Workshops zur Lösung eigener Abteilungs- oder Gruppenprobleme zu organisieren und dazu auch kompetente interne und/oder externe Moderatoren stellt, dann könnte man dies auch ohne weiteres als Multiple Nucleus-Strategie bezeichnen (s. auch Anhang 1 zu diesem Kapitel).

Das betriebliche Bildungswesen bildet dabei dann sozusagen die Klammer für alle diese Aktivitäten und versteht sich als koordinierendes Organ. Nach unseren Erfahrungen ist diese Strategie, gleichzeitig und an verschiedenen Stellen klein anzufangen, ein häufig benutzter Weg, eine ganze Organisation im nächsten Schritt für größere OE-Konzepte oder für den OE-Gedanken überhaupt aufzuschließen.

3.4.3 Eine praktische Vorgehensweise

Die Darstellung dieser fünf Strategie-Varianten soll nicht den Eindruck erwecken, daß für ein bestimmtes Problem nun die eine oder andere Strategie besonders passend und entsprechend auszuwählen sei. GLASL (1975, S. 153) weist darauf hin, daß es keine dieser Strategien in Reinkultur gibt, und meint:

„Die soziale Wirklichkeit erfordert vielmehr eine Kombination bzw. gegenseitige Ergänzung der verschiedenen Ansätze. Man kann auch zeitweilig nach der einen und in der nächsten strategischen Phase nach der anderen Strategie vorgehen, wenn dies durch die Situation und das Mitwirken der Mitarbeiter in der Organisation veranlaßt wird."

Die unterschiedlichen Strategien sind also vielmehr zu betrachten als ein Arsenal von Vorgehens-Varianten, welche ein Reagieren auf die unterschiedlichsten Situationen erlauben — etwa je nach Problemlage, je nach Anzahl der aktuellen Tagesprobleme, je nach Problemdruck, je nach Einsichtsfähigkeit und Reifestand von Betroffenen und Beteiligten, je nach Angst-Potential bei den Hierarchen und/oder Beteiligten, je nach Entwicklungsstand des Projektes usw. — um nur einige relevante Kriterien zu nennen.

Dennoch findet man immer wieder gehäufte Argumente dafür, daß die Top-down-Strategie bezüglich ihrer Veränderungswirkung eigentlich doch die erfolgreichste sei. BECKHARD (1969, S. 9) macht sogar das Kriterium ‚managed from the top' zum Bestandteil seiner Definition von Organisationsentwicklung. Auch GLASL geht — wie weiter oben erwähnt — davon aus, daß der OE-Prozeß an die bestehende Situation anknüpfen und damit in den meisten Fällen von oben ausgehen müsse. GEBERT (1974, S. 131 ff.) ermittelt bei der Analyse von 25 OE-Fallstudien, daß die Unterstützung von OE-Projekten durch das Top-Management eine zentrale Variable für den OE-Erfolg darstellt. Ganz im Gegensatz dazu stehen BEER und HUSE (1977, S. 89), wenn sie als Fazit eines erfolgreichen betrieblichen OE-Projektes u. a. zu folgenden Ergebnissen kommen:

1. „Ein klares Engagement der Organisationsspitze in bezug auf einen bestimmten OE-Ansatz ist für den Erfolg eines Entwicklungsprogrammes nicht notwendig.
2. Für einen erfolgreichen Verlauf des Programmes ist es nicht erforderlich, daß das Top-Management genau darüber informiert ist, wohin der OE-Prozeß führt, und in welchem Zustand sich die Organisation am Ende des Programmes befinden wird.
3. Veränderungen können auf niedrigeren Stufen einer Organisation beginnen und tun es auch."

In der betrieblichen Praxis hat sich in vielen Fällen die folgende **konkrete Vorgehensweise** bewährt: Bei jedem OE-Projekt sollte eine möglichst umfangreiche und glaubwürdige Stützung und Unterstützung des Projektes durch die oberste Führungsebene angestrebt werden. Ist dies nicht erreichbar, hilft es dem Prozeß auf jeden Fall, wenn man zumindest *ein* Mitglied dieser Ebene bzw. einen möglichst hohen Entscheidungsträger des Bereiches, in dem der OE-Prozeß initiiert werden soll, als Promotor gewinnt. Unter Umständen können dann allerdings nur kleinere Teilprojekte mit begrenzten Aktivitäten realisiert werden. Außerdem sollte überlegt werden, ob sich der interne Organisationsentwickler nicht mit einem externen OE-Berater zusammenschließt, um das Projekt gemeinsam zu betreuen. In vielen Fällen sieht es offensichtlich so aus, als ob es für den externen Organisationsentwickler leichter ist, die Unterstützung von oben zu gewinnen, als für den internen Veränderungsagenten. Der Externe kann fraglos aus einer ganz anderen Position heraus argumentieren, wenn er für möglichst günstige Durchführungsbedingungen sorgt, bevor er seine Mitarbeit zusagt und im Rahmen eines Projektes Verantwortung übernimmt. Für viele externe OE-Spezialisten ist die Unterstützung von oben vor allem bei sehr umfangreichen bzw. weitgreifenden Projekten sogar eine **unabdingbare Voraussetzung,** von der sie überhaupt die Übernahme eines Auftrages abhängig machen. Dabei zeigt sich immer wieder, daß eine solche Vorbedingung gleichzeitig auch ein sehr aufschlußreicher ‚Test' für das betreffende Top-Management ist: So stellt es sich in der Diskussion über eine solche Grundbedingung oft genug heraus, daß sich die Führungsspitze ihrer eigenen Rolle und der Bedeutung ihrer hierarchischen Stellung innerhalb eines OE-Prozesses (noch) nicht ausreichend bewußt ist. Auch wird das Top-Management häufig auf diese Weise zum **Nachdenken über die Konsequenzen des Scheiterns** eines solchen OE-Projektes gebracht. Schließlich erweist sich die Vorbedingung einer Unterstützung von oben meist auch als ein sehr aufschlußreicher **Prüfstein für die Glaubwürdigkeit** der obersten Ebene, an dem sich herausstellt, ob man wirklich mit Engagement und Überzeugung mitwirken will, oder ob man vielleicht nur die ‚neue Methode auch haben' will bzw. neue Schläuche für altes Wasser sucht (OE als Etikettenschwindel).

Der interne Organisationsentwickler findet sich im Ringen um die Unterstützung der Top-Leute zweifellos in der größeren unmittelbaren Abhängigkeit. Er kann in der Regel kaum seine Mitwirkung bei einem OE-Projekt von der Zusage einer solchen Unterstützung abhängig machen — es sei denn, er hätte aufgrund früherer Aktivitäten einen extrem hohen Status und sehr hohe Akzeptanz gewonnen (dies würde seinen Argumenten eindrucksvolles Gewicht verleihen) oder aber er wäre bereit, im negativen Fall seine Position zur Verfügung zu stellen ... Aus diesem Grund ist ein Organisationsentwickler, der selber Mitglied der Organisation ist, häufig gezwungen, sich anderer Strategien (Keil-Strategie, Multiple Nucleus-Strategie) zu bedienen. Diese beschriebene Situation ist eben das starke Argument für ein ‚Bündnis' zwischen internem und externem OE-Spezialisten (Tandem-Prinzip). Indem sie OE-Projekte gemeinsam betreuen, kombinieren sie die Vorteile ihrer jeweiligen Handlungspositionen. So können sich beispielsweise mehr internes Faktenwissen und Kenntnis der informellen Strukturen auf der einen Seite mit mehr persönlicher Unabhängigkeit und Erfahrungen aus anderen Organisationen auf der anderen Seite optimal verbinden.

3.5 OE als systematischer Prozeß

Organisationsentwicklung ist „kein Sammelsurium zufälliger und willkürlicher Maßnahmen, sondern eine systematische Strategie und Methode", stellen FRENCH und BELL (1977, S. 31) richtig fest. Diese Kennzeichnung geht noch über die Kriterien ‚geplant' und ‚gelenkt' hinaus. Unter systematisch ist zu verstehen, daß der OE-Prozeß in einer ganz bestimmten und für Organisationsentwicklung typischen Abfolge von Schritten verläuft. Es handelt sich um eine organische Folge von Prozeß-Elementen, wobei sich eines aus dem anderen ergibt und sie gemeinsam sozusagen eine logische Sequenz bilden.[20])

Einige solcher systematischer Schrittfolgen wurden als Phasenmodelle des OE-Prozesses bereits weiter oben vorgestellt. Eine weitere Systematik der OE-Vorgehensweise zeigt die Abb. 25 (angelehnt an RUSH, 1973, S. 6, sowie DYER, 1977, S. 46, und 1978).[21])

Dieses Ablaufmodell, das sich nur auf den Veränderungsvorgang selbst bezieht, hat sich bewährt sowohl zur Darstellung der notwendigen Schrittfolgen eines Gesamtprozesses (Makro-Bereich) als auch einzelner Teilschritte eines OE-Prozesses (Mikro-Bereich). So etwa in Problemlöse-Workshops, um die Beteiligten immer wieder an die Logik der Vorgehensweise zu erinnern, da das Modell augenfällig den Regeln der Problemlösetechnik folgt (siehe Kap. 6).

3.5.1 Problemerkennung und Datensammlung

Grundsätzlich ist der erste notwendige Schritt und die Voraussetzung für das Initiieren eines OE-Prozesses die **Problemerkennung.** Ausgangspunkt einer jeden Veränderungsidee ist die Tatsache, daß irgend jemand — ein einzelner, eine Gruppe oder die Organisation als Ganzes — überhaupt erst einmal ein Problem feststellt, mit dem man sich auseinandersetzen muß. Allgemein formuliert: Es wird eine nicht tolerierbare Diskrepanz zwischen einem bestimmten IST-Zustand und einem angestrebten oder erwarteten SOLL-Zustand diagnostiziert bzw. für die Zukunft befürchtet. Nicht selten passiert es dabei allerdings, daß *einige* in einem Unternehmen das Problem bereits erkennen, während andere (möglicherweise wichtige!) Leute es noch nicht wahrnehmen.

---

20) Eine solche Systematik muß natürlich zu den Prinzipien von OE passen und ist den Quellen der Organisationsentwicklung (Aktionsforschung, Survey-Feedback-Methode, Gruppendynamik usw.) verpflichtet.

21) In dieser Darstellung ist die vor den eigentlichen OE-Aktivitäten liegende Kontaktphase mit Aushandlung der Spielregeln, Rollenklärung usw. nicht mit erfaßt.

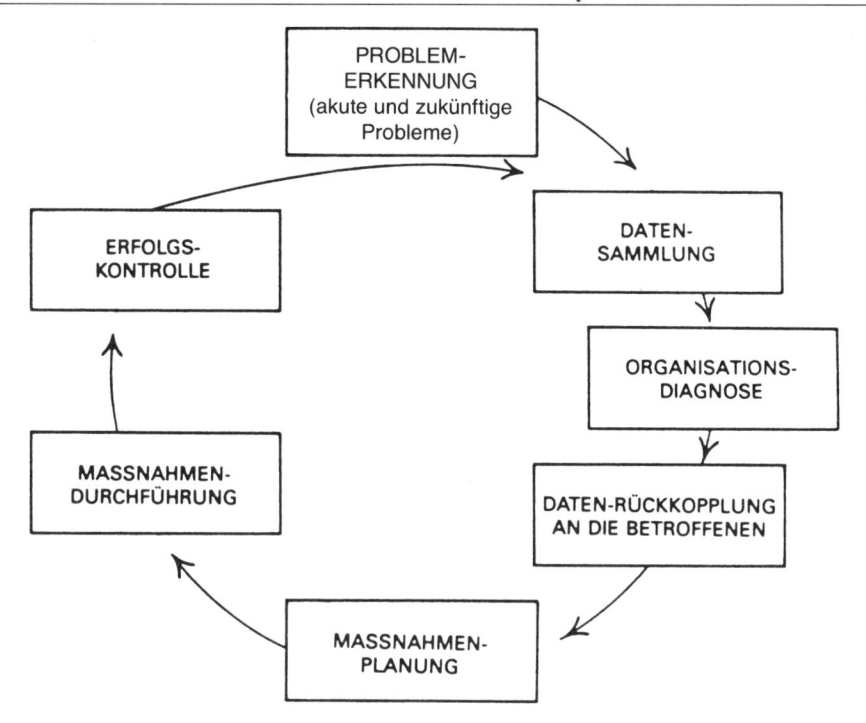

```
                  ┌─────────────────┐
                  │   PROBLEM-      │
                  │   ERKENNUNG     │
                  │ (akute und      │
                  │  zukünftige     │
                  │  Probleme)      │
                  └─────────────────┘
                   ↗              ↘
    ┌──────────────┐              ┌──────────────┐
    │  ERFOLGS-    │              │   DATEN-     │
    │  KONTROLLE   │              │  SAMMLUNG    │
    └──────────────┘              └──────────────┘
           ↑                             ↓
    ┌──────────────┐              ┌──────────────┐
    │ MASSNAHMEN-  │              │ORGANISATIONS-│
    │ DURCHFÜHRUNG │              │  DIAGNOSE    │
    └──────────────┘              └──────────────┘
           ↑                             ↓
                                  ┌──────────────────┐
                                  │ DATEN-RÜCKKOPPLUNG│
                                  │ AN DIE BETROFFENEN│
                                  └──────────────────┘
           ┌──────────────┐              ↙
           │ MASSNAHMEN-  │
           │ PLANUNG      │
           └──────────────┘
```

Abb. 25: Phasenmodell eines Veränderungsprozesses nach dem OE-Konzept (in Anlehnung an M. F. RUSH, 1973, S. 6, sowie W. G. DYER, 1977, S. 46)

Mitunter bleibt nichts anderes übrig als abzuwarten, bis die Symptome deutlicher werden und das *Problembewußtsein* bei den Betroffenen steigt. Erst dann kann man auf eine breite Stützung eventueller Maßnahmen hoffen. Hierbei bezieht sich das Problembewußtsein nicht nur auf das Erkennen von **akuten** Problemen, sondern schließt das Erkennen **potentieller** oder **zukünftiger Probleme** ein, für die es dann rechtzeitig Lösungen zu suchen gilt. Als eine weitere Schwierigkeit kann sich in dieser Phase ergeben, daß manche Manager oder ganze Organisationen zwar die Probleme erkennen, aber sich und anderen die Existenz dieser Probleme nicht eingestehen können bzw. wollen. So werden (leider) bestehende und brennende Probleme oft unter den ‚Harmonie-Teppich' der Organisation gekehrt und totgeschwiegen, statt alle Aktivitäten auf ihre Bewältigung zu richten. Ängste oder Befürchtungen von Einzelpersonen oder ganzen Gruppen, die Entstehung des Problems mitverursacht zu haben (z. B. durch zu spätes Reagieren) oder aber selbst ein Teil des Problems zu sein, sind dabei starke Barrieren, die einer Problemlösung hinderlich im Weg stehen. Für den Organisationsentwickler bleibt in einer solchen Situation nichts anderes zu tun, als — um mit LEWIN zu sprechen — das

‚Unfreezing' zu betreiben, denn ähnlich wie für Individuen gilt auch für Gruppen bzw. ganze Organisationen, daß der notwendige erste Schritt zur Lösung eines Problems zunächst die sogenannte **Identifikation mit dem Problem** ist.

Ein sehr gefährlicher, in der Praxis jedoch recht populärer Denkfehler lautet nun: ‚Problem erkannt — Aktion!'. Dabei sollte niemand einem Arzt trauen, der nach einer kurzen In-Augenschein-Nahme des Patienten eine schwere Krankheit diagnostiziert und flugs ein Medikament mit vielleicht noch gefährlichen Nebenwirkungen verordnet. Der Problemerkennung hat demnach zunächst eine sorgfältige Analyse des Problems zu folgen. Die Problemlösetechnik liefert gleich Dutzende von Check-Fragen, die sich hierzu hervorragend eignen. Folglich ist der nächste Schritt nach der Problemerkennung die **Datensammlung.** Eine möglichst umfangreiche Sammlung von Fakten zum Problem, vorgenommen nach den Regeln der Problemanalyse, ist die unumgängliche Voraussetzung für gute und wirksame Problemlösungen. Erst wer eine möglichst genaue und umfassende Kenntnis der Problemlage besitzt, kann fruchtbare Lösungsalternativen entwickeln. Datenlieferanten sind dabei nach der Grundauffassung der Organisationsentwicklung in erster Linie die Betroffenen und/oder Beteiligten im Problem, die im wahrsten Sinne des Wortes als ‚Experten' des Problems zu betrachten sind.

3.5.2 Die Organisation als System von Systemen

Die Datensammlung zur Untersuchung des Problems hat noch einen zweiten Aspekt, denn Probleme stehen meist nicht isoliert im Raum, sondern sie sind in der Regel eng verknüpft mit dem betrieblichen Bezugsrahmen. Deshalb wird als dritter Schritt die sogenannte **Organisationsdiagnose** notwendig. Die Verknüpfung der Organisation mit dem Problem muß herausgearbeitet werden. Möglicherweise treten dabei erst die **eigentlichen Ursachen** des Problems zutage, während man sich vielleicht bis dahin nur mit den äußeren Anzeichen und **Symptomen** beschäftigt hat. Die Abb. 26 (nach DYER, 1978) zeigt ein Modell, wonach man sich eine Organisation als ein aus verschiedenen Teil- oder Subsystemen bestehendes Gesamtsystem vorstellen muß. Bei der Organisationsdiagnose soll herausgefunden werden, in welchem Subsystem der Organisation sich die eigentlichen Problem-Ursachen befinden, und wo und in welchen Subsystemen lediglich Auswirkungen und Symptome festzustellen sind. Erst danach wird man in der Lage sein, Lösungsalternativen zu entwickeln, die nicht nur ein ‚Herumdoktern' an den Symptomen bedeuten, sondern wirklich bei den Ursachen ansetzten.

Wenn hier nun von Organisation gesprochen wird, so ist unter diesem Begriff nicht das sogenannte Organigramm, d. h. die graphische Darstellung der Organisationsstrukturen, zu verstehen, sondern die Organisation wird als ein le-

OE als systematischer Prozeß 119

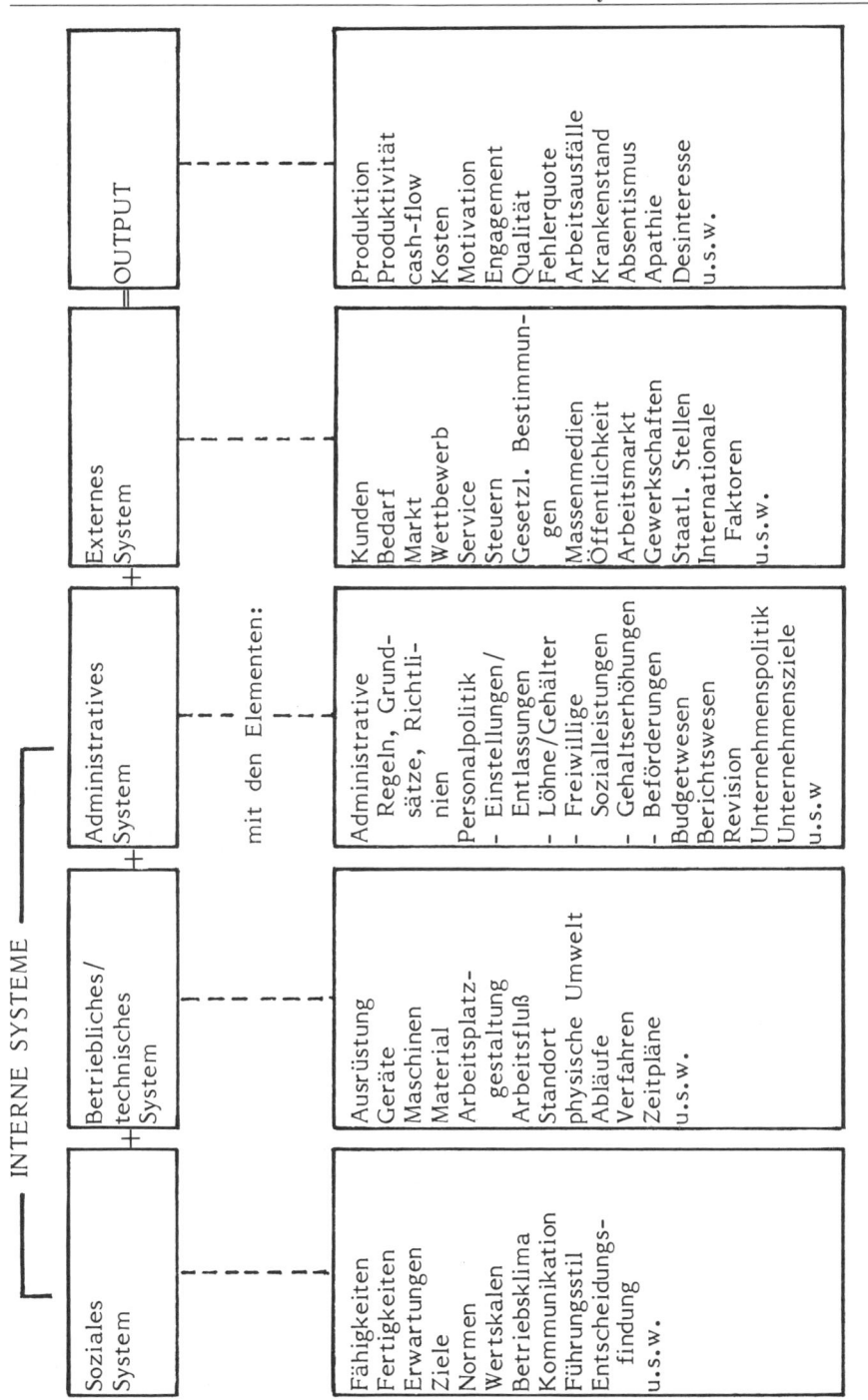

INTERNE SYSTEME					
Soziales System	Betriebliches/ technisches System	Administratives System	Externes System		OUTPUT

mit den Elementen:

Fähigkeiten
Fertigkeiten
Erwartungen
Ziele
Normen
Wertskalen
Betriebsklima
Kommunikation
Führungsstil
Entscheidungs-
findung
u.s.w.
	Ausrüstung
	Geräte
	Maschinen
	Material
	Arbeitsplatz-
	gestaltung
	Arbeitsfluß
	Standort
	physische Umwelt
	Abläufe
	Verfahren
	Zeitpläne
	u.s.w.
		Administrative
		Regeln, Grund-
		sätze, Richtli-
		nien
		Personalpolitik
		- Einstellungen/
		  Entlassungen
		- Löhne/Gehälter
		- Freiwillige
		  Sozialleistungen
		- Gehaltserhöhungen
		- Beförderungen
		Budgetwesen
		Berichtswesen
		Revision
		Unternehmenspolitik
		Unternehmensziele
		u.s.w
			Kunden
			Bedarf
			Markt
			Wettbewerb
			Service
			Steuern
			Gesetzl. Bestimmun-
			gen
			Massenmedien
			Öffentlichkeit
			Arbeitsmarkt
			Gewerkschaften
			Staatl. Stellen
			Internationale
			  Faktoren
			u.s.w.
				Produktion
				Produktivität
				cash-flow
				Kosten
				Motivation
				Engagement
				Qualität
				Fehlerquote
				Arbeitsausfälle
				Krankenstand
				Absentismus
				Apathie
				Desinteresse
				u.s.w.

Abb. 26: Subsysteme, welche die Leistung einer Organisation beeinflussen (nach W. G. DYER, 1978)

bendiger und dynamischer Organismus, als Gesamtsystem betrachtet.[22]) Dieser lebendige und dynamische Organismus ist nun wiederum darstellbar als Gesamtheit mehrerer Sub- oder Teilsysteme mit verschiedenen Elementen, welche alle zusammenwirken und gemeinsam den Bestand des Ganzen sichern. Ähnlich kann man sich einen Menschen sozusagen als ein ‚Mensch-System', das wieder aus verschiedenen Subsystemen wie beispielsweise dem Kreislaufsystem, dem Nervensystem, dem Muskelsystem, dem Knochensystem usw. besteht, vorstellen. Alle Subsysteme wirken zusammen, und Störungen in einem Teilsystem bleiben nicht ohne Auswirkungen auf andere. Das Durchtrennen des Kreislaufsystems beispielsweise würde nicht ohne Folgen für das Überleben bleiben — egal wie gut und stabil etwa das Knochensystem ist.

Das Bewußtsein, daß solche gegenseitigen Abhängigkeiten zwischen den Subsystemen auch in Organisationen bestehen, wächst in jüngster Zeit nicht nur bei Organisatoren. Die Abb. 26 zeigt vier wichtige Subsysteme einer Organisation. Aus ihrem Zusammenspiel erwächst die Leistung (= Output) eines Wirtschaftsunternehmens oder jeder anderen Organisation, die Leistungsziele verfolgt. Dieser **Output** kann sich u. a. in folgenden Leistungsvariablen ausdrücken: Produktion oder Produktivität, Umsatz, Cash-flow, Qualität, Motivation usw., aber auch in Faktoren wie Fehlerquote, Beschwerderate, Fluktuationszahl, Demotivation oder — um einen gerade populären Begriff zu gebrauchen — in der sogenannten ‚inneren Kündigung'.

Ein erstes dieser vier Subsysteme ist das sogenannte **soziale System,** wenn man so will: das Mensch-System. Diese Bezeichnung drückt eigentlich die Selbstverständlichkeit aus, daß jede Organisation aus Menschen besteht, welche zusammenarbeiten, um die Organisationsziele zu erreichen. Diese Menschen verfügen über bestimmte Fähigkeiten, Fertigkeiten und Kenntnisse, haben bestimmte Einstellungen, Gefühle und Erwartungen. Sie folgen bestimmten Normen und Werten. Zwischen ihnen spielen sich Kommunikationsprozesse ab, und es entwickeln sich Beziehungen (formell und informell). Diese Menschen übernehmen Rollen, gewinnen Status und verfügen — von Person zu Person unterschiedlich — über Einfluß, Macht und Entscheidungsbefugnisse. Es entwickelt sich zwischen ihnen ein wie auch immer geartetes Klima der Zusammenarbeit.

Ein Subsystem ganz anderer Art ist das zweite, das sogenannte **betriebliche System.** Es wird zuweilen auch als technisches System bezeichnet. Diesem System sind zuzurechnen z. B. Standort, Bauten, Einrichtungen, Maschinen, Werkzeuge, technische Ausstattung, Material, aber auch Abläufe, Verfahren,

---

22) Dabei lassen sich unter diesem Begriff Organisationen unterschiedlichster Art zusammenfassen: Industrieunternehmen oder Verbände, Militärorganisationen ebenso wie Kirchen, Versicherungsgesellschaften wie Handelsunternehmen, öffentliche Verwaltungen, Dienstleistungsunternehmen, soziale Einrichtungen — kurz: Institutionen jeglicher Art.

Zeitpläne, Arbeitsplätze bzw. deren Gestaltung sowie auch das physikalische (Raum-)Klima.

Ein drittes Subsystem wird bezeichnet als das **administrative System**. Hierunter fallen zum Beispiel alle betrieblichen Richtlinien und Regeln, welche der Administration, der Verwaltung, der Organisation, der Planung, der Steuerung oder der Erreichung der verschiedenen Organisationsziele dienen. Zum administrativen System gehören also Stichworte wie Budgetwesen, Revision, Berichtswesen, Prüfwesen, Gehaltspolitik, Personalplanung, Einstellungen und Entlassungen, Karrierepolitik, freiwillige Sozialleistungen, Unternehmensziele usw.

Diese drei genannten Subsysteme werden auch als **interne Systeme** bezeichnet. Es bleibt noch das vierte, das sogenannte **externe System**. DYER (1978) bezeichnet es als Kunden- und Bedarfssystem. Eine Organisation steht nicht isoliert im Raum; sie ist vielmehr eingebunden in ihre Umwelt und in gesellschaftliche Zusammenhänge. Gerade deshalb bezeichnet man ja Organisationen als offene Systeme, weil sie im ständigen Austausch mit ihrer Umwelt stehen, von dort beeinflußt werden, aber auch ihrerseits die Umwelt beeinflussen. Unter externem System kann man sich nun eine Vielzahl von Faktoren vorstellen, die eine Organisation beeinflussen: Markt, Wettbewerb, Kunden (einschließlich deren Reaktionen auf den Wettbewerb, den Service, Gesetze und Verordnungen, Beschränkungen etc.), Medien, Gesellschaft, Gesetze, Arbeitsmarkt, Gewerkschaften, Geldwert usw. Alle diese Faktoren haben Wirkungen nach innen. Eine Organisation kann sich ihnen nicht entziehen. So kann sich beispielsweise der Arbeitsmarkt auswirken auf die Motivation der Mitarbeiter, auf den Führungsstil, auf die Personalpolitik etc. Und der kritische Fernseh- oder Magazin-Bericht über Mißmanagement in einer Firma kann starke emotionale Reaktionen in der Mitarbeiterschaft und interne Konflikte auslösen. Andererseits wirkt jede Organisation auch in das externe System hinein und erzeugt dort wieder Reaktionen. So kann der fahrlässige Umgang mit giftigen Abfallprodukten durch einen Chemiekonzern unter Umständen nicht nur die kritische Haltung der breiten Bevölkerung gegenüber der Chemie verstärken, sondern auch verschärfte gesetzliche Bestimmungen auslösen. Im Prinzip kann man auch jedes Produkt und jede Dienstleistung einer Organisation als ein Beispiel für die Beeinflussung des externen Systems durch eine Organisation ansehen. — Die Abb. 27 zeigt eine andere Möglichkeit, die vier genannten Subsysteme darzustellen. Hier wird die Wechselbeziehung zwischen den internen Systemen und externem System deutlicher.

Wechselbeziehungen bestehen jedoch nicht nur zwischen ‚innen' und ‚außen', sondern zwischen *allen* Subsystemen einer Organisation. Änderungen oder Veränderungen in dem einen System erzeugen Auswirkungen in einem oder mehreren anderen Subsystemen. Eine Denkweise, welche diese Tatsache berücksichtigt, wird deshalb als **Systemdenken** oder als **Denken in Netzen** be-

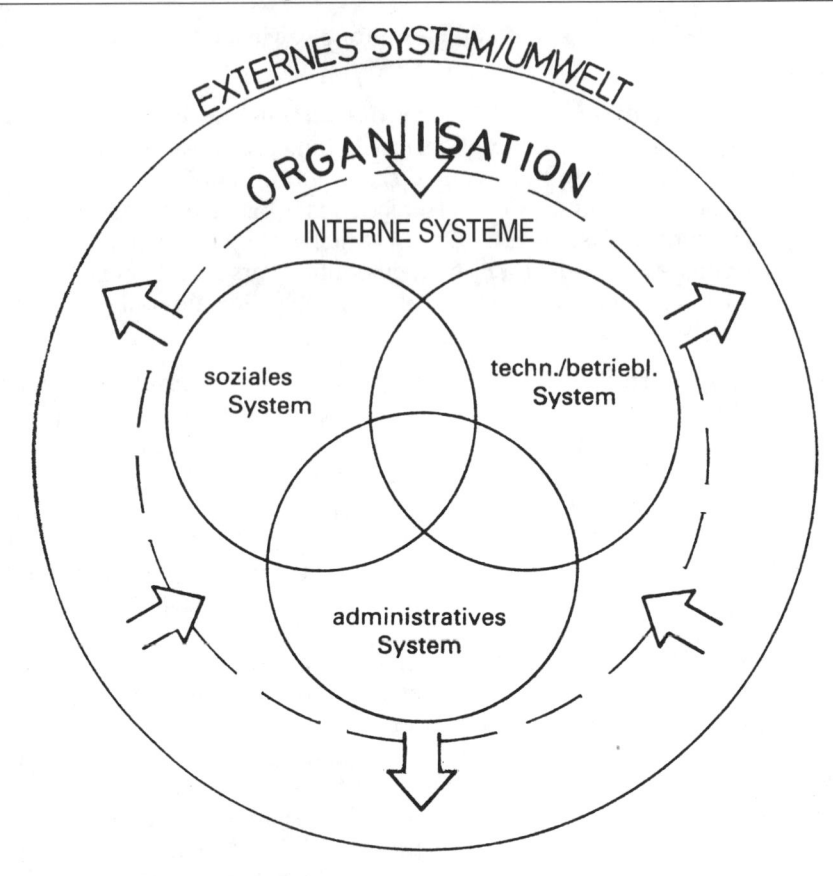

Abb. 27: Eine Organisation mit ihren Subsystemen als offenes System in der Umwelt (G. COMELLI, 1981 und 1983, S. 22)

zeichnet. Als illustrierendes Beispiel zwingt sich hier die Vorstellung eines Spinnennetzes geradezu auf: Zieht man an einem einzelnen Faden eines Spinnennetzes, so bewegt sich nicht nur dieser eine Faden. Vielmehr werden alle anderen Fäden des Spinnennetzes mitbewegt, und es ergeben sich Auswirkungen auf jedes einzelne Segment und Feld des Spinnennetzes. Analog hat zum Beispiel eine Veränderung im technischen System wie etwa die Einführung von Bildschirm-Arbeitsplätzen mit hoher Wahrscheinlichkeit auch Folgen im sozialen System. Diese reichen von Veränderung der Kommunikation, der Kommunikationswege und der Kommunikationsformen (z. B. schickt man nun ‚messages' von einem Bildschirm zum anderen, statt miteinander zu reden) bis hin zu persönlichen Ängsten, der neuen Technologie nicht mehr gewachsen zu sein. Die Erfahrung in vielen Organisationen ist jedoch leider, daß selbst Organisatoren dieses Denken in Netzen, d. h. in Aus- und Nebenwirkungen, noch recht fremd ist. Es ist allerdings eine steigende Sensibilität zu verzeichnen.

Bei der Organisationsdiagnose soll also die Vernetzung des Problems innerhalb der Organisation herausgefunden werden. Es ist für den späteren Lösungsansatz wichtig zu wissen, in welchem Subsystem die eigentlichen Ursachen des Problems liegen und in welchen Subsystemen sich lediglich Symptome des Problems zeigen. Wie wichtig eine solche Untersuchung ist, soll an den beiden nachfolgenden Beispielen verdeutlicht werden:

1. Beispiel: In einer Werkzeugmaschinen-Fabrik kommt es seit einiger Zeit zu immer stärkeren Spannungen zwischen der Bohrerei, die maßgenau in die vorbereiteten und entsprechend markierten Gußteile (Rohlinge) Löcher zu bohren hat, und der Anreißerei, welche diese Markierungen auf den Rohlingen anbringt. Auslöser der Spannungen sind gravierende Qualitätsmängel (Ungenauigkeiten bei den Bohrungen). Es wird erhöht Ausschuß produziert. Die Schuld dafür wird zwischen den beiden Abteilungen heftig hin- und hergeschoben. Die Anreißerei hätte ‚nur Idioten beschäftigt', behaupten die einen, die Bohrerei sei ‚völlig unfähig', setzen die anderen dagegen. Man schreit sich gegenseitig an, und die Auseinandersetzung erfaßt bald auch die beiden zuständigen Abteilungsleiter, die sich jeweils vor ihre Leute stellen. Man vermutet, daß Kommunikations- bzw. Klimastörungen die Arbeitsleistungen negativ beeinflussen. Eine andere Hypothese ist, daß zwischen den beiden Abteilungen (Status-)Rivalitäten herrschen. So wird überlegt, ob man die Mitarbeiter nicht mit Hilfe eines Konfliktlöse- oder Kooperationstrainings beruhigen und ein verbessertes Klima der Zusammenarbeit herstellen kann. Eine vorgeschaltete genaue Problem-Analyse förderte dann allerdings die wirkliche Ursache zutage: Die Auseinandersetzungen (d. h. die Störungen im sozialen System) waren nur äußere Symptome und rührten sogar von sehr hoher (!) Leistungsmotivation aller Beteiligten her (gerade deshalb war man ja auch so ärgerlich über Fehler und Ausschuß). Die eigentliche Fehlerursache wurde im technischen System entdeckt, als man nämlich feststellte, daß die Geräte zur genauen Markierung der Bohrlöcher ausgeleiert waren und unzulässige Toleranzen aufwiesen. Die Problemlösung bestand im Nachjustieren bzw. in der Neuanschaffung einiger Geräte in der Anreißerei.[23])

2. Beispiel: Jeder Bildungspraktiker kennt die Anfrage bzw. die Aufforderung, für die Mitarbeiter ein ‚Motivationsseminar' zu entwickeln und durchzuführen. Irgend jemand in der Organisation hat unmotivierte Mitarbeiter ausgemacht und schlägt nun diese Maßnahme, die im sozialen System an-

---

23) Es kann übrigens in Fällen dieser Art dennoch notwendig werden, Aktivitäten zur Verbesserung der Zusammenarbeit einzuleiten, wenn nämlich die verdeckten Problemursachen zu spät entlarvt werden und die daraus resultierenden Spannungen sich unterdessen verselbständigt haben.

greift, vor. In vielen Fällen zeigt sich dann allerdings bei genauerer Analyse (z. B. durch eine Untersuchung der Arbeitszufriedenheit mit einem entsprechend konstruierten Fragebogen), daß keineswegs mangelnde Motivation bei den Mitarbeitern das wirkliche Problem ist. Vielmehr wären die Mitarbeiter motiviert, wenn nicht ein Wust von mehr oder weniger unsinnigen bzw. unnötigen Vorschriften und Richtlinien den letzten Funken an Motivation in ihnen töten würde. Die echte Problemursache liegt also im administrativen System. Nicht eine Änderung des Verhaltens der Mitarbeiter, etwa durch Training, ist der eigentlich erfolgversprechende OE-Ansatz, sondern eine Änderung der herrschenden Verhältnisse!

Es soll noch angemerkt werden, daß die in den Abbildungen 26 und 27 skizzierten Darstellungen einer Organisation als ein System von Subsystemen nur eine Variante unter verschiedenen möglichen ist.[24]) Die Zurechnung einzelner Elemente zu bestimmten Subsystemen ist außerdem zuweilen nicht einfach bzw. eine Definitionsfrage. So kann ‚Entscheidungsfindung' ein kennzeichnendes Element des sozialen Systems sein und gleichzeitig — unter mehr prozeduralem Aspekt — auch dem administrativen System zugeordnet werden. Eine ebensolche doppelte Einordnung kann beispielsweise das Element ‚Ziele' finden. Gleich zu welcher Zuordnung man sich entschließt bzw. zu welcher Aufteilung in Subsysteme man neigt: die Tatsache, daß überhaupt ‚in Systemen gedacht' wird, ist nicht nur generell ein außerordentlich fruchtbarer Ansatz, sondern eben typisch für OE.

In der Phase der Organisationsdiagnose wird versucht, den Vernetzungen eines oder mehrerer Probleme innerhalb einer Organisation nachzugehen. Dies bedeutet einen organisationsumgreifenden Ansatz, der auf die Organisation als Gesamtkultur abzielt (siehe auch Abschnitt 3.3.3). Im weitesten Sinn ist OE darauf ausgerichtet, ‚kranke' Organisationen ‚gesund' zu machen und ‚gesunde' zu befähigen, sich vor Krankheitsgefahren zu bewahren. Man kann deshalb auch eine Organisationsdiagnose betreiben, indem man die Organisation einmal in bezug auf eventuelle ‚Krankheitssymptome' durchleuchtet. Der Anhang 2 zu diesem Kapitel enthält eine Auflistung von Merkmalen für eine gesunde bzw. kranke Organisation.

---

24) So führen zum Beispiel FRENCH und BELL (1977, S. 103) u. a. noch das Aufgaben-Subsystem und das Ziel-Subsystem ein. KATZ und KAHN (1966, S. 456) unterscheiden in die technischen, instandhaltenden, unterstützenden, institutionellen, anpassenden und leitenden Subsysteme mit entsprechenden Elementen.

3.5.3 Datenrückkopplung und Maßnahmenplanung

Nachdem die beiden diagnostischen Phasen (Datensammlung und Organisationsdiagnose) durchlaufen sind, kommt ein sehr wichtiger Schritt, der bei der klassischen Problemlöse-Systematik nicht besonders vorgesehen, für das Konzept der Organisationsentwicklung jedoch typisch ist: die **Datenrückkopplung** an die Betroffenen. Hier kommt die enge Verbundenheit der geschilderten Systematik mit der Survey-Feedback-Methode und der Aktionsforschung besonders zum Tragen. Wer Veränderungsprozesse nach der OE-Methode betreibt, wird immer daran interessiert sein, wie andere Beteiligte und Betroffene die Problembeschreibung bzw. das Ergebnis der Problemanalyse sehen und einschätzen. Aus diesem Grund ist die Rückkopplung der erhobenen Problemdaten an Betroffene und/oder Beteiligte (evtl. auch nur an Repräsentanten dieser Gruppen) in einem OE-Prozeß ausdrücklich vorgesehen. Dies versteht sich nicht nur als ein Akt der Partizipation. Man sollte diesen Schritt vielmehr auch als eine Art Validitätsprüfung der bisher erhobenen Daten und der bis dahin vorliegenden Faktenbewertungen bzw. Hypothesen betrachten. In aller Regel führt die Daten-Rückkopplung zu zusätzlichen fruchtbaren Anregungen und zu einer weiteren Bereicherung des Faktenmaterials.

„Nun aber Aktion!" — wird der ungeduldige Praktiker jetzt endlich fordern. Doch konkreten Initiativen geht noch ein weiterer wichtiger Schritt voran. Auf der Basis der in den ersten Schritten zusammengetragenen Fakten und unter Anwendung der dabei herausgeschälten Lösungskriterien sollen zunächst nun Lösungsalternativen entwickelt werden — je mehr desto besser. In dieser Phase der **Maßnahmenplanung** ist ein weiteres Stück unbedingt notwendiger Denkarbeit *vor* dem Beginn der eigentlichen Aktivitäten zu leisten. Und ein kreatives Stück Arbeit dazu, denn möglichst verschiedene Lösungsideen sollen erarbeitet und geprüft werden, ehe man sich für die günstigste oder praktikabelste Lösung entscheidet. Es versteht sich von selbst, daß man *vor* der endgültigen Entscheidung *jede* der Lösungen sorgsam untersucht auf mögliche *Nebenwirkungen*, damit es keine unliebsamen Überraschungen gibt (Denken in Netzen!). Außerdem ist hier die letzte Möglichkeit, die Frage ‚Wie *konsequent* wollen wir denn sein?' zu behandeln. Diese wichtige Frage hinterfragt die Ernsthaftigkeit der angestrebten Maßnahme. Was hilft die beste Maßnahme, wenn sie durch eine halbherzige Durchführung ihre Glaubwürdigkeit verliert?

Am Ende aller dieser Überlegungen entscheidet man sich für eine Maßnahme oder für ein Bündel von Maßnahmen und betreibt die Detailplanung. In einem solchen Maßnahmenpaket wird der OE-Praktiker keinesfalls prozeßstützende Aktivitäten vergessen. Gleichfalls muß er sich schon zu diesem Zeitpunkt Gedanken über Rückkopplungs-Schleifen und Möglichkeiten der Erfolgsmessung machen.

3.5.4 Maßnahmendurchführung und Erfolgskontrolle

Danach erst („Endlich!" — atmen viele durch ihr berufliches Milieu auf Risikofreude und schnelles Handeln getrimmte Praktiker auf) beginnt die **Maßnahmendurchführung**. Die gut analysierte, planerisch sorgfältig vorbereitete und systematische Veränderungsmaßnahme wird nun Schritt für Schritt in die Realität umgesetzt. Entsprechend dem Aktionsforschungs-Modell wird mit Hilfe der vorgesehenen Rückkopplungs-Schleifen der laufende Prozeß ständig beobachtet, kontrolliert und bei Bedarf nachjustiert.

Als letzter Schritt bleibt schließlich noch die **Erfolgskontrolle** zu tun. Es muß geprüft werden, ob die eingeleiteten Maßnahmen wirklich die gewünschte Veränderung erzeugen, ob keine unerwünschten Nebenwirkungen aufgetreten und ob die bei jeder Veränderung unvermeidlichen Durchgangsprobleme nach gewisser Zeit verschwunden sind. Wie bereits weiter oben angedeutet, ist die Erfolgskontrolle vom Ansatz der Aktionsforschung her eigentlich Prozeß-begleitend, damit man ständig und rechtzeitig die Möglichkeit hat, zusätzlich notwendige Anpassungen vorzunehmen. Gegebenenfalls wird man erneut in den Kreisprozeß von Problemlösung und Organisationsentwicklung eintreten. Typisch für die Anhänger von Strategien à la ‚Problem erkannt — Aktion!' ist allerdings, daß sie bei ihrem Hauruck-Management ohne seriöse Datensammlung, ohne Organisationsdiagnose und Datenrückkopplung sowie ohne ausreichende Maßnahmenplanung natürlich wenig Sinn für eine kritische Erfolgskontrolle haben.

Im übrigen sind die Instrumente und Methoden der Erfolgskontrolle die gleichen diagnostischen Werkzeuge wie sie auch bei der Datensammlung bzw. der Organisationsdiagnose eingesetzt werden (siehe auch Kapitel 6). Einmal stehen sie als Vorher-Erhebung am Beginn eines Prozesses, das andere Mal als Nachher-Erhebung an seinem Ende.

Im Anhang 3 zu diesem Kapitel findet sich ein Fallbeispiel, das verdeutlicht, in wie vielen kleinen, systematischen und zum Teil sehr vorsichtigen Schritten, die alle an der Denkweise der Organisationsentwicklung ausgerichtet sein müssen, ein konkretes Projekt abläuft.

3.6 OE verändert Systeme und Verhalten

Organisationsentwicklung erhebt den Anspruch, Systeme bzw. Subsysteme sowie Verhalten ändern zu wollen. Dies besagt nichts anderes, als daß OE auf die Modifizierung von Verhalten *und* von Verhältnissen in einer Organisation abzielt. Weil sich bekanntlich die Verhältnisse (Systeme) in einer Organisation beeinflussend und prägend auf das Verhalten des Organisationsmitgliedes auswirken, wird man nicht umhin können, zur Formung und Stabilisierung gewünschter und/oder geänderter Verhaltensweisen den situativen Rahmenbedingungen Beachtung zu schenken und diese gegebenenfalls zu verändern. Solche Änderungen in den Systemen können sich beziehen auf Normen, Werte, Ziele, Prinzipien, Abläufe, Machtverhältnisse usw. — kurz: auf alle Dinge, die sozusagen die Organisation am Leben halten, in ihr Bedingungen setzen und Abläufe regeln.

Eine besondere Bedeutung bei der Veränderung von Verhältnissen kommt dabei den Hierarchen zu. Unbestreitbar ausgestattet mit einer gewissen Positionsmacht können sie herrschende Verhältnisse — positiv wie negativ — maßgeblich beeinflussen. Es lohnt sich deshalb, sie als Promotoren des OE-Prozesses zu gewinnen und darauf hinzuarbeiten, daß sie ihren Einfluß bei Bedarf auch zugunsten einer strukturellen oder Systemänderung in die Waagschale werfen.

Die Tatsache, daß sich Organisationsentwicklung nicht nur auf die Veränderung von Verhalten beschränken will und nicht damit zufrieden ist, sozusagen die laufenden ‚Reparatur- und Adjustierarbeiten' bei unveränderten Verhältnissen auszuführen, hat noch eine andere Konsequenz: **Die interdisziplinäre Zusammenarbeit zwischen den Fachleuten und Spezialisten der verschiedenen Subsysteme ist unbedingt geboten.** Dies bedeutet einerseits, daß der Bildungspraktiker im Betrieb diese Zusammenarbeit ständig suchen muß. Andererseits sollte er erwarten können, daß er von den Fachleuten anderer Gebiete in der Organisation als Experte für Lernen und Verhalten entsprechend beigezogen wird.

Die Änderung von Verhaltensweisen ist natürlich der zentrale Punkt aller OE-Aktivitäten. Allein schon die historische Entwicklung von OE aus den Sozialwissenschaften heraus legt dies nahe. Insofern steht besonders aus der Sicht des Betriebspädagogen bei Organisationsentwicklung natürlich das soziale System im Vordergrund. Ohnehin betont und berücksichtigt man ja bei OE ständig, daß Organisationen schließlich Systeme von Menschen sind, die dann auch Mensch-gerecht sein sollen, d. h. human im wahrsten Sinne des Wortes. Eigentlich sollten alle anderen Strukturen, Prozeduren, Techniken und Werkzeuge diesem Hauptanliegen untergeordnet sein. Daß die Änderung von Verhalten natürlich mehr ist als eine Veränderung der kognitiven

Strukturen, muß für den Bildungspraktiker wohl kaum noch betont werden. Verhaltensänderung erfordert übendes und ausgesprochen experimentierendes Lernen ‚am eigenen Leib' und an echten Problemen bzw. Situationen (siehe speziell dazu Abschnitt 4.4).

3.7 Anhang

Anhang 1: Fallbeispiel ‚Keil-Strategie'

In einem großen multinationalen Industriekonzern wird bis Mitte der 70er Jahre klassisches Führungstraining ernsthaft und auf beachtlichem Niveau betrieben. Anfang 1975 erhält die Bildungsabteilung den Auftrag, ein Aufbauseminar zu konzipieren (Motto: ‚Wir brauchen einen neuen Trainings-Baustein für die, die schon alles gehört haben'). Die Bildungspraktiker des Unternehmens beschließen folgendes Konzept für das Aufbauseminar:

- Das Thema ‚Führung' wird im Systemzusammenhang dargestellt, d. h. als ein wichtiger Bestandteil des Klimas und der Kultur der Gesamtorganisation;
- Bedingungen und Voraussetzungen für eine Veränderung des Führungsklimas sollen mit den Teilnehmern diskutiert werden;
- dies wird zum Anlaß genommen, stets die Problematik der Veränderung von Organisationen in einer sich ständig wandelnden Umwelt sowie Ansatz und Denkweise der Organisationsentwicklung darzustellen;
- inhaltlicher Schwerpunkt des auf fünf Tage geplanten Seminars wird das Thema ‚Kommunikation' sein mit den beiden Teilaspekten ‚Kooperation' und ‚Konflikt';
- von diesem Themenbereich ausgehend soll dann anhand von Diskussionsbeiträgen der Teilnehmer über die konkrete Vorgehensweise und die Philosophie der Organisationsentwicklung berichtet werden.

Der neue Seminar-Baustein wird im Herbst 1975 gestartet. Die Mitglieder des Vorstandes sind für das einwöchige Training nicht zu gewinnen. Sie folgen allerdings nach knapp einem Jahr der Einladung der Bildungsabteilung zu einer eintägigen Präsentation der Seminarinhalte über das ‚nun aus der Testphase in die Routine gehende Training'. Vielleicht sind sie ein wenig neugierig gemacht worden durch Bemerkungen ihrer trainierten Mitarbeiter bzw. durch deren ‚Kommunikationsfachsprache' bei Besprechungen. Die Präsentation erfolgt durch den Leiter des Bildungswesens und die beiden beteiligten Trainer. Die Zuhörer finden die präsentierten Inhalte ‚interessant', man ist der Meinung, daß ‚die Mitarbeiter das hören sollten'. Bei dieser Präsentation für den Vorstand wird auch darauf hingewiesen, daß der nächste konsequente Schritt, wenn ‚alle Leute durch seien', nun nicht eine weitere Schulung sein solle, sondern daß man ‚am konkreten Fall' und an betrieblichen Beispielen jetzt das Erlernte erproben und umsetzen müsse. Auf diese Weise wird der Gedanke von Problemlöse-Workshops eingeführt. Diesem Ansatz wird nicht widersprochen. Von da ab wird in allen folgenden Kommunikationstrainings schon auf die geplanten Folgeveranstaltungen hingewiesen und gleich angeboten, daß Gruppen, Abteilungen oder auch ganze Bereiche sich durch das

Bildungswesen konkrete Kooperations- oder Konfliktlöse-Workshops organisieren lassen können, die von zwei Trainern (einer intern, einer extern) moderiert werden.

Nach drei Jahren nimmt ein erstes und ohnehin aufgeschlossenes Vorstandsmitglied an einem kompletten Training teil. Ein knappes Jahr später gibt es dann auch ein Seminar für alle Mitglieder des Vorstandes und deren unmittelbar unterstellte Mitarbeiter, nachdem sich einzelne Vorstandsmitglieder immer häufiger mit der Frage von Mitarbeitern konfrontiert sehen, ob ‚sie es denn eigentlich nicht nötig hätten'. Ende 1979 sind nach gut vier Jahren alle oberen Führungskräfte geschult, und das Training geht auf die nächsttiefere Ebene. Alle Teilnehmer sprechen jetzt eine gemeinsame Sprache, wenn es um Begriffe wie Kommunikation, Kooperation und Konfliktregelung geht, und verfügen über gemeinsame Denkmodelle und einige gemeinsame Gesprächstechniken. Einen ziemlich starken emotionalen Rückschlag für die Trainingsteilnehmer gibt es 1980, als in dem Unternehmen eine unbestritten notwendige Umorganisation in traditioneller Weise ‚durchgezogen' wird, bei der (so die Aussage von inzwischen natürlich sensibilisierten Seminarteilnehmern) ‚so ziemlich alles falsch gemacht wurde, was man falsch machen konnte'. Als es kurz danach ‚knallt', weil sich in einem Vorstandsbereich des Unternehmens hochkarätige Mitarbeiter gegen die neue aufgepfropfte Organisationsstruktur wehren, kommt es in diesem Bereich unter Beteiligung des zuständigen Vorstandsmitgliedes zu einem fünftägigen Problemlöse-Workshop nach OE-Prinzipien. Der Workshop endet mit erfolgreicher Konfliktregelung (detaillierte Beschreibung dieser Maßnahme bei KNABE und COMELLI, 1980).

Inzwischen sind in diesem Unternehmen Workshops zur Verbesserung der Kooperation oder zur Begegnung mit Konflikten allgemein üblich geworden. Sie werden durchweg als erfolgversprechende Maßnahmen angesehen. Ein Problem zu haben und es anzupacken, gilt nicht mehr als persönlicher Mangel, als Unfähigkeit oder als ‚Dreck am Stecken'. Es ist auch keine Schwierigkeit mehr, für OE-Aktivitäten Unterstützung durch die Mitglieder des Vorstandes oder andere wichtige Entscheidungsträger zu finden. Problemlöse-Workshops in Folge von Kommunikationstrainings werden jetzt auch langsam auf mittleren, z. T. auch schon auf unteren Ebenen populär. Allerdings gibt es noch starke Unterschiede zwischen einzelnen Bereichen des Unternehmens.

Faßt man diese nun schon in das zehnte Jahr gehende Entwicklung zusammen, hat sich Folgendes vollzogen: Aus einem ganz normalen Bildungsauftrag entwickelt sich organisch ein Seminar, das Mitglieder der zweiten und dritten Führungsebene eines Unternehmens mit der Denk- und Vorgehensweise von OE vertraut macht und ihnen dazu Grundkenntnisse und einige notwendige soziale Fertigkeiten (z. B. Kommunikationstechniken) vermittelt. Dieses Trainingskonzept findet Akzeptanz und Resonanz bei der Zielgruppe, was den Vorstand zunächst bewegt, sich über die Inhalte des Trainings zu informieren, bevor er nach einiger Zeit schließlich selbst teilnimmt. Fast wie selbstverständlich ergibt es sich dann im nächsten Schritt, daß statt Schulung mit Simulation und Fallbeispielen lieber konkrete und eigene Probleme angepackt werden. Die Problemlöse-Workshops beginnen zunächst wieder auf der Ebene der ursprünglichen Zielgruppe und erfassen auch deren Mitarbeiter. Dies strahlt nach allen Seiten aus und kann auch als Multiple Nucleus-Strategie betrachtet werden. Daß es nach der in traditioneller Weise durchgezogenen 1980er Umorganisation in einem Bereich ‚geknallt' hat, zeigt deutlich, daß ein Teil der Mitarbeiter sensibler gegenüber Veränderungen geworden ist. Dieser Knall war insofern fruchtbar, als dadurch einer breiten betrieblichen Öffentlichkeit deutlich wurde, daß es in Gestalt der Organisationsentwicklung eine ernsthafte Alternative zu den bisher erlebten und üblichen Ver- bzw. Umänderungsstrategien gibt.

Anhang 2: Merkmale einer ‚gesunden' und einer ‚kranken' Organisation

Verschiedene Autoren haben Merkmale, durch welche sich eine gesunde Organisation von einer ungesunden unterscheidet, beschrieben. Eine interessante Zusammenstellung findet sich bei VARNEY (1977, S. 85—89), wobei dieser sich auf Material von FORDYCE und WEIL (1971) stützt. In Form von Gegensatzpaaren (Polaritäten) sind zahlreiche Anzeichen für Gesundheit einer Organisation mit den entsprechenden ‚Krankheitssymptomen' aufgelistet. VARNEY, der in seinem Buch eine große Zahl von Fragen- bzw. Checklisten veröffentlicht, empfiehlt diese Auflistung als **Checkliste für Organisationsdiagnose**. Natürlich wird ein solcher organisationsdiagnostischer ‚Gesundheitscheck' nicht automatisch Lösungen bringen. Er schärft jedoch das Bewußtsein für die Bedeutung der klimatischen Gesamtverhältnisse innerhalb einer Organisation.

Eine solche Prüfung des Gesundheitszustandes einer Organisation (mit Hilfe der unten folgenden oder einer ähnlichen Checkliste) läßt sich sehr gut in die Startphase von Abteilungs- oder Bereichs-übergreifenden OE-Workshops einbauen. Dabei können die Arbeitsgruppen entsprechend den organisatorischen Einheiten zusammengestellt werden, weil sich dann oft fruchtbare Ansätze zur Diskussion dadurch ergeben, daß die von den einzelnen Gruppen zusammengestellten Listen problematischer Symptome nur zum Teil identisch sind (d. h. für die ganze Organisation gelten), während andere Symptome offensichtlich nur spezifisch für einzelne Organisationseinheiten sind. Dies kann besonders deutlich hervortreten, wenn die organisatorischen Einheiten auch noch räumlich klar getrennt sind, etwa bei verschiedenen Töchtern des gleichen Konzerns.

Nachfolgend die von VARNEY veröffentlichte Symptomliste von FORDYCE und WEIL (aus dem Englischen frei übersetzt durch den Autor):

UNGESUND	trifft zu ←	teils/ teils	trifft zu →	GESUND
01. Wenig persönliche Identifikation bezüglich der Organisationsziele, außer auf der Top-Ebene.				01. Alle Organisationsmitglieder identifizieren sich sehr mit den Zielen; es gibt starke und konsistente Anstrengungen in Richtung dieser Ziele.
02. Die Leute in der Organisation sehen, daß Dinge schief laufen und tun nichts dagegen. Niemand stellt sich freiwillig für etwas zur Verfügung. Fehler und Probleme werden gewöhnlich verborgen oder beiseite geschoben. Über betriebliche Schwierigkeiten spricht man zu Hause, in der Kantine oder auf den Fluren, aber nicht mit denen, die es angeht.				02. Die Leute fühlen sich frei, wahrgenommene Schwierigkeiten aufzuzeigen, in der sicheren Erwartung, daß Probleme angepackt werden, und in dem Optimismus, daß sie gelöst werden.
03. Problemfremde Faktoren komplizieren die Lösungsfindung. Status und die Position ‚in den Kästchen' (des Organigramms) sind wichtiger als die Lösung des Problems. Man befaßt sich exzessiv mit dem Thema Führung als Betroffener, statt sich mit den Betroffenen zu befassen. Man behandelt sich auf formale und höfliche Weise — besonders den Chef. Nonkonformität wird mißbilligt.				03. Die Lösung von Problemen wird höchst pragmatisch betrieben. Bei der Bearbeitung von Problemen arbeiten die Leute völlig unkompliziert zusammen, statt beherrscht zu sein von Status- und Revierdenken oder davon, ‚was wohl der Boß denken wird'. Einwände gegenüber dem Chef sind keinesfalls selten. Ein großes Maß an nonkonformem Verhalten wird toleriert.
04. Die Top-Leute versuchen, so viele Entscheidungen wie möglich unter Kontrolle zu halten. Sie werden zu Flaschenhälsen und treffen Entscheidungen auf entsprechender Informationsbasis und mit entsprechenden Einsichten. Die Mitarbeiter beklagen sich über irrationale Entscheidungen des Managements.				04. Darüber, wo (d. h. auf welchem organisatorischen Level) Entscheidungen getroffen werden, bestimmen Faktoren wie Fähigkeit, Verantwortungsgefühl, Verfügbarkeit der Information, Arbeitslast, Zeitrahmen und Erfordernisse der beruflichen und Management-Entwicklung. Der hierarchische Level an sich wird nicht als bedeutsamer Faktor angesehen.

Anhang 2: Merkmale gesunder und kranker Organisation 133

UNGESUND	trifft zu ←	teils/ teils	trifft zu →	GESUND
05. Das Management fühlt sich allein gelassen in seinem Bemühen, die Dinge voranzutreiben. Aus irgendeinem Grund werden Anweisungen, Absichten und Prozeduren nicht so umgesetzt wie sie es sollten.				05. Es gibt ein bemerkenswertes Maß an Teamdenken bei Planung, Ausführung und in fachlichen Dingen — kurz: Es gibt eine große Bereitschaft, sich an der Verantwortung zu beteiligen.
06. Das Urteil von Leuten weiter unten in der Hierarchie wird außerhalb der engen Grenzen ihres Jobs nicht geschätzt.				06. Dem Urteil von Leuten, die weiter unten in der Hierarchie stehen, wird Beachtung geschenkt.
07. Persönliche Bedürfnisse und Gefühle sind Nebensache.				07. Die Bandbreite von Problemen, die angegangen werden, schließt persönliche Bedürfnisse und zwischenmenschliche Beziehungen ein.
08. Konkurrenzdenken entwickelt sich, wenn Leute zusammenarbeiten sollen. Sie wachen eifersüchtig über ihren Verantwortungsbereich. Hilfe zu suchen oder zu akzeptieren wird als Zeichen von Schwäche betrachtet. Hilfe anzubieten ist nicht vorstellbar. Man mißtraut den gegenseitigen Motiven und spricht nicht besonders gut voneinander. Der Vorgesetzte toleriert dies.				08. Man steigt frei in Zusammenarbeit ein. Die Leute zögern nicht, die Hilfe anderer zu erbitten und sind ihrerseits stets zur Hilfe bereit. Die Wege, einander zu helfen, sind hochentwickelt. Individuen und Gruppen stehen im Wettbewerb zueinander, aber sie tun dies sehr fair und in Richtung auf die gemeinsamen Ziele.
09. In Krisensituationen gehen die Leute in Deckung oder schieben sich gegenseitig den Schwarzen Peter zu.				09. In Krisensituationen stehen die Leute sofort in gemeinsamer Arbeit zusammen, bis die Krise überwunden ist.
10. Konflikte sind meist verdeckt und werden bestimmt durch ‚Politik' oder andere Spielchen. Oder es gibt endlose und unversöhnliche Auseinandersetzungen.				10. Konflikte werden als wichtig für Entscheidungsprozesse und für persönliches Wachstum angesehen. Mit ihnen wird offen und effizient umgegangen. Jederman sagt, was er wünscht, und erwartet, daß die anderen es ebenso halten.

UNGESUND	trifft zu ←	teils/ teils	trifft zu →	GESUND
11. Lernen stößt auf Schwierigkeiten. Man traut sich nicht an Kollegen heran, um von diesen zu lernen und muß so aus eigenen Fehlern lernen. Man erhält wenig Feedback über seine Leistung, und ein großer Teil davon ist auch noch wenig hilfreich. Erfahrungen anderer werden zurückgewiesen.				11. Es gibt intensives Lernen „on-the-job", welches basiert auf der Bereitschaft, Feedback und Ratschläge zu geben, zu suchen und zu nutzen. Die Mitarbeiter betrachten sich und andere als fähig zu persönlicher Entwicklung und Wachstum.
12. Feedback wird vermieden.				12. Gemeinsame kritische Analyse der erzielten Fortschritte ist Routine.
13. Die Beziehungen sind verseucht durch ‚Fassadenbau' und durch Basteln am eigenen Image. Die Leute fühlen sich allein, und es mangelt an gegenseitigem Interesse. Unterschwellig herrscht Furcht.				13. Die Beziehungen sind aufrichtig. Die Leute kümmern sich umeinander und fühlen sich nicht allein.
14. Die Leute fühlen sich eingepfercht in ihre Jobs. Sie fühlen sich verbraucht und sind uninteressiert. Sie lechzen gleichzeitig nach Sicherheit. In Besprechungen zum Beispiel verhalten sie sich teilnahmslos und fügsam. Es macht ihnen nicht viel Vergnügen. Sie holen sich ihre Anregungen irgendwo anders.				14. Die Mitarbeiter sind sehr angeregt (‚turned on') und aus eigenem Antrieb höchst engagiert. Sie haben eine optimistische Einstellung. Ihr Arbeitsplatz ist ihnen wichtig und macht ihnen Spaß. (Warum auch nicht?)
15. Der Vorgesetzte ist der bestimmende/anordnende ‚Vater der Organisation'.				15. Führung ist flexibel und in bezug auf Stil und Person gekennzeichnet durch situationsadäquates Reagieren.
16. Der Vorgesetzte kontrolliert selbst Kleinigkeiten und verlangt übertriebene Rechtfertigungen. Er gesteht wenig Freiraum zu, auch einmal Fehler zu machen.				16. Es gibt ein hohes Maß an Vertrauen untereinander sowie ein gesundes Empfinden für Freiheit und gemeinsame Verantwortung. Die Mitarbeiter wissen durchweg, was für die Organisation wichtig ist und was nicht.

Anhang 2: Merkmale gesunder und kranker Organisation

UNGESUND	trifft zu ←	teils/ teils	trifft zu →	GESUND
17. Die Minimierung von Risiken hat einen hohen Stellenwert.				17. Risiken einzugehen, wird als eine Grundbedingung für Wachstum und Veränderung einer Organisation angesehen.
18. Typisches Motto: ‚Ein Fehler — und Du bist draußen?'				18. Typisches Motto: ‚Was können wir aus jedem Fehler lernen?'
19. Schwache Leistung wird entweder beschönigt oder aber zum ‚Abschuß' benutzt.				19. Schwache Leistung wird offen angesprochen, und man sucht nach einer gemeinsamen Lösung.
20. Die Organisationsstruktur, Grundsätze und Prozeduren überfrachten die Organisation. Die Leute verschanzen sich dahinter und ‚tricksen' mit den Strukturen.				20. Organisationsstrukturen, Prozeduren und Grundsätze dienen dazu, den Leuten bei ihrer Aufgabenerfüllung zu helfen und langfristig die Gesundheit der Organisation zu sichern. Sie sind nicht dazu da, Bürokraten mit Arbeit zu versorgen. Auch werden sie bereitwillig geändert.
21. Tradition!				21. Es gibt ein gesundes Empfinden für stabile Ordnung und dennoch gleichzeitig eine hohe Innovationsrate. Alte Methoden werden in Frage gestellt und oft aufgegeben.
22. Innovation wird nicht unter weitgespannter Beteiligung der Mitarbeiter betrieben, sondern liegt in den Händen weniger.				22. Die Organisation erfaßt schnell alle Chancen und Gelegenheiten in ihrem Umfeld und paßt sich diesen an, denn jedes Augenpaar blickt in die Zukunft, und jeder Handgriff ist auf sie gerichtet.
23. Die Mitarbeiter schlucken ihre Frustrationen hinunter: ‚Ich kann nichts tun. Es ist deren Aufgabe, das Schiff zu retten'.				23. Frustrationen sind der Aufruf zum Handeln: ‚Es ist meine/ unsere Aufgabe, das Schiff zu retten'.

Diese Symptomliste erhebt natürlich keinen Anspruch auf Vollständigkeit. Weitere Items können ohne Schwierigkeit hinzugefügt werden, z. B.:

UNGESUND	trifft zu ←	teils/ teils	trifft zu →	GESUND
24. Schlechter oder gar kein horizontaler Informationsfluß (die linke Hand weiß nicht was die rechte tut)				24. Die horizontale Informationsweitergabe über Abteilungs- und Bereichsgrenzen hinweg funktioniert problemlos.
25. Die Abgabe von Information erfolgt selektiv und nicht umfassend; es wird gemauert, getrickst und taktiert.				25. Notwendige Information ist leicht und umfassend zu beschaffen; Informationsbeschaffung wird nicht blockiert.
26. Gerüchte wuchern wild und zahlreich; jeder weiß ständig Neues zu berichten. Vieles wird unter der Hand gehandelt. Aufgrund von Gerüchten erfolgen Aktionen, statt die Gerüchte zu hinterfragen.				26. Die Organisationsmitglieder sind immun gegen Gerüchte. Im Zweifelsfall oder bei Unsicherheit weiß man, wen man fragen kann und darf sicher sein, verläßliche Information zu bekommen.
27. Es herrscht in jeder Hinsicht starker Gruppen- und Abteilungsegoismus (vom Informationsverhalten über Planungen bis hin zum Kosten- und Budgetdenken).				27. Es herrscht starker Sinn für Abteilungs- und Bereichs-übergreifendes Denken; große Bereitschaft, zugunsten des Gesamtzieles Eigen- oder Gruppeninteressen zurückzustecken.
28. Organisationsinterner Nachwuchs ist rar; hoffnungsvolle Leute werden ‚kurz gehalten'. Die Nachwuchsförderung scheitert bereits beim Vorgesetzten oder am Abteilungsegoismus.				28. Nach guten Nachwuchsleuten wird ständig Ausschau gehalten. Sie werden gefördert und erhalten in der gesamten Organisation Chancen zur persönlichen Weiterentwicklung.
29. Wer keine informellen Beziehungen hat und sich in dem Dschungel persönlicher Querverbindungen nicht auskennt, hat keine Chance und geht unter.				29. Neuere Organisationsmitglieder werden schnell integriert und in die informellen Beziehungen eingeflochten. Persönliche Kontakte innerhalb der Organisation werden für betriebliche Problemlösungen aktiviert und gegenseitig zur Verfügung gestellt.
30. Einzige Strategie in Konfliktsituationen: Sieg: Niederlage-Denken.				30. Typische Einstellung aller Beteiligten in Konfliktsituationen: Sieg: Sieg-Denken.

Anhang 3: Fallbeispiel ‚Leistungsabfall' (Abfolge der Vorgehensschritte)

An einem von KNABE (1981) geschilderten Fallbeispiel aus einem hochspezialisierten mittleren Unternehmen der Metallindustrie läßt sich sehr gut demonstrieren, wie eine gezielte und systematische Vorgehensweise bei OE-Projekten konkret aussieht. Bei diesem Fall handelt es sich nicht um eine aufwendige, Organisations-übergreifende Maßnahme, sondern lediglich um ein Projekt zur Überwindung von verhärteten Fronten und von Leistungsabfall in einem Ingenieurteam. Für die betroffene Organisationseinheit war das geschilderte Projekt der erste Versuch, einmal einen Problemfall nach dem OE-Konzept anzugehen.

Problemlage: In einem Ingenieurteam, das hauptsächlich mit sehr komplizierten und fast ausschließlich nur mit Hilfe der EDV zu bewältigenden Rechenaufgaben beschäftigt ist, ist die Leistung in den letzten Jahren nach Ansicht des Vorgesetzten (Abteilungsleiter) kontinuierlich gesunken. Auch der nächsthöhere Vorgesetzte teilt diesen Eindruck. Um einen Kollaps zu vermeiden, hat der zuständige Abteilungsleiter schon seit über zwei Jahren den Arbeitsüberhang durch einen freiberuflich tätigen beratenden Ingenieur aufarbeiten lassen. Trotzdem ist die Gruppenleistung weiter abgesunken, während der Anteil der von dem beratenden Ingenieur besorgten Arbeit in der gleichen Zeit auf etwa 40 % angestiegen ist. Die restlichen 60 % werden von vier angestellten Ingenieuren bearbeitet. Die Zahl der zu bearbeitenden Aufträge hat sich insgesamt nicht erhöht, jedoch sind die erforderlichen Berechnungen und technischen Erläuterungen wesentlich komplexer und umfangreicher geworden. Nach dem Eindruck des Abteilungsleiters sind die Mitarbeiter allem Anschein nach voll ausgelastet. Man sieht sie nie irgendwo herumstehen oder unnötig miteinander reden. Aber das Arbeitsklima in der Gruppe ist sehr schlecht, und die Beziehung zwischen der Gruppe und dem Abteilungsleiter ist fast unerträglich gespannt. Der externe Mitarbeiter wird geschnitten. Der Vorgesetzte fühlt sich — vor allem angesichts der Verteilung der Arbeitslasten — von seinen Mitarbeitern im Stich gelassen. Die Mitarbeiter ihrerseits fühlen sich verachtet und blamiert und sehen ihren Chef ebenso wie den Externen angesichts der von diesen erbrachten Leistungen als blasierte und kommunikationsunfähige Genies an.

So zumindest wurde die Situation von dem Abteilungsleiter und dem zuständigen Mitglied der Firmenleitung gesehen, als sie in Absprache mit der Personalabteilung einen Organisationspsychologen zu Rate zogen. Sie hätten diesen Schritt nicht in Erwägung gezogen, wenn sie eine Möglichkeit gesehen hätten, das alte Team oder wenigstens einzelne daraus durch neue Kräfte zu ersetzen. Die Einarbeitung schon eines einzelnen neuen Mitarbeiters hätte jedoch erfahrungsgemäß mindestens zwei Jahre in Anspruch genommen. Gänzlich unmöglich erschien ein Austausch der gesamten Gruppe. Daß ein externer technischer Berater im Hause engagiert war, der sich schon vor vielen Jahren gründlich eingearbeitet hatte und deshalb die Arbeitsprozesse kannte, wurde als ein ungewöhnlicher Glücksfall angesehen. Aber seine Kompetenz wurde eigentlich viel dringender für Neuentwicklungen benötigt. Statt dessen pendelte er nun zwischen seinen verschiedenen Engagements hin und her, und seine Arbeitskapazität wurde immer mehr von Aufgaben in Anspruch genommen, für die eigentlich andere Leute zuständig waren und welche die Gruppenmitglieder bis vor etwa drei Jahren ganz alleine bewältigt hatten.

Vorgehensweise: Die einzelnen Projektschritte sind nachfolgend aufgelistet. Bei jedem einzelnen Schritt sind die jeweiligen Aktivitäten kurz und stichwortartig skizziert.

1. Die Personalabteilung bittet den Berater zu einem Vorgespräch, nachdem der Abteilungsleiter dort um Vermittlung einer organisationspsychologischen Beratung gebeten hat. Der Berater erhält erste Informationen, ausdrücklich unter dem Vorbehalt, daß diese Vorinformation aus der Sicht einer Stabsabteilung stark verzerrt sein könne.

2. Gemeinsame Vorbesprechung mit dem Abteilungsleiter, dem Bereichsleiter und dem Leiter der Personalabteilung zur weiteren Eingrenzung des Problems. Schilderung des OE-Konzeptes sowie des eigenen Rollenverständnisses durch den Berater.

3. Vorbesprechung mit dem Betriebsratsvorsitzenden (wie sieht der Betriebsrat die Problemlage? Welche Probleme sieht er insgesamt? Welche Empfehlungen möchte er geben? Eventuelle Lösungsansätze?)

4. Ausarbeitung eines für die Abteilung nicht rufschädigenden und firmenpolitisch akzeptablen (und damit für die Firmenleitung genehmigungsfähigen) Vorgehensplanes mit Begründung des Projektes, grober Zielbeschreibung und Kostenkalkulation.

5. Zustimmung der Firmenleitung zu dem Projekt sowie verbindliche Vereinbarungen über die Modalitäten der Durchführung (u. a.: Die Ergebnisse von Befragungen werden zunächst den Befragten selbst zur kritischen Prüfung vorgelegt, dann erst dem Vorgesetzten; Papiere, Berichte o. ä. werden zur Information oder weiteren Verwendung an die Personalabteilung bzw. an den Betriebsrat nur dann weitergegeben, wenn sie von den Beteiligten dafür freigegeben worden sind; Abteilungsinterna sollen *nicht* verbreitet werden, sondern lediglich Informationen von übergeordneter Bedeutung; die Betroffenen entscheiden darüber, ob und welche Maßnahmen unternommen werden sollen, die über die geplanten Interviews und deren Auswertung hinausgehen wie etwa Seminarveranstaltungen oder Workshops; die zuletzt genannten Maßnahmen können von der Gruppe nicht unbegrenzt in Anspruch genommen werden, sondern orientieren sich an einem bestimmten vereinbarten Kostenrahmen usw.)

6. Dokumentenanalyse zur Einarbeitung: Organigramm, Stellenbeschreibungen, Urlaubsplan (wer ist wann erreichbar?), Tabellen und Graphiken über die Entwicklung der Leistungen in den letzten Jahren und Monaten, typische Aufgabenstellungen, verfügbare Hilfs- bzw. Arbeitsmittel (Hardware, Software, Kataloge, Tabellen etc.) usw.

7. Interview mit dem Vorgesetzten, u. a. über ...
   — die zur Verfügung gestellten Unterlagen
   — ein besonders enttäuschendes Erlebnis mit den Mitarbeitern
   — ein besonders erfreuliches Erlebnis mit den Mitarbeitern
   — Zeichen (Verhalten bzw. Ergebnisse von Verhalten), an denen sich die Problematik der Abteilung aufzeigen läßt und die als Indikator für den Grad der Spannungen geeignet sind
   — Zeichen, an denen eine Verbesserung der Situation frühzeitig erkennbar werden könnte usw.

8. Entwicklung eines Interviewleitfadens und eines ‚maßgeschneiderten' Kurzfragebogens (a) für die gesamte Abteilung (b) detailliert für die kritische Gruppe.

9. Vorinformation der Mitarbeiter über das beginnende Projekt (mündliche Präsentation mit Diskussion nach schriftlicher Vorankündigung).

10. Befragung der Mitarbeiter, beginnend in der Umgebung der kritischen Gruppe.

11. Zwischeninformation (Problemanalyse) für die befragten Mitarbeiter zur Gegenkontrolle vor Abfassung eines offiziellen Berichtes.

12. Diskussion mit Einzelnen und Gruppengespräche über die richtige Situationsdiagnose, Wünsche, Lösungskriterien, Lösungsmöglichkeiten, Barrieren etc.

13. Diskussion der zur Weitergabe genehmigten Daten mit dem direkten Vorgesetzten vor der Abfassung des offiziellen Berichtes.

14. Individualtraining für den Vorgesetzten in Gesprächsführung und Feedback-Techniken (speziell: Annehmen von Feedback).

15. Gemeinsame Gespräche mit der kritischen Gruppe zusammen mit ihrem Vorgesetzten (dabei z. T. sehr hartes Feedback durch die Gruppe an den Vorgesetzten), um mögliche Veränderungen abzusprechen bzw. Verhaltensvereinbarungen auszuhandeln.

16. Abstimmung eines (Zwischen-)Berichtes über das Ergebnis der Problemdiagnose und erste Maßnahmen (a) für die Gesamtabteilung und (b) vertraulich und nur für die kritische Gruppe (enthielt auch alle konkreten Vereinbarungen über kurz- und mittelfristige Maßnahmen).

17. Mehrfache telefonische Kontrolle bzgl. der Realisierung der getroffenen Abmachungen.

18. Durchführung einer Klausurtagung mit der kritischen Gruppe zusammen mit dem Vorgesetzten und dem Bereichsleiter. Themen u. a.:
    — die gegenwärtige Situation in der Gruppe
    — positive und negative Erfahrungen in den letzten Wochen
    — Analyse der aktuellen Interessenlage der Beteiligten
    — Akzentuierung der wichtigsten Positionen
    — Ausarbeitung weiterer Verhaltensvereinbarungen
    — Trainingsteil (bes. Kommunikation und Konfliktregelung)
19. Erstellung **schriftlicher Kontrakte** (mit Unterschriften aller Beteiligten) über die getroffenen Vereinbarungen noch in der Klausurtagung.
20. Telefonische Fortschrittskontrolle.
21. Abschlußmeldung: ‚Geschafft!'

Die Abwicklung des Projektes von der ersten Vorbesprechung bis zur ‚Geschafft'-Meldung dauerte von Ende Januar bis Mitte Juli, d. h. etwa ein halbes Jahr. Der Zeitaufwand für den OE-Berater betrug elf Arbeitstage, die sich verteilten auf zwei Tage Vorbereitungsarbeiten zu Hause, vier Tage für Besprechungen und Datenerhebung (Interviews, Dokumentenanalyse etc.) und fünf Tage für Gruppenkonferenzen, Workshops und Training. Nach Aussagen der Personalabteilung werden seitdem aus der betreffenden Gruppe keine Probleme bzgl. Zusammenarbeit oder Leistungsabfall mehr signalisiert (weder vom Vorgesetzten, noch von den Mitarbeitern).

Die Zusammenarbeit untereinander sowie mit dem Vorgesetzten und dem externen Experten hat sich deutlich verbessert, nachdem zum Beispiel diese beiden besser gelernt hatten, ihr Expertenwissen an die Mitarbeiter weiterzugeben. Der Vorgesetzte erhält heute sofort Feedback, wenn er wieder ins alte Verhaltensmuster zurückzufallen droht. Die Mitarbeiter erhalten jetzt ebenfalls (auch positive) Rückmeldung bezüglich ihrer Leistung, die spürbar angestiegen ist, so daß der externe Mitarbeiter nur noch in Notfällen, etwa bei unvorhersehbaren Arbeitsstaus, angefordert wird. Eine weitere Entlastung der Situation verspricht man sich von einer demnächst zu erwartenden Erweiterung der EDV-Rechenmöglichkeiten. Dies bedeutet, die nächste Veränderung steht bereits vor der Tür — allerdings erwartet von einem stabileren Team.

Literaturhinweise

BECKHARD, R.: Organization development: Strategies and models, Reading/Mass. 1969

BEER, M. / HUSE, E. F.: Ein Systemansatz zur Organisationsentwicklung. In: SIEVERS, B. (Hrg.): Organisationsentwicklung als Problem, Stuttgart 1977, S. 68—91

BOJE, D. M. / FEDOR, D. B. / ROWLAND, K. M.: Myth making: A qualitative step in OD-interventions. In: Journal of Applied Behavioral Science, 18/1982, S. 17—28

CARRIGAN, St. B.: Organization development in a pharmaceutical setting. In: PARTIN, J. J. (Hrg.): Current perspectives in organization development, Reading/Mass. 1973

COMELLI, G.: Training als Beitrag zur Organisationsentwicklung. Vortrag auf dem Symposium „Weiterbildung in Wirtschaft und Verwaltung", Köln, November 1981. Auch in: DECKER, F.: Weiterbildung im Wandel, RKW-Bericht 20, Köln 1982, S. 47

COMELLI, G.: Veränderung als ständige Herausforderung. In: *Berufsbildungswerk der Versicherungswirtschaft* (Hrg.): Bildung in einer sich ändernden Arbeitswelt, Karlsruhe 1983, S. 13—39 und S. 83

DYER, W. G.: Team building: Issues and alternatives, Reading/Mass. 1977

DYER, W. G.: Ein Organisationskonzept. Trainingsunterlage (Übersetzung, Travemünde 1978

FORDYCE, J. K. / WEIL, R.: Managing with people, Reading/Mass. 1971

FRENCH, W. L. / BELL, C. H. jr.: Organisationsentwicklung, Bern 1977

GEBERT, D.: Organisationsentwicklung, Stuttgart 1974

GLASL, F.: Situatives Anpassen der Strategie. In: GLASL, F. / DE LA HOUSSAYE, L.: Organisationsentwicklung, Bern 1975, S. 145—158

GLASL, F. / DE LA HOUSSAYE, L.: Organisationsentwicklung, Bern 1975

GOERKE, W.: Organisationsentwicklung als ganzheitliche Innovationsstrategie, Bern 1981

GOTTSCHALL, D.: Kein Pardon für einsame Entschlüsse. In: Manager Magazin 1/1973, S. 50—55

GROCHLA, E. / FÖRSTER, G.: Organisationsplanung und Organisationsentwicklung — Theorie und Praxis. Bericht Nr. 182 der Arbeitsgemeinschaft für Rationalisierung des Landes Nordrhein-Westfalen, 1977

HANDY, C. B.: Zur Entwicklung der Organisationskultur einer Unternehmung durch Management-Development-Methoden. In: Zeitschrift für Organisation, 7/1978, S. 404—410

KAHN, R. L.: Organisationsentwicklung: Einige Probleme und Vorschläge. In: SIEVERS, B. (Hrg.) Organisationsentwicklung als Problem, Stuttgart 1977, S. 281—301

KATZ, C. / KAHN, R.: The Social Psychology of Organizations, New York 1966

KLEIN, L.: Was die Sozialwissenschaften bieten und welche Probleme sich bei der Anwendung ergeben. In: TREBESCH, K. (Hrg.): Organisationsentwicklung in Europa, Bd. 1B: Fälle, Bern 1980b, S. 165—186

KNABE, G.: Überwindung von verhärteten Fronten und Leistungsabfall in einem Ingenieurteam. Vortrag auf einer Tagung des Arbeitskreises ‚Organisationspsychologie' der Sektion Arbeits- und Betriebspsychologie im Berufsverband Deutscher Psychologen (bdp), Mainz, September 1981

KNABE, G. / COMELLI, G.: Psychologische Unterstützung bei der Neuordnung des internationalen Service-Netzes eines multinationalen Konzerns. In: NEUBAUER, R. / ROSENSTIEL, L. VON: Handbuch der Angewandten Psychologie, Bd.1, Arbeit und Organisation, München 1980, S. 920—946

LAUTERBURG, Ch.: Organisationsentwicklung — Strategie der Evolution. In: Management-Zeitschrift io, 49, Nr. 1/1980, S. 1—4
Ebenfalls in: KOCH, U. / MEUERS, H. / SCHUCK, M.: Organisationsentwicklung in Theorie und Praxis, Frankfurt 1980

LIPPITT, R. / LIPPITT, G.: Der Beratungsprozeß in der Praxis. Untersuchung zur Dynamik der Arbeitsbeziehung zwischen Klient und Berater. In: SIEVERS, B. (Hrg.): Organisationsentwicklung als Problem, Stuttgart 1977, S. 93—115

MATENAAR, D.: Vorwelt und Organisationskultur — vernachlässigte Faktoren in der Organisationstheorie. In: Zeitschrift Führung + Organisation zfo, 1/1983, S. 19—27

PARTIN, J. J. (Hrg.): Current perspectives in organization development, Reading/Mass. 1973

PORTER, L. W. / LAWLER, E. E. III / HACKMAN, J. R.: Behavior in organizations, New York 1975

REHN, G.: Modelle der Organisationsentwicklung, Bern 1979

ROSENSTIEL, L. von: Grundlagen der Organisationspsychologie, Stuttgart 1980

RUSH, H. M. F.: Organization development: A reconnaissance. The Conference Board Inc., Report No. 605, New York 1973

SIEVERS, B. (Hrg.): Organisationsentwicklung als Problem, Stuttgart 1977

TREBESCH, K.: 50 Definitionen der Organisationsentwicklung — und kein Ende. In: Organisationsentwicklung 2/1982, S. 37—62

ULRICH, P. / FLURI, E.: Management, Bern 1975

VARNEY, G. H.: Organization development for managers, Reading/Mass. 1977

WUNDERER, R. / GRUNWALD, W.: Führungslehre, Bd. 2: Kooperative Führung, New York 1980

Kapitel 4.

Die ‚Philosophie' der Organisationsentwicklung

Wenn Organisationsentwicklung nicht jede Art von Veränderungen von oder in Organisationen meint, sondern unter diesem Begriff eine besondere Art des Konzeptes und des Vorgehens verstanden wird, dann muß sie sich kennzeichnen lassen durch bestimmte Grundannahmen und Grundüberzeugungen. Diese Grundannahmen sollen als ‚Philosophie' der Organisationsentwicklung bezeichnet werden. Vor allem die folgenden sechs Positionen sind für die Vorgehensweise nach der OE-Methode typisch und wichtig. Sie sollten bei Organisationsentwicklung möglichst weitgehend verwirklicht werden:

(1) **Anwendung sozialwissenschaftlicher Erkenntnisse bei Planung, Durchführung und Bewertung von Veränderungsprozessen,**
(2) **Bindung an ein bestimmtes, der Humanistischen Psychologie entliehenes Menschenbild,**
(3) **eine möglichst transparente und weitgehende Beteiligung der Betroffenen,**
(4) **Betonung des Erfahrungslernens,**
(5) **Betonung des Prozesses** (d. h. das WIE ist mindestens so wichtig wie das WAS),
(6) **Betonung des Systemdenkens** (d. h. Denken in Netzen).

Diese sechs Grundpositionen kennzeichnen die Haltung eines Organisationsentwicklers. Sie sind jeweils verknüpft mit bestimmten Denkmodellen, die sich sowohl in der Argumentation für OE als auch bei der unmittelbaren Anwendung in einem OE-Prozeß bewährt haben. Die enge Verzahnung zwischen einem modernen problemorientierten Training und Organisationsentwicklung als pädagogischem Prozeß wird an vielen Stellen deutlich.

Gliederung

4.1	**Anwendung sozialwissenschaftlicher Erkenntnisse**	145
4.2	**Bindung an ein bestimmtes Menschenbild**	149
4.3	**Die Betroffenen zu Beteiligten machen**	
4.3.1	Ein Delegationsmodell	150
4.3.2	Wer ist Betroffener?	153
4.4	**Betonung des Erfahrungslernens**	
4.4.1	Verhältnisse schaffen Verhalten	155
4.4.2	Einige Bemerkungen zum sogenannten Verhaltenstraining	160
4.4.3	Verhaltenstraining als Problemlösebeitrag	165
4.4.4	Ein Verhaltensmodell	167
4.4.5	Die drei ‚Straßen' des Lernens	170
4.4.6	Das Transferproblem	175
4.5	**Betonung des Prozesses**	179
4.6	**Betonung des Systemdenkens**	182
4.7	**Anhang**	
	Anhang 1: Fallbeispiel ‚Von Theorie X zu Theorie Y'	184
	Anhang 2: Fallbeispiel ‚Entwicklung von Führungsleitlinien' . . .	185
	Literaturhinweise	190

4.1 Anwendung sozialwissenschaftlicher Erkenntnisse

Sozialwissenschaftliches Denken und die bewußte **Anwendung sozialwissenschaftlicher Erkenntnisse bei Planung, Durchführung und Bewertung von Veränderungsprozessen** stellen wohl einen entscheidenden Unterschied zur klassischen Umorganisation und auch zur sogenannten Organisationsplanung dar. So bemerkt zum Beispiel GROCHLA (1977, S. 9) und ähnlich auch BLEICHER (1976, S. 107), daß für den **Betriebswirt** ein **instrumentaler Organisationsbegriff** im Vordergrund stehe, d. h. der Organisation komme im Betrieb eine instrumentale Funktion für die Sicherung der Aufgabenerfüllung zu (GROCHLA 1977, S. 6):

> „... die Organisation ist also ein Instrument in der Hand der Betriebsführung zur Erreichung betrieblicher Ziele. Aus dieser Sicht ist die Organisation ein System von intendiert dauerhaften Verhaltens- und Funktionsregeln, die zu einem System von Aktionseinheiten (der Struktur) führen. Organisations**planung** bedeutet demzufolge die gedankliche Vorwegnahme, die rationale Konzipierung solcher Regelsysteme."

Wie die Abb. 28 zeigt, weist GROCHLA deutlich darauf hin, daß im Gegensatz dazu innerhalb der Organisationsentwicklung der Begriff ‚Organisation' nicht instrumentell, sondern im **institutionalen** Sinne verwendet wird.

Organisationsplanung	*Organisationsentwicklung*
Instrumentaler Organisationsbegriff	institutionaler Organisationsbegriff
auf die **Organisationsstruktur** von Betrieben und Betriebsteilen bezogen	auf das **Individuum** (Organisationsmitglied) bezogen
primär **betriebswirtschaftlicher** Ansatz	**verhaltenstheoretischer** (organisationspsychologischer, -soziologischer) Ansatz
Gedankliche Vorwegnahme und rationale Konzipierung von betrieblichen Verhaltens- und Funktionsregelungen, die für einen längeren Zeitraum gültig sein sollen.	Wissens-, Einstellungs- und Verhaltensbeeinflussung bei einer möglichst großen Anzahl von Organisationsmitgliedern beziehungsweise bei Schlüsselpersonen

Abb. 28: Gegenüberstellung von Organisationsplanung und Organisationsentwicklung (entnommen aus: E. GROCHLA, 1977, S. 9)

Eine Unternehmung wird also in ihrer Gesamtheit als Organisation verstanden, sie *ist* eine Organisation. Außerdem steht nicht primär betriebswirtschaftliches, sondern organisationspsychologisches und -soziologisches Denken im Vordergrund. Wenn GROCHLA (1977, S. 7) jedoch meint, der Begriff OE umfasse nur „Veränderungen auf der Ebene des Individuums und seines sozialen Beziehungsfeldes in Betrieben", zieht er den Rahmen etwas zu knapp und fußt auf zu engen Quellen.

Jede Umorganisation tangiert nicht nur betriebswirtschaftliche Dimensionen, sondern geht auch die betroffenen Menschen an und wirkt auf sie ein. Insofern ist es dann eigentlich konsequent, sich bei Umorganisationen der Erkenntnisse der für diesen Bereich ‚zuständigen' Fachdisziplinen zu bedienen. Dies sind die Sozialwissenschaften. Es erstaunt allerdings in der Praxis sehr oft, mit welcher Unaufgeschlossenheit manche Organisationen bzw. Organisatoren fundierten Erkenntnissen der Verhaltensforschung gegenüberstehen. Dies kann mehrere Ursachen haben, die nicht selten zusammenwirken. Auf der Seite der Organisatoren sind dies enges betriebswirtschaftliches und an der Fiktion eines funktionalen Menschen ausgerichtetes Denken sowie möglicherweise noch die Befürchtung, das eigene Gebiet gegen ‚Eindringlinge' aus fremden Fachgebieten verteidigen zu müssen. Auf der Seite der Sozialwissenschaftler liegt die Ursache zuweilen in regelrechter Kommunikationsunfähigkeit. Sie vermögen es nicht, die eigenen Erkenntnisse dem Praktiker überzeugend und verständlich zu vermitteln.

Dabei ist das Erkenntnis- und Methodenangebot der Sozialwissenschaften für die betriebliche Praxis überaus reichlich. Dies beginnt bereits bei der Diagnose von Problemen, also gleich beim ersten konkreten Schritt zur Organisationsentwicklung. So liefern beispielsweise die Sozialwissenschaften das gesamte Methodenarsenal zur Beobachtung bzw. Erfassung von Einstellungen und Verhalten einschließlich aussagefähiger statistischer Verfahren zu ihrer Auswertung.[1] Über die methodischen Grundlagen hinaus liefern Psychologie und Soziologie eine Vielzahl von Hinweisen, Anregungen, Empfehlungen und Erkenntnissen, so etwa zu Problemkreisen wie Teamarbeit, Gruppeneffektivität, Lernen in Aus-, Fort- und Weiterbildung, Kommunikation und Information, Führung, Steuerung und Kontrolle, Teamaufbau und -entwicklung, Mitarbeiter- und oder auch Vorgesetztenbeurteilung, Motivation, Arbeitsgestaltung, Personalentwicklung und Personalauswahl[2]), Einführung von Neuerungen, Qualitätssicherung und Qualitätsverbesserung, Kooperation in oder zwischen Gruppen, Lösung von Konflikten usw.

---

1) Psychologie und Soziologie geben wichtige Hinweise und Empfehlungen, wie man ein valides Befragungsinstrument konstruiert und wie man Nebenwirkungen, Beeinflussungen, Irritationen oder sogar Unruhe bei der Befragung vermeidet. Für viele Anwendungsfälle liefern sie auch gleich komplette Fragebögen, so etwa für betriebliche Meinungsumfragen, für Betriebsklimaanalysen, zur Erfassung von Bildungsbedarf oder für sonstige Datensammlungen (siehe auch LEITER et al., 1982, S. 83 ff., in Band 2 dieser Handbuchreihe).
2) Siehe dazu auch das Standardwerk über Assessment-Center von JESERICH (1981), Band 1 dieser Handbuchreihe.

In Diskussionen mit Praktikern als den Anwendern solcher Erkenntnisse, taucht immer wieder die Frage auf, ob denn beispielsweise die Psychologie eigentlich schon ‚soweit wäre', daß man sich auf ihre Forschungsergebnisse wirklich verlassen könne. Wenn der Praktiker darunter endgültige Erkenntnisse versteht, wird man ihn darauf hinweisen müssen, daß die Psychologie wie jede Wissenschaft den Anspruch an sich selbst besitzt, sich in der Zukunft fortzuentwickeln und ihren Erkenntnisstand zu optimieren. Daraus entsteht jedoch kein Argument für die Nicht-Anwendung der zur Zeit vorliegenden wissenschaftlich fundierten Erkenntnisse. Ebensowenig wie man bei der medizinischen Behandlung auf ein vorhandenes Medikament oder eine Therapie mit dem Hinweis verzichten wird, in wenigen Jahren würde es sicherlich bessere Medikamente oder therapeutische Ansätze geben. Allerdings wird es für den Praktiker in Zukunft immer wichtiger werden, zwischen wirklich wissenschaftlich fundierten Konzepten zu unterscheiden und solchen, die nur im Gewand der Wissenschaftlichkeit daherkommen, um auf diese Weise ihre Vermarktbarkeit zu verbessern.[3])

Hinter der Skepsis von Praktikern gegenüber der Wissenschaft kann sich aber auch der Wunsch nach Patentrezepten verbergen, die gleichsam wie psychologische Wunderdrogen und am liebsten über Nacht Probleme lösen sollen, die über Monate, wenn nicht Jahre, entstanden sind und deren Ursachen vielleicht noch nicht einmal erkannt sind. Wenn sich Wissenschaftler jedoch mit Rezepten für Problemlösungen eher stark zurückhalten, so dient dies auf keinen Fall der Sicherung ihrer Monopolstellung als Experten. Vielmehr ist der Komplexität der betrieblichen Realität mit Tips, Tricks und Rezepten nicht beizukommen. Dabei soll gar nicht ausgeschlossen werden, daß vielleicht irgendein Rezept in einer bestimmten Situation, bei einer bestimmten Konstellation der Beteiligten, bei einer ganz speziellen Vorgeschichte des Problems usw. sich sogar bewährt. Die Gefahr besteht jedoch darin, daß die gleiche Empfehlung einen Tag später, in ähnlicher Situation, vielleicht sogar im gleichen Unternehmen, aber mit einer anderen Gruppe und einer anderen Beziehung zwischen Vorgesetztem und Mitarbeiter erfolglos und sogar gefährlich falsch sein kann.

Statt nach Rezepten zu hungern, ist es wichtiger, daß der Praktiker lernt, in Verhaltenskategorien, d. h. psychologisch, zu denken.[4]). Er muß den Unterschied zwischen Logik und ‚Psycho-Logik' erfahren. Zu diesem Zweck benötigt er praktikable Denkmodelle und Prinzipien, die er in seiner Praxis an-

---

3) In erster Linie ist hier Methodenwissen notwendig, denn jede Wissenschaft ist gekennzeichnet durch ihre Methoden. Damit der Praktiker Ergebnisse nicht nur glauben muß und auch nicht immer auf einen Fachberater angewiesen ist, muß er lernen, angeblich wissenschaftliche Tatbestände zu hinterfragen, z. B.: Mit welchem Untersuchungsverfahren wurde das Ergebnis erzielt? Wie waren die Begriffe definiert? Wie groß war die Stichprobe? War sie repräsentativ? Mit welchen Fragen wurde operiert? Welche statistischen Verfahren wurden bei der Auswertung angewendet? usw.
4) Ähnlich wie er auch lernt, juristisch, betriebswirtschaftlich oder politisch zu denken.

wenden kann, sowie Transfer-Hilfe, um ihre Anwendungs- und Einsatzmöglichkeiten im Betriebsalltag zu entdecken. Solche Prinzipien und Denkmodelle müssen plausibel sein und natürlich vereinfachen, damit sie für den interessierten Praktiker und Nicht-Psychologen verständlich und handhabbar bleiben. Andererseits aber müssen Sie trotz einer gewissen Vereinfachung auf einer seriösen wissenschaftlichen Erkenntnisbasis fußen.

Im folgenden Kapitel werden einige solcher Modelle und Visualisierungen aus dem Bereich sozialpsychologischen Basiswissens mit den dazugehörenden Erläuterungen und mit Hinweisen auf ihre Anwendbarkeit im OE-Prozeß vorgestellt.

4.2 Bindung an ein bestimmtes Menschenbild

Ein zweites für Organisationsentwicklung typisches Merkmal ist, daß man sich bei der Gestaltung von OE-Prozessen einem **bestimmten, der Humanistischen Psychologie entliehenen Menschenbild** verpflichtet fühlt.

Das jeweilige Bild vom Mitarbeiter, welches die Führungspersonen einer Organisation, d. h. die Inhaber von Macht- und Entscheidungspositionen, in sich tragen, bestimmt nicht nur deren eigenes Verhalten gegenüber Mitarbeitern, sondern überhaupt die Art und Weise, wie in dieser Organisation mit Menschen umgegangen wird und welche Strukturen geschaffen werden.[5] Im Bereich der sogenannten Humanistischen Psychologie haben verschiedene Autoren wie zum Beispiel MASLOW (1973) oder McGREGOR (1966, 1967, 1971) ein Menschenbild entworfen, welches das bis dahin nicht nur in der Arbeitswelt geltende Menschenbild des ‚funktionalen Menschen' oder ‚rational man' überwunden hat. Man geht von dem Bild eines Menschen aus, der sich von Natur aus verwirklichen und entfalten möchte, der danach strebt, seinen Neigungen und Interessen nachzukommen, der im wahrsten Sinne des Wortes ‚wert-voll' ist (d. h. Werte in sich trägt), der nach Sinn auch in der Arbeit sucht, der zu Engagement und Initiative fähig ist, der nach Verantwortung strebt und dem auch Arbeit Spaß machen kann. Auf diese Weise etwa beschreibt McGREGOR (1971, S. 47—71) in seiner bekannten X-Y-Theorie jenes Menschenbild, das für den sogenannten Y-Manager typisch ist[6], während der X-Manager im Gegensatz dazu ein ausgesprochen negatives Bild vom Mitarbeiter hat.

Wenn sich nun eine ganze Organisation und/oder ein Organisationsentwickler diesem Bild eines Mitarbeiters mit einem legitimen Grundbedürfnis nach Selbstentfaltung und Selbstverwirklichung verpflichtet fühlen, hat dies Auswirkungen auf die Normen und Werte ebenso wie auf die Strukturen der Organisation. Letztere müssen nämlich eine solche Entfaltung möglich machen. Ein von OLDENDORFF (1970, S. 189—191) berichtetes Beispiel über die langsame Übernahme eines humanistischen Menschenbildes in einer Organisation, d. h. Austausch der Theorie X gegen die Theorie Y, findet sich im Anhang 1 zu diesem Kapitel.

---

5) Hier sei verwiesen auf den klassischen Aufsatz von SCHEIN (1974 bzw. 1965): „Das Bild des Menschen aus der Sicht des Management".
6) Die in diesem Bild konkretisierte Vorstellung schließt übrigens nicht aus, daß es auch Y-Mitarbeiter gibt, die eine negative Einstellung zur Arbeit oder sogar zum ganzen Leben haben. Die Ursache dafür ist allerdings nicht darin zu suchen, daß diese Menschen von Natur aus so angelegt sind, sondern in ihrer bisherigen Biographie und in den von ihnen bisher gemachten negativen Erfahrungen in und mit der Arbeit bzw. während ihres Ausbildungs- und Erziehungsprozesses.

4.3 Die Betroffenen zu Beteiligten machen

Ausgehend von dem vorstehend beschriebenen Menschenbild wird es nicht verwundern, daß Mitarbeiter der beschriebenen Art nicht länger ‚Opfer' oder im engsten Sinne des Wortes ‚Betroffene' von Veränderungen sein sollten. Das OE-Konzept geht denn auch davon aus, daß Mitarbeiter den legitimen Wunsch haben, die sie betreffenden Veränderungsprozesse mitzugestalten und Anregungen oder auch Bedenken einzubringen. Zudem entwickelt sich ein Bewußtsein dafür, daß Mitarbeiter mit ihren Situationskenntnissen ‚vor Ort' neben Beratern oder Spezialisten aus den Stabsabteilungen ebenfalls eine wichtige Art von Expertentum besitzen. Daraus leitet sich bei OE die Forderung nach einer **möglichst transparenten und weitgehenden Beteiligung der Betroffenen** ab. Die Berücksichtigung dieses hauseigenen Expertenwissens von Betroffenen lohnt sich in zweifacher Hinsicht: Zum einen kann man aufgrund der Partizipation erwarten, daß sich Durchsetzungswiderstände gegenüber Veränderungen verringern. Zum anderen besteht die Chance, die Veränderungsidee aufgrund von zusätzlichen Anregungen und Hinweisen zu optimieren. In der Organisationsentwicklung hat sich für diese Vorgehensweise der Slogan ‚Die Betroffenen zu Beteiligten machen' eingebürgert.[7])

Wenn oben von einer **möglichst weitgehenden Beteiligung** gesprochen wird, dann ist damit eine **umfassende Beteiligung** gemeint, die sich über den **gesamten Veränderungsprozeß** und nicht nur über einzelne Phasen davon erstreckt. Im Idealfall beginnt diese Betroffenen-Beteiligung schon mit dem ersten Schritt eines OE-Prozesses, der Diagnose, und reicht über die Analyse und Prüfung von Lösungsalternativen, über die Entwicklung von Maßnahmen und deren Planung bis hin zur Durchführung der beschlossenen Maßnahmen und der abschließenden Evaluierung (Erfolgskontrolle). Damit werden die Beteiligten wirklich zu den Trägern der Veränderungsmaßnahme. Es ist aber auch darauf hinzuweisen, daß es Rand- oder Rahmenbedingungen gibt, die einer so weit gehenden Beteiligung im Wege stehen. So können situative Faktoren wie etwa der Problemdruck oder die zur Verfügung stehende Zeit der Partizipationsmöglichkeiten für die Betroffenen einschränken. Oder aber die Betroffenen sind nicht bereit oder nicht fähig, ein Kooperationsangebot wahrzunehmen. Die Ursache dafür mag in ihren bisherigen Erfahrungen zu suchen sein oder auch im Organisationsklima.

4.3.1. Ein Delegationsmodell

McGREGOR hat mit seinem in Abb. 29 dargestellten **Delegationskontinuum** ein instruktives Modell dafür geliefert, daß Partizipation nicht nach dem Al-

---

[7]) Siehe auch den entsprechenden Artikel von GOTTSCHALL (1978).

les-oder-Nichts-Prinzip erfolgen muß, sondern daß es unterschiedliche Abstufungen von Kooperation gibt. McGregor entwickelte sein Modell eigentlich zur Erläuterung der sogenannten Situationstheorie der Führung. Das Modell eignet sich aber ebenso als allgemeines Beispiel dafür, daß es auch auf der Ebene einer ganzen Organisation verschiedene Beteiligungsstufen für die Betroffenen gibt.

Sechs Stufen der Partizipation, demonstriert am Beispiel einer Besprechung	
Der Vorgesetzte* hat vorab **allein** entschieden ...	Der Mitarbeiter** wird zur Besprechung eingeladen ...
1. **gar** nichts	1. **ob** etwas geschieht
2. **daß** etwas geschieht	2. **was** geschieht
3. **was** geschieht	3. **wann, wie, wo, durch wen** usw. etwas geschieht
4. **wann, wie, wo, durch wen** usw. etwas geschieht	4. der Mitarbeiter erfährt die Gründe, **warum** etwas geschieht, kann nachfragen und dazu Stellung nehmen (d. h. Zweiweg-Kommunikation)
5. alles	5. der Mitarbeiter hört nur zu, d. h. er erfährt, was entschieden worden ist, kann selbst aber keinen Einfluß mehr nehmen (= Einweg-Kommunikation)
6. alles	6. der Mitarbeiter erfährt nichts von der Entscheidung, jedenfalls nicht rechtzeitig bzw. auf dem formellen Weg.
* (auf der Ebene der Organisation: der Initiator)	** (auf der Ebene der Organisation: die Betroffenen werden ...)

Abb. 29: Das Delegationskontinuum nach D. MCGREGOR (entnommen aus: G. COMELLI, 1979, S. 27)

Am Beispiel einer Besprechung zwischen einem Vorgesetzten und seinen Mitarbeitern zeigt McGregor, daß es immerhin sechs Stufen unterschiedlich intensiver Kooperation gibt. Er stellt gegenüber auf der einen Seite einen Vorgesetzten, der Entscheidungen unterschiedlicher Reichweite allein (d. h. ohne Einbeziehung seiner Mitarbeiter) getroffen hat, und auf der anderen Seite die Mitarbeiter, die zu einer Besprechung eingeladen sind. Die Grundidee ist klar: Je mehr der Vorgesetzte alleine für sich entschieden hat, desto weniger Raum bleibt für Partizipation. Auf diese Weise läßt sich an einem einfachen Beispiel demonstrieren, daß es zwischen extrem kooperativem Verhalten (Stufe 1) und extrem autoritärem Verhalten (Stufe 6) immerhin noch vier weitere Partizipationsstufen gibt. McGregor erläutert, daß es von verschiedenen Faktoren abhängen kann, welche Kooperationsstufe man wählt. So führt zum Beispiel Zeitdruck bzw. Zeitmangel in Richtung Stufe 6, weil Kooperation häufig mit beträchtlich höherem Zeitaufwand verbunden ist.[8]) Allerdings sollte selbst in Notsituationen die Stufe 4 grundsätzlich *nicht* ‚unterschritten' werden. McGREGOR begründet dies mit einem sehr praxisnahen Argument: Wie will jemand improvisieren, so fragt er, der die Zusammenhänge nicht kennt? Und gerade in Not- und Drucksituationen kann Improvisation sehr notwendig sein.

McGREGOR weist außerdem darauf hin, daß mit großer Wahrscheinlichkeit die Durchsetzungswiderstände bei den Mitarbeitern, die eine Entscheidung realisieren sollen, um so größer werden, je später sie eingeschaltet bzw. hinzugezogen werden. Von daher lohnt es sich also, möglichst rechtzeitig zu kooperieren. Auch kann man allgemein davon ausgehen, daß bei einer klaren Mehrheit der heutigen Mitarbeiter die Zufriedenheit steigt, je früher bzw. umfänglicher sie bei den sie betreffenden Veränderungsprozessen beteiligt werden. Dies bedeutet allerdings nicht, daß grundsätzlich die höchste Mitarbeiterzufriedenheit auf der Stufe 1 entsteht, sondern dies ist abhängig von der *Situation,* sowie von der Kooperations*fähigkeit* und von der Kooperations*bereitschaft* der Mitarbeiter. Schließlich wächst bei den Mitarbeitern mit steigendem Grad der Realisierung der Wunsch nach weiterer Partizipation.

In Trainings- bzw. Workshopsituationen kann man das beschriebene Modell sehr erfolgreich als **diagnostisches Instrument** einsetzen. Die sechs Stufen des Kontinuums eignen sich sehr gut zu einer sogenannten Standortbestimmung, etwa bei der Analyse von Kooperationsproblemen oder von Durchsetzungswiderständen. Diagnostische Fragen können dabei z. B. sein:

— Auf welcher Stufe geht man Ihrer Meinung nach mit Ihnen um?
— Auf welcher Stufe befinden wir uns in der momentanen Situation?
— Welche Kooperationsstufe ist typisch für Ihren Vorgesetzten, die Gruppe, das Unternehmen etc.?

Das Delegationskontinuum läßt sich sowohl auf die Zusammenarbeit von Einzelpersonen — etwa zwischen Vorgesetztem und Mitarbeiter — anwenden als auch auf die Kooperation zwischen Gruppen bzw. noch größeren Einheiten, d. h. ganzen Organisationen. Für diesen Fall sind die Ausgangspunkte des Delegationskontinuums nicht der Vorgesetzte, der vorab alleine irgend etwas entschieden hat, und ein Mitarbeiter, der zur Besprechung eingeladen wird, sondern analog ein **Initiator** auf der einen Seite und die **Betroffenen,** mit denen er auch zusammenarbeiten muß, auf der anderen Seite. Die sechs Stufen bleiben unverändert.

---

[8]) In der Umkehrung ergibt sich daraus aber auch der ‚Trick' mancher Vorgesetzter, Kooperation dadurch zu verhindern, daß alle Planungen und Veränderungen stets zu kurzfristig angesetzt bzw. so betrieben werden, daß für echte Partizipation einfach keine Zeit mehr bleibt.

Die nachfolgende Fallbeschreibung berichtet über ein OE-Projekt in einem Unternehmen der Textilbranche, bei dem das McGregor-Modell die Leitlinie für ein Programm zur Mitarbeiterentwicklung lieferte: Der Schwerpunkt der Maßnahmen lag innerhalb dieses Projektes auf Trainings für die Vorgesetzten, in denen diesen neben Arbeitstechniken vermittelt werden sollte, wie man die Beteiligung von Mitarbeitern bei Meinungsbildungs- und Entscheidungsprozessen entwickelt, fördert und bestärkt. In diesem Programm zur Teamentwicklung sollten die Vorgesetzten lernen, sozusagen als Trainer ihrer Mitarbeiter diese zunächst einmal aus der in der Vergangenheit erwünschten und bestärkten Haltung ‚Mitarbeiter hört nur zu und gehorcht' (= Stufe 5) herauszuentwickeln und sie zu trainieren, in Zukunft ruhig auch einmal das ‚Warum' einer geplanten Maßnahme zu hinterfragen (= Stufe 4). Die so vorbereiteten Mitarbeiter sollten danach Schritt für Schritt erst bei kleinen Teilaspekten eines Problems beteiligt werden (= Stufe 3) und später auch bei umfangreicheren oder grundsätzlichen Maßnahmen (= Stufen 1 und 2). Die Erfahrung lehrte, daß es nicht nur recht schwierig war, das Vorgesetztenverhalten offener für Mitarbeiterbeteiligung zu machen — schließlich war in nicht wenigen Fällen der gehorsame Mitarbeiter das ‚Produkt' seines jeweiligen Vorgesetzten —, sondern daß es trotz eines positiven Vorbildes durch die Vorgesetzten viele Monate, in einigen Bereichen sogar Jahre dauerte, ehe manche Mitarbeiter Mut gewannen, auch einmal gegen die Machtposition eines Vorgesetzten mit eigenen Argumenten anzutreten.

4.3.2 Wer ist Betroffener?

Natürlich muß auch die Frage angesprochen werden, wer denn eigentlich bei einem Veränderungsprozeß ‚Betroffener' ist. Immer wieder zeigt sich nämlich bei Veränderungsprojekten, daß man den Kreis der Betroffenen zu eng angesetzt und wichtige Betroffene einfach übersehen hat. **Betroffen** sind zunächst alle diejenigen, die **direkt** und **unmittelbar** mit einem bestimmten, den OE-Prozeß auslösenden Problem zu tun haben. Übersehen werden dann aber häufig solche Beteiligten, die nur **indirekt** oder **mittelbar** betroffen sind — etwa weil sich erst Folge- oder Nebenwirkungen der Veränderung in ihrer Arbeitssituation auswirken. In der betrieblichen Realität reicht damit die Skala solcher Mitbetroffenen vom Vorstand bis zum Pförtner, vom Betriebsrat bis zur Stabsabteilung, vom unmittelbaren Vorgesetzten bis zu den Kollegen, von der anderen Abteilung bis zur Tochtergesellschaft, von der Verwaltung bis zum Vertrieb und eventuell bis zum Kunden. Mitbetroffen sind nicht zuletzt oft auch die Familien der Mitarbeiter. Nachstehend einige Beispiele:

- Da wird an einer Universität u. a. aus Raummangel ein neues Stundenplankonzept mit Blockveranstaltungen und unter Einschluß von Sonnabenden entwickelt —
→ wer denkt daran, daß dadurch auch die Putzkolonnen und der Hausmeister betroffen sind?

- Da entwickelt die medizinische Abteilung eines großen Industrieunternehmens für die Werkskantine eine vierwöchige Kampagne ‚Kalorienbewußtes Essen!‘ —
→ wer kalkuliert mit ein, daß diese gute Idee Auswirkungen hat bis hin zur letzten Küchenhilfe, die den Salat putzt?
- Da rotieren Nachwuchskräfte in einem Konzern durch verschiedenste Positionen und werden ins Ausland versetzt —
→ wie viele Unternehmen gibt es, die bei solchen Entscheidungen die Familie berücksichtigen oder bei Versetzungen ins ferne Ausland die Ehefrauen in Trainings auf das ‚Leben im goldenen Käfig‘ vorbereiten?
- Da wird zur Verbesserung der Kommunikation in einem Versandhaus-Unternehmen für jeden Mitarbeiter ein Bildschirm installiert —
→ hat man daran gedacht, daß (Zitat eines Mitarbeiters:) „... nun keiner mehr den Kopf durch die Tür steckt und fragt, wie Bayern München gespielt hat?"
- Da erfolgt eine Umstellung der Reklamationsbearbeitung in einem Handelsunternehmen auf EDV und Textverarbeitung bei gleichzeitiger Änderung von produktbezogener Einzelbearbeitung auf regionale Bearbeitung, d. h. bisher war jeder Spezialist für einen bestimmten Sortimentsteil, jetzt ist jeweils ein Team für einen bestimmten Postleitzahlenbereich zuständig und bearbeitet das ganze Sortiment —
→ wer denkt daran, hier rechtzeitig das betriebliche Bildungswesen einzuschalten, auf das schon im Vorlauf zur eigentlichen Änderung mit Sicherheit eine ganze Menge von Informations- und Ausbildungsarbeit zukommen wird?
- In einer Erfahrungsaustauschgruppe berichtet der Ausbildungsleiter eines Geldinstitutes, daß er in seinem Bereich ‚nun auch mit Organisationsentwicklung arbeitet‘. Gerade letzte Woche sei er mit allen seinen Mitarbeitern, einschließlich der externen Referenten, in Klausur gegangen, um in einem mehrtägigen Workshop gemeinsam das neue Konzept für ein Führungskräftetraining zu erarbeiten.
→ Auf die Frage, wo denn die Betroffenen geblieben seien, reagiert er verblüfft. Die eigentlich Betroffenen, die Führungskräfte seines Hauses nämlich, für die das Konzept entwickelt wurde, hatte man vergessen...

Die Frage, wer alles betroffen ist bzw. wer sich als Betroffener fühlen könnte, ist für den Erfolg eines OE-Prozesses eminent wichtig und kann nicht früh genug gestellt werden. Sie zwingt zum Denken über Abteilungsgrenzen hinaus und zum Denken in Nebenwirkungen und Konsequenzen. Es wurde aber schon ausgeführt, daß eine totale Beteiligung aller Betroffenen zumindest in größeren Organisationen aus Gründen der Praktikabilität in der Regel nicht möglich ist.

Nach der Philosophie der Organisationsentwicklung ist die Betroffenenorientierung bei Veränderungsprozessen so weitgehend wie möglich zu gestalten, wobei der **entscheidende psychologische Faktor** für die Mitarbeiter die **Glaubwürdigkeit** dieser Bemühungen ist. Das im Anhang 2 zu diesem Kapitel skizzierte Fallbeispiel über die Entwicklung von Führungsleitlinien zeigt Möglichkeiten auf, trotz gewisser Begrenzungen eine möglichst umfangreiche Beteiligung Betroffener zu erreichen.

4.4 Betonung des Erfahrungslernens

4.4.1 Verhältnisse schaffen Verhalten

Der Begriff Erfahrungslernen verweist zunächst auf die Gruppendynamik, eine der bereits beschriebenen Hauptquellen der Organisationsentwicklung. Mit der Entdeckung gruppendynamischer Lehr- bzw. Lernmethoden ist bekanntlich ein neuer und sehr intensiver Weg des Lernens beschritten worden, der über das reine Kopf-Lernen, d. h. die Vermittlung von Faktenwissen, weit hinausgeht. Doch Erfahrungslernen in der Organisationsentwicklung ist nicht identisch mit Gruppendynamik. Unter Erfahrungslernen wird vielmehr verstanden: **Lernen ‚am eigenen Leib', soziales Lernen** (d. h. Lernen in direktem Kontakt und direktem Austausch mit anderen) sowie **Lernen an echten (Vor-) Fällen,** von denen der Lernende unmittelbar betroffen ist, statt an erfundenen und vielleicht auch noch theoretischen Beispielen.[9])

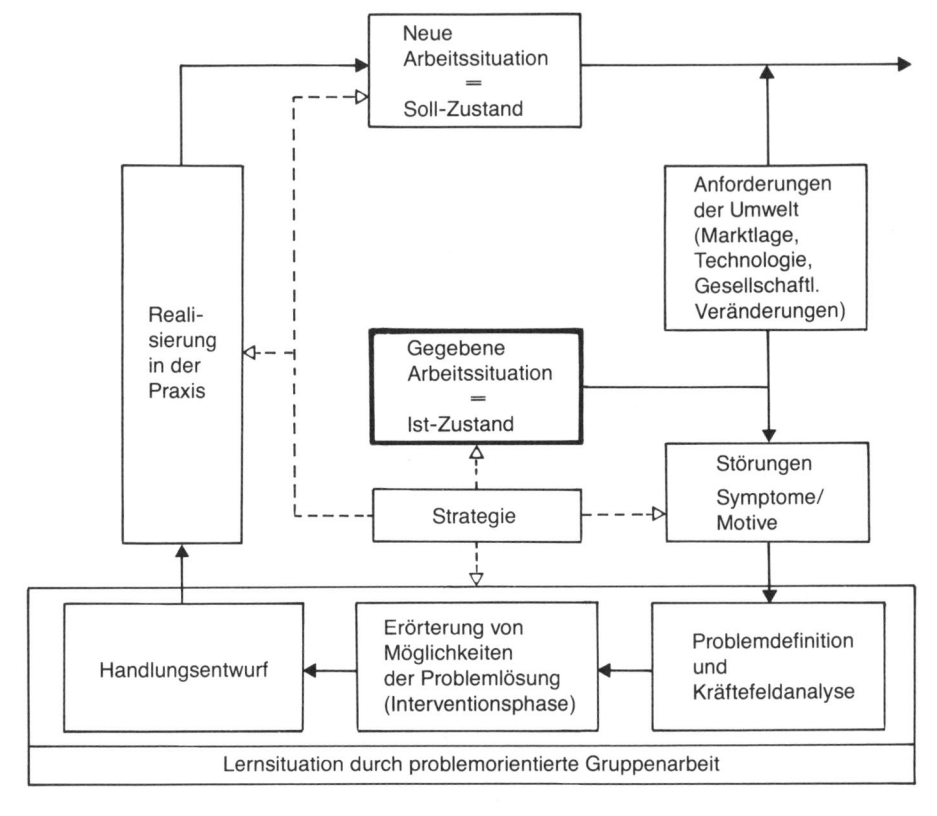

Abb. 30: Optimierung der Arbeitssituation durch Organisationsentwicklung (entnommen aus: H. BECKER, 1980, S. 877)

---

[9]) Siehe auch BECKER (1981, S. 15) und LAUTERBURG, 1980, S. 1.

Die Abb. 30 skizziert dieses Lernen am echten Fall. Ausgangspunkt einer Veränderung ist eine gegebene Arbeitssituation als Ist-Zustand. Dieser Ist-Zustand unterliegt zahlreichen Einflüssen, etwa durch Anforderungen aus der Umwelt. Dies kann zu Störungen führen. Durch bestimmte, an dem Konzept der Organisationsentwicklung ausgerichtete strategische Schritte wird der gestörte und von einem angestrebten bzw. gewünschten Soll-Zustand abweichende Ist-Zustand als Lernchance betrachtet und in eine Lernsituation umgewandelt. Die Betroffenen selbst werden zu Trägern eines Problemlöseprozesses, der grundsätzlich mindestens aus drei Schritten besteht. Im ersten Schritt erfolgt die Problemdefinition und die Analyse der auf die Problemsituation einwirkenden Faktoren. Der zweite Schritt beschäftigt sich mit der Suche nach verschiedenen Lösungsmöglichkeiten, aus denen im dritten Schritt ein konkreter Handlungsentwurf erarbeitet wird. Der Handlungsentwurf beinhaltet konkrete Aktivitäten oder Maßnahmen, die noch der Realisierung in der Praxis bedürfen, um die neue Arbeitssituation (= angestrebter Soll-Zustand) herbeizuführen.

Wie eine solche Lernsituation beispielsweise in einem Problemlöse-Workshop aussehen kann, zeigt die Abb. 31. So kann man mit den Teilnehmern in ständigem Wechsel in drei verschiedenen Kreisen arbeiten:

(1) **Plenum.** Hier erfolgen grundsätzliche Abstimmungen und Diskussionen. Das Plenum ist ein Forum für das Einbringen und für den Austausch von Faktenwissen sowie für den größten Teil des rein kognitiven Lernens. Schließlich ist das Plenum noch Präsentationsort für Teilgruppenergebnisse und damit gleichzeitig kritischer Prüfstand durch Dritte, die nicht an der Erstellung der präsentierten Ergebnisse beteiligt sind.

(2) **Kleingruppen.** In diesen Kleingruppen von vier bis sechs, vielleicht auch einmal acht Teilnehmern wird die konkrete Problemlösung des identifizierten Problems betrieben. Dies kann in mehreren Etappen geschehen, wobei von Teilschritt zu Teilschritt gegenseitige Präsentationen zwischen den parallel arbeitenden Kleingruppen im Plenum stattfinden. Die Gruppenarbeiten können je nach Vorwissen der Teilnehmer auf dem Gebiet der Problemlösetechnik völlig frei oder mehr oder weniger strukturiert erfolgen, d. h. mit vorgegebenen Check-Fragen oder Aufgabenstellungen als Teil des Problemlöseprozesses. Recht ergiebig ist es auch, die Gruppenarbeiten rotieren zu lassen: Hierbei übernimmt eine Kleingruppe das Zwischenergebnis einer anderen Gruppe zur Weiterbearbeitung, während das eigene Teilergebnis von dieser oder einer dritten Gruppe zur weiteren Verfolgung übernommen wird. Bei sehr komplexen oder umfangreichen Teilaufgaben hat es sich bewährt, daß zusammen mit dem Zwischenergebnis auch jeweils ein Gruppenmitglied ausgetauscht wird. Dieses Gruppenmitglied fungiert dann sozusagen als Dolmetscher bei Rückfragen und als Prozeßberichterstatter über die vorherige Arbeitsphase.

(3) **Selbsterfahrungsgruppe.** Dies ist die Plattform für gruppendynamische Übungen, für Selbsterfahrungslernen. Ergibt sich im Rahmen der gemeinsamen Problembearbeitung die Notwendigkeit, das Verständnis für bestimmte Aspekte des Problems zu aktivieren oder den Teilnehmern bestimmte Erfahrungen über sich

selbst oder an sich selbst zu vermitteln bzw. wieder in Erinnerung zu rufen, dann ist hier der Ort für entsprechende Übungen (etwa über Kommunikation, Feedback, Kooperation, Wettbewerb, soziale Wahrnehmung usw.). Der jeweilige Moderator des gemeinsamen Lernprozesses muß entscheiden, wann er welche Übung zu welchem Zweck einbaut und welche Gruppenzusammensetzung für die jeweilige gruppendynamische Übung günstig ist.

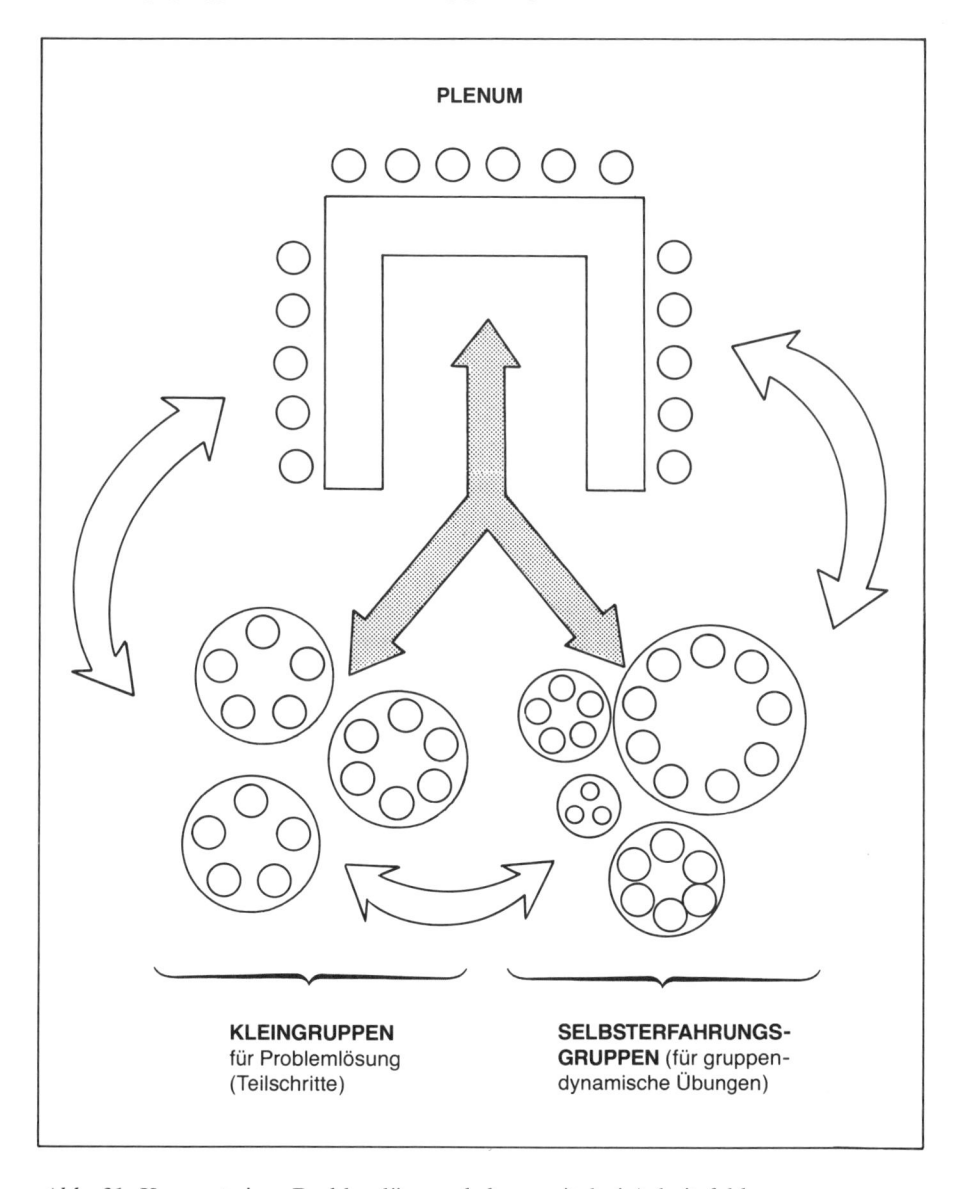

Abb. 31: Konzept eines Problemlöseworkshops mit drei Arbeitsfeldern

Der Grundgedanke des Lernens am echten Fall entspringt der Annahme, daß der Mensch permanent lernt und auch wieder verlernt. Er lernt in ständiger Auseinandersetzung mit seiner Umgebung, wobei diese Umgebung zu einem beträchtlichen Zeitanteil aus seiner Arbeitswelt besteht. Bedürfnisse, Einstellungen, persönliche Wertvorstellungen und soziale Verhaltensweisen werden durch die Arbeitswelt zweifellos erheblich geformt, verstärkt und auch verändert. Im Prinzip ist jede Organisation ein großes und intensives ‚Trainingslabor zur Verhaltensformung' mit acht bis zehn Stunden täglicher Schulung für jeden Mitarbeiter. „Die Verhältnisse schaffen Verhalten", sagt man deshalb in der Organisationsentwicklung. Aber es gilt auch die Umkehrung: Verhalten schafft Verhältnisse. So kann zum Beispiel neu erlerntes Kommunikationsverhalten die sozialen Beziehungen verbessern oder mehr Kompetenz auf der Seite des Mitarbeiters kann sich auf die Machtverhältnisse auswirken.[10]) Verhalten und Verhältnisse bedingen sich also gegenseitig; sie stehen in Wechselbeziehung.

Erfahrungslernen macht das Modellernen, das Lernen durch Vorbilder keinesfalls überflüssig. Dabei ist besonders der Vorgesetzte angesprochen. Dieser kann durch positive oder negative Sanktionen Mitarbeiterverhalten besonders stark formen. Im Systemzusammenhang allerdings betrachtet man auch die übrigen Hierarchen als ein einflußreiches Element der Verhältnisse. Dies bestätigte sich beispielsweise, als ein multinationaler Konzern 1981 seine Manager der ersten und zweiten Ebene zu einer Tagung über Probleme der Entwicklung von Führungskräften einlud. Die Führungskräfte wurden aufgefordert, das eigene Unternehmen als Lernsystem bzw. als lernendes System zu untersuchen, was eine umfangreiche Diskussion über die Lernfähigkeit und -willigkeit der Organisation auslöste. Außerdem wurde analysiert, welche Verhaltensweisen, Werte und Einstellungen die Organisation eigentlich ihre Mitglieder lehrt und welche Lernchancen diese haben. Folgende kritische Punkte wurden u. a. formuliert:

- Die Lernvorgaben und -ziele für Trainings sind zu unpräzise; der Lerntransfer ist schlecht oder gar nicht organisiert; eine Rückmeldung über Veränderungserfolge (etwa durch laufende Meinungsbefragungen bei den Mitarbeitern) fehlt ganz oder ist nur mangelhaft.
- In den Trainings werden zwar bestimmte ‚Tugenden' geschult, im betrieblichen Alltag jedoch die genau gegenteiligen Verhaltensweisen gefordert und gefördert.
- Die größten Hindernisse für Trainingserfolg werden gesehen in (a) mangelnder Unterstützung durch den Vorgesetzten und/oder das gesamte Management, (b) in Kollisionen mit den herrschenden Machtstrukturen („An mir kommen sie nicht vorbei!") und (c) in Zeitmangel („Dafür haben wir jetzt keine Zeit — später gerne").

---

10) Der Ausbildungsleiter eines größeren Unternehmens beschrieb dies im Rahmen eines Erfahrungsaustausches über OE folgendermaßen: „Wir haben begonnen wie die Partisanen. Wir reden grundsätzlich nicht davon, daß wir Strukturen ändern wollen — aber was wir tun, hat Auswirkungen auf die ‚Kästchen'" (d. h. auf die Strukturen).

- Zu große geschäftliche Erfolge machen satt und trüben den Blick für Lernbedarf. Außerdem fehlt die Zeit für Training, weil ‚jetzt die Geschäfte laufen müssen'. Andererseits fehlt auch bei weniger gutem oder schlechtem Geschäftsgang die Zeit zum Lernen, weil es nun ‚Wichtigeres zu tun gibt' oder weil man mit der Suche nach Schuldigen und Sündenböcken beschäftigt ist.

Eine Analyse der Organisation als Lernfeld — am besten zu Beginn von OE-Aktivitäten — ist meistens sehr aufschlußreich und zuweilen auch ernüchternd. So kann man zum Beispiel Mitarbeiter verschiedener Bereiche oder mehrere Arbeitsgruppen auffordern, eine Art ‚**Sozialbilanz**' ihres Unternehmens anzufertigen, indem sie einmal **möglichst konkret** alle jene **Verhaltensweisen** zusammenstellen, die von dem Vorgesetzten und/oder ihrer Organisation **erwünscht** sind, d. h. die belohnt werden und berufliches Vorwärtskommen und Erfolg versprechen, und solche, die **unerwünscht** sind, die keinen Erfolg bringen, die für das Fortkommen hinderlich sind oder die sogar ‚bestraft' werden. Eine ähnliche oder zusätzliche Bilanz kann man auch über die Werte und Ziele, denen man sich verbunden fühlt bzw. fühlen sollte, anfertigen lassen.

Man wird bezüglich des Erfolges von Organisationsentwicklung sehr skeptisch werden, wenn sich bei einer solchen Analyse zum Beispiel folgende ‚Erfolgsregeln' für das Vorwärtskommen innerhalb der Organisation ergeben:

— Rede nur, was man hören will.
— Tue, was der Boss Dir sagt oder Dir zu verstehen gegeben hat.
— Widerspreche nicht!
— Ärgere den Boss nicht und mache ihm die Freude...
— Gib Dich hart!
— Handele — Hauptsache schnell.
— Verberge Deine Fehler.
— Unterlasse Vorschläge und verbrenne Dir nicht den Mund.
— Mache Zahlen! Es fragt sowieso keiner danach, wie Du sie gemacht hast.
— Sei stets vorsichtig und behalte immer noch etwas in der Hand...

Ein Training etwa zur Verbesserung der Kommunikation und Kooperation wird in einem solchen Fall kaum etwas bewirken, wenn sich nicht vor und besonders nach dem Training die verhaltensprägenden Rahmenbedingungen entscheidend ändern. Geschieht dies nicht, wird allenfalls die Frustration der Teilnehmer zunehmen. Es hilft nicht, Verhaltenstrainings[11]) anzusetzen, solange eine Änderung der Verhältnisse nicht eingeleitet oder abzusehen ist. Trainings, die auf eine konkrete Verhaltensänderung abzielen, sind auf stützende bzw. unterstützende situative Faktoren angewiesen und werden sonst mit großer Wahrscheinlichkeit wirkungslos bleiben.

---

11) Siehe COMELLI (1982)

4.4.2 Einige Bemerkungen zum sogenannten Verhaltenstraining

Im engeren Sinn ist das sogenannte Verhaltenstraining eine relativ eigenständige Trainingsform neben dem Sensitivity-Training und dem sogenannten Encounter (Begegnungs- und Erfahrungsgruppe). Während die beiden letztgenannten Formen sich in erster Linie aus der Human-Relations-Schule ableiten und sich — dies gilt besonders für die Trainingsform Encounter — der Humanistischen Psychologie verpflichtet fühlen, basiert das Verhaltenstraining sowohl historisch als auch vom theoretischen Konzept her auf den Erkenntnissen der Lernpsychologie, im weitesten Sinn also auf der Schule des Behaviourismus.[12])

So verstanden werden in einem solchen Verhaltenstraining von Trainer und Teilnehmern Verhaltensweisen gemeinsam eingehend analysiert und meist in kleinen aufbauenden Teilschritten trainiert und erprobt. Andere Verhaltensweisen werden ggfs. auch geändert oder sogar gelöscht, etwa Abbau von Ängsten oder Löschung von konfliktauslösenden oder -verschärfenden Verhaltensreaktionen. Dabei wird bei der Analyse und der Modifikation des Verhaltens auf lernpsychologische Gesetzmäßigkeiten wie Modell- oder Imitationslernen, klassisches Konditionieren, Verstärkungs- oder Bekräftigungslernen, Löschungsprinzipien etc. Bezug genommen. Aus dieser Richtung entsteht auch gleich einer der Hauptvorwürfe gegenüber dem Verhaltenstraining, nämlich daß es in großen Teilen schlichte (Anpassungs-)‚Dressur' und sozialhandwerkliches ‚Herumdoktern' an Symptomen ohne tieferen Bezugsrahmen sei. Eine solch oberflächliche Kritik, welche das Verhaltenstraining auf das Niveau von B. F. SKINNERS Tauben- und Rattenexperimenten herabwürdigt, wird weder dem Anspruch eines seriös konzipierten und von einem kompetenten Trainer durchgeführten Verhaltenstraining gerecht, noch berücksichtigt sie die Tatsache, daß im Training exakt die gleichen Lernprinzipien wirksam werden, welche auch in der Alltagspraxis Verhaltensreaktionen verstärken, ändern oder löschen und so zum Aufbau und zur Prägung des menschlichen Verhaltensrepertoires beitragen. Immerhin hat sich das Konzept des Verhaltenstrainings inzwischen hervorragend bewährt u. a. bei:

— Kommunikations- und Gesprächstrainings
— Problemlöse- und Entscheidungstrainings
— Kooperationstrainings
— Konfliktlösetrainings
— Innovations- und Kreativitätstrainings
— Rhetoriktrainings
— Besprechungs- und Konferenztrainings
— usw.

---

12) Ausführliche Beschreibungen gruppendynamischer Trainingsformen bei BÖDIKER und LANGE (1975).

Die Bedeutung des Verhaltenstrainings in der Führungskräfteausbildung stieg in letzter Zeit vor allem mit der wachsenden Erkenntnis, daß Menschenführung weniger eine Sache des Führungs*wissens* und der *Kenntnis* von Führungstheorien ist, als vielmehr eine Sache des konkreten *Umganges* mit den anvertrauten Mitarbeitern. In der Art der Menschenführung und in dem dabei gezeigten Verhalten sieht man ein Abbild der Einstellungen des Vorgesetzten zu dem betreffenden Mitarbeiter oder sogar zum Menschen generell.

In jüngerer Zeit wächst die Neigung, die Begriffe Verhaltenstraining und Kommunikationstraining fast synonym zu verwenden.[13] Oder man verwendet die Kombination beider Begriffe und faßt unter der Benennung Kommunikations- und Verhaltenstraining die verschiedenen oben angeführten Trainingsaktivitäten zusammen.

In der betrieblichen Bildungspraxis hat der Begriff Verhaltenstraining inzwischen eine weit über den vorher beschriebenen Rahmen hinausgehende Bedeutung gewonnen. Er wird durchweg als **Oberbegriff** verwendet für alle Trainingsaktivitäten, die in irgendeiner Form auf eine Veränderung des Verhaltensrepertoires, der Einstellungen und/oder sogar der Persönlichkeit des Trainingsteilnehmers abzielen. Der Begriff Verhaltenstraining wird also als Alternative zum sogenannten Kopf- oder ‚Großhirnrinde'-Training gesehen und umschließt jetzt auch Sensitivity-Trainings, Encounter-Gruppen u. ä. **Dabei bleibt leider oft die wichtige Frage außer acht, wo eigentlich das Recht oder das Interesse einer Organisation, über den Weg einer Schulung in die Persönlichkeit von Mitarbeitern mehr oder weniger massiv einzugreifen, seine Grenzen findet.**

Obwohl der gruppendynamische Boom inzwischen abgeebbt ist und die Gruppendynamik als Lehr- und Lernmethode eine sinnvolle Einbindung in OE-Konzepte gefunden hat, ist ein unreflektierter Einsatz gruppendynamischer Übungen oder Methoden nicht angebracht. Werden im Rahmen eines OE-Prozesses in sich geschlossene gruppendynamische Trainingsmaßnahmen für notwendig erachtet, ist zu empfehlen, solche Aktivitäten grundsätzlich nur dann zu starten, wenn für ein solches Training auch ein konkretes Transferprogramm für die Nachher-Situation (‚back-home') am Arbeitsplatz vorliegt.[14] Dies gilt besonders streng für gruppendynamische Trainings externer Anbieter. Bezüglich der angewendeten Konzepte und der inhaltlichen Richtung externer Angebote sowie über die professionelle Kompetenz der Anbieter sollte sich der betriebliche Bildungspraktiker durch persönliche Teilnahme einen Eindruck verschaffen bzw. einen Beauftragten des Trai-

---

13) Hierbei steht offensichtlich die These von WATZLAWICK (1969, S. 50 ff.) „Man kann nicht *nicht* kommunizieren" Pate. Danach ist *jedes* Verhalten Kommunikation, denn Verhalten ist auch immer Botschaft.
14) Dazu auch BRONNER und SCHRÖDER (1983, S. 247 ff.) in Band 6 dieser Handbuchreihe.

ningswesens damit betrauen. THEIS (1979, S. 52) nennt in Ermangelung einheitlicher inhaltlicher Kriterien einige formale Kriterien zur Einschätzung des Wertes von gruppendynamischen Trainingsangeboten:

- „Sind die Ziele und Techniken der Veranstaltung deutlich angegeben?
- Wird auf theoretische Grundlagen Bezug genommen?
- Erhalten die Teilnehmer eine ausführliche Vorinformation?
- Wird die Durchführung kontrolliert (etwa durch Supervision oder anhand von Aufzeichnungen), gibt es begleitende Prozeßforschung?
- Wird die Veranstaltung von mindestens zwei Trainern durchgeführt?
- Gibt es Überlegungen zum Transfer der Ergebnisse in den Alltag, wird das Problem des Transfers in der Gruppe besprochen?
- Gibt es eine Erfolgskontrolle?"

Er weist darauf hin, daß diese Kriterien lediglich Ersatzlösungen sind und daß die Einhaltung aller dieser Ansprüche von einem *einzelnen* Trainer wohl kaum erwartet werden kann. Für Teilnehmer hat THEIS (1979, S. 52) weitere Tips zur besseren Einschätzung der Qualität solcher Veranstaltungen zusammengestellt:

- „Der Teilnahmepreis ist kein Indikator für die Güte.
- Je extremer die Werbung für eine Veranstaltung, desto vorsichtiger!
- Je ausführlicher die Vorinformation, desto besser.
- Je mehr vom Besuch der Veranstaltung gesprochen wird, desto vorsichtiger!
- Je größer die Teilnehmerzahl in der Gruppe, desto vorsichtiger!
- Vorsicht, wenn viele frühere „gläubige" Teilnehmer wieder in der Gruppe sind.
- Die Anwendung vieler verschiedener Methoden durch einen Trainer muß nicht bedeuten, daß er auch viel davon versteht."[15])

Eine umfangreiche Checkliste mit Prüffragen für den Besuch gruppendynamischer Trainings wurde auch von BÖDIKER und LANGE (1975, S. 163—164) entwickelt und ist in Abb. 32 wiedergegeben. Sie wurde für den Teilnehmer selbst entworfen, läßt sich aber natürlich auch für die Vorauswahl oder Prüfung von Angeboten durch den Betriebspädagogen verwenden.

Der betriebliche Bildungspraktiker erlebt die Problematik des Verhaltenstrainings allerdings meist weniger im Hinblick auf eventuelle Risiken oder Nebenwirkungen, sondern vielmehr in Form der Frage nach der Wirksamkeit des Verhaltenstrainings. Wer kennt nicht die süffisant-ironische Frage an den Trainer oder Ausbildungsleiter, was denn das ganze aufwendige Training eigentlich bewirke? Wer kennt nicht die gezielt ‚harmlose' Frage des Seminar-

---

15) THEIS weist allerdings auch darauf hin, daß man die eigenen Vorbehalte solchen Veranstaltungen gegenüber ebenfalls kritisch prüfen sollte: Menschen setzen der Veränderung des eigenen Verhaltens und der Auseinandersetzung damit gewisse Widerstände entgegen. Diese werden in solchen Trainings durch die ungewohnte Situation und durch die neue Methode sozialen Lernens meist noch verstärkt. Es ist also stets zu prüfen, ob die Ablehnung bestimmter Aspekte des Gruppengeschehens nicht das ‚Wegerklären' von Ängsten ist.

Checkliste für den Besuch eines gruppendynamischen Trainings

Vor dem Besuch eines gruppendynamischen Trainings sollten folgende Fragen abgeklärt werden, um Enttäuschungen zu vermeiden.

A   Meine Erwartungen an das Training
Aus welchen Gründen möchte ich überwiegend teilnehmen?
- Neugierde
- neue Bekanntschaften, Spaß
- konkrete Schwierigkeiten, welche?

Was erwarte und befürchte ich von einer Teilnahme?
- meine Hoffnungen
- meine Wünsche
- meine Befürchtungen
- meine Ängste

In welcher körperlichen und psychischen Verfassung befinde ich mich?
- Zur Zeit bin ich eher labil, schwach und unausgeglichen.
- Zur Zeit bin ich eher stabil, stark und ausgeglichen.

B   Zielformulierung des Trainings
Was wird mir bei einer Teilnahme versprochen?

Ist nach den Versprechungen zu erwarten,
- daß eher sensationelle und/oder sensorische Erfahrungen gemacht,
- daß mehr persönliche Schwierigkeiten aufgearbeitet werden können oder
- daß überwiegend gruppenzentriert gearbeitet werden soll?

C   Trainer
Welches übergreifende Konzept läßt sich erkennen?
- Sensitivity-Training: welche Richtung?
- Encounter: welche Richtung?
- Verhaltenstraining: welche Richtung?
- Verhaltenstherapie

Welchen Ausbildungs- und Erfahrungsstand besitzt der einzelne Trainer?
- an Hand seines Lebenslaufes
- an Hand seines Studiums
- an Hand durchgeführter Trainings als Teilnehmer und Trainer

Welche individuelle Betreuung wird garantiert?
- vor dem Training: Aufnahmegespräche
- während des Trainings: stützende Gespräche
- nach dem Training: Beratung, Behandlung

D   Trainingsbedingungen
Werden bestimmte Voraussetzungen für die Teilnahme gestellt?
- Beruf
- Alter
- Geschlecht
- Interessen
- Qualifikationsnachweis

Wird einführende Literatur empfohlen!?
- Welche?   ▷

Wo findet das Training statt, welche Rahmenbedingungen und Serviceleistungen sind vorhanden?
○ Ort
○ Räume
○ Verpflegung
○ Übernachtung
○ Freizeit

Welche Trainingshilfsmittel stehen zur Verfügung?
○ Trainingsunterlagen
○ Literatur
○ Tonbandgeräte
○ Videoanlage

Wie lange dauert das Training?

Wie ist das Training aufgebaut?
○ ein einmaliges Training im Trainingscenter
○ Training im Praxisfeld
○ Kombinationen und Wechsel

Wie viele Trainer stehen mir im Training zur Verfügung?

Wird der Trainer genügend Zeit für mich haben, gemessen an der Zahl der Teilnehmer, die auf einen Trainer fallen?

E Informationsquellen
Was kann ich Konkretes über dieses Training und den Trainer erfahren?
○ von Personen, die schon teilgenommen haben
○ aus anderen Informationsquellen: Zeitungsberichte, Bücher, Institutionen

Jetzt vergleiche ich die gefundenen Antworten und entscheide, was als abgesichert und was als unsicher zu gelten hat. Ich überlege, ob mir die vorhandenen Informationen ausreichen, um meine Teilnahme zu rechtfertigen, oder ob ich es aus bestimmten Gründen lieber vorziehe, nicht teilzunehmen.

Abb. 32: Checkliste für den Besuch eines gruppendynamischen Trainings (entnommen aus: M. L. BÖDIKER und W. LANGE, 1975, S. 163—164)

teilnehmers, ob sein Chef schon an einem solchen Training teilgenommen habe? Und wenn ja, warum man an diesem eigentlich keine Veränderungen bemerke? Außerdem müssen sich gerade in einer Zeit, in der Unternehmen zum Teil 10 % oder mehr (!) ihres Gewinns in Bildungsaktivitäten investieren oder trotz Verlusten Mitarbeiterbildung betreiben, die für Fort-, Aus- und Weiterbildung zuständigen Leute immer häufiger fragen lassen, welche faßbaren Ausbildungserfolge sie denn eigentlich vorzuweisen haben. Gefragt wird nach spürbaren und möglichst sichtbaren Erfolgen; man erwartet beobachtbare *Verhaltensänderungen*.

Selbstverständlich zeigen sich Trainingserfolge nicht nur in Änderungen unerwünschter Verhaltensweisen, sondern auch in der weniger augenfälligen Verstärkung und Bekräftigung erwünschter Verhaltensreaktionen. Dabei deutet die Trainingserfahrung stark darauf hin, daß diejenigen am intensivsten profitieren, die bereits in entsprechendem Sinne aufgeschlossen sind, während diejenigen, die es eigentlich ‚am nötigsten hätten', wenig beeindruckt bleiben — wenn sie überhaupt kommen. Zudem reichen in der Regel die meist nur für einige Tage angesetzten Trainings ohnehin nicht aus, Teilnehmer dauerhaft aus ihren oft seit vielen Jahren geprägten und stabilisierten Verhaltensmustern zu reißen. Dazu bedarf es verhaltensstützender Maßnahmen für die Zeit danach. Genau hier offenbart sich ein wunder Punkt im Trainingswesen, der gleichzeitig auch Ursache tiefer Frustration vieler engagierter Trainer ist: Der Trainer soll als ‚Wunderheiler' oder ‚psychologischer Guru' das Kunststück fertigbringen, bei Trainingsteilnehmern ein negatives oder unerwünschtes Verhalten in wenigen Tagen zu ändern, welches die Organisation, d. h. das Unternehmen, jahrelang nicht für bemerkenswert hielt, vielmehr tolerierte oder sogar verstärkte. Meistens wird dieses unerwünschte Verhalten auch nach dem Training nicht weiter als ‚verfolgenswert' angesehen. Der Vorwurf mangelnder Erfolge rennt deshalb bei den Trainern offene Türen ein: Sie wollen ja gerade weg von den relativ wirkungslosen Human-Relations-Programmen (Motto: ‚Die Leute müssen das Gefühl haben, es wird etwas für sie getan — das reicht'); sie wollen weg vom sogenannten ‚Gießkannen-Prinzip' (‚Jeder muß mal naß werden'); sie wollen hin zum sogenannten tailor-made-training, d. h. zum maßgeschneiderten, problemorientierten und mit klar definierten Zielen ausgestatteten Training. Viele drängt es zum Wechsel vom — nicht nur räumlich betrachtet — arbeitsplatzfernen Klassenraum-Training (off-the-job) in Schulungsstätten und Hotels zum wirklichen Training (= Üben) und *Erfahrungslernen* an echten Vorfällen. Angestrebt wird also ein Training ‚near-the-job' oder ‚on the job', das verknüpft ist mit Üben und Lernen an lebensechten bzw. wirklichen Ereignissen und das im Betrieb und zum Teil direkt am Arbeitsplatz durchgeführt wird. Anspruchsvolles Training mündet somit früher oder später in Organisationsentwicklung, während andererseits Organisationsentwicklung ohne Verhaltenstraining praktisch undenkbar ist.

4.4.3 Verhaltenstraining als Problemlösebeitrag

Parallel zu der oben beschriebenen Entwicklung ist eine stark wachsende Skepsis der Fachleute gegenüber rezeptartigen Empfehlungen und Patentlösungsangeboten festzustellen. Diese sind zwar häufig von den Trainingsteilnehmern wegen ihrer Einfachheit und Plausibilität erwünscht und außerdem auch leichter vermittelbar, halten jedoch der Realitätsprüfung durch die komplexen Fragestellungen der Praxis nicht stand. Die Frustration ist dann groß.[16]) Weiterbildung soll nicht vereinfachende Scheinlösungen bieten. Viel-

---

16) Patentrezeptniveau in Trainings fördert außerdem die Gefahr, daß von dem Training begeisterte oder sogar euphorisierte Teilnehmer naiv, kritiklos und ungeübt die erworbenen Tips und ‚Tricks' in der Alltagspraxis anwenden, was dann mit Enttäuschungen endet. Sie stiften Verwirrung in ihrer Umgebung und tragen unter Umständen so noch ungewollt zum Negativ-Image des Weiterbildungswesens bei.

mehr erwartet man von ihr echte Lösungsbeiträge zu aktuellen und/oder zukünftigen Problemstellungen. Dies erfordert problemorientierte und maßgeschneiderte Trainingsmaßnahmen, womit das betriebliche Bildungswesen organisationsentwicklerisch tätig wird. Das Verhaltenstraining wird zum Problemlösebeitrag. Was allerdings u. a. an die Voraussetzung geknüpft ist, daß

- Probleme wirklich beim Namen genannt, analysiert und angepackt werden. (Ein Negativ-Beispiel dazu: Der Kommentar eines Vorstandsmitgliedes nach einer für das betreffende Unternehmen nicht gerade schmeichelhaft ausgefallenen Mitarbeiterbefragung lautete: „So verrückt werden wir nicht noch einmal sein, die Mitarbeiter zu befragen ..." — und das war dann gleichzeitig auch das Ende aller Maßnahmen);
- erwünschte und unerwünschte Verhaltensweisen durch die Organisation klar definiert werden (Wie soll sonst die Ableitung konkreter Trainingsziele möglich sein?);
- die Organisation festlegt, was sie zur Stabilisierung der erwünschten und zur Abänderung der unerwünschten Verhaltensweisen zu tun gedenkt (und dies auch nach dem Training konsequent tut);
- die Organisation einen verläßlichen Situationsrahmen schafft, welcher die erwünschten Verhaltensweisen ermöglicht und fördert und die unerwünschten Verhaltensweisen erschwert bzw. verhindert;
- die Organisation Positiv-Modelle schafft und Negativ-Modelle verhindert (z. B. nur noch Beförderung solcher Leute in aufsteigende Führungspositionen, die neben fachlicher Qualifikation auch das gewünschte Führungsverhalten unter Beweis gestellt haben, statt Beförderung von Nur-Fachleuten).

Konsequent betriebenes Verhaltenstraining führt fast zwingend zu OE-Denken. Ohne begleitende Maßnahmen, welche von der Ermittlung des wirklichen Lernbedarfs bis hin zur abschließenden Transfersicherung und Realisierung der Trainingsinhalte ‚vor Ort' reichen, bleiben alle durchgeführten Veranstaltungen entweder Trainings unter der Glasglocke oder aber werden zur Farce, was früher oder später auch die Glaubwürdigkeit der Trainingsabteilung gefährdet. Gerade Verhaltenstraining mit seinem Anspruch, gezielt und mit einem systematischen Konzept spür- und beobachtbare Lernerfolge zu erzielen, ist ohne stützende und den Transfer der Lerninhalte in die Betriebspraxis fördernde Begleitmaßnahmen nicht denkbar. Solche Aktivitäten sind allerdings *vor* Beginn der Trainingsmaßnahmen abzusichern. Geschieht dies nicht, kann man mit einiger Wahrscheinlichkeit die in das Training investierten Beträge als weggeworfenes Geld betrachten, es sei denn, man gibt sich mit der therapeutischen Wirkung eines ‚Tapetenwechsels' zufrieden, indem die Teilnehmer für die Trainingszeit aus dem Betriebsalltag in eine vielleicht anregende Lernwelt entfliehen dürfen.

Dazu ein Vergleich aus dem Bereich der Technik: Bei neuen Anlagen oder Maschinen wird bei — verglichen mit Trainingsinvestitionen — oft viel geringerem Einsatz finanzieller Mittel in der Regel auf vielfache Weise sichergestellt, daß die getätigte Investition nicht zerstört oder gefährdet wird. Die Anlage wird gepflegt, betreut und gewartet, mit der Absicht, sie möglichst lange arbeitsfähig zu halten und vor Störungen oder unnötigen Reparaturen zu bewahren. Oft wird sie sogar präventiv gewartet. Wäre es nicht angebracht, daß sich Organisationen mit ähnlicher Aufmerksamkeit und Fürsorge ihren Investitionen im Bildungsbereich widmen? Allerdings sehen sie sich dann auch unausweichlich mit der Frage konfrontiert, ob sie das in den Trainings vermittelte und entwickelte Verhalten auch *wirklich wollen*...

4.4.4 Ein Verhaltensmodell

Es soll noch einmal betont werden, daß der offensichtlich so bedeutsame Einflußfaktor ‚Organisation' für den agierenden Mitarbeiter nicht irgendeine anonyme Einflußgröße ist, sondern sich hauptsächlich in Gestalt seines *direkten* Vorgesetzten darstellt, der ihn beeinflußt, lenkt und steuert. Für den Mitarbeiter ist der Vorgesetzte als unternehmerischer Willensträger sozusagen die Inkarnation des Faktors Organisation. Die Bedeutsamkeit dieses Vorgesetzteneinflusses belegte u. a. schon 1953 (!) eine Untersuchung von FLEISHMAN (zit. nach KAZMIER, 1971, S. 253 ff.) über die Auswirkungen eines Führungstrainings für Meister in einem Industriebetrieb. Hier zeigte sich, daß das Verhalten der Meister offensichtlich stärker von ihrem direkten Vorgesetzten beeinflußt wurde als von dem umfassenden und offensichtlich erfolgreichen Ausbildungsprogramm.[17]

Die in Abb. 33 gezeigte Darstellung von KNABE (1974, S. 55) geht von einem einfachen und damit natürlich auch etwas vereinfachenden Verhaltensmodell aus. Hiernach ‚passiert' Verhalten nicht von selbst oder nur aus einer Person heraus. Verhalten ist nicht allein die isolierte Aktion eines Einzelnen, sondern der Mensch reagiert laufend und ständig auf die Umwelt, die *Situation.* Beeinflussende Situationsfaktoren sind z. B. die Organisation selbst mit ihren Normen, Regeln, Zielen und Werten, der Vorgesetzte, die Aufgabenstellung, die Arbeitsgruppe, Kollegen, Kunden, momentane oder überdauernde Gegebenheiten oder Ereignisse (z. B. bei einer Präsentation fällt der Overheadprojek-

---

[17] FLEISHMAN belegte in seiner Untersuchung, daß Teilnehmer mit Vorgesetzten, die nicht dem in dem Training vertretenen Führungskonzept verbunden waren, sehr schnell begriffen bzw. begreifen mußten, daß sie sich nach dem Training am besten unverändert verhalten müssen, wenn sie sich nicht mit ihrem Chef überwerfen wollen. Es verwundert dann auch nicht, daß ihre Einstellung zu den vermittelten Trainingsinhalten einige Monate nach der Schulung deutlich und stabil negativer war als bei einer Vergleichsgruppe untrainierter Leute.

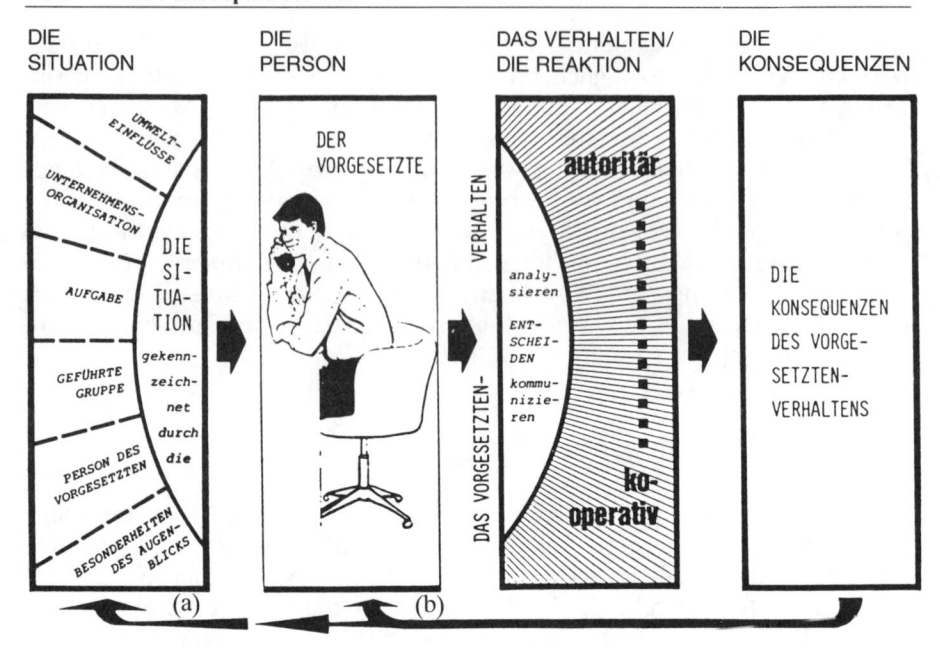

Abb. 33: Einfluß von Situationsfaktoren und erlebten Konsequenzen auf das Vorgesetztenverhalten (nach G. KNABE, 1974, S. 55)

tor aus, und der Vortragende muß nun ohne die vorbereitenden Folien auskommen) usw.

Dieses Modell veranschaulicht auch noch einen zweiten Gedanken: Ob eine bestimmte Verhaltensreaktion in Zukunft wieder auftritt, vielleicht zur Gewohnheit wird, geändert oder aber auch gelöscht wird, das alles entscheiden die *Konsequenzen,* die einer bestimmten Reaktion folgen. Die erlebten Erfolge oder Mißerfolge einer Verhaltensreaktion lenken und prägen zukünftiges Verhalten. Als *erwartete* Konsequenzen (in der Abb. 33 mit ‚a' gekennzeichnet) können sie sogar schon auf unser Verhalten Einfluß nehmen, ehe sie überhaupt eingetreten sind. Ein Mitarbeiter erwartet z. B., daß sein Chef auf eine bestimmte Anregung hin ärgerlich reagieren wird. Aus dieser Erwartung heraus beschließt er, dem Chef einen Verbesserungsvorschlag gar nicht erst zu unterbreiten. Wenn schließlich auf gewisse Verhaltensreaktionen immer und immer wieder bestimmten Konsequenzen folgen, dann kann es sich entwickeln (in der Abb. 33 mit ‚b' gekennzeichnet), daß solche Verhaltensweisen für eine Person typisch werden, sich zu Zügen der Persönlichkeit entwickeln.

Die Darstellung von KNABE verzichtet auf die Visualisierung eines großen Teiles der zwischen den einzelnen Feldern bestehenden Wechselbeziehungen.

Sie stellt auch nicht dar, daß die erlebten Konsequenzen eines Verhaltens nicht nur ‚von außen' kommen, sondern genausogut eine Erlebnisqualität im Inneren der agierenden Person sein können. Dennoch läßt sich die starke Wechselbeziehung zwischen Verhalten und Verhältnissen mit Hilfe dieses Schaubildes sehr gut veranschaulichen und aufzeigen, daß

→ Verhaltensreaktionen und auch Persönlichkeitszüge (Eigenschaften) *gelernt* sein können,

→ der Mensch nicht nur aus seiner Person heraus reagiert, sondern mitbeeinflußt wird durch die Situation, die Verhältnisse, in die er eingebettet ist (wobei entscheidend ist, wie er diese Situation *subjektiv* wahrnimmt),

→ eine Situation bestimmte Verhaltensweisen oder Reaktionsmuster *prägen* und belohnen kann, während andere gelöscht werden,

→ nicht grundsätzlich alle Verhaltensweisen von Personen, ihrer Persönlichkeit — was das auch immer ist — zugeschrieben werden sollten, sondern daß sich in dem gezeigten Verhalten auch die *erlebte Situation* abbilden oder mit abbilden kann.

KNABE benutzt die Grafik, um daran zu erläutern, daß es kein pauschal gültiges Patentrezept für die Wahl des ‚richtigen' Führungsstils gibt. Ein guter Vorgesetzter ist vielmehr ein wacher Diagnostiker, welcher die jeweilige Situation, in der er handelt, möglichst genau und umfassend zu diagnostizieren sucht. Aus dieser Situationsdiagnose leitet er dann die entsprechende Führungsreaktion ab. Die Entscheidung über das jeweils situationsadäquate Führungsverhalten muß von Situation zu Situation neu getroffen werden, wobei frühere Lernprozesse als Erfahrungen und/oder Erwartungen mit eingehen.

Das Modell läßt sich leicht auf die Problematik des Verhaltenstrainings anwenden. Während man in den frühen Anfängen des Trainings nur auf die *Person* des zu schulenden Mitarbeiters abzielte, um ihn mit Wissen vollzustopfen, damit er in zukünftigen Situationen weiß, was zu tun ist, setzt das Konzept des Verhaltenstrainings übergreifend an:

- Man versucht, **Situationen** zu gestalten, welche das erwünschte Verhalten ermöglichen.
- Mit der lernenden **Person** werden die für einen solchen Situationsrahmen adäquaten Verhaltensmuster entwickelt und eingeübt.
- Man versucht, von vornherein die Mithilfe der Organisation, d. h. des Systems, bei der Steuerung der **Konsequenzen** zu gewinnen, so daß die erwünschten Verhaltensweisen stabilisiert und auf diese Weise zur Gewohnheit werden. Dies betrifft in erster Linie den direkten Vorgesetzten, aber auch die übrigen Hierarchen, von deren Einfluß es ja schließlich abhängt, ob organisatorische Verhältnisse geändert werden können.

4.4.5 Die drei ‚Straßen' des Lernens

Nach den Umfrageergebnissen des *Manager-Magazins* (Nr. 3/81, S. 116—117), stehen bei der betrieblichen Weiterbildung in externen (Tabelle 1) wie in internen (Tabelle 2) Seminaren neben dem Führungs*wissen* verhaltensbezogene Themen im Vordergrund (vgl. auch LEITER 1982 und DECKER 1984).

Tabelle 1: Führungswissen — Bestseller der Seminarveranstalter
Die meistgefragten Themen der außerbetrieblichen Weiterbildung*

Personenbezogenes Wissen		Funktionsbezogenes Wissen	
Führungswissen	67	Allgemeines Management	30
Verhalten/Kommunikation	40	EDV	27
Arbeitstechniken	32	Strategische Planung	20
Persönlichkeit	23	Marketing/Vertrieb	19
Rhetorik/Dialektik	22	Controlling	17
Train the Trainer	5	Recht	12
Organisationsentwicklung	2	Sekretärinnenkurse	5
	191 Punkte		130 Punkte

* Frage: Wenn Sie auf die letzten sechs Monate zurückblicken, können Sie feststellen, daß bestimmte Kurse besonders gefragt waren? Wenn ja, um welche Themen handelt es sich? (Die Befragten brachten drei beliebige Themen in eine Rangfolge, die bei der Auswertung nach einem Punktsystem gewichtet wurde.)

Tabelle 1: Die meistgefragten Themen der außerbetrieblichen Weiterbildung (Quelle: *Manager-Magazin,* 3/1981, S. 116)

Tabelle 2: Externe Trainer sollen das Betriebsklima verbessern
Die meistgefragten Weiterbildungsthemen, die Seminarveranstalter innerbetrieblich anbieten*

Personenbezogenes Wissen		Funktionsbezogenes Wissen	
Führungswissen	69	EDV	30
Verhalten/Kommunikation	67	Allgemeines Management	22
Arbeitstechniken	38	Marketing	13
Rhetorik	17	Personalwesen	12
Persönlichkeit	11	Organisation	11
Train the Trainer	6	Strategische Planung	10
Organisationsentwicklung	4	Controlling	5
	212 Punkte		103 Punkte

* Frage: Führen Sie auch innerbetriebliche Kurse durch? Wenn ja, welche Themen werden hier vor allem verlangt? (Die Befragten brachten drei beliebige Themen in eine Rangfolge, die bei der Auswertung nach einem Punktsystem gewichtet wurde.)

Tabelle 2: Die meistgefragten Weiterbildungsthemen, die innerbetrieblich angeboten werden (Quelle: *Manager-Magazin,* 3/1981, S. 117)

Als Erklärungsmodell, wie nicht nur Faktenwissen vermittelt wird, sondern wie man beispielsweise Kommunikationsverhalten oder neue Arbeitstechniken erfolgreich lehren kann, kann die Grafik in Abb. 34 dienen. Es handelt sich um eine auf den amerikanischen Klinischen Psychologen ROGERS (1974, 1976) zurückgehende Visualisierung, wonach die Persönlichkeit eines Menschen aus drei Teilbereichen besteht. Dies sind:

1. Der **kognitive** Bereich, d. h. der Bereich des Verstandes, des Denkens. Daten und Fakten wirken in diesen Bereich hinein und werden hier verarbeitet.
2. Der **affektive/emotionale** Bereich, d. h. der Bereich des Gefühls. Hier hinein wirken Erlebnisse und Erfahrungen, wobei die Gefühle gleichsam als Speicher der Erinnerungen wirken.
3. Der **aktionale** Bereich. Dieser Bereich bezieht sich auf das Handeln, das Agieren, das Tun einer Person, also auf ihr Verhalten.

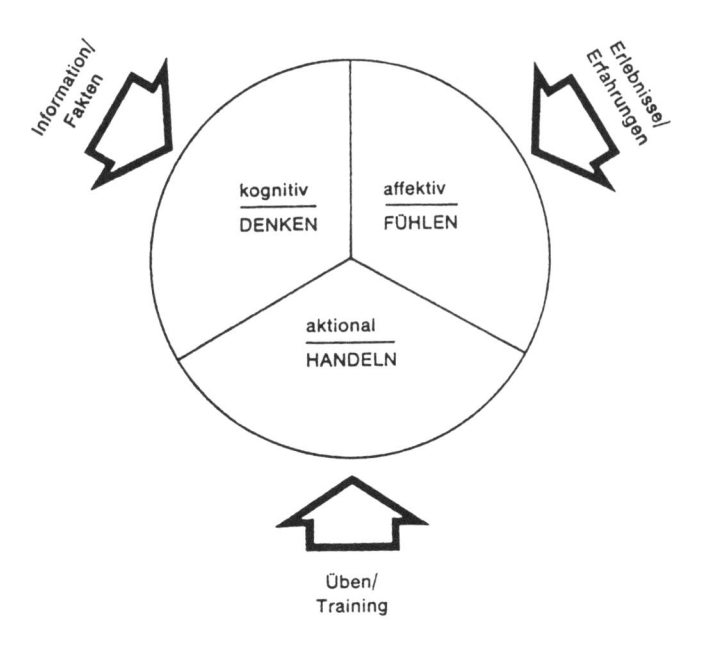

Abb. 34: Die drei ‚Straßen‘ des Lernens (in Anlehnung an C. R. ROGERS, 1976; entnommen aus: G. COMELLI, 1979, S. 18)

Alle drei Bereiche zusammen machen für ROGERS (1976) die Persönlichkeit aus. Eine Persönlichkeit findet ihren Ausdruck demnach im Denken, Fühlen und Handeln, wobei sich nach ROGERS bei einem seelisch gesunden Menschen diese drei Bereiche in Kongruenz (Übereinstimmung) befinden, d. h. es liegen keine Dissonanzen zwischen den drei Bereichen vor. Aus diesem Persönlichkeitsmodell läßt sich leicht ein **Lernmodell** für Verhaltenstrainings ableiten, das die **drei ‚Straßen' des Lernens** genannt wird. Will man das Verhalten eines Menschen ändern oder beeinflussen, muß man den *ganzen* Menschen erfassen. Ein Vortrag über gutes Führungsverhalten trifft nach dem Modell eben nur *ein* Feld der Persönlichkeit, den Verstand. Es wird an die Einsicht appelliert. Die Tatsache, daß am Ende des Vortrages alle Zuhörer zustimmend nicken, bietet nicht die geringste Gewähr dafür, daß sie ihre Einstellungen zum Mitarbeiter ändern oder sogar in Zukunft ihr *Handeln* nach dem Gehörten ausrichten werden. Man hat eben nur *eine* Lernstraße beschritten. Will man erfolgreich lehren (und dies gilt nicht nur für das Training von Führungsverhalten), so muß man drei Wege gleichzeitig beschreiten:

1. **Vermittlung von Daten und Fakten:** Das für die gewünschte Verhaltensänderung notwendige Wissen wird vermittelt. Dabei findet eine rationale Auseinandersetzung mit den Trainingsinhalten und -zielen unter Bezug auf die berufliche Situation der Teilnehmer statt.
2. **Die Vermittlung von Erlebnissen und Erfahrungen:** Der Lernende erfährt an sich selbst, sozusagen am eigenen Leib, daß bestimmte Verhaltensweisen erfolgreicher sind als andere. Er setzt sich gefühlsmäßig mit den Schwierigkeiten des neuen Verhaltens auseinander und sammelt erste Erfolgserlebnisse damit. Er beginnt, unerwünschte Verhaltensweisen emotional negativ zu bewerten.
3. **Übung / Training:** Durch Verhaltensübungen und Praxissimulationen (in der Regel unter Einsatz von Videofeedback) wird ein neueres oder besseres Verhalten in anfangs oft sehr kleinen Schritten trainiert und auf diese Weise ein neues Verhaltensrepertoire aufgebaut bzw. das bisherige Verhaltensrepertoire überarbeitet (learning by doing).

Will man ein wirklich effizientes Verhaltenstraining aufbauen, müssen diese drei Lernstraßen *gleichzeitig* beschritten werden. Dies bedeutet den Abschied von der früheren ‚Kopflastigkeit' von Bildungsaktivitäten mit ihrer (Über-)Betonung der Wissensvermittlung. Das heißt nicht, daß man nun in Verhaltenstrainings völlig auf kognitiven Input verzichtet. Selbstverständlich benötigt der Lernende Informationen, um sein Verhalten einer rationalen Kontrolle unterwerfen zu können. Es soll jedoch eine einseitige Überbetonung oder Vernachlässigung eines der drei Persönlichkeitsbereiche vermieden werden. Die Auswirkungen solcher Schwerpunktverschiebungen zeigt die Abb. 35.

Die Entscheidung für wirkliches Verhaltenstraining mit der damit verknüpften Einbeziehung des Lernens durch Üben und durch Sammeln von Erfahrungen hat einige Konsequenzen. Sie bedeutet zunächst eine Absage an die *nur* auf Vorträge aufgebauten Schulungen (‚Musik von vorne'). Statt dessen wird man sich solchen Trainingskonzepten zuwenden müssen, die den Teilnehmern Freiraum zum Experimentieren, Ausprobieren und Einüben bieten.

Persönlichkeitsbereiche

Persönlich-keitsbereich	einseitige Überbetonung	einseitige Vernachlässigung
kognitiv	„Kopflastigkeit" — „Intellektualisierer" — „praxisferner Theoretiker" — „hat sich schon mal jemand totreflektiert" — „Hirnling" — „kalter Rechner" — „kein Mensch, sondern ein Computer"	„Dummheit" — „Engstirnigkeit" — „den Wald vor lauter Bäumen nicht sehen" — „zu enger Horizont" — „Vereinfacher" — „verkürzter Blickwinkel"
emotional	„Gefühlsduselei" — „Affektrausch" — „ausgeflippt" — „regressives Verhalten" — „Wahrnehmensverzerrungen" — „blind vor Wut" — „sentimental"	„gefühlstot" — „eiskalt" — „herzlos" — „distanziert" — „unecht" — „fassadenhaft" — „innerlich hohl" — „apathisch" — „kalter Fisch"
aktional	„blinder Aktionismus" — „technokratischer Macher" — „Zack-zack, nicht lange gefackelt" — „erst handeln, dann denken!"	„Verhaltensdefizite" — „wie der Ochs vorm Berg" — „Praxisferne" — „nicht zu Potte kommen" — „Handlungsunfähigkeit" — „zwei linke Hände"

Abb. 35: Auswirkungen von Überbetonung bzw. Vernachlässigung einzelner Persönlichkeitsbereiche in Trainings (entnommen aus: B. FITTKAU und F. SCHULZ VON THUN, 1976, S. 73)

Dazu gehört selbstverständlich das Videofeedback mit Analyse und Auswertung der einzelnen Übungsphasen. Wer beispielsweise meint, Konferenz- oder Gesprächstechnik könne man durch einen Vortrag und am liebsten in einem Tag lernen, sollte sich in bezug auf die Wirksamkeit einer solchen Maßnahme keine zu großen Hoffnungen machen. Ein Verhaltenstraining mit ausreichender und intensiver Übungsmöglichkeit für jeden Teilnehmer verspricht bedeutend höhere Lernerfolge, erfordert andererseits aber auch **höheren Zeitaufwand** und — damit zwingend verbunden — auch **Verzicht auf große Gruppen**. Je kleiner die Gruppe, desto größer ist die Aktivitätschance für den einzelnen Teilnehmer.[18] Viele Firmen haben aus diesem Grund in-

---

18) Die Unsinnigkeit zu großer Trainingsgruppen wird durch ein einfaches Rechenbeispiel schnell offenbar: In einem Seminar mit 20 Teilnehmern soll *jeder* mindestens 10 Minuten Übungszeit pro Tag (!) — etwa zur Einübung einer bestimmten Fragetechnik — erhalten. Jeder wird dabei per Video aufgezeichnet, und die Aufzeichnung später abgespielt. Das ergibt 200 Minuten für die Aufzeichnung plus 200 Minuten für Playback, insgesamt also 400 Minuten = 6 Stunden und 40 Minuten! Rechnet man noch Kaffeepausen und Mittagessen hinzu, ist bereits ein mehr als neunstündiges Seminar ‚verbraucht'. Jeder Teilnehmer hatte zehn Minuten eigene Aktivität und außerdem die Gelegenheit, seine Aufzeichnung und die aller anderen zu betrachten. Der Trainer allerdings hat bis dahin noch keine Zeit gehabt, etwas zu den einzelnen Aufzeichnungen zu sagen oder einzelnen Passagen mit den Teilnehmern zu diskutieren.

zwischen sogenannte Mammutseminare aus ihrem Ausbildungsangebot für Mitarbeiter gestrichen und arbeiten statt dessen mit *kleinen* Gruppen von etwa zehn, maximal zwölf Teilnehmern bei sehr konkret definierten und in der vorgegebenen Zeit auch *realisierbaren* Lernzielen. Arbeitet man mit größeren Gruppen, werden mehrere Trainer eingesetzt.

Die Entscheidung für ein Verhaltenstraining hat auch Konsequenzen für die Teilnehmer. Zunächst werden sie sehr schnell merken, daß ein Verhaltenstraining nach dem Konzept der drei Straßen des Lernens den ‚ganzen Menschen erfaßt'. Sie sind beträchtlich mehr gefordert, denn sie müssen sich viel intensiver einbringen. Üben und Erfahrungen sammeln kann man nur durch aktive Teilnahme, durch Agieren. Damit werden sie als Teilnehmer allerdings auch zum Gegenstand von Beobachtungen, Analysen und Diskussionen. Fühlte man sich bislang im kognitiven Feld einigermaßen sicher — im Diskutieren hat man ja schon lange genug Routine —, entstehen jetzt vor allem angesichts einer häufig recht schonungslos aufzeichnenden Videokamera mancherlei Ängste. Es entstehen Befürchtungen, auf dem ‚Prüfstand' vor den anderen nicht gut genug abzuschneiden. Solche Selbstoffenbarungsängste können mitunter außerordentlich stark werden, und es ist die Aufgabe des Trainers bzw. der Trainer, für eine dem Lernen förderliche Atmosphäre zu sorgen und auch die Selbstoffenbarungsrisiken möglichst gering zu halten.[19] Trainings mit hohem aktionalem Anteil greifen nun einmal tiefer. Gerade deshalb sind sie aber auch lernintensiver.[20]

Die für das Konzept solcher Verhaltenstrainings typische Beschränkung des kognitiven Anteils und die gleichzeitige Betonung des Übungs- und Erfahrungslernens bringt außerdem oft ein weiteres Teilnehmerproblem mit sich, das sich ebenfalls besonders am Anfang solcher Trainings stellt. Neben den mit der intensiven Lernform verbundenen Selbstoffenbarungsängsten kommt vor allem bei sehr kognitiv geprägten Teilnehmern mitunter eine starke Ungeduld auf, weil ‚alles zu langsam geht'. Man hat ja schon ‚alles verstanden' und will ‚im Stoff weiterkommen'. Außerdem fürchtet man, ‚zuwenig zu schaffen' oder ‚im Programm nicht durchzukommen'. Eine solche Teilnehmerreaktion ist verständlich. Für die meisten Teilnehmer ist die neue Form des Lernens ungewohnt, und sie können den Sinn der intensiven Übungsarbeit noch nicht erkennen. Meist wird ihnen dies jedoch schlagartig klar, wenn sie bei der Durchführung einer eigenen Übung an sich selbst den Unterschied zwischen Wissen, Verstanden-Haben und Selbst-Tun-Müssen erlebt haben.

---

19) Siehe SCHRADER, GOTTSCHALL und RUNGE (1984, S. 79 ff.) im Band 5 dieser Handbuchreihe.
20) Dabei zeigt sich vor allem zu Beginn solcher Trainings häufig auch das Phänomen der sogenannten ‚Flucht ins kognitive Lernfeld'. In der Diskussion fühlt man sich am sichersten (‚Heimspiel-Effekt'). Schließlich ist es ja auch leichter, gewohnter und risikoloser, über etwas zu diskutieren als es einmal zu üben.

Für den Weiterbildungsleiter oder den Trainer, der Verhaltenstrainings konzipiert, stellen sich noch weitere Probleme. Die Entscheidung für ein Verhaltenstraining bedeutet wegen des hohen Zeitaufwandes für das Übungslernen eine Beschränkung auf wenig Stoff. Ein in der üblichen Weise abgefaßter Seminarverlaufsplan sieht dann immer etwas mager aus. Daraus ergibt sich häufig die Schwierigkeit, in der Unternehmung bei den entscheidenden, d. h. die Gelder bewilligenden Stellen ein solches Seminarkonzept zu ‚verkaufen'. Damit man nicht ungewollt Opfer eines Informationsdefizites der Entscheidungsträger wird, werden deshalb in der Praxis häufig Seminarprogramme geschönt, d. h. eine größere Stoffülle als wirklich vorgesehen wird im präsentierten Seminarplan durch Nennung fiktiver Programmteile vorgetäuscht. Ähnlich schwierig ist es häufig, die Entscheidungsträger im Unternehmen davon zu überzeugen, daß eine strenge Beschränkung der Teilnehmerzahl dem Seminarerfolg dient. Dabei weiß jeder Trainingspraktiker, wie stark die Erhöhung der Teilnehmerzahl um nur wenige Leute die Durchführung eines Seminars verändern oder sogar negativ beeinflussen kann.

4.4.6 Das Transferproblem

Verhaltenstrainings, die den Anspruch auf Wirksamkeit erheben, schweben — wie bereits angesprochen — nicht isoliert im Raum. Sie müssen nicht nur in jeder Phase auf die betriebliche Realität zugeschnitten sein und inhaltlich mit dieser Realität konform gehen, sondern nach der Durchführung auch ihre Verankerung, ihre Stützung und am besten sogar ihre Fortführung im betrieblichen Alltag finden. Ein solcher **Lerntransfer** muß regelrecht organisiert werden. Immer wieder stößt man darauf, daß dabei eine **entscheidende Rolle und Bedeutung** dem **unmittelbaren Vorgesetzten** des Trainierten zukommt. Er muß sozusagen als Co-Trainer gewonnen werden. Aus dieser Erkenntnis heraus richteten schon Anfang der 70er Jahre Trainingspraktiker (z. B. beim Institut für Führungslehre der Ford-Werke in Köln) das sogenannte ‚Abstimmungsdreieck' ein. Dieses Dreieck bestand aus dem zukünftigen Trainingsteilnehmer, seinem Vorgesetzten und einem sogenannten Trainingsberater als Vertreter des Trainingswesens, der entweder für eine bestimmte organisatorische Einheit oder für einen bestimmten Teil des Trainingsangebotes zuständig war. Grundsätzlich wurden nicht nur Lernziele für das Training selbst entwickelt (off-the-Job-Ziele), sondern auch Lernziele für die Zeit danach oder mitunter auch für die Zeit davor, die dem Teilnehmer und seinem Chef als Leitlinien (on-the-job-Ziele) für Betreuung und Transfer dienten. Der Trainingsberater wurde entweder durch den Mitarbeiter, der sich für ein bestimmtes Trainingsangebot interessierte, angesprochen oder durch den Vorgesetzten, der für den Mitarbeiter eine bestimmte Schulungsmaßnahme ins Auge gefaßt hatte. Alle drei setzen sich dann an einen Tisch (= Abstimmungsdreieck), um zu prüfen, ob wirklich ein Trainingsproblem vorlag, und zur Vereinbarung konkreter Maßnahmen, was Mitarbeiter und Vorgesetzter

176 Die Philosophie der OE

zu tun hatten, um das Training optimal vorzubereiten bzw. nachher die Trainingsinhalte einzuüben und zu vertiefen.[21]) Frühestens drei, spätestens sechs Monate nach einem Training traf sich das ‚Dreieck' wieder zur Überprüfung des Lernerfolges. Weitere Hinweise zum Transferproblem finden sich bei BRONNER und SCHRÖDER (1983) in Band 6 dieser Handbuchreihe.

Praktisch alle von verschiedenen Autoren vorgelegte Transferkonzepte[22]) spiegeln die bisher skizzierten Ansätze wider:

- Einbindung der Trainingsinhalte in die organisatorischen Rahmenbedingungen und ihre Verknüpfung mit der wirklichen Arbeitssituation,
- gezielte Vorbereitung und vorbereitende Abstimmung nicht nur mit dem Teilnehmer, sondern vor allem mit seinem Vorgesetzten (Transferüberlegungen gehören bereits in die Programmentwicklung) und
- Nachbereitung und Transfersicherung durch Folgeaktivitäten am Arbeitsplatz bzw. Evaluierung des Trainings (z. B. durch Nach-Seminare, Befragung des Umfeldes des Trainierten o. ä.).

Auf dieser Linie liegt auch HOEPFNER (1973, S. 266 ff.), der zur Transferproblematik bei Managementtrainings folgende Hinweise gibt:

→ Einstellungen und Motive der Betroffenen in den Trainingszielen berücksichtigen (auch Ängste und Befürchtungen),
→ Rollen überprüfen und testen, ob Übereinstimmung zwischen betrieblicher Realität und den Lernzielen besteht,
→ Anreize am Arbeitsplatz dafür schaffen, daß das Trainierte auch wirklich praktiziert wird,
→ von Anfang an flankierende Maßnahmen zu den Trainings entwickeln,
→ Atmosphäre schaffen (am Arbeitsplatz, bei den Kollegen), die zum Ausprobieren des Erlernten ermuntert,
→ nach dem Training eine ‚Tauperiode' einplanen, in welcher der Teilnehmer mit dem Erlernten experimentieren kann, keine Mitarbeiterbeurteilung an gerade trainierten Leuten,
→ Anlaufstationen schaffen für Rückfragen der Trainierten in der Experimentierphase,
→ evtl. zusätzliche Trainingssitzungen zur Nachbereitung einplanen.

---

21) Geht ein Mitarbeiter beispielsweise in ein Training über das Leiten von Besprechungen, so könnte vereinbart werden, daß der Mitarbeiter vorher mindestens einmal eigenständig eine Besprechung in der Arbeitsgruppe des Vorgesetzten leitet und daß diese Besprechung dann anschließend gemeinsam mit seinem Chef analysiert wird, um daraus die konkreten Lerndefizite zu ermitteln (was natürlich immer dann schwierig wird, wenn der Vorgesetzte selber Lerndefizite aufweist und für sich ein Training bisher nicht für notwendig gehalten hat ...). Für die Zeit nach dem Training kann vereinbart werden, daß der Mitarbeiter in den nächsten Wochen mindestens drei weitere Besprechungen leitet und diese wieder gemeinsam mit seinem Chef auswertet.
22) Z. B. SAUL und STIEFEL (1981) oder KOLVENBACH und LAUMANNS (1982).

Ein beträchtlicher Teil von Trainingsmißerfolgen liegt vermutlich weniger im Gehalt der Trainings als vielmehr in Transferhindernissen oder in vernachlässigter Planung des Transfers. Ein interessanter Ansatz, den Transfer zu optimieren, besteht darin, nach Möglichkeit ganz auf Trainingsspezialisten zu verzichten und den Vorgesetzten selbst als Trainer zu gewinnen. Vor allem in größeren Unternehmungen werden seit Jahren nicht nur im Rahmen der rein fachlichen Fort- und Weiterbildung, sondern auch im Bereich des Führungsverhaltens und der Führungstechniken mit ermutigendem Erfolg Vorgesetzte als Trainer eingesetzt.

Zusammenfassend lassen sich folgende Merkmale eines guten Verhaltenstrainings formulieren:[23])

(01) Verhaltenstraining hat klar definierte und möglichst in Verhaltenskategorien abgefaßte Zielsetzungen.
(02) Diese Ziele werden den potentiellen Seminarteilnehmern bekannt gemacht (so konkret und unmißverständlich wie möglich).
(03) Die Ziele sind möglichst problembezogen und anwendungsorientiert sowie innerhalb der vorgegebenen Trainingszeit wirklich realisierbar.
(04) Sie sind verträglich mit den situativen Rahmenbedingungen der Organisation, bzw. entsprechende Bedingungen werden geschaffen.
(05) Maßnahmen zur Erfolgssicherung der Lerninhalte nach dem Seminar werden angestrebt bzw. sind abgestimmt und werden durchgeführt.
(06) Der Rolle und dem Einfluß des jeweiligen Vorgesetzten des Seminarteilnehmers wird besondere Beachtung geschenkt, und man versucht, diesen möglichst als Co-Trainer für die Zeit nach dem Seminar zu gewinnen.
(07) Im Seminardesign ist genügend Freiraum für aktionales Training vorgesehen.
(08) Die Teilnehmerzahl ist folglich angemessen und nicht überdimensioniert.
(09) Der Verhaltenstrainer kümmert sich nicht nur um das eigentliche Seminarkonzept, sondern engagiert sich auch bei der Organisation des Transfers der Seminarinhalte in die Praxissituation.
(10) Der Trainer bzw. die Ausbildungsabteilung legt starken Wert auf eine Erfolgskontrolle, d. h. nicht nur Abschlußbefragung der Teilnehmer unmittelbar nach dem Seminar, sondern auch Überprüfung des Seminarerfolges mit zeitlichem Abstand ‚vor Ort', ggfs. einschließlich der Analyse möglicher Ursachen für Fehlschläge.

Diese Merkmale für ein Verhaltenstraining weisen eben wegen des Verhaltensansatzes eine außerordentlich starke Annäherung an OE-Denken auf. Gleichzeitig ergeben sich durch sie Auswirkungen auf die Rolle des Trainers, der immer weniger als Lehrer, Dozent oder Referent auftritt und immer mehr zum Moderator von Problemlöseprozessen, zum Organisator von Lernerfahrungen oder auch zum Konfliktregler wird. Dabei stellt er den Teilnehmern sein Methodenwissen und seine pädagogisch-psychologische Kompetenz zur

---

23) Auch bei COMELLI (1982, S. 56—57).

Die Philosophie der OE

Verfügung, wie das bei SCHRADER / GOTTSCHALL / RUNGE (1984, Bd. 5 dieser Handbuchreihe) ausführlich beschrieben ist.

Aufgrund der Tatsache, daß man bei der Organisationsentwicklung die Lerninhalte oder die Inhalte der Veränderungs- bzw. Problemlöseaktivitäten grundsätzlich unmittelbar der betrieblichen Realität entnimmt, verringert sich die Transferproblematik bei OE unter Umständen. Dies ist dadurch begründet, daß bei Verhaltenstrainings gewöhnlich durch Simulation und an Fallbeispielen geübt wird, während das Erfahrungslernen bei OE-Projekten den konkreten Vorfall zum Gegenstand hat.

4.5 Betonung des Prozesses

Das **Denken in Prozessen** und nicht nur die Fixierung auf ein Ergebnis, auf das Resultat, kennzeichnet den Organisationsentwickler. OE-Praktiker haben dafür die Formel ‚Das WIE ist mindestens so wichtig wie das WAS'. Nicht selten ist sogar das WIE wichtiger. Aus diesem Grund gilt ein Großteil der Aktivitäten eines OE-Prozesses der exakten Diagnose der Lage, einer klugen und psychologisch geschickten Vorbereitung sowie der Steuerung bzw. der Aufrechterhaltung des Prozesses. Viele gute Veränderungsideen scheitern nicht deshalb, weil sie unbrauchbar oder unrealistisch sind, sondern weil ihre Realisierung zu schnell betrieben wurde, oder zu ungeduldig, zu ungeschickt, zu rücksichtslos gegenüber Betroffenen, zu blind für Nebenwirkungen, zu uninformiert über Hintergründe und Zusammenhänge oder einfach zu naiv bezüglich der Reaktionen der Träger der Veränderung. Deshalb investiert der Organisationsentwickler zunächst sehr viel Zeit und Kraft in eine sorgfältige Analyse der Problemlage sowie in die Ursachenerforschung, zieht dabei Problemträger und Problembeteiligte hinzu und nutzt deren Situationskenntnisse und Sachkunde. Ebenso intensiv entwickelt und prüft er Lösungsalternativen — je mehr, desto besser — und vergißt auch nicht, diese auf eventuelle Nebenwirkungen abzuklopfen. Weitere Denkarbeit gilt schließlich noch der Planung der für die Problemlösung ausgewählten Maßnahmen, der Vorbereitung von Aktivitäten zur Stützung und Aufrechterhaltung des Prozesses sowie der Konstruktion von Rückmelde-Schleifen zur Prozeßsteuerung.

Es ist sicher nicht falsch, wenn man die Ursachen für den Erfolg von OE-Projekten zu einem beträchtlichen Teil auch darin sieht, daß der jeweilige Problemlöseprozeß eben mit extremer Sorgfalt, hoher Aufmerksamkeit und großer Intensität betrieben wird. Ohne damit speziell auf OE-Prozesse abzuheben, unterstreicht beispielsweise TREGOE (1983, S. 23—45) in einem kritischen Vergleich der Produktivität von Unternehmen in den USA und in Japan, daß ein ganz entscheidender Faktor für die Produktivität einer Organisation darin besteht, wieviel Problemlösekapazität diese zur Verfügung hat bzw. sich zur Verfügung hält. Mit anderen Worten: Wieviel Zeit nimmt sie sich für die Lösung von Problemen, und wieviel Leute sind für Problemlösungen eingesetzt? Wenig Zeit sowie schlecht und/oder nicht trainierte Leute für Problemlösung sind in einer Organisation gleichbedeutend mit Produktivitätsabfall, Anstieg der Fehlerquote bzw. Absinken des Qualitätsniveaus, Rückgang der Innovationsrate und Erlahmen des betrieblichen Vorschlagswesens (qualitativ wie quantitativ).[24]

---

24) TREGOE belegt seine Thesen mit zum Teil sehr eindrucksvollen Vergleichszahlen und leitet daraus u. a. die Forderung ab, daß Organisationen erfolgreiche Problemlösung durch Mitarbeiter weitaus stärker belohnen müßten.

180 Die Philosophie der OE

Einige Phasenmodelle und die Systematik von OE-Prozessen sind im Kapitel 3 bereits vorgestellt und beschrieben worden. So soll an dieser Stelle lediglich noch auf die Abb. 36 hingewiesen werden, in der FRENCH und BELL (1977, S. 49) zusammenfassend die wesentlichen Merkmale und Bestandteile des OE-Prozesses wiedergeben.

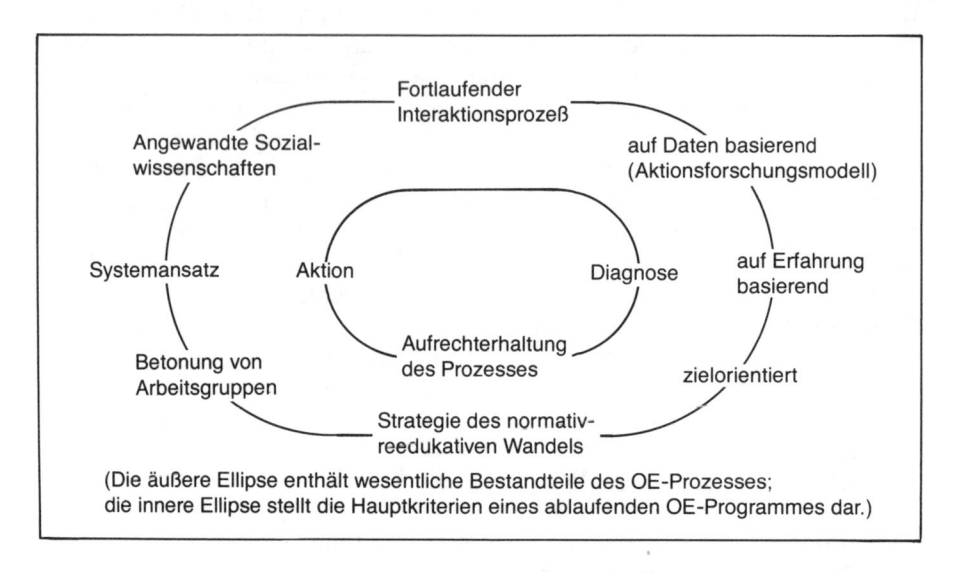

```
                    Fortlaufender
                    Interaktionsprozeß
    Angewandte Sozial-                        auf Daten basierend
    wissenschaften                            (Aktionsforschungsmodell)

  Systemansatz     Aktion         Diagnose      auf Erfahrung
                                                basierend
                    Aufrechterhaltung
    Betonung von    des Prozesses             zielorientiert
    Arbeitsgruppen
                    Strategie des normativ-
                    reedukativen Wandels
```

(Die äußere Ellipse enthält wesentliche Bestandteile des OE-Prozesses; die innere Ellipse stellt die Hauptkriterien eines ablaufenden OE-Programmes dar.)

Abb. 36: Organisationsentwicklung als Prozeß (entnommen aus: W. L. FRENCH und C. H. BELL jr., 1977, S. 49)

Als ein typisches Beispiel für die Vernachlässigung des Prozeßdenkens könnte man die für Frühjahr 1983 in der Bundesrepublik geplante und mit Millionen-Mark-Aufwand vorbereitete Volkszählung ansehen, die dann auf immer stärkeren und breiteren Widerstand in der Bevölkerung stieß und schließlich auf juristischem Wege gestoppt wurde. Eine Hauptquelle für diesen Widerstand wird nicht gewesen sein, daß die breite Bevölkerung gegen eine Volkszählung an und für sich war. Hingegen wirkte es — gelinde gesagt — erstaunlich, daß sich Politiker, Bürokraten und Spezialisten für Erhebungen und Statistik offensichtlich jahrelang damit auseinandergesetzt hatten, *was* nun alles erfragt werden müsse, während sie sich anscheinend so gut wie keine Gedanken darüber gemacht zu haben schienen, *wie* man etwa die Mitwirkung der Bevölkerung bei einem solchen Projekt gewinnen könne. So als wäre das Informationsbedürfnis von Bürgern gegenüber öffentlichen Instanzen nicht seit Jahren enorm gestiegen und als sei die Sensibilität im Land gegenüber Datenerfassung und Datenbehandlung nicht spürbar gewachsen. Längerfristig angelegte Maßnahmen zur Vorbereitung der Bevölkerung auf die Volkszählung durch die verantwortlichen Organe und Instanzen sind entweder nicht durchgeführt worden oder aber bei der Bevölkerung nicht angekommen. Als dann die Widerstände in der Bevölkerung doch so ausgeprägte Formen annahmen, daß man schon befürchten mußte, die Auswertbarkeit der Befragungsdaten könne durch Boykott oder durch ‚intelligentes Lügen' gefährdet werden, schienen Experten wie Politiker überrascht und unvorbereitet. Zur ‚Prozeß-Steuerung' erfolgten nur hilflose bis empörende Reaktionen der Organisatoren: Eine Hals-über-Kopf geschaltete Anzeigenkampagne, eine Telefonauskunft (Motto: ‚Sie können sich ja informieren...') und die Drohung mit Ordnungsstrafen. Sogenannte ‚Gehorsams-Erzwingungs-Gewalt' (WEBER, 1956) sollte notwendige Überzeugungsstrategien ersetzen, so als hätte man beispielsweise noch nie von dem Phänomen der **Reaktanz**[25]) gehört. Reaktanz besagt, daß ein Mensch, der sich subjektiv in seinen Freiräumen eingeschränkt oder manipuliert fühlt, darauf verdeckt oder offen mit Widerstand, Verweigerung oder mit dem genau gegenteiligen Verhalten zu dem erwünschten oder geforderten reagiert.

---

25) Siehe z. B. SILBERER (1980).

4.6 Betonung des Systemdenkens

Im Kapitel 3 wurde auf die Bedeutung des Systemdenkens, des Denkens in Netzen, bereits ausführlich hingewiesen. Dabei ist anzumerken, daß die meisten Menschen bislang durch Erziehung, Schule, Ausbildung und Beruf noch nicht sonderlich trainiert sind in dieser komplexeren Art des Denkens und daß die Menschheit erst langsam lernt bzw. lernen muß, solche Denkweisen bei der Lösung immer komplexer werdender Probleme anzuwenden.[26]) Es überrascht nicht, wenn denn auch die Deutsche Management-Gesellschaft e. V. (zit. nach WIRTSCHAFTSWOCHE, 26/1982, S. 49) feststellt:

> „Die Komplexität unserer Systeme, Institutionen und Organisationen führt zur Unüberschaubarkeit. Dadurch entstand ein Mangel an Durchsichtigkeit und Verständnis. Die Vernetzung der Systeme wurde nicht ausreichend bedacht. **Es fehlt an Systemdenken, an ganzheitlichem Denken in Politik und Wirtschaft.**"[27])

Für den Ansatz der Organisationsentwicklung ist es ausgesprochen typisch, daß systemumfassend bzw. systemübergreifend gedacht wird. Der Organisationsentwickler sieht in einer Organisation einen lebendigen und dynamischen Organismus, der sich entwickelt, verändert und mit seiner Umwelt in Wechselbeziehung steht. Dabei wird die Organisation als ein **offenes System** betrachtet, d. h. es besteht Durchlässigkeit zwischen ‚innen' und ‚außen'. Das Gesamtsystem wird wiederum als eine Ganzheit von interagierenden, d. h. sich wechselseitig beeinflussenden Subsystemen angesehen. Für den OE-Praktiker steht außer Frage, daß Veränderungen in einem der Subsysteme unterschiedlich intensive Aus- oder Nebenwirkungen in einem oder mehreren anderen Subsystemen haben können, oft sogar haben müssen. Dies sucht er bei seiner Tätigkeit zu berücksichtigen, so daß er nicht zu isolierter Betrachtungsweise neigt. Darüber hinaus ist der Organisationsentwickler sich voll der Tatsache bewußt, daß selbstverständlich jedes Subsystem wieder seine eigenen Spezialisten und Experten besitzt, die es für Veränderungsprozesse zu gewinnen und für Zusammenarbeit aufzuschließen gilt. Vom Systemansatz her versteht sich deshalb Organisationsentwicklung als ausgesprochen **interdisziplinärer Ansatz**.

Die in diesem Kapitel beschriebenen Grundannahmen über Organisationsentwicklung finden sich in mehr oder weniger ähnlicher Form bei allen OE-Autoren. Stellvertretend sollen hier KOCH, MEUERS und SCHUCK (1980,

---

26) Siehe dazu DÖRNER (1974).
27) Zugleich wird darauf hingewiesen, daß man darüber nachdenken müsse, „in welche Richtung sich Manager entwickeln müssen, um nicht eines Tages trotz aller fachlicher Qualifikation von den Problemen abseits von Produktion, Vertrieb und Kostenrechnung ... überrollt zu werden".

S. 10—11) genannt sein, für die Organisationsentwicklung auf vier Hypothesen fußt:

(1) „Jeder Mensch ist prinzipiell entwicklungsfähig. Genauso wie bestimmte Verhaltensweisen erlernt worden sind, können sie auch schrittweise wieder verlernt werden.

(2) Um bestehende personale und strukturale Lernunfähigkeiten, -widerstände und -barrieren zu überwinden, bedarf es planmäßiger Anstöße bzw. Interventionen von außen.

(3) Leistungsoptimierung bzw. Effektivität der Organisation und Bedürfnisberücksichtigung der Arbeitnehmerinteressen schließen sich nicht prinzipiell aus, sondern bedingen sich wechselseitig und können sich in engem Zusammenhang mit Veränderungen der Umwelten gegenseitig befruchten.

(4) Methoden zur Veränderung von Organisationen haben dann die besten Realisierungschancen und die höchste Erfolgswahrscheinlichkeit, wenn organisatorische Veränderungen unter Einbeziehung der Wünsche und Hoffnungen der Beteiligten und Betroffenen durchgeführt werden."

4.7 Anhang

Anhang 1: Fallbeispiel ‚Von Theorie X zu Theorie Y'

Ein sehr interessantes praktisches Beispiel des Umstiegs einer ganzen Organisation von der Theorie X auf dieTheorie Y (s. Abschn. 4.2) berichtet OLDENDORFF (1970, S. 189—191), wobei er sich auf einen Aufsatz von VAN DE WOLK (1965) stützt. Im Rahmen der Erneuerung der Personalführung bei den Appingedammer Bronzemotorenwerken in den Niederlanden teilte die Direktion des Unternehmens allen Mitarbeitern ungeachtet ihres Ranges in einem offenen Brief mit, daß man in der Betriebsführung lange Zeit nach der Theorie X verfahren habe und daß man nunmehr zur Theorie Y übergehen wolle. Die beiden Theorien wurden natürlich nicht namentlich erwähnt, sondern ihr Inhalt in allgemeinverständlichen Worten beschrieben. Ausschnitt aus dieser Ankündigung der Direktion:

> „Mit Wirkung vom 30. Dezember dieses Jahres und weiterhin im Verlauf des Jahres 1964 werden in unserem Betrieb eine Reihe neuer Maßnahmen eingeführt. Im folgenden sollen diese Maßnahmen angekündigt und erläutert werden. Zum besseren Verständnis ist es aber zunächst notwendig zu erklären, warum die Direktion diese Maßnahmen treffen will.
>
> In vielen Fällen hat man eine falsche Meinung von ‚dem' Arbeitnehmer. Man geht dabei von der Voraussetzung aus, daß er einen Abscheu vor der Arbeit hat, daß er dazu neigt, Verantwortung abzuschieben, daß er kein Interesse am Betrieb hat, in dem er arbeitet, und daß Geld für ihn die einzige Triebfeder dazu ist, dennoch zu arbeiten.
>
> Diese Theorie ist die Grundlage vieler Maßnahmen, die uns im heutigen Betriebsleben bekannt sind. Um die Unwilligen zum Arbeiten zu bringen, sind sie mit einer Zwangsjacke von Kontrollen, Vorschriften, Bußen, Prämien und Drohungen umgeben. Sie werden weiterhin in Unkenntnis über alles gelassen, was sie nicht unmittelbar wissen müssen, und ihre Meinungen und ihre Ideen werden meist nur unzureichend beachtet.
>
> Die Direktion der Appingedammer Bronzemotorenwerke hat von ihren Arbeitnehmern eine andere Meinung. Sie ist davon überzeugt, daß das Bedürfnis, geistige und körperliche Arbeit zu verrichten, ebenso natürlich ist wie essen, spielen und schlafen. Jeder normale gesunde Mensch will arbeiten und Verantwortung tragen, vorausgesetzt, daß die Arbeit ihm liegt und die Umstände, unter denen er diese Arbeit verrichten muß, ihm die Lust nicht nehmen. Natürlich gibt es wirklich unwillige Menschen, doch sie stellen nur eine sehr kleine Minderheit dar.
>
> Davon ausgehend hat die Direktion einen Plan aufgestellt, der folgendes bezweckt:
>
> (1) Schaffung einer Organisation, die dem einzelnen Arbeitnehmer mehr Möglichkeiten bieten wird, seine Begabungen und Fähigkeiten im Betrieb zur Entfaltung zu bringen und Verantwortung zu übernehmen.

(2) Die Arbeitnehmer soviel wie möglich am Ablauf der Dinge im Betrieb zu beteiligen.
(3) Aufhebung ungerechter Unterschiede zwischen den Arbeitnehmern.
(4) Aufhebung aller Kontrollmaßnahmen und Bußsysteme, die nur in einem vorgefaßten Mißtrauen gegenüber den Arbeitnehmern begründet sind.
(5) Entwicklung einer Lohnform, die allen Qualitäten der Arbeitnehmer gerecht wird und sie auf gerechte Weise am Ergebnis der gesamten Anstrengungen teilhaben läßt.

Mit der Ausführung dieses Plans ist nun ein Anfang gemacht. Es ist ein umfassender Plan, und seine Verwirklichung wird mehrere Jahre dauern. Ein Gelingen ist nur dann möglich, wenn das Vertrauen, das die Direktion in ihre Arbeitnehmer setzt, von ihnen mit Vertrauen beantwortet wird."

OLDENDORFF betont bei der Betrachtung dieses Falles, daß es sich natürlich um ein einzelnes und nicht das allgemein seligmachende Modellbeispiel für Betriebsführung handelt. Immerhin berichtet er (1970, S. 190—191) einige für die damalige Zeit recht erstaunliche positive Erfahrungen nach Einführung dieser neuen Führungsphilosophie:

„Die Steckuhr, das Kontrollmittel für zeitiges Erscheinen, verschwand. Die Leitung schenkte — bewußt oder unbewußt — der Theorie der „selffulfilling prophecy" Glauben; sie vertrat die These: Wenn der Arbeitgeber den Mitarbeitern mit Mißtrauen begegnet, fordert man damit ein Verhalten der Arbeitnehmer heraus, das dieses Mißtrauen bestärkt. Umgekehrt: Wenn der Arbeitgeber den Arbeitnehmern Vertrauen zeigt, ruft er bei den Arbeitnehmern ein Verhalten hervor, das dieses Vertrauen festigt. Die Steckuhren symbolisieren den Argwohn der Leitung. Damit rufen sie genau das hervor, wozu sie eingerichtet sind. Die Abschaffung der Steckuhren bewies die Richtigkeit dieses Gedankenganges, denn das Zuspätkommen nahm seitdem ab, trotz der Tatsache, daß die Buße für Zuspätkommen abgeschafft war. Natürlich entstand doch eine mehr oder weniger spontane Kontrolle. Sie wurde vom Meister oder vom Chef und — von den Kollegen ausgeübt. Wer regelmäßig zu spät kam, mußte in seiner Abteilung mit Schwierigkeiten rechnen; er wurde wie jemand angesehen, der sich des in ihn gesetzten Vertrauens und der ihm übertragenen Verantwortung nicht würdig erwies, und so führte die Abschaffung der Steckuhr zu besserer Selbstkontrolle. Ein zweiter beachtenswerter Punkt war, daß die Betriebsleitung den Mut hatte, bei Fehlen wegen Krankheit den ‚Karenztag' abzuschaffen und das Krankengeld (netto) auf 100 % zu erhöhen. Der Arbeitnehmer hatte also bei Krankheit keinen finanziellen Nachteil mehr. Seitdem ist das Fehlen wegen Krankheit zurückgegangen!"

Anhang 2: Fallbeispiel ‚Entwicklung von Führungsleitlinien'

Eine totale Beteiligung Betroffener ist zumindest in größeren Organisationen allein aus Gründen der Praktikabilität kaum oder nur selten realisierbar. Die Beteiligungsmöglichkeiten müssen eingeschränkt werden bzw. sind je nach

Projektstand unterschiedlich intensiv. Verschiedenste Gründe wie der verfügbare Zeitrahmen, der Problemdruck, die Verfügbarkeit der zu Beteiligenden, die Bereitschaft oder auch Fähigkeit zur Partizipation usw. können eine solche Einschränkung notwendig machen. Folgende Vorgehensweise wurde deshalb bei einem Projekt ‚Entwicklung von Führungsleitlinien' gewählt:

In einem größeren Industrieunternehmen sollen nach einer vorausgegangenen Grundsatzentscheidung des Vorstandes Führungsleitlinien durch die Mitarbeiter selber entwickelt werden. Es würde wahrscheinlich mehrere Jahre dauern, wollte man alle Mitarbeiter des Unternehmens daran unmittelbar beteiligen. So entscheidet man sich dafür, über eine totale Mitarbeiterbefragung zunächst die derzeit herrschenden Führungsdefizite zu erfragen (= Beteiligung aller). Die allgemeinen Ergebnisse werden allen Mitarbeitern über innerbetriebliche Informationssysteme wie Hausmitteilungen, Hauszeitung, Vorgesetzten-Info etc. mitgeteilt. Zusätzliche Detailinformationen wie etwa abteilungsspezifische Auswertungen werden allen Führungskräften zur Verfügung gestellt, wobei sie aufgefordert werden, die Gesamtergebnisse und — wenn die Bereitschaft besteht — auch die Detailergebnisse in Abteilungsbesprechungen mit ihren Mitarbeitern zu diskutieren (Problem: Je nach Führungsklima in den einzelnen Abteilungen verläuft eine solche Diskussion mehr oder weniger offen). Die Gesamtkoordination dieser Aktivitäten erfolgt durch die Trainingsabteilung. Sodann wird über gut zwei Jahre eine Kette von Workshops organisiert, in denen die oberen Führungskräfte die Befragungsergebnisse diskutieren, analysieren und auf der Basis der dabei gewonnenen Einsichten einen ersten Katalog von maximal einem Dutzend konkreter Leitsätze für das Führungsverhalten entwickeln. Die Workshops sind als Problemlöseworkshops konzipiert, und die beteiligten Vorgesetzten sollen dort auch die in den Abteilungsbesprechungen erfahrenen Meinungen ihrer Mitarbeiter einbringen. Die Mitarbeiter sind über die Einrichtung dieser Workshops informiert, und jeder Workshopteilnehmer soll nach dem Workshop wiederum seinen Mitarbeitern davon berichten. Da es nun aber wieder einen enormen Zeitaufwand bedeuten würde, alle Workshopgruppen jeweils neu mit der Problemlösung beginnen zu lassen, wird eine **Workshopstafette** organisiert: Das (Teil-)Ergebnis des ersten Workshops wird von der zweiten Gruppe weiterbearbeitet, diese übergibt an die dritte Gruppe, diese an die folgende usw. Dabei ist es sehr wichtig, alle früheren Gruppen sehr exakt über den Fortgang der Arbeiten auf dem Laufenden zu halten, damit sie verfolgen können, wie ihr Beitrag in die weiteren Arbeiten Eingang gefunden hat bzw. warum Modifizierungen vorgenommen wurden. Die jeweiligen Zwischenergebnisse werden übrigens laufend über die Trainingsabteilung mit anderen betroffenen Instanzen wie Betriebsrat und Vorstand bzw. mit dem zuständigen Personalvorstand ‚gegengecheckt'. Die erstellte Sammlung von vorgeschlagenen Leitlinien wird nun in weiteren Gruppen nach bestimmten Kriterien geprüft, z. B. (in zufälliger Reihenfolge):

— Sind die einzelnen Leitlinien praktikabel?
— Sind sie realisierbar?
— Sind sie wirklichkeitsnah?
— Sind sie beobachtbar (und damit kontrollierbar)?
— Lassen sie sich in das (vorhandene) Beurteilungssystem einbeziehen?
— Sind sie lernbar?
— Sind sie eindeutig?
— Sind sie akzeptabel?
— Sind sie verstärkbar, d. h. belohnbar, und wie?
— Stehen Sie im Widerspruch zur geltenden Organisation oder zu irgendwelchen Organisationsrichtlinien?
— Werden Sie die Unterstützung des Top-Management finden?
— Kann der Betriebsrat zustimmen? usw.

Die letzten Workshops beschäftigen sich dann bereits mit dem endgültigen Katalog von Leitlinien und stellen Überlegungen zur Art und Weise der Einführung an. Es entsteht die (später praktizierte) Idee, die Leitsätze etappenweise von oben nach unten von einer Hierarchiestufe zur anderen einzuführen, wobei der jeweils höhere Vorgesetzte mit seinem Verhalten gegenüber seinen Mitarbeitern als Vorbild sozusagen in Vorleistung geht, ehe er die Leitsätze nach etwa einem halben Jahr auch für diese und deren Mitarbeiterführung verbindlich macht. Dabei präsentiert und begründet jeder Vorgesetzte gegenüber seinen Mitarbeitern die Leitsätze zu Beginn der Einführung und stellt sie nach besagtem halben Jahr erneut zur Diskussion. Grundsätzlich gilt folgende Regel: Die Verhaltensleitsätze gelten nicht ewig, d. h. ist ein Problem erledigt oder ändert sich die Situation, ist auch der entsprechende Leitsatz hinfällig bzw. muß überarbeitet werden.

Die Leitsätze befinden sich nun bereits etwa zwei Jahre auf dem Prüfstand der Praxis, und die nächste der alle fünf Jahre durchgeführten Mitarbeiterbefragungen wird sicherlich Hinweise auf ihre Wirkung geben. Zwei Dinge fielen allerdings bereits während der Projektierung auf: Zumindest aus einigen Bereichen gab es Signale durch die Mitarbeiter, daß allein die laufende Beschäftigung mit dem Thema ‚Mitarbeiterführung' bei einigen Vorgesetzten Verhaltensänderungen, z. B. in Besprechungen, hervorgerufen hatte. Außerdem ergaben sich auch Hinweise darauf, daß durch die Behandlung des Themas auf der Seite der Mitarbeiter das Anspruchsniveau bezüglich der Führungsfähigkeit ihres Vorgesetzten eventuell gestiegen sein könnte. Dies könnte dafür sorgen, daß bei einer zukünftigen Befragung zum Vorgesetztenverhalten die Vorgesetzten trotz verbesserten Verhaltens sogar kritisch beurteilt würden!

Die Abb. 37 zeigt ein Beispiel für solche gemeinsam entwickelten Leitlinien. Diese Leitlinien stammen allerdings nicht aus dem oben beschriebenen Projekt, sondern aus einem Handelsunternehmen. Sie befinden sich ebenfalls zur Zeit in der Erprobungsphase. Dieses zweite Projekt begann mit einer von einem externen Berater moderierten Diagnosephase. Untersucht wurden die

Die Philosophie der OE

Spielregeln für Verhalten und Führung

Wann?	Wer?	Was?	Wie?
1. Wenn ich Ziele setze:	Vorgesetzter Stabsstelle	Ziel klar? Reicht die Frist? Zielkonflikte?	Klar formulieren! Begründen! Verständnis abfragen! Frist vereinbaren! Rückfragen ermöglichen! Termine und Kontrollen vereinbaren!
2. Wenn ich Aufträge gebe:	Vorgesetzter Stabsstelle	Auftrag klar? Termine einhaltbar? Aufgabenkollision? Zuständigkeit?	Klar formulieren! Verständnis abfragen! Rückfragen ermöchen! Termine und Kontrollen vereinbaren! Termin einhalten!
3. Wenn ich Aufträge erhalte:	Mitarbeiter	Verstanden? Termin realistisch? Kollision mit anderen Aufträgen und Terminen?	Evtl. Fragen stellen! Verständnis zeigen! Ablauf mit Zwischenterminen planen und organisieren! Mitarbeiter instruieren!
4. Wenn ich eigene oder Firmenentscheidungen bekanntgebe:	Vorgesetzter Stabsstelle	Betroffene vorher gefragt? Möglichkeiten Betroffener berücksichtigt? Eindeutig entschieden?	Entscheidungen eindeutig bekanntgeben und begründen! Fragen zulassen! Vorteile deutlich machen! Nachteile mit Vorteilen aufrechnen!
5. Wenn ich Mitarbeiter informiere:	Vorgesetzter Stabsstelle	Wer sollte wissen? Wie ausführlich?	Knapp und klar informieren! Fragen zulassen! Verständnis prüfen!
6. Wenn ich Vorgesetzte informiere:	Mitarbeiter	Was muß der Vorgesetzte erfahren? Wie? Wann?	Festhalten, wenn Information später! Knapp, klar und sachlich informieren!
7. Wenn ich Besprechungen abhalte:	Vorgesetzter	Thema bekanntgegeben? Zeit gelassen?	Offen bleiben! Eigene Meinung zurückhalten! Nicht werten! Beiträge der Mitarbeiter einbeziehen! Resümee ziehen: Ggfs. entscheiden!
8. Wenn ich an Besprechungen teilnehme:	Mitarbeiter Kollege	Vorbereitet? Für andere Meinungen offen?	Klare Stellungnahme! Zuhören! Meinungen anderer einbeziehen! Entscheidungen des Vorgesetzten akzeptieren!

Anhang 2: Fallbeispiel ‚Entwicklung von Führungsleitlinien'

Wann?	Wer?	Was?	Wie?
9. Wenn ich Ergebnisse kontrolliere:	Vorgesetzter Stabsstelle	Dienstaufsicht oder Erfolgskontrolle? Vorher angekündigt? Kontrollbereich genannt? Zeit gelassen?	Kein Überfall (bei Erfolgskontrolle)! Erst nach Abschluß werten! Kontrollgespräch führen! Einwände hören! Ergebnis bekanntgeben! Normal: Bestätigung Plus: Lob und Anerkennung Minus: Kritikgespräch
10. Wenn ich kritisiere:	Vorgesetzter	Sachverhalt geprüft? Ziel klar? Wichtig genug? Auch Grund zu Lob? Bereit für Ansicht der Mitarbeiter?	Unter 4 Augen! Sachlich, nicht persönlich! Lösung vereinbaren! Gegenargumente zulassen! Ruhig bleiben! Brücken bauen! Kontrolle vereinbaren! Positives nicht vergessen! Nicht nachtragen!
11. Wenn ich kritisiert werde:	Mitarbeiter	Annahmebereit als Lernchance?	Zuhören! Nicht persönlich nehmen! Akzeptieren, wenn berechtigt! Lösungen suchen und mittragen!
12. Wenn ich lobe:	Vorgesetzter	Ausnahme oder Dauerleistung? Ziele klar? Auch Negatives?	Unter 4 Augen! Leistungen genau formulieren und bewerten! Sachlich, nicht persönlich! Neue Ziele vereinbaren!
13. Wenn ich mich ärgere:	Vorgesetzter Kollege	Wichtig? Welche Ursache? Mein eigenes Problem? Grund für Maßnahmen?	Versachlichen! Ruhig bleiben bzw. werden! Maßnahmen genau überlegen! Nicht weitergeben!
14. Wenn ich neue Mitarbeiter bekomme:	Vorgesetzter	Daten bekannt? Einsatz geplant? Gesprächszeit reserviert?	Zeit nehmen! Paten bestimmen! Anderen vorstellen! Am 1. Abend verabschieden! Nachgespräch vereinbaren! Fragen und fragen lassen!
15. Wenn ich Filiale/ Zentrale besuche:	Vorgesetzter Stabsstelle	Besuchsgrund klar? Wichtig? Kontroll- oder Freundschaftsbesuch? Angemeldet? Besuchsgrund genannt? Störe ich?	Anmelden! Besuch auf die geringstmögliche Zeit beschränken! Störungen vermeiden! Ergebnis mitteilen!

Abb. 37: Spielregeln für Verhalten und Führung aus einem Handelsunternehmen (Ergebnis einer Workshop-Serie)

allgemeine Arbeitszufriedenheit und die Beziehung zwischen Zentrale und Außenstellen. Dabei wurde ein Fragebogen eingesetzt, sowie mit Einzel- und Gruppeninterviews bzw. der Erstellung von Problemkatalogen in laufenden Seminaren gearbeitet. Danach entschied sich das Unternehmen, ohne externe Unterstützung die Leitlinien in einer Folge von Workshops selber zu entwikkeln. Die Moderation übernahm das Bildungswesen. Es entstanden nach etwa zwei Jahren die abgebildeten fünfzehn Leitlinien mit Hinweisen und Empfehlungen in dem Raster WANN-WER-WAS-WIE, in denen sich natürlich auch das Konzentrat bisheriger Führungskräftetrainings in diesem Unternehmen niedergeschlagen hat.

Bei beiden angesprochenen Projekten besteht übrigens inzwischen die Gefahr, daß die entwickelten Leitlinien in dem einen Fall aufgrund einer Fusion in dem anderen Fall nach einer größeren Umstrukturierung ‚versanden‘, weil die weitere Betreuung des OE-Prozesses mit dem Ziel einer Stabilisierung der Veränderung nicht gewährleistet zu sein scheint.

Literaturhinweise

BECKER, H.: Organisationsentwicklung und Gruppendynamik in der betrieblichen Praxis. In: NEUBAUER, R. / ROSENSTIEL, L. VON: Handbuch der Angewandten Psychologie, Band 1, Arbeit und Organisation, München 1980

BECKER, H.: Organisationsentwicklung. In: Management & Seminar, 1/1981, S. 14—16

BLEICHER, K.: Unternehmensentwicklung und Organisationsplanung. In: Zeitschrift für Organisation, 2/1976, S. 103—108

BÖDIKER, M. L. / LANGE, W.: Gruppendynamische Trainingsformen, Hamburg 1975

BRONNER, R. / SCHRÖDER, W.: Weiterbildungserfolg. Modelle und Beispiele systematischer Erfolgssteuerung. In: JESERICH, W. u. a. (Hrsg.): Handbuch der Weiterbildung für die Praxis in Wirtschaft und Verwaltung. Bd. 6, München 1983

COMELLI, G.: Menschenführung und Organisationsentwicklung, Schriftenreihe der Textilverbände Nord-West, Heft 41, Münster 1979

COMELLI, G.: Einige Bemerkungen zum sogenannten Verhaltenstraining. In: Personalführung 2/1982, S. 50—57

DECKER, F.: Grundlagen und neue Ansätze in der Weiterbildung. In: JESERICH, W. u. a. (Hrsg.): Handbuch der Weiterbildung für die Praxis in Wirtschaft und Verwaltung. Bd. 7, München 1984

DÖRNER, D.: Die kognitive Organisation beim Problemlösen, Bern 1974

FITTKAU, B. / SCHULZ V. THUN, F.: Ein paar Worte über Kommunikationstrainings. In: Psychologie Heute, 3, Februar 1976, S. 60—64

FRENCH, W. L. / BELL, C. H. jr.: Organisationsentwicklung, Bern 1977

GOTTSCHALL, D.: Die Betroffenen zu Beteiligten machen. In: Manager Magazin 10/1978

GROCHLA, E.: Organisationsplanung und -entwicklung als permanente Aufgabe der Unternehmensführung (1. Teil von GROCHLA, E. / FÖRSTER, G., 1977)

GROCHLA, E. / FÖRSTER, G.: Organisationsplanung und Organisationsentwicklung — Theorie und Praxis. Bericht Nr. 182 der Arbeitsgemeinschaft für Rationalisierung des Landes Nordrhein-Westfalen, 1977

HOEPFNER, F. G.: Transfer-Probleme des Management-Trainings. In: Gruppendynamik, 4/1973, S. 266—272

HOYOS, C. Graf / KROEBER-RIEL, W. / ROSENSTIEL, L. VON / STRÜMPEL, B. (Hrg.): Grundbegriffe der Wirtschaftspsychologie, München 1980

JESERICH, W.: Mitarbeiter auswählen und fördern — Assessment-Center-Verfahren. In: JESERICH, W. u. a. (Hrsg.): Handbuch der Weiterbildung für die Praxis in Wirtschaft und Verwaltung. Bd. 1, München 1981

KAZMIER, L.: Einführung in die Grundsätze des Management — programmiert, München 1971

KNABE, G.: Führen in der Krise. In: Personalführung 3/1974, S. 54—57

KOCH, U. / MEUERS, H. / SCHUCK, M. (Hrg.): Organisationsentwicklung in Theorie und Praxis. Europäische Hochschulschriften: Reihe 5, Volks- und Betriebswirtschaft, Band 275, Frankfurt 1980

KOLVENBACH, H. / LAUMANNS, H. J.: Nachbereitungsgespräche — eine Transferhilfe für das Führungs- und Verhaltenstraining. In: Personal — Mensch und Arbeit, 1/1982, S. 15—19

LAUTERBURG, Ch.: Organisationsentwicklung — Strategie der Evolution. In: Management-Zeitschrift io, 49, Nr. 1/1980, S. 1—4
Ebenfalls in: KOCH, U. / MEUERS, H. / SCHUCK, M.: Organisationsentwicklung in Theorie und Praxis, Frankfurt 1980

LEITER, R. u. a.: Der Weiterbildungsbedarf im Unternehmen. Methoden der Ermittlung. In: JESERICH, W. u. a. (Hrsg.): Handbuch der Weiterbildung für die Praxis in Wirtschaft und Verwaltung. Bd. 2, München 1982.

Manager Magazin: mm-Umfrage zur Weiterbildung, Nr. 3/1981, S. 114—118

MASLOW, A. H.: Psychologie des Seins, München 1973

MCGREGOR, D.: Leadership and motivation, Cambridge/Mass. 1966

MCGREGOR, D.: The professional manager, New York 1967

MCGREGOR, D.: Der Mensch im Unternehmen, Düsseldorf/Wien 1971

OLDENDORFF, A.: Sozialpsychologie im Industriebetrieb, Köln 1970

ROGERS, C. R.: Encounter Gruppen, München 1974

ROGERS, C. R.: Entwicklung der Persönlichkeit, Stuttgart 1976

SAUL, S. / STIEFEL, R.: Förderung des Lerntransfers in der Management-Schulung als eine Strategie der Organisationsentwicklung. In: ZANDER, E. / REINEKE, W.: Führungsentwicklung, Organisation Development in der Praxis, Heidelberg 1981, S. 185—207

SCHEIN, E. H.: Das Bild des Menschen aus der Sicht des Management. In: GROCHLA, E. (Hrg.): Management, 1974, S. 69—91. Original in: SCHEIN, E. H.: Organizational psychology, 1965, S. 47—63

SCHRADER, E. / GOTTSCHALL, A. / RUNGE, TH. E.: Der Trainer in der Erwachsenenbildung. Rollen, Aufgaben und Verhalten. In: JESERICH, W. u. a. (Hrsg.): Handbuch der Weiterbildung für die Praxis in Wirtschaft und Verwaltung. Bd. 5, München 1984

SILBERER, G.: Reaktanz bei Konsumenten. In: HOYOS, C. Graf/ KROEBER-RIEL, W. / ROSENSTIEL, L. von / STRÜMPEL, B. (Hrg.): Grundbegriffe der Wirtschaftspsychologie, München 1980, S. 386—391

THEIS, W.: Was kommt nach dem Boom? In: Psychologie Heute, 2, Februar 1979, S. 45—53

TREGOE, B. B.: Where it went and how to get it back. In: Management Review, Febr. 1983, S. 23—45

WATZLAWICK, P. / BEAVIN, J. H. / JACKSON, D. D.: Menschliche Kommunikation, 4. Auflage, Bern 1969

WEBER, M.: Wirtschaft und Gesellschaft, 2 Bde., Tübingen 1956

Wirtschaftswoche: Ständig auf der Suche, Nr. 26 vom 25. 6. 1982, S. 46—49

WOLK, E. van de: Gedurfd Beleid bij des Bronsmotorenfabriek. In: Doelmatig bedrijfsbeheer, 17, 3, 1965 (zit. nach A. OLDENDORFF, 1970)

ZANDER, E. / REINEKE, W.: Führungsentwicklung, Organisation Development in der Praxis, Heidelberg 1981

5. Kapitel

Einige sozialwissenschaftliche Modelle für den Praktiker

Die Sozialwissenschaften liefern für die Organisationsentwicklung, die sich schließlich aus diesen Quellen heraus entwickelt hat, nicht nur viele Basiserkenntnisse, sondern auch zahlreiche Hypothesen und Modelle für die praktische OE-Arbeit.

Solche Hypothesen und Modelle eignen sich einerseits für die Argumentation über OE, andererseits sind sie als Orientierungshilfe und Leitlinien für Betroffene und Beteiligte im OE-Prozeß verwendbar. Außerdem helfen sie beim Verständnis der ablaufenden sozialen Ereignisse und stabilisieren auf diese Weise den rationalen Anteil der durch OE initiierten Lernprozesse.

Innerhalb der Organisationsentwicklung haben sich u. a. Erkenntnisse und Darstellungen über soziale Wahrnehmung, Kommunikation, Feedback, Zuhörtechniken sowie über Problem- und Konfliktlösung als besonders hilfreich erwiesen.

Modelle für den Praktiker

Gliederung

5.1 Psychologische Modelle als Argumentationsfiguren 195

5.2 Zwei Wahrnehmungsmodelle 196

5.3 Ein Kommunikationsmodell 201

5.4 **Feedback und Zuhörtechniken**
5.4.1 Die Notwendigkeit von Feedback 205
5.4.2 Passives Zuhören 206
5.4.3 Aktives Zuhören: Paraphrasieren 208
5.4.4 Aktives Zuhören: Verbalisieren 213

5.5 **Ein Problemlösemodell**
5.5.1 Vier Phasen der Problemlösung 217
5.5.2 Die Phase der Gruppenbildung und Orientierung 219
5.5.3 Die Phase der Bildgestaltung 221
5.5.4 Die Phase der Lösungsfindung 223
5.5.5 Die Phase der Entschlußbildung und Vorbereitung der Umsetzung 227

5.6 **Ein Konfliktlösemodell**
5.6.1 Die Funktion des Konfliktes 231
5.6.2 Phasen der Konfliktbearbeitung 231
5.6.3 Aufgaben eines Konfliktreglers 235

5.7 **Anhang:** Rollenspiele für ein Videotraining zum aktiven Zuhören 237

Literaturhinweise 244

5.1 Psychologische Modelle als Argumentationsfiguren

Organisationsentwicklung ist eine sozialwissenschaftliche Veränderungsmethode und beruht demzufolge weitgehend auf psychologischen und soziologischen Erkenntnissen, Theorien und Modellen. In den vorangegangenen Kapiteln sind bereits einige dieser Modelle beschrieben worden.[1]) Dieses Kapitel enthält weitere Darstellungen und Modelle, mit deren Hilfe sich die meist ziemlich komplexen psychologischen Zusammenhänge einer Situation visualisieren und damit überschaubarer machen lassen. Sie haben sich in der Trainings- bzw. OE-Arbeit bewährt. Zwar zwingen Visualisierungen zur Vereinfachung, und dadurch werden sie wissenschaftlichen Ansprüchen oft nicht mehr 100%ig gerecht, auf der anderen Seite aber ergibt sich der enorme Vorteil, daß eine solche Darstellungsweise zu einer vernünftigen Konzentration auf das Wesentliche zwingt. Dadurch erhöht sich nicht nur die Verständlichkeit, sondern es wird auch ihre Handhabbarkeit für den Praktiker als psychologischen Laien erleichtert.

Die grafischen Darstellungen sind Argumentationsfiguren im wahrsten Sinne des Wortes. Eine Anwendungsmöglichkeit ergibt sich bereits während der Kontaktphase bzw. während der Vorbereitungsphase von OE-Projekten: Man kann sie einsetzen, um Gesprächspartnern eine ‚psycho-logische' Denk- und Vorgehensweise zu illustrieren und um solche Denkstrategien von einer ausschließlich logischen, d. h. rationalen Betrachtungsweise abzuheben. Die häufigste Anwendung solcher Darstellungen ergibt sich jedoch im Rahmen konkreter Maßnahmen wie Teamsitzungen, Workshops o. ä. Hier stellen sie gleichsam den kognitiven Input dar, den der Trainer gibt, damit die Teilnehmer abgelaufene oder auch aktuelle Erlebnisse und Ereignisse auch einer rationalen Bearbeitung unterwerfen können. Verständnis für und Einsicht in bestimmte situative Zusammenhänge können dadurch stark gefördert werden. Daß durch die Einbringung solcher kleinen und überschaubaren Informationseinheiten außerdem eine Art gemeinsame Sprachregelung geschaffen wird, ist ein willkommener Nebeneffekt.

Selbstverständlich sind die beschriebenen Darstellungen und Erkenntnisse keinesfalls ausschließlich an das Konzept der Organisationsentwicklung gebunden. Sie sollten vielmehr auch ohne Einbindung in ein OE-Projekt einen möglichst umfangreichen Eingang in die betriebliche Praxis finden.

---

1) Zum Beispiel: Strategie-Modelle (3.4), die Systematik des OE-Prozesses (3.5), die Organisation als System von Systemen (3.5.2), ein Delegationsmodell (4.3.1), ein Verhaltensmodell (4.4.4), die drei ‚Straßen' des Lernens (4.4.5)

5.2 Zwei Wahrnehmungsmodelle

Die in Abb. 38 dargestellte Grafik ist die Weiterentwicklung einer Darstellung, wie sie einmal von NIERENBERG (1971) zur Erläuterung von Interaktionsprozessen in Verhandlungssituationen entworfen wurde. Ausgangspunkt ist die Tatsache, daß Menschen, die miteinander agieren, **Wirkungen und Gegenwirkungen** erzeugen. Um sich im Zusammenleben oder in der Zusammenarbeit mit anderen richtig zu verhalten, muß man lernen, die Wirkung des eigenen Verhaltens richtig einzuschätzen. Man muß außerdem lernen, daß der oder die Kommunikationspartner in ihren Reaktionen in erster Linie davon bestimmt sind, wie ein Verhalten auf sie *gewirkt* hat und nicht davon, wie es *gemeint* wurde!

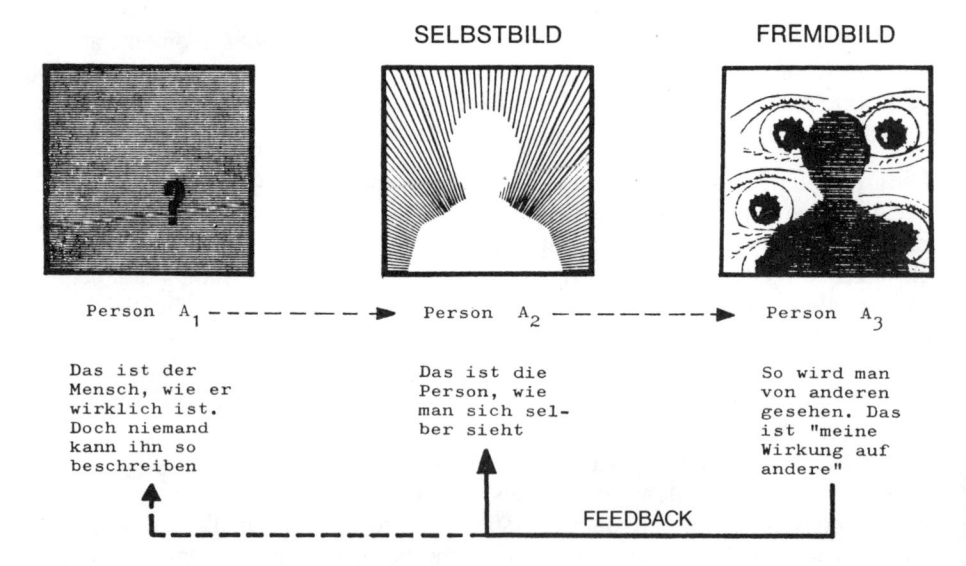

Abb. 38: Selbstbild und Fremdbild (nach G. I. NIERENBERG, 1971, entnommen aus: G. COMELLI, 1979, S. 11)

Die Abbildung zeigt, daß jeder Mensch — mindestens — drei ‚Gesichter' hat:

A_1: Dies ist gleichsam der physische und psychische Ist-Zustand. Doch wer weiß, wie er *wirklich* ist?

A_2: Diesen Aspekt der eigenen Person kennt man gut, denn so sieht man sich selbst. Es handelt sich um das sogenannte **Selbstbild.** Es kann mehr oder weniger richtig sein. Auf jeden Fall beeinflußt diese ‚Kalkulation über einen selbst' sehr stark die Art und Weise, wie man sich gibt.

A_3: Dies ist die Außenwirkung einer Person, das sogenannte **Fremdbild,** das bei den Kommunikationspartnern entsteht. Es ist die Wirkung einer Person auf andere.

Entscheidend dafür, wie jemand bei anderen ‚ankommt', ist einzig und allein das A_3. Zweifellos sind solche Fremdbilder in der Regel außerordentlich subjektive Eindrücke. Sie sind das Resultat eines von Einstellungen, Vorurteilen, Motiven, Zielen, Erwartungen usw. beeinflußten Wahrnehmungsaktes des jeweiligen Kommunikationspartners. Aus diesem Grund besitzt ein Mensch auch nicht nur ein einziges A_3, sondern mehrere. Bei unterschiedlichen Partnern, eventuell auch in verschiedenen Situationen, hinterläßt jeder mehr oder minder unterschiedliche Fremdbilder. Dabei muß man sich darüber klar sein, daß ein solches A_3, welches bei den Kommunikationspartnern über jemanden entsteht, für diese eine **subjektive Realität** darstellt. Darauf werden sie reagieren. Andererseits entwirft man selbst ebenfalls laufend subjektive Fremdbilder von anderen, wodurch wieder das eigene Verhalten im Umgang mit anderen Personen beeinflußt wird.

Selbstbilder und Fremdbilder entstehen nicht nur zwischen Individuen, sondern auch bei bzw. zwischen Gruppen oder auch ganzen Organisationen (Image). Aus den Diskrepanzen zwischen Selbstbild (Eigenwahrnehmung) und Fremdbild als der *tatsächlichen* Wirkung entstehen viele Mißverständnisse und auch Konflikte. In der OE-Arbeit läßt sich dieses Modell deshalb in mindestens dreierlei Hinsicht einsetzen:

1. Es soll anregen zum sogenannten ‚Denken in Wirkungen'. Wenn man beginnt, subjektive Realitäten zu akzeptieren, erübrigt sich manche unerquickliche Diskussion über wirklich oder vermeintlich objektive Tatbestände.

2. Das Modell eignet sich ausgezeichnet als ‚Absprung' zu einigen OE-Maßnahmen bzw. Übungen, die darauf abzielen, Selbstbild-Fremdbild-Diskrepanzen zwischen einzelnen oder Gruppen überhaupt einmal zu formulieren und die daraus entstehenden Spannungen zu bearbeiten.

3. Da das Fremdbild nicht bei einem selbst, sondern bei dem Kommunikationspartner entsteht, läßt sich an diesem Modell herausarbeiten, wie wichtig es ist, von dem/den anderen ein Feedback über sein Fremdbild zu bekommen.

Sehr verwandt mit dem vorhergehenden Modell ist das nach dem Vornamen der beiden Autoren (Joe) LUFT und (Harry) INGHAM benannte Johari-Fenster (LUFT, 1972, S. 22 ff.). Diese sehr populäre Darstellung (Abb. 39) sieht die Wechselbeziehung einer Person (= Ich) zu ihrer Umwelt (= die anderen) unter vier Aspekten:

198 Modelle für den Praktiker

	anderen bekannt	anderen nicht bekannt
mir selbst bekannt	I. Das offene Selbst	II. Bereich des Verbergens und Vermeidens
mir selbst unbekannt	IV. "Blinder Fleck"	III. Unbekanntes

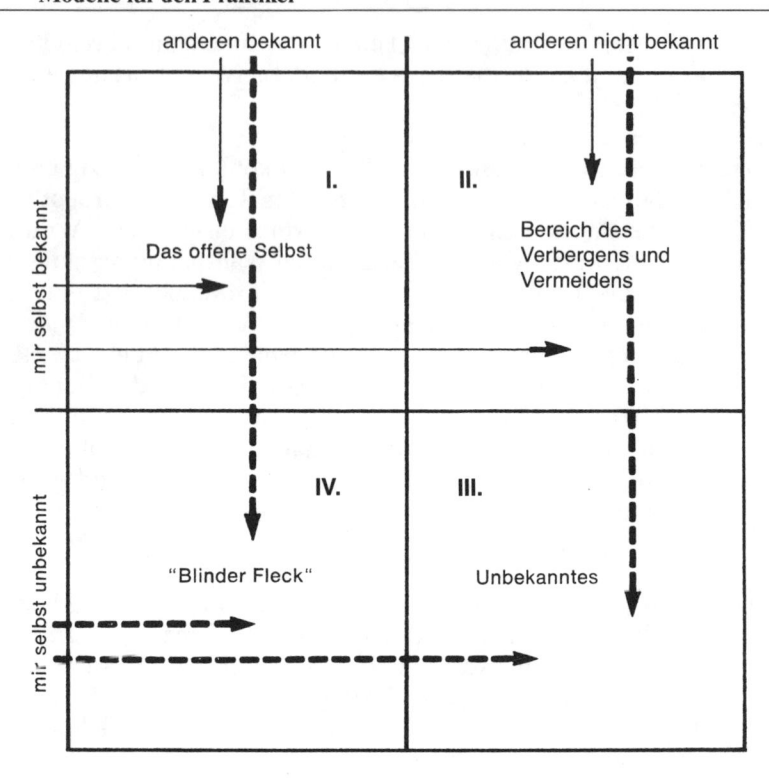

Abb. 39: Johari-Fenster (nach J. LUFT, 1972, S. 22)

Feld I: Das sogenannte ‚Offene Selbst', der Bereich der freien Aktivität, d. h. jener Teil öffentlicher Sachverhalte und Tatsachen (z. B. Motivationen, Verhalten etc.), der sowohl mir als auch den anderen bekannt ist.

Feld II: Jener Teil von mir, der mir bekannt, den anderen jedoch *nicht* bekannt ist (entweder weil ich ihn den anderen nicht bekannt gemacht habe oder nicht machen will). Es ist auch der Bereich des Verbergens, Versteckens und Vermeidens, sozusagen die Intimsphäre.

Feld III: Dieser Teil bezieht sich auf Vorgänge, die weder mir noch den anderen bekannt sind. Für die Tiefenpsychologie ist dies der große Bereich des *Unbewußten*.

Feld IV: Dieser Bereich ist *mir* unbekannt oder unbewußt, den anderen jedoch bekannt. Es ist meine Wirkung auf andere. Die beiden Autoren nennen diesen Teil IV mit leiser Ironie auch den ‚Blinden Fleck'.

An diesem Modell ist interessant, daß hier die Außenwirkung einer Person, d. h. etwas, was gar nicht ‚an einem ist', dennoch als ein *Bestandteil* der Gesamtperson angesehen wird. Indem man nun von anderen ein Feedback (Rückmeldung) über seine Wirkung bekommt bzw. sich ein solches Feedback verschafft, gewinnt man Erfahrungen über sich selbst und verringert seinen blinden Fleck. LUFT und INGHAM betrachten es als Zeichen eines persönlichen Reifungsprozesses, wenn der blinde Fleck nicht zu groß ist bzw. sich verringert, wenn jemand offen für Feedback ist und wenn in einer vertrauensvollen Atmosphäre nicht mehr ein Großteil des persönlichen Energieaufwandes bei der Kommunikation dem Verbergen und Verstecken gilt.

Das Johari-Fenster dient im Rahmen von OE-Maßnahmen als Leitmodell in vielen Trainings, deren Ziel in erster Linie die Steigerung sozialer Fähigkeiten bzw. sozialer Kompetenz ist. In solchen Trainings wird in der Regel das Feld III (Unbewußtes) nicht bearbeitet und bleibt damit unverändert. Das Feld I (Offenes Selbst) hingegen soll in solchen Trainings erweitert, der blinde Fleck (IV) und der private Bereich des Verbergens und Versteckens (II) sollen verringert werden. Indem die Gruppenteilnehmer sich selbst zum Gegenstand des Lernens machen und einen sozialen Lernprozeß an sich selbst und mit den anderen erleben, lernen sie[2]) u. a.,

- von sich selbst etwas preiszugeben, Fassaden abzubauen, aber auch sich mitzuteilen, wenn die eigenen Grenzen erreicht sind,
- Feedback sowohl angemessen zu vermitteln als auch selber Offenheit und Bereitschaft für die Annahme von Feedback zu zeigen und unter Beweis zu stellen,
- eine höhere Sensibilität auch für nicht so deutliche Formen des Feedbacks zu entwickeln und schließlich
- die Fähigkeit zu steigern, die eigene Situation zu reflektieren, und auch die Bereitschaft zu steigern, den anderen so zu akzeptieren und ernst zu nehmen wie er ist.

Dies alles wird jedoch erst das Ergebnis von entsprechenden gruppendynamischen Lernprozessen sein. Das ‚Offene Selbst', also die freie Aktivität, ist in einer neuen Gruppe zunächst recht klein. Die Gruppenmitglieder sind zurückhaltend mit freier und spontaner Interaktion. Dies ändert sich jedoch mit wachsender Reife der Gruppe. Im Verlauf des Gruppenprozesses beginnen Gruppenmitglieder, sich freier zu benehmen. In einer Atmosphäre wachsenden gegenseitigen Vertrauens empfindet man es allmählich als weniger notwendig, Bedürfnisse, Gedanken oder Gefühle, die zur Situation gehören, zu verbergen. Man wird freier, untereinander Risiken einzugehen und miteinan-

---

[2]) Siehe dazu auch ANTONS, 1973, S. 98—112

der zu experimentieren. Der in diesem Zusammenhang gerne verwendete Begriff Lernlaboratorium für gruppendynamische Trainings ist deshalb sehr zutreffend.

LUFT (1972, S. 26) weist ausdrücklich darauf hin, daß sich das Johari-Fenster auf **Beziehungen zwischen Gruppen** ebenfalls anwenden läßt. Auch Gruppen haben Verhaltensweisen und Motivationen, die ihnen und auch den sie umgebenden Gruppen bekannt sind, aber auch gleichzeitig einen Bereich des Verbergens von Dingen, welche die Gruppe über sich selbst weiß, die sie aber vor anderen Gruppen geheimhalten möchte. Gruppen haben auch einen ‚blinden Fleck', also einen Bereich ihres Verhaltens, dem sie selbst blind gegenüberstehen. Selbst der Bereich des Unbewußten fehlt nicht, denn auch einer Gruppe sind einige Aspekte ihres eigenen Verhaltens ebenso wenig bekannt wie den sie umgebenden anderen Gruppen.

5.3 Ein Kommunikationsmodell

Die zwischenmenschliche Kommunikation wird zu Recht als *das* zentrale soziale Geschehen bezeichnet. Der Kommunikationsprozeß ist ein zwischen zwei (oder mehr) Kommunikationspartnern vermittelndes und Beziehung schaffendes Ereignis, bei dem nicht nur Sachinformationen im Sinne von Faktenwissen, sondern auch Emotionen, Gefühlsinhalte vermittelt werden. Der Prozeß findet zwischen einem **Sender** und einem **Empfänger** statt, wobei die diversen Inhalte mit Hilfe bestimmter **Nachrichtenzeichen** (Symbole oder Signale) über einen oder mehrere verschiedene Kommunikations**kanäle** (Medium) übermittelt werden. Dabei ist es die Aufgabe des Senders, seine Nachricht mit Hilfe solcher Symbole zu **vercoden**, die möglichst gut auf den Empfänger und den bzw. die benutzten Kanäle abgestimmt sind. Dies ist ein fehleranfälliger Transformationsprozeß, wie man leicht mit Hilfe verschiedener Kommunikationsübungen nachweisen kann. Der Empfänger einer Nachricht hat gleichfalls schwierige und wichtige Arbeit zu leisten: Er muß die gesendete Nachricht aufnehmen und **entcoden**. Dieser Prozeß ist nicht weniger störanfällig als der des Vercodens einer Nachricht.

Kommunikation kann über unterschiedliche Kommunikationskanäle einzeln oder in Kombination gleichzeitig stattfinden, so z. B. über

— den *auditiven* Kanal (z. B. Worte, Geräusche),
— den *visuellen* Kanal (z. B. optische Zeichen und Signale),
— den *taktilen* Kanal (z. B. Tastempfindungen) usw.[3])

Der Prozeß der Kommunikation geht weit über das hinaus, was man populär unter ‚miteinander reden' oder ‚sich etwas schreiben' versteht. Im Privatleben wie im beruflichen Alltag gibt es für den Menschen praktisch keine Sekunde *ohne* Kommunikation: Man schreibt eine Aktennotiz, man führt ein Telefonat, man leitet eine Besprechung, man bereitet eine Präsentation vor, man trägt etwas in seinen Terminkalender ein, man liest einen Fachartikel, man führt ein Mitarbeitergespräch, man grüßt den Pförtner usw. Wie diese nur unvollständige Aufzählung zeigt, ist im Prinzip alles, was man tut, Kommunikation. Selbst die Art, wie man sich kleidet, etwa schwarzer Anzug oder Freizeitlook, ist ebenso Kommunikation wie die Art, wie der Schreibtisch aussieht oder wie das Büro eingerichtet ist, denn dies alles *erzählt* etwas von dem Betreffenden. Ob der oder die Empfänger die aufgenommene Botschaft jeweils richtig entcoden ist ein anderes Problem. Kommunikation findet also *immer*

[3)] Kommunikation kann über alle Sinne stattfinden: Auch jemanden im wahrsten Sinne des Wortes nicht riechen können (= olfaktorischer Kanal), von jemandem Körperwärme spüren (= thermaler Kanal) oder etwas als bitter schmecken (= gustatorischer Kanal) bedeutet ebenfalls Kommunikation.

statt. WATZLAWICK (1969, S. 50 ff.) bringt dies auf den Satz: „Man kann nicht *nicht* kommunizieren." Es lohnt sich also — nicht nur im Privatbereich, sondern auch in Organisationen —, den Kommunikationsprozessen besondere Aufmerksamkeit zu widmen.

Zur Darstellung des vielschichtigen Kommunikationsprozesses eignet sich besonders gut eine ausgezeichnete grafische Darstellung, mit der SCHULZ VON THUN (1981, S. 14) vier verschiedene Aspekte des Kommunikationsgeschehens visualisiert hat (Abb. 40). Zusammen mit einer Hamburger Psychologengruppe hat er in diesem Modell versucht, die verschiedenen psychologischen Ansätze (z. B. von ROGERS, ADLER, COHN, PERLS und WATZLAWICK) „unter einen Hut zu bringen".[4]) Dabei wurde auch eine recht frühe Anregung von Karl BÜHLER (1934) aufgenommen, der seinerzeit drei Funktionen der Sprache unterschieden hatte, und zwar:

- Die **Darstellungs-** oder **Symbolfunktion:** Es wird etwas über Gegenstände und Sachverhalte ausgesagt.

- Die **Ausdrucks-** oder **Symptomfunktion:** Es wird etwas über den Sprecher ausgesagt, über sein Wissen, seine Einstellungen, seinen derzeitigen Zustand usw.

- Die **Appell-** oder **Instruktionsfunktion:** Es ergeht ein Appell an den Empfänger, sich in bestimmter Weise zu verhalten.[5])

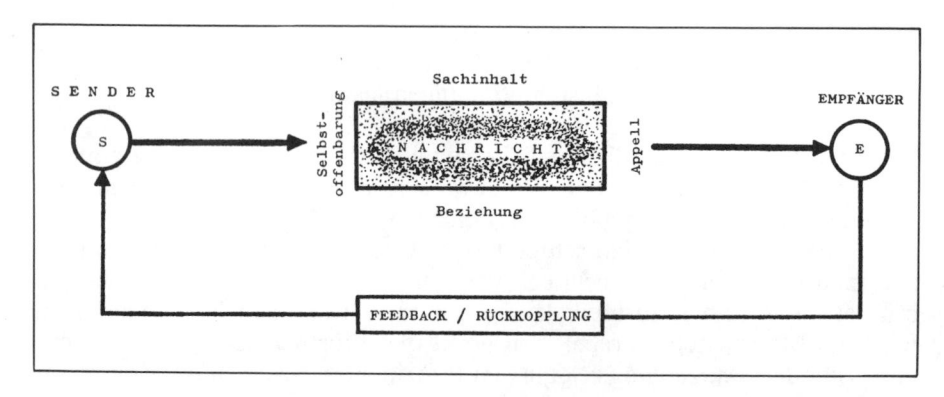

Abb. 40: Die vier ‚Seiten' einer Nachricht (nach F. SCHULZ VON THUN, 1981, S. 14)

Verschiedene Autoren (z. B. WATZLAWICK, 1969) haben gewöhnlich zwei Aspekte der Kommunikation unterschieden, und zwar den Inhalts- und den Beziehungsaspekt. Alle diese Ansätze verknüpft SCHULZ VON THUN zu seinen vier ‚Seiten' (Aspekten) einer Nachricht:

---

4) SCHULZ VON THUN, 1981, S. 13
5) Siehe auch BALLSTAEDT et al., 1981, S. 14

1. Aspekt: Der **Sachinhalt**

Mit diesem Aspekt ist der sachliche Gehalt einer Nachricht, d. h. die Darstellung von Sachverhalten gemeint. Damit der Sachinhalt möglichst klar und unverzerrt beim Empfänger ankommt, muß die Darstellung *verständlich* sein. Dies bedeutet entsprechend dem sogenannten Hamburger Verständlichkeitskonzept[6])

- **einfach** bezüglich Wortwahl und Satzbau,
- **gegliedert** und **geordnet,** sowohl bezogen auf die *äußere* als auch auf die *innere* Gliederung (d. h. äußerer Aufbau und inhaltliche Folgerichtigkeit),
- **kurz** und **knapp, aber nicht zu knapp,** bezogen auf die pro Zeiteinheit abgegebene Informationsmenge, die weder zu weitschweifig, noch zu konzentriert sein darf, und schließlich
- **anregend präsentiert,** d. h. nicht zu langweilig (Hiermit ist in erster Linie die attraktive, abwechslungsreiche und aufmerksamkeitserregende bzw. -erhaltende Form der Darbietung gemeint).

2. Aspekt: Der **Appell**

Dieser Aspekt einer Nachricht bezieht sich auf den Kommunikations**zweck**. Der Sender möchte mit seiner Nachricht beim Empfänger etwas erreichen. Durch den Kommunikationsakt soll ein bestimmter Ist-Zustand in einen bestimmten Soll-Zustand überführt werden. Geschieht dies, ist der Appell erfolgreich gewesen. Ein Problem der zwischenmenschlichen Kommunikation ist es jedoch oft, daß Appelle nicht offen und klar, sondern statt dessen verdeckt, undeutlich oder nur indirekt ausgedrückt werden. Nicht selten kommen deshalb Appelle falsch oder gar nicht beim Empfänger an.

3. Aspekt: Die **Beziehung**

Jede Nachricht sagt auch etwas aus über die Beziehung, die zwischen den Kommunikationspartnern herrscht. In der Art und Weise, *wie* Sender und Empfänger miteinander kommunizieren, finden ihre Einstellungen, Gefühle, Erwartungen, Vorurteile etc. ihren Ausdruck. Der größte Teil dieser Kommunikation läuft allerdings unter der Oberfläche, also verdeckt ab. Lange bevor Einstellungen und Gefühle zwischen zwei Gesprächspartnern in Worte gefaßt werden, kündigen sie sich oft schon durch non-verbale Signale an, etwa in der Mimik, der Gestik, der Sprechweise, der Wortwahl, der Betonung usw. Nicht

---

6) Dies ist die wegen ihrer Praktikabilität wohl populärste Verständlichkeitsskala im deutschen Sprachraum. Beschreibungen finden sich bei LANGER, SCHULZ VON THUN und TAUSCH (1974), bei LANGER und SCHULZ VON THUN (1974), SCHULZ VON THUN (1975) sowie bei SCHRADER, GOTTSCHALL und RUNGE, 1984, S. 44 ff., in Band 5 dieser Handbuchreihe. Umfassende und über das Hamburger Konzept hinausgehende Ausführungen zur Verständlichkeit und Gestaltung von Texten finden sich bei BALLSTAEDT, MANDL, SCHNOTZ und TERGAN (1981).

selten liegt sogar der wichtigste Teil der eigentlichen Botschaft sozusagen zwischen den Zeilen. **Ein gutes Beziehungsklima ist die wichtigste und entscheidende Grundlage für ungestörte und erfolgreiche Kommunikation.** Nur auf der Basis guter Beziehungen ist es möglich, zwischen Kommunikationspartnern heikle Sachverhalte offen und ohne Belastung durch Verletzlichkeit und Mißtrauen anzusprechen bzw. heikle Appelle ‚ohne Verpackung' zu äußern.

4. Aspekt: Die **Selbstoffenbarung**

Die Art, wie jemand etwas sagt, was jemand sagt und zu welchem Zweck jemand etwas sagt, ist gleichzeitig auch immer eine Nachricht über den Sender selbst. Damit ist jeder Kommunikationsakt zugleich auch immer eine ‚Kostprobe' der Persönlichkeit des Senders, also ein Stück Selbstoffenbarung. Dies gilt für den verbalen Bereich ebenso wie für den non-verbalen Bereich. Ein Vorgesetzter zum Beispiel, der über schlechte Leistungen seiner Mitarbeiter lamentiert, wird wahrscheinlich dabei auch eine ganze Menge über sich und seine Einstellungen zu Menschen erzählen... Besonders, wenn sich ein Sender seiner Beziehung zu seinem Kommunikationspartner oder der Situation nicht sicher ist, entwickelt er sogenannte **Selbstoffenbarungsängste.** In dem Bemühen, nichts von sich ‚herauszulassen', persönliche Meinungen oder Ziele zu kaschieren oder innere Zustände bzw. Schwächen zu verbergen, kommt es zu taktierendem Kommunikationsverhalten, zum ‚Mauern' oder zum ‚Fassadenbau'. Oder aber man zieht sich ganz aus der Situation zurück, beschränkt die Kommunikation auf das unbedingt Notwendige, vermeidet jegliche spontane Äußerung und minimiert auf diese Weise das Selbstoffenbarungsrisiko.

Bei positivem Beziehungsklima zwischen Kommunikationspartnern wird die Kommunikation automatisch offener, weil man nun nicht mehr jedes Wort auf die Goldwaage legen muß und weil man nicht mehr zu fürchten braucht, daß etwas Gesagtes im nächsten Moment *gegen* einen verwendet werden wird. Überfrachtet ein Sender hingegen seine Nachricht mit Selbstdarstellungen und ‚Meldungen über sich selbst', dann spricht man von sogenanntem **Imponiergehabe** (was unter Umständen auch die Beziehungsebene belasten kann).

5.4 Feedback und Zuhörtechniken

5.4.1 Die Notwendigkeit von Feedback

Hat der Empfänger einer Nachricht in einem Kommunikationsakt die Möglichkeit, *unmittelbar* auf diese Nachricht zu reagieren und dem Sender eine Rückmeldung über die Wirkung dieser Nachricht auf ihn zu geben, spricht man von **Zweiweg**kommunikation. Die Zweiwegkommunikation ist also dadurch gekennzeichnet, daß der Empfänger eine Rückkopplung geben kann, ein **Feedback.** Dabei versteht man unter Feedback eine Mitteilung an eine Person darüber, wie sie von (einem) anderen wahrgenommen, verstanden und erlebt wird. Ist diese Möglichkeit zum Feedback nicht gegeben (z. B. bei einem Vortrag, bei einer Aktennotiz, einem Brief oder einem Film), dann spricht man von **Einweg**kommunikation.

Das Fehlerrisiko bei der Kommunikation wird durch die Rückkopplung vom Empfänger zum Sender deutlich verringert, wodurch auf beiden Seiten die Sicherheit wächst, daß der Kommunikationsakt im beabsichtigten Sinne erfolgt ist. Da es im Kommunikationsprozeß eher die Regel als die Ausnahme ist, daß unbeabsichtigte Fehl- oder Nebenwirkungen auftreten, können Feedbacks für den Sender sehr überraschend sein. Dem Kybernetiker WIENER wird der in diesem Zusammenhang treffende Satz zugeschrieben: „Erst wenn ich die Antwort auf meine Nachricht gehört habe, weiß ich, was ich wirklich gesagt habe."

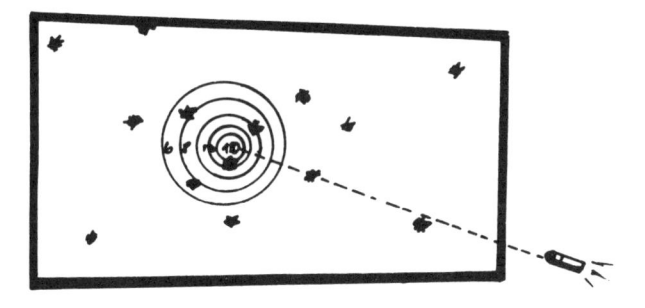

Abb. 41: Notwendigkeit der Rückkopplung beim Schießen

Menschen, die miteinander leben und zusammenarbeiten müssen, benötigen zu ihrer Orientierung immer wieder Rückmeldungen darüber, wie sie mit dem, was sie tun, was sie sagen, wie sie sich geben usw. auf ihre Umgebung wirken. Dies gilt vor allem, wenn man *ungewollte* Fehl- oder Nebenwirkungen vermeiden will. Generell gilt sogar der Satz: **Ohne Feedback ist *kein* Lernen möglich!** Dies soll illustriert werden am Beispiel des Zielschießens (Abb. 41).

Soll jemand zu einem guten Schützen ausgebildet werden, reicht es nicht aus, ihn *häufig* schießen zu lassen. Vielmehr ist es erforderlich, daß er nach jedem Schuß möglichst unmittelbar und präzise erfährt, wo dieser Schuß gelandet ist: ‚Zu tief‘, ‚Ein wenig zu weit nach rechts, aber die Höhe stimmt‘ usw. Der Schütze benötigt Feedback. Nur so kann er sich korrigieren und seine Trefferleistung steigern. Mit präzisem Feedback wird er sogar in der Lage sein, Mängel oder Ungenauigkeiten des Gewehrs auszugleichen. Wenig hilfreich sind allerdings wertende, zeitverzögernde oder pauschale Feedbacks von der Art wie ‚Unmöglicher Schuß!‘ oder ‚Reißen Sie sich doch zusammen!‘ oder ‚Der Schuß vor einer halben Stunde war bisher immer noch der beste‘.

Damit auch im zwischenmenschlichen Bereich nicht zu viele Fehltreffer und Mißgeschicke vorkommen, ist hier Feedback besonders wichtig. Und an sich sollte man leicht einsehen können, daß ein Feedback stets eine **Lernchance** ist. Dieser Einsicht stehen aber bei vielen Menschen die bisherigen Lebenserfahrungen entgegen: Zu oft hat man bei der Erziehung im Elternhaus, beim Umgang mit Lehrern in der Schule oder später im Beruf bei der Zusammenarbeit mit Kollegen oder im Umgang mit Vorgesetzten erlebt, daß gegebenes Feedback von den Betroffenen eben nicht als Lernchance begriffen wird, sondern als verletzender Angriff, auf den mit einer Gegenattacke reagiert wird. Die meisten Menschen, mit denen wir umgehen, haben auch nie richtig gelernt, wie man ein Feedback *gibt* bzw. wie man auf ein erhaltenes Feedback *reagieren* sollte.[7])

5.4.2 Passives Zuhören

Kommunikationsprozesse werden in der Regel erst dann als erfolgreich betrachtet, wenn die Botschaft oder die Nachricht, welche der Sender dem Empfänger mitteilen wollte, auch wirklich im beabsichtigten Sinne beim Empfänger angekommen ist. Dies ist jedoch keinesfalls ein gradliniger Prozeß mit der verbindlichen Garantie, daß Sendeabsicht und Sendeerfolg deckungsgleich sein werden. Vielmehr ist Kommunikation ein komplizierter Transformationsakt, bei dem in Nachrichtenzeichen verwandelte Gedanken durch ein Medium (Kommunikationskanal) gesendet und auf der Empfängerseite wieder in Gedanken zurückverwandelt werden. Unbeabsichtigt kommt es dabei laufend vor, daß etwas *anderes* beim Empfänger ankommt, als was der Sender mitzuteilen beabsichtigte. Es entsteht ein sogenannter **Verzerrungswinkel** (Abb. 42). Darunter versteht man eine Diskrepanz zwischen dem, was beim Empfänger *ankommen sollte,* und dem, was bei diesem wirklich *angekommen ist.*

---

7) Eine ausführliche Zusammenstellung von Kommunikationsregeln für das Geben und für das Entgegennehmen von Feedback findet sich u. a. bei SCHRADER, GOTTSCHALL und RUNGE, 1984, S. 145—151, in Band 5 dieser Handbuchreihe.

- Kommunikation ist kein „geradliniger Prozeß", d. h.
- Vielmehr muß man damit rechnen, daß Nachrichten vom Empfänger nicht immer in dem vom Sender beabsichtigten Sinn zur Kenntnis genommen werden:

SENDER ⟶ EMPFÄNGER

Was der EMPFÄNGER tatsächlich wahrnimmt

SENDER — Was der Sender unbeabsichtigt kommuniziert / Verzerrungswinkel / Was der Sender zu kommunizieren beabsichtigt

URSACHEN: z.B. Doppeldeutigkeit von Symbolen, non-verbale Vorgänge, „Filterwirkung" durch Einstellungen, Motive, Erwartungshaltungen u.s.w.

Was der EMPFÄNGER auch wahrnehmen könnte

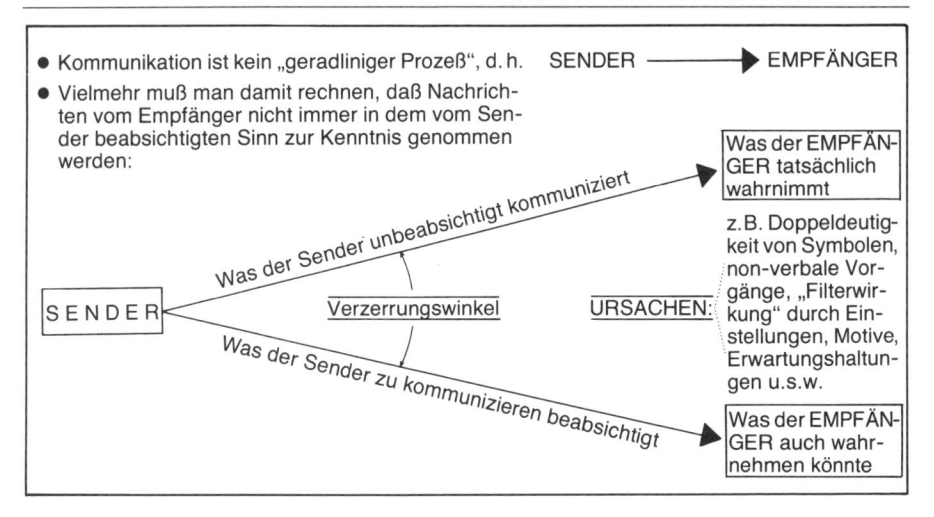

Abb. 42: Der Verzerrungswinkel in der Kommunikation (nach K. ANTONS, 1973, S. 90)

Solche Kommunikationsverzerrungen führen häufig zu Mißverständnissen und Störungen. Die Ursachen für solche Diskrepanzen sind in erster Linie:

- **Doppel-** oder **Mehrdeutigkeit** der vom Sender verwendeten Nachrichtenzeichen (z. B. sagt der Chef: „Machen Sie bitte Ihren Schreibtisch klar." Daraufhin räumt der Mitarbeiter seinen Schreibtisch auf und legt alles exakt an seinen Platz, während der Chef meinte, daß der Mitarbeiter nun endlich die liegengebliebenen Vorgänge bearbeiten sollte).
- **Selektive Wahrnehmung** beim Empfänger (d. h. Wahrnehmungsfilter: Man hört entsprechend seinen Erwartungen, Zielen, Motiven, Vorurteilen o. ä. vorzugsweise das heraus, was diese Filter für das Bewußtsein passieren lassen).
- **Einordnung in falsche Zusammenhänge** durch den Empfänger (z. B. sagt der Chef zu einem gerade bei der Arbeit befindlichen Mitarbeiter: „Mist Arbeit!". Der Mitarbeiter ist tief getroffen, weil er dies als eine Beurteilung seiner Leistung empfindet. Dabei wollte der Chef mit dieser etwas groben Formulierung lediglich die Situation kommentieren und dem Mitarbeiter, der sich gerade mit einer ärgerlichen Tätigkeit herumquälen mußte, sein Mitgefühl ausdrücken).

Unter 5.2 wurde bereits ausgeführt, daß für die Reaktion des Kommunikationspartners stets entscheidend ist, wie eine Nachricht *gewirkt* hat und *nicht* wie sie *gemeint* war. Wegen der sich dabei ergebenden Diskrepanzen bedarf es eben einer möglichst exakten und wenig fehleranfälligen Rückkopplung durch den Empfänger, denn bei jedem Feedback kann sich auch wieder ein Verzerrungswinkel ergeben. Ein um gute und klare Kommunikation bemühter Sender wird sehr an Feedback interessiert sein, weil dadurch die Unsicherheit, ob seine Botschaft auch im beabsichtigten Sinne angekommen ist, beträchtlich reduziert wird. Deshalb ist es hilfreich, wenn der Empfänger mit einem guten Feedback signalisiert, daß er *wirklich* verstanden hat, d. h. daß er die Sendung nicht nur aufmerksam aufgenommen, sondern auch korrekt entcodet hat. In der betrieblichen Praxis gilt dies vor allen Dingen für die verbale Kommunikation, also für Gesprächssituationen jeglicher Art. Durch ein unmittelbar gegebenes Feedback besteht die Möglichkeit, Mißverständnisse sofort zu klären. Man kennt nun bestimmte **Zuhörtechniken** auf seiten des Empfängers, die hier eine Feedbackfunktion übernehmen können. Eine erste und sehr verbreitete Zuhörtechnik ist das sogenannte **passive Zuhören**.

Unter passivem Zuhören versteht man alle akustischen und optischen Signale des Empfängers, mit dem dieser dem Sender andeutet, daß er die Botschaft aufmerksam und interessiert aufnimmt. Verbal geschieht dies, indem er den Redefluß des anderen mit feinen akustischen ‚Anmerkungen' wie etwa ‚aha', ‚ja', ‚ehm', ‚ach', ‚hm' o. ä. begleitet (= verbales Konditionieren). Parallel dazu gibt er optische Zeichen der Zuwendung, indem er Augenkontakt zum Sprecher hält, sich interessiert vorbeugt, nickt und mimisch seine Reaktionen auf das Gehörte signalisiert (Lächeln, Augenbrauen hochziehen, die Stirn krausziehen, Nicken, Vorbeugen usw.). Dem Sprecher gegenüber vermittelt er das wahrscheinlich angenehme Gefühl, daß er ihm aufmerksam und mit Interesse folgt, was diesen unter Umständen zu weiteren Ausführungen ermuntert.

Es sollen aber auch gleich die Grenzen dieser Zuhörtechnik aufgezeigt werden: Durch passives Zuhören kann der Empfänger demonstrieren, daß er zuhört. Er kann mit diesen Zuhörtechniken jedoch nicht beweisen, daß er wirklich verstanden hat. Selbst verbale Zusicherungen wie ‚alles klar', ‚ich habe verstanden' o. ä. haben allenfalls den Rang einer Behauptung. Sie geben keinesfalls verläßliche Sicherheit darüber, ob der Empfänger wirklich verstanden hat oder nur glaubt, verstanden zu haben. Hier helfen die Techniken des sogenannten aktiven Zuhörens weiter.

5.4.3 Aktives Zuhören: Paraphrasieren

Die Bezeichnung ‚Aktives Zuhören'[8]) leitet sich davon her, daß bei dieser Form des Zuhörens der Empfänger den *aktiven Beweis* dafür antritt, daß er die empfangene Botschaft nicht nur aufgenommen, sondern auch wirklich

---

8) Siehe auch: *Blackbox*-Medienverbundprogramm ‚Praxis der betrieblichen Gesprächsführung', Baustein I: Das personenorientierte Gespräch, Zürich, 1977, sowie GORDON 1973 und 1979

verstanden hat. Dies geschieht sozusagen durch Zurücksenden der Botschaft. Und falls sich ein Mißverständnis eingeschlichen haben sollte, kann der Sender an der Zuhörerreaktion des Empfängers unmittelbar prüfen, welche Kommunikationspanne wo vorgekommen ist. Eine erste und noch relativ einfache Form des aktiven Zuhörens ist das sogenannte **Paraphrasieren.** Darunter versteht man die **Wiederholung des Gehörten, d. h. der Sprecheraussage, mit eigenen bzw. anderen Worten.** Der Hörer einer Botschaft beschränkt sich also nicht nur darauf, sozusagen den Eingang der Nachricht zu bestätigen („Ich habe verstanden'), sondern er formuliert dem Sender gegenüber die empfangene Botschaft mit eigenen, anderen Worten und legt sie dem Sprecher gleichsam zur Prüfung vor. Ein Beispiel zur Erläuterung:

Sprecher-Aussage: „Ich bin gegen eine Umorganisierung in diesem Moment, weil einerseits solche Dinge Zeit benötigen, andererseits mir die Gründe dafür noch nicht klar sind."

Zuhörer-Reaktion: „Zur Zeit also können Sie eine Umorganisation nicht befürworten; Ihrer Meinung nach ist dafür mehr Zeit nötig und außerdem sehen Sie dafür auch noch keine überzeugenden Argumente."

Durch seine Paraphrasierung bemüht sich der Zuhörer, dem Sprecher möglichst präzise mitzuteilen, was von dessen Nachricht bei ihm angekommen ist und wie. Der Sprecher kann daraus ersehen, ob seine Worte in der von ihm beabsichtigten Weise aufgenommen wurden. Findet er in der Rückkopplung des Empfängers seine Gedanken exakt wiedergegeben, so darf dies als wirklich überzeugender Beweis von Verständnis angesehen werden.[9] Auf jeden Fall ist dies ein überzeugenderer Beweis für einen erfolgreichen Kommunikationsakt als die bloße Behauptung des Empfängers ‚Alles klar!'.

Falls der Sender Diskrepanzen zwischen seiner Sendung und der Paraphrasierung entdeckt, kann er sofort, unmittelbar und gezielt korrigieren und jetzt jene zusätzlichen Erläuterungen, die das Verständnis sicherstellen helfen, hinzufügen. Es gilt als ein großer Vorteil der Paraphrasierungen, daß mit ihrer Hilfe Kommunikationsfehler unmittelbar aufgedeckt werden und an der Stelle repariert werden, wo sie vorkommen (statt zeitverzögert und oft erst nachdem das Kommunikationsklima durch Mißverständnisse bereits belastet ist).

Die Technik des Paraphrasierens ist in erster Linie geeignet zur Überprüfung des *sachlichen* Verständnisses einer Nachricht. Der Zuhörer will damit unter Beweis stellen, daß er die Ausführungen bzw. die Argumentation des Spre-

---

9) Immerhin haben die Gedanken des Sprechers dann folgende Prozedur überstanden: Der Sender hat seine Gedanken in Worte und Sätze vercodet, sie dem Empfänger gesendet, dieser hat sie aufgenommen und entcodet, sie dann in neue und andere Nachrichtenzeichen umgesetzt, dem Sender zurückgesendet, dieser hat die Paraphrasierung aufgenommen, entcodet und dabei die von ihm zu Beginn gesendeten Gedanken sozusagen ‚unversehrt' wieder vorgefunden.

chers korrekt aufgenommen hat bzw. er will auf diese Weise sicherstellen, ob das, was er aus der Sprecheraussage verstanden hat, wirklich die von dem Sprecher intendierte Nachricht ist. Der Zuhörer enthält sich deshalb in seinen Paraphrasierungen auch sämtlicher Eigenanteile, d. h. er verzichtet auf jegliche Art von Wertung, Kommentaren, Erläuterungen oder Schlußfolgerungen zu dem Gehörten. Er bemüht sich strikt darum, lediglich das Gehörte zur Überprüfung durch den Sprecher noch einmal in eigene Worte zu fassen. Dies ist ein äußerst respektvolles Umgehen mit der Aussage des anderen — nicht ohne disziplinierende Wirkung für den Hörer: Er muß sich zum voll konzentrierten Zuhören zwingen. Es wird ihm nicht möglich sein, gedanklich eventuell schon an der Gegenargumentation zu arbeiten, während der andere noch redet. Bei seiner Paraphrasierung wird er sich auf die Wiedergabe der Aussage beschränken und sich mit eventuellen Gegenargumenten und Folgerungen unter Kontrolle halten. Dies gilt selbst für den Tonfall. Statt eines forschen ‚Sie wollen doch nicht etwa sagen, daß ...‘ sieht die Technik des Paraphrasierens deshalb auch eher vorsichtig-zurückhaltende (nicht hinterlistige!) Formulierungen wie ‚Verstehe ich Sie richtig, wenn ...?‘ vor.

Eine Paraphrasierung muß übrigens nicht unbedingt richtig sein und die Sprecheraussage fehlerfrei wiedergeben. Das Gegenteil ist viel häufiger der Fall. Oft decken die Paraphrasierungen überhaupt erst auf, daß ein Kommunikationsfehler passiert ist. Eine ‚falsche‘ Paraphrasierung ist demnach ein Hinweis auf fehlerhafte Kommunikation. Dabei ist unerheblich, wer die ‚Schuld‘ an diesem Mangel trägt, denn einerseits ist wohl jeder Sender an der erfolgreichen Übermittlung seiner Nachricht interessiert, andererseits zeigt der Empfänger durch seine Paraphrasierung, daß auch ihm daran gelegen ist, den Sender richtig zu verstehen. Gibt also eine Paraphrasierung die Aussage des Sprechers nicht ganz korrekt wieder, reagiert der Autor der paraphrasierten Nachricht in der Regel darauf keinesfalls ärgerlich und enttäuscht, sondern vielmehr mit großer Bereitschaft durch Wiederholen der Botschaft oder durch zusätzliche Erläuterungen zur Korrektur des mißglückten Kommunikationsaktes beizutragen. Das *echte* Bemühen des Empfängers um Verstehen bleibt dabei nicht ohne positive Wirkung auf der Beziehungsebene: Der Sender öffnet sich stärker und entwickelt große Bereitschaft, mit wiederholten bzw. zusätzlichen Informationen zur Klärung beizutragen. Dieses Phänomen, *mehr* zu erzählen, wird im Trainerjargon auch als ‚Tell-me-more-Effekt‘ (Erzähle mir mehr) bezeichnet. Bei etwas heiklen oder noch unsicheren Beziehungen zwischen zwei Kommunikationspartnern können Paraphrasierungen regelrechte ‚Investitionen‘ auf der Beziehungsebene sein, mit denen der Zuhörer dem Sender beweist, daß er sich ihm und seiner Aussage voll widmet, statt ihn durch Entzug von Aufmerksamkeit vielleicht zu verletzen. Dabei kann nicht genug betont werden, daß sich der aktiv Zuhörende wirklich aller (Aus-)Wertungen des Gehörten enthalten muß. Er soll zunächst nur einmal **zu**hören und nicht sofort und gleichsam im Gegenzug seinen Scharfsinn beweisen und zeigen, was er alles **heraus**hören kann. Wenn nämlich der Sprecher das Gefühl bekommt, aus seinen Aussagen würden — möglicherweise auch noch ungerechtfertigte — Schlußfolgerungen gezogen, seine Worte würden sofort bewertet (an den Wertmaßstäben des Zuhörers natürlich!) und/oder das Gesagte würde im nächsten Atemzug gegen ihn verwendet, dann wird die Beziehungsebene sehr schnell gestört sein. Statt Vertrauen stellt sich Vorsicht ein, statt ein Sich-Öffnen ein Sich-Verschließen.

Paraphrasierungen sind in einem Gespräch eine Art Zwischenschritt zur Kommunikationsverbesserung oder zur Kommunikationsklärung. Sie sollen die Argumentation und den Dialog nicht ersetzen. Ehe man mit Gegenargumenten aufwartet, ist es jedoch häufig angebracht, erst einmal zu prüfen, ob man richtig verstanden hat. So empfiehlt beispielsweise eine Regel für hitzige und kontroverse Diskussionen: Ehe Du den Redebeitrag eines anderen angreifen oder ehe Du kontern darfst, mußt Du diesen Beitrag mit eigenen Worten wiederholen und für ihn mindestens zwei oder drei positive Argumente formulieren! Die Technik des Paraphrasierens wird hier gleichsam als ‚Emotionsbremse' und zur Bekämpfung von Blindheit und Verschlossenheit gegenüber mißliebigen Argumenten eingesetzt.

Die durch eine Paraphrasierung erzielte Kommunikationsklärung wie Ausräumen von Mißverständnissen, Klärung oder besseres Herausschälen von Gedanken oder Argumentationsketten kommt oft nicht allein dem Empfänger und dem Sender zugute, sondern nicht selten auch eventuellen Mithörern. So kann durch eine Paraphrasierung einem spontan heraussprudelnden Redner bewußt gemacht werden, was er zuvor wirklich gesagt hat, wenn der paraphrasierende Zuhörer die ausgesprochenen Gedanken bei seiner Wiederholung vielleicht besser ordnet und dadurch verständlicher macht. *Mithörer* können als ‚Ohrenzeugen' eines solchen Vorganges davon ebenfalls profitieren, indem sich ihnen eine Gedankenfolge, die sie beim ersten Hören vielleicht nicht ganz mitbekommen hatten, nun beim zweiten Mal erschließt.

Das Paraphrasieren ist eine Kommunikations*technik*, also ein ‚Werkzeug', und bei Werkzeugen ist nicht nur zu erklären, wie sie zu handhaben sind, sondern auch **in welcher Situation** ihr Einsatz angebracht ist: Paraphrasierungen sind hilfreich in allen Situationen, in denen sachliches Verständnis wichtig ist oder in denen das Sich-Einschleichen von Mißverständnissen möglichst von Anfang an verhindert werden soll. Dies gilt z. B. für alle Besprechungen, Konferenzen und Gruppendiskussionen. Speziell für den Konferenzleiter, Diskussionsleiter oder Moderator ist die Beherrschung dieser Technik bedeutsam. Er kann durch eine Paraphrasierung Gedanken auffangen, durch aktive Klärung Mißverständnissen rechtzeitig vorbeugen, und er kann vielleicht einem Redner, der zwar gute Gedanken hat, sie jedoch nicht sofort mit der notwendigen Klarheit und Präzision äußern kann, per Paraphrasierung seine eigene Beredsamkeit verleihen. Durch eine Paraphrasierung kann man auch einem Gedanken durch die Wiederholung in anderer Form gleichsam eine zweite Zuhörchance geben. Eine gute Einsatzmöglichkeit für Paraphrasierungen ist schließlich auch das Auffangen von Zwischenfragen besonders bei großen Diskussionen, so z. B. in Versammlungen oder bei Fragen aus dem Publikum nach Vorträgen. Hier ist oft zu beklagen, daß man als Zuhörer zwar die Antwort des meist mit Mikrophon ausgestatteten Redners vernimmt, häufig aber nicht die aus dem Publikum gestellte auslösende Frage. Hier sollte es zur Routine von Vortragenden werden, an sie gestellte Zwischenfragen zu paraphrasieren. Einerseits um auf diese Weise das Verständnis der Frage zu prüfen, andererseits um den Mithörern die Frage durch deutliche Wiederholung überhaupt akustisch zugänglich zu machen. Auch wirkt es sich atmosphärisch vorteilhaft aus, wenn sich jemand wirklich bemüht, Zwischenfragen zu verstehen, anstatt möglicherweise vorschnell oder an der Frage vorbei zu antworten.

Natürlich sind Paraphrasierungen auch für Einzelgespräche geeignet. Dies gilt besonders für sogenannte Problemgespräche, also für Gespräche mit heiklem Inhalt und/oder bei anfälliger Beziehungsbasis zwischen den Gesprächspartnern. Dabei wird diese Technik bewußt nicht nur zur Verständnissicherung oder zur Vermeidung von belastenden Mißverständnissen eingesetzt, sondern als deutliche Geste konzentrierter Aufmerksamkeit gegenüber dem Gesprächspartner mit der Absicht, dadurch zur Beziehungsverbesserung beizutragen oder Beziehungsrisiken zu vermeiden.

Paraphrasieren ist nicht einfaches ‚Nachplappern' oder Produzieren sogenannter ‚Echo-Antworten' (= wörtliche Wiederholung). Paraphrasieren muß gelernt und eingeübt werden. Eine zu diesem Zweck gern verwendete **Übung** ist der sogenannte **„Kontrollierte Dialog".**[10]) Bei dieser Übung wird in einer Teilnehmerrunde ein möglichst kontroverses Thema diskutiert (kontroverses, damit das Zuhören schwerer fällt!), wobei jeder nur dann einen eigenen Meinungsbeitrag einbringen darf, wenn er zuvor den Beitrag des Vorredners korrekt paraphrasiert hat. Diese Übung ist zwar insoweit natürlich nicht ‚lebensecht', als hier *jeder* Redebeitrag als Übungschance genutzt wird und paraphrasiert werden muß. Das verhindert natürlich spontanes Reagieren. Andererseits jedoch demonstriert diese Übung eindrucksvoll, wie schwer es gerade bei kontroversen Themen den meisten fällt, einem Sprecher konzentriert und aufmerksam zu folgen und nicht nur oberflächlich hinzuhören. Den jeweiligen Sprechern bringt diese Übung übrigens noch einen zusätzlichen Lerneffekt: Sie erkennen meist sehr schnell, daß sie sich selber nicht dadurch Kommunikationshindernisse aufbauen dürfen, daß sie *zuviel* Information auf einmal abgeben. Wenn selbst der bereitwilligste und konzentrierteste Zuhörer keine ausreichende Paraphrasierung schafft, bedeutet dies wahrscheinlich, daß die Nachricht des Senders zu überfrachtet war und dadurch die Aufmerksamkeits- und Bewußtseinskapazität des Zuhörers überfordert hat.

---

10) Siehe ANTONS, 1973, S. 87—89

5.4.4 Aktives Zuhören: Verbalisieren

Eine zweite Form des aktiven Zuhörens, zugleich auch die schwierigere, ist das sogenannte **Verbalisieren**. Darunter versteht man das **In-Worte-Fassen des ‚zwischen den Zeilen' oder nicht mit letzter Deutlichkeit Gesagten.** Bei dieser Zuhörtechnik bemüht sich der Zuhörer jene Anteile der aufgenommenen Nachricht in Worte zu fassen, die der Sender — aus welchen Gründen auch immer — nur andeutete oder lediglich in seiner Nachricht mitschwingen ließ. Dabei handelt es sich hauptsächlich um Gefühlsinhalte oder Appelle. Diese werden häufig lieber non-verbal statt verbal und mit letzter Deutlichkeit übermittelt.

Es gibt verschiedene Gründe dafür, daß der Sender seine Gefühle oder Erwartungen nicht so recht offenbaren möchte: Möglicherweise ist er sich der Beziehungen zum Kommunikationspartner nicht so ganz sicher und fürchtet, daß offene Aussagen anschließend gegen ihn verwendet werden. Vielleicht ist er auch unsicher, wie der Empfänger und/oder eventuelle Mithörer auf offene Appelle oder offenes Aussprechen von Gefühlen wie zum Beispiel Wertschätzung, Enttäuschung, Ärger, Mißtrauen, Sympathie, Verletztsein o.ä. reagieren. So kann die Frage ‚Wie finden Sie das?' den verdeckten Appell ‚Ich möchte gelobt werden' beinhalten, während die Formulierung ‚Ach, da bist Du ja endlich' die verdeckte Enttäuschung darüber ausdrücken kann, daß der Betreffende nicht eher gekommen ist. Solche non-verbalen Botschaften sind meist in der Sprechweise (d. h. in der Betonung, der Wortwahl oder im Satzbau) ‚verpackt', aber auch in Signalen der Mimik, der Gestik oder der Körperhaltung. Trotz der Schwierigkeit, non-verbale Anteile einer Aussage schriftlich wiederzugeben, hier ein Beispiel:

Sprecher-Aussage: „Erst kann alles nicht schnell genug gehen, und man muß alles stehen und liegen lassen, und anschließend liegen die Sachen hier, und keiner kümmert sich mehr darum!"

Zuhörer-Reaktion: „Sie sind ärgerlich und enttäuscht, daß Sie so zur Eile angetrieben worden sind und nun erleben müssen, daß ihre Anstrengungen umsonst waren."

Wenn ein Sender bestimmte Anteile von dem, was er an sich sagen möchte, in verdeckter oder angedeuteter Form vermittelt, hat er in der Regel Gründe dafür. Nicht selten spiegelt sich in einem solchen Verhalten wider, welche Erfahrungen der Sprecher bisher mit offener und direkter Kommunikation gemacht hat. Es kann auch der vorsichtige Versuch des Senders sein, erst einmal die Reaktion des Zuhörers zu erproben, bzw. herauszufinden, ob dieser die feinen Signale überhaupt auffängt und sich dafür interessiert. In solchen Situationen hat eine Verbalisierung oft ‚Hebammen-Funktion': Der aufmerksame Zuhörer beweist durch seine Reaktion, daß auch versteckte Feinheiten für ihn wichtige und ernstzunehmende Signale sind, daß er auf sie reagiert und daß sie von seiner Seite her besprechbar sind. Deshalb faßt er die non-verbalen Botschaften sozusagen stellvertretend für den vorsichtigen Sender in Worte und leistet somit ‚Geburtshilfe' für eine klarere und offenere Kommunikation zwischen beiden. Der nachfolgende kurze Dialog soll dies — zunächst als Negativ-Beispiel — illustrieren:

Vorgesetzter: „Also Herr Brandt, wir haben in nächster Zeit einiges mit Ihnen vor. Wir möchten Sie nämlich drei Monate nach England schicken, damit Sie Ihre Sprachkenntnisse ein wenig aufpolieren können, und dann werden Sie Niederlassungsleiter in unserem internationalen Speditionsbüro in Hamburg. Na, was sagen Sie dazu?"

Herr Brandt: „Ja, eh … ich freue mich natürlich über das Vertrauen … das muß ich erst einmal meiner Frau sagen. Außerdem — liegen in Hamburg nicht die Schuljahre anders als hier bei uns?"

Vorgesetzter: „Ich wußte doch, daß Sie sich freuen würden! Nun sagen Sie Ihrer Frau mal gleich Bescheid und bereiten Sie alles vor. Sie sind doch unser Mann!"

Dieser Vorgesetzte hat keine Meisterleistung im Zuhören vollbracht. Vielleicht wollte er auch gar nicht. Er war voll damit beschäftigt, aus der Antwort des Herrn Brandt das herauszuhören, was *seinen* (und nicht dessen) Zielen entsprach. Der Satz: „Sie sind doch unser Mann!" setzt Herrn Brandt zusätzlich unter Druck und macht es ihm noch schwerer, Bedenken zu äußern.

Ein Vorgesetzter, der an der emotionalen Reaktion von Herrn Brandt auf das Angebot wirklich interessiert gewesen wäre, hätte mittels einer Verbalisierung auf dessen Antwort dem Gespräch mit Sicherheit eine ganz andere Wendung gegeben:

„Herr Brandt, ich sehe, Sie sind ziemlich überrascht. Sie sind nicht ganz sicher, wie Ihre Frau darauf reagieren wird, nicht wahr? Und die Schulsituation in Hamburg ist für Sie auch ein Problem, nicht?" Einem solchen Vorgesetzten hätte Herr Brandt vielleicht erzählt, daß er solche Entscheidungen gerne mit seiner Ehefrau besprechen möchte, weil ihm ihre Meinung als Mitbetroffene sehr wichtig ist, und daß er sich zur Zeit ohnehin Sorgen macht über die Schulleistungen seines Sohnes. Ein solcher Gesprächsverlauf hätte vielleicht ermöglicht, daß die vorliegenden Probleme *rechtzeitig* angepackt und möglicherweise einer Lösung zugeführt worden wären. Bei der in der ersten Hälfte des Beispieles angewendeten forschen Hau-Ruck-Gesprächstechnik sind sie nicht einmal aufgefallen. Das Nicht-Beachten von Problemsignalen könnte in diesem Fall zu einer schlechten oder schon bald zu revidierenden Personalentscheidung führen und/oder der Familie des Betroffenen unerwünschten Problemballast aufbürden.[11])

---

11) Dies soll nicht heißen, daß in Zukunft alle Probleme durch Anwendung der ‚richtigen' Gesprächstechnik vermieden oder aus der Welt geschaffen werden können. Auf jeden Fall aber schafft die Nicht-Besprechbarkeit einer Problemsituation verdeckte Krisenherde und Konfliktpotentiale.

Die Technik des Verbalisierens erfordert eine noch beträchtlich höhere Zuhörleistung und Emphatie auf seiten des Empfängers als die des Paraphrasierens, denn Paraphrasierungen beziehen sich ja ‚lediglich' auf die Umformulierung des gehörten Sachinhaltes. Es verwundert darum auch nicht, daß die Wirkung von Verbalisierungen auf den Sender im Vergleich zu Paraphrasierungen ebenfalls intensiver ist. Gute, d. h. von ehrlichem Bemühen um den Partner getragene und glaubwürdige Verbalisierungen tragen außerordentlich stark zur Verbesserung der Sender-Empfänger-Beziehung bei. Sie erzeugen folglich auch ein noch viel intensiveres Sich-Öffnen des Senders auf einer wachsenden Vertrauensbasis. Der bereits erwähnte ‚Tell-me-more-Effekt' ist hier noch weitaus stärker. Ähnlich wie beim Paraphrasieren gilt für das Verbalisieren:

→ Die Verbalisierung ist eine möglichst exakte verbale Rückmeldung an den Sender darüber, wie er die non-verbalen Anteile der Botschaft verstanden hat.

→ Eine Verbalisierung muß nicht ‚richtig' sein. Entscheidend ist vielmehr, daß der Zuhörer sich wirklich und ehrlich bemüht, auf den Sprecher einzugehen, um diesen — auch in Nuancen — zu verstehen.

→ Aus diesem Grund wird man Verbalisierungen sehr vorsichtig und nicht als Behauptungen formulieren. Dies geschieht aus einer *Grundhaltung* heraus, die den Gesprächspartner in seiner individuellen Art akzeptiert und ihm volles Recht auf subjektive Einstellungen, Empfindungen, Wünsche und Sichtweisen zubilligt.

→ Eine diagnostische Meisterleistung ist dabei nicht gefragt: Eine Verbalisierung enthält keine Wertungen, Schlußfolgerungen oder Kommentare, und sie ist auch keine Demonstration von geistiger Potenz oder von Scharfsinn. Eine Verbalisierung verzichtet auf jegliche ‚Eigenanteile' des Verbalisierenden.

Die Techniken des Paraphrasierens und des Verbalisierens stammen ihrem Ursprung nach aus der therapeutischen Beratungspraxis, und zwar aus der sogenannten Gesprächs- oder Personenzentrierten Therapie.[12] So wie diese Techniken im Rahmen der Therapie helfen, schwierige und heikle Gesprächsinhalte zwischen Therapeuten und Klienten besprechbar und damit therapeutisch bearbeitbar zu machen, können sie im zwischenmenschlichen Alltag (privat und am Arbeitsplatz) helfen, die Kommunikation untereinander **klarer, verständlicher, offener** und **ehrlicher** zu gestalten. Man zählt das aktive Zuhören auch zu den sogenannten non-direktiven Gesprächstechniken, im Gegensatz zu den direktiven Techniken wie z. B. das Stellen von Fragen (‚Was haben Sie nun vor?') oder die Aufforderung, eine Äußerung zu machen (‚Nun

---

12) Siehe ROGERS, 1972

sagen Sie mal, was Sie davon halten!').[13]) Die Techniken des aktiven Zuhörens stellen fraglos eine Bereicherung der Gesprächstechniken dar. Deshalb gehören sie auch für den Organisationsentwickler zum alltäglichen Handwerkszeug. Er benötigt sie im Workshop und bei Arbeitsgruppensitzungen ebenso wie in Problem- und Konfliktgesprächen mit einzelnen. Sie sind hilfreich in Gesprächen zur Problemanalyse und Organisationsdiagnose wie in Feedbacksituationen. Aber Paraphrasieren und Verbalisieren sind keine ‚Geheimwaffen' des Organisationsentwicklers. Die neuen Techniken wurden inzwischen Inhalt vieler Kommunikationstrainings oder OE-Programme in Unternehmen mit dem Ziel, die Kommunikationsfähigkeit und damit die soziale Kompetenz der Mitarbeiter zu steigern und durch eine Verbesserung der Kommunikation unnötige Konfliktrisiken zu vermindern.

Gegen die Gefahr des Mißbrauchs durch kühle und berechnende ‚Sozialtechnokraten' sind die Techniken des aktiven Zuhörens recht gut, wenn nicht völlig, gefeit. Ihre Wirksamkeit lebt nämlich davon, daß man sie *glaubwürdig* ausübt und Glaubwürdigkeit läßt sich nur äußerst schwer vortäuschen. Die Basis für Glaubwürdigkeit und Echtheit ist eine bestimmte **Einstellung** gegenüber dem Kommunikationspartner, ohne die eine Anwendung dieser Techniken nicht denkbar ist. Diese Einstellung ist gekennzeichnet durch

- **konzentrierte Aufgeschlossenheit** gegenüber dem anderen und **Interesse** an seiner Person,
- **Akzeptanz** des anderen als Person — so wie er ist — und
- Bereitschaft, den anderen mit seiner **subjektiven Sicht** der Welt zu **respektieren.**

Eine solche Einstellung des Zuhörers und ein solches Bemühen, aktiv zur Verständigung beizutragen, bleibt dann meist nicht ohne Wirkung auf den Sprecher: Auf seiner Seite steigt die Bereitschaft, die angebotene Vertrauensbrücke zu betreten, sich mehr zu öffnen, ein Stück mehr ‚aus sich herauszulassen' sowie gleichfalls einen Schritt zur Verständigung zu tun, indem er — etwa bei Konfliktgesprächen — die eine Position noch einmal kritisch überprüft und von dieser vielleicht sogar zugunsten einer Lösungsfindung etwas abrückt.

Drei Rollenspiele mit Hinweisen für das Training im aktiven Zuhören finden sich im Anhang zu diesem Kapitel.

---

13) Es liegt nahe, direktive bzw. non-direktive Gesprächstechniken bestimmten Führungsstilen zuzuordnen. Eine solche Zuordnung ist jedoch wenig hilfreich und kaum sinnvoll. Vielmehr geht es darum, die einzelnen Techniken **situationsadäquat** einzusetzen: So wird man, wenn ein Mitarbeiter nach einem Termin fragt, nicht mit einer einfühlsamen Verbalisierung reagieren („Sie sind also unsicher, wann ..."), sondern eine prompte Antwort geben. Und ein Vorgesetzter, der in Eile ist, wird einen Mitarbeiter durch aktives Zuhören nicht für ein Gespräch öffnen, um ihm kurz darauf zu sagen, daß er jetzt keine Zeit hat und zu einem dringenden Termin muß.

5.5 Ein Problemlösemodell

5.5.1 Vier Phasen der Problemlösung

Bei der Organisationsentwicklung geht es darum, systematische Prozesse zur Analyse und Lösung von Problemen in Betroffenen-orientierter Weise zu betreiben. Dazu ist ein Basiswissen über die Technik der Problemlösung und die Ablaufphasen solcher Prozesse unabdingbar. In der Praxis hat sich ein — zugegeben vereinfachtes — **Vier-Phasen-Modell zur Problemlösung in Gruppen**

1. Phase der Gruppenbildung und Orientierung, z. B.
- Bildung und Organisation der Arbeitsgruppe
- Festlegung des Problemrahmens und der Zielsetzung der jeweiligen Arbeitseinheit
- Abklärung der Vorgehensweise
- Zielfestlegung

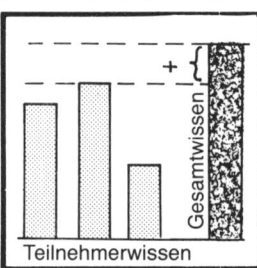

2. Phase der Bildgestaltung, z. B.
- Sammeln aller verfügbaren Daten zur Beschreibung des Problems (Ist und Soll)
- Aufstellung und Prüfung aller möglichen Hypothesen bzgl. der Ursachen des Problems

3. Phase der Lösungsfindung, z. B.
- Sammeln aller nur verfügbaren Lösungsalternativen
- Festlegung der anzuwendenden Lösungskriterien (Lösungsmaßstäbe)
- Beschreibung eventueller Konsequenzen und/oder Nebenwirkungen der einzelnen Alternativen

4. Phase der Entschlußbildung und Vorbereitung der Umsetzung, z. B.
- Auswahl der optimalen Lösung(en) gemäß Ziel
- Planung und Organisation der Realisierung, einschl. Festlegung von Kontrollpunkten

Abb. 43: Vier-Phasen-Modell des Problemlöseprozesses

bewährt. Es ist angelehnt an ein Konzept für Problemlösetechnik und Entscheidungsfindung, das KEPNER und TREGOE (1971) populär gemacht haben.[14])

Dieses Ablaufmodell, in dem der Prozeß der Problemanalyse und der Prozeß der Entscheidungsfindung zusammengefaßt worden sind[15]), ist in Abb. 43 dargestellt. Das Vier-Phasen-Schema ist für eine Anwendung in Problemlösegruppen ausreichend einleuchtend und relativ leichter lernbar, wenngleich dieses immer noch schwierig genug ist für Leute, die in Problemlösetechnik völlig ungeübt sind.

Innerhalb des Modells wird unter **Problem** verstanden: Die Abweichung eines bestimmten Ist-Zustandes von einem vorgegebenen, gewünschten und/oder angestrebten Soll-Zustand, wobei die Ursache(n) dieser Diskrepanz unbekannt ist (sind), jedoch Interesse an der Beseitigung bzw. Verringerung dieser Abweichung vorhanden ist (Abb. 44).

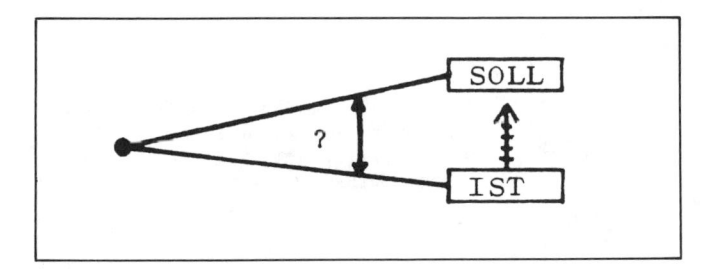

Abb. 44: Problem als Soll-Ist-Diskrepanz

Nachfolgend werden die vier Phasen des in Abb. 43 dargestellten Modells einzeln beschrieben, wobei jeder Phase eine Auswahl von typischen Checkfragen beigefügt ist, die den Problemlösern als Leitlinie und Orientierungshilfe dienen können. Diese Fragen sollen die Gruppenorganisation und die Zielklärung erleichtern, zu einer möglichst lückenlosen Beschreibung und Analyse des Problemfeldes anregen und bei der Lösungsfindung und Entschlußbildung helfen. Mit Hilfe der Checkfragen kann der Problemlöseprozeß insgesamt vitaler gestaltet und gleichzeitig gegen grobe Fehler in der Systematik immunisiert werden. Dabei sind die aufgelisteten Fragen nicht als zwingende Vorgabe, sondern lediglich als Anregung zu betrachten.

---

14) Siehe auch HOLTGREWE, 1972
15) Beide können auch als Prozesse *eigener Art* betrachtet werden, die jeweils durch eine auf die unterschiedliche Zielsetzung zugeschnittene Vorgehensweise charakterisiert sind. Die Zusammenfassung geschieht hier vor allem aus Gründen der Praktikabilität, weil dem untrainierten Praktiker wenig mit hochdifferenzierten, aber schwer verständlichen und/oder nur noch von ‚Eingeweihten' durchschaubaren bzw. anwendbaren Modellen gedient ist.

Das Modell folgt im Prinzip der gleichen Logik, die auch typisch ist für den an systematisches Denken gewöhnten einzelnen. Die Anwendung dieser Systematik in der Gruppe eröffnet jedoch die zusätzliche Chance der Informations**maximierung,** d. h. die Summe des zusammengetragenen Einzelwissens ergibt *mehr* als die Informationsmenge, die dem bis dahin informiertesten einzelnen verfügbar war, sowie die Chance der Informations**optimierung.** Darunter versteht man das Phänomen, daß durch die Handhabung von Fakten in einer Gruppe und durch wechselseitige Beeinflussungsprozesse zwischen den Teilnehmern neue Anregungen, neue Sichtweisen oder Lösungsideen entstehen, die quantitativ und qualitativ *mehr* sind als das, was die Gruppe zu Beginn der Gruppenarbeit zur Verfügung hatte.[16]) Die Prozesse der Informationsmaximierung und der Imformationsoptimierung sind die beiden Hauptursachen für Gruppeneffektivität. Deshalb ist bei Gruppenarbeiten grundsätzlich dafür Sorge zu tragen, daß klimatisch und organisatorisch Bedingungen gegeben sind, welche

- die Interaktionsprozesse untereinander anregen und fördern und
- jeden einzelnen ermuntern bzw. ihm ermöglichen, eigene Beiträge einzubringen.

5.5.2 Die Phase der Gruppenbildung und Orientierung

Kein Trainer wird eine Fußballmannschaft in ein Spiel schicken, ohne die Mannschaftsaufstellung geklärt, die Positionen verteilt und ein Spielkonzept oder eine Strategie abgestimmt zu haben. Übertragen auf die Systematik der Problemlösung in Gruppen heißt dies: Keine Gruppe sollte unorganisiert an die Arbeit gehen — Motivation alleine reicht nicht. Vielmehr geht es in dieser 1. Phase um

— Fragen der **Zusammensetzung** und des **Umfanges der Gruppe** (was starke Auswirkungen auf ihre Arbeitsfähigkeit hat),

— die **Abklärung der gemeinsamen Vorgehensweise** (Prozedurfragen) sowie

— eine einheitliche, exakte und verbindliche **Zielfestlegung,** und zwar nicht nur pauschal, sondern *konkret* für die betreffende Sitzung (Ausgangspunkt für die Zielfestlegung ist das Besprechungsthema bzw. die allgemeine Problembeschreibung).

Auf die Erarbeitung der Zielsetzung ist besonderes Gewicht zu legen. Speziell ungeübte Gruppen neigen stark dazu, die Bemühungen um eine Zielformulierung, die *jedem* Mitglied klar ist und von jedem akzeptiert wird, als ein

---

[16] So kann die anscheinend naive Frage eines weniger Informierten ein Problem plötzlich in ganz anderem Licht erscheinen lassen oder auf den ersten Blick ‚dumme' Bemerkung des einen bei einem anderen die glänzende Idee auslösen.

ärgerliches Hindernis zu betrachten, das eine zügige Problemlösung bremst. Deshalb schleicht sich leicht die Gefahr ein, vermeintliche Einigkeit in der Zielsetzung dadurch herbeizuführen, daß man das Ziel sehr allgemein formuliert, so daß jeder einzelne seine persönliche Zielsetzung herausinterpretieren kann. Wenig präzise oder globale Zielsetzungen (etwa: Das Ziel ist die Lösung des Problems) gefährden den Problemlöseprozeß und verursachen in seinem Verlauf zum Teil beträchtliche Irritationen. SCHLICKSUPP (1977, S. 43) bemerkt dazu: „Vage Zielvorstellungen frustrieren, sie deformieren die Problemlöseenergie, lassen Erfolgserlebnisse vermissen und geben dem Problemlösenden das Gefühl, sich umsonst bemüht zu haben. Ein vages Zielsystem fördert die Neigung, vor einem Problem zu kapitulieren oder sich von vornherein inaktiv zu verhalten."

In der 1. Phase lassen sich verschiedene Untergruppen von Check-Fragen bilden, so z. B.:

▶ Fragen zur Grobbeschreibung des Problemfeldes:
— Worum geht es?
— Was ist unser Thema?
— Was ist unser Problem?
— Sieht jeder das Problem?
— Wie groß ist die Abweichung zwischen Ist und Soll?
— Ist sie wesentlich?
— Wird die Abweichung von jedem erkannt?

▶ Fragen zur Gruppenzusammensetzung sowie zur Kompetenz der Gruppe und zur Bereitschaft, das Problem zu bearbeiten:
— Wer weiß am besten über das Problem Bescheid?
— Wer ist von der Lösung am stärksten abhängig?
— Wen sollte man noch anhören?
— Müssen (andere) sachkundige Leute oder Sachverständige hinzugezogen werden?
— Wer ist noch kompetent?
— Wer interessiert sich ebenfalls noch für das Problem?
— Sind vielleicht noch andere Leute bereit oder motiviert, sich bei der Problemlösung zu engagieren?
— Sind wir nicht zu groß, um noch als Gruppe arbeitsfähig zu sein?
— Sollten wir eventuell nicht besser in Teil- oder Kleingruppen arbeiten?
— Wollen wir alle an der Lösung mitwirken?
— Sind wir kompetent, das Problem anzugreifen?
— Wozu sind wir kompetent?
— In welchem Umfang können wir eigenverantwortlich entscheiden?
— Wollen wir *wirklich* an der Beseitigung des Problems arbeiten?
— Wer ist von unseren Entscheidungen betroffen?

▶ Fragen zur Zielabklärung (allgemein und konkret):
— Bis wann muß das Problem gelöst sein?
— Bis wann muß die Lösung realisiert sein?

— Wie *konsequent* will man sein?
— Wer muß die Lösung realisieren?
— Wer muß unseren Lösungsvorschlag (oder Teillösungsvorschlag) erhalten?
— Wie muß das Resultat unserer Besprechung formuliert und mitgeteilt werden? (Ergebnis- oder Prozeßprotokoll)
— Haben wir nun genügend Information vorgelegt, um das Ziel dieser Besprechung festlegen zu können?
— Was ist unser konkretes Ziel?
— Was müssen wir am Ende dieser Besprechung erreicht haben?
— Was soll am Ende als Ergebnis auf dem Papier stehen?
— Wieviel Zeit steht uns für die Besprechung zur Verfügung?
— Ist das Besprechungsziel in dieser Zeit erreichbar?
— Können wir unser Ziel jetzt noch weiter eingrenzen oder präzisieren?

▶ Fragen zur konkreten Vorgehensweise:

— Wer übernimmt den Vorsitz?
— Wer protokolliert mit bzw. wird Schriftführer?
— Sollen wir nicht für alle einsehbar auf einer Pinnwand oder Papiertafel (Flip-Chart) protokollieren?
— In welcher Form sollen wir protokollieren? (Nur Ergebnisse? Oder auch wichtige Gedankensplitter, die noch nicht sofort voll verarbeitet werden können? Auch Informationen und Meinungen, die im späteren Verlauf der Diskussion noch gebraucht werden? ...)
— Brauchen wir einen advocatus diaboli (als „Fehlersuchgerät")?
— Wollen wir zwischendurch eine Pause machen?
— Wie sollen wir die Zeit einteilen?
— Wer achtet auf die Zeiteinteilung?
— Welche Regeln für den Ablauf wollen wir einhalten (Rauchen, Wortmeldungen etc.)?
— usw.

5.5.3 Die Phase der Bildgestaltung

In dieser Phase soll erreicht werden, daß alle um die Problemlösung bemühten Teilnehmer ein möglichst optimales, d. h. umfassendes, Bild von der Problemlage erhalten. Dazu gehört, daß *jedes* Gruppenmitglied zu dieser Situationsbeschreibung aus *seiner* Sicht beitragen kann. Dies beinhaltet zunächst eine exakte **Beschreibung und Hinterfragung des Ist-Zustandes** sowie gleichfalls eine möglichst genaue **Beschreibung des gewünschten oder angestrebten Soll-Zustandes,** was oft auf verblüffende Weise ‚erleuchtend' wirkt. Außerdem erfolgt in dieser Phase die **Aufstellung und Prüfung möglichst vieler Hypothesen** über in Frage kommende **Ursachen des Problems.**

▶ Checkfragen für die Phase der Bildgestaltung:
— Wie ist der genaue Ist-Zustand?
— Wie ist der genaue Soll-Zustand? (d. h. genaue Beschreibung des *problemlosen* Zustandes)
— Wie ist die Problemlage ermittelt worden?
— Wann ist das Problem erstmals aufgetreten?
— Wo? Wie oft? In welchem Ausmaß?
— Wie zeigte sich das Problem?
— Wer hat es wie beobachtet?
— Wie zeigte es sich zuerst?
— Wie ist man darauf gekommen, das Problem zu beobachten?
— Was waren die ersten Anzeichen?
— Zeigt sich das Problem heute noch genauso wie zu Anfang?
— Gab es irgendwelche Veränderungen?
— Gab es vorher oder gleichzeitig an anderer Stelle irgendwelche Veränderungen (mögliche Auslöser)?
— Wer ist beteiligt (als Betroffener oder als Verursacher)?
— Wie stehen diese zu dem Problem?
— Gibt es einzelne oder mehrere, die vielleicht von dem Problem *profitieren?*
— Taucht das Problem auch woanders auf?
— Ist der bisher angestrebte Soll-Zustand wirklich (noch) erstrebenswert?
— Wird das auch von anderen so gesehen?
— Warum ist das so?
— Sind (vielleicht) noch weitere Soll-Werte zu berücksichtigen?
— Sind unsere vorliegenden Informationen wirklich relevant?
— Welche Versuche gab es bereits, das Problem zu lösen?
— Welche Erfolge hat man damit gehabt?
— Wer hat eventuell noch Kenntnis von anderen Lösungsversuchen?
— Arbeiten andere an dem gleichen Problem?
— Hat das Problem normalerweise die beschriebenen Folgen?
— Welche Faktoren oder Personen könnten das Verhalten der Betroffenen oder der Verursacher mitbeeinflußt oder beeinflußt haben?
— Was sind die möglichen Ursachen des Problems?
— Welche davon kommen u. U. als Hauptursache(n) in Frage?
— Welche der vorliegenden Fakten sind „nur" Symptome (äußere Anzeichen) für tiefer liegende Ursachen?
— Welche der vorliegenden Fakten deuten auf die eigentlichen Ursachen hin?
— Welche weiteren Probleme könnten durch die gleichen Ursachen noch entstehen?
— Welche Nachfolgeprobleme könnten sich aus dem uns heute vorliegenden Problem noch ergeben?
— usw.

Eine unvollkommene oder falsche Beschreibung des Ist-Zustandes, eine Verkennung der Problemursachen sowie eine unzureichende oder fehlende Beschreibung des Soll-Zustandes wirken sich zwingend negativ auf den weiteren Verlauf des Problemlöseprozesses aus. Untrainierten Teilnehmern, aber auch besonders engagierten Teilnehmern, mangelt es hier oft an Einsicht und Geduld, ausreichend lange bei einer umfassenden Tatsachenerhebung und Hypothesenbildung zu verweilen. Vielleicht geprägt (oder geschädigt?) durch die betriebliche Praxis sind sie ausgesprochen lösungsorientiert. Man sollte jedoch wissen, daß sich auf mangelhafter Informationsbasis allenfalls durch Glück oder Zufall gute Problemlösungen produzieren lassen. Lösungen können in der Regel nicht besser sein, als die Informationsbasis, auf der sie entwickelt wurden.

Es gibt jedoch auch das genau gegenteilige Extrem: Statt zuwenig oder nicht ausreichender Information wird eine nicht mehr zu überschauende Informations*flut* produziert. Im kleinen zeigt sich hier bereits ein in Zukunft sicher noch wachsendes Problem, das in unserer Kommunikationsgesellschaft verstärkt auch im großen sichtbar wird, nämlich das Problem der **Auswahl** wirklich problem- bzw. entscheidungs**relevanter** Informationen aus der Gesamtmenge. So ergibt sich die Aufgabe, die jeweils vorliegenden Fakten zu bewerten und zu gewichten, um die eigentlich relevanten Informationen herauszufiltern.

5.5.4 Die Phase der Lösungsfindung

Nachdem nun alle Beteiligten eine genaue Vorstellung von dem Problem haben, geht es in dieser Phase um die **Produktion von Lösungsalternativen.** Dabei werden die Lösungsalternativen zunächst nur gesammelt und nicht sofort bewertet oder gar kritisiert. Dies geschieht, um den Ideenfluß nicht zu unterbrechen bzw. die Bereitschaft, Ideen zu entwickeln, nicht durch sofortige Kritik zu ersticken.

Je nach Vorwissen, Kenntnisstand und Fähigkeit der Gruppe können hier diverse Ideenfindungs- bzw. Kreativitätstechniken eingesetzt werden. SCHLICKSUPP (1977, S. 18) zählt über 40 unterschiedliche Ideenfindungsmethoden bzw. Untervarianten davon auf, wobei er den Versuch unternimmt, sie zu gruppieren, und u. a. Beschreibungen ihrer Durchführung liefert. Dabei ist nach einer Befragung des Batelle-Institutes in Frankfurt aus dem Jahr 1973[17]) die Methode des Brainstorming offensichtlich die bekannteste Ideenfindungsmethode in der betrieblichen Praxis (SCHLICKSUPP, 1977, S. 21 ff.). Wie die Tabelle 3 zeigt, behaupteten bei dieser Befragung 81 % der Befragten, Kenntnisse über Brainstorming zu besitzen, die über das bloße Kennen des Namens der Methode hinausgehen. Die Methode des Brainstorming war auch diejenige, welche — verglichen mit elf weiteren Methoden — in der Praxis am häufigsten zur Anwendung kam. Dabei lag sie, wie die Tabelle 4 zeigt, in bezug auf den eingeschätzten Erfolg der Anwendung unter diesen Methoden an zweiter Stelle.

---

17) Die Befragung richtete sich an 500 Unternehmungen verschiedener Branchen. Rücklaufquote: 125 Fragebögen = 25 %

224 Modelle für den Praktiker

	Anwendung im Unternehmen (%)			Erfolg der Anwendung (%)		
	nie	manchmal	häufig	gering	mittel, unbest.	groß
Brainstorming	17,5	61,5	21,0	40,0	18,0	42,0
Diskussion 66	84,5	5,5	–	43,0	57,0	–
Methode 635	89,5	9,0	1,5	69,0	8,0	23,0
Ideen-Delphi	85,0	12,5	2,5	47,0	16,0	37,0
Idea-Engineering	96,5	2,5	1,0	50,0	–	50,0
Trigger-Technik	100,0	–	–	–	–	–
Synektik	80,0	17,5	2,5	48,0	24,0	28,0
Morphologischer Kasten	73,5	19,0	7,5	57,5	6,0	36,5
Funktionsanalyse	65,0	23,0	12,0	20,5	18,0	61,5
Attribute-Listing	95,0	5,0	–	50,0	33,3	16,7
Problemfelddarstellung	91,0	6,5	2,5	36,0	28,0	36,0
Progressive Abstraktion	96,0	2,5	1,5	20,0	40,0	40,0

Tabelle 3: Kenntnis der Methoden der Ideenfindung (entnommen aus: H. SCHLICKSUPP, 1977, S. 22)

Wahrscheinlich haben sich an diesem 1973 erhobenen Bild bis heute kaum entscheidende Veränderungen ergeben. Auch die Spitzenreiterposition des Brainstorming wird wahrscheinlich geblieben sein. Allerdings ist zu vermuten (und dies tut auch SCHLICKSUPP sowie verschiedene andere Autoren), daß eine ‚harte' Untersuchung über die Anwendung der Brainstormingmethode das Bild etwas ändern würde. Als Hypothesen könnte man formulieren:

	Grad der Kenntnis					
	voll- kommen unbekannt	nur der Name bekannt	ungefähre Vor- stellungen	gute Kenntnis	umfassen- des Wissen	Σ (%)
Brainstorming	1	2	16	65	16	100
Diskussion 66	60	13	19	6	2	100
Methode 635	53	16	13	14	4	100
Ideen-Delphi	35	18	29	16	2	100
Idea-Engineering	72	16	8	4	–	100
Trigger-Technik	84	10	4	2	–	100
Synektik	33	14	26	23	4	100
Morphologischer Kasten	37	9	16	31	7	100
Funktionsanalyse	25	14	23	32	6	100
Attribute-Listing	64	19	13	4	–	100
Problemfeld- darstellung	56	12	25	5	2	100
Progressive Abstraktion	68	13	12	5	2	100

Tabelle 4: Anwendungshäufigkeit und Einschätzung des Erfolges verschiedener Methoden der Ideenfindung (entnommen aus: H. SCHLICKSUPP, 1977, S. 23)

1. Brainstorming ist zweifellos die bekannteste Methode.
2. Die Methode verführt dazu, sie in ihrer Schwierigkeit zu unterschätzen (mit zwei, drei Faustregeln meint man, ein Brainstorming bestreiten zu können).
3. Wahrscheinlich (deshalb) wird nur bei einer Minderheit der Anwender die Brain- stormingmethode mit zeitlich ausreichendem Aufwand und in *Verhaltens*trainings vermittelt (Verbreitete Meinung: Kurzvortrag oder privates Einlesen genügen, dann kann man es).

4. Brainstorming wird in der Praxis häufig in verstümmelter Form und/oder unter unzureichenden Rahmenbedingungen (Zeitrahmen, Hilfsmittel, genaue Problembeschreibung etc.) durchgeführt.
5. Es wird vieles als Brainstorming bezeichnet, was diesen Namen nicht verdient (eine ‚lockere' oder spontane Diskussion ist noch kein Brainstorming).
6. Es spricht nicht gegen diese Methode, wenn sie — trotz ihrer häufig unzulänglichen Durchführung — dennoch offensichtlich erfolgreich zur Ideenfindung beitragen kann.

Mit der Produktion von Ideen allein ist es in dieser dritten Phase jedoch noch nicht getan. Der Wert der einzelnen Ideen bezogen auf den Anwendungsfall, d. h. auf die Lösung des Problems, muß festgestellt werden. Dazu benötigt man zunächst **Lösungskriterien.** Dies sind Maßstäbe, mit deren Hilfe man die Qualität und Brauchbarkeit der Lösung feststellen, messen kann (z. B. Zeitkriterien, Kostenkriterien usw.). Außerdem steigt oder fällt der Wert einer Lösungsidee mit den positiven oder negativen **Folgewirkungen,** welche mit ihrer Realisierung einhergehen. Ein Denken in Neben- oder Folgewirkungen zur Überprüfung und Bewertung von Lösungsalternativen, das bereits *vor* ihrer Realisierung stattfindet, ist für viele häufig ungewohnt. Das Auslassen dieser Denkschritte jedoch pflegt sich bei der Realisierung von Ideen, die man von dieser kritischen Durchleuchtung verschont hat, fast immer in Form von bösen Überraschungen zu rächen. Die Entschuldigung ‚Wer konnte denn voraussehen, daß ...' überzeugt nicht, wenn man sich im Rahmen des Problemlöseprozesses nicht nachweislich und ausreichend mit der Analyse möglicher Konsequenzen der einzelnen Lösungsvorschläge beschäftigt hat. Es bleibt ohnehin noch genügend Unvorhersehbares übrig.[18])

▶ Checkfragen für die Phase der Lösungsfindung:
— Sollen wir eine bestimmte Technik der Ideenfindung anwenden?
— Ist die Methode ausreichend bekannt oder muß sie kurz aufgefrischt werden?
— Welche Lösungsvorschläge gibt es?
— Wodurch unterscheiden sie sich?
— Lassen sich verschiedene Lösungen variieren oder kombinieren?
— Welche Lösungen schließen sich gegenseitig aus?
— Lassen sich einzelne Lösungen noch verbessern?

---

18) Bezüglich der Erarbeitung der diversen Lösungskriterien herrscht keine generelle Einigkeit darüber, ob die Lösungskriterien zu Beginn der Lösungsfindungsphase erarbeitet werden sollen, oder erst, nachdem das Sammeln von Lösungsvorschlägen abgeschlossen ist. Dies sollte die betreffende Gruppe nach den situativen Gegebenheiten oder auch nach den Regeln des angewendeten Ideenfindungsverfahrens entscheiden. Gegen eine Formulierung der Lösungskriterien zu Beginn spricht das Argument, daß dadurch der vollen Entfaltung des kreativen Potentials unter Umständen Schranken gesetzt werden. Andererseits kann die Formulierung der Kriterien vor der eigentlichen Lösungssuche zur Konzentration auf das Wesentliche beitragen und Abschweifungen in ‚utopische Reviere' bei der Ideenfindung vermeiden helfen. Dies bedeutet aber möglicherweise auch wieder einen Verzicht auf Anstöße für Kreativität.

— Ist jeder seine Lösungsideen losgeworden?
— Hat jemand noch eine Idee?
— Welche Lösungskriterien sind zu berücksichtigen? (d. h. Wie will man gute und schlechte Lösungen unterscheiden, welche Lösungsmaßstäbe sollen gelten?)
— Welche Kosten entstehen?
— Welcher Zeit- oder Personalaufwand ist erforderlich?
— Welche Mittel sind erforderlich?
— Sind die Lösungsvorschläge praktikabel?
— Sind ideelle Werte als Lösungskriterien zu berücksichtigen?
— Sind die Lösungsvorschläge reizvoll? (Auch für die, die sie ausführen müssen?)
— Sind sie verständlich?
— Woran kann man die Effizienz der Lösungen erkennen?
— Welche Ursachen werden durch welche Lösungsvorschläge beseitigt?
— Beseitigen bestimmte Lösungsvorschläge nur Symptome oder wirken sie auch auf die Ursachen ein?
— Wie stehen Aufwand und Erfolgswahrscheinlichkeit zueinander?
— Welche möglichen Nebenwirkungen können auftreten?
— Werden andere durch die vorgeschlagenen Lösungen betroffen? Wer?
— Kollidieren Lösungen mit Anweisungen, Vorschriften, Richtlinien, Verträgen, Gesetzen etc.?
— Bringt uns eine Lösung möglicherweise neue Probleme?
— Sind unsere Lösungen bzw. unsere Lösungskriterien auch aus der Sicht anderer Betroffener (Personalrat, andere Abteilungen oder Bereiche, Kunden etc.) ausreichend, realistisch, akzeptabel, attraktiv etc.?
— Wer könnte sich noch tangiert fühlen?
— Wo könnten welche Widerstände auftauchen? Wodurch?
— usw.

5.5.5 Die Phase der Entschlußbildung und Vorbereitung der Umsetzung

Natürlich ist es mit der Hervorbringung neuer Ideen in der Lösungsphase noch nicht getan. Aus der Fülle der formulierten Lösungsalternativen müssen nämlich nun noch die **optimalen** unter den **akzeptierten Lösungen herausgefiltert** und **für die Verwirklichung vorbereitet** werden. Dies ist eine Herausforderung, die sich nun weniger an das kreative Potential der Problemlösegruppe richtet, als vielmehr in erster Linie an ihre Initiative und planerische Kompetenz. Die er- bzw. gefundenen Lösungen erhalten ihren Sinn erst dadurch, daß sie in der Praxis auch verwirklicht werden. LEAVITT (1963, S. 73) bemerkt in diesem Zusammenhang sinngemäß, daß es in der Praxis weniger an Kreativität im Sinne der Ideenfindung mangelt, als vielmehr an Innovationskraft bei ihrer Realisierung.[19]) Es müssen also **Maßnahmen** überlegt und ergriffen wer-

---

19) Originalzitat: „What is often lacking is not creativity in the idea-creating sense but innovation in the action-producing, i. e. putting ideas to work" (LEAVITT, 1963, S. 73).

den (z. B. Erstellung eines Aktionsplanes), um die ausgewählten Lösungen zu realisieren und außerdem ihre Wirksamkeit in der Praxis zu steuern und zu überprüfen. Manche sicherlich gute Idee erhielt wahrscheinlich dadurch ihr ‚Begräbnis erster Klasse', daß man vergaß, die Realisierung zu organisieren, oder weil sich niemand dafür verantwortlich fühlte.

▶ Checkfragen für die Phase der Entschlußbildung und Vorbereitung der Umsetzung:
— Für welche Lösung entscheiden wir uns?
— Bejaht jeder diesen Entschluß?
— Können wir diese Lösung nach außen vertreten?
— Wie vertreten wir sie nach außen?
— Was müssen wir tun, damit wir glaubhaft werden?
— Wer muß wann, wo und wie über unseren Beschluß informiert werden?
— Informieren wir die anderen mittels einer Prozeß- oder Ergebnispräsentation?
— Ist der Zeitpunkt richtig?
— Wer sollte (noch) nichts erfahren?
— Wer könnte sich übergangen fühlen?
— Wie setzen wir die Lösung in die Praxis um?
— Wie konsequent wollen wir sein?
— Wer kann bzw. soll oder muß bei der Realisierung mitwirken?
— Wen wollen wir bei der Realisierung *nicht* miteinbeziehen bzw. wen schließen wir aus?
— Wer wird nun konkret was tun und bis wann, um die Realisierung zu gewährleisten?
— Wer holt z. B. die erforderlichen Genehmigungen ein?
— Wer kümmert sich um einzuhaltende oder zu ändernde Richtlinien?
— Wie wollen wir den Erfolg kontrollieren? Wer tut das?
— Wie wollen wir wann, in welcher Form und durch wen über Erfolge, Pannen oder Unvorhergesehenes informiert werden?
— usw.

Abschließend noch ein paar generelle Bemerkungen zu diesem Vier-Phasen-Modell der Problemlösung, zu den Check-Fragen und zu den Anwendungsmöglichkeiten:

① Nicht alle Fragen lassen sich den einzelnen Phasen bzw. Stichpunkten sauber zuordnen. Manche Fragen sind auch in mehreren Phasen brauchbar und hilfreich. So kann z. B. die Frage ‚Wer muß die Lösung realisieren?' in der ersten Phase dazu anregen, noch einen weiteren Betroffenen in die Gruppe und damit in den Problemlöseprozeß einzubeziehen, während sie in der vierten Phase der Organisation und Planung der Realisierung dient. Oder: Die Frage ‚Wie konsequent wollen wir sein?' muß erstmals an sich schon vor der Einleitung eines Problemlöseprozesses gestellt werden, denn sie richtet sich darauf, wie intensiv oder wie hartnäckig man schließlich die Durchsetzung späterer Lösungsalternativen betreiben will. Geht es zum Beispiel um das Problem der Veränderung des Führungsverhaltens, bedeutet diese Frage nämlich: ‚Was wollen wir mit jemandem tun, der später das gewünschte Führungsverhalten (= Soll-Zustand) *nicht* zeigt?'. Aus der Brisanz einer solchen Frage läßt sich leicht ableiten, daß solche Überlegungen so rechtzeitig wie möglich angestellt werden sollten, ehe später gute Lösungsbestrebungen dadurch unglaubwürdig gemacht werden, daß Abweichungen von der beschlossenen Soll-Vorstellung ohne Konsequenzen, sprich: Sanktionen, bleiben.[20])

② Das beschriebene Problemlösemodell spiegelt sich mehr oder weniger deutlich im Ablauf aller Veränderungsprozesse wider (s. Abschnitt 3.5): Nach einer Phase der Orientierung folgt die Datensammlung (= Bildgestaltung) und daraus leiten sich die Maßnahmenplanung bzw. -durchführung und die Erfolgskontrolle ab (= Lösungsfindung, Entschlußbildung und Realisierung). Dies gilt für ein Gesamtprojekt ebenso wie für einzelne Teilschritte, etwa bei einem Problemlöseworkshop. Was die angebotenen Checkfragen angeht, kann übrigens besonders in den beiden ersten Phasen ein großer Teil von ihnen bereits vorgedacht, vorbereitet oder vorüberlegt werden. Man sollte sich nur nicht dazu verführen lassen, solche zweifellos zeitsparenden Vorarbeiten zu weit voranzutreiben, denn damit würde eines der Grundprinzipien der Organisationsentwicklung verletzt, nämlich der Gedanke einer möglichst umfassenden und offenen Betroffenenbeteiligung. Selbst wohlgemeinte Vorarbeiten erwecken bei den Betroffenen häufig den Verdacht, daß bereits Vorentscheidungen gefällt seien und erzeugen damit manche Blockierungen oder Durchsetzungswiderstände. Aus diesem Grunde sollten im Rahmen von OE-Projekten vorgearbeitete Fragestellungen als solche klar deklariert und auf jeden Fall in der Gruppe nachgearbeitet werden. Außerdem wurde bereits erwähnt, daß die Einbeziehung der Betroffenen zu neuen Sichtweisen anregen und wertvolle Hinweise zum Verständnis bzw. zur Lösung des Problems bringen kann.

③ Die aufgelisteten Checkfragen stellen nur eine beispielhafte Aufzählung dar. Aus diesem Pool müssen niemals alle Fragen bearbeitet werden; außerdem können noch neue hinzukommen. Die Fragensammlung soll als Anregung dienen. Im konkreten Anwendungsfall, beispielsweise bei einem Problemlöseworkshop, wird man deshalb den Teilnehmern niemals den ganzen Fragenkatalog mit in die Gruppenarbeit geben, sondern nach kurzer Erläuterung des Phasenmodells — falls die Teilnehmer untrainiert sind — *ausgewählte* Checkfragen, die mehr eine Lenkungsfunktion haben und die zu einer systematischen Vorgehensweise verhelfen sollen.

---

20) Die Frage nach konsequentem Handeln ist eine außerordentlich wichtige Frage beim Betreiben von Veränderungsprozessen. Sie kann zwar den Mut oder die Motivation zur Veränderung dämpfen, andererseits aber zwingt sie dazu, eine klare Position zu beziehen. In vielen — wenn nicht den meisten — Fällen empfiehlt es sich, Veränderungsbemühungen zu stoppen bzw. erst gar nicht zu beginnen, wenn keine eindeutige und klare Position bezogen wird.

④ Dieses Vier-Phasen-Modell stellt kein eisernes Korsett dar, in dem man nur innerhalb des vorgeschriebenen Bewegungsspielraumes agieren darf. Generell sollen natürlich die genannten vier Phasen in der Abfolge von eins bis vier durchlaufen werden. Die Abfolge kann aber jederzeit unterbrochen werden, und man kann ohne weiteres noch einmal in eine frühere Stufe zurückgehen, etwa wenn festgestellt wird, daß noch jemand Kenntnis von den Problemen hat, der bis dahin noch nicht angesprochen wurde. Oder man muß selbstverständlich erneut in die Phase der Bildgestaltung einsteigen, wenn sich in der Lösungs- oder Entschlußbildungsphase neue Tatbestände ergeben bzw. sich die Rahmenbedingungen geändert haben. Geschieht dies nicht, geht man das Risiko ein, daß die verabschiedeten Lösungen auf die veränderten Gegebenheiten nicht mehr passen. Es kann notwendig sein, daß Problemlösegruppen in solchen Fällen ziemlich starker und deutlicher Steuerimpulse von außen bedürfen, denn aus ihrer Eigendynamik heraus, die gerade bei hoher Motivationslage außerordentlich lösungs- und ergebnisorientiert ist, sperren sich Gruppen zum Teil stark gegen dieses scheinbare Zurückgehen und handeln statt dessen lieber ‚problemlösetechnisch' unklug.

⑤ In der letzten Phase ist besonders stark darauf zu achten, daß nicht nur eine Auswahlentscheidung aus dem Angebot von Lösungsideen getroffen wird, sondern daß auch die Realisierung sorgfältig geplant wird (im Jargon der Praktiker: ‚Sack zubinden!'). Zahlreiche und ausreichende Feedback- bzw. Kontrollschleifen müssen eingeplant werden, damit die Realisierungsdisziplin sichergestellt ist.

5.6 Ein Konfliktlösemodell

5.6.1 Die Funktion des Konfliktes

Ein zentrales Anliegen der Organisationsentwicklung ist es, eine Organisation zu befähigen, jenen Konfliktsituationen zu begegnen und sie konstruktiv zu bewältigen, die in *jedem* sozialen System immer wieder entstehen. Betrachtete man in der Vergangenheit Konflikte eher als destruktiv, als ‚Krankheit' einer Organisation und als dysfunktionale Erscheinung, so ist heute die Beurteilung von Konflikten deutlich anders: Nicht der Konflikt als solcher wird als typisches Krankheitszeichen angesehen, sondern die Unfähigkeit einer Organisation, solche Konflikte zu regeln. Ein Konflikt an und für sich gilt prinzipiell als Lern- und Innovationschance. In jedem Konflikt liegt Spannung, und Spannung ist auch immer ein Energiepotential, das ungeregelt gegen die Organisationsziele wirken kann, jedoch geregelt neue Impulse und den Schub für Innovation liefert.

Die Einstellung, Konflikte als Lern- und Innovationschance zu betrachten, ist allerdings keinesfalls in jeder Organisation anzutreffen. In vielen Organisationen gibt es vielmehr eine starke Neigung, Konflikte zu unterdrücken, sie zu ‚übersehen' oder sie ‚unter den großen Harmonie-Teppich zu kehren'. Auch ganze Organisationen können also Selbstoffenbarungsängste haben.

5.6.2 Phasen der Konfliktbearbeitung

Bei der Regelung von Konflikten, gleich ob zwischen einzelnen, ob in oder zwischen Gruppen, fließen Erkenntnisse aus den Gebieten der Kommunikation und der Problemlösetechnik zusammen. Dies wird auch in dem nachfolgenden Ablaufschema deutlich.[21] Man kann fünf Phasen der Konfliktlösung unterscheiden:

1. <u>Den Konflikt erkennen und akzeptieren</u>
Konflikte ereignen sich in der Regel nicht wie eine Explosion aus heiterem Himmel. Sie haben oft eine lange Vorentwicklung und Vorgeschichte. **Konfliktsignale** zwischen den Beteiligten, die oft allerdings erst im Nachhinein als solche identifiziert werden, weisen durchweg auf den sich entwickelnden Konflikt hin (z. B. kleine ‚Spitzen', Nebenbemerkungen, mimische Reaktionen, Ironisierungen, Rückgang der Kontakthäufigkeit etc.). Der Konflikt

---
[21] Siehe u. a. KRÜGER, 1973a und 1973b, *Blackbox*-Medienverbundprogramm ‚Praxis der betrieblichen Gesprächsführung', Baustein III: Das Konfliktgespräch, Zürich, 1977, RÜTTINGER, 1977, sowie WEGENER, 1982.

schwelt oft längere Zeit verdeckt unter der Oberfläche, bevor er deutlich wird und dann meist sehr schnell eskaliert (Abb. 45). Je früher man auf Konfliktsignale reagiert und sie über der Oberfläche besprechbar macht, desto größer ist die Chance einer zügigen Regelung, weil die Konfliktdynamik noch nicht so weit fortgeschritten ist.

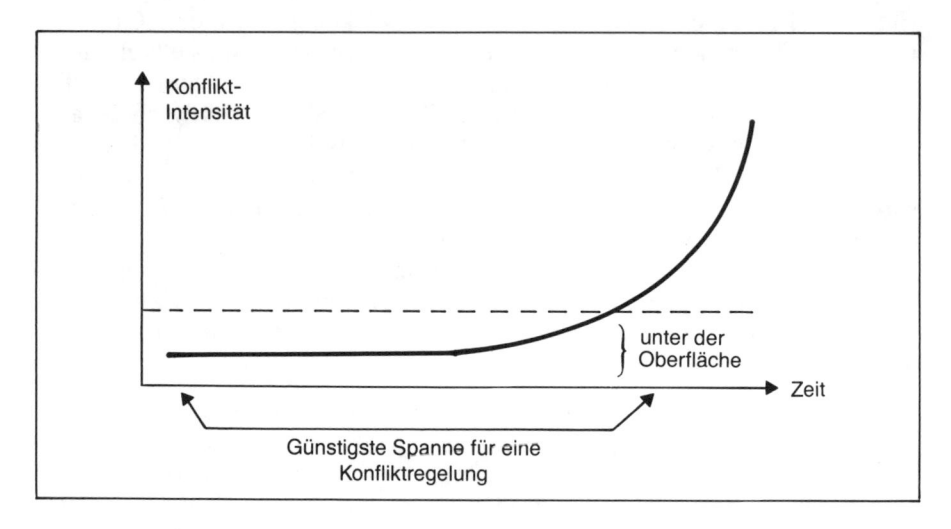

Abb. 45: Verlaufskurve eines Konfliktes

Gleich in dieser ersten Phase muß auch geklärt werden, ob nicht etwa ein durch schlichte Mißverständnisse entstandener **Scheinkonflikt** vorliegt. Sind eventuelle Scheinkonflikte ausgeräumt, bleiben die wirklichen Konflikte übrig. Diese tickenden Zeitbomben gilt es zu entschärfen. Die zweite Phase der Konfliktlösung kann beginnen, wenn alle Beteiligten das Vorliegen eines Konfliktes akzeptiert haben und bereit sind, sich ihm zu stellen. Das Vorliegen eines Konfliktes wird also nicht (mehr) geleugnet. Damit ist der Konflikt sozusagen zur Bearbeitung freigelegt worden.

2. Formulierung der Interessen und Bedürfnisse durch die Konfliktparteien und Beurteilung des Konfliktes

Die Konfliktparteien formulieren ihre zur Zeit blockierten oder gefährdeten Bedürfnisse und Interessen und legen sie offen, so daß der Konflikt transparent wird. Es wird versucht, die **Konfliktart** (z. B. Sachkonflikt, Beziehungskonflikt, Wertekonflikt) und den **Konfliktgegenstand** (z. B. Ziele, Kompetenzen, Mittel etc.) herauszufinden. Außerdem ist es wichtig, zu unterscheiden zwischen den eigentlichen **Konfliktursachen** und den **Konfliktsymptomen**. Beispiel: Ein Abteilungsleiter verweigert einer anderen Abteilung ‚seinen' Besprechungsraum, weil er ‚ihn selber braucht'. Was aussieht wie ein Raumproblem, kann unter Umständen nur Symptom für die wirkliche Ursache der Raumverweigerung sein: gestörte Beziehungen zwischen den beiden Abteilungsleitern.

3. Herausarbeiten der gegenseitigen Erwartungen und Wünsche

Die von den beiden Konfliktparteien formulierten Bedürfnisse und Interessen werden nun in **Appelle an die Gegenseite** umformuliert. Es soll möglichst unmißverständlich und konkret auf den Tisch kommen, was man von der anderen Seite erwartet und welche Wünsche man an sie hat. Dadurch wird mehr Klarheit geschaffen. Jede Seite kann nun prüfen, ob und wieweit sie auf die vorgelegten Wünsche und Erwartungen der Gegenseite eingehen möchte.

4. Beschaffung von Daten und Fakten

Es kann für das Verständnis des Konfliktes notwendig sein, zusätzlich Daten und Fakten zu beschaffen — eventuell auch von dritter Seite. Dies kann einerseits geschehen, um auf diese Weise **Behauptungen** auf den sachlichen Prüfstand zu bringen, andererseits vor allem um gegenseitige **Wahrnehmungsverzerrungen** abzubauen. So ist zum Beispiel der Austausch von Selbstbildern und Fremdbildern zwischen zwei Konfliktparteien mit anschließender Aufforderung, diese Bilder möglichst gut mit Fakten zu untermauern, eine häufig praktizierte Übung in Konfliktlöseworkshops. Außerdem können zusätzliche Informationen über die Hintergründe oder die Vorgeschichte des Konfliktes das Gesamtverständnis vertiefen. Wenn es sich nicht bereits vorher ergeben hat, muß spätestens hier auch die Frage geklärt werden, wer Konflikt**beteiligter** ist und wer die Konflikt**betroffenen** sind, d. h. diejenigen, welche die Auswirkungen des Konfliktes zu spüren bekommen. Dies hilft bei der richtigen Einschätzung der Dimensionen des Konfliktes.

5. Gemeinsame Suche nach und Vereinbarung einer Lösung

Nachdem der Konflikt transparent gemacht worden ist und die gegenseitigen Erwartungen und Wünsche offengelegt sind, sollen gemeinsam möglichst viele Lösungsalternativen gesucht werden.[22]) Diese werden dann daraufhin überprüft, inwieweit sie die jeweiligen Interessen und Bedürfnisse abdecken. Es geht hier nicht um die einfache Herstellung eines vielleicht auch noch ‚faulen' Kompromisses. In dieser Phase ist der Erfolg der Konfliktlösung davon abhängig, daß die Konfliktparteien nicht dem sogenannten **Sieg:Niederlage-Denken** verhaftet sind. Eine solche Denkweise geht von der Annahme aus, daß eigener Vorteil nur auf Kosten von Verlusten auf der Gegenseite zu erzielen ist. Das bedeutet: Wenn man selber 70 % erhält, kann der andere nur

---

[22]) Die Offenlegung der Erwartungen und Wünsche ist eine unabdingbare Voraussetzung für erfolgreiche Konfliktlösung. Wenn dazu keine Bereitschaft vorliegt (und sei es auch nur von einer Seite), ist eine konstruktive Konfliktlösung kaum mehr möglich. Der Konflikt läuft dann mit einiger Wahrscheinlichkeit auf eine Machtprobe hinaus oder wird chronisch.

30 % bekommen; will man 80 % haben, geht dies nur, wenn man dem anderen noch 10 % mehr wegnimmt. Eine völlig andere Denkweise ist hingegen das sogenannte **Sieg:Sieg-Denken**. Hier gehen beide Seiten davon aus, daß es Kompromisse gibt, die *beiden* Seiten Vorteile verschaffen, so zum Beispiel 70 % für beide oder 75 % für den einen und 65 % für den anderen. Diese Vorstellung ist in Abb. 46 visualisiert.

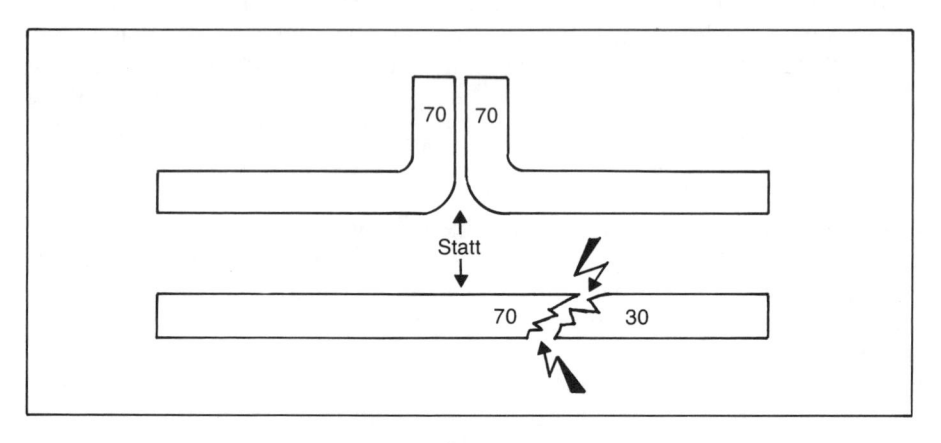

Abb. 46: Sieg:Sieg-Denken im Vergleich zu Sieg:Niederlage-Denken bei der Konfliktlösung

Die Denkweise in Sieg:Sieg-Kategorien bringt mehr Offenheit und weniger Ängste in die Aushandlung des Kompromisses. Auf der anderen Seite verstellt reines Konfrontationsdenken den Blick für die Chancen und Möglichkeiten, die unter Umständen in einem Sieg:Sieg-Ansatz liegen könnten. Es verwundert nicht, wenn GLADWIN und WALTER (1980) bei der Analyse von Krisen- und Konfliktsituationen in multinationalen Konzernen zu der Überzeugung kommen, daß für erfolgreiche Lösungen u. a. die Fähigkeit, die Argumente der anderen Seite zu verstehen, gute Beziehungen aufzubauen und die Informations- und Einstellungskluft zur anderen Seite zu überbrücken, von großer Bedeutung ist. Dies gilt sicherlich für jeden Versuch einer Konfliktlösung.

Das Sieg:Sieg-Denken ist keinesfalls utopisch oder unrealistisch. Ohnehin ist es nur *ein* Ansatz unter anderen zur Lösung eines Konfliktes. Dieser Ansatz, bei dem zunächst bewußt auf den Einsatz von Machtmechanismen verzichtet wird, sollte zumindest den Konfliktbeteiligten einmal vorgeschlagen werden, ehe konfrontativere Auseinandersetzungsstrategien Platz greifen. Oft ist es zur Bewußtmachung und Klärung der Situation für beide Seiten ganz sinnvoll, einmal die verschiedenen Grundeinstellungen, mit denen man Konfliktlösungen betreiben kann, aufzuzeigen. So beschreibt DEUTSCH (1973, zit.

nach HERKNER, 1981, S. 431) immerhin zehn unterschiedliche Einstellungen in Verhandlungen, deren Auswirkungen auf das Interaktionsverhalten übrigens noch weitgehend unerforscht sind. Die zehn Positionen eignen sich auch zur Standortbestimmung der Beteiligten bei Konflikten:

(a) individualistisch, d. h. der eigene Nutzen soll maximiert werden,
(b) masochistisch, d. h. der eigene Nutzen soll minimiert werden,
(c) altruistisch, d. h. der Gewinn des Partners soll maximiert werden,
(d) aggressiv, d. h. der Gewinn des Partners soll minimiert werden,
(e) kooperativ (kollektivistisch), d. h. der gemeinsame Gewinn soll maximiert werden,
(f) destruktiv (nihilistisch), d. h. der Nutzen für beide soll möglichst gering sein,
(g) konkurrenzorientiert, d. h. man will einen größeren Gewinn erzielen als der Partner,
(h) egalitär, d. h. der andere soll nach Möglichkeit nicht schlechter abschneiden als man selbst,
(i) selbsterniedrigend, d. h. der Partner soll einen größeren Gewinn erzielen als man selbst; man ist bereit, zu verzichten,
(j) defensiv, d.h. man will nicht weniger gewinnen als der andere.

Wird schließlich eine von beiden Seiten akzeptierte Lösung erreicht, ist dringend zu empfehlen, darüber eine **schriftliche** Vereinbarung anzufertigen. Es hat sich gezeigt, daß ein solcher mit den Unterschriften der Beteiligten versehener **Kontrakt** weitaus wirksamer ist als nur mündlich getroffene Absprachen. Offensichtlich wird die schriftliche Vereinbarung von den Unterzeichnern als viel verbindlicher und verpflichtender angesehen und ist deshalb auch wirksamer.[23] Nicht zu vergessende Bestandteile des Kontraktes sind die Festlegung von **Erfolgskriterien** und die Vereinbarung von (mehreren!) **Kontrollschleifen**, denn gegebenenfalls muß ‚nachjustiert' werden. Grundsätzlich gilt für Kontrakte die Regel: Neue Situationen — neue Vereinbarungen.

5.6.3 Aufgaben eines Konfliktreglers

Das beschriebene Ablaufschema ist geeignet zur Regelung von Konflikten unmittelbar zwischen den Beteiligten und ohne Zuhilfenahme Dritter. Nicht selten jedoch ist es notwendig, daß ein **Konfliktregler** als zusätzliche Instanz mitwirkt, etwa bei bereits verhärteten Fronten oder überhaupt erst als Anreger zur Konfliktlösung. Ein Vorgesetzter zum Beispiel, der bei Spannungen in seiner Arbeitsgruppe nicht wegsieht, sondern zur Konfliktbearbeitung initia-

---

23) In der klinischen Psychologie machen Therapeuten mit ihren Patienten mit großem Erfolg ähnliche Kontrakte bzw. Verhaltensvereinbarungen.

236 Modelle für den Praktiker

tiv wird, betätigt sich als ein solcher Konfliktregler. Dabei wird er sich an dem o. a. Phasenmodell orientieren, wobei ihm im Rahmen dieser speziellen Rolle schwerpunktmäßig folgende Aufgaben zufallen:

- **Atmosphäre schaffen** (z.B. Wahl einer geeigneten Situation, persönliche Offenheit und Ehrlichkeit — auch bezüglich der eigenen Interessen, Ich-Botschaften, d. h. eigene Gefühle melden).

- **Unterstützung der am Konflikt Beteiligten** (z.B. offenes Ansprechen der Störung, Organisation der Kommunikation, Paraphrasieren und Verbalisieren der einzelnen Standpunkte).

- **Entwickeln von Spielregeln für die Konfliktregelung** (und diese Normen durch entsprechendes Feedback wirksam erhalten).

- **Information zu Tage fördern** (durch Fragen nach Fakten, aber auch nach Bedürfnissen und Interessen der Beteiligten; Entschärfen der Positionen der Beteiligten durch Umformulierung von Bedürfnissen in Wünsche oder Erwartungen etc.)

- **Konstruktive Mitwirkung an der Lösungsfindung** (z.B. gemeinsame Suche nach Lösungsalternativen, Einsatz von Problemlösetechniken und Sieg:Sieg-Strategien).

- **Sicherstellung der Realisierung und der Erfolgskontrolle** (d. h. darauf achten, daß Vereinbarungen verbindlich gestaltet bzw. Erfolgskriterien formuliert und Kontrollschleifen eingerichtet werden, d.h. ‚den Sack zubinden').

5.7 Anhang: Rollenspiele für ein Videotraining zum aktiven Zuhören

Entwicklung eigener Rollenspiele

Aktives Zuhören muß gelernt und trainiert werden. Für Trainingszwecke besonders geeignet sind spezielle **Konflikt-Rollenspiele,** bei denen unterschiedliche Positionen oder Interessen von zwei Partnern gegeneinander stehen und die Bereitschaft, aufeinander zuzugehen erst durch eine gute Kommunikation zwischen beiden geweckt werden soll. Typisch für solche Ausgangssituationen ist, daß aus Vorsicht, Mißtrauen oder irgendwelchen Ängsten heraus zumindest einer der Partner zunächst einmal ‚dicht macht' und sich mit seinen Gefühlen, Einstellungen, Erwartungen, Wünschen oder Schwächen nicht sofort offenbart. Diese Ausgangslage wird in den Konflikt-Rollenspielen dadurch konstruiert, daß die beiden Rollenspielpartner unterschiedlich instruiert werden und unterschiedliche Informationen zur Problemlage bekommen. Man kann in Trainings solche Konflikt-Rollenspiele aus echten Vorkommnissen heraus entwickeln, wobei die Vorbereitung für die beiden Gesprächspartner (z.B. Vorgesetzter und Mitarbeiter) am besten in parallel arbeitenden Kleingruppen erfolgt.

Dabei entwickelt jeweils eine Kleingruppe einen Konfliktfall und bereitet ihn mit allen Hintergrundinformationen vor. Dann wird der Fall einer anderen Gruppe präsentiert, allerdings so, wie er sich einem außenstehenden Beobachter darstellen würde, d.h. also lediglich als Symptomschilderung ohne Hintergrundinformationen und ohne deutliche Hinweise auf eventuelle Problem- oder Konfliktursachen. Während diejenige Gruppe, die den Fall erarbeitet hat, den voll informierten Rollenspielpartner stellt, kommt aus der Parallelgruppe der andere Rollenspielpartner, welcher durch aktives Zuhören die eigentlichen Konflikt- oder Problemhintergründe herausarbeiten und eine Lösung herbeiführen soll. Der voll informierte Rollenspielpartner erhält dazu die ausdrückliche Regieanweisung, auf alle direktiven Gesprächstechniken mit Ausweichen oder ‚Mauern' zu reagieren, aktives Zuhören hingegen durch Sich-Öffnen zu ‚belohnen'.

Vorbereitete Rollenspiele

Falls man **vorbereitete Rollenspiele** verwenden möchte, haben sich die folgenden drei bewährt. Sie spielen sich jeweils im Vorgesetzten-Mitarbeiter-Verhältnis ab. Wie auch bei den selbst entwickelten Rollenspielen kann man mit ihnen sowohl demonstrieren, wie wenig hilfreich direktive Gesprächstechniken für Problemgespräche sind, als auch wann und wie die Techniken des aktiven Zuhörens einzusetzen sind und mit welcher Wirkung.

1. Fall: Das Jubiläum

Instruktion für den Vorgesetzten: Ihr Mitarbeiter Karl Brause ist 52 Jahre alt und ein sehr beliebter Kollege der Abteilung. Er ist im ganzen Haus als rheinische Frohnatur bekannt und war in den letzten Jahren bei allen betrieblichen Festlichkeiten (Geburtstagen, Beförderungen, Jubiläen etc.) stets feucht-fröhlicher erster und meist auch letzter Gast. Als trinkfeste Stimmungskanone ist er inzwischen fast eine Institution im Unternehmen. Er ist stets gesund und munter. Im Anschluß an seinen letzten Sommerurlaub hat er sich — erstmals — eine Kur ‚gegönnt‘, aus der er vor ein paar Wochen braungebrannt und in alter Frische zurückgekehrt ist.

Nun macht Ihnen folgendes Sorgen: In drei Wochen ist Herr Brause nun selber einmal mit dem Feiern an der Reihe, sein 25jähriges Dienstjubiläum steht nämlich an. Doch er macht nicht die geringsten Anstalten, irgendwelche Vorbereitungen für die Jubiläumsfeier zu treffen. Solche Jubiläen werden traditionell auf Abteilungsebene offiziell begangen: Es gibt eine Rede des Bereichsleiters mit anschließender Gratulationscour und einem — je nach Großzügigkeit des Jubilars — mehr oder weniger kräftigen Umtrunk plus Schnittchen. Dies alles will rechtzeitig vorbereitet sein, die Gäste müssen informiert werden, und auch der Ökonom der Werkskantine muß sich darauf richten, für den betreffenden Tag eine genügende Menge an Schnittchen und Getränken herbeizuschaffen. Nur — Herr Brause rührt sich nicht! Inzwischen wissen Sie, daß die Mitarbeiter für den beliebten Kollegen sammeln, um ihm ein großzügiges Geschenk zu machen. Sie fürchten als Chef einen Eklat. Sollte es sein, daß Herr Brause, nachdem er bei allen anderen Festlichkeiten als Gast stets ‚kräftig zugeschlagen‘ hat, nun bei seinem eigenen Jubiläum (wo es ans eigene Portemonnaie geht) kneift?

Sie entschließen sich nach einigem Zögern, mit ihm darüber ein vertrauliches Gespräch zu führen. Ziel dieses Gespräches soll sein, ihn von der Notwendigkeit zu überzeugen, daß nun *er* an der Reihe ist, sein Jubiläum entsprechend festlich zu begehen, nachdem er überall bei den anderen kräftig mitgefeiert hat. Sie wollen der drohenden Unruhe in der Abteilung bzw. einem drohenden Konflikt vorbeugen.

Instruktion für Herrn Brause: Sie sind 52 Jahre alt und stehen drei Wochen vor Ihrem 25jährigen Dienstjubiläum. Sie sind weit über Ihre Abteilung hinaus als rheinische Frohnatur bekannt und haben seit Jahren den Ruf eines fröhlichen und trinkfesten Hans-Dampf-in-allen-Gassen, wenn es um betriebliche Festlichkeiten geht. Überall waren Sie dabei und retteten als ‚Stimmungskanone vom Dienst‘ manches Fest. Seit dem letzten Sommer ist damit Schluß, denn die Zecherei ist nicht ohne Folgen geblieben: Sie wurden — was niemand in der Firma weiß und auch nicht wissen soll — Alkoholiker, und Ihre Kur im Anschluß an die letzten Sommerferien war eine Entziehungskur. Seitdem sind Sie ‚trocken‘ — mit der strikten Auflage des Arztes, in Zukunft keinen Tropfen Alkohol mehr anzupacken und im Moment vorsichtshalber allen Situationen aus dem Weg zu gehen, in denen Sie mit Alkohol konfrontiert werden könnten.

Deshalb können Sie auf keinen Fall Ihr Jubiläum in traditioneller Form mit kräftigem Umtrunk und Schnittchen begehen. Gleichzeitig möchten Sie aber um alles in der Welt verhindern, daß Ihre Alkoholkrankheit bekannt wird, denn Sie schämen sich.

Nun sind Sie von Ihrem Vorgesetzten zu einem vertraulichen Gespräch eingeladen worden. Sie ahnen, daß es um Ihr Jubiläum geht. Auch Ihrem Vorgesetzten gegenüber trauen Sie sich nicht, Ihr Problem zu offenbaren. Dabei geht es Ihnen an sich nur darum, das Jubiläum *nicht in dieser Form* zu begehen. Aber damit nichts herauskommt, ‚mauern' Sie und stellen sich z. B. dar als ein Mitarbeiter, der nicht ‚so viel Rummel um seine Person' haben will, oder als jemand, der einmal bei seinem Jubiläum ‚andere Wege beschreiten' möchte. Allen Vorschlägen, die mit Alkohol zu tun haben, weichen Sie mit vorgeschobenen Scheinargumenten aus.

2. Fall: Arbeitsverweigerung

Instruktion für den Vorgesetzten: Sie sind Meister und Vorgesetzter der Reparatur- und Instandhaltungsgruppe in der Produktion einer Maschinenbaufirma. Seit Anfang des Monats ist Karl Liebig Ihr neuer Mitarbeiter. Er hat bisher einen sehr guten Eindruck gemacht und sich als anstelliger und geschickter Mann erwiesen. Er ist gelernter Elektriker, kann aber im Prinzip alles. Bevor er zu Ihnen kam, war er einige Jahre im Herstellungswerk einer Firma beschäftigt, die Aufzugsanlagen produzierte. Als er dort nach einer Umorganisation zur Außenmontage bzw. zum Wartungsdienst versetzt wurde, kündigte er kurz darauf, weil er — so sagte er im Vorstellungsgespräch — die damit verbundene Reiserei und das ‚Herumzigeunern' nicht mochte.

Mit den Kollegen kam der neue Mitarbeiter von Anfang an prima zurecht. In der letzten Woche jedoch gab es Ärger: Einmal im Jahr ist in Ihrer Gruppe unattraktive Arbeit zu vergeben — die Lüftungsklappen der Fenster in der Produktionshalle und die Ventilatoren unter dem Hallendach müssen gereinigt werden. Dies ist eine äußerst schmutzige und unangenehme Arbeit, die einen einzelnen Mann etwa zwei Tage in Anspruch nimmt. Es ist nun alte Tradition in der Gruppe, daß diese Arbeit jeweils ‚der Neue' zu verrichten hat. Damit fällt dieses Los nun auf Karl Liebig. Aber während die Gruppenmitglieder bereits etwas von ‚Prima Aussicht da oben' und ‚Endlich einmal Überblick über die Produktion' frotzeln, kommt es zum Knall. Als Sie Karl Liebig mit dieser Arbeit beauftragen, weigert er sich strikt, sie auszuführen, zumal sie noch mit dem Gespött der Leute verbunden sei. Er sei nicht für Hilfsarbeiten eingestellt worden und das solle lieber ‚einer der Türken' tun, meint er.

Die Gruppe ist natürlich sauer über den ‚Spielverderber' und stellt sich auf den Standpunkt, daß hier keine Extrawurst gebraten werden dürfe. Er habe das zu tun, was alle anderen vor ihm auch gemacht hätten. Sie bitten nun Herrn Liebig, der die angeordnete Arbeit offensichtlich verweigert und noch in der Probezeit ist, zu einem persönlichen Gespräch.

Instruktion für Herrn Liebig: Seit Anfang dieses Monats haben Sie eine neue Arbeitsstelle. Sie sind für die Reparatur- und Instandsetzungsgruppe in einer Maschinenbaufirma eingestellt worden. Sie haben es mit der neuen Stelle gut angetroffen. Der Chef ist ein fairer und umgänglicher Vorgesetzter. Die Kollegen sind freundlich und hilfsbereit. Es herrscht ein ausgesprochen gutes Arbeitsklima. Sie sind schnell als Kollege akzeptiert worden, und Sie fühlen wich wohl in der Gruppe.

Bis letzte Woche. Da erhielten Sie plötzlich den Auftrag, unter das Dach der Produktionshalle zu klettern und dort die Fensterlüftungen und die Lüftungsventilatoren zu säubern. Diese Arbeit ist äußerst schmutzig und unangenehm und beschäftigt einen einzelnen Mann etwa zwei Tage. Es ist offensichtlich seit langer Zeit Tradition in der Gruppe, daß diese unbeliebte und einmal im Jahr anfallende Arbeit stets von ‚dem Neuen' verrichtet werden muß. Da gäbe es keine Ausnahme, wurde Ihnen gesagt. Sie haben sich aber geweigert, diese Arbeiten auszuführen. Dabei haben Sie darauf hingewiesen, daß Sie für Hilfsarbeitertätigkeiten nicht angestellt worden seien, und noch hinzugefügt, man solle die Arbeit doch ‚einen der Türken' machen lassen. Ihr eigentlicher Grund ist jedoch ein anderer: Sie haben Höhenangst. Sobald Sie eine Leiter mehr als nur wenige Stufen hinaufklettern sollen, ergreift Sie eine panische Angst, die Sie fast lähmt und die von Schweißausbrüchen sowie rasendem Herzklopfen begleitet ist. Sie können nicht dagegen an und sind unfähig, weiter zu klettern. Sie konnten bisher diese Höhenangst vor den anderen verbergen. Es wäre für Sie sehr peinlich, wenn vor den Kollegen bekannt würde, daß — so empfinden Sie dies selbst — ein erwachsener Mensch eine solche ‚kindische' Angst hat. Aus diesem Grund haben sie auch in der früheren Firma gekündigt, nachdem Sie aus dem Betrieb in die Außenmontage bzw. den Wartungsdienst versetzt worden waren. Bei Ihrer Bewerbung für diese neue Stelle haben Sie sowohl bei dem Vorstellungsgespräch als auch bei dem anschließenden Betriebsrundgang extra und unauffällig darauf geachtet, daß hier nur ‚Arbeiten am Boden' zu verrichten waren. Nun sind Sie natürlich geschockt.

Seit Ihrer Weigerung werden Sie von der Gruppe geschnitten. Man hält Sie für einen Spielverderber, der eine Extrawurst gebraten haben will. Ihr Vorgesetzter will nun ein persönliches Gespräch mit Ihnen führen. Sie sind entschlossen, Ihre Höhenangst nicht zuzugeben und lieber vor Ablauf der Probezeit zu kündigen als unter das Hallendach zu klettern.

3. Fall: Der umständliche Bote

Instruktion für den Vorgesetzten: Sie sind Leiter der zentralen Datenverarbeitung in der Preisfix AG, einem Handelsunternehmen mit vielen Filialbetrieben in der Bundesrepublik. Ihre Abteilung liegt in der 7. Etage des Verwaltungsgebäudes — ‚direkt unter dem Olymp', sagen spöttische Zungen mit Blick auf die eine Etage höher residierende Geschäftsleitung. Täglich wird in Ihrer Abteilung natürlich eine Unmenge Papier, d. h. EDV-Ausdrucke, produziert, die jeweils schnellstmöglich an den richtigen Mann bzw. die richtige Frau im Hause gebracht werden müssen. Andere Unterlagen, die beispielsweise für die Filialen bestimmt sind, müssen zur Poststelle im Erdgeschoß, wieder andere wandern in den Keller ins Archiv.

Den ganzen Tag über ist ein Bote damit beschäftigt, alle diese Gänge im Hause zu erledigen und gleichzeitig auch Unterlagen, welche die EDV für die Eingabe benötigt, bei den verschiedenen Stellen abzuholen. Für den Transport des zum Teil umfangreichen Materials stehen Rollwagen zur Verfügung. Bis vor einiger Zeit erledigte diese Botengänge prompt und zuverlässig der alte Herr Mentz, der inzwischen pensioniert wurde. Als Ersatz schickte Ihnen die Personalabteilung Herrn Schiemann, 37 Jahre, der nach einer Umorganisation im Archiv freigeworden war.

Mit Herrn Schiemann sind Sie nun gar nicht zufrieden. Er machte Ihnen gleich zu Beginn den Eindruck, als wenn er von seiner neuen Arbeit nicht sehr begeistert sei. Außerdem kann jetzt von ‚prompter Bedienung' durch die EDV-Abteilung nicht mehr die Rede sein. Herr Schiemann scheint sich für seine Botengänge ziemlich viel Zeit zu lassen. Er ist meist unverhältnismäßig lange unterwegs. Dadurch treten Verzögerungen ein, während die einzelnen Abteilungen auf ihre Unterlagen warten. Von dort her kamen inzwischen ebenfalls Klagen. Diese Klagen kommen besonders stark von den unteren Stockwerken. Hier scheint Herr Schiemann gerne die längere Wegstrecke zu nutzen, um schon einmal ‚eine Ehrenrunde zu drehen' oder irgendwo ein Schwätzchen zu halten. Wenn er etwas zum Archiv zu bringen hat, nutzt er die Gelegenheit wohl auch, wieder einmal mit den ehemaligen Kollegen zu plaudern. Aus der 7. Etage, wo sich die EDV-Abteilung befindet, kommen übrigens keine Klagen. Hier — offensichtlich kontrollierbar und sozusagen ‚unter den Augen des Herrn' — erledigt er seine Botengänge zügig. Aber man kann ihm für die anderen Etagen doch keinen Aufpasser mitgeben!

Außerdem haben Sie den Eindruck, daß er seine Arbeit auch nicht ganz ernst nimmt. Vor ein paar Tagen erwischten Sie ihn dabei, wie er einen für die Poststelle bestimmten Rollwagen in den Fahrstuhl schob, den Knopf für das Erdgeschoß drückte und dann im Wettrennen mit dem Fahrstuhl die Treppe heruntersprintete. Darauf angesprochen meinte er, das täte er ‚aus Sport', um seinen Kreislauf zu trainieren. Ein Kollege hat Ihnen erzählt, daß Herr Schiemann seinen Wettlauf gegen den Fahrstuhl mitunter aber auch verliert. Dann fährt der Rollwagen nicht selten erst einige Male zwischen den Stockwerken hin und her, ehe Herr Schiemann ihn in Empfang nehmen kann.

Sie sind ärgerlich über eine solche Dienstauffassung und bitten ihn zu einem Kritikgespräch.

Instruktion für Herrn Schiemann: Bis vor einiger Zeit waren Sie im Archiv der Zentralverwaltung der Preisfix AG beschäftigt, einem Handelsunternehmen mit vielen Filialen in der Bundesrepublik. Als Folge einer Umorganisation, mit der Personal im Archiv eingespart werden konnte, wurde Ihnen eine Arbeit in der EDV-Abteilung angeboten. Sie sagten zu, denn für Sie war es der Sprung aus dem Keller, wo das Archiv lag, in die 7. Etage der Zentralverwaltung. Als Sie dann vor einiger Zeit dort anfingen, erfuhren Sie, daß Sie die Nachfolge des gerade pensionierten Herrn Mentz antreten sollten, der bis dahin alle Botengänge für diese Abteilung im Hause erledigt hatte. Dies bedeutete, daß Sie auf dem Arm oder mit Hilfe eines Rollwagens den ganzen Tag lang und über alle Etagen des Hauses verteilt Unterlagen zu bringen oder abzuholen hatten, einschließlich der Gänge zur Poststelle im Erdgeschoß und zum Archiv.

Damit beginnt aber auch Ihr Problem: Ein Großteil Ihrer Aufträge führt Sie in andere Etagen, und dazu müssen Sie den Fahrstuhl benutzen. Vor dem Fahrstuhlfahren aber haben Sie große Angst, denn Sie leiden unter sogenannter Platzangst. Immer wenn Sie in engen Räumen sind, z.B. in einem voll besetzten Fahrstuhl, schnürt es Ihnen die Kehle zu, sie bekommen Schweißausbrüche und extreme Beklemmungen. Ihre neue Tätigkeit aber zwingt Sie zum Fahrstuhlfahren, wenn Sie alle Botengänge rechtzeitig und zuverlässig erledigen wollen. Kleinere Mengen von Unterlagen beförderten Sie bisher meist auf dem Arm und zu Fuß über die Treppe. Aber das kostet Zeit. Wenn Sie jedoch auf den Rollwagen angewiesen sind, müssen Sie von Etage zu Etage den Fahrstuhl benutzen, und dann sind Sie in der Klemme. Es geht gerade noch, wenn Sie alleine in dem Fahrstuhl sind, aber wenn andere Leute hinzukommen, müssen Sie raus. Sie tun dann so, als ob Sie noch etwas holen müßten oder als ob Sie etwas vergessen hätten und lassen den Rollwagen alleine fahren. Mit einem Spurt über die Treppen versuchen Sie, den Fahrstuhl mit Ihrem Rollwagen im entsprechenden Stockwerk in Empfang zu nehmen. Das klappt oft nicht, und Sie müssen dann den inzwischen wieder abgefahrenen Fahrstuhl neu kommen lassen. Als Sie einmal bei einem solchen Wettrennen beobachtet und deshalb angesprochen wurden, haben Sie gesagt, dies sei Ihre tägliche Trimm-Aktion und gut für Ihren Kreislauf.

Es wäre Ihnen unglaublich peinlich, wenn herauskommen würde, daß Sie als erwachsener Mann unter einer solchen (Ihrer Meinung nach) kindischen Angst leiden. Gleichzeitig haben Sie auch Angst, Ihren Arbeitsplatz zu verlieren, wenn etwas darüber bekannt würde. Sie wissen auch, daß man sich inzwischen über die langsame Abwicklung Ihrer Botengänge beschwert hat. Sie versuchen, so wenig wie möglich aufzufallen. Zuweilen sind Sie richtig froh, wenn Sie mal ins Archiv müssen, wo Sie die alten Kollegen treffen, denn dort gab es das Problem nicht.

Ihr Vorgesetzter hat Sie jetzt wissen lassen, daß er mit Ihnen über Ihre Arbeit reden will. Sie wollen natürlich nicht, daß etwas über Ihre Platzangst bekannt wird ...

Empfehlungen für das Training

Die Einsatzmöglichkeiten solcher Rollenspiele sind vielseitig. Sie sind ausgezeichnet geeignet als Übungsbeispiele für das aktive Zuhören. In Kommunikationstrainings kann man daran üben, verdeckte Gesprächssignale zu entdecken, mit Techniken des aktiven Zuhörens adäquat darauf einzugehen und auf diese Weise die kommunikativen Wechselbeziehungen zwischen den Gesprächspartnern positiv zu beeinflussen. Die Rollenspiele kann man auch in OE-Workshops als Bewußtmachungs- und Demonstrationsübungen einsetzen, um daran zu verdeutlichen, wie wenig besonders in Problemsituationen direktive Gesprächstechniken auszurichten vermögen. Gerade diese jedoch werden in der täglichen Berufspraxis laufend trainiert und somit geprägt. In den Rollenspielen wird offensichtlich, welche Chancen sich mit non-direktiven Techniken des Gespräches bieten.

Auf jeden Fall sollten solche Rollenspiele per Video aufgezeichnet werden, um bei der anschließenden gemeinsamen Gesprächsanalyse und Diskussion wirklich auch jede Feinheit, vor allem non-verbaler Art, auswerten zu können. Dies setzt übrigens schon bei der Aufzeichnung eine entsprechende Kameraführung durch den Moderator bzw. Trainer voraus, mit deren Hilfe nonverbale Signale wie Mimik, Gestik oder Körperhaltung (auch) in Groß- oder Detailaufnahmen festgehalten werden. Diese oft als ‚indiskret‘ bezeichneten ‚Ausschnittvergrößerungen‘ sind zur Demonstration notwendig, weil es beim aktiven Zuhören gerade darauf ankommt, solche Gesprächsfeinheiten und unauffälligen Signale überhaupt wahrzunehmen. In der sogenannten Totalen (= Aufnahme der Gesamtsituation ohne Ausschnitte von Details) gehen diese aber oft unter. Sie entgehen meist auch den (untrainierten) Akteuren des Rollenspiels ebenso wie den Mithörern bzw. den Beobachtern. Beim Playback (Wiedergabe der Videoaufzeichnung) läßt sich dann in den meisten Fällen beeindruckend demonstrieren, wie viele und zum Teil deutliche Signale in dem Gespräch vorlagen, die jedoch von einem lösungsfixierten oder auf *sein* Gesprächsziel festgelegten Gesprächspartner nicht wahrgenommen wurden.

Eine erste Auswertung der Aufzeichnung ist deshalb nicht selten eine Auswertung der ‚vertanen Chancen‘, wobei in der auswertenden Gruppe häufig ein Gefühl der Bedrückung aufkommt: Man ist erschrocken darüber, wie schlecht zugehört wurde, und auch der Beobachter spürt, daß *er* als Rollenspieler auch nicht besser abgeschnitten hätte. Man erlebt, wie trotz besten Bemühens direktives Vorgehen und sachlich-logisches Argumentieren ein Gespräch immer mehr zerstören und von der Lösung wegtreiben können, statt die Lösungsbereitschaft der Beteiligten zu fördern. Man kann beobachten, wie Zielorientierung, Lösungsfixierung oder die zu voreilige Festlegung auf bestimmte Hypothesen einen Gesprächsteilnehmer geradezu unfähig machen können, überhaupt noch zu bemerken, welche Gesprächsangebote der andere ihm macht. Es ist deshalb wichtig, sozusagen im zweiten Durchgang die entscheidenden Stellen der Aufzeichnung zum Anlaß zu nehmen, gleich entsprechende Reaktionen des aktiven Zuhörens mit den Teilnehmern einzuüben bzw. an weiteren kleinen Beispielen zu trainieren. So kann man beispielsweise eine Mini-Übung durchführen, bei der die Teilnehmer zu vorgegebenen Sprecheraussagen entsprechende Zuhörerreaktionen produzieren. Sicherlich machen alle, die aktives Zuhören trainieren, die Erfahrung, wie sehr diese neuen Gesprächstechniken sich von den Techniken unterscheiden, die in der bisherigen Berufspraxis bevorzugt und gefordert wurden. War man bisher auf striktes und gezieltes Vorgehen und auf das Erreichen von Ergebnissen ‚getrimmt', so fordert nun das aktive Zuhören ausdrücklich das Eingehen und die Konzentration auf den *anderen*. Viele Teilnehmer erleben diese andere Art der Gesprächsführung regelrecht als Kollision mit ihren bisherigen Erfahrungen. Zweifellos jedoch stellen Paraphrasieren und Verbalisieren eine wirkliche Bereicherung des Gesprächsrepertoires dar.

Die Frage, ob man in den Trainings die Beobachter voll über die Hintergründe des Problemfalles informieren soll oder nicht, läßt sich nicht eindeutig beantworten. Man sollte dies flexibel nach den jeweiligen Lernzielen entscheiden. Informiert man die Beobachter über die gesamten Hintergründe des Problemfalles, d. h. bringt man ihnen die Instruktion für den Mitarbeiter zur Kenntnis, erleichtert man ihnen im ersten Schritt die Wahrnehmung von Gesprächssignalen. Läßt man sie im Unklaren über die eigentlichen Ursachen des Problems, steigt der Schwierigkeitsgrad der Übung, sie liegt jedoch näher an der Realität. Außerdem kann man Konflikt-Rollenspiele noch in folgender **Variante** durchführen: Die beiden Akteure des Rollenspiels erhalten ihre Instruktionen und können sich dann mit jeweils einer Hälfte der Teilnehmer zu einer Gesprächsvorbereitung von etwa 15–20 Minuten zurückziehen. Auf diese Weise ist die Hälfte der Beobachter voll informiert, die andere Hälfte verfügt nur über den Informationsstand des Vorgesetzten. Hier läßt sich dann unmittelbar nach dem Rollenspiel und *vor* dem Playback eine sehr interessante Diskussionsrunde über den unmittelbar zuvor wahrgenommenen Gesprächsverlauf durchführen.

Literaturhinweise

ANTONS, K.: Praxis der Gruppendynamik — Übungen und Techniken, Göttingen 1973

BALLSTAEDT, S. P. / MANDL, H. / SCHNOTZ, W. / TERGAN, S.-O.: Texte verstehen, Texte gestalten, München 1981

Blackbox-Medienverbundprogramm: Praxis der betrieblichen Gesprächsführung, Baustein I: Das personenorientierte Gespräch, Zürich 1977

Blackbox-Medienverbundprogramm: Praxis der betrieblichen Gesprächsführung, Baustein III: Das Konfliktgespräch, Zürich 1977

BÜHLER, K.: Sprachtheorie, Jena 1934

COMELLI, G.: Menschenführung und Organisationsentwicklung, Schriftenreihe der Textilverbände Nord-West, Heft 41, Münster 1979

DEUTSCH, M.: The resolution of conflict. Constructive and destructive processes, New Haven—London 1973

GLADWIN, Th. N. / WALTER, I.: Multinationals under fire — lessons in the management of conflict, New York 1980

GORDON, T.: Familienkonferenz, Hamburg 1973

GORDON, T.: Managerkonferenz, Hamburg 1979

HERKNER, W.: Einführung in die Sozialpsychologie. 2. überarbeitete und ergänzte Auflage, Bern 1981

HOLTGREWE, K. G.: Methode Kepner Tregoe. In: TUMM, G. (Hrg.): Die neuen Methoden der Entscheidungsfindung, München 1972, S. 30—50

KEPNER, Ch. / TREGOE, B. B.: Managemententscheidungen vorbereiten und richtig treffen, 3. Auflage, München 1971

KRÜGER, W.: Konfliktsteuerung als Führungsaufgabe, München 1973a

KRÜGER, W.: Können Sie Konflikte managen? In: PLUS — Zeitschrift für Führungspraxis, 5/1973b, S. 29—33

LANGER, I. / SCHULZ VON THUN, F.: Messung komplexer Merkmale in Psychologie und Pädagogik, Beiheft der Zeitschrift Psychologie in Erziehung und Unterricht, Heft 68, München 1974

LANGER, I. / SCHULZ VON THUN, F. / TAUSCH, R.: Verständlichkeit, München 1974

LEAVITT, H. J.: Creativity is not enough. In: Harvard Business Review 41 (1963) Nr. 3, S. 72—83

LUFT, J.: Einführung in die Gruppendynamik, Stuttgart 1972

NIERENBERG, G. I.: Gut verhandelt ist doppelt gewonnen, Bern 1971

ROGERS, C. R.: Die nicht-direktive Beratung, München 1972

RÜTTINGER, B.: Konflikt und Konfliktlösen, München 1977

SCHLICKSUPP, H.: Kreative Ideenfindung in der Unternehmung, Berlin 1977

SCHRADER, E. / GOTTSCHALL, A. / RUNGE, Th. E., Der Trainer in der Erwachsenenbildung. Rollen, Aufgaben und Verhalten. In JESERICH, W. u.a. (Hrsg.): Handbuch der Weiterbildung für die Praxis in Wirtschaft und Verwaltung. Bd. 5, München 1984

SCHULZ VON THUN, F.: Verständlich informieren. In: Psychologie Heute, 2, Mai 1975, S. 43—51

SCHULZ VON THUN, F.: Miteinander reden: Störungen und Klärungen, Reinbek 1981

TUMM, G. (Hrg.): Die neuen Methoden der Entscheidungsfindung, München 1972

WATZLAWICK, P. / BEAVIN, J. H. / JACKSON, D. D.: Menschliche Kommunikation, 4. Auflage, Bern 1969

WEGENER, C.: Konfliktregelung in der betrieblichen Praxis. In: Zeitschrift Führung + Organisation zfo, 4/1982, S. 205—209 und 212—217

Kapitel 6.

Organisationsentwicklung: Anstöße und diagnostische Maßnahmen

Erste Anstöße zur Organisationsentwicklung können aus Empfehlungen ebenso entstehen wie aus aktuellem oder potentiellem Problemdruck. In der betrieblichen Praxis unterscheidet man allgemein drei mögliche Wege der Entwicklung: OE entwickelt sich aus der Organisationsabteilung heraus, OE erfolgt aufgrund von Impulsen durch das Top-Management oder OE wird praktiziert im Rahmen der Fortentwicklung des betrieblichen Bildungswesens. Letzteres hat natürlich Veränderungen im Anforderungsprofil und im Rollenverständnis des Trainers zur Folge.

Organisationsentwicklung beginnt immer mit diagnostischen Aktivitäten. Als Datenquelle kommen Betroffene und Beteiligte, betriebliche Vorgänge und betriebliche Dokumente in Betracht. Es gibt eine Fülle unterschiedlicher diagnostischer Instrumente. Die Skala reicht von selbst erstellten oder standardisierten Fragebögen über diagnostische Sitzungen unterschiedlichster Art bis hin zu sogenannten projektiven Verfahren. Auch während eines laufenden OE-Prozesses werden Diagnoseinstrumente sozusagen als ständige ‚Meßfühler' eingesetzt. Typische Beispiele für diese Einsatzmöglichkeit sind die Prozeßanalyse und das sogenannte Stimmungsbarometer.

Schließlich können die diagnostischen Instrumente auch zur Fortschritts- und zur Erfolgsmessung verwendet werden. Das Hauptproblem der Erfolgsmessung besteht weniger in der Verfügbarkeit des geeigneten Instrumentariums als vielmehr in der verläßlichen Zurechnung gemessener Erfolge zu OE-Aktivitäten oder zu anderen Einflußgrößen. Dieses Feld bedarf in Zukunft noch intensiver Bearbeitung.

Gliederung

6.1 **Anstöße zur Organisationsentwicklung**
6.1.1 Typische Anlässe und Probleme 249
6.1.2 Drei Wege zur Organisationsentwicklung 251

6.2 **Der OE-Berater**
6.2.1 Anforderungen an einen OE-Berater 257
6.2.2 Die Rolle des OE-Beraters 260
6.2.3 Externer oder interner Berater? 264

6.3 **Aktivitäten zur Vorbereitung von OE** 265

6.4 **Diagnostische Maßnahmen**
6.4.1 Einige Vorüberlegungen zur Datenerhebung 268
6.4.2 Betroffene und Beteiligte als Datenquelle 269
6.4.3 Beobachtungen und Auswertung betrieblicher Vorgänge 270
6.4.4 Dokumentenanalyse 273
6.4.5 Sechs Anmerkungen zur Durchführung von Befragungen 274
6.4.6 Fertige Fragebögen 280
6.4.7 Diagnostische Sitzungen 282
6.4.8 Weitere diagnostische Instrumente 290
6.4.9 Prozeßanalyse und Stimmungsbarometer 292

6.5 **Die Verwendung diagnostischer Instrumente zur Erfolgsmessung** 307

6.6 **Anhang**
Anhang 1: Fragebogen zum Informationswesen 309
Anhang 2: Standardfragebogen für Mitarbeiterbefragungen ... 310
Anhang 3: Erhebungsbogen zur Erfassung des Betriebsklimas 322
Anhang 4: Fragen-Pool für Stimmungsbarometer 332

Literaturhinweise 335

6.1 Anstöße zur Organisationsentwicklung

6.1.1 Typische Anlässe und Probleme

Die Anstöße zur Organisationsentwicklung können aus sehr unterschiedlichen Richtungen kommen und unterschiedlicher Art sein.[1] Hauptsächlich sind es vier Gründe, die zu OE-Projekten in einer Organisation anregen. Ein erster Anstoß kommt von **Berichten und Empfehlungen**. In Management- und Fachzeitschriften wird inzwischen laufend über die Probleme des ständigen Wandels berichtet. In Form von Erfahrungsberichten und Fallstudien werden OE-Konzepte dargestellt. Außerdem gibt es spezielle Seminarangebote über OE sowie zahlreiche Buchveröffentlichungen. Direkte Empfehlungen zu OE werden meist auf persönlichem Weg gegeben. Dies geschieht entweder durch Geschäftsfreunde, befreundete Unternehmen, OE-Berater, aber auch durch Verbände und Gruppen, die überbetrieblichen Erfahrungsaustausch pflegen.

Wenn eine Organisation beobachtet, daß befreundete oder konkurrierende Unternehmen bzw. Institutionen beginnen, Projekte nach Prinzipien der Organisationsentwicklung durchzuführen, kann der Wunsch aufkommen, hier nicht zurückzustehen. Man möchte **gleichziehen**. Wird dann ‚so etwas auch einmal versucht', muß dies nicht unbedingt bedeuten, daß man von dem OE-Ansatz bereits überzeugt ist. Der Wunsch zum Gleichziehen kann auch aus der Mitarbeiterschaft kommen, die im eigenen Haus Mitarbeiter-orientierte Vorgehensweisen bei Veränderungsprozessen vermißt. Außerdem kann natürlich **Problemdruck** die Bereitschaft zu OE erzeugen: Man erlebt, daß aktuelle oder potentielle Probleme, die in der Organisation entstehen oder von außen hineingetragen werden, mit den bisher praktizierten Methoden nicht mehr zu lösen oder in den Griff zu bekommen sind. Dem geht entweder ein entsprechender Erkenntnisprozeß mit einem dabei gewachsenen Problembewußtsein voraus, oder aber OE ist der Griff nach dem berühmten Strohhalm (trouble-shooting, d. h. ‚Schnellschüsse' zur Problemlösung). Aber selbst dies bedeutet für OE eine erste betriebliche Bewährungschance, wenn auch zuweilen unter nicht optimalen Bedingungen.[2]

---

1) Siehe auch BECKER, 1977, S. 97, und COMELLI, 1980a, S. 61—62
2) Solche ‚trouble-shootings' sind oft Not- und Reparaturmaßnahmen im Anschluß an in traditioneller Form durchgeführte und gescheiterte Veränderungen. Der OE-Praktiker sollte dann seine Ansprüche nicht zu hoch hängen und sich nicht zu schade sein, auch auf diesem Niveau mit der OE-Arbeit zu beginnen. Allerdings ist es bei solchen Projekten besonders wichtig, Spielregeln für die Durchführung abzusichern. Auch darf man gegenüber dem Management keinen Zweifel daran lassen, daß solchen Blitzaktionen längerfristig konzipierte Aktivitäten folgen müßten und daß ständiges ‚trouble-shooting' auf eine ungesunde Organisation hinweist.

Schließlich können noch **erfolgreiche ‚Tests'** in einer Organisation den Weg für Organisationsentwicklung öffnen. Bei einem kleineren Anlaß, etwa bei der Bearbeitung eines seit längerer Zeit schwelenden Konfliktes zwischen zwei Abteilungen, wagt ein Unternehmen einmal einen OE-Ansatz. Verläuft dieser Versuch erfolgreich, erhöht dies die Akzeptanz der Methode sowie des betreuenden OE-Spezialisten und bereitet den Weg für weitere, im Lauf der Zeit auch umfangreichere Projekte (s. Multiple Nucleus-Strategie, Abschnitt 3.4.2). Häufig werden solche ersten ‚Experimente' mit einem externen OE-Berater durchgeführt. Danach hängt es in erster Linie von der Größe des Unternehmens ab, ob man über eigene OE-Berater (im Bildungswesen oder in der Organisationsabteilung) verfügen wird oder ob man weiter mit externen zusammenarbeitet.

Nachfolgend sind einige typische Probleme, die häufig Anlaß für OE-Projekte sind, aufgelistet:

→ Wachsende Unzufriedenheit mit der Führung (trotz vieler und oft seit Jahren durchgeführter Führungstrainings),
→ Verschlechterung des Betriebs- bzw. Organisationsklimas,
→ Absinken der Identifikation mit der Arbeit, dem hergestellten Produkt und/oder dem Unternehmen insgesamt,
→ Absinken der Motivation (nicht selten infolge von Umstrukturierungen, die sich auf die Entwicklungschancen des Einzelnen auswirken oder auszuwirken scheinen),
→ Rückgang der Produktivität und Rückgang der Innovationsrate, Umschalten der Mitarbeiter auf ‚Schongang' oder die inzwischen vielzitierte ‚innere Kündigung',
→ wachsende Unzufriedenheit mit Veränderungen und Umstrukturierungen, bei denen sich die Mitarbeiter nicht ausreichend einbezogen fühlen,
→ offenes oder verdecktes Abblocken von Anweisungen und der Lenkungsimpulse von oben, Bildung von ‚Notgemeinschaften' gegen ‚die da oben',
→ Kooperationsprobleme bzw. gestörte Zusammenarbeit in und zwischen Gruppen (Abteilungsegoismus, ‚Schwarzer-Peter-Schieben' o. ä.),
→ Informations- und Kommunikationsprobleme zwischen den Ebenen und/oder Bereichen, undurchlässige ‚Lehmschichten', Feedback-Probleme,
→ steigende Konfliktrate,
→ Entscheidungsprobleme: entweder Entscheidungsunlust und Absicherungstendenzen (‚mit dem Rücken zur Wand') oder getroffene Entscheidungen werden nicht oder nicht überzeugend mitgetragen.[3])

---

3) Eine umfangreiche Zusammenstellung von typischen OE-Problemen bzw. -Fragestellungen schildert TREBESCH (1980b, S. 38—41) als Auswertung der Vorbereitungen zum 1. Europäischen Kongreß über Organisationsentwicklung 1978 in Aachen. Die Bandbreite reicht dabei von Fragen der industriellen Demokratisierung und der Veränderung sozialer Rollen bis hin zu neuen Arbeitszeitmodellen und Themen wie Laufbahnplanung und -beratung, Personalauswahl und -entwicklung, Minoritäten in Organisationen, psychische Folgen der Arbeit und OE für die verschiedensten Non-profit-Organisationen (wie Öffentliche Verwaltung, Krankenhaus, Schule, Kirche und Gemeinde, Medien, Verbände usw.).

Für so komplexe und vielschichtige Probleme gibt es keine Patentrezepte. Unter entsprechenden Bedingungen besteht jedoch für alle eine echte Lösungschance mit dem OE-Ansatz.

6.1.2 Drei Wege zur Organisationsentwicklung

Im Prinzip gibt es drei Wege, über die Organisationsentwicklung Eingang in ein Unternehmen oder eine Institution finden kann. Die **Entwicklung aus der Organisationsabteilung heraus** ist ein erster Weg.[4] Dieser Weg ist vor allem typisch für größere und große Unternehmungen, in denen Organisatoren zunehmend feststellen müssen, daß sie mit den rein betriebswirtschaftlichen Instrumenten der (Um-)Organisation an Grenzen stoßen. Bei diesen Organisatoren schärft sich außerdem das Bewußtsein für ein Denken auch in Prozessen und nicht nur in Lösungen. Und es steigt bei einer wachsenden Anzahl von Organisationsfachleuten die Bereitschaft, sozialwissenschaftliche Erkenntnisse bei der Lösung von organisatorischen Problemen mit ins Kalkül zu ziehen. Diese Leute betrachten Organisationsentwicklung nicht als sensationelle Neuerung, sondern als eine natürliche und konsequente Fortentwicklung der Organisationslehre und als eine willkommene Erweiterung ihres Instrumentariums. In solchen Organisationsabteilungen[5] arbeiten dann auch OE-Spezialisten, wenn man nicht sogar eine eigene OE-Abteilung einrichtet, die bestimmte Umorganisationen und Veränderungen nach OE-Konzepten betreut.[6]

Der **Anstoß durch das Top-Management** ist ein zweiter Weg zur Einführung von OE in ein Unternehmen. Er beginnt damit, daß die oberste Leitungsspitze einer Organisation, die Geschäftsleitung oder auch der Inhaber die Notwendigkeit grundlegender Veränderungen erkennen und dafür nach neuen Wegen suchen. Vielleicht hat man bereits von Organisationsentwicklung ge-

---

4) Dieser Weg setzt natürlich voraus, daß überhaupt eine fest installierte Organisationsabteilung besteht, denn es gibt auch Unternehmen, die auf eine solche Abteilung bewußt verzichten und anstehende Umorganisationen prinzipiell durch Projektgruppen, die anschließend wieder aufgelöst werden, betreiben lassen.
5) Eine ausführliche Beschreibung der Aufgaben und der Rolle einer OE-Abteilung findet sich bei PARTIN, 1973, S. 25—28.
6) Der Einrichtung einer speziellen OE-Abteilung kann man aus mehreren Gründen skeptisch gegenüberstehen: OE ist eine bestimmte Vorgehensweise und Methode bei Veränderungen, und an sich bedarf es dazu keiner besonderen Abteilung. Extrem gesprochen sollte vielmehr jedes Mitglied einer Organisation Organisationsentwickler sein. Die Zuständigkeit für das Veränderungsinstrumentarium von OE könnte außerdem leicht zum Zankapfel zwischen Abteilungen werden, während eigentlich das langfristige Ziel von OE darin besteht, die Mitglieder der Organisation zu befähigen, ihre Probleme *selber* zu lösen. Auf diese Weise wird eine OE-Abteilung sozusagen überflüssig, weil die bisherigen ‚Kunden' den OE-Service nicht mehr benötigen. Dies wird selbstverständlich ein sehr langer Weg sein. Das Hauptargument ist jedoch, daß OE von ihrem Wesen her eine pädagogische Strategie ist und deshalb am ehesten dem betrieblichen Bildungswesen zugeordnet werden sollte.

hört oder gelesen und sucht gezielt nach einem Berater, der bei der Bewältigung der mehr oder weniger konkret definierten Probleme nach OE-Prinzipien arbeitet. In anderen Fällen ist OE-Denken für die Führungsmannschaft noch neu. Allerdings hat man gewisse Probleme als dringlich erkannt und ist entschlossen, sich ihrer anzunehmen. Hier ist es dann entweder ein hinzugezogener Berater oder der sozusagen auf den günstigen Moment für den Einstieg mit OE wartende interne Bildungsmann bzw. Organisator, der am Beispiel des zur Diskussion stehenden Problems überhaupt erst zu OE-Denken anregt. In gemeinsamer Diskussion mit den führenden Leuten der Organisation wird er das Problem hinterfragen und die Komplexität und Vernetzung des Problems in der Organisation herausschälen. Dabei wird er von Anfang an das Bewußtsein und die Bereitschaft der obersten Entscheidungsträger fördern, daß ihre Unterstützung bei der Problemlösung und bei der Realisierung eventueller Maßnahmen notwendig und wichtig ist. Man folgt dabei der in Abschnitt 3.5 beschriebenen Systematik und wird sich in aller Regel — zumindest in der Startphase — der Top-down-Strategie (Abschnitt 3.4.1) bedienen.

Dieser zweite Weg des Einstiegs in OE wird recht häufig in kleinen und mittleren Unternehmungen praktiziert, wobei die ersten Schritte in einem solchen Projekt sehr häufig zunächst traditionelle Schulungsmaßnahmen sind. Von Anfang an ist jedoch klar, daß man längerfristig nach OE-Konzepten arbeiten will. Die ‚orthodoxen' Schulungsmaßnahmen sind zu Beginn nur das ‚Vehikel', die Mitarbeiter mit der Denkweise von OE vertraut zu machen, sie für eine solche Vorgehensweise zu gewinnen und sie mit den notwendigen Fähigkeiten und Fertigkeiten auszustatten (z. B. Kommunikations- und Arbeitstechniken), damit sie effektiv und kompetent innerhalb des OE-Prozesses mitwirken können.

Ein dritter Weg, OE-Konzepte in eine Organisation einzubringen, ergibt sich schließlich aus der natürlichen **Fortentwicklung des betrieblichen Bildungswesens.**[7]) Dieser Weg ist in der Regel typisch für größere und große Organisationen, die über ein seit Jahren etabliertes eigenes Aus-, Fort- und Weiterbildungssystem verfügen oder für Organisationen, die zwar kein eigenes Bildungswesen besitzen, aber bereits über längere Zeit und in größerem Umfang ihren Mitarbeitern externe Lernangebote zugänglich machen. In dem Maße, wie man versucht, Trainings als Problemlösebeitrag einzusetzen, tritt für die Bildungsleute der Gedanke der Organisationsentwicklung in den Vordergrund, zumal ohnehin in den Unternehmen ein wachsendes Bewußtsein zu verzeichnen ist, daß betriebliche Bildungsarbeit mehr ist als lediglich ‚sozialer Dienst' am Mitarbeiter oder Human-relations-Programm. GABELE (1981) belegt dies durch eine Untersuchung über die Bildungsinhalte der Personal-

---

7) Die Entwicklung von der frühen Schulung zum maßgeschneiderten und problemorientierten Training wurde im Rahmen der Ausführungen über das Verhaltenstraining (Kapitel 4.4) bereits angesprochen.

schulungen von 190 Unternehmungen (Zeitraum: 1974—1976). Nach seinen Erkenntnissen ist die These, Personalschulung sei lediglich Sozialprogramm, ebensowenig haltbar wie die, daß die Bildungsarbeit am Mitarbeiter in erster Linie oder ausschließlich zur Erreichung ökonomischer Ziele betrieben werde. Vielmehr zeigte es sich, daß es ein grundsätzliches Zusammenspiel zwischen ökonomischen und sozialen Zielen gibt und daß diese beiden Ziele sich nicht gegenseitig ausschließen: Die betriebliche Bildungsarbeit verfolgt einerseits ökonomische Ziele und liefert gleichzeitig einen sozial-emanzipatorischen Beitrag. Man kann GABELE (1981, S. 61) in seiner Einschätzung zustimmen, wonach die Tendenz, Bildungsinhalte auf die Belange des Betriebes *und* auf die der Mitarbeiter abzustimmen, weiter zunehmen wird:

> „Eins scheint mir allerdings offenkundig: Die Bedeutung der betrieblichen Bildung auf allen Ebenen des Unternehmens nimmt zu! Die erfolgreiche Unternehmung von morgen wird sogar noch ein breiteres Spannungsfeld der Ziele bewältigen müssen als die heutige!
>
> Nach meinem Dafürhalten deuten viele Anzeichen darauf hin, daß der Stellenwert der Bildungsziele zwangsläufig steigt und diese neben ökonomischen und sozialen Zielen gleichrangig verfolgt werden. Solche primären Bildungsziele im Zielkatalog der Unternehmen dürften vor allem mit der grundsätzlichen Neuorientierung auf allen Lebensbereichen, mit der gesellschaftlichen Verankerung der Unternehmen und insbesondere mit der Produktion innovativen Wissens einhergehen."

Der Gedanke, daß sich Methoden und Ansätze der Organisationsentwicklung zur Realisierung solcher Konzepte besonders anbieten, liegt nahe. Hinzu kommt noch, daß ohnehin die Bereitschaft vor allem großer Unternehmen, in den Bildungsbereich zu investieren, in den vergangenen Jahren stark zugenommen hat.[8] Immerhin ermittelte das *Manager Magazin* (zit. nach E. GABELE, 1981, S. 52) für den Zeitraum von 1974 bis 1976 eine durchschnittliche Steigerung der Pro-Kopf-Kosten der Betriebe für Aus- und Weiterbildung ihrer Mitarbeiter von 88 %![9] Die *Wirtschaftswoche* stellt unter der Schlagzeile „Millionen für den Aufbau" fest, daß Weiterbildung noch vor zehn bis fünfzehn Jahren „mehr als Zierde denn als Notwendigkeit" galt, während es heute genau umgekehrt sei. Sie berichtet (*Wirtschaftswoche*, 34/1981, S. 52) unter anderem:

— Die Siemens AG wendete 1977/78 für Weiterbildung mehr als 5,7 Prozent ihrer Lohn- und Gehaltssumme auf.
— Bei der Daimler-Benz AG wurden 1980 mehr als 180 Millionen Mark für die gesamte Bildungsarbeit ausgegeben.
— Für das gleiche Jahr meldete Siemens 248,1 Millionen Mark an Weiterbildungs-Investitionen, davon 19,7 Millionen nur für Führungskräfteschulung.

---
8) Zur gestiegenen Bedeutung der Weiterbildung ausführlicher in dieser Handbuchreihe bei LEITER et al., 1982, S. 17 ff. sowie BRONNER und SCHRÖDER, 1983, S. 19 ff.
9) Sicherlich schlagen sich in den ermittelten höheren Aufwendungen zum Teil auch die besseren Erfassunsmethoden nieder.

— 1979 schulte Daimler-Benz 39 000 von 146 800 Firmenmitgliedern, davon 9000 Führungskräfte; außerdem durchliefen 42 000 Mitarbeiter ein Verkaufstraining.
— Oetker schickt rund 1000 der 15 000 Firmenmitglieder jährlich ins Training.
— Bei H. F. & Ph. F. Reetsma absolvierten innerhalb von drei Jahren von 5000 Mitarbeitern durchschnittlich 1850 Teilnehmer ein internes Training.
— von 230 000 Siemens-Mitarbeitern in Deutschland nahmen rund 80 000 an den jährlichen Weiterbildungsmaßnahmen teil, davon 10 000 Führungskräfte.

Zwar wurden in den Jahren 1981/1982 in vielen Unternehmungen zum Teil drastische Kürzungen an den Bildungsetats vorgenommen, aber schon seit 1983/1984 ist die Tendenz wieder steigend (HÖLTERHOFF/BECKER 1985) und sie wird es wohl langfristig auch bleiben. Allerdings wird verschärft die Frage nach der Veränderungswirkung bzw. nach dem Erfolg vorgelegt. Es ergibt sich also auch aus dieser Richtung, sozusagen von der Auftraggeberseite her, für den betrieblichen Bildungsexperten die Notwendigkeit, die von ihm initiierten Aktivitäten im Zusammenhang der Gesamtorganisation zu betrachten und zu betreiben. Das wiederum legt organisationsentwicklerisches Denken und Handeln nahe. In der Entwicklung der betrieblichen Weiterbildung spiegeln sich diese Tendenzen deutlich wider. Wurde in den früheren Jahren Schulung vorzugsweise als Veränderung am Wissensbestand des einzelnen betrachtet (STIEFEL, 1978, S. 78), so stehen heute immer stärker die Rolle des Mitarbeiters, seine Beziehungen zur betrieblichen Umwelt sowie ganze ‚organisatorische Familien' (LAUTERBURG, 1980, S. 1—2) oder ganze Organisationseinheiten im Mittelpunkt der Bildungsaktivitäten. Methodisch ist diese Veränderung gekennzeichnet durch den Wechsel von der Wissensvermittlung per Frontalunterricht hin zum Verhaltenstraining und zu offenen Programmen wie Problemlöse-Workshops über echte betriebliche Vorfälle.

Die Abb. 47 zeigt eine Zusammenstellung von STIEFEL (1982a, S. 72) mit den verschiedenen Entwicklungsstufen der betrieblichen Weiterbildung seit den 50er Jahren. Dabei wird unterschieden

— die **lehr**orientierte Weiterbildung (50er Jahre),
— die **lern**orientierte Weiterbildung (60er Jahre),
— die **transfer**orientierte Weiterbildung (bis Mitte/Ende der 70er Jahre) und
— die **problemlösungs**orientierte Weiterbildung (seit Ende der 70er Jahre).

Jede Entwicklungsstufe hat ihre typischen Schwerpunkte und Aktionsfelder sowie eine jeweils kennzeichnende Auffassung von der Trainerrolle. Aus der Zusammenstellung in Abb. 47 wird auch deutlich, daß der Vorgesetzte des Trainierten auf der heutigen Entwicklungsstufe der Weiterbildung diese nicht mehr wie früher einfach an sich vorbeilaufen lassen kann, sondern daß ihm aufgrund seiner Einflußmöglichkeiten und von seiner Funktion her eine wichtige Rolle als ‚Trainer' seiner Mitarbeiter zufällt. Generell wird die betriebliche Weiterbildung — wenn sie sich fortentwickelt und nicht auf irgend-

Entwicklungsstufen / Beschreibungsmerkmale	Lehrorientierte Weiterbildung	Lernorientierte Weiterbildung	Transferorientierte Weiterbildung	Problemlösungsorientierte Weiterbildung
Literarhistorischer Zeitraum	50er Jahre	60er Jahre	bis Mitte/Ende der 70er Jahre	seit Ende der 70er Jahre
Dominante Fragestellung	„Was sind die richtigen Lehrinhalte, die in der Weiterbildung unterrichtet werden sollten?"	„Welche Effizienz haben einzelne aktivitätspädagogische Lehrmethoden in der Weiterbildung?"	„Wie kann der Teilnehmer bei der Übertragung des Gelernten an den Arbeitsplatz unterstützt werden?"	„Welcher Teil des als echt und valide erkannten Problems kann mit Weiterbildung in Angriff genommen werden, und wo müssen andere Änderungsmaßnahmen vorgeschaltet, flankierend betrieben und/oder nachgeschaltet werden?"
Typische Aktionsfelder der Weiterbildungsbemühungen	Aneinanderreihung von Themenblöcken in durchstrukturierten Seminaren	Aktivitätspädagogischer Lehrmethoden-Mix in Seminaren	Durchführung von Unterrichtseinheiten für den teilnehmerindividuellen Erwerb von Einführungsfähigkeiten einschließlich unterstützender Transferberatung	Durchführung von Problemklärungsseminaren und Kontrahierung des Veränderungsauftrages mit den am Problem Beteiligten
Rolle des Vorgesetzten des Seminarteilnehmers	keine	keine	Durchführung von Vor- und Nachbereitungsgesprächen mit dem Teilnehmer	Zentrale Rolle des Vorgesetzten in der Weiterbildung
Rolle(n) des Trainers	Experte von Lehrinhalten	Experte von Lehrinhalten und Experte im Methoden-Einsatz	Experte von Lehrinhalten, Experte im Methoden-Einsatz und Experte in der Vorbereitung von Innovationsprozessen	Experte von Lehrinhalten, Experte im Methoden-Einsatz, Experte in der Vorbereitung von Lern- und Problemlösungsprozessen

Abb. 47: Entwicklungsstufen der betrieblichen Weiterbildung (entnommen aus: R. T. STIEFEL, 1982 a, S. 72)

einer Stufe eingefroren wird — fast zwangsläufig zum Instrument der Organisationsentwicklung werden.[10])

In der Praxis stellt sich die Situation des betrieblichen Bildungswesens nun aber nicht so dar, daß die einzelnen Stufen nacheinander durchlaufen werden. Vielmehr ist es so, daß die vielen verschiedenen betrieblichen Bildungsaktivitäten in einer Organisation in der Regel parallel auf unterschiedlichen Stufen betrieben werden. Und genau wie die Gesamtorganisation muß das betriebliche Bildungswesen sich fragen lassen, ob es ‚reif' ist für Organisationsentwicklung. Bildungsarbeit nach OE-Konzepten setzt eine entsprechende Trainingsphilosophie, ein bestimmtes Rollenverständnis und Kompetenz der Bildungsleute voraus. Außerdem müssen sie innerhalb der Organisation als Organisationsentwickler akzeptiert werden. Schließlich bleibt die Fortentwicklung des klassischen Trainings hin zu mehr nach OE-Konzepten ausgerichteten Aktivitäten für das betriebliche Bildungswesen quantitativ und qualitativ nicht ohne Konsequenzen:

— Die Aufgabenstellungen des betrieblichen Bildungswesens gewinnen neue Dimensionen und sind verstärkt abgeleitet von vorliegenden oder zu erwartenden echten betrieblichen Problemstellungen.

— Die Denk- und Planungsweisen im betrieblichen Bildungswesen werden zunehmend systemübergreifend und müssen langfristiger angelegt sein.

— Das betriebliche Bildungswesen versucht, vermehrt zukunftsorientiert zu arbeiten, Trends zu erfassen und Veränderungssignale zu erkennen, um möglichst bereits präventiv Aktivitäten zu entwickeln und/oder Trainingsangebote zu konzipieren.

Organisationsentwicklung wird allerdings niemals die klassischen Formen der Mitarbeiterbildung völlig ersetzen und ablösen, sondern als eine zusätzliche Methode neue und fruchtbare Lernwege eröffnen. Eine Organisation kann ohnehin nur eine bestimmte Zahl von OE-Projekten zur gleichen Zeit verkraften (ähnlich wie dies auch beim Projekt-Management gilt). Allein deshalb ist die Vermutung, daß in Zukunft jede Problemlösung und jede organisatorische Veränderung grundsätzlich nach Prinzipien der Organisationsentwicklung betrieben wird, naiv und unrealistisch. Vielmehr wird zu fragen sein, **welches Problem** in einer **wie gearteten Organisation** mit **wie eingestellten** und **vorbereiteten Beteiligten** unter **welchen Rahmenbedingungen** (z.B. Zeitrahmen, Verfügbarkeit von OE-Know-how, Kontinuität der Situation) überhaupt **für Organisationsentwicklung geeignet** ist.

---

10) Die gleiche Konsequenz ergibt sich auch aus einem anderen populären Entwicklungsmodell der Weiterbildung, welches drei Entwicklungsstufen unterscheidet: Die Stufe der **auftrags**orientierten Weiterbildung (Motto: Machen Sie mal ein Seminar über ...), die Stufe der **bedarfs**orientierten Weiterbildung (Ermittlung des Bildungsbedarfs und Formulierung konkreter Lernziele) und schließlich die Stufe der **problem**orientierten Weiterbildung (Weiterbildung als Beitrag zur Lösung betrieblicher Probleme).

6.2 Der OE-Berater

6.2.1 Anforderungen an einen OE-Berater

Für den einzelnen Teilnehmer oder Dozenten hat die Aufnahme von OE-Konzepten in die Trainingsarbeit bzw. die Übernahme von OE-Denken in die Trainingsphilosophie natürlich Auswirkungen auf seine Rolle, seinen Wissenshintergrund und sein Verhaltensrepertoire. Die neue Rolle als Organisationsentwickler führt zu einer Verschiebung von Gewichten und zu Veränderungen in seinem Anforderungskatalog. Dabei steht das Anforderungsprofil des Organisationsentwicklers nicht im Kontrast zu dem des herkömmlichen Managementtrainers, vielmehr vollzieht sich die Entwicklung von einer Rolle zur anderen in der Regel kontinuierlich und organisatorisch. Aus diesem Grund läßt sich auch ein 1979 von JESERICH und anderen Bildungsleitern entworfenes Profil eines Managementtrainers fast vollständig auf den Organisationsentwickler übertragen. Dieses Profil stellt folgende Anforderungen:

- **Empathie** (z.B. er stellt Fragen, die erkennen lassen, daß er am Partner interessiert ist, er denkt sich in seine Probleme und Gefühle ein)
- **Systematisches Handeln und Denken** (z.B. klare Gliederung, konsequente Vorgehensweise, Auswertung aller verfügbaren Informationen, Berücksichtigung der Auswirkungen und der Konsequenzen des Handelns)
- **Ausgeglichenheit, Belastbarkeit** (z.B. stabiles Engagement, gelassenes Reagieren auf Provokationen, er bleibt sachlich)
- **Aktive Kontaktfähigkeit** (z.B. Initiative ergreifen und auf andere zugehen, über sich selbst Auskunft geben, von sich aus Hilfe anbieten)
- **Ausdrucksfähigkeit** (z.B. er kann sich dem Partner verständlich machen, partner-orientierte Kommunikation auf allen Kommunikationsebenen)
- **Kreativität** (z.B. er produziert zahlreiche Einfälle und/oder regt zu neuen und unkonventionellen Ideen an, er entwickelt Alternativen)
- **Leistung** (z.B. er arbeitet ergebnisorientiert, setzt sich selbst Leistungsmaßstäbe und schätzt sich dabei selber realistisch ein)
- **Kooperationsfähigkeit** (z.B. er fördert die gemeinsamen Fortschritte, hilft anderen, definiert Spielregeln, verzichtet auf die Durchsetzung seiner eigenen Meinung und auf den Einsatz von Machtmitteln, fördert abweichende Meinungen und unterstützt Minderheiten).

Dieses Anforderungsprofil ist im Prinzip auf den Organisationsentwickler übertragbar. Weil sich der OE-Praktiker aus der Rolle eines ‚Lehrers' immer mehr entfernt und zum ‚Problemlöser' wird, gewinnen einige der genannten Anforderungsbereiche für ihn allerdings besondere Bedeutung. Nachfolgend werden einige Felder skizziert, die für einen Organisationsentwickler besonders wichtig sind.

Da ist zunächst eine **starke sozialwissenschaftliche Ausrichtung** unabdingbar. Die Organisationsentwicklung hat ihre entscheidenden Quellen in den Sozialwissenschaften, so daß es nur natürlich ist, wenn der OE-Praktiker aus diesem Feld vorrangig seine Kenntnisse bezieht bzw. dort seine Fertigkeiten entwickelt. Nur einige in zufälliger Reihenfolge aufgelistete Stichworte mögen die Fülle der Teilbereiche andeuten, die für den OE-Berater relevant sind: Kleingruppentheorie, Führung, Rollentheorie, Macht und Einfluß, Entscheidungsprozesse, Gruppendynamik, Techniken der Datensammlung und Datenauswertung, statistische Methoden, soziale Wahrnehmung, Lerntheorie, Motivationstheorien, Kommunikation, Persönlichkeitsentwicklung, Mensch-Maschine-System usw.

Gleichzeitig erwartet man wegen des systemübergreifenden Ansatzes von OE in der Praxis vom Organisationsentwickler **mindestens solide Basiskenntnisse in der Organisationstheorie und ausreichende Einsicht in betriebswirtschaftliche Zusammenhänge.** Eng damit verbunden bzw. die fast notwendige Konsequenz daraus ist dann auch die **Fähigkeit, systemübergreifend zu denken und zu handeln.**[11])

Ein weiteres wichtiges Merkmal des Organisationsentwicklers ist eine **ausgeprägte Kommunikationsfähigkeit** im Umgang mit Beteiligten, Betroffenen und Interessierten an der Veränderung, aber auch mit Skeptikern und Gegnern. Selbstverständlich geht es bei diesen Punkten nicht nur darum, sich auf die jeweiligen Kommunikationspartner einzustellen, eigene Anliegen oder Appelle adäquat vorzubringen oder überhaupt verständlich zu kommunizieren, sondern beispielsweise auch darum, in sozial intelligenter Weise Feedback zu geben bzw. auf erhaltenes Feedback zu reagieren. Überhaupt sind **soziale Fähigkeiten** auch über den Bereich der Kommunikation hinaus für einen Organisationsentwickler von großer Bedeutung. Sie umfassen die Wahrnehmung, die Einschätzung und Diagnose von sozialen Prozessen (übergreifend wie auch in kleineren Gruppen) ebenso wie die möglichst unverzerrte und realistische Einschätzung der eigenen Person in bezug auf die persönliche Motivation, die eigenen Fähigkeiten und die gegebenen Möglichkeiten bzw. vorhandenen Grenzen sowie bezüglich der Wirkung. Im Repertoire der sozialen Fähigkeiten erwarten wir bei einem Organisationsentwickler außerdem noch eine sehr hohe Teamfähigkeit — schließlich ist OE ein ausgesprochen kooperativer Ansatz — sowie die Fähigkeit, gute zwischenmenschliche Beziehungen zu Kommunikationspartnern aufzubauen, sie zu gestalten und

---

11) BRIDGER (1980) legt in seinem Konzept für das Training und die Entwicklung von OE-Beratern auf diesen Punkt besonderen Wert.

zu erhalten.[12]) Umfangreiche gruppendynamische Erfahrungen ‚am eigenen Leib' sind deshalb sehr wichtig. Allerdings sollte jemand, dessen Praxis und Erfahrungen sich *nur* auf das Feld der Gruppendynamik begrenzen, noch nicht automatisch als Organisationsentwickler bezeichnet werden.

Schließlich muß man bei einem OE-Praktiker noch ein beachtliches Maß an **Methodenwissen** voraussetzen. Dieses Methodenwissen bezieht sich beispielsweise auf die Beherrschung der unterschiedlichsten diagnostischen Verfahren zur Datensammlung (von Fragebögen über Interviews bis zur Kartenabfrage) sowie deren statistischer Auswertung. Eingeschlossen ist auch die Beherrschung der verschiedenen Lernmethoden.[13]) Außerdem bezieht sich das Methodenwissen auf bestimmte konkrete Vorgehensweisen und Techniken wie etwa Problemlösetechnik, Entscheidungstechnik, Konfliktlösetechnik, Moderationstechnik usw.

Eine 1972 vom angesehenen amerikanischen NTL/Institute For Applied Behavioral Science veröffentlichte Zusammenstellung (zit. nach PARTIN, 1973, S. 20—22) beschreibt insgesamt sieben Felder von Fähigkeiten und Wissen, auf denen ein ‚change-agent', also ein Organisationsentwickler, Kompetenz besitzen sollte:

Feld 1: Einschätzen der persönlichen Motivationen und der eigenen Beziehung zum Veränderten (changee) durch den Veränderer.

Feld 2: Den Veränderten helfen, die Notwendigkeit der Veränderung und des diagnostischen Prozesses zu erkennen.

Feld 3: Gemeinsam mit dem Veränderten eine Diagnose erstellen bezüglich Situation, Verhalten, Verstehen, Erleben und Leistung, die verändert werden sollen.

Feld 4: Den Entscheidungsprozeß bezüglich des Problems begleiten, andere in diese Entscheidung einbeziehen, Planung und Start der Aktivitäten.

Feld 5: Erfolgreiche und produktive Durchführung des (Veränderungs-)Planes.

Feld 6: Auswertung und Beurteilung der Fortschritte des Veränderten (unter Einsatz entsprechender diagnostischer Methoden und ggfs. mit entsprechenden Interventionen).

Feld 7: Sicherung der Aufrechterhaltung, der Kontinuität und der Ausbreitung des Prozesses sowie des Transfers.

---

12) Siehe dazu Band 5 dieser Handbuchreihe: SCHRADER, GOTTSCHALL und RUNGE, 1984, S. 95 ff. und S. 125 ff.

13) Dazu auch Band 2 dieser Handbuchreihe: LEITER et al., 1982, über Methoden der Ermittlung des Weiterbildungsbedarfs.

Die an einen Organisationsentwickler gestellten unterschiedlichen Anforderungen noch detaillierter zu beschreiben, ist allein deshalb schwierig, weil der OE-Berater in der Praxis ständig verschiedensten Problemstellungen in unterschiedlichsten Organisationskulturen und unterschiedlichsten situativen Rahmenbedingungen begegnet. Das hat eine jeweils unterschiedliche Konstellation von Anforderungen zur Folge. Dabei beginnt jedes OE-Projekt eigentlich mit der inneren Prüfung des Organisationsentwicklers bei sich selbst, ob er für den betreffenden Fall in puncto Wissen, Fähigkeiten und Erfahrungen ausreichend vorbereitet ist. Den Super-Berater mit Kompetenz für jedweden Problemfall gibt es wohl kaum.

6.2.2 Die Rolle des OE-Beraters

Leute, die nach OE-Konzepten arbeiten, werden mit verschiedenen Rollenetiketten versehen: z. B. Problemlöser, Katalysator, Diagnostiker, Prozeßberater, Moderator, Verhaltenstrainer usw. Dies verdeutlicht, daß sich OE-Arbeit in unterschiedlichen Rollen vollziehen kann. Eine allgemeine Rollenbeschreibung, die übrigens auch recht gut zur Rollenklärung zwischen Berater und Beteiligten beim Einstieg in ein OE-Projekt geeignet ist, könnte die folgenden drei Punkte umfassen:

- Der Organisationsentwickler stellt den Beteiligten seine Methoden, ‚Werkzeuge' und Techniken sowie sein Prozeßwissen bzw. seine Prozeßerfahrung zur Verfügung.
- Er investiert Offenheit, Ehrlichkeit und Engagement im Rahmen des Prozesses und bei der Problemlösung.
- Er kann und darf ‚Nein' sagen (d. h. er ist frei in seiner Mitwirkung am Prozeß und kann sich unabhängig entscheiden, in welche Verpflichtungen er sich hineinbegibt).

Eine entsprechende Beschreibung für die Betroffenen bzw. Beteiligten steht dem gegenüber:

- Die Prozeßbeteiligten liefern Daten, Fakten, Eindrücke, Anregungen und Ideen.
- Sie investieren ebenfalls Offenheit, Ehrlichkeit und Engagement in den Prozeß.
- Sie können ebenfalls an jeder Stelle des Prozesses ‚Nein' sagen, d. h. sie sind nicht zur Mitwirkung gezwungen.

Aus einer inzwischen sehr populären Darstellung von R. und G. LIPPITT (1977), die in Abb. 48 dargestellt ist, wird deutlich, daß die Rolle eines OE-Beraters — intern wie extern — im Prinzip eine Vielzahl verschiedener Einzelrollen beinhaltet. Diese bewegen sich in einem Kontinuum zwischen den beiden Polen ‚direktiv' (d. h. der Berater übernimmt die Führung selbst und initiiert Aktivitäten) und ‚nicht direktiv' (d. h. der Berater verschafft Daten, stellt Methoden zur Verfügung, reflektiert Ereignisse und Beobachtungen).

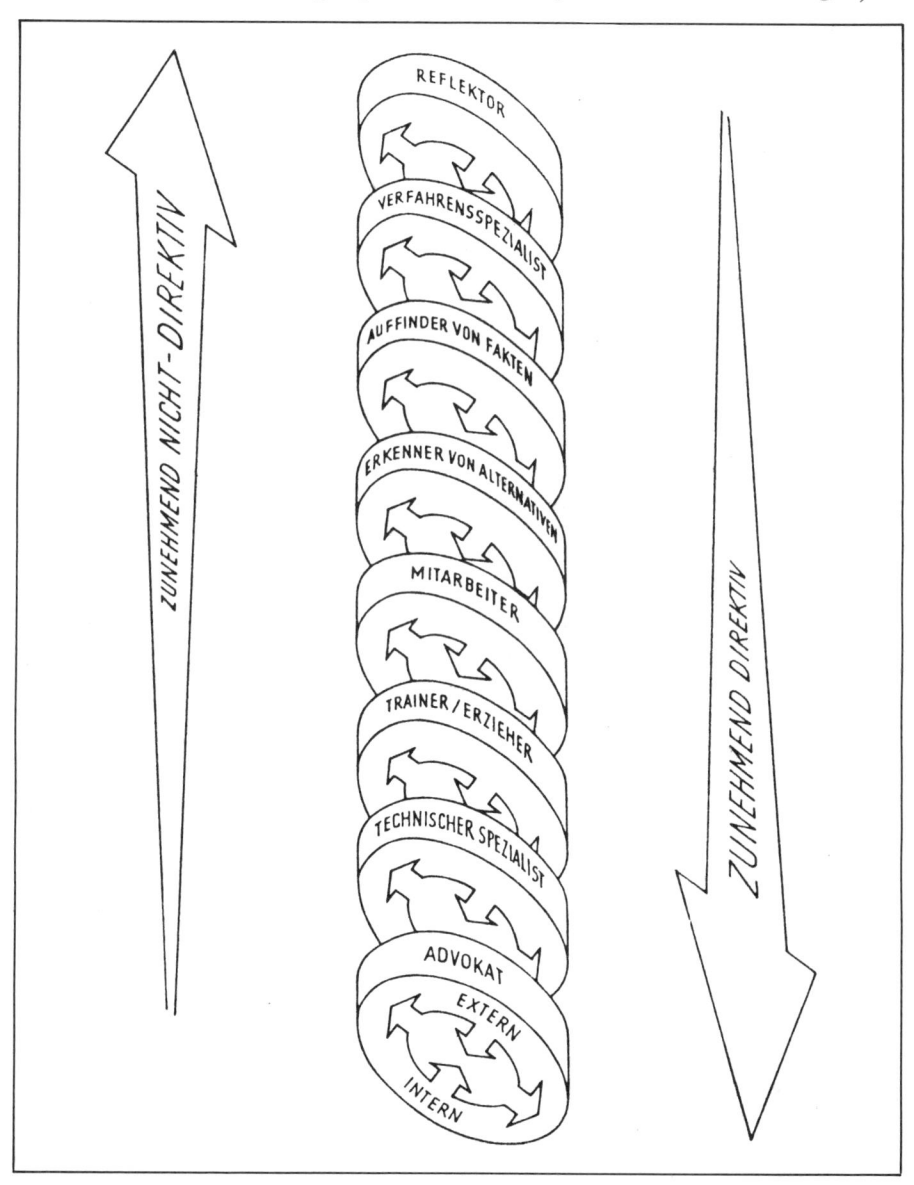

Abb. 48: Verschiedene direktive und non-direktive Beraterrollen (entnommen aus: R. und G. LIPPITT, 1977, S. 106)

R. und G. LIPPITT (1977, S. 105—110) unterscheiden folgende Rollen für Berater:[14])
— ‚Advokat' (der Berater beeinflußt intensiv methodisch und/oder inhaltliche Entscheidungs- oder Veranlassungsprozesse beim Klienten)
— **Technischer Spezialist** (der Berater stellt Fachwissen, Können, Know-How und Methodenwissen zur Verfügung; er übernimmt die Lenkung bis der Klient selber dazu fähig ist)
— **Trainer/Erzieher** (der Berater stellt Lernbedarf im bzw. beim Klientensystem fest, übernimmt die Rolle des Lehrers und/oder initiiert Lernprozesse)
— **Mitarbeiter an Problemlösungen** (der Berater engagiert sich aktiv im Problemlöseprozeß, trägt zur Objektivierung bei und hilft bei der Entwicklung von Handlungsmodellen)
— **Erkenner von Alternativen** (der Berater enthält sich einer direkten Einflußnahme auf Entscheidungen; er entwickelt statt dessen Alternativen, ruft Lösungskriterien ins Bewußtsein und zeigt Konsequenzen auf)
— **Auffinder von Fakten** (der Berater hilft beim Aufspüren relevanter Daten und bei der Optimierung der Informationsbasis, z.B. durch Beobachtungen, durch eine Umfrage oder Abfrage usw.)
— **Verfahrensspezialist/Prozeßspezialist** (das Hauptaugenmerk des Beraters ist darauf gerichtet, *wie* gearbeitet wird und weniger darauf *woran* gearbeitet wird)
— **Reflektor** (der Berater sucht die Entscheidungsbasis des Klienten dadurch zu erweitern, daß er Ereignisse, Beobachtungen oder Bemerkungen reflektiert, d. h. widerspiegelt; er versetzt sich in die Situation des Klienten und ‚philosophiert' über diese, wodurch sich für den Klienten u. U. auch neue Sichtweisen eröffnen).

Es gibt einen Trend, organisationsentwicklerische Arbeit betont oder sogar ausschließlich mit einer non-direktiven Vorgehensweise durch den Berater zu verknüpfen. Eine solche Sichtweise ist sicher zu eng und auch zu praxisfern. Vielmehr muß der Organisationsentwickler eine **hohe Rollenflexibilität** besitzen, d. h. er muß in der Lage sein, je nach Problemlage bzw. aktuellem Problemstand, situativen Rahmenbedingungen und dem Reifegrad der betreffenden Organisation in verschiedenen Rollen adäquat zu agieren.[15]) Alternativ zu der Forderung nach hoher Rollenflexibilität des Organisationsentwicklers kann man auch zu der Ansicht gelangen, daß man je nach Problemlage bzw. abhängig von der Art des OE-Projekters denjenigen Organisationsentwickler als Projektbegleiter auswählt, der die dabei erforderlichen Rollen besonders gut beherrscht. Mit hoher Sicherheit gilt, daß nicht jeder qualifizierte (!) OE-Berater für jedes OE-Problem geeignet ist.[16])

---

14) Eine detaillierte Zusammenstellung der verschiedenen Funktionen eines ‚change-agent' findet sich bei HAUSER (1980, S. 89—90), wobei der Autor die zu jeder Funktion notwendigen Fähigkeiten und Fertigkeiten nennt und ihre Bedeutung bzw. Risiken in den einzelnen Phasen des OE-Prozesses einzuschätzen sucht.
15) Dabei kann es ohne weiteres vorkommen, daß solche Rollenwechsel in *einer* Sequenz von OE-Maßnahmen sogar innerhalb von Minuten notwendig sind.
16) Dies ist übrigens nicht nur ein Rollenproblem, sondern darüber hinaus z.B. auch abhängig von der wissenschaftstheoretischen Herkunft des Organisationsentwicklers sowie von der Organisationskultur und dem Reifestand des betreffenden Klientensystems.

Jeder Organisationsentwickler befindet sich bei seiner Arbeit ständig in dem Dilemma zwischen seinen Idealvorstellungen auf der einen Seite und der Realität bzw. dem momentan Machbaren auf der anderen Seite. Es soll ausdrücklich erwähnt werden, daß die Machbarkeit nicht nur davon abhängt, ob die Inhaber von Macht- oder Entscheidungspositionen einer Organisation dem Berater den notwendigen Raum für OE-Aktivitäten zubilligen, sondern daß die Machbarkeit auch dort ihre Grenzen findet, wo die von einer Veränderung Betroffenen (im Moment noch) überfordert sind, wenn man sie zu Trägern oder Beteiligten machen will. Mancher **idealistisch motivierte** Organisationsentwickler sollte sich deshalb vielleicht häufiger die Frage stellen, ob er nicht mitunter (mit den besten Absichten!) zu tief in Personen oder soziale Systeme eingreift bzw. wie tief er eingreifen darf. Auf keinen Fall darf er dabei das Klientensystem und die Betroffenen im Unklaren lassen über die Motive, Werte und Ziele, welche ihn leiten, und er muß sie ebenfalls informieren über die für ihn vorhersehbaren oder sogar angestrebten Konsequenzen der Veränderung.[17] Andererseits wird man dem **pragmatisch orientierten** Organisationsentwickler in vielen Fällen vorwerfen können, allzu schnell vor der Realität ‚in die Knie gegangen' zu sein, seine Ziele zu flink weniger hoch gehängt zu haben oder überhaupt seine Normen und Wertsysteme[18] zu zügig denen des Klientensystems angepaßt zu haben.

Der Idealweg für Organisationsentwicklung liegt sicher zwischen diesen beiden Extremen. An folgenden — wenn man will — ethischen Leitlinien sollte sich das Beraterverhalten ausrichten:

→ OE-Beratung ist keine Ware, die nur unter dem Gesichtspunkt der Eigeninteressen vermarktet und verkauft wird.

→ Das Klientensystem und die Bedürfnisse der Betroffenen stehen im Zentrum.

→ Absolute Vertraulichkeit — wie beim Mediziner — ist ein unverzichtbares Prinzip.

→ Der Berater offenbart seine persönlichen Ziele, Werte und Interessen.

→ Er fühlt sich für die Konsequenzen seines Handelns bzw. der von ihm initiierten Aktivitäten verantwortlich.

Im konkreten Fall kann dies bedeuten, daß ein Organisationsentwickler seine Projektbeteiligung verweigert oder aus einem laufenden Projekt aussteigt, wenn er in einem oder mehreren Punkten diese Prinzipien gefährdet oder bereits durchbrochen sieht.

---

17) So fällt es in seine Verantwortung, wenn die vielleicht aus einer euphorischen Situation heraus erfolgte Aufforderung zu offenerer Kommunikation einigen zum Verhängnis wird, die die realen Kommunikationsverhältnisse überschätzt haben.

18) Die bei OE wichtige Wertfrage wird hier nicht vertieft diskutiert. Siehe dazu u. a.: KLEIN, 1980, LAUTERBURG, 1980, und BICKEL, 1981.

6.2.3 Externer oder interner Berater?

Die Vor- bzw. Nachteile externer Berater im Vergleich zu internen sind bereits häufig beschrieben worden.[19]) In der Diskussion über das Für und Wider hat sich allerdings bis heute kein eindeutiges Ergebnis gezeigt. Nach derzeitigem Erkenntnisstand ist es wahrscheinlich von zweitrangiger Bedeutung, ob ein OE-Berater aus einem externen oder internen Status heraus operiert. Externe wie Interne verzeichnen Erfolge und Mißerfolge etwa gleich häufig.[20]) Wichtiger als die Frage ‚intern' oder ‚extern' sind viel eher die folgenden Punkte:

1. Die **Akzeptanz** des OE-Beraters bei den Betroffenen (d. h. der Berater gewinnt Glaubwürdigkeit bei den Beteiligten, und es entwickelt sich bei diesen Vertrauen in seine Kompetenz. Beides geschieht vor allem dadurch, daß er in seiner Beraterrolle selber OE-Prinzipien vorlebt, indem er beispielsweise nicht nur von Feedbackregeln redet, sondern auch danach handelt).

2. Die Art und Weise, **wie der Berater die Betroffenen am OE-Prozeß beteiligt** sowie die **Intensität, mit der wichtige Entscheidungsträger** in der Organisation **den Prozeß stützen** (z. B. Top-down-Strategie und Vorbild-Wirkung).

3. Das **Engagement** und die **Motivation des Beraters** (Die größten Veränderungserfolge lassen sich erfahrungsgemäß bei **mittlerer Motivationslage** erzielen, d. h. man muß mitunter auch warten können und Geduld haben. Ein zu hoher Motivationsdruck kann die Wahrnehmung einengen, blind machen gegenüber wichtigen Details oder Risikosignalen, freie Kräfte unnötig blockieren und u. U. Reaktanz bei den Betroffenen erzeugen, weil diese sich vom Prozeß erdrückt oder sogar überfahren fühlen.)

In der Praxis hat sich das sogenannte ‚**Tandem-Prinzip**' bewährt, d. h. eine Kooperation zwischen internem und externem Organisationsentwickler. Es ermöglicht in beträchtlichem Maße eine Kombination der Stärken beider und eine Kompensation eines Großteils ihrer Schwächen. Hinzugewonnen wird eine gegenseitige Stützung, Hilfestellung oder auch Kontrolle im Sinne der wechselseitigen Supervision während des Prozesses. Neben der selbstverständlichen Voraussetzung, daß auf beiden Seiten Einigkeit in den Konzepten und in der OE-Philosophie bestehen muß, ist für den Erfolg einer solchen Kombination wichtig, daß der Externe sein eigenes Rollenverständnis und seine Aktivitäten voll darauf ausrichtet, nicht Anerkennung für *sich* zu gewinnen, sondern voll zum Erfolg des *internen* Kollegen beizutragen.

---

19) Siehe z. B. R. und G. LIPPITT, 1977, S. 111—114, und COMELLI, 1980a, S. 54—56.
20) Nach einer Sekundäranalyse von 25 veröffentlichten OE-Fallstudien kommt GEBERT (1974, S. 166) zu dem Schluß, daß „die Zusammenarbeit mit einem externen Berater *keinen* Prädiktor für den OE-Erfolg darstellt". Bei einer Durchsicht von publizierten Fallschilderungen drängt sich hingegen der Eindruck auf, daß meist die Position (extern oder intern) des jeweiligen Berichterstatters als empfehlenswert dargestellt wird.

6.3 Aktivitäten zur Vorbereitung von OE

Die Vorbereitung auf eventuelle OE-Aktivitäten sollte in Organisationen schon längere Zeit vor dem Start konkreter Projekte beginnen. Bei betrieblichen Meinungsbildnern wie bei Betroffenen als späteren Beteiligten muß der Boden für Organisationsentwicklung vorbereitet werden. Dazu bieten sich verschiedene Möglichkeiten:

1. INTERNE SEMINARE: Lange bevor das betriebliche Bildungswesen spezielle Seminare über Organisationsentwicklung anbietet oder sogar Mitarbeiter als OE-Berater durch entsprechende Trainings qualifiziert, können laufende Trainingsaktivitäten, speziell Führungstrainings, zur Einblendung von OE-Gedankengut genutzt werden. Bei der Diskussion betrieblicher Problemstellungen oder Vorfälle kann man die Teilnehmer zum Systemdenken anregen und sie für die Problematik von Veränderungsprozessen sensibilisieren. Im nächsten Schritt wird man vielleicht dazu übergehen, in die Trainings einen speziellen Informationsteil über Organisationsentwicklung einzuplanen. Dabei kann man die Teilnehmer beispielsweise über Philosophie und Vorgehensweise von OE informieren. Ein noch weitergehender Schritt könnte sein, im Rahmen geeigneter Seminare OE-Vorgehensweisen zu praktizieren, etwa eine tägliche Prozeßanalyse (siehe Kap. 6.4.9). Schließlich kann man gezielt Seminarangebote konzipieren, die dem Training solcher Fähigkeiten und Fertigkeiten dienen, deren Beherrschung für alle an OE-Prozessen Beteiligten wichtig ist (z.B.) Kommunikation und Feedback, Gesprächstechniken, Problemlöse- und Entscheidungstechniken, Umgang mit Konflikten etc.).

2. EXTERNE SEMINARE: Seit einigen Jahren werden von verschiedenen externen Instituten Seminare angeboten, die Organisatoren, Personal- und Ausbildungsleute, aber auch interessierte Manager in die Thematik der Organisationsentwicklung einführen sollen. So führt beispielsweise das USW (Universitätsseminar der Wirtschaft, Schloß Gracht, Erftstadt) seit Jahren ein ‚Organisationsentwicklungs-Seminar' durch, das von kompetenten Organisationspsychologen, Betriebswirtschaftlern und OE-Praktikern bestritten wird.[21]) Interessant ist auch ein Organisationslaboratorium, das von einem Arbeitskreis ‚Menschen in Organisationen' (Wuppertal) in Zusammenarbeit mit der Evangelischen Akademie Arnoldshain/Ts. zum wiederholten Male

---

21) Das Seminar informiert über die theoretischen Grundlagen von OE, über strukturale und personale Ansätze sowie über die Bedingungen für den Erfolg bzw. die Gründe für das Scheitern von OE-Projekten. In den Informationsteil eingebettet sind die Präsentation eines Praxisfalles, ein umfangreiches Fallbeispiel bzw. Planspiel sowie ein mit einer entsprechenden Übung versehener Baustein über Teamentwicklung als Beispiel für den personalen Ansatz.

durchgeführt wird.[22]) Im Rahmen des Laboratoriums soll über das Verständnis von Organisationen und deren Dynamik nachgedacht und gelernt werden — in erster Linie durch Erleben und dessen Exploration und Reflektion. Das Verhältnis zu Individuen, zu Gruppen und Großgruppen sowie Organisationen bzw. Institutionen wird thematisiert. Zentrale Themen sind:

— **Rollenprobleme** (Wie entstehen Rollen? Welche Konsequenzen haben sie? Was passiert, wenn Rollen nicht definiert, übernommen oder von anderen akzeptiert werden? usw.)

— **Bedeutung von Strukturen** (die Sicherheit-gebende bzw. Angst-reduzierende Funktion von Strukturen zur Erleichterung von Routinehandlungen, Strukturen als Hemmnisse für Veränderung und individuelle Entfaltung, Auswirkungen von Strukturlosigkeit und Umgang mit den daraus entstehenden Ängsten usw.)

— **Macht, Autorität, Führung und Delegation** (Notwendigkeit und Grenzen der Autorität werden erfahrbar gemacht; Umgang mit und Reaktionen auf Macht, Umgang mit Verantwortung und Autorität, die Führungsrolle im Spannungsfeld von Gruppenprozessen usw.)

— **Normen und Werte** (Bewußtmachung der oft stillschweigend unterstellten Normen, Übernahme und Annahme bzw. Veränderung der in Organisationen geltenden Normen und Werte usw.)

Die Veranstalter des Laboratoriums verstehen sich einerseits als das Management der Veranstaltung, andererseits üben sie eine Beraterrolle für die im Organisationslaboratorium ablaufenden Ereignisse aus. Dabei verfolgen sie einen deutlichen Systemansatz und wollen die Dynamik sozialer Prozesse in Systemen erfahren und verstehen helfen. Betont wird die politische Dimension des Laboratoriums (z.B. eigene und fremde Interessen wahrnehmen, analysieren, ausdrücken und deren Durchsetzungschancen testen) sowie die ausgesprochen pädagogische (nicht therapeutische!) Orientierung, indem durch Spiegelung ablaufender Prozesse zum Lernen herausgefordert wird. Im Verlauf der Veranstaltung ist deshalb ein ständiger Wechsel zwischen verschiedenartigen ‚organisatorischen Einheiten' vorgesehen, so daß sich aus der so angelegten Struktur und der daraus resultierenden Dynamik genügend Lernsituationen und Lernerfahrungen für die Teilnehmer ergeben.

Von solchen oder ähnlichen Programmdesigns kann sich der Betriebspädagoge bei der Entwicklung eines eigenen, d. h. internen, Organisationslaboratoriums anregen lassen.

---

22) Dieses Laboratorium ist stark von ähnlichen Veranstaltungen beeinflußt, die regelmäßig vom Tavistock Institute of Human Relations in London durchgeführt werden.

3. BRIEFINGS (zusammenfassende Darstellungen): Für Mitglieder der Geschäftsleitung und/oder andere wichtige Meinungsträger einer Organisation (Betriebs- oder Personalräte nicht vergessen!) werden Kurz-Präsentationen angeboten, in denen über die Basisannahmen, Ansätze, Methoden und Vorgehensweisen der Organisationsentwicklung informiert wird.[23]) Damit nicht der Eindruck entsteht, Organisationsentwicklung sei nur eine neuartige und vielleicht elegantere Methode für Umorganisationen, sollte unbedingt auf die Bedeutung einer stützenden und unterstützenden Rolle des Top-Managements ebenso hingewiesen werden wie darauf, daß OE die Gesamtverhältnisse einer Organisation berührt und ein langfristiger Prozeß ist. Man sollte in einer solchen Präsentation auch keinen Zweifel daran lassen, was OE **nicht kann** bzw. **nicht will:**

→ OE will nicht Handlangerdienste leisten oder als Deckmantel dienen für ausschließlich betriebswirtschaftlich motivierte Rationalisierungen.

→ OE will nicht helfen, in Ungnade gefallene Mitarbeiter abzuschieben oder elegant loszuwerden.

→ OE will nicht dem Auftraggeber assistieren, seine Interessen gegenüber anderen durchzusetzen.

Es muß klar werden, daß Organisationsentwicklung sich um die Wahrung der Interessen *aller* Beteiligten bemüht und nicht mit Verstößen gegen die Regeln der Kooperation oder mit einer Unterdrückung von Meinungen einhergehen kann.[24])

4. KONKRETER FALL: Ein weiterer Weg, Organisationsentwicklung vorzubereiten bzw. Zustimmung für OE zu gewinnen, ist schließlich die Bearbeitung eines konkreten betrieblichen Problemfalles nach OE-Prinzipien (Multiple Nucleus-Strategie, siehe Abschnitt 3.4.2) Als Modellbeispiele für Organisationsentwicklung und OE-Methoden eignen sich jedoch nur überschaubare und begrenzte Problemstellungen.

---

23) Solche Veranstaltungen sollte man mindestens halbtägig ansetzen, damit genügend Zeit für Diskussionen bleibt.
24) Siehe dazu auch: MATUSCHEWSKI, 1981, S. 100.

6.4 Diagnostische Maßnahmen

6.4.1 Einige Vorüberlegungen zur Datenerhebung

Am Anfang eines jeden OE-Prozesses steht die sorgfältige und umfassende Diagnose. Eine Datenerhebung bei Betroffenen und Beteiligten ist notwendig. Dies bedeutet einerseits deren Einbeziehung, andererseits entstehen durch den diagnostischen Eingriff unter Umständen Ängste, so daß sich das Problem des **Umgangs mit der Angst** stellt.

Diese Ängste können zum Beispiel aus der Unerfahrenheit der Mitarbeiter mit solchen Erhebungen herrühren (Was wird mit den Informationen geschehen? Wer erhält sie? Wie werden sie ausgewertet und von wem? usw.) oder aber die Mitarbeiter haben bereits negative Erfahrungen gemacht (z.B. weil nach früheren Befragungen oder Untersuchungen — etwa durch ein Beratungsunternehmen — plötzlich ‚Köpfe gerollt' sind). Ein weiterer, eventuell Angst auslösender Punkt kann die Tatsache sein, daß die Mitarbeiter besonders bei übergreifenden Problemen wie z.B. Störungen der Kommunikation oder in der Zusammenarbeit sehr genau spüren, daß sie selber ‚Bestandteil' des Problems sind und/oder möglicherweise bei der Entstehung der Problemlage aktiv mitgewirkt haben. Sozusagen als Selbstschutz beginnen die Mitarbeiter deshalb, zu ‚mauern' oder ‚dicht zu machen'. Man liefert unverbindliche Kommentare statt der für eine Lösung benötigten harten Fakten bzw. die Problemlage wird verniedlicht, wenn nicht sogar geleugnet.

In solchen Fällen spielt die Glaubwürdigkeit des OE-Beraters eine bedeutende Rolle, um die Betroffenen für eine Mitwirkung zu gewinnen. Er muß die Betroffenen davon überzeugen können, daß die Datenerhebung und auch die Auswertung der Daten absolut **anonym** und **vertraulich** erfolgt und daß die **Teilnahme freiwillig** ist. Außerdem muß er garantieren, daß die Auswertung **prozeßbezogen bleibt und daß der gesamte Vorgang jederzeit für alle Beteiligten transparent** sein wird.[25]) Vor allem bei größeren, d.h. bereichs- oder organisationsübergreifenden Mitarbeiterbefragungen ist es übrigens eine häufig geübte Praxis, daß die Auswertung der Daten, eventuell auch die komplette Erhebung, durch ein externes Institut geschieht, um unnötiges Mißtrauen gar nicht erst aufkommen zu lassen. Dabei sollte man den Betriebs- oder Personalrat zur Überwachung der Prozedur hinzuziehen. Bei mündlichen Befragungen sollte man besonders dann externe Fachleute einsetzen, wenn die be-

---

25) Hier ist es sehr hilfreich, wenn in der Organisation bereits eine gewisse Übung im Geben und Annehmen von Feedback gegeben ist und dies als Lernchance betrachtet wird. Gegebenenfalls sollte in einem ersten OE-Projekt mehr Vertrauen und offenere Kommunikation geschaffen werden, bevor man sich anderen Problemstellungen zuwendet.

treffende Organisation noch keine OE-Praxis hat.[26]) Hat es erst einmal einen positiven Modellfall gegeben, spielt es kaum noch eine Rolle, ob interne oder externe Personen die Datenerhebung und/oder die Auswertung durchführen.

Beim Einsatz von Fragebögen ist vorher zu prüfen, ob sie mitbestimmungspflichtig sind. Dabei glauben vor allem Praktiker in der Industrie die bedenkliche Tendenz beobachten zu können, daß Fragebögen von den Gewerkschaften *grundsätzlich* als mitbestimmungspflichtig angesehen werden.

Schließlich bleibt noch anzumerken, daß viele Diagnoseaktivitäten nicht allein der reinen Datenbeschaffung dienen, sondern auch eingesetzt werden, um überhaupt Problembewußtsein zu schaffen (= unfreezing). Generell stehen diagnostische Maßnahmen nicht nur am Anfang eines OE-Prozesses, sondern sie können zu jeder Zeit in laufende Aktivitäten eingeblendet werden und haben dann die Funktion eines ständigen Meßfühlers. Vor Beginn einer jeden Diagnose muß allerdings die Frage nach der geeigneten Datenquelle geklärt werden.

6.4.2 Betroffene und Beteiligte als Datenquelle

Die Datenerhebung bei Betroffenen oder Beteiligten ist wahrscheinlich eine der ergiebigsten Quellen. Als populärste Methoden gelten die mündliche oder schriftliche Befragung. Ob man dabei **alle** Mitarbeiter befragt, nur eine **repräsentative Stichprobe** oder lediglich sogenannte **Meinungsführer** (= Delphi-Methode), ist in erster Linie eine Frage der Vorgehensökonomie. Man kann auch mehrere Wege gleichzeitig gehen, indem man z. B. in einer größeren Organisation

— *alle* Organisationsmitglieder befragt und diese Befragung quantitativ auszählt,
— aus der Gesamtheit eine *repräsentative Stichprobe* zieht, bei der differenziertere und qualitativ statistische Verfahren gerechnet werden und
— parallel dazu mit der *Delphi-Methode* versucht, eine weitere qualitative Vertiefung der Ergebnisse zu erreichen und eventuelle Trends zu erfassen.

Als Zielgruppe kommen dabei zunächst die **Problemträger**, also unmittelbar Beteiligte in oder am Problem in Betracht. Eine weitere Zielgruppe sind sogenannte **Sachkundige im Problem**. Darunter versteht man alle jene Leute, die von der Auswirkung des Problems mit erfaßt werden, die mit der Regelung des Problems und/oder seiner Lösung befaßt sind und Leute, die Kenntnis

---

26) Dem Externen gelingt es im Regelfall leichter als einem Mitglied der Organisation, die Befragten von seiner Unabhängigkeit zu überzeugen und ihnen die zugesicherte Anonymität, Vertraulichkeit und Transparenz glaubwürdig zu machen.

von dem Problem haben, indem sie etwa die Entstehung des Problems und seine Entwicklung aus der Perspektive ihrer Tätigkeit mitverfolgen konnten. Dies müssen nicht nur Organisationsmitglieder sein, sondern auch ‚Außenseiter‘ wie z.B. Kunden der Organisation, Berater o. ä. können wertvolle Daten beitragen.

6.4.3 Beobachtungen und Auswertung betrieblicher Vorgänge

Eine ausführlichere Beschreibung beobachtender Verfahren findet sich im Band 2 dieser Handbuchreihe bei LEITER et al. (1982, S. 83 ff.). Bei der **Beobachtung** kann man zunächst unterscheiden zwischen der ‚systematischen‘ Beobachtung (sie folgt festgelegten Kriterien) und der ‚unsystematischen‘ oder auch ‚freien‘ Beobachtung. Außerdem wird unterschieden in die ‚teilnehmende‘ und in die ‚nicht-teilnehmende‘ Beobachtung, je nachdem, ob der Beobachter selber sich im zu beobachtenden Feld befindet oder nicht. Schließlich kann es noch bedeutsam sein, ob den Beobachteten bekannt oder nicht bekannt ist, daß sie Gegenstand von Beobachtung sind, weil dies Auswirkungen auf ihr Verhalten haben kann. Man spricht auch von einer ‚offenen‘ bzw. ‚verdeckten‘ Beobachtung.[27]

Nicht ohne Risiken in einem OE-Projekt ist die Methode, als eine Form der verdeckten Beobachtung ‚Strohmänner‘ in das Beobachtungsfeld einzuschleusen, die als normale Mitarbeiter eingestellt oder zugeteilt werden.[28] In speziellen Fällen kann es jedoch auch im Rahmen eines OE-Projektes einmal angezeigt sein, auf diese Weise bestimmte Informationen über ein Problem oder über eine Situation zu beschaffen. Allerdings muß man sich darüber klar sein, daß damit das Prinzip der Transparenz verletzt wird. Das Prinzip der Vertraulichkeit jedoch kann gewahrt bleiben, wenn man folgende Regeln einhält:

a) Die Betroffenen werden unmittelbar nach erfolgter Datensammlung aufgeklärt und das Verfahren wird begründet.

b) Die Beteiligten erhalten als erste vollen Einblick in die erhobenen Daten und können entscheiden, ob diese weiterverwendet werden dürfen (= Datenfeedback).

---

[27] Geht es beispielsweise darum, Kommunikationsprobleme zwischen dem Vorgesetzten und seinen Mitarbeitern zu erfassen, fördert eine allen Beteiligten bekannte teilnehmende Beobachtung wahrscheinlich nur die Sonntagsseite ihrer Kommunikation zutage, und unter dem sozialen Druck der Beobachtung werden vorzugsweise sogenannte ‚sozial erwünschte Verhaltensweisen‘ produziert.

[28] Ein solches Verfahren wird z.B. bei der Ermittlung von innerbetrieblichen Ursachen für Inventurdifferenzen recht häufig angewendet. Auch die bekannten Testkäufer oder Testkunden sind solche Strohmänner bzw. -frauen.

c) Der Strohmann darf niemals Mitglied der Organisation sein oder später einmal werden.

Ein **Beispiel** für den Einsatz von Strohmännern: In einem Unternehmen mit hochsensiblen Einrichtungen (Gefahr der Werksspionage als auch von Anschlägen durch Terroristen) wurde immer wieder das Problem beklagt, daß die Kontrolle bei den Pförtnern an den Werkstoren zu lasch sei, daß diese ‚kein Rückgrat hätten' und Fremde nicht hart genug prüfen würden. Ein Selbstbehauptungstraining für die Pförtner sollte Abhilfe schaffen. Zur Untersuchung des Problems wurden Strohmänner eingesetzt, nachdem die Befragung der Pförtner wenig gebracht hatte. Sie beteuerten, ihren Job zu tun, so gut es ginge. Die Strohmänner traten dann in entsprechender Kleidung als ‚hochkarätige Kunden' oder als hohe Manager anderer Bereiche des Konzerns auf — und wurden durchweg sehr höflich und ohne Kontrollen eingelassen. Darauf angesprochen erklärten die Pförtner, daß sie eben schon viel Ärger mit Managern des Betriebs gehabt hätten, wenn sie wichtige Kunden oder Besucher um ihre Legitimation gebeten oder die Manager selbst nach ihrem Ausweis gefragt hätten. Für die korrekte Ausübung ihrer Tätigkeit waren sie also bestraft worden. Kein Wunder, daß sie sich dafür entschieden hatten, ‚kein Rückgrat zu haben'. Die eingedrungenen Strohmänner hatten außerdem Bombenattrappen an die Türen der Direktoren dieses Bereiches gehängt. Diese wurden dann telefonisch gebeten, einmal vor ihre Tür zu sehen ... Danach war es kein großes Problem mehr, das Management dafür zu gewinnen, sich als Vorbild zur Verfügung zu stellen. Zukünftig stützte man die Autorität der Pförtner demonstrativ dadurch, daß man diesen keine Schwierigkeiten mehr bei der Ausübung ihrer Kontrollfunktion bereitete. Die Schulung wurde überflüssig.

Sehr fruchtbar kann auch die **Auswertung betrieblicher Vorgänge und Abläufe** sein. Am bekanntesten ist wohl die

1. CRITICAL INCIDENT-METHODE: Diese Methode geht davon aus, daß besonders herausstechende betriebliche Ereignisse (dies müssen übrigens nicht nur ‚kritische', es können auch besonders positive sein) mehr Aussagekraft über die betriebliche Realität besitzen als alltägliche Routinevorgänge.[29] Eine genaue Beschreibung dieses Verfahrens mit den dazugehörenden strukturierenden Fragen und mit Übungsbeispielen findet man bei BRIDGES und CHAPMAN (1977). Die

2. ANALYSE VON LIFE-ITEMS, d.h. die Analyse von echten Vorfällen oder Vorgängen ähnelt der Critical incident-Methode, bezieht sich jedoch

---

29) Ähnlich wie man oft während der achttägigen Klassenfahrt mehr über manchen Mitschüler lernt als zuvor in einer vieljährigen gemeinsamen Schulzeit.

nicht ausschließlich auf besonders herausragende positive oder negative Ereignisse, sondern versucht, ganz normale Prozesse oder Abläufe zu durchleuchten, sie zu verstehen, sie in ihre Elemente zu zerlegen und das Zusammenwirken der Beteiligten transparent zu machen. Meist werden die Abläufe konkreter Vorfälle nachrecherchiert (z.B. Wie ist der übliche Arbeitsablauf und die Zusammenarbeit zwischen der Marketing- und der Werbeabteilung? Oder: Wie läuft die Bearbeitung einer Beschwerde bzw. einer Reklamation ab? Was passiert mit einem Verbesserungsvorschlag? usw.). Ein einfaches Beispiel für die Auswertung von Life-items zeigt die Abb. 49 in Form eines Kommunikationsdiagramms (ACKER, 1977, S. 66), welches die zwischen den einzelnen Abteilungen eines Unternehmens entstehenden Kommunikationszeiten (einschl. Konferenzen) in Stunden pro Monat angibt.

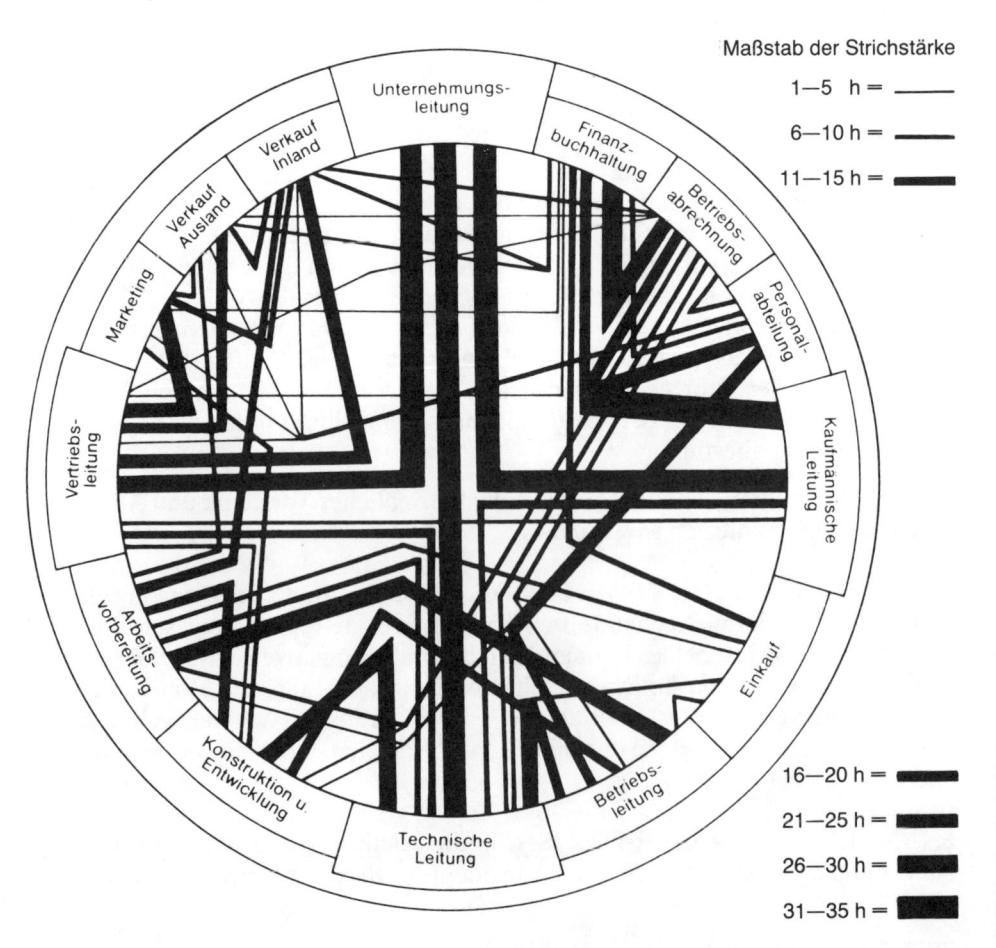

Abb. 49: Kommunikationsdiagramm: Kommunikationszeiten, einschl. Konferenzen, in Stunden/Monat (entnommen aus: H. B. ACKER, 1977, S. 66)

3. SIMULIERTE VORFÄLLE: Was auf der Personenebene die Strohmänner sind, sind bei den betrieblichen Vorgängen die simulierten Vorfälle. Es werden scheinbar echte betriebliche Vorfälle inszeniert (z.B. eine Kundenreklamation, Fehlbestellungen von Filialen bei der Zentrale eines Handelskonzerns o. ä.), um etwas über die Reaktion des gesamten Systems, seiner Subsysteme oder seiner Mitglieder zu erfahren. **Beispiel:** Im Rahmen eines Projektes zur Unfallverhütung und Steigerung der Sicherheit wird unmittelbar vor Arbeitsschluß am Werkstor ein Auto angezündet. Im Nu hat sich eine große Menge von Neugierigen angesammelt. ‚Irgend jemand' drückt einem der Zuschauer einen Feuerlöscher in die Hand — und es beginnt ein sehr intensiver Lernprozeß bei allen Beteiligten, als der zufällig herausgegriffene Zuschauer und einige seiner Kollegen sich verzweifelt bemühen, den Feuerlöscher in Gang zu setzen und das Auto zu löschen. — Vorfälle kann man auch simulieren durch

4. STRUKTURIERTE ÜBUNGEN: Bei diesen Übungen ist jedem Beteiligten bekannt, daß er hier gewissermaßen auf dem ‚Prüfstand' ist. So wird zum Beispiel eine Besprechungsübung durchgeführt, um festzustellen, welche Besprechungsfehler gemacht werden und welcher Trainingsbedarf vorliegt.

6.4.4 Dokumentenanalyse

Die Analyse betrieblicher Dokumente ist eine dritte Informationsquelle für die Problem- und/oder Organisationsdiagnose. Die Bandbreite betrieblicher Dokumente reicht von Regeln, Vorschriften, Anweisungen, Rundschreiben, Berichten, Protokollen, Aktennotizen bis hin zu Organisationsplänen, Aufgaben- und Funktionsbeschreibungen, Arbeitsplatz- oder Stellenbeschreibungen, Personalstatistiken (Fluktuation, Krankenstand, Fehlzeiten etc.) und Führungsrichtlinien. Selbst Unterlagen wie Raumpläne oder Telefonverzeichnisse können diagnostisch relevant sein. Alle diese Dokumente (und andere mehr) sind zwar für andere Zwecke als für die Datenbeschaffung im Rahmen eines OE-Prozesses erstellt worden, dennoch kann man bei einer nach sozialwissenschaftlichen Kriterien erfolgenden **Inhaltsanalyse** davon ausgehen, daß sich in ihnen wie in jedem Kommunikationsakt (Dokumente sind ‚eingefrorene' Kommunikation!) die betrieblichen Verhältnisse niedergeschlagen haben. Die betrieblichen Dokumente können eine sehr aufschlußreiche Kostprobe der Organisationskultur sein und Hinweise geben auf die herrschenden Machtverhältnisse, auf Normen und Werte, auf das vorliegende Menschenbild, auf Prioritäten und Entscheidungsprozesse, auf Kommunikationsstile und -formen usw.

Hierzu zwei Beispiele: Bei der Untersuchung der ständigen Spannungen zwischen dem Kundendienst und dem Vertrieb einer weltweit operierenden mittleren Maschinenbaufirma mußte darauf verzichtet werden, die zum Teil verstreuten Leute zu befragen. Statt dessen begann das OE-Projekt zur Verbesserung der Beziehungen und zur Rollenklärung zwischen den beiden stark konkurrierenden Abteilungen mit einem Diagnose-Workshop: Es sollten Berichte und Aktennotizen analysiert werden, die innerhalb des letzten Jahres geschrieben bzw. zwischen den beiden Abteilungen ausgetauscht worden waren. Teilnehmer des Workshop waren Mitarbeiter der Zentrale, die als Ergebnis eine überzeugende und voll ausreichende Datensammlung zur Beschreibung des Problems vorlegten. Bei der Auswertung der Schriftstücke stellte sich deutlich heraus, daß das Problem bis auf die Vorgesetztenebene reichte und offensichtlich zwei Schwerpunkte hatte: Einerseits ungeklärte oder doppelte Zuständigkeiten, andererseits ungesunde Rivalität um Erfolge (z.B. war der neue Auftrag eines Kunden das Resultat der guten Betreuung durch den Kundendienst oder das Ergebnis der Bemühungen der Vertriebsmannschaft?).

In dem zweiten Fall herrschten große Schwierigkeiten zwischen der Zentrale (Einkauf) eines Handelsunternehmens und den einzelnen Filialen. Die Spannungen wurden verständlich, als sich bei einer Analyse von Rundschreiben der Zentrale herausstellte, daß dabei hauptsächlich von einem Zentraleinkaufsbereich besonders ‚forsche' Töne angeschlagen wurden. Zitat aus einem Rundschreiben an alle Filialen: „Es ist fünf vor Zwölf! Wann wollen Sie endlich die Sondertische aufbauen für …" Dieser wohl nicht gerade partnerschaftlich zu nennende Kommunikationsstil *eines* Zentraleinkäufers war — wie sich später bestätigte — die Hauptursache dafür, daß sich im Laufe der Zeit genereller Unmut gegen die ‚Zentralisten' entwickelt hatte. Der sich aus dieser Erkenntnis heraus entwickelnde Lösungsansatz hatte dann primär seinen Schwerpunkt auf der individuellen Ebene (Feedback an den betreffenden Zentraleinkäufer bezüglich der Wirkung seiner Rundschreiben) und nur sekundär auf der Inter-Gruppen-Ebene (Klärung der gestörten Beziehungen zwischen ‚Zentralisten' und ‚Filialisten').

6.4.5 Sechs Anmerkungen zur Durchführung von Befragungen

Prinzipiell sind bei Befragungen verschiedene Durchführungsformen zu unterscheiden. Man unterscheidet in

- die **mündliche** oder **schriftliche** Befragung,
- die **unstrukturierte, halb-strukturierte** oder **voll-strukturierte** Befragung und in
- Befragungen mit **fertig vorliegenden** oder **selbst entwickelten** Befragungsinstrumenten.

Da bei einem Organisationsentwickler solide sozialwissenschaftliche Kenntnisse vorausgesetzt werden können, wird hier auf grundlegende Ausführungen über Methoden und Techniken der Befragung bzw. deren Auswertung verzichtet.[30]) Allerdings sollten die folgenden sechs Punkte bei der Durchführung von Befragungen bedacht werden:

(1) **Keine schriftliche Befragung ohne mündliche Ergänzungsbefragung**

Zu einer schriftlichen Befragung — mit welchem Grad der Strukturiertheit auch immer — entscheidet man sich meist aus ökonomischen Gründen. Während man bei einer mündlichen Befragung damit rechnen muß, je nach Ausführlichkeit pro Tag kaum mehr als vier bis sechs intensive Interviews zu schaffen, kann man mit schriftlich zu bearbeitenden Fragebögen sehr schnell eine größere Anzahl Befragter in gleicher Form erfassen. Die Leute werden sozusagen parallel interviewt. Man kann die Fragebögen zur Beantwortung mit nach Hause geben oder auch die Befragung gruppenweise am Arbeitsplatz durchführen — je nach räumlichen Gegebenheiten eventuell in mehreren ‚Wellen'. Möglicherweise kann man sich auch mit der Befragung an laufende (Schulungs-)Aktivitäten anhängen bzw. in diese einbauen. Auf jeden Fall aber sollte eine mündliche Befragung (Einzel-Interviews und mindestens ein Gruppen-Interview) die schriftliche Erhebung ergänzen. In aller Regel erfährt man dabei nicht nur etwas über die Reaktionen der Befragten auf die Befragung selbst bzw. auf den Fragebogen, sondern es erfolgt praktisch immer auch eine wertvolle qualitative Ergänzung des Datenmaterials.

(2) **Qualitative Aspekte sollten Vorrang vor quantitativen haben**

Befragungen — mündliche wie schriftliche — können unstrukturiert (nur das Ziel ist vorgegeben), halb-strukturiert (Ziel und Fragen sind vorgegeben) oder voll-strukturiert (Ziel, Fragen und Antwortmöglichkeiten sind vorgegeben) durchgeführt werden. Zu welcher Form man sich entschließt, hängt in erster Linie vom Befragungszweck ab. Je strukturierter man eine Befragung anlegt, desto leichter ist die Auswertung durchzuführen. Leichter ist auch die Vergleichbarkeit der Daten. Die Kontrolle und Lenkung, die man dabei per Befragungsinstrument über den Befragten ausübt, ist allerdings bei der vollstrukturierten Befragung auch am stärksten. Auf der anderen Seite ist bei einer unstrukturierten Befragung der Freiraum für die Antworttiefe und für die Antwortmöglichkeiten unbestritten am höchsten. Dieser qualitative Vorteil muß jedoch bezahlt werden mit größerem Aufwand bei der Auswertung (so müssen z.B. die Antworten der einzelnen Befragten erst sorgfältig und zum Teil mühsam klassifiziert werden). Dennoch ist zu empfehlen, soweit es geht den qualitativen Aspekten den Vorrang zu geben und in möglichst vielen Fragenbereichen zumindest halb-strukturiert vorzugehen. Auf diese Weise gehen

---

30) Einige Literaturhinweise: u. a. ANGER (1969), KÖNIG (1972), BERELSON und STEINER (1971) NEUBERGER (1974a und 1974b) und HOLM (1982), wobei die beiden letztgenannten Autoren sich speziell auf betriebliche Befragungen beziehen.

wichtige Nuancen, die beim Datenfeedback sehr stimulierend wirken können, nicht verloren.

(3) Mehr Mut zu selbst entwickelten Befragungsinstrumenten

Es stehen zahlreiche fertige und standardisierte Fragebögen für die verschiedensten Befragungszwecke zur Verfügung (s. Abschnitt 6.4.6). Standardisiert bedeutet, daß ein Fragebogen wissenschaftlich dahingehend abgesichert ist, daß er zwischen den Befragten ausreichend differenziert, daß er als Befragungsinstrument verläßlich funktioniert und daß er dies in diagnostisch relevanter Weise tut (d. h. ein Fragebogen zur Arbeitszufriedenheit bringt wirklich Daten zur Arbeitszufriedenheit und nicht etwa über die Fähigkeit der Befragten, komplizierte Fragen zu verstehen). Trotz des guten Angebotes an fertigen Fragebögen lohnt sich bei vielen OE-Projekten dennoch der größere Aufwand, für die spezielle Problemlage oder Fragestellung einen eigenen maßgeschneiderten Fragebogen zu entwickeln. Ein hochdifferenziertes, wissenschaftlich abgesichertes Befragungsinstrument hat nämlich wegen seiner meist größeren Allgemeinheit in den Augen der Befragten oft einen geringeren Grad an augenscheinlichem Bezug in ihrem betrieblichen Alltag. Dies kann sich auf die Motivationslage bei der Bearbeitung des Fragebogens auswirken. Der große Vorteil eines speziell für das Projekt konstruierten und/oder durch Rückgriff auf Teile bekannter Fragebögen besonders zusammengestellten Befragungsinstrumentes ist, daß ein stärkerer Bezug zur unmittelbaren Arbeitssituation hergestellt wird und daß die Befragten dadurch zu einer intensiveren Beschäftigung mit den Fragen angeregt werden.

Die allgemeinen Regeln für die Konstruktion von Fragen und Befragungssystemen sind dabei selbstverständlich zu beachten.[31]) Bei der Konstruktion eines eigenen Fragebogens geht man am besten von Gruppendiskussionen und/oder mehreren Einzelinterviews aus, um zunächst Anregungen für die anzusprechenden Fragenbereiche zu bekommen. Ein anderer oder ergänzender Ausgangspunkt kann ein von Mitgliedern der Organisation oder einzelner Bereiche angefertigter Problemkatalog sein. Auf jeden Fall muß die erste Version des Fragebogens (Rohversion) unbedingt an einigen Mitgliedern der Zielgruppe erprobt werden, um eventuelle Kommunikationsfehler oder -probleme zu entdecken und auszumerzen.

(4) Quervergleiche sind wenig sinnvoll

Vor allem voll-strukturierte und standardisierte Fragebögen verführen in Unternehmen bzw. bei Unternehmensleitungen immer wieder zu den offensicht-

---

31) Ist dazu entsprechendes internes Know-how nicht vorhanden, wie dies bei mittleren Firmen oft der Fall ist, ist man auf einen externen Spezialisten angewiesen. Dies gilt dann aber ebenso für die Bereitstellung und Auswertung standardisierter Befragungsinstrumente.

lich sehr reizvollen Fragen wie: „Ist die Arbeitszufriedenheit oder das Führungsverhalten bei uns besser als bei ...?" oder „Wie stehen wir da im Vergleich zur Firma X oder Y" usw. Solche Quervergleiche sind irrelevant, weil von Organisation zu Organisation die Tatbestände in aller Regel nicht vergleichbar sind. Prozentzahlen und Diagramme gaukeln zwar eine Art Absolutheit der Werte und Objektivität der Daten vor, jedoch darf man nicht vergessen, daß die Befragungsergebnisse die **subjektive Reaktion** der Befragten — auch auf den Fragebogen — darstellen und deren persönliche Sichtweise und Einschätzung der innerorganisatorischen Verhältnisse wiedergeben. Diese subjektive Einschätzung stellt für das Erleben der Befragten die Realität dar, auf die sie reagieren. Sie spiegelt jedoch auch in hohem Maße persönliche Einstellungen, Motive, Erwartungen, Ansprüche und Wertsysteme wieder. Allein aus diesen Gründen kann eine objektiv absolut gleiche Arbeitssituation von Mitarbeitern der einen Firma als ‚gerade normal' oder ‚befriedigend' betrachtet werden, während Mitarbeiter einer anderen Firma, die ein anderes Anspruchsniveau haben, die gleiche Situation als ‚hervorragend' oder vielleicht sogar als ‚phantastisch' bezeichnen. Statt an anderen Organisationen Maß zu nehmen, sollte vielmehr jede Organisation für sich den Punkt definieren, von dem ab sie eingreifen will oder von dem ab sie bestimmte durch die Befragung rückgemeldete Zustände als veränderungs- oder verbesserungswürdig ansehen will (So kann man sich beispielsweise darauf festlegen, daß eine Unzufriedenheitsquote von über 25 % als nicht mehr tolerabel betrachtet wird).

Quervergleiche innerhalb einer Organisation sind bedingt sinnvoll. Besonders bei größeren und/oder regional untergliederten Organisationen kann es interessant sein, verschiedene Bereiche oder Abteilungen miteinander zu vergleichen. Pauschale Werte oder Gesamtzahlen sagen jedoch wenig. Man muß vielmehr die Daten aufsplitten und detailliertere Auswertungen bezogen auf die einzelnen organisatorischen Einheiten anfertigen. Der Vergleich mit dem Gesamtergebnis kann dann eine allgemeine Orientierung darstellen. Mittelwerte und Häufigkeiten aus dem Gesamtergebnis allein differenzieren zu wenig: Was bringt die Information, daß z.B. 67 % von 2000 befragten Mitarbeitern das Betriebsklima für gut bzw. sehr gut halten? Dieser an sich zufriedenstellende Zahlenwert hat doch allenfalls den Rang einer ersten Orientierung, denn dahinter kann sich zum Beispiel verbergen, daß in einem Bereich oder in einigen Abteilungen dieser Organisation das Klima katastrophal und an anderen Stellen hervorragend ist. Durch den Versuch, das Klima in toto zu beschreiben, und durch die ‚Mischkalkulation' zusammenfassender Ergebnisse wird dieser wichtige Tatbestand wegnivelliert. Für Entscheidungen über eventuell zu treffende Maßnahmen benötigt man differenziertere Informationen. Deshalb lohnt es sich, bereichs- oder abteilungsbezogen auszuwerten. Als einfaches Beispiel dazu mag die Abb. 50 gelten: Sie zeigt die Mittelwerte (ohne Streuung der Einzelurteile) einer Kurzbefragung zum Kooperations- und Führungsklima in vier Arbeitsgruppen.

278 Anstöße und diagnostische Maßnahmen

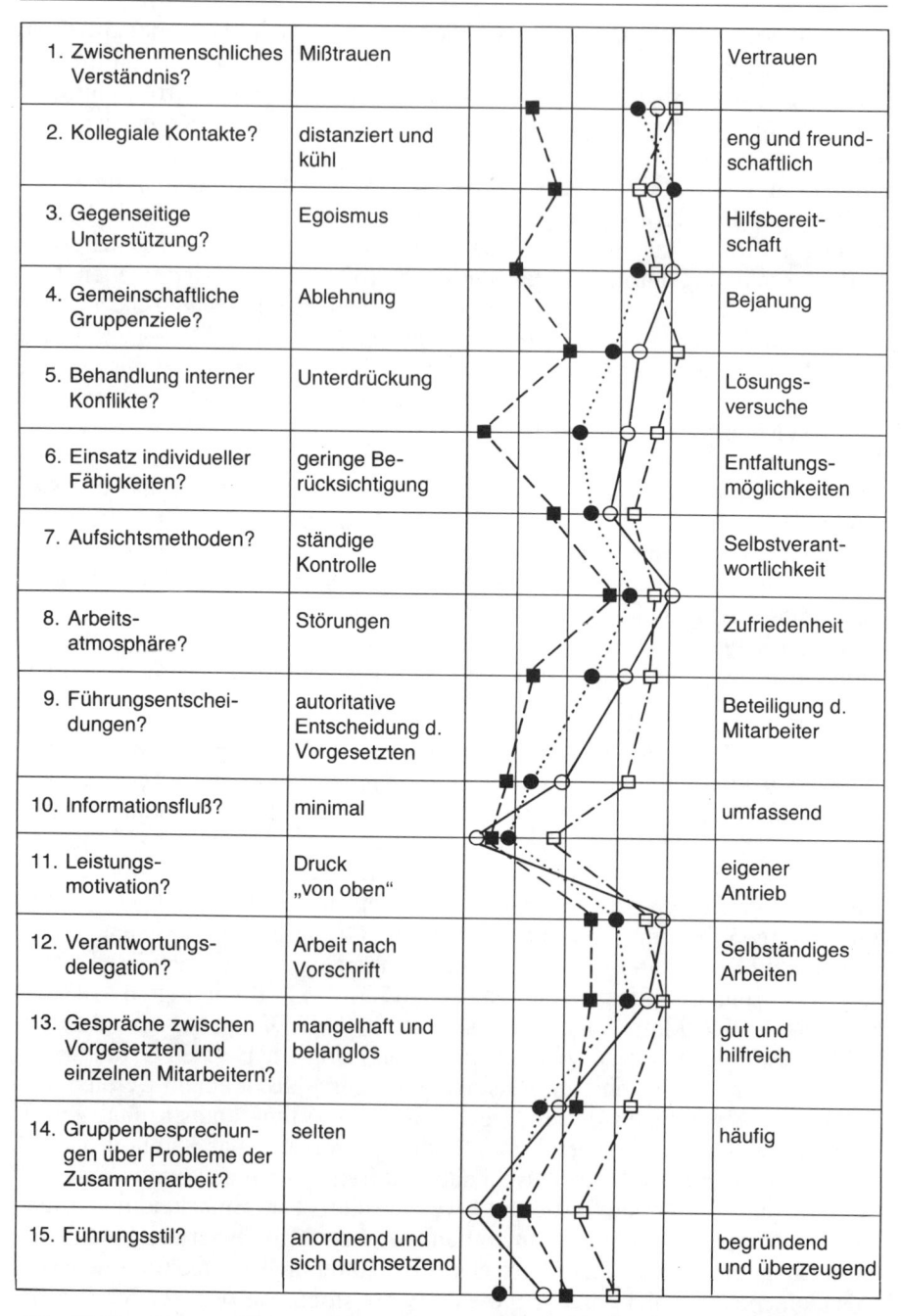

Frage	negativ		positiv
1. Zwischenmenschliches Verständnis?	Mißtrauen		Vertrauen
2. Kollegiale Kontakte?	distanziert und kühl		eng und freundschaftlich
3. Gegenseitige Unterstützung?	Egoismus		Hilfsbereitschaft
4. Gemeinschaftliche Gruppenziele?	Ablehnung		Bejahung
5. Behandlung interner Konflikte?	Unterdrückung		Lösungsversuche
6. Einsatz individueller Fähigkeiten?	geringe Berücksichtigung		Entfaltungsmöglichkeiten
7. Aufsichtsmethoden?	ständige Kontrolle		Selbstverantwortlichkeit
8. Arbeitsatmosphäre?	Störungen		Zufriedenheit
9. Führungsentscheidungen?	autoritative Entscheidung d. Vorgesetzten		Beteiligung d. Mitarbeiter
10. Informationsfluß?	minimal		umfassend
11. Leistungsmotivation?	Druck „von oben"		eigener Antrieb
12. Verantwortungsdelegation?	Arbeit nach Vorschrift		Selbständiges Arbeiten
13. Gespräche zwischen Vorgesetzten und einzelnen Mitarbeitern?	mangelhaft und belanglos		gut und hilfreich
14. Gruppenbesprechungen über Probleme der Zusammenarbeit?	selten		häufig
15. Führungsstil?	anordnend und sich durchsetzend		begründend und überzeugend

Abb. 50: Ergebnisse (Mittelwerte) von vier Arbeitsgruppen bei einer Befragung über das Kooperations- und Führungsklima (Qu.: Kienbaum Management Center)

Eine der Arbeitsgruppen unterscheidet sich zumindest in einzelnen Kategorien recht deutlich von den anderen und scheint problematisch zu sein. In einer zusammenfassenden Darstellung wäre diese Gruppe wahrscheinlich gar nicht aufgefallen, weil sie von dem durch die größere Zahl der drei anderen Gruppen erzeugten Trend aufgesogen worden wäre.[32])

(5) Nur Häufigkeiten und Prozentzahlen als Auswertung sind zu wenig

Entschließt man sich im Rahmen eines OE-Projektes zu einer größeren schriftlichen Befragung, ist es wegen der Menge der zu verarbeitenden Daten kaum noch möglich, eine zufriedenstellende und ausreichende statistische Bearbeitung von Hand durchzuführen. Man ist auf die elektronische Datenverarbeitung angewiesen. Schlichte Häufigkeitsverteilungen und Prozentangaben für die einzelnen Fragenbereiche gelten angesichts der gegebenen Möglichkeiten allerdings nur noch als oberflächliche Bearbeitung von Daten. Integrierte Systeme von Computerprogrammen zur statischen Analyse sozialwissenschaftlicher Daten (wie z.B. das Statistikprogrammpaket SPSS = Statistical Package for the Social Sciences) stehen zur Verfügung. Sie ermöglichen es heute, sehr tief in die Daten einzusteigen, verdeckte Zusammenhänge aufzuspüren bzw. statistisch zu überprüfen, Querverbindungen herzustellen, komplizierte Vergleiche anzustellen, Plausibilitäten und Signifikanzen zu errechnen, Hypothesen zu überprüfen und Faktoren herauszuschälen, welche die einzelnen Antworten ‚laden'. Natürlich wird mit Hilfe solcher Verfahren auch das Datenfeedback an die Betroffenen qualitativ reichhaltiger, und verläßlichere Hypothesen finden Eingang in den OE-Prozeß.

(6) Keine Befragung ohne den ernsthaften Willen zur Veränderung

Jede Befragung stellt eine Einwirkung auf die Befragten dar. Durch eine Befragung kann deshalb der ‚Untersuchungsgegenstand' (d. h. der Befragte mit seinen Einstellungen, Meinungen, Motiven etc.) verändert werden. So kann eine Befragung bestimmte Problempunkte überhaupt erst bewußt machen und/oder den Wunsch nach Veränderung wecken. Wegen der durch eine Befragung erzeugten Erwartungsspannungen und Sensibilisierung sollte man niemals ein solches Instrument zur Anwendung bringen, wenn man nicht ernsthaft beabsichtigt, auf dem betreffenden Gebiet etwas zu tun. Es ist deshalb zu überlegen, ob man nicht schon parallel zu der Planungsphase der Befragung über eventuelle Maßnahmen nachdenken sollte, so daß man nach der Auswertung ohne große Zeitverzögerung den Befragten nicht nur demon-

---

32) Bei solchen stark abteilungs- oder gruppenbezogenen Auswertungen sollte unbedingt die Regel ‚Feedback nur an den, den es angeht!' beachtet werden: Jede organisatorische Einheit bzw. betroffene Gruppe sollte deshalb nur die eigenen Ergebnisse in detaillierter Form erhalten. Dazu erhält sie die zusammenfassenden Ergebnisse der Gesamtorganisation oder des entsprechenden Bereiches und hat damit genügend Bezugspunkte zur Verfügung, um sich im Vergleich zum Gesamtergebnis einzuordnen.

strieren kann, daß die Rückmeldung per Befragung angekommen ist, sondern daß sie auch schon Aktivitäten ausgelöst hat.

Will man mit Hilfe der Befragungsergebnisse nicht ohnehin in einen OE-Prozeß nach Art der Survey-Feedback-Methode einsteigen, sollten die Befragungsergebnisse auf jeden Fall schnellstmöglich der betrieblichen Öffentlichkeit bzw. der jeweils befragten Einheit zugänglich gemacht werden. Dazu kann man die betriebsinternen Medien nutzen und/oder entsprechende Informationsveranstaltungen organisieren. Es sollte informiert werden über die Ergebnisse der Befragung sowie darüber, wo man mit Maßnahmen ansetzen möchte. Außerdem darf nicht vergessen werden, zu begründen, warum man vielleicht trotz bestimmter Hinweise in den Ergebnissen bestimmte Punkte (noch) nicht in Angriff nehmen möchte.[33]) Es sollte unbedingt darauf geachtet werden, daß zwischen Beendigung der Befragung und Bekanntgabe der Ergebnisse bzw. Start erster Aktivitäten nicht allzuviel Zeit verstreicht, weil sonst sehr schnell Mißtrauen (‚Manipulation') oder Gerüchte über die Ursachen der Verzögerung (‚Muß erst vom Vorstand zensiert werden') aufkommen. In diesen Reaktionen spiegeln sich nicht nur organisationsklimatische Verhältnisse, sondern sie resultieren mit einiger Wahrscheinlichkeit auch stark aus der durch die Befragung gesteigerten Sensibilität und erhöhten Erwartungsspannung bei den Befragten. Über eintretende Verzögerungen sollten die Organisationsmitglieder umgehend informiert werden.

6.4.6 Fertige Fragebögen

Ein Organisationsentwickler, der im Rahmen der Datensammlung auf fertige Fragebögen zurückgreifen möchte, findet in der Literatur eine große Zahl für unterschiedlichste Zwecke. Nachfolgend einige beispielhafte Hinweise auf in der Literatur veröffentlichte Befragungsinstrumente:

→ Umfangreiches Material zur Organisationsdiagnose mit zahlreichen Beispielen findet sich bei LEVINSON (1972), eine darauf fußende Checkliste bei WUNDERER und GRUNWALD (1980, S. 495).

→ Das Handbuch für Training und Managemententwicklung von TAYLOR und LIPPITT (1975) enthält zahlreiche Checklisten und Fragebögen, u. a. auch eine interessante Beschreibung von LAVERTY (1975) über ein durchgeführtes Projekt zur ‚Organisationserneuerung' mit genauer Projektbeschreibung und verschiedenen Abfrageinstrumenten.

---

33) Einige größere und in Mitarbeiterumfragen schon erfahrene Unternehmungen (wie beispielsweise die ESSO AG, die Bertelsmann-Gruppe oder die MIGROS AG in der Schweiz) haben dies bereits in der Vergangenheit über ihre hausinternen Informationssysteme (Hauszeitung, Mitarbeiter-Magazin o. ä.) in zum Teil mustergültiger Weise getan. Übrigens sollte auch schon die Vorbereitung der Befragung und die Einstimmung der Mitarbeiter über diese Kanäle öffentlichkeitswirksam betrieben werden.

→ Eine Fülle von Diagnosebögen, Checklisten und Befragungsmaterial für OE-Zwecke von zahlreichen Autoren und Praktikern hat VARNEY (1977) zusammengetragen. Hier lohnt sich die Mühe des Übersetzens aus dem Englischen.

→ Der zur Zeit wohl populärste Fragebogen zur Erfassung der Arbeitszufriedenheit, der Arbeitsbeschreibungsbogen (ABB), findet sich bei NEUBERGER und ALLERBECK (1978, Anhang S. 31 ff.). WEINERT (1981, S. 307 ff.) veröffentlicht einige aus dem Amerikanischen adaptierte Arbeitszufriedenheitsbögen.[34])

→ Zur Erfassung des Führungsverhaltens bzw. zur Führungsstilanalyse sei verwiesen u. a. auf JESERICH und OPGENOORTH (1977), NACHREINER (1978) sowie FITTKAU-GARTHE und FITTKAU (1971).

→ Verschiedene Fragebögen u. a. für Belegschaftsbefragungen, für Klima- und Einstellungsanalysen sowie zur Problemanalyse bietet diese Handbuchreihe in Band 2 bei LEITER et al. (1982) und in Band 6 bei BRONNER und SCHRÖDER (1983).

Diese Aufstellung ließe sich natürlich noch weiter fortsetzen.[35]) Stellvertretend für die Fülle des vorliegenden Materials sind deshalb im Anhang zu diesem Kapitel nur drei Befragungsinstrumente aufgeführt: Der Anhang 1 zeigt einen einfachen Fragebogen zum Informationswesen, der Anhang 2 einen umfangreicheren Standardfragebogen für Mitarbeiterbefragungen[36]) und der Anhang 3 einen neuen Erhebungsbogen zur Erfassung des Betriebsklimas.[37])

Angesichts des vorliegenden Instrumentariums kann man annehmen, daß betriebliche Meinungsumfragen in Zukunft immer mehr Routine werden. Dabei empfiehlt sich bei periodischen Abfragen, das ganze Befragungsinstrument oder wenigstens Teile davon über einige Perioden hinweg unverändert zu lassen, damit auf diese Weise mittel- oder langfristige Veränderungen in den

---

34) Umfangreiche und grundlegende Informationen zur Messung der Arbeitszufriedenheit gibt NEUBERGER (1974b).
35) So publiziert HOLM (1982) mehrere Befragungsinstrumente für Mitarbeiterumfragen, u. a. einen sehr umfangreichen Fragebogen der EXXON Comp. als Beleg dafür, daß Mitarbeiter auch zur Mitwirkung bei sehr aufwendigen Befragungen zu gewinnen sind, wenn das Befragungsinstrument sie persönlich anspricht und inhaltlich motiviert. HILB (1982, S. 21) veröffentlicht einen sehr kompakten Fragebogen und plädiert mit guten Argumenten für eine periodische Personal-Kurzumfrage. BÖCKMANN (1980) setzt sich schließlich dafür ein, auch einmal eine ‚Sinn-Bilanz' der Arbeit anzufertigen und legt dazu einen entsprechenden Fragebogen vor, der verschiedene Wertkategorien erfaßt.
36) Dieser wurde von einer Arbeitsgruppe aus Vertretern verschiedener deutscher Unternehmen erstellt und erschien als Sonderdruck der Zeitschrift ‚Interview und Analyse' (10/11, 1980) sowie bei HOLM (1982).
37) Erstellt durch VON ROSENSTIEL et al. im Rahmen eines vom Bayerischen Staatsministerium für Arbeit und Sozialordnung (1982) in Auftrag gegebenen Forschungsprojektes.

Antworttendenzen der Befragten offenbar werden. Allgemeine Voraussetzung für solche Abfragen ist allerdings, daß Organisationen

— sich wirklich dafür interessieren, wie und was ihre Mitglieder denken und empfinden,
— ihre Ängste überwinden, bei Befragungen schlecht abzuschneiden und mit Problemen konfrontiert zu werden, und
— echte Veränderungsbereitschaft entwickeln.

Vor allem wenn der letzte Punkt nicht erfüllt ist, können Befragungen sehr zur Verstärkung von Frustration, Unzufriedenheit oder Resignation bei den Mitarbeitern beitragen.

6.4.7 Diagnostische Sitzungen

Neben der Datenerhebung durch eine Befragung kennt man in der Organisationsentwicklung natürlich auch die viel unmittelbarere Form der Datensammlung in diagnostischen Sitzungen oder in sogenannten Diagnose-Workshops. Einige Formen werden nachstehend beschrieben:

1. SENSING MEETINGS: Solche ‚Sensibilisierungstreffen' sollen für vorhandene oder sich entwickelnde Probleme sensibilisieren und hellhörig machen. Man unterscheidet das **vertikale** und das **horizontale** Sensing. Bei solchen Treffen bilden je zwei Vertreter verschiedener hierarchischer Ebenen (= vertikal) bzw. verschiedener Organisationsbereiche (= horizontal) eine Diskussionsgruppe. Jeder Teilnehmer spricht dabei stellvertretend für seine Ebene bzw. seinen Bereich, und man diskutiert darüber,

— was die Leute aufregt,
— was sie denken und worüber sie reden,
— was ihnen Sorge macht und
— was man ihrer Meinung nach besser machen könnte (und wie).

Wichtig ist, daß bei solchen Meetings keinerlei Entscheidungen fallen, sondern daß sie ausschließlich der Informationssammlung dienen. In Sensing-Meetings können auch Externe, z.B. Kunden, einbezogen werden.

2. SENIOR-BOARDS: Hierbei handelt es sich um Diskussionsgruppen, die den Sensing-Meetings sehr ähnlich sind. Statt der Repräsentanten verschiedener Ebenen oder Bereiche wirken jedoch hier Teilnehmer mit, welche die Organisation aufgrund ihrer langen Zugehörigkeit ‚wie ihre Westentasche' kennen und die wissen, ‚wo Barthel den Most holt'. Wegen ihrer umfangreichen Erfahrung sind sie oft in der Lage, Dinge mit einer gewissen Distanz zu sehen und manchen verdeckten Zusammenhängen und Vernetzungen von Proble-

men auf die Spur zu kommen, die der unmittelbar Betroffene vielleicht nicht erfaßt.

3. ERSTELLUNG VON PROBLEMKATALOGEN: Die Erstellung von Problemkatalogen oder Problemlandschaften ist sehr oft ein erster Einstieg in eine Problemsituation. Statt die Beschreibung der Problemlage nur betrieblichen Experten (etwa den Personal- oder Ausbildungsleuten) zu überlassen, werden Organisationsmitglieder gebeten, alle betrieblichen Probleme zu nennen, die sie persönlich erleben bzw. kennen. Um Nivellierungseffekte und Meinungsbeeinflussung durch die Gruppe möglichst zu vermeiden, wird eine solche Problemsammlung per Metaplantechnik (Karten- oder auch Moderationsmethode) empfohlen. Die Grundlagen dieses Verfahrens können auch untrainierten Leuten innerhalb weniger Minuten erläutert werden. Allerdings fällt es vielen Beteiligten schwer, die Probleme — wie erwünscht — möglichst konkret zu formulieren. In solchen Fällen ist es hilfreich, wenn man ihnen eine ‚Leitformulierung' vorgibt, die dann ergänzt werden soll, z.B.:

— „Für mich ist es ein Problem, daß ..."
— „Was macht man, wenn ..."
— „Mich ärgert schon lange, daß ..."
— „Wenn ich hier zu sagen hätte, würde ich als erstes ..." usw.

Die Erstellung eines Problemkataloges kann (eventuell über eine längere Zeit) fester Bestandteil in einer Seminarreihe sein oder auch unmittelbar vor Ort erfolgen, indem man während der Arbeitszeit überschaubare Gruppen von etwa zwölf bis sechzehn Teilnehmern zu einer entsprechenden ein- bis zweistündigen Sitzung einlädt. Eventuell kann man die Erstellung des Problemkataloges auch kombinieren mit einer anschließenden Gruppendiskussion oder auch mit einer schriftlichen Befragung (nicht in umgekehrter Reihenfolge, weil die Diskussion oder die Befragung bereits Meinungen und Einstellungen beeinflussen könnte!). Die gesammelten Probleme werden entweder sofort von den Gruppen oder aber in einem späteren Schritt strukturiert, nach Prioritäten geordnet und können dann z.B. als Einstieg in einen Problemlöse-Workshop dienen.

4. HEARINGS: Bei solchen ‚Anhörungen' stellt sich ein hoher Entscheidungsträger der Organisation (z.B. Mitglied oder Sprecher des Vorstandes, Sparten- oder Bereichsleiter o. ä.) den kritischen Fragen von Mitarbeitern und steht diesen Rede und Antwort. Meistens werden diese Anhörungen in laufende Trainingsaktivitäten oder Workshops eingebaut — nicht selten als Open-end-Abendprogramm mit anschließendem informellen Zusammensein zum ‚Nachkarten'. In der Regel werden in einer Vorbereitungsphase, z.B. während eines laufenden Trainingstages, Fragen und Problemnennungen gesammelt, zu denen der Anhörungskandidat Stellung nehmen soll. Die Sammlung geschieht meist per Kartenmethode und mit Hilfe von Pinn-Wänden. Die

gesammelten Karten werden nach Schwerpunkten geordnet, wobei der Kandidat vorher ausreichend Zeit haben sollte, sich mit den Fragestellungen vertraut zu machen. Eine gute Fragensammlung für das Hearing wird natürlich deutlich machen, welche Probleme bei den Teilnehmern im Moment ‚brennen‘, wo Informationsdefizite vorliegen und oft auch, ob bzw. in welchen Punkten das Top-Management Glaubwürdigkeitsprobleme bei seinen Mitarbeitern hat. Im Hearing selbst werden die Karten nach Prioritäten Punkt für Punkt abgearbeitet. Dabei darf der Kandidat Antworten, die er nicht ‚aus dem Stand‘ geben kann oder möchte, für einen fest vereinbarten späteren Zeitpunkt zusagen. Es hat sich bewährt, die Anhörung durch einen von der Gruppe als Sprecher gewählten Teilnehmer moderieren zu lassen. Dieser hat den Auftrag, hart nachzufragen. Natürlich kann sich auch jeder andere Teilnehmer direkt mit Zusatzfragen einschalten und damit auf den ‚Schutz‘ des stellvertretend für ihn fragenden Moderators verzichten. Das Hearing kann den Charakter eines regelrechten Kreuzverhörs haben.

Ein gelungenes Hearing — und dies hängt außerordentlich stark von der Person und dem Verhalten des Befragten ab — ist weit mehr als nur ein diagnostisches Instrument. Es kann vielmehr eine sehr wirkungsvolle vertrauensbildende und beziehungsstärkende Maßnahme zwischen Top-Management und Mitarbeitern darstellen, weil hier die Chance geboten wird, in unmittelbarer und direkter Kommunikation Probleme anzusprechen, loszuwerden und eventuell sogar aufzuarbeiten, während dafür im betrieblichen Alltag oft kein Platz ist.

5. KUNDENTREFFEN / KUNDENPARLAMENT: Aktivitäten dieser Art entspringen der Absicht, entweder frühzeitig Probleme im oder mit den externen Systemen zu erfassen bzw. von außen eine Rückmeldung zu internen Problemen zu erhalten. Über Gruppendiskussionen, Problemkataloge, Sensing-Meetings o. ä. versucht man, etwas über jene Probleme zu erfahren, welche die Abnehmer, Händler, Repräsentanten oder Kunden entweder selber haben oder aber mit der Organisation, mit der sie zusammenarbeiten. Man sieht mit Hilfe der Kunden die Organisation aus einem anderen Blickwinkel und tritt gegebenenfalls unmittelbar in einen Problemlöseprozeß ein.

6. KRAFTFELDANALYSE: Darunter versteht man eine Durchleuchtung des kompletten Einflußfeldes, denen eine Person oder Gruppe in ihrer beruflichen Tätigkeit oder insgesamt ausgesetzt ist. Dies geschieht am besten mit Hilfe einer grafischen Darstellung: Zunächst wird die betreffende Person oder Gruppe zentral auf einer ‚Landkarte‘ (Pinn-Wand) eingezeichnet. Danach werden rundherum alle Personen und Instanzen, mit denen diese interagiert, d. h. in irgendeiner Form zu tun hat, hinzugefügt. In diese Grafik wird nun in unterschiedlichen Farben die Art der Beziehung zu den einzelnen Interaktionspartnern eingetragen: Erwartungen, Wünsche, Abhängigkeiten, Machtverhältnisse, Verpflichtungen, Rechte usw. Dabei entsteht ein meist

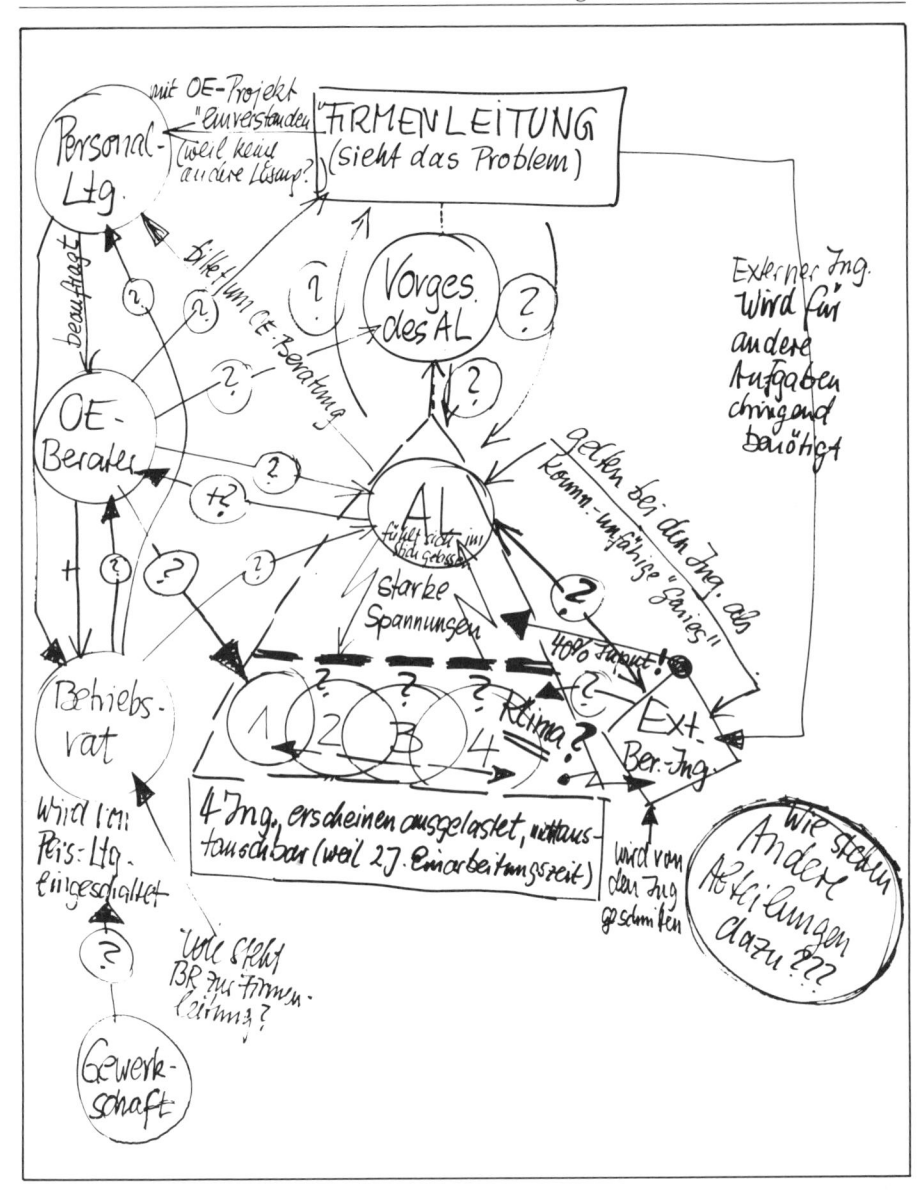

Abb. 51: Beispiel für eine Kraftfeldanalyse: Die Grafik stellt die Zusammenhänge bei dem in Anlage 3 zu Kapitel 3 geschilderten Fall ‚Leistungsabfall' dar. Diese Kraftfeldanalyse ist noch nicht völlig fertiggestellt. Sie zeigt die beim Start des Projektes beteiligten Personen bzw. Instanzen und visualisiert die zwischen ihnen herrschenden Verhältnisse und Beziehungen. Die häufigen Fragezeichen bei den verschiedenen Kombinationen weisen darauf hin, wo u. a. Informationsdefizite vorliegen bzw. wo Klärungen stattfinden müssen.

sehr komplexes Netzwerk von zum Teil sich ergänzenden, sich aufhebenden, aber auch von stark im Gegensatz zueinander stehenden Kräften. Dies ist das Kraftfeld, in welches der Einzelne bzw. die untersuchte Gruppe eingebunden ist und welches in hohem Maße das Verhalten des oder der Betreffenden bestimmt.

Diese Kraftfeldanalyse ist nicht zu verwechseln mit einem Soziogramm, das speziell die Art der wechselseitigen Gefühlsbeziehungen zwischen Kommunikationspartnern darstellt und zudem auf andere Weise angefertigt wird.

Eine Kraftfeldanalyse ist sehr gut geeignet zum Aufdecken von Abhängigkeiten, Zwängen oder Machtverhältnissen, aber auch zur Erklärung bestimmter Verhaltensweisen von Personen in bestimmten Situationen sowie zur Demonstration von Rollenkonflikten. Sie läßt sich gut als Einstieg in die sogenannte Rollenklärung oder das Rollenverhandeln verwenden.

7. U-PROZEDUR: Diese Prozedur wurde so benannt nach der typischen Form der Vorgehensweise (beschrieben bei GLASL, 1975, S. 115 ff.). In Abb. 52 sind die sieben Schritte dieser Vorgehensweise dargestellt. Ziel der U-Prozedur ist es, den Teilnehmern die Spannung zwischen den historisch gewachsenen Verhältnissen und der für die Zukunft erwünschten Organisa-

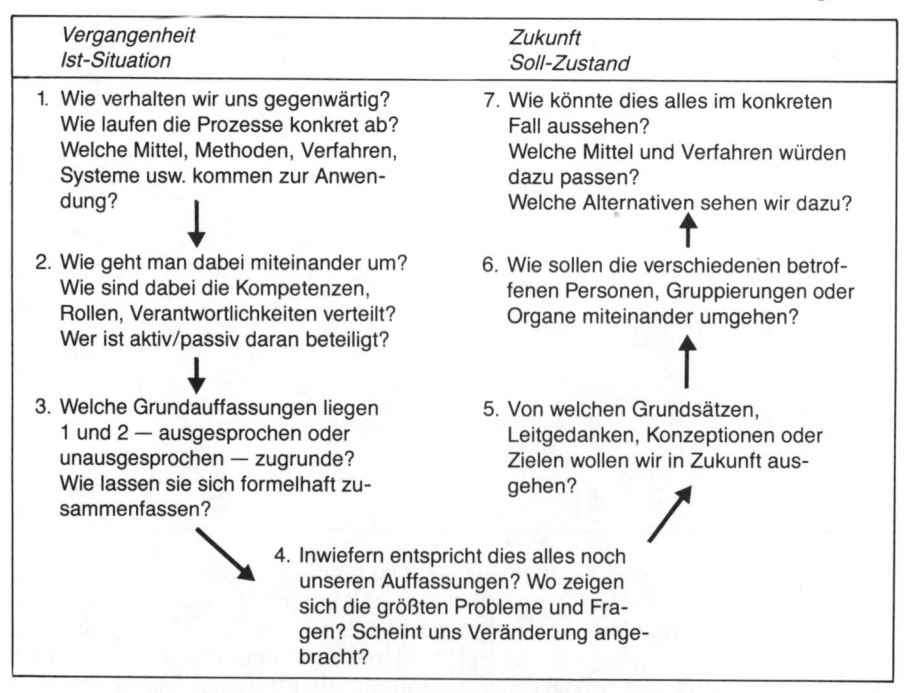

Vergangenheit *Ist-Situation*	*Zukunft* *Soll-Zustand*
1. Wie verhalten wir uns gegenwärtig? Wie laufen die Prozesse konkret ab? Welche Mittel, Methoden, Verfahren, Systeme usw. kommen zur Anwendung?	7. Wie könnte dies alles im konkreten Fall aussehen? Welche Mittel und Verfahren würden dazu passen? Welche Alternativen sehen wir dazu?
2. Wie geht man dabei miteinander um? Wie sind dabei die Kompetenzen, Rollen, Verantwortlichkeiten verteilt? Wer ist aktiv/passiv daran beteiligt?	6. Wie sollen die verschiedenen betroffenen Personen, Gruppierungen oder Organe miteinander umgehen?
3. Welche Grundauffassungen liegen 1 und 2 — ausgesprochen oder unausgesprochen — zugrunde? Wie lassen sie sich formelhaft zusammenfassen?	5. Von welchen Grundsätzen, Leitgedanken, Konzeptionen oder Zielen wollen wir in Zukunft ausgehen?
4. Inwiefern entspricht dies alles noch unseren Auffassungen? Wo zeigen sich die größten Probleme und Fragen? Scheint uns Veränderung angebracht?	

Abb. 52: Die U-Prozedur (entnommen aus: F. GLASL und L. DE LA HOUSSAYE, 1975, S. 115)

tion bewußt zu machen, also die Spannung zwischen IST und SOLL. Ausgehend von der derzeitigen Situation und von konkreten Abläufen beginnt man, diese in ihren Hintergründen und zugrundeliegenden Auffassungen zu reflektieren und von da aus Leitgedanken und Vorstellungen für die Zukunft zu entwickeln. Insofern ist die U-Prozedur eine Intervention, die diagnostisch beginnt und später in die Entwicklung von Konzepten einmündet.

8. SZENARIOVERFAHREN: Auch das Szenarioverfahren, das WIESMANN (1981) für die erste Phase von OE-Prozessen empfiehlt, ist mehr als nur ein Diagnose-Instrument. Im Laufe seiner Bearbeitung entwickelt es sich meist immer mehr zu einem den zukunftsgerichteten OE-Prozeß moderierenden Lenkungsinstrument. HÜRLIMANN (1981, S. 48) definiert ‚Szenario Writing' (Szenarioschreiben) als den

> „... Versuch, in bisherigen und gegenwärtigen Geschehnissen gewisse Gesetzmäßigkeiten zu finden, die sich in die Zukunft extrapolieren lassen: Ein ‚Drehbuch' für die mutmaßliche künftige Wirklichkeit schreiben."

WIESMANN hat nun — angeregt von der oben beschriebenen U-Prozedur — das herkömmliche Szenarioverfahren an OE-Bedingungen angepaßt und ein entsprechendes Phasenschema entwickelt.[38] Er hält das Verfahren für besonders geeignet,

— wenn Problemdruck den Blick der Beteiligten für die Komplexität des Problems einengt,

---

38) WIESMANN (1982, S. 279—281) beschreibt acht Phasen des Szenarioverfahrens: Zunächst erfolgt (1) die Sammlung von virulenten, offenen Fragen und Problemen der Organisation bzw. ihrer Außenbeziehungen, um Material für das Szenario zu gewinnen. Danach erfolgt (2) die Auswahl von Variablen, die in die Szenarien aufgenommen werden sollen (‚Inhaltsverzeichnis'). Von Szenario zu Szenario können insgesamt nur wenige Variablen verändert werden, damit das Ganze überschaubar bleibt. Außerdem müssen aus Gründen der Vergleichbarkeit in jedem Szenario dieselben Variablen berücksichtigt sein. Diese Phase wird in der Regel von einer sogenannten Steuergruppe durchgeführt. Das anschließende (3) Sammeln und Skizzieren möglicher Szenarien braucht dann nicht nur der Steuergruppe überlassen sein. Hierbei werden zunächst durch Kombination von Variablen mehr Szenarien ‚gesetzt' (z.B. ‚groß, diversifiziert, dezentralisierte Entscheidungsstrukturen' versus ‚zentrale Organisation, schmales Sortiment') und diese dann in Richtung bestimmter Veränderungen (etwa Einführung von Textverarbeitung oder EDV) durchgespielt. Wieder durch die Steuergruppe erfolgt dann eine (4) Auswahl von drei bis vier Szenarien, da aus Gründen der Komplexität nicht zu viele Szenarien einander gegenüber gestellt werden sollten. Die nächsten beiden Phasen (5) Erstellung eines Anforderungskataloges an die Szenarien und (6) die Ausarbeitung der Szenarien kann wieder unter Hinzuziehung weiterer Organisationsmitglieder geschehen. Dabei folgt man bestimmten Annahmen bzw. Vorgaben über zukünftige Entwicklungen und versucht, sozusagen eine in die Zukunft, z.B. das Jahr 1995, projizierte hier-und-jetzt-Situation zu beschreiben. Nach einer wiederum durch die Steuergruppe erfolgten (7) Redaktion der erarbeiteten Szenarien erfolgt schließlich ihre (8) Diskussion. Dies geschieht — nicht selten in mehreren Szenariorunden — in verschiedenen Gruppierungen und auf verschiedenen Ebenen der Organisation. Dabei besteht weniger die Absicht, eine gemeinsame Stellungnahme zu formulieren, sondern man möchte vielmehr Tendenzen heraushören bzw. unterschiedliche Sichtweisen, Einstellungen und Meinungen bei den verschiedenen Organisationsmitgliedern erfassen.

— wenn es an Kriterien zur Beurteilung einer Situation bzw. der Zweckmäßigkeit von Strukturen und Prozessen mangelt,
— wenn einzelne Wertvorstellungen dominieren,
— wenn die Betroffenen sich gegen die Analyse sperren (z. B. ‚Wir wollen keine Nabelschau'),
— wenn man zur *Gesamtschau* der Verhältnisse anregen will und
— als Beitrag für Prozesse der Zielklärung.

9. ERSTELLUNG EINER ‚SOZIALBILANZ': Damit ist natürlich nicht die bekannte bilanzmäßige Zusammenstellung der sozialen Leistungen einer Organisation gemeint, sondern eine Bestandsaufnahme und Bewertung des betrieblichen Verhaltensrepertoires. Die Teilnehmer werden aufgefordert, einen Katalog der in ihrer Organisation **erwünschten** und **unerwünschten** Verhaltensweisen aufzustellen. Anschließend wird dieser Katalog daraufhin durchgearbeitet, welche der aufgelisteten Verhaltensweisen nun innerhalb der oder durch die Organisation **belohnt** (z. B. Beförderung) bzw. **bestraft** (z. B. Kritik, negative Beurteilung) werden. Dabei zeigt sich meist, daß die belohnten Verhaltensweisen nicht immer deckungsgleich mit den erwünschten sind und daß die unerwünschten nicht immer identisch sind mit denjenigen, die mit negativen Sanktionen belegt werden ... Diese Gruppenarbeit eignet sich gut als Einstieg in eine Diskussion über Organisationskultur, Wertesysteme und Normen, aber auch über Glaubwürdigkeit sowie die Wechselbeziehung zwischen Verhalten und Verhältnissen. Meistens wird bei dieser diagnostischen Gruppenarbeit nicht das gesamte Verhaltensrepertoire einer Organisation auf den Prüfstand genommen, sondern nur bestimmte Segmente wie etwa Führungsverhalten, Sicherheitsverhalten, Umgang mit Kunden o. ä.

10. PROJEKTIVE VERFAHREN: Besonders zu Beginn von OE-Aktivitäten sind die Beteiligten oft noch nicht so weit aufgetaut, daß sie direkt und unmittelbar möglicherweise ‚heiße' Informationen zur Problemlage liefern. Die projektiven Verfahren geben ihnen nun die Möglichkeit, ihre Botschaft zunächst einmal sozusagen verpackt loszuwerden. Erst im nächsten Schritt wird diese dann besprechbar gemacht. Ein projektives Verfahren ist es zum Beispiel, wenn man eine Gruppe bittet, den **Betrieb** mit allen seinen Prozessen einmal **als Maschine** darzustellen und diese ‚Konstruktion' auf einer Pinn-Wand aufzuzeichnen. Dabei werden die Abteilungen und die beteiligten Personen vielleicht zu einem mehr oder weniger gut ineinandergreifenden Räderwerk, Transmissionsriemen symbolisieren die Zusammenarbeit und stehen (je nach Drehrichtung) für Antriebs- oder Hemmkräfte, und unter Umständen werden auch gleich die Stellen mit eingezeichnet, wo ‚Sand im Getriebe' ist. In eine solche, vielleicht sehr witzige Darstellung hinein projizieren die Teilnehmer ihr subjektives Wahrnehmen und Erleben der betrieblichen Realität.

Diagnostische Maßnahmen 289

Bei der Erfindung projektiver Aufgaben sind kaum Grenzen gesetzt: z. B.

— Darstellung des Unternehmens als **‚Heerlager'**, **‚Wagenburg'** oder als **‚Zeltlager'**,
— Darstellung der betrieblichen Verhältnisse als **‚Olympische Spiele'** oder als **Betriebssportfest** (Welche Abteilung übernimmt hier den Hammerwurf?),

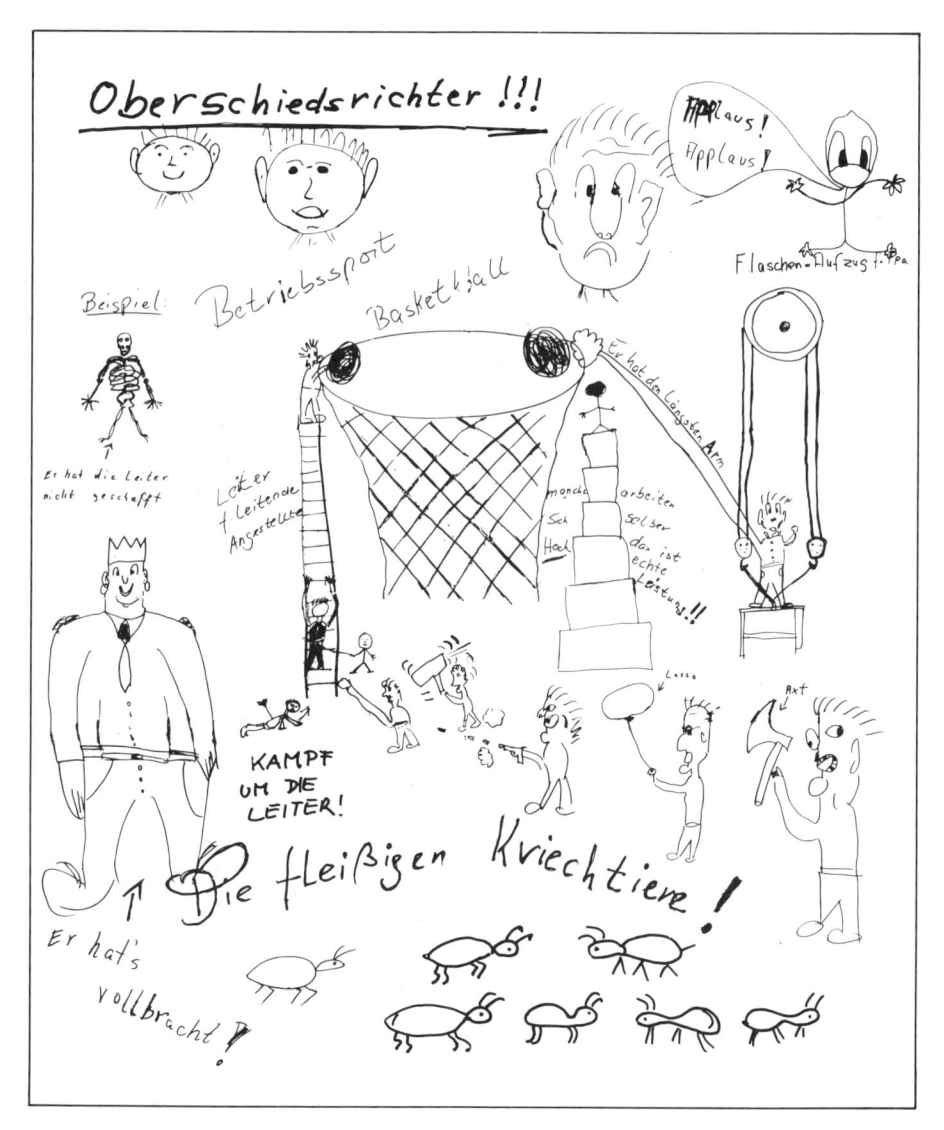

Abb. 53: Gruppenarbeit: Darstellung der betrieblichen Verhältnisse in Form einer Karikatur (‚Betriebssport')

- Anfertigung von **Karikaturen** oder von **Sprayfiguren** und **Wandaufschriften**, die Fremde nachts auf Firmenwände aufgebracht haben könnten,
- Anfertigung von **Collagen** oder **Herstellung einer Betriebszeitung** (Material: ein großer Packen alter Illustrierter, Scheren, Klebestifte, Pinn-Wände),
- **Journalist spielen,** d. h. die Teilnehmer sollen für bestimmte Ereignisse (z. B. eine Umorganisation, eine Entscheidung, die Vorstandsarbeit o. ä.) eine zugkräftige Schlagzeile und eine 5-Zeilen-Meldung im Bildzeitungsstil erfinden,
- Sammeln (oder Erfinden) von Firmen-Witzen (z. B.: „Erst haben wir Firma X übernommen, dann haben wir Firma Y übernommen, und dann haben wir uns übernommen...")
- usw.

Projektive Übungen (s. Abb. 53) können auch im Rahmen von Inter-Gruppen-Aktivitäten eingesetzt werden. Es werden gegenseitige Gruppenbeschreibungen angefertigt, und die Ergebnisse werden anschließend als sogenanntes ‚verpacktes Feedback' ausgetauscht. Dabei ist jedoch sehr große Vorsicht geboten, weil man sich durch die oft sehr humoristische oder witzige Form nicht darüber hinwegtäuschen lassen darf, daß sich in der Verpackung oft ein sehr hartes Feedback befindet.

6.4.8 Weitere diagnostische Instrumente

1. BEURTEILUNGSSYSTEME: Statt durch Befragungen Daten zu gewinnen, kann der Organisationsentwickler auch auf Informationen zurückgreifen, die sich ohnehin im Verlauf üblicher betrieblicher Prozesse ergeben. Im Prinzip können die bei jedem betrieblichen Steuerungs-, Lenkungs- oder Führungssystem anfallenden Daten in einen OE-Prozeß eingespeist werden. Besonders geeignet sind — soweit vorhanden *und* praktiziert — häufig Daten aus dem betrieblichen Beurteilungssystem. In erster Linie betrifft dies die Mitarbeiterbeurteilung. Aber auch Leistungs- oder Potentialbeurteilungen sowie Assessment-Center können diagnostisches Material liefern. Die Esso AG in Hamburg startete Ende 1979 eine Kette von Workshops zur Überarbeitung ihrer Führungsleitlinien, wobei der Daten-Input für die Arbeitsgruppen zunächst nur aus den Ergebnissen vorangegangener Vorgesetztenbeurteilungen bestand.[39] Später kamen dann die Ergebnisse der jüngsten Mitarbeiterbefragung hinzu.

---

39) Der ESSO-Fragebogen zur Beschreibung des Führungsverhaltens findet sich in Band 2 dieser Handbuchreihe bei LEITER et. al., 1982, S. 254—256.

Bezieht man sich auf Datenquellen der genannten Art, ist besonders stark auf die bei OE-Prozessen gebotene Vertraulichkeit und Anonymität zu achten und unter Umständen die Einwilligung der Betroffenen zur Verwendung der Daten einzuholen.

2. DELPHI-BEFRAGUNG: Statt einer umfangreichen und/oder sogar repräsentativen Befragung wird sozusagen das ‚Orakel' befragt. Damit ist gemeint, daß eine Auswahl kompetenter Personen oder Meinungsführer aus der Organisation eventuell anonym um ihre schriftliche Stellungnahme zu einer bestimmten Problemlage oder Fragestellung gebeten wird. Die abgegebenen Meinungen werden von einem Moderator oder einem Moderatorenteam zusammengefaßt und die Zusammenfassung wieder an die Befragten zurückgespielt. Hierbei werden diese dann gebeten, ihr Urteil zu überprüfen bzw. genau zu begründen, wenn sie Abweichungen ihrer Einschätzung zum Gesamturteil der Befragten aufrecht erhalten wollen (ausführliche Beschreibung bei LINSTONE und TUROFF, 1975).

3. DIAGNOSE-BERICHTE: Dieses Verfahren ähnelt stark der Delphi-Methode. Es wird auch gerne im Vorlauf zu Seminaren oder Workshops eingesetzt. Zunächst liefert jeder Teilnehmer vor der Veranstaltung einen persönlichen Bericht darüber ab, was er als die gravierendsten Probleme seiner Gruppe bzw. seiner Organisation (je nach Zielsetzung) ansieht. In einem Workshop sollen die Teilnehmer dann aus den vorliegenden Einzelberichten einen gemeinsamen und von allen getragenen Gruppenbericht erstellen. Die unterschiedlichen Sicht- und Erlebnisweisen der einzelnen werden dabei offenbar und müssen besprochen werden. Der Einsatz dieses Verfahrens ist auf der Inter-Gruppen-Ebene besonders fruchtbar, weil die in den Einzelberichten oft erfolgten Schuldzuweisungen gegenüber anderen Bereichen oder Abteilungen nun für den gemeinsamen Bericht abgeklärt werden müssen. Aus einem ‚Die da machen uns Probleme ...' entwickelt sich ein ‚Wir haben folgende Probleme ...' (s. auch MORRIS, 1975, S. 488 ff.).

4. SELBSTBEOBACHTUNG: Die Teilnehmer an OE-Projekten werden gebeten, ‚an sich selbst' Daten zu sammeln. Dies kann eine Auflistung bestimmter Aktivitäten sein (z.B. Wann mit wem in welcher Sache mit welchem Erfolg kommuniziert?) oder aber komplette Protokolle bzw. Tagebücher über eine bestimmte Zeitspanne. Auch das Ausfüllen von Checklisten z.B. über Aufgaben, Tätigkeit, Pflichten usw. gehört dazu.

5. INVENTAR DER FERTIGKEITEN: Es wird eine Zusammenstellung aller für eine bestimmte Aufgabenstellung oder Position notwendigen Fertigkeiten (skills) angefertigt. Danach wird eingetragen, welche dieser Fertigkeiten (u. U. auch in welchem Grad) beherrscht werden. Dieses Instrument ist auf der individuellen Ebene zur Diagnose persönlichen Entwicklungsbedarfs ebenso

geeignet wie auf der Gruppenebene. Auf der Ebene der Gruppe entsteht dabei eine Matrix, die auf einen Blick Auskunft darüber gibt, welches Gruppenmitglied welche Fertigkeiten beherrscht.

6. SELBSTERFAHRUNG: Gemeint ist hier die Selbsterfahrung des Organisationsentwicklers. Dieser begibt sich wie ein Mitglied der zu diagnostizierenden Einheit voll in den Arbeitsprozeß hinein und verschafft sich dadurch, daß er die Tätigkeiten der Betroffenen selber ausführt, einen Eindruck von der konkreten Arbeitssituation.

7. CHECKLISTEN UND MODELLE: Im Prinzip kann man jede Aufstellung, jede Checkliste und auch jedes Darstellungsmodell zu einem diagnostischen Instrument umfunktionieren. So kann man zum Beispiel die Zusammenstellung von Merkmalen einer gesunden bzw. ungesunden Organisation (Abschnitt 3.7, Anhang 2) an eine Gruppe austeilen und die Teilnehmer bitten, jene Positionen zu markieren, die — positiv wie negativ — auf ihre eigene Organisation zutreffen. Die Einzelurteile werden dann zusammengetragen, so daß Trends, Häufungen und auch widersprüchliche Einschätzungen deutlich werden. Oder man nimmt das Delegationskontinuum von McGregor (Abschnitt 4.3.1, S. 151) und läßt jeden Teilnehmer markieren, auf welcher Stufe des Kontinuums er sich befindet bzw. behandelt fühlt.

Checklisten und Modelle eignen sich sehr gut als schnelle ‚Standortbestimmungen' in laufenden Prozessen (Wo stehe ich bzw. wo stehen wir in unserer Organisation?), weil sie sofort unmittelbar verwendbares Diskussionsmaterial liefern. Es ist deshalb gut, wenn entweder ein Co-Moderator oder jemand aus der Gruppe bei der Abfrage assistiert, die abgefragten Einzelmeinungen zusammenfaßt und sofort per Flip-Cart oder per Folie für den Overheadprojektor präsentationsfertig machen kann, während die Gruppenaktivitäten weiterlaufen.

6.4.9 Prozeßanalyse und Stimmungsbarometer

Einige weitere diagnostische Maßnahmen sollen abschließend etwas ausführlicher beschrieben werden, weil sie sich besonders vielfältig im Rahmen von OE-Projekten einsetzen lassen und auch ohne viel Aufwand von jedem einzelnen in seine berufliche Alltagspraxis übernommen werden können.

1. DIE PROZESSANALYSE

Die sogenannte Prozeßanalyse gehört zu den Standardinstrumenten des Organisationsentwicklers, wenn es darum geht, die Kommunikation in oder zwischen Gruppen zu verbessern. Abgelaufene Kommunikationsprozesse werden dabei gemeinsam von den ‚Produzenten' dieser Kommunikationseinheiten untersucht und bewertet. Diese Analyse geschieht unter dem Gesichtspunkt des Lernens: Man betreibt gleichsam ‚Geschichtsforschung' über die abgelaufenen Ereignisse mit der Absicht, daraus für zukünftige Situationen Nutzen zu ziehen. Der populäre Begriff ‚Manöverkritik' trifft in der Tendenz das Wesen einer Prozeßanalyse recht gut. Eine Prozeßanalyse ist jedoch beträchtlich differenzierter, anspruchsvoller und damit meist auch zeitaufwendiger, zumal sie sich nicht nur auf das abgelaufene **Sach**geschehen beschränkt.

Prozeßanalysen können ohne weiteres von den Beteiligten allein, d. h. ohne einen Moderator, durchgeführt werden. Die Moderation durch einen unbeteiligten Dritten ist angebracht bei untrainierten oder für gruppendynamische Prozesse noch nicht bzw. nicht ausreichend sensibilisierten Teilnehmern sowie bei besonders heiklen oder brisant verlaufenen Gruppenprozessen. Falls ein Moderator mitwirkt, sollte dieser natürlich an der zu analysierenden Kommunikationseinheit als Beobachter und neutraler Dritter teilgenommen haben (Ausnahme allenfalls, wenn ein Tonband- oder Videoprotokoll vorliegt). Das bedeutet allerdings, daß dieser Dritte bereits *vorher* beigezogen werden muß. Dies geschieht mitunter deshalb nicht rechtzeitig, weil brisante Entwicklungen bei Gruppenaktivitäten nicht immer deutlich vorhersehbar sind und sich außerdem Gruppen in Krisensituationen ungern von anderen ‚in die Karten sehen' lassen wollen. Allein deshalb ist es sinnvoll, Gruppen in Prozeßanalyse zu trainieren, damit sie im Bedarfsfall selbständig von diesem Instrument Gebrauch machen können.

Der Prozeß beeinflußt das Ergebnis

Die Arbeitswelt prägt bevorzugt Ergebnis-orientierte Menschen: Das *Resultat* ist wichtig; es wird anerkannt und belohnt. Die Frage, *wie* es zustande gekommen ist, interessiert weniger. Es gilt jedoch der Satz, daß ein Arbeits**ergebnis** niemals ein isoliertes Ereignis ist, sondern vielmehr der Schlußpunkt eines dem Ergebnis vorangegangenen Arbeits**prozesses** (Abb. 54a).

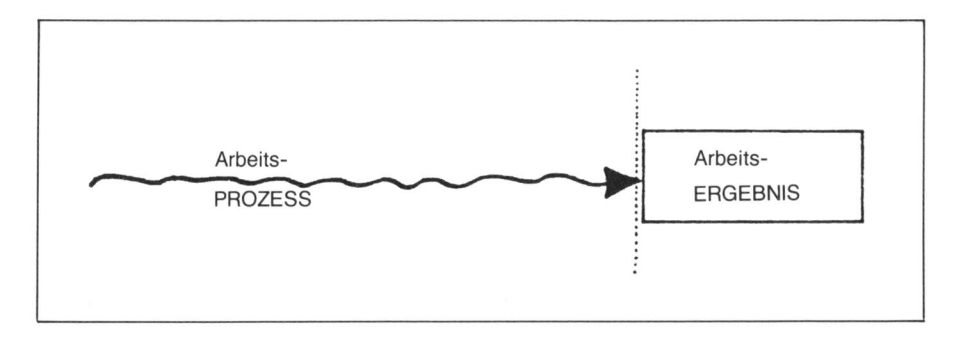

Abb. 54a: Das Arbeitsergebnis als Resultat eines Prozesses

Das Prozeßgeschehen wirkt sich positiv wie negativ *immer* auf das Ergebnis aus. Das Ergebnis wird also vorher- und mitbestimmt durch seine Entstehungsgeschichte, und nur ein ‚guter' Prozeß schützt vor schlechten Ergebnissen. In der Vorstellungswelt der Techniker ist dieses Verfahrensdenken übrigens beträchtlich verbreiteter als im Bereich der Zusammenarbeit in und zwischen Gruppen. Hier ist das Prozeßbewußtsein meist gering, solange die Ergebnisse ‚stimmen'. Das Bewußtsein für Prozeßdenken wächst im Bereich der Zusammenarbeit mit der Erkenntnis, daß Ziele nicht nur erreicht werden müssen, sondern daß dies auch mit einem guten Verhältnis zwischen Aufwand und Ergebnis geschehen muß. Mit dieser Einsicht steigt das Interesse, den *Weg* zum Ergebnis einmal genau und detailliert zu untersuchen, sozusagen die ‚Prozeß-Lupe' in die Hand zu nehmen (s. Abb. 54b) und den Arbeitsprozeß genauer zu untersuchen.

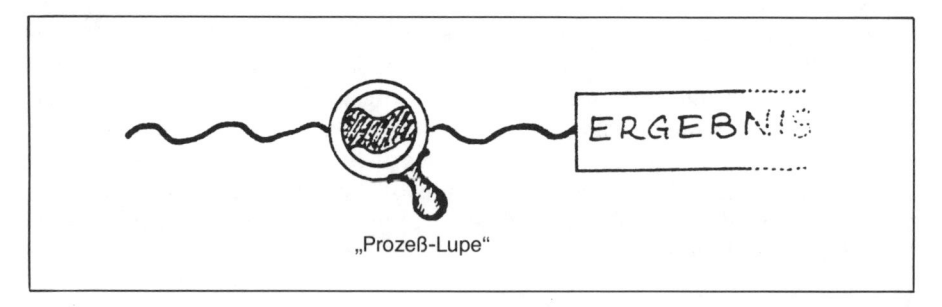

Abb. 54b: Der Prozeß wird unter die ‚Lupe' genommen

Von da ab wird nicht nur gefragt, warum etwas schief gelaufen ist, vielmehr beginnt man zu überlegen, ob man ein bestimmtes Resultat nicht auch anders (kürzer, schneller, problemloser etc.) hätte erreichen können, und man versucht, Bedingungen für die Verbesserung zukünftiger Ergebnisse zu schaffen. Das Verfahren der Prozeßanalyse wird also in Arbeits- und Projektgruppen jeder Art mit dem Ziel eingesetzt, aus der Analyse abgelaufener Ereignisse zu lernen, wie man die Kommunikation verbessern und die Zusammenarbeit in Zukunft reibungsloser gestalten kann. Dadurch wird für den einzelnen die Teilnahme und Mitarbeit an zukünftigen Gruppenaktivitäten nicht nur befriedigender, sondern alle zusammen werden in der Zielerreichung auch effizienter.

Prozesse über und unter der Oberfläche

Bei jeder Prozeßanalyse wird grundsätzlich zwischen Prozessen über und Prozessen unter der Oberfläche (Abb. 55) unterschieden. Zu den **Prozessen über der Oberfläche** rechnet man alle beobachtbaren, d. h. sichtbaren und/oder hörbaren Geschehnisse. Dies sind zunächst die besprochenen oder präsentierten

Diagnostische Maßnahmen 295

Fakten (Meinungen, Fragen und Redebeiträge, Problemnennungen, Lösungsideen, Lerninhalte etc.), aber auch: Jemand schweigt sehr lange, jemand runzelt die Stirn oder zieht die Augenbrauen hoch, jemand lehnt sich zurück, alle reden gleichzeitig usw. Viele dieser genannten Verhaltensweisen, die sich über der Oberfläche zeigen, sind oft nur äußere Signale für Prozesse unter der Oberfläche. Dabei stellt sich natürlich das Problem der richtigen Deutung dieser Beobachtungen, wobei es das besondere Anliegen einer Prozeßanalyse ist, solche non-verbalen Aktivitäten besprechbar zu machen und damit unter Umständen einer Mißdeutung vorzubeugen bzw. eine bereits geschehene Mißdeutung zu korrigieren.

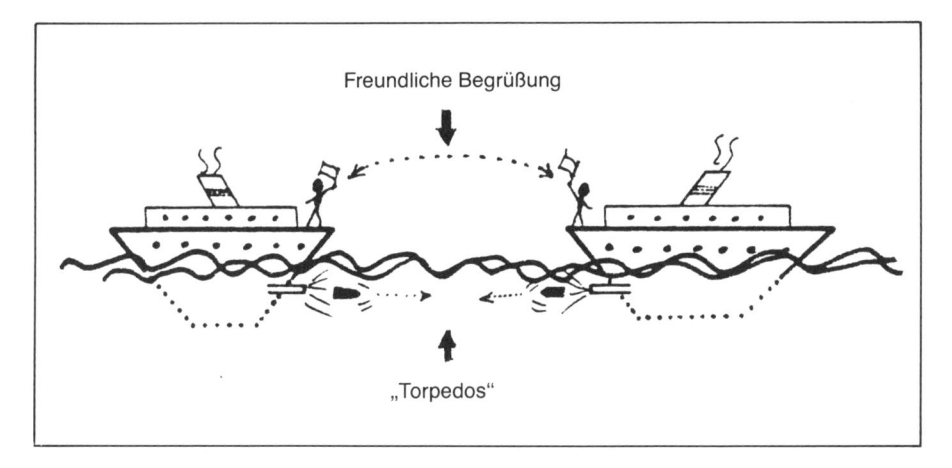

Abb. 55: Prozesse über und unter der Oberfläche

Prozesse unter der Oberfläche sind vorwiegend Gefühle, Empfindungen und Erlebnisse: Jemand ist engagiert oder spielt sich auf, jemand hat Scheu, sich zu blamieren, jemand ärgert sich oder fühlt sich angegriffen, jemand langweilt sich, es herrscht — positiv oder negativ — Spannung in der Gruppe usw. Unter der Oberfläche, also nicht unmittelbar sichtbar, spielt sich ein großer Teil der Gruppenentwicklung und der damit verbundenen wechselseitigen Beeinflussungsprozesse ab. Es entwickeln sich Normen in der Gruppe oder bestimmte Normen wirken in die Gruppe hinein, eine Rollenverteilung bildet sich heraus, Meinungsbeeinflussung und Konformitätsdruck kommen auf (d. h. man scheut sich, gegen die Meinung der Gruppe eine abweichende Meinung zu äußern), Status- und Machtstrukturen entstehen, ein Wir-Gefühl und gegenseitige Gefühlsbeziehungen (z. B. Vertrauen) bauen sich auf.

Man kann unbedingt davon ausgehen, daß Prozesse unter der Oberfläche *immer* da sind. Sie beeinflussen entscheidend das Gruppenklima und wirken sich stets mit auf das Ergebnis aus.

Empfehlungen für die Durchführung einer Prozeßanalyse

Eine Prozeßanalyse kann über jede abgeschlossene Arbeitseinheit angefertigt werden. Dies kann ein beendetes Projekt sein (z.B. eine Kampagne, eine Umorganisation) oder auch eine Arbeitswoche, eine Klausurtagung, ein Arbeits- oder Seminartag, eine Besprechung, Sitzung oder Konferenz. Auch kann man Prozeßanalysen in *laufende* Prozesse sozusagen als Zwischenbilanz(en) einblenden. Dies ist besonders angebracht bei ‚Sand im Getriebe‘, d. h. man tritt auf der Stelle, es gibt Auseinandersetzungen und Konflikte zwischen einzelnen, man kommt nicht voran, und Unmut breitet sich aus. In solchen Fällen gilt grundsätzlich das Motto: ‚Störungen haben Vorrang!‘. Für die Dauer der Klärung, d. h. der Prozeßanalyse, ruht die Sacharbeit. Es ist fast wie bei einem Playback (mit Zeitlupe) im Fernsehen: Man ‚spult gleichsam noch einmal zurück‘, rekonstruiert und analysiert das Geschehen und sucht nach Lösungs- bzw. Verbesserungsmöglichkeiten. Erst nach erfolgter Klärung wird unter verbesserten Bedingungen die Sacharbeit wieder aufgenommen.

Prozeßanalysen, die nach einer abgelaufenen Arbeitseinheit durchgeführt werden, bieten gleich mehrere Vorteile:

- Zeitlich Getrenntes wird noch einmal in Zusammenhang gebracht und zusammen betrachtet.
- Manche Dinge werden noch einmal mit Abstand betrachtet und können (wieder) angesprochen werden, nachdem sie nicht mehr so ‚heiß‘ sind.
- Mißverständnisse (sachlicher oder zwischenmenschlicher Art), die sich ergeben hatten, können korrigiert und/oder ausgeräumt werden, bevor sie sich weiter auswirken.
- Konflikte oder Konfliktsituationen werden besprechbar gemacht, so daß sich zumindest die Chance ergibt, sie über der Oberfläche anzugehen und vielleicht einer Lösung zuzuführen.
- Man kann mit Hilfe einer Prozeßanalyse gut und leicht wieder an geleistete Arbeit (z.B. an den Vortrag oder an die vorherige Besprechung) anknüpfen.

In eine Prozeßanalyse gehört alles hinein, was man *persönlich* und *subjektiv* für erwähnenswert hält. Der Prozeßanalytiker bezieht sich also auf seine individuellen Eindrücke und Beobachtungen. Eine Gruppe, die Prozeßanalyse betreibt, muß dabei lernen, gerade abweichende Meinungen aufzunehmen und als hilfreiche Anregungen zu betrachten.

Selbstverständlich kann man bei einer Prozeßanalyse über den Rahmen der bloßen ‚Geschichtsschreibung‘ (sprich: Aufarbeitung der Vergangenheit) hinausgehen und auch Anregungen für die zukünftige Arbeit formulieren. Es ist ja schließlich das Ziel, für zukünftige Situationen zu lernen.

Diagnostische Maßnahmen 297

Einige Checkfragen zur Prozeßanalyse:
— Was war (heute) wichtig?
— Was war neu?
— Was kann ich brauchen?
— Was kann ich wie anwenden?
— Hat es mir Spaß gemacht, mitzuarbeiten?
— (Wann) war man/ich engagiert und intensiv bei der Arbeit?
— (Wann) fühlte ich mich in der Gruppe frei, Meinungen zu äußern?
— Fühlte ich mich bzw. meine Beiträge in der Gruppe akzeptiert?
— Wurden auch abweichende Meinungen konstruktiv aufgenommen?
— (Wann) war man/ich betroffen oder ärgerlich o. ä.?
— Wie war meine Rolle in der Gruppe?
— War das Ziel klar?
— Ging man ziel- und prozedurbewußt vor?
— Kam man vom Thema ab?
— Waren alle bei der Sache?
— Wurde abweichenden Meinungen genügend Aufmerksamkeit geschenkt?
— Hoben sich einzelne aus der Gruppe heraus?
— Wollten sie Punkte für sich gewinnen, ihren eigenen Standpunkt durchsetzen oder waren sie in der Sache engagiert?
— Welche Möglichkeiten hatte ich, die Gruppe zu beeinflussen?
— Welche Möglichkeiten hatte ich, mich in der Gruppe zu entfalten?
— Wie war das Verhältnis der Gruppenteilnehmer untereinander?
— Gab es ‚Querverbindungen'? Welche?
— Wie war das Verhältnis des Gruppenleiters zur Gruppe?
— Was halte ich im Moment von der Gruppe?
— Wie ist wohl die Meinung des Gruppenleiters von der Gruppe?
— Welche Teilnehmer waren in der Gruppe besonders einflußreich oder gruppenbestimmend?
— Wie könnte man das Gruppenklima beschreiben?
— Welche Fragen und/oder Probleme haben mich besonders berührt?
— Welche Punkte sollten geklärt und/oder noch einmal aufgegriffen werden?
— Welche Anregungen könnte man geben für zukünftige Prozesse? — usw.

Natürlich läßt sich diese Fragenliste noch erweitern. Andererseits müssen nicht alle aufgeführten Fragen in einer Prozeßanalyse abgehandelt werden. Je nach Situation werden einige der Fragen besonderes Gewicht gewinnen und dann intensiver besprochen. Wichtig hingegen ist, daß **zwischen Prozeß und Prozeßanalyse kein zu großer zeitlicher Abstand** liegt. Die Prozeßanalyse soll schließlich als Rückkopplung unter dem Gesichtspunkt des Lernens wirken. Aus der Lernpsychologie weiß man, daß ein möglichst unmittelbar erfolgendes Feedback am hilfreichsten ist. Erfolgt eine Prozeßanalyse erst dann, wenn die Angelegenheit schon fast dem Vergessen anheim gefallen ist, hat sie allenfalls noch den Rang des ‚Nachkartens'.

Wie weiter unten noch genauer ausgeführt wird, muß die Durchführung einer Prozeßanalyse von den Beteiligten gelernt und geübt werden. Dies geschieht meist in sogenannten Kommunikationstrainings. Die Durchführung von Pro-

298 Anstöße und diagnostische Maßnahmen

Profilbogen zur Analyse des Verhaltens der Teammitglieder

1. Arbeitsweise	ziellos	−3	−2	−1	+1	+2	+3	zielorientiert
2. Vorgehen	verworren	−3	−2	−1	+1	+2	+3	klar
3. Ideen bewerten	gleich kritisiert	−3	−2	−1	+1	+2	+3	erst gesammelt
4. Ideen vortragen	jeder für sich	−3	−2	−1	+1	+2	+3	Ideen anderer aufgreifen
5. Unterbrechungen	wurden unterbrochen	−3	−2	−1	+1	+2	+3	konnten ausreden
6. Beteiligung	ungleichmäßig	−3	−2	−1	+1	+2	+3	gleichmäßig
7. Problemorientierung	eigenprofiliert	−3	−2	−1	+1	+2	+3	problemorientiert
8. Gruppenergebnis	unproduktiv	−3	−2	−1	+1	+2	+3	produktiv

Auswertung:

Die gefundenen Durchschnitts- und Extremwerte sollen Ausgangspunkt für folgende Überlegungen sein:

❶ Feststellung der Abweichung der Gruppe von der Optimalzahl +3 bei den einzelnen Fragen.

❷ Festlegung von Konsequenzen für weitere Gruppensitzungen (z. B. die Konzentration auf eine Variable, die einen niedrigen positiven oder sogar einen negativen Durchschnittswert erhielt), um die Abweichung zu reduzieren.

❸ Große Abweichungen einzelner Gruppenmitglieder vom Durchschnittswert? Wenn ja, Diskussion der Ursachen mit dem Ziel, Verhaltensänderungen in der Gruppe zu beschleunigen.

❹ Verfolgen die Gruppenmitglieder die Ideen anderer weiter oder tragen sie nur ihre eigenen Gedanken unabhängig von der vorangegangenen Äußerung vor?

❺ Sind möglichst viele Ideen produziert worden oder wurde die Suche nach Lösungsansätzen zu früh abgebrochen?

❻ Konnten die Gruppenmitglieder ausreden oder wurden sie in ihren Aussagen unterbrochen oder gestört?

❼ War die Beteiligung gleichmäßig oder gab es Vielredner und Schweiger?

❽ Wollten die Gruppenmitglieder sich selbst profilieren oder waren sie problemorientiert?

❾ War das Gruppenergebnis im Verhältnis zur Zeit produktiv oder unproduktiv?

Abb. 56: Fragebogen mit Auswertungshinweisen zur Durchführung einer einfachen Prozeßanalyse in Arbeitsgruppen (entnommen aus: F. H. QUISKE, S. J. SKIRL und G. SPIESS, 1973, S. 117)

zeßanalysen kann ohne weiteres für Gruppen, Abteilungen oder ganzen Organisationseinheiten zur laufend geübten Alltagspraxis werden.[40]) Als Beispiel mag die Abb. 56 dienen. Sie zeigt einen sehr einfachen und zur Durchführung von Prozeßanalysen in Teams geeigneten Fragebogen mit Auswertungshinweisen.

Übrigens schon ein Beurteilungsgespräch zwischen einem Vorgesetzten und seinem Mitarbeiter über einen bestimmten Beurteilungszeitraum kann starken prozeßanalytischen Charakter haben. Möchte ein Vorgesetzter auf Gruppenebene das Verfahren der Prozeßanalyse praktizieren, müssen untrainierte Mitarbeiter erst in kleinen, vorsichtigen Schritten an dieses Verfahren herangeführt werden. Der erste Schritt dazu ist meist eine kleine, zu Beginn unbedingt anonyme Abfrage am Ende einer Besprechung mittels eines selbstgemachten oder übernommenen Fragebogens. Einen solchen Fragebogen, der aus einem On-the-job-Trainingsprogramm zur Verbesserung von Führung und Zusammenarbeit in einem Handelsunternehmen stammt (G. COMELLI, 1977), zeigt die Abb. 57.

Wie die rechte Spalte dieses Fragebogens zeigt, ist er für eine *wiederholte* Anwendung vorgesehen. In dieser Spalte können die Mitarbeiter markieren, ob sie in der letzten Zeit eine Verbesserung, eine Verschlechterung oder keine Veränderung des beschriebenen Zustandes festgestellt haben. Bei dieser Abfrage wird bewußt mit vorformulierten Stellungnahmen (Statements) gearbeitet, zu denen der Mitarbeiter in jeder Zeile auf einer Skala den Grad seiner Zustimmung bzw. Ablehnung ankreuzt. Dies Verfahren soll die Anonymität sichern. Die Auswertung überträgt man am besten einem Gruppenmitglied mit der Bitte, die Verteilung der Urteile in ein neues Formular einzutragen und dieses dem Vorgesetzten zu übergeben. Aus den Häufungen und der Verteilung der Markierungen lassen sich Hinweise auf Trends und Problemkreise entnehmen. Dieses Gesamtergebnis muß unbedingt auch der Gruppe zur Kenntnis gebracht werden.

Der Vorgesetzte kann nun anbieten, das Ergebnis zu diskutieren bzw. gemeinsam auszuwerten. Dabei wird es vor allem in der Anfangsphase und besonders bei kritischen Punkten vorkommen, daß sich die Mitarbeiter (noch) reserviert verhalten und mit Erläuterungen und Erklärungen, die ja auch ein Stück persönliche Selbstoffenbarung darstellen, sehr zurückhaltend sind. Es ist dann von seiten des Vorgesetzten sinnlos, weiter in die Mitarbeiter zu dringen — selbst wenn sein Interesse ehrlich ist. Der Vorgesetzte kann nur ein

---

40) Jedem Vorgesetzten steht jederzeit frei, zusammen mit seinen Leuten einmal einen Ausschnitt gemeinsamer Aktivitäten unter die Lupe zu nehmen. Bei Aktivitäten zur Optimierung der Teamarbeit ist die Prozeßanalyse das Verfahren der Wahl. Dies gilt nicht nur für externe Trainings, sondern auch für das On-the-job-Training. Dabei werden echte Gruppenaktivitäten wie Konferenzen, Sitzungen oder Besprechungen auf Video, zumindest aber auf Tonband aufgezeichnet und anschließend von allen Beteiligten gemeinsam ausgewertet.

Anstöße und diagnostische Maßnahmen

Dies ist eine kleine Meinungsbefragung. Wir (die Geschäftsführung) möchten gern wissen, wie Sie im Moment die Situation sehen und wie unser Verhalten auf Sie wirkt. Wir bitten Sie um Mitarbeit bei diesem Bogen. Die Befragung ist anonym, deshalb antworten Sie nur mit Kreuzchen und schreiben Sie keinen Namen auf dieses Blatt.

Durchführung:
Nachstehend finden Sie sieben Behauptungen bzw. Beschreibungen. Lesen Sie jede Beschreibung durch und machen Sie in der Skala

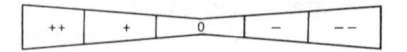

| ++ | + | 0 | − | − − |

zwischen die beiden Pole „Stimmt" bzw. „Stimmt nicht" ein Kreuz, je nachdem wie stark Sie der betreffenden Aussage zustimmen können oder nicht. In der zweiten Skala „TENDENZ" kreuzen Sie bitte außerdem an, ob Sie in letzter Zeit eine Verbesserung (↗), eine Verschlechterung (↘) oder keine Veränderung (○) des beschriebenen Zustandes feststellen konnten.

	So sehe ich die Dinge IM MOMENT: Stimmt − Stimmt nicht (++ + 0 − − −)	TENDENZ in letzter Zeit:		
		unverändert ○	steigend ↗	fallend ↘
① Ich weiß vor jeder Besprechung genau, worum es geht.	++ + 0 − − −			
② Ich habe in Besprechungen ausreichend Gelegenheit, meine Meinung und Ideen vorzutragen.	++ + 0 − − −			
③ Ich finde, bei uns hört man sich Ideen von Mitarbeitern nicht nur an, sondern versucht auch, sie zu verwerten.	++ + 0 − − −			
④ Ich fühle mich stets rechtzeitig und ausreichend informiert.	++ + 0 − − −			
⑤ Unsere Vorgesetzten verstehen es, uns zu begeistern.	++ + 0 − − −			
⑥ Die Zielvorgaben, die ich erhalte, sind klar, realistisch und realisierbar.	++ + 0 − − −			
⑦ Meiner Meinung nach funktioniert die Teamarbeit bei uns gut.	++ + 0 − − −			

Abb. 57: Fragebogen zur Auswertung von Abteilungsbesprechungen (entnommen aus: G. COMELLI, 1977, ohne Seitenangabe)

Angebot zum Reden machen, aber der Mitarbeiter darf ‚Nein' sagen. Das Dilemma des Vorgesetzten, daß er einerseits weiß, *daß* da etwas ist, aber andererseits nicht erfährt, *was* da ist, läßt sich häufig auf folgende Weise lösen: Man bittet die Gruppe, das Befragungsergebnis unter sich, also ohne den Vorgesetzten, zu diskutieren und anschließend in einer neuen Sitzung durch einen Gruppensprecher dem Vorgesetzten die Gruppenmeinung mitzuteilen. Diese Sitzung ist dann aus Sicht der Gruppe auch gleichzeitig ein ‚Prüfstand' für den Vorgesetzten in bezug auf seine Bereitschaft und Fähigkeit, Feedback anzunehmen und es zu verarbeiten.

Das häufigste Argument gegen die Durchführung einer Prozeßanalyse lautet: ‚Keine Zeit!'. Da bekanntlich alle kooperativen Verfahren einen höheren Zeitaufwand erfordern, richtet sich dieses Argument gegen Mitarbeiter-orientierte Praktiken überhaupt. Was die Prozeßanalyse betrifft, bleibt zu fragen, wieviel wertvolle Energie und Motivationskraft schon dadurch vergeudet wurde, daß ungeklärte Störungen mitgeschleppt wurden und diese ständig die Sacharbeit behinderten.[41])

Das Training prozeßanalytischer Fähigkeiten

Neben der Möglichkeit, die Prozeßanalyse gleich an *echten* Ereignissen in der betrieblichen Praxis durchzuführen und dabei einzuüben, ist es wohl der beste Weg, die Prozeßanalyse als Lernbaustein in Trainings bzw. Seminare einzubauen. Falls die Teilnehmer Grundkenntnisse bzw. Grunderfahrungen in Kommunikations- und Gruppenpsychologie haben, kann dies im Prinzip in jedem Seminar, gleich welcher Art, geschehen. Meistens jedoch werden die prozeßanalytischen Fähigkeiten in sogenannten Kommunikationstrainings trainiert (s. FITTKAU et al., 1974). Solche Kommunikationstrainings haben ohnehin Phänomene der verbalen und non-verbalen Kommunikation und ihre Bedeutung für das zwischenmenschliche Miteinander zum Gegenstand (siehe Abschnitte 5.3 und 5.4). Die Lernziele beziehen sich dabei u. a. auf

— die verschiedenen Aspekte der Kommunikation,
— Feedback und seine Bedeutung als Lernchance,
— Regeln für das Geben und Annehmen von Feedback usw.

Nach FITTKAU und SCHULZ VON THUN (1976, S. 60) brauchen Menschen, damit sie befriedigend miteinander klarkommen und nutzbringend kooperieren können,

(a) **kommunikative Grundfähigkeiten, z. B.:**
    — sich trauen, den Mund aufzumachen,

---

[41] Das andere Extrem ist ein auf die Utopie einer total konfliktfreien Arbeitsatmosphäre fixiertes Team, das bei jedem Hauch eines falschen Wortes oder einer ungeschickten Formulierung sofort die Sacharbeit unterbricht, um zu einer aufwendigen prozeßanalytischen Jagd auf tief unter der Oberfläche vermutete Konfliktursachen anzusetzen.

— andere so ansprechen, daß sie sich persönlich akzeptiert fühlen,
— anderen etwas erklären und sich dabei verständlich ausdrücken,
— eigene Wünsche offen darlegen,
— mitkriegen, was mit dem anderen los ist,
— sagen können, was einem nicht paßt,
— zuhören und auf das Gesagte eingehen können usw.

(b) Die Fähigkeit, Kommunikationsstörungen zu erkennen und ihre Ursachen zu durchschauen, damit diese Störungen behoben werden können. Gebraucht werden also **metakommunikatorische Fähigkeiten:** Man muß die Art der zwischenmenschlichen Kommunikation selbst zum Gegenstand der Kommunikation, der Diagnose und der ‚Therapie' werden lassen können.[42])

Das Training in Prozeßanalysen geschieht nun, indem man in einem mehrtägigen oder Wochenseminar an jedem Morgen sechs bis acht Teilnehmer bittet, am Nachmittag und/oder Abend eines Seminartages eine Prozeßanalyse über den betreffenden Tag anzufertigen.[43]) Die angesprochenen Teilnehmer können also während des ganzen Tages ihre Beobachtungen sammeln, die sie dann als sogenanntes Prozeßanalytiker-Team später zusammentragen, um daraus eine Präsentation anzufertigen. Die Präsentation erfolgt am nächsten Morgen in der Gesamtgruppe, d. h. im Plenum. Auf diese Weise wird die Präsentation der Prozeßanalyse selbst und die sich daran meist anschließende Diskussion gleich wieder zu einem neuen Prozeßgeschehen, das dann in den ‚Zuständigkeitsbereich' der an diesem Tag arbeitenden Prozeßanalytikergruppe fällt.

Erfahrungsgemäß wirken solche ständigen Prozeßanalysen in Trainings außerordentlich befruchtend und erweisen sich für die Teilnehmer regelmäßig als eindrucksvolle Demonstration dieser Methode. Die Anfertigung einer solchen Tagesprozeßanalyse dauert erfahrungsgemäß zwei bis vier Stunden. Dies ist u. a. abhängig davon,

— wieviel und welche Ereignisse es zu ‚verarbeiten' gilt,
— welche Ansprüche das Team an sich stellt,

---

42) FITTKAU und SCHULZ VON THUN gehen davon aus, daß wir einerseits im Bereich der Kommunikation *zu wenig* gelernt haben (z.B. zuzuhören, sich verständlich auszudrücken) und andererseits etwas *Falsches* gelernt haben (z.B. Gefühle zu verbergen oder Angst zu haben, eine schlechte Figur zu machen). Sie betrachten die Verbesserung der Kommunikation und der metakommunikatorischen Fähigkeiten als außerordentlich wichtig, sowohl für die Gesellschaft als auch für den persönlichen und privaten Bereich.
43) Die Mitglieder der für die einzelnen Seminartage zuständigen Prozeßanalytiker-Teams sollte man am besten gleich zu Beginn des Seminars auslosen. Sieht das Seminarprogramm insgesamt oder bei einzelnen Aktivitäten parallel arbeitende Gruppen vor, ist allerdings darauf zu achten, daß jede dieser Parallelgruppen mindestens durch ein Mitglied im Team der Prozeßanalytiker vertreten ist. Dies geschieht, damit wirklich die gesamte Bandbreite der Tagesereignisse repräsentiert ist.

— wie geübt die Prozeßanalytiker bereits sind und
— welche Präsentationsform gewählt wird.

In der Wahl der Präsentations*form* ist das Team absolut frei. Man sollte eventuell den Prozeßanalytikern zu Beginn die Empfehlung geben, ihre Arbeitssitzung grundsätzlich mit zehn bis fünfzehn Minuten *Einzel*arbeit zu beginnen, bei der jeder einzelne seine Eindrücke über den abgelaufenen Tag schriftlich fixiert (z.B. auf Karten) und dieses Material anschließend in die Gruppenarbeit einbringt. Dadurch soll verhindert werden, daß in dem Team schon gleich zu Beginn vielleicht interessante und wertvolle Einzelbeiträge ‚wegnivelliert' werden. Außerdem sollen die Prozeßanalytiker darauf hingewiesen werden, abweichende Einzelmeinungen zumindest als Fußnoten mit in ihre Präsentation aufzunehmen. Nicht selten übrigens beziehen Gruppen, die am Ende eines Tages eine solche Prozeßanalyse anfertigen, ihre eigenen Aktivitäten bei der Erstellung der Analyse mit in die Prozeßberichterstattung ein, was meist eine zusätzliche Bereicherung und Vertiefung des Erfahrungslernens für die Beteiligten bedeutet. Die Präsentation der Prozeßanalyse am nächsten Morgen, die grundsätzlich von einem Mitglied des Teams moderiert werden sollte, zieht praktisch immer eine meist sehr lebhafte Diskussion nach sich, so daß man insgesamt eher zwei als eine Stunde dafür einplanen sollte.[44])

Die Prozeßanalyse gehört wegen des dabei stattfindenden intensiven Lernens und wegen ihrer relativ leichten Transferierbarkeit auf die Praxis zweifellos zu den wertvollsten und praktikabelsten OE-Maßnahmen überhaupt.

2. STIMMUNGSBAROMETER

Bei Teamsitzungen, Gruppenarbeiten und auch bei gemeinsamen Sitzungen mehrerer Gruppen ist es sehr oft wichtig, den Beteiligten immer wieder wie in einem Spiegel die in der Gruppe bzw. die in den Gruppen ablaufenden Prozesse zu verdeutlichen. Dies ist ein Beitrag zur laufenden Kommunikations*klärung*. Die damit angestrebte Transparenz soll eine wache Selbstkontrolle aller Beteiligten ermöglichen und die Wahrscheinlichkeit erhöhen, daß sich nur solche Prozesse entwickeln, die auch bewußt angesteuert werden. Dabei ist es besonders wichtig, auch diejenigen Aspekte anzusprechen, die normalerweise nur unter der Oberfläche ablaufen, etwa Untergruppenbildungen, Entwicklung von Vertrauen und/oder Mißtrauen, andere gefühlsmäßige Reaktionen wie Ängste, Unsicherheiten, Ärger, Resignation usw. Für einen er-

---

44) Die Lernerfahrungen der Prozeßanalytiker sind zum Teil außerordentlich intensiv. Sie werden nicht nur von Tag zu Tag deutlich sensibler bei der Beobachtung und Auswertung kommunikatorischer und gruppendynamischer Ereignisse, sondern sie sind auch immer wieder verblüfft darüber, daß der vermittelte und schon als ‚verstanden' betrachtete Lernstoff oft erst durch das aktive Durcharbeiten bei der Prozeßanalyse richtig klar wird bzw. daß erst jetzt Verständnislücken deutlich werden.

folgreichen Prozeß sind Klarheit der Kommunikation und ausreichende Rückkopplung zur Absicherung des gegenseitigen Verständnisses unbedingt notwendig. In Trainings oder Workshops muß vor allem bei Teilnehmern, die selbst nicht ausreichend in den Techniken der Kommunikationsklärung geübt sind, diese Rückkopplung zum großen Teil von Moderatoren geleistet bzw. initiiert werden. Da sich Prozesse unter der Oberfläche wie z.B. Konflikte oder auch Beziehungsstörungen zunächst meist nur in feinen Signalen andeuten, wird man bestrebt sein, diese möglichst rechtzeitig zu erfassen, um darauf reagieren zu können und einer Eskalation vorzubeugen.

Als diagnostisches Instrument hat sich dazu das sogenannte **Stimmungsbarometer** bewährt. Unter einem Stimmungsbarometer versteht man die Durchführung einer jederzeit möglichen anonymen Kurzbefragung der Teilnehmer. Diese geben auf einem erst unmittelbar vor dem Einsatz zusammengestellten Fragebogen durch Ankreuzen ihre Zustimmung oder Ablehnung zu sechs bis zehn vorformulierten Meinungen (Statements) bekannt. Am leichtesten stellt man ein solches Stimmungsbarometer her, indem man auf Papierstreifen eine größere Anzahl solcher Statements mit der dazugehörenden Antwortskala vorbereitet hält und davon je nach Bedarf und Situation einige zu einem Kurzfragebogen zusammenstellt. Auf einem Kopiergerät läßt sich dann schnell die benötigte Anzahl von Fragebogenexemplaren herstellen. Während die Teilnehmer den (selbstverständlich anonymen) Fragebogen bearbeiten, kann man die ausgewählten Statements auf eine Flip-Chart übertragen, auf der dann auch die Gesamtauswertung, d. h. die Zusammenstellung der Einzelergebnisse, erfolgt. Die von den einzelnen Teilnehmern auf ihrem Fragebogen angekreuzten Positionen können in wenigen Minuten mit Hilfe von Klebepunkten auf der Flip-Chart markiert werden.[45])

Stimmungsbarometer können ohne weiteres mehrmals pro Tag durchgeführt werden. Dabei ist es lohnend, einige Fragen durchlaufen zu lassen, um auch Veränderungen im Meinungsbild (sowohl in der Streuung der Einzelurteile als auch in der Gesamttendenz) oder in der Stimmung deutlich zu machen. Das Stimmungsbarometer ist damit eine Art ständiger ‚Meßfühler', dessen Ergebnisse in die laufenden Prozesse einwirken, Signale geben, verstärken und Bewußtmachungsprozesse auslösen. Im Anhang 4 zu diesem Kapitel findet sich ein umfangreicher Fragen-Pool für die Erstellung von Stimmungsbarometern.

---

45) Falls kein Kopiergerät zur Verfügung steht, kann man die ausgewählten Statements auch mit Hilfe einer Folie per Overheadprojektor präsentieren und die Teilnehmer auf einer Antwortkarte um ihre Reaktion bitten. Die Teilnehmer notieren dann auf ihrer Karte nur die laufende Nummer des Statements und ihre Antwortreaktion. Das Gesamtergebnis wird dann entweder auf der Folie ausgestrichelt oder aber mit Klebepunkten auf eine Flip-Chart übertragen.

Ein Stimmungsbarometer sollte grundsätzlich durch verdeckte Einzelabfrage erhoben werden. Es ist nicht anzuraten, den kürzeren Weg zu gehen, indem die Teilnehmer ihre Meinungen oder Einschätzungen mit Hilfe von Klebepunkten *direkt* auf Flip-Chart oder Pinn-Wand aufgeschriebenen Statements zuordnen. Gerade für diejenigen, die abweichende Meinungen markieren möchten, ist dann nämlich die soziale Kontrolle durch die Gruppe und der damit verbundene Meinungsdruck vor allem in der Anfangsphase meist zu groß. Das mit schriftlicher Einzelabfrage erstellte Stimmungsbarometer hat gerade den Vorteil, daß es direkte Gruppeneinflüsse bei der Abgabe der Urteile weitgehend ausschaltet.

Ein Statement in dem oben erwähnten Fragen-Pool gibt den befragten Teilnehmern übrigens die Möglichkeit, zunächst verdeckt den Wunsch nach einem Gespräch mit dem Trainer ohne Anwesenheit der anderen zu äußern. Dies kann zum Beispiel der Fall sein, wenn die individuelle Betroffenheit des einzelnen sehr groß ist, wenn jemand unsicher ist wegen eventueller Reaktionen der übrigen Teilnehmer auf seinen Beitrag, wenn jemand fürchtet, sich mit seinem Beitrag zu sehr zu offenbaren oder wenn jemand seinen Beitrag zunächst in der weniger riskanten Situation mit dem Trainer allein besprechen möchte. Für solche Fälle kann man die sogenannte ‚Stille Post' anbieten.

3. STILLE POST

Mit einem Stimmungsbarometer kann zunächst nur ermittelt werden, *daß* beispielsweise ein einzelner oder auch mehrere Leute in der Gruppe ein Gespräch unter vier Augen suchen, aber nicht *was* konkret vorliegt. Nach einem solchen Signal kann der Trainer zunächst während einer Pause oder durch eine Unterbrechung Situationen schaffen, in denen er — unkontrolliert durch den Rest der Gruppe — von einzelnen Teilnehmern angesprochen werden kann. Ein anderer Weg ist die ‚Stille Post'. Man versteht darunter, daß der Trainer den Teilnehmern anbietet, sich auch während der laufenden Sitzung schriftlich über Zettel oder kurze Notizen mit ihm in Verbindung zu setzen. Es bleibt dann der Einschätzung des Trainers überlassen, wie er auf diese Anregungen oder Botschaften reagiert und wie er sie — ohne den Absender zu entlarven — in den laufenden Prozeß einspeist.

Man kann sicherlich einwenden, daß solche anonymen oder verdeckten Verfahren auf den ersten Blick nicht den Ansprüchen gerecht werden, die an Offenheit und Ehrlichkeit in der Kommunikation bei OE-Prozessen gestellt werden. Offenheit und Ehrlichkeit müssen jedoch meist erst erlernt und erprobt werden, vor allem von Gruppenmitgliedern, deren bisherige Erfahrungen damit negativ waren. Man sollte Teilnehmern deshalb in dieser Beziehung besonders am Anfang nicht zuviel zumuten, sondern sie in kleinen und lieber zu vorsichtigen als zu unbedachten Schritten erleben lassen, daß eine Atmosphäre von Offenheit und Ehrlichkeit nicht nur gefahrlos, sondern für einen

Gruppenprozeß sogar äußerst hilfreich sein kann. Sowohl das Stimmungsbarometer als auch die ‚Stille Post' sollen den Teilnehmern demonstrieren, wie behutsam und respektvoll der Trainer mit den Einstellungen und Meinungen des Einzelnen umgehen möchte und wie interessiert er nicht nur am Trend der Mehrheit, sondern auch gerade an abweichenden Einzelbeiträgen ist. Oft entsteht im Laufe des sich entwickelnden Gruppenprozesses eine Mehrheitsmeinung nach dem Motto ‚Wir können doch jetzt über alles offen reden, was soll denn noch das aufwendige Stimmungsbarometer?'. Hier sollte sich der Trainer nicht unter Druck setzen lassen und im Zweifelsfalle durch ein weiteres Stimmungsbarometer (vielleicht nur mit ein bis zwei Fragen) erfassen, ob wirklich *alle* Teilnehmer dieser Einschätzung folgen. Nicht selten wird dadurch dann eine sehr fruchtbare und auch notwendige Diskussion über Offenheit, Vertrauen und Beziehungen untereinander in Gang gesetzt.

6.5 Die Verwendung diagnostischer Instrumente zur Erfolgsmessung

Es liegt an sich auf der Hand, daß man im Prinzip alle die diagnostischen Methoden, die zu Beginn eines OE-Prozesses zur Erfassung der Problemsituation geeignet sind, natürlich später auch zur Erfassung der veränderten Situation, d. h. zur Erfolgsmessung bzw. zur Messung der erzielten Fortschritte, einsetzen kann. Mit welchem Anspruchsniveau eine solche Erfolgsmessung betrieben wird, ist in erster Linie eine ökonomische Frage. Erfahrungsgemäß ist allerdings die Bereitschaft der meisten Organisationen, hier große Mittel einzusetzen, nicht besonders stark ausgeprägt.

Das eigentliche Problem liegt jedoch weniger in der Messung eventueller Veränderungen an und für sich oder in dem verfügbaren Instrumentarium, sondern vielmehr in der **Zuschreibung** eventuell gemessener Erfolge. Wer kann absolut sicher sein, daß die ermittelten Erfolge wirklich den OE-Aktivitäten zuzurechnen sind? Kann zum Beispiel ein gemessener Anstieg der Arbeitszufriedenheit nicht auch durch eine Senkung des Anspruchsniveaus bei den Mitarbeitern, die keine Alternative mehr sehen, entstanden sein? Ist eine höhere Identifikation der Mitarbeiter mit ihrer Firma nicht (auch) darauf zurückzuführen, daß die Verhältnisse auf dem Absatzmarkt sich gebessert haben und wieder Optimismus in allen Bereichen herrscht? usw. OE-Projekte laufen ‚im Feld' ab und nicht in einem wissenschaftlichen Labor, in dem — zumindest bei nicht zu komplizierten Experimenten — relativ leicht die Kriterien wissenschaftlichen Vorgehens und Messens einzuhalten sind. OE-Projekte hingegen sind Experimente in natürlicher Umgebung, und dort wirken gleichzeitig dermaßen viele Faktoren/Variablen *zusätzlich* zu den durchgeführten OE-Maßnahmen auf die Beteiligten und die Situation ein, daß man niemals sicher wissen kann, ob bzw. wie stark eine Veränderung anderer Faktoren mit in das Ergebnis eingegangen ist. Eine unzweifelhafte und „eindeutige Zuordnung bestimmter Maßnahmen zu bestimmten Ergebnissen der OE-Programme ist damit von vornherein unmöglich" (GEBERT, 1974, S. 103). Angesichts der Komplexität der Realität ist es einfach nicht möglich, alle Einflußgrößen zu erfassen bzw. unter Kontrolle des ‚Experimentators' zu bringen. Selbst die sonst bei Experimenten üblichen Kontrollgruppen, die den experimentellen Einflüssen nicht unterworfen werden und die als eine Art Vergleichsmaßstab gelten, sind im Rahmen von Organisationsentwicklung kaum zu finden, geschweige denn künstlich zusammenzustellen. Immerhin müßte die Kontrollgruppe eine möglichst exakte Abbildung der Experimentalgruppe sein, und bei sehr umfangreichen Projekten müßte man sogar eine Kontrollorganisation haben!

In der Praxis erscheint der Zusammenhang zwischen OE-Maßnahmen und eingetretenen Veränderungen oft sehr **plausibel**. Dies darf jedoch nicht mit einem **empirischen Nachweis** verwechselt werden. RANDOLPH (1982) stellt fest, daß Untersuchungen zur Organisationsentwicklung in den seltensten Fällen den strengen Kriterien sozialwissenschaftlicher Forschung genügen. Er selbst berichtet über eine Evaluierung von OE-Maßnahmen in einer kleineren Organisation (35 Mitarbeiter) unter Verwendung einer nahezu identischen Organisation in einer anderen Stadt als Kontrollgruppe. In diesem Fall war es möglich, nicht nur einige Erfolge der OE-Interventionen empirisch nachzuweisen, sondern diese Erfolge auch von den Veränderungen abzuheben, die in der Kontrollgruppe ebenfalls festzustellen waren und demnach auf andere Einflüsse zurückgehen mußten. RANDOLPH stellt nach kritischer Analyse des gegenwärtigen Forschungsstandes bezüglich der quantitativen Erfassung von Veränderungen aufgrund von OE-Interventionen folgende Forderungen auf:

- Der Zeitraum der Untersuchung soll mindestens zwei Jahre betragen.
- Daten müssen zu zwei oder mehr Zeitpunkten erhoben werden.
- Eine in möglichst vielen Vergleichspunkten ähnliche Kontrollorganisation muß zur Verfügung stehen.
- Die Daten müssen mittels komplexer, multivariater statistischer Techniken zur Identifikation der verschiedenen Typen von Veränderungsprozessen ausgewertet werden.

Generell betrachtet bedarf das Feld der Erfolgsmessung — nicht nur bei Organisationsentwicklung — zweifellos noch einer intensiven Bearbeitung.

6.6 Anhang

Anhang 1: Fragebogen zum Informationswesen
(Quelle: Kienbaum Management Center)

	Von welcher Bedeutung ist es für Sie zu wissen ... (Fragen 1—23)	besond. wichtig	wichtig	nicht so wichtig	un- wichtig
1.	Welche organisatorischen Änderungen im Unternehmen vorgesehen sind?	O	O	O	O
2.	Wie Ihre Leistungen durch Ihren Vorgesetzten beurteilt werden?	O	O	O	O
3.	Wie die Leistung Ihres Bereiches im Unternehmen beurteilt wird?	O	O	O	O
4.	Wie bzw. auf welche Art und Weise gute Leistungen anerkannt werden?	O	O	O	O
5.	Wieviel die anderen Mitarbeiter und Führungskräfte verdienen?	O	O	O	O
6.	Was die Unternehmensleitung von einer Führungskraft verlangt?	O	O	O	O
7.	Wie die Aufsicht und Kontrolle durch den Vorgesetzten ausgeübt werden soll?	O	O	O	O
8.	Wie Sie von Ihren Mitarbeitern beurteilt werden?	O	O	O	O
9.	Wie die Ziele der betrieblichen Sozialpolitik sind?	O	O	O	O
10.	Was die sozialen Leistungen des Unternehmens kosten?	O	O	O	O
11.	Welche Weiterbildungsmöglichkeiten das Unternehmen bietet?	O	O	O	O
12.	Ob es sich lohnt, Verbesserungsvorschläge einzureichen?	O	O	O	O
13.	Wie die Höhe Ihres Gehaltes zustandekommt?	O	O	O	O
14.	Wer im nächsten Jahr von den Führungskräften pensioniert wird?	O	O	O	O
15.	Welche Erweiterungspläne das Unternehmen hat?	O	O	O	O
16.	Wie die Betriebsvorschriften lauten?	O	O	O	O
17.	Nach welchen Maßstäben Titel vergeben werden?	O	O	O	O
18.	Für welche Führungspositionen Nachfolger gesucht werden?	O	O	O	O
19.	Wie Ihre Aussichten sind, im Unternehmen weiterzukommen?	O	O	O	O
20.	Wovon es abhängt, wenn man im Unternehmen weiterkommen will?	O	O	O	O
21.	Wie Ihre Mitarbeiter ihre Aufgaben erledigen?	O	O	O	O
22.	Wann Führungskräfte Geburtstag haben?	O	O	O	O
23.	Mit wem Sie auch einmal persönliche Angelegenheiten besprechen können?	O	O	O	O
24.	An wen muß man sich wenden, um das Neueste bzw. das Wesentliche zu erfahren?	*Neueste Informationen*		*Wesentliche Informationen*	
		O	Vorgesetzter		O
		O	Betriebsrat		O
		O	Gut informierte Kollegen		O
		O	Schw. Brett/Rundschr.		O
		O	Gerüchte		O
25.	Kreuzen Sie 5 der 24 Punkte an, die Sie im nächsten Jahr verbessert sehen möchten	1 2 3 4 5 6 7 8 9 10 11 12 13 14 15 16 17 18 19 20 21 22 23 24			
		Datum · /			

Anhang 2: Standardfragen für Mitarbeiterbefragungen
(Quelle: Holm, K. F., 1982)

Frage	☒	Antwort
1. Wo arbeiten Sie?	○	1 Produktion/Technik — nicht in einem Büro
	○	2 Produktion/Technik — in einem Büro
	○	3 Lager/Versand
	○	4 Verwaltung/Verlag — in einem Büro für mich allein
	○	5 Verwaltung/Verlag — in einem Büro mit bis zu vier Kollegen
	○	6 Verwaltung/Verlag — in einem Büro mit bis zu zwanzig Kollegen
	○	7 Verwaltung/Verlag — in einem Büro mit mehr als zwanzig Kollegen z. B. Großraum
	○	8 in einem Verkaufsraum
	○	9 überwiegend im Verkaufsaußendienst
	○	10 unterschiedlich, z. B. Hausdienst, Kraftfahrer
2. Wie zufrieden sind Sie insgesamt mit den **äußeren** Bedingungen an Ihrem Arbeitsplatz (z. B. Lüftung, Beleuchtung, Raumgröße, Geräuschpegel)?	○	1 bin sehr zufrieden
	○	2 bin zufrieden
	○	3 teils, teils
	○	4 bin unzufrieden
	○	5 bin sehr unzufrieden
3. Gibt es etwas, was die Firma an Ihrem Arbeitsplatz verbessern sollte? (Bis zu drei Antworten möglich)	○	1 **nein**
	○	**ja**, nämlich:
	○	2 Lärmschutz
	○	3 mehr Tageslicht
	○	4 bessere künstliche Beleuchtung
	○	5 Belüftung verbessern
	○	6 Vollklimatisierung einführen
	○	7 Vollklimatisierung abschaffen
	○	8 Zugluft verhindern
	○	9 bessere Heizungs-/Kühlungsregulierung
	○	10 Schutz gegen Schmutz, Staub, Feuchtigkeit
	○	11 Trennung nach Rauchern und Nichtrauchern

Standardfragen für Mitarbeiterbefragungen

Frage	Hier bitte Ihre Antwort ankreuzen ⊠	Antwort
	○ ○ ○ ○ ○ ○ ○	12 Arbeitsmaterial, Werkzeug, Arbeitsmittel, Arbeitskleidung verbessern 13 zweckmäßigere Arbeitsplatzgestaltung 14 mehr Möglichkeiten meinen Arbeitsplatz selbst auszugestalten 15 Großraum abschaffen, weniger Leute im Zimmer 16 mehr Sicherheit am Arbeitsplatz, besserer Gesundheitsschutz 17 bessere sanitäre Einrichtung (Umkleidekabinen, Waschräume, WC's) und Pausenräume 18 Pausenräume
4. Gefällt Ihnen Ihre Arbeit?	○ ○ ○ ○ ○	1 gefällt mir sehr gut 2 gefällt mir gut 3 teils, teils 4 gefällt mir nicht so gut 5 gefällt mir gar nicht
5. Entspricht Ihre Arbeit Ihren persönlichen Neigungen?	○ ○ ○ ○ ○	1 sehr gut 2 gut 3 teils, teils 4 kaum 5 überhaupt nicht
6. Können Sie bei Ihrer Arbeit Ihr Wissen und Können einsetzen?	○ ○ ○ ○ ○	1 sehr häufig 2 häufig 3 manchmal 4 selten 5 sehr selten
7. Bringen Sie von sich aus Anregungen oder Beiträge, die Ihre Arbeit oder die Zusammenarbeit mit anderen verbessern?	○ ○ ○ ○ ○	1 sehr häufig 2 häufig 3 manchmal 4 selten 5 sehr selten
8. Können Sie die Ihnen übertragenen Arbeiten ausreichend nach Ihren Vorstellungen durchführen?	○ ○ ○ ○ ○	1 sehr häufig 2 häufig 3 manchmal 4 selten 5 sehr selten

Antwort	☒	Frage
9. Gibt Ihnen Ihre Arbeit Möglichkeiten, sich über eine Leistung, über einen Erfolg zu freuen?	○ ○ ○ ○ ○	1 sehr häufig 2 häufig 3 manchmal 4 selten 5 sehr selten
10. Wenn Sie Ihre Leistungsfähigkeit betrachten, wie empfinden Sie dann Ihre Arbeitsbelastung?	○ ○ ○ ○ ○	1 möchte wesentlich mehr belastet werden 2 möchte mehr balastet werden 3 möchte so wie bisher belastet werden 4 möchte weniger belastet werden 5 möchte wesentlich weniger belastet werden
11. Stört Sie etwas bei Ihrer Arbeit? (Bis zu drei Antworten möglich)	○ ○ ○ ○ ○ ○ ○ ○ ○ ○ ○ ○ ○ ○	1 **nein,** nichts **ja,** und zwar: 2 Arbeit ist zu langweilig und eintönig 3 Arbeitstempo ist zu schnell, es gibt zuviel Termindruck 4 meine Aufgaben wechseln zu schnell 5 Ich habe zuviel zu tun / zuviele Überstunden 6 es gibt zuviel Leerlauf 7 werde für meine Arbeit nicht ausreichend informiert 8 ich weiß oft nicht, was man eigentlich von mir erwartet 9 werde zu häufig bei der Arbeit unterbrochen 10 Arbeitszeitregelung/Schichtarbeit ist ungünstig 11 Pausenregelung ist schlecht 12 Arbeitsvorbereitung ist mangelhaft 13 Arbeitsabläufe sind zu umständlich 14 mir fehlen noch einige Erfahrungen 15 meine Aufgaben sind zu schwierig/kompliziert
12. Fühlen Sie sich über die wesentlichen Dinge in **Ihrer Firma** (Tochtergesellschaft von XY) ausreichend informiert?	○ ○ ○ ○ ○	1 immer 2 meistens 3 manchmal 4 selten 5 nie

Standardfragen für Mitarbeiterbefragungen

Frage	Hier bitte Ihre Antwort ankreuzen ⊠		Antwort
13. Fühlen Sie sich über die wesentlichen Dinge im Gesamtunternehmen XY ausreichend informiert?	○ ○ ○ ○ ○	1 2 3 4 5	immer meistens manchmal selten nie
14. Worüber möchten Sie in erster Linie mehr wissen? (bis zu drei Angaben möglich)	○ ○ ○ ○ ○ ○ ○ ○ ○ ○ ○ ○ ○ ○ ○ ○	1 2 3 4 5 6 7 8 9 10 11 12 13 14 15 16 17	keine Wünsche was meinen unmittelbaren Arbeitsplatz betrifft wie sich meine Aufgaben oder die Aufgaben meiner Abteilung ändern organisatorische Veränderungen im Betrieb wie Bauten, Anlagen und Maschinen im Betrieb und an meinen Nachbararbeitsplätzen verändert werden sollen welche Ergebnisse bei meiner Arbeit oder der Arbeit meiner Abteilung herauskommen über unsere Produkte über die Arbeit des Betriebsrates wie andere Abteilungen arbeiten wie unser Unternehmen aufgebaut und organisiert ist über Personen, z. B. Neueinstellungen, Beförderungen, Jubiläen über Tarife, Prämien, Steuern, Sozialabgaben und Sozialleistungen über das Weiterbildungsangebot der Firma über Aufstiegsmöglichkeiten in der Firma wie unser Betrieb arbeitet und ausgelastet ist was die Geschäftsleitung vorhat wie sich die allgemeine wirtschaftliche Situation außerhalb des Unternehmens entwickelt
15. Sind Sie mit den Weiterbildungsmöglichkeiten bei XY zufrieden? (Schulung, Weiterbildungskurse, sonstige Seminare usw.)	○ ○ ○ ○ ○ ○ ○	1 2 3 4 5 6 7	bin sehr zufrieden bin zufrieden teils, teils bin unzufrieden bin sehr unzufrieden kenne die Möglichkeiten der Weiterbildung nicht gibt es in meiner Firma nicht

Frage	⊠	Antwort
16. Hindert Sie etwas daran, Weiterbildungsangebote der Firma genügend zu nutzen? (Bis zu drei Antworten möglich)	O O O O O O O O O O O O O	1 **nein,** ich nutze sie bereits genügend 2 **nein,** ich möchte sie auch nicht stärker nutzen **ja,** mich hindert vor allem: 3 Angebot entspricht nicht meinem persönlichen Weiterbildungsbedarf 4 es nutzt mir bei der Arbeit nicht viel 5 meine Arbeit läßt mir nicht genügend Zeit dafür 6 Schichtarbeit hindert mich an Teilnahme 7 dann bleibt zu wenig Zeit für die Familie/mein Privatleben 8 bilde mich anderswo weiter, z. B. durch Fachliteratur, Volkshochschule, Telekolleg, Fernkurse 9 berufliche Weiterbildung wird vom Betrieb nicht anerkannt 10 mein Vorgesetzter stellt mich dafür nicht frei 11 Teilnehmerzahl ist zu begrenzt 12 wird mir nicht angeboten 13 bin bereits ausreichend ausgebildet
17. Sind Sie mit Ihren Möglichkeiten, bei XY vorwärts zu kommen, zufrieden?	O O O O O O	1 bin sehr zufrieden 2 bin zufrieden 3 teils, teils 4 bin unzufrieden 5 bin sehr unzufrieden 6 betrifft mich nicht, da ich bei meiner jetzigen Tätigkeit bleiben möchte
18. Hindert Sie etwas, beruflich weiterzukommen? (Bis zu drei Antworten möglich)	O O O O O	1 **nein,** mich hindert nichts 2 **nein,** ich möchte auch zur Zeit nichts anderes machen **ja,** mich hindert vor allem: 3 in jetzt ausgeübter Tätigkeit gibt es keine Aufstiegsmöglichkeiten/ Endposition ist erreicht 4 die Firma erkennt nicht, daß ich noch mehr leisten kann 5 in Frage kommende Positionen sind bereits besetzt

Standardfragen für Mitarbeiterbefragungen

Frage	☒	Antwort
	○	6 offene Positionen im Unternehmen sind mir nicht ausreichend bekannt
	○	7 bin zu alt
	○	8 in Frage kommende Plätze werden mit Betriebsfremden besetzt
	○	9 gerechte Auswahlmethoden fehlen
	○	10 meine Schul- und Berufsausbildung ist nicht ausreichend
	○	11 habe noch zu wenig betriebliche oder berufliche Erfahrung
	○	12 werde als Frau benachteiligt
	○	13 werde von Vorgesetzten zu wenig gefördert
	○	14 Vorgesetzter will gute Arbeitskräfte nicht verlieren
	○	15 Aufstiegsmöglichkeiten sind mit Ortswechsel verbunden, den ich nicht will (Haus, Familie, Freunde usw.)
19. Wie erfüllt Ihr Vorgesetzter* seine fachlichen Aufgaben? * gemeint ist Ihr direkter — nächster — Vorgesetzter, siehe dazu auch die in einigen Abteilungen beiliegenden Erläuterungsblätter	○ ○ ○ ○ ○	1 sehr gut 2 gut 3 durchschnittlich 4 schlecht 5 sehr schlecht
20. Wie führt Ihr Vorgesetzter seine Mitarbeiter?	○ ○ ○ ○ ○	1 sehr gut 2 gut 3 durchschnittlich 4 schlecht 5 sehr schlecht
21. Wie sorgt Ihr Vorgesetzter für die Zusammenarbeit in seiner Abteilung?	○ ○ ○ ○ ○	1 sehr gut 2 gut 3 durchschnittlich 4 schlecht 5 sehr schlecht
22. Wie arbeitet Ihr Vorgesetzter mit Ihnen zusammen?	○ ○ ○ ○ ○	1 sehr gut 2 gut 3 durchschnittlich 4 schlecht 5 sehr schlecht
23. Verhält sich Ihr Vorgesetzter im Gespräch mit Ihnen aufgeschlossen?	○ ○ ○ ○ ○	1 bin sehr zufrieden 2 bin zufrieden 3 teils, teils 4 bin unzufrieden 5 bin sehr unzufrieden

Hier bitte Ihre Antwort ankreuzen

316 Anstöße und diagnostische Maßnahmen

Frage	Hier bitte Ihre Antwort ankreuzen ⊠	Antwort
24. Informiert Ihr Vorgesetzter Sie über die Dinge, die Ihre Arbeit betreffen, rechtzeitig und ausreichend?	○ ○ ○ ○ ○	1 immer 2 meistens 3 manchmal 4 selten 5 nie
25. Bespricht Ihr Vorgesetzter Ihre Aufgaben ausreichend mit Ihnen?	○ ○ ○ ○ ○	1 bin sehr zufrieden 2 bin zufrieden 3 teils, teils 4 bin unzufrieden 5 bin sehr unzufrieden
26 Beachtet Ihr Vorgesetzter Ihre Meinung bei wichtigen Entscheidungen?	○ ○ ○ ○ ○	1 bin sehr zufrieden 2 bin zufrieden 3 teils, teils 4 bin unzufrieden 5 bin sehr unzufrieden
27. Fördert das Verhalten Ihres Vorgesetzten Ihre Einsatzbereitschaft?	○ ○ ○ ○ ○	1 sehr häufig 2 häufig 3 manchmal 4 selten 5 sehr selten
28. Hilft Ihnen Ihr Vorgesetzter, wenn es mal Schwierigkeiten bei Ihrer Arbeit gibt?	○ ○ ○ ○ ○ ○	1 bin sehr zufrieden 2 bin zufrieden 3 teils, teils 4 bin unzufrieden 5 bin sehr unzufrieden 6 benötige keine Hilfe
29. Setzt er sich im Rahmen seiner Möglichkeiten für Sie ein, wenn Sie mit einem persönlichen Anliegen zu ihm kommen?	○ ○ ○ ○ ○	1 bin sehr zufrieden 2 bin zufrieden 3 teils, teils 4 bin unzufrieden 5 bin sehr unzufrieden
30. Wie kontrolliert Ihr Vorgesetzter Ihre Arbeit?	○ ○ ○ ○ ○	1 sehr gut 2 gut 3 durchschnittlich 4 schlecht 5 sehr schlecht
31. Erkennt Ihr Vorgesetzter gute Leistung lobend an?	○ ○ ○ ○ ○	1 immer 2 meistens 3 manchmal 4 selten 5 nie

Standardfragen für Mitarbeiterbefragungen 317

Hier bitte
Ihre Antwort
ankreuzen

Frage	☒	Antwort
32. Wie kritisiert er, wenn mal ein Fehler passiert?	○ ○ ○ ○ ○ ○	1 immer sachlich und angemessen 2 meistens sachlich und angemessen 3 mal sachlich und angemessen, mal nicht 4 selten sachlich und angemessen 5 nie sachlich und angemessen 6 er kritisiert Fehler so gut wie überhaupt nicht
33. Fühlen Sie sich von Ihrem Vorgesetzten gerecht beurteilt?	○ ○ ○ ○ ○ ○	1 bin sehr zufrieden 2 bin zufrieden 3 teils, teils 4 bin unzufrieden 5 bin sehr unzufrieden 6 weiß nicht, wie er mich beurteilt
34. Wie beurteilen Sie das Führungsverhalten des **Chefs Ihres Vorgesetzten?**	○ ○ ○ ○ ○ ○	1 sehr gut 2 gut 3 durchschnittlich 4 schlecht 5 sehr schlecht 6 kann ich nicht beurteilen
35. Wie beurteilen Sie das Betriebsklima in Ihrer Abteilung?	○ ○ ○ ○ ○	1 sehr gut 2 gut 3 durchschnittlich 4 schlecht 5 sehr schlecht
36. Wie arbeiten die Kollegen **Ihrer Abteilung/Gruppe** mit Ihnen zusammen?	○ ○ ○ ○ ○	1 sehr gut 2 gut 3 durchschnittlich 4 schlecht 5 sehr schlecht
37. Wie arbeiten die Kollegen **anderer Abteilungen/Gruppen** mit Ihnen zusammen?	○ ○ ○ ○ ○ ○	1 sehr gut 2 gut 3 durchschnittlich 4 schlecht 5 sehr schlecht 6 habe mit anderen Abteilungen/ Gruppen nichts zu tun
38. Wie sind die Aufgaben Ihrer Abteilung/Gruppe mit denen anderer Abteilungen/Gruppen abgestimmt?	○ ○ ○ ○ ○ ○	1 sehr gut 2 gut 3 durchschnittlich 4 schlecht 5 sehr schlecht 6 kann ich nicht beurteilen

318 Anstöße und diagnostische Maßnahmen

Frage	Hier bitte Ihre Antwort ankreuzen ⊠	Antwort
39. Wenn Sie einmal alle Zahlungen der Firma zusammennehmen (Gehalt/Lohn, Weihnachts- und Urlaubsgeld sowie Gewinnbeteiligung) was schätzen Sie dann? Wie bezahlt XY Sie im Vergleich zu dem, was Sie bei anderen Unternehmen bekommen würden?	O O O O O O	1 sehr gut 2 gut 3 durchschnittlich 4 schlecht 5 sehr schlecht 6 kann ich nicht beurteilen
40. Glauben Sie, daß Sie im Vergleich zu Ihren **Kollegen** gerecht bezahlt sind?	O O O O O O	1 bin sehr zufrieden 2 bin zufrieden 3 teils, teils 4 bin unzufrieden 5 bin sehr unzufrieden 6 kann ich nicht beurteilen
41. Finden Sie, daß Ihre Arbeit **leistungsgerecht** gezahlt wird?	O O O O O O	1 bin sehr zufrieden 2 bin zufrieden 3 teils, teils 4 bin unzufrieden 5 bin sehr unzufrieden 6 kann ich nicht beurteilen
42. Welche Leistungen, die bei XY neben dem normalen Lohn/Gehalt bestehen, sind Ihnen persönlich besonders wichtig? (Bis zu fünf Angaben möglich)	O O O O O O O O O O O O O O O O O	1 keine 2 Jahressonderzahlungen (Weihnachts- und Urlaubsgeld, Gratifikationen) 3 Gewinnbeteiligung 4 Belegschaftsaktien/Genußrechte pp. 5 vermögenswirksame Leistung 6 Dienstaltersprämie und -zulage 7 Urlaub 8 Weiterbildung 9 Kündigungsschutz für ältere Arbeitnehmer 10 betriebliche Altersversorgung 11 Ausgleichszahlungen bei Krankheit 12 Gesundheitsfürsorge (betriebsärztlicher Dienst, Sanitätsdienst) 13 Werksfürsorge, Kinderfreizeiten, Zuschüsse zu Ferienheimen 14 Betriebskrankenkasse 15 betriebliches Vorschlagswesen 16 Belegschaftsverkauf/-rabatte 17 Kantine/Verpflegungszuschüsse 18 Jubiläumsgelder/Geschenke aus besonderem Anlaß

Standardfragen für Mitarbeiterbefragungen

Frage	⊠	Antwort
	○ ○ ○ ○ ○ ○ ○ ○ ○ ○ ○	19 Unterstützungsfonds des Betriebsrates für Sonderfälle 20 Werks- und werksgeförderte Wohnungen/Gemeinschaftsunterkünfte/Hilfe bei der Wohnungsbeschaffung 21 Baudarlehen 22 Fahrkostenzuschuß 23 Kindergeld 24 Stellung und Reinigung von Arbeitskleidung 25 Werksbücherei/kulturelle Veranstaltungen 26 Betriebsfeiern/-ausflüge 27 Studien- und Ausbildungsbeihilfen/Stipendien 28 Kindergärten/-tagesstätten 29 Sportförderung/Förderung von Clubs und Vereinen
43. Sind Sie mit den Sozialleistungen der Firma zufrieden?	○ ○ ○ ○ ○	1 bin sehr zufrieden 2 bin zufrieden 3 teils, teils 4 bin unzufrieden 5 bin sehr unzufrieden
44. Welches Ansehen hat Ihrer Meinung nach XY **in der Öffentlichkeit?**	○ ○ ○ ○ ○	1 ein sehr gutes 2 ein gutes 3 ein durchschnittliches 4 ein schlechtes 5 ein sehr schlechtes
45. Welches Ansehen hat Ihrer Meinung nach XY **bei seinen Mitarbeitern?**	○ ○ ○ ○ ○	1 ein sehr gutes 2 ein gutes 3 ein durchschnittliches 4 ein schlechtes 5 ein sehr schlechtes
46. Wenn Sie einmal die Zukunftsaussichten des Unternehmens und die allgemeine wirtschaftliche Entwicklung beurteilen: Für wie sicher halten Sie dann Ihren Arbeitsplatz bei XY?	○ ○ ○ ○ ○	1 sehr sicher 2 sicher 3 einigermaßen sicher 4 weniger sicher 5 unsicher
47. Wenn Sie heute noch einmal zu entscheiden hätten, würden Sie dann wieder zu XY gehen?	○ ○ ○ ○ ○	1 auf jeden Fall 2 wahrscheinlich 3 unentschieden 4 wahrscheinlich nicht 5 auf keinen Fall

320 Anstöße und diagnostische Maßnahmen

Frage	⊠	Antwort
48. Was wäre bei Ihrer Entscheidung besonders wichtig? (Bis zu fünf Antworten möglich)	○ ○ ○ ○ ○ ○ ○ ○ ○ ○ ○ ○ ○ ○ ○ ○ ○ ○ ○	1 Art der Arbeit/Tätigkeit 2 Bezahlung 3 Sicherheit des Arbeitsplatzes 4 Sozialleistungen/-einrichtungen 5 äußere Arbeitsplatzbedingungen 6 Vorgesetzter 7 Kollegen 8 berufliche Entwicklungsmöglichkeiten 9 Selbständigkeit/Entscheidungsfreiheit 10 Mitwirkungsmöglichkeiten am Arbeitsplatz 11 Arbeitstempo/Arbeitsbelastung 12 Regelung der Arbeitszeit 13 Freizeit und Urlaub 14 Führungsstil im Unternehmen 15 Ansehen der Firma 16 Unternehmensziele/Unternehmenspolitik 17 Aus- und Weiterbildung 18 innerbetriebliche Information 19 Stadt/Gegend/verkehrsgünstige Lage

Standardfragen für Mitarbeiterbefragungen

Die statistischen Angaben in dem Bogen sind erforderlich, um besondere Probleme und Anliegen einzelner Mitarbeiter- oder Arbeitsgruppen erkennen zu können.
Ihre persönlichen Antworten bleiben in jedem Fall geheim.
Es werden nur Ergebnisse für statistische Gruppen, nicht für einzelne Mitarbeiter ermittelt. Der Computer ist so blockiert, daß er nur Ergebnisse ausdruckt, die mindestens sechs Mitarbeiter umfassen. Die Einhaltung der Vertraulichkeit wird vom Betriebsrat jederzeit überwacht.

Vorstandsvorsitzender   Betriebsratsvorsitzender

Frage	⊠	Antwort
49a Ihr Geschlecht?	O O	1 männlich 2 weiblich
49b Ihr Alter?	O O O O O O	1 bis 19 Jahre 2 20 bis 29 Jahre 3 30 bis 39 Jahre 4 40 bis 49 Jahre 5 50 bis 59 jahre 6 60 Jahre und älter
49c Wie lange arbeiten Sie schon bei XY?	O O O O O O	1 weniger als 1 Jahr 2 1 Jahr bis unter 3 Jahre 3 3 Jahre bis unter 5 Jahre 4 5 Jahre bis unter 10 Jahre 5 10 Jahre bis unter 20 Jahre 6 20 Jahre und länger
49d In welcher Firma/Abteilung/Gruppe arbeiten Sie?		unternehmensspezifisch
49e Welche Position hat **Ihr Vorgesetzter?**	O O O O O	1 Vorstand 2 Geschäftsführer 3 Hauptabteilungsleiter/Mitglied des Geschäftsleitungskreises 4 Abteilungsleiter/stellvertretender Abteilungsleiter/Schichtleiter 5 Gruppenleiter
49f Nach welcher Einkommensform werden Sie bezahlt?	O O	1 Lohn 2 Gehalt
49g Wie hoch ist Ihr persönliches **Brutto**-Monatseinkommen vor Abzug der Steuern und Sozialabgaben?	O O O O O	1 unter 1000,— DM 2 1000,— bis unter 2000,— DM 3 2000,— bis unter 3000,— DM 4 3000,— bis unter 4000,— DM 5 4000,— und mehr
49h Leisten Sie Schichtarbeit?	O O	1 ja 2 nein
50. Gibt es noch etwas, das Ihnen wichtig erscheint? Bitte schreiben Sie es auf das beiliegende Blatt.		siehe Beiblatt
		Vielen Dank für Ihre Mitarbeit

Anhang 3: Erhebungsbogen zur Erfassung des Betriebsklimas mit Normtabelle

(Mit freundlicher Genehmigung: Bayerisches Staatsministerium für Arbeit und Sozialordnung)

Anleitung zur Beantwortung der Fragen

Bitte beantworten Sie die folgenden Fragen ganz offen. Nur so kann ein realistisches Bild entstehen, aufgrund dessen mögliche Verbesserungsvorschläge erarbeitet werden können.

Kreuzen Sie also jeweils das Antwortfeld an, welches Ihrer eigenen Meinung am meisten entspricht.

Beispiel:

Unser Betrieb ist gut organisiert.

Aussage	1	2	3	4	5
Stimmen Sie dieser Aussage voll zu, kreuzen Sie bitte Feld 1 an.	☒	☐	☐	☐	☐
Stimmen Sie dieser Aussage weitgehend zu, kreuzen Sie bitte Feld 2 an.	☐	☒	☐	☐	☐
Stimmen Sie dieser Aussage überhaupt nicht zu, kreuzen Sie bitte Feld 5 an.	☐	☐	☐	☐	☒
Stimmen Sie dieser Aussage weitgehend nicht zu, kreuzen Sie bitte Feld 4 an.	☐	☐	☐	☒	☐
Nur wenn Sie dieser Aussage weder zustimmen noch sie verneinen möchten, kreuzen Sie das mittlere Feld an.	☐	☐	☒	☐	☐

Die Fragen beziehen sich auf den Betrieb, in dem Sie arbeiten, als Ganzem — nicht nur auf Ihren eigenen Arbeitsplatz.
Bitte <u>beschreiben</u> Sie, wie Sie Ihren Betrieb — soweit Sie ihn über Ihren Arbeitsplatz hinaus kennen — sehen.

Am Ende jedes Fragebogenteils haben Sie dann Gelegenheit zu einer persönlichen <u>Bewertung</u> der Situation in Ihrem Betrieb. Äußern Sie bitte zunächst ganz spontan, wie gut oder schlecht Sie den jeweils abgefragten Bereich einschätzen.
Danach geben Sie bitte an, wie wichtig der genannte Bereich für Sie ist — ganz unabhängig davon, wie gut oder schlecht Sie ihn im Betrieb bereits verwirklicht sehen.

Bedenken Sie: <u>Es gibt keine „richtigen" oder „falschen" Antworten.</u> Gehen Sie bei der Beantwortung der Fragen ohne lang nachzudenken vor.

Bitte beantworten Sie zunächst einige allgemeine Fragen

		stimmt				stimmt nicht

1. Unsere Firma legt Wert darauf, daß die Mitarbeiter gern hier arbeiten. ☐₁ ☐₂ ☐₃ ☐₄ ☐₅

2. Es ist angenehm, für unsere Firma zu arbeiten. ☐₁ ☐₂ ☐₃ ☐₄ ☐₅

3. In unserem Betrieb werden Anstrengungen unternommen, die Arbeitsbedingungen menschengerechter zu gestalten. ☐₁ ☐₂ ☐₃ ☐₄ ☐₅

4. Man braucht sich nicht zu wundern, wenn Leute bei den Arbeitsbedingungen in unserem Betrieb krank werden. ☐₁ ☐₂ ☐₃ ☐₄ ☐₅

5. In unserem Betrieb kommt man vor lauter Hektik nicht zum Verschnaufen. ☐₁ ☐₂ ☐₃ ☐₄ ☐₅

6. In unserer Firma ist das Wohlergehen der Mitarbeiter das Wichtigste. ☐₁ ☐₂ ☐₃ ☐₄ ☐₅

Anmerkung:

Bei der Auswertung des Betriebsklimabogens sind selbstverständlich die Antworten zu den positiv formulierten Aussagen umzupolen! Also: Aus 1 wird 5, aus 2 wird 4, 3 bleibt 3, aus 4 wird 2, aus 5 wird 1.

Die positiv formulierten Aussagen sind 1, 2, 3, 6, 8, 10, 11, 16, 18, 21, 22, 23, 28, 29, 31, 33, 49, 52, 54, 55, 56, 63, 69, 70, 73, 74, 75.

Alle im Text gemachten Aussagen und alle Angaben in den Tabellen der Broschüre beruhen auf entsprechenden Umpolungen.

Falls der Fragebogen in Betrieben verwendet wird, wird empfohlen, den Bogen auf DIN A 4 zu vergrößern.

Bitte beantworten Sie jetzt die Fragen zum Bereich Kollegen

	stimmt				stimmt nicht
7. Das Betriebsklima ist zu unpersönlich.	☐₁	☐₂	☐₃	☐₄	☐₅
8. Wenn jemand Schwierigkeiten bei der Arbeit hat, wird ihm ganz sicher von den Kollegen geholfen.	☐₁	☐₂	☐₃	☐₄	☐₅
9. So etwas wie Gemeinschaftssinn fehlt in unserem Betrieb — hier denkt jeder nur an sich selbst.	☐₁	☐₂	☐₃	☐₄	☐₅
10. Wenn bei uns jemand persönliche Schwierigkeiten hat, kann er mit Verständnis und Hilfe der Kollegen rechnen.	☐₁	☐₂	☐₃	☐₄	☐₅
11. Das gegenseitige Vertrauen ist bei uns so groß, daß wir offen über alles, auch ganz persönliche Sachen, reden können.	☐₁	☐₂	☐₃	☐₄	☐₅
12. In unserem Betrieb behält man seine persönliche Meinung über innerbetriebliche Vorgänge besser für sich: Man kann ja nie wissen, wie einem ein offenes Wort einmal ausgelegt wird.	☐₁	☐₂	☐₃	☐₄	☐₅
13. Wer sich in unserem Betrieb vor Intrigen schützen will, hält am besten ständig den Mund.	☐₁	☐₂	☐₃	☐₄	☐₅
14. Hinter Höflichkeitsfloskeln und Komplimenten wird all das versteckt, was in unserem Betrieb schief läuft.	☐₁	☐₂	☐₃	☐₄	☐₅
15. Bei uns gibt es häufig Spannungen zwischen älteren und jüngeren Kollegen.	☐₁	☐₂	☐₃	☐₄	☐₅
16. Bei uns kann jeder seine Meinung und seine Gefühle frei ausdrücken.	☐₁	☐₂	☐₃	☐₄	☐₅
17. In unserem Betrieb gibt es zwar Konflikte, sie werden aber beschönigt und vertuscht: Nach außen und nach oben hin ist alles in schönster Ordnung.	☐₁	☐₂	☐₃	☐₄	☐₅
18. Persönliche, den anderen verletzende Kritik gibt es bei uns Kollegen nicht.	☐₁	☐₂	☐₃	☐₄	☐₅

Bitte beurteilen Sie nun den Bereich „Beziehungen zwischen den Kollegen" insgesamt

	gut				schlecht
Die Beziehungen zwischen den Kollegen bei uns sind	○	○	○	○	○

	besonders wichtig				nicht so wichtig
Daß die Beziehungen zwischen den Kollegen gut sind, halte ich für	○	○	○	○	○

Bitte beantworten Sie jetzt die Fragen zum Bereich Vorgesetzte
(Denken Sie dabei nicht nur an Ihren unmittelbaren Vorgesetzten)

	stimmt				stimmt nicht
21. Gute Arbeit wird von unseren Vorgesetzten entsprechend anerkannt.	□₁	□₂	□₃	□₄	□₅
22. Die meisten Problemlösungen werden im Gespräch mit den Vorgesetzten in wirklicher Übereinstimmung mit den Auffassungen der Mitarbeiter erzielt.	□₁	□₂	□₃	□₄	□₅
23. Unsere Vorgesetzten sorgen dafür, daß unter uns Kollegen die Zusammenarbeit reibungslos funktioniert.	□₁	□₂	□₃	□₄	□₅
24. Unsere Vorgesetzten möchten gerne so wirken, als wüßten sie alles.	□₁	□₂	□₃	□₄	□₅
25. Die Stimmung im Betrieb ist abhängig von den Launen der Vorgesetzten.	□₁	□₂	□₃	□₄	□₅
26. Die Vorgesetzten versuchen oft, von Ihnen selbst gemachte Fehler auf uns abzuwälzen.	□₁	□₂	□₃	□₄	□₅
27. Entscheidungen werden zwar mit den Mitarbeitern besprochen, hinterher sieht die Verwirklichung aber immer ganz anders aus, als wir uns das vorgestellt haben.	□₁	□₂	□₃	□₄	□₅
28. Die Vorgesetzten verstehen es, die Situation so zu gestalten, daß jeder seine tatsächliche Leistungsfähigkeit entfalten kann.	□₁	□₂	□₃	□₄	□₅
29. Die Vorgesetzten gehen auf unsere Sorgen und Beschwerden ein.	□₁	□₂	□₃	□₄	□₅
30. Die Vorgesetzten behandeln uns oft unfair.	□₁	□₂	□₃	□₄	□₅
31. Wenn man mit etwas unzufrieden ist, kann man hier mit den Vorgesetzten ganz offen darüber sprechen.	□₁	□₂	□₃	□₄	□₅
32. Hier wird man ständig zur Arbeit angetrieben.	□₁	□₂	□₃	□₄	□₅
33. Die Vorgesetzten setzen sich für unsere Anliegen ein, soweit dies im Rahmen ihrer Möglichkeiten liegt.	□₁	□₂	□₃	□₄	□₅
34. Selbst bei Entscheidungen, die direkt die Interessen der Mitarbeiter betreffen, werden diese vorher nicht nach Ihrer Meinung gefragt.	□₁	□₂	□₃	□₄	□₅

Bitte beurteilen Sie nun den Bereich „Führung" durch die Vorgesetzten insgesamt

	gut				schlecht
Die Führung durch die Vorgesetzten ist	○	○	○	○	○

	besonders wichtig				nicht so wichtig
Daß die Führung durch die Vorgesetzten gut ist, halte ich für	○	○	○	○	○

Bitte beantworten Sie jetzt die Fragen zum Bereich Organisation

	stimmt				stimmt nicht

37. In unserem Betrieb sind die unzulänglichen Arbeitsbedingungen das größte Problem.   ☐₁ ☐₂ ☐₃ ☐₄ ☐₅

38. Neuerungen gibt es bei uns nur, wenn sichergestellt ist, daß damit Geld verdient werden kann.   ☐₁ ☐₂ ☐₃ ☐₄ ☐₅

39. Hier dürfen wir nichts anderes, als die Anweisungen des Vorgesetzten ausführen.   ☐₁ ☐₂ ☐₃ ☐₄ ☐₅

40. In unserem Betrieb geht vieles über den „Dienstweg". Nichteinhaltung des Dienstwegs gilt als Verstoß gegen die Betriebsregeln.   ☐₁ ☐₂ ☐₃ ☐₄ ☐₅

41. Es gibt hier sehr viele Regeln und Vorschriften.   ☐₁ ☐₂ ☐₃ ☐₄ ☐₅

42. In unserem Betrieb geht es sehr bürokratisch zu.   ☐₁ ☐₂ ☐₃ ☐₄ ☐₅

43. Bei uns sind Aufgabengebiete in viele kleine Teile eingeteilt und jeder bearbeitet nur einen bestimmten Teil.   ☐₁ ☐₂ ☐₃ ☐₄ ☐₅

44. Hier wird nichts dem Zufall überlassen, es gibt für alle Vorkommnisse Anweisungen, was zu tun ist.   ☐₁ ☐₂ ☐₃ ☐₄ ☐₅

45. Bei uns ist alles sehr gleichförmig, es gibt viel Routine.   ☐₁ ☐₂ ☐₃ ☐₄ ☐₅

46. Bei uns ist es so, daß nur einer entscheiden kann, und das ist der Vorgesetzte.   ☐₁ ☐₂ ☐₃ ☐₄ ☐₅

Bitte beurteilen Sie nun den Bereich „Organisation" insgesamt

Die Organisation bei uns ist   gut ○ ○ ○ ○ ○ schlecht

Daß die Organisation bei uns gut ist, halte ich für   besonders wichtig ○ ○ ○ ○ ○ nicht so wichtig

Bitte beantworten Sie jetzt die Fragen zum Bereich Information und Mitsprache

		stimmt				stimmt nicht
49.	Über wichtige Dinge und Vorgänge in unserem Betrieb sind wir <u>ausreichend</u> informiert.	□₁	□₂	□₃	□₄	□₅
50.	In unserem Betrieb sind wir über alles, was wichtig ist, nie <u>rechtzeitig</u> informiert.	□₁	□₂	□₃	□₄	□₅
51.	In unserem Betrieb kommt es recht oft vor, daß wir vor vollendete Tatsachen gestellt werden.	□₁	□₂	□₃	□₄	□₅
52.	Die Leitung unseres Betriebs ist bereit, die Ideen und Vorschläge der Arbeitnehmer zu berücksichtigen.	□₁	□₂	□₃	□₄	□₅
53.	Bei langfristigen Planungen werden gerade diejenigen nicht beteiligt, die später die Auswirkungen der Planungen zu tragen haben.	□₁	□₂	□₃	□₄	□₅
54.	Über Dinge, die unsere Arbeit betreffen, werde wir ausreichend informiert.	□₁	□₂	□₃	□₄	□₅
55.	In unserem Betrieb werden schon <u>lange vor</u> der Einführung neuer Maschinen oder neuer Einrichtungen alle zusammengerufen und informiert, die es betrifft.	□₁	□₂	□₃	□₄	□₅
56.	Die Information über die geplante Einführung von neuen Maschinen, Einrichtungen oder ähnlichem ist so <u>ausreichend,</u> daß wir genau wissen, was auf uns zukommt.	□₁	□₂	□₃	□₄	□₅
57.	Über Dinge wie Auftragsrückgang, Stellenstreichungen, Produktionseinschränkungen, Kurzarbeit werden wir <u>rechtzeitig</u> unterrichtet.	□₁	□₂	□₃	□₄	□₅
58.	Aus offiziellen Quellen (z. B. Rundschreiben, schwarzes Brett, Betriebszeitung u. a,) erfährt man nur das, was längst gelaufen ist.	□₁	□₂	□₃	□₄	□₅

Bitte beurteilen Sie nun die Bereiche „Information" und „Mitsprache" insgesamt

	gut				schlecht
Die Information bei uns funktioniert	○	○	○	○	○

	besonders wichtig				nicht so wichtig
Daß die Information gut funktioniert, halte ich für	○	○	○	○	○

	gut				schlecht
Die Mitsprachemöglichkeiten sind bei uns	○	○	○	○	○

	besonders wichtig				nicht so wichtig
Daß die Mitsprachemöglichkeiten gut sind, halte ich für	○	○	○	○	○

Bitte beantworten Sie jetzt die Fragen zum Bereich Interessenvertretung

	stimmt				stimmt nicht

63. In unserem Betrieb werden die Interessen der Arbeitnehmer im Großen und Ganzen berücksichtigt. ☐$_1$ ☐$_2$ ☐$_3$ ☐$_4$ ☐$_5$

64. Für die Durchsetzung der eigenen Interessen muß sich bei uns jeder selbst einsetzen. ☐$_1$ ☐$_2$ ☐$_3$ ☐$_4$ ☐$_5$

65. Ohne die Gewerkschaft hätten wir heute noch in unserem Betrieb die gleichen Löhne und Gehälter wie vor 10 Jahren. ☐$_1$ ☐$_2$ ☐$_3$ ☐$_4$ ☐$_5$

66. Bei der Einstufung der Arbeitnehmer in Lohn- und Gehaltsgruppen haben Betriebsrat/Personalrat sich kaum jemals gegen die Betriebsleitung durchsetzen können. ☐$_1$ ☐$_2$ ☐$_3$ ☐$_4$ ☐$_5$

67. Betriebsrat/Personalrat oder andere Interessenvertreter werden erst dann eingeschaltet, wenn man alles andere schon erfolglos versucht hat. ☐$_1$ ☐$_2$ ☐$_3$ ☐$_4$ ☐$_5$

68. Unsere gewählten Interessenvertreter lassen sich sehr oft von der Geschäftsleitung überfahren. ☐$_1$ ☐$_2$ ☐$_3$ ☐$_4$ ☐$_5$

69. Auch wenn Arbeitnehmer und Arbeitgeber unterschiedliche Interessen haben, erzielen sie in unserem Betrieb immer eine Lösung, die letztlich allen dient. ☐$_1$ ☐$_2$ ☐$_3$ ☐$_4$ ☐$_5$

70. In unserem Betrieb ist es unwahrscheinlich, daß in den nächsten Jahren mit einer größeren Anzahl von Entlassungen gerechnet werden muß. ☐$_1$ ☐$_2$ ☐$_3$ ☐$_4$ ☐$_5$

Bitte beurteilen Sie nun den Bereich „Interessenvertretung" insgesamt

	gut				schlecht
Die Interessenvertretung bei uns funktioniert	○	○	○	○	○

	besonders wichtig				nicht so wichtig
Daß die Interessenvertretung gut funktioniert, halte ich für	○	○	○	○	○

Bitte beantworten Sie jetzt die Fragen zum Bereich betriebliche Leistungen

	stimmt				stimmt nicht
73. In dieser Firma werden Leistungen gerecht beurteilt.	☐₁	☐₂	☐₃	☐₄	☐₅
74. Unsere Firma bietet gute Weiterbildungsmöglichkeiten.	☐₁	☐₂	☐₃	☐₄	☐₅
75. Unsere Firma bietet gute Aufstiegsmöglichkeiten.	☐₁	☐₂	☐₃	☐₄	☐₅
76. Hier kann man nur etwas werden, wenn man gute Beziehungen hat.	☐₁	☐₂	☐₃	☐₄	☐₅
77. Ja-Sager kommen hier am besten voran.	☐₁	☐₂	☐₃	☐₄	☐₅
78. Es gibt hier viele Ungerechtigkeiten im Entlohnungssystem.	☐₁	☐₂	☐₃	☐₄	☐₅

Bitte beurteilen Sie nun den Bereich „betriebliche Leistungen" insgesamt

	gut				schlecht
Die betrieblichen Leistungen bei uns sind	○	○	○	○	○
	besonders wichtig				nicht so wichtig
Daß die betrieblichen Leistungen bei uns gut sind, halte ich für	○	○	○	○	○

Wir bitten Sie noch um einige Angaben zu Ihrer Person

1. Geschlecht
   - männlich ☐ 1
   - weiblich ☐ 2

2. Alter
   - unter 26 Jahren ☐ 1
   - 26—35 Jahre ☐ 2
   - 36—45 Jahre ☐ 3
   - 46—55 Jahre ☐ 4
   - 56—65 Jahre ☐ 5
   - über 65 Jahre ☐ 6

3. Familienstand
   - ledig ☐ 1
   - verheiratet ☐ 2
   - getrennt lebend ☐ 3
   - geschieden ☐ 4
   - verwitwet ☐ 5

4. Anzahl Ihrer Kinder
   - keine Kinder ☐ 1
   - 1 Kind ☐ 2
   - 2 Kinder ☐ 3
   - 3 Kinder ☐ 4
   - 4 oder mehr Kinder ☐ 5

5. Schulausbildung
   - Hauptschule ☐ 1
   - Realschule/mittl. Reife ☐ 2
   - Gymnasium ☐ 3
   - Fachhochschule ☐ 4
   - Universität ☐ 5

6. Ausbildung
   - ungelernt ☐ 1
   - angelernt ☐ 2
   - abgeschlossene Lehre ☐ 3
   - andere Ausbildung ☐ 4

7. Wo arbeiten Sie?
   - Fertigung ☐ 1
   - Verwaltung ☐ 2
   - Versand ☐ 3
   - Verkauf ☐ 4
   - sonstiges ☐ 5

8. Wie viele Personen arbeiten mit Ihnen im gleichen Raum?
   - keine ☐ 1
   - 1—5 Personen ☐ 2
   - 6—10 Personen ☐ 3
   - 11—20 Personen ☐ 4
   - über 20 Personen ☐ 5

9. Mit wie vielen Mitarbeitern haben Sie bei Ihrer Arbeit regelmäßig zu tun?
   - unter 5 Personen ☐ 1
   - 6—10 Personen ☐ 2
   - 11—15 Personen ☐ 3
   - 16—20 Personen ☐ 4
   - 21—25 Personen ☐ 5
   - über 26 Personen ☐ 6

10. Sind Sie ...
    - Arbeiter ☐ 1
    - Vorarbeiter ☐ 2
    - Meister ☐ 3
    - techn. Angestellter ☐ 4
    - kaufm./Verwaltungs-Angestellter ☐ 5

11. Wie ist Ihre Arbeitszeit geregelt?
    - keine Schichtarbeit ☐ 1
    - 2 Schichten ☐ 2
    - 3 Schichten ☐ 3

12. Leisten Sie Teilzeitarbeit
    - ja ☐ 1
    - nein ☐ 2

13. Haben Sie Gleitzeit?
    - ja ☐ 1
    - nein ☐ 2

RECHT HERZLICHEN DANK FÜR IHRE MITARBEIT!

Normtabellen

Prozentrangwerte für die untersuchten bayerischen Betriebe*

Prozentrang	ALG	KOL	VOR	ORG	INF	INT	LEI	BK insg.
	2.80	2.78	2.50	2.20	2.36	2.62	2.19	2.47
	2.83	2.90	2.53	2.55	2.40	2.66	2.36	2.59
	3.04	2.93	2.79	2.63	2.71	2.80	2.47	2.80
	3.05	3.03	2.90	2.83	2.81	2.86	2.67	2.91
25								
	3.25	3.16	2.92	2.84	2.96	2.94	2.81	2.95
	3.44	3.26	2.94	2.85	3.00	2.98	2.85	3.14
	3.46	3.27	3.04	2.87	3.05	3.12	2.94	3.18
	3.50	3.27	3.10	2.92	3.06	3.21	2.97	3.23
50								
	3.52	3.34	3.22	2.98	3.16	3.23	3.05	3.25
	3.52	3.37	3.25	3.05	3.17	3.29	3.06	3.26
	3.57	3.37	3.34	3.07	3.18	3.31	3.08	3.29
	3.60	3.53	3.42	3.13	3.24	3.46	3.16	3.30
75								
	3.63	3.54	3.44	3.25	3.26	3.60	3.22	3.38
	3.73	3.56	3.49	3.36	3.41	3.61	3.29	3.42
	3.85	3.57	3.50	3.42	3.42	3.73	3.43	3.54
	4.05	3.59	3.66	3.49	3.58	3.77	3.44	3.59

*ALG = Allgemeine Fragen
KOL = Kollegen
VOR = Vorgesetzte
ORG = Organisation
INF = Information
INT = Interessenvertretung
LEI = Betriebliche Leistungen
BK = Betriebsklima insgesamt

Anhang 4: Fragen-Pool für Stimmungsbarometer

Die nachfolgende Sammlung von Fragen zur Erstellung von Stimmungsbarometern (siehe Abschnitt 6.4.9) ist nur beispielhaft und kann je nach Bedarf erweitert werden. Streng genommen sollte man sogar jedes Statement in einer Positiv- und in einer Negativ-Version vorliegen haben. Auf diese Weise ist es möglich, zur Vermeidung gewisser Antworttendenzen die jeweiligen Einzelfragebögen in etwa zur Hälfte positiv und zur Hälfte negativ zu formulieren. Zu Beginn sollte den Teilnehmern noch die Antwortskala erläutert werden: (++) = völlige Zustimmung, (+) = Zustimmung, (0) = neutral, (-) = Ablehnung und (--) = völlige Ablehnung. Der Fragen-Pool ist nicht nach bestimmten Gesichtspunkten geordnet:

(01)	Diese Arbeitssitzung ist nur eine Scheinkonferenz — es ist ja doch schon alles geregelt	(++)	(+)	(0)	(-)	(--)
(02)	Es hat keinen Sinn, sich hier den Kopf zu zerbrechen, man kann ja doch nichts ändern	(++)	(+)	(0)	(-)	(--)
(03)	Ich habe noch Fragen, die ich gerne angesprochen haben möchte	(++)	(+)	(0)	(-)	(--)
(04)	Es wird hier nicht alles gesagt, was man sollte	(++)	(+)	(0)	(-)	(--)
(05)	Ich gebe dieser Arbeitssitzung eine echte Chance, daß sie zu konkreten Ergebnissen führen wird	(++)	(+)	(0)	(-)	(--)
(06)	Ich habe keine Lust, meine Gedanken hier zu äußern	(++)	(+)	(0)	(-)	(--)
(07)	Mich stört es, daß Vorgesetzte dabei sind	(++)	(+)	(0)	(-)	(--)
(08)	Ich finde es sehr gut, daß die Vorgesetzten dabei sind	(++)	(+)	(0)	(-)	(--)
(09)	Nicht jeder in dieser Gruppe ist bereit, konstruktiv mitzuwirken	(++)	(+)	(0)	(-)	(--)
(10)	Die Gruppenzusammensetzung ist günstig für die Arbeitssitzung	(++)	(+)	(0)	(-)	(--)
(11)	Ich bin zur Teilnahme gedrängt worden und wäre freiwillig nicht mitgekommen	(++)	(+)	(0)	(-)	(--)
(12)	Ich rechne damit, daß wir hier ein gutes Stück weiterkommen	(++)	(+)	(0)	(-)	(--)
(13)	Ich erwarte hier nicht mehr viel	(++)	(+)	(0)	(-)	(--)
(14)	Ich glaube, jetzt kommen wir voran	(++)	(+)	(0)	(-)	(--)
(15)	Jetzt haben wir einen entscheidenden Punkt erreicht	(++)	(+)	(0)	(-)	(--)
(16)	Ich würde mich freier fühlen, wenn einige Teilnehmer nicht dabei wären	(++)	(+)	(0)	(-)	(--)
(17)	Ich glaube, es wäre besser, jetzt einmal ohne den Vorgesetzten zu diskutieren	(++)	(+)	(0)	(-)	(--)

Fragen-Pool für Stimmungsbarometer 333

(18)	Es wäre gut, wenn hier endlich einmal ‚Klartext' geredet würde. Es wird viel zuviel unter den Teppich gekehrt!	(++)	(+)	(0)	(-)	(--)
(19)	Ich habe den Eindruck, daß wir hier wesentlich dazu beitragen, daß eine gute Entscheidung getroffen wird	(++)	(+)	(0)	(-)	(--)
(20)	Im Grunde sind wir doch nur als Befehlsempfänger erwünscht, bestenfalls als Zuhörer	(++)	(+)	(0)	(-)	(--)
(21)	Ich glaube, man sagt nur die halbe Wahrheit	(++)	(+)	(0)	(-)	(--)
(22)	Wesentliche Problembereiche sind noch gar nicht angeschnitten worden	(++)	(+)	(0)	(-)	(--)
(23)	Ich bin nicht sicher, ob man darüber offen reden kann und halte mich deshalb vorerst zurück	(++)	(+)	(0)	(-)	(--)
(24)	Hier wird nach Sündenböcken gesucht statt konstruktiv neue Wege zu suchen, um endlich weiterzukommen	(++)	(+)	(0)	(-)	(--)
(25)	Ich habe das Gefühl, daß wir im Augenblick nur Zeit verlieren und nichts erreichen	(++)	(+)	(0)	(-)	(--)
(26)	Ich habe den Eindruck, daß das Gesprächsklima wesentlich offener geworden ist	(++)	(+)	(0)	(-)	(--)
(27)	Wesentliche Hintergrundinformation ist noch gar nicht angesprochen worden	(++)	(+)	(0)	(-)	(--)
(28)	Ich habe den Eindruck, daß niemand mehr mit wichtigen Informationen hinterm Berg hält	(++)	(+)	(0)	(-)	(--)
(29)	Es gibt mehrere Fraktionen; die persönliche Meinung einzelner kommt daher nicht unverfälscht zum Ausdruck	(++)	(+)	(0)	(-)	(--)
(30)	Es wird viel zu viel über Störungen und Konflikte zwischen einzelnen geredet	(++)	(+)	(0)	(-)	(--)
(31)	Hier wird viel geredet aber wenig zugehört	(++)	(+)	(0)	(-)	(--)
(32)	Hier sollen Standpunkte oder Argumente widerlegt werden, die niemand behauptet hat	(++)	(+)	(0)	(-)	(--)
(33)	Wir kommen vom Wesentlichen ab	(++)	(+)	(0)	(-)	(--)
(34)	Wir kommen voran	(++)	(+)	(0)	(-)	(--)
(35)	Alles, was mir von besonderer Bedeutung zu sein schien, habe ich in die Diskussion einbringen können	(++)	(+)	(0)	(-)	(--)
(36)	Nicht alle in diesem Kreis sind an einer sachlichen Lösung dieser Probleme wirklich interessiert	(++)	(+)	(0)	(-)	(--)
(37)	Ich fühle mich ziemlich unbehaglich mit einem solchen Lösungsansatz	(++)	(+)	(0)	(-)	(--)
(38)	Die einzelnen Diskussionsbeiträge sind mir zu lang	(++)	(+)	(0)	(-)	(--)

(39) Ich fühle mich nicht frei, wirklich zu sagen, was ich denke	(++)	(+)	(0)	(−)	(−−)
(40) Hier findet ein Machtkampf statt	(++)	(+)	(0)	(−)	(−−)
(41) Dies ist kein Thema für die Gruppe, wir sollten diese Entscheidung delegieren	(++)	(+)	(0)	(−)	(−−)
(42) Die Diskussion ist festgefahren	(++)	(+)	(0)	(−)	(−−)
(43) An einer vertiefenden Analyse dieser Frage sind einige in dieser Runde nach meinem Eindruck gar nicht interessiert	(++)	(+)	(0)	(−)	(−−)
(44) Die Atmosphäre in dieser Gruppe ist durch Offenheit und Vertrauen geprägt	(++)	(+)	(0)	(−)	(−−)
(45) Entscheidungen werden hier weniger nach der Kraft der Argumente getroffen als nach der „Stärke" ihrer Autoren	(++)	(+)	(0)	(−)	(−−)
(46) Im Augenblick ist mir reichlich unklar, was hier überhaupt erreicht werden soll	(++)	(+)	(0)	(−)	(−−)
(47) Wir haben immer noch keine genügend präzise und klare Problemanalyse erreicht	(++)	(+)	(0)	(−)	(−−)
(48) Wir kommen nicht recht weiter	(++)	(+)	(0)	(−)	(−−)
(49) Ich gebe auf, wir haben keine Chance mehr	(++)	(+)	(0)	(−)	(−−)
(50) Meine Bereitschaft, mich gemeinsam mit den anderen für eine positive Entwicklung einzusetzen, ist in diesen Tagen gestärkt worden	(++)	(+)	(0)	(−)	(−−)
(51) Ich glaube, daß wir es schaffen können, noch in diesem Jahr wesentliche Fortschritte zu erreichen	(++)	(+)	(0)	(−)	(−−)
(52) Ich bin bereit, unseren Vorgesetzten in den nächsten Monaten voll zu unterstützen, um Reibungsverluste zu vermeiden	(++)	(+)	(0)	(−)	(−−)
(53) Ich finde das sehr wichtig, was jetzt hier abläuft	(++)	(+)	(0)	(−)	(−−)
(54) Ich hätte noch etwas beizutragen, möchte das aber im Moment nicht tun	(++)	(+)	(0)	(−)	(−−)
(55) Ich möchte gern mit dem Trainer/Moderator unter vier Augen sprechen	(++)	(+)	(0)	(−)	(−−)
usw.	(++)	(+)	(0)	(−)	(−−)

Literaturhinweise

ACKER, H. B.: Organisationsanalyse, Baden-Baden 1977 (9. Aufl.)

ANGER, H.: Befragung und Erhebung. In: GRAUMANN, C. F. (Hrg.): Handbuch der Psychologie, Bd. 7, Sozialpsychologie, 1. Halbband, Göttingen 1969, S. 567—617

Bayerisches Staatsministerium für Arbeit und Sozialordnung (Hrg.): Betriebsklima heute (Forschungsbericht), München 1982

BECKER, H.: Organisationsentwicklung und Gruppendynamik in der betrieblichen Praxis. In: Der Betriebswirt (DBw) 4/1977, S. 93—99

BERELSON, B. / STEINER, G. A.: Menschliches Verhalten, Bd. 1, Forschungsmethoden/ Individuelle Aspekte, Weinheim, 2. Aufl. 1971

BICKEL, W.: Über die Ethik in der Untersuchungsberatung. In: Zeitschrift für Organisation ZO, 2/1981, S. 62—65

BÖCKMANN, W.: Leistungsbilanz am Arbeitsplatz als Sinn-Bilanz der Arbeit. In: Personal 5/1980, S. 189—192.

BRIDGER, H.: The relevant training and development of people for O. D. roles in open systems. In: TREBESCH, K. (Hrg.): Organisationsentwicklung in Europa, Bd. 1 B: Fälle, Bern, 1980, S. 739—754

BRIDGES, F. J. / CHAPMAN, J. E.: Critical incident in organizational behavior and administration with selected readings, London 1977

BRONNER, R. / SCHRÖDER, W.: Weiterbildungserfolg. Modelle und Beispiele systematischer Erfolgssteuerung. In: JESERICH, W. u. a.: (Hrg.): Handbuch der Weiterbildung für die Praxis in Wirtschaft und Verwaltung. Bd. 6, München 1983

COMELLI, G.: On-the-job-Trainingsmaterial zur Optimierung von Führung und Zusammenarbeit in einem Handelsunternehmen, Düsseldorf 1977

COMELLI, G.: Die Rolle des Betriebspsychologen und seine Beziehungen zur Unternehmensleitung. In: NEUBAUER, R. / ROSENSTIEL, L. VON: Handbuch der Angewandten Psychologie, Band 1, Arbeit und Organisation, München 1980a, S. 52—64

FITTKAU, B. / MÜLLER-WOLF, H. M. / SCHULZ VON THUN, F. (Hrg.): Kommunikations- und Verhaltenstraining für Erziehung, Unterricht und Ausbildung, München 1974

FITTKAU, B./ SCHULZ VON THUN, F.: Ein paar Worte über Kommunikationstrainings, In: Psychologie Heute, 3, Februar 1976, S. 60—64

FITTKAU-GARTHE, H. / FITTKAU, B.: Fragebogen zur Vorgesetzten-Verhaltens-Beschreibung (FVVB), Göttingen 1971

GABELE, E.: Personalschulung im Spannungsfeld ökonomischer und sozialer Ziele des Unternehmens, In: Zeitschrift für Betriebswirtschaft (ZfB), 1/1981, S. 50—64

GEBERT, D.: Organisationsentwicklung, Stuttgart 1974

GLASL, F.: Situatives Anpassen der Strategie. In: GLASL, F. / DE LA HOUSSAYE, L.: Organisationsentwicklung, Bern 1975

HAUSER, E.: Betriebliche Bildung der 80er Jahre, Zürich 1980

HILB, M.: Die periodische Personal-Kurzumfrage. In: Management-Zeitschrift io, 1/1982, S. 20—24

HOLM, K.-F.: Die Mitarbeiter-Befragung, Hamburg 1982

HÖLTERHOFF, H. / BECKER, M.: Aufgaben und Organisation der betrieblichen Weiterbildung. In: JESERICH, W. u. a. (Hrg.): Handbuch der Weiterbildung für die Praxis in Wirtschaft und Verwaltung. Bd. 3, München in Vorbereitung für 1985

HÜRLIMANN, W.: Methodenkatalog, Bern 1981

JESERICH, W. / OPGENOORTH, W.: Führungsstilanalyse, Königstein/Taunus 1977

KLEIN, L.: Was die Sozialwissenschaften bieten und welche Probleme sich bei der Anwendung ergeben. In: TREBESCH, K. (Hrg.): Organisationsentwicklung in Europa, Bd. 1 B: Fälle, Bern 1980b, S. 165—186

KÖNIG, R. (Hrg.): Das Interview, Köln, 7. Aufl. 1972

LAUTERBURG, Ch.: Organisationsentwicklung — Strategie der Evolution. In: Management-Zeitschrift io, 49, Nr. 1/1980, S. 1—4
Ebenfalls in: KOCH, U. / MEUERS, H. / SCHUCK, M.: Organisationsentwicklung in Theorie und Praxis, Frankfurt 1980

LAVERTY, F. T.: The organization renewal process in practice. In: TAYLOR, B. / LIPPITT, G. L.: Management development and training handbook, London 1975, S. 454 bis 469.

LEITER, R. u. a.: Der Weiterbildungsbedarf im Unternehmen. Methoden der Ermittlung. In: JESERICH, W. u. a. (Hrg.): Handbuch der Weiterbildung für die Praxis in Wirtschaft und Verwaltung. Bd. 2, München 1982

LEVINSON, H.: Organizational diagnosis, Cambridge 1972

LINSTONE, H. / TUROFF, M.: The delphi-method, techniques and applications, Reading/Mass. 1975

LIPPITT, R. / LIPPITT, G.: Der Beratungsprozeß in der Praxis. Untersuchung zur Dynamik der Arbeitsbeziehung zwischen Klient und Berater. In: SIEVERS, B. (Hrg.): Organisationsentwicklung als Problem, Stuttgart 1977, S. 93—115

MATUSCHEWSKI, U.: Organisationsentwicklung in einem Raumfahrtunternehmen. In: ZANDER, E. / REINEKE, W.: Führungsentwicklung, Organisation Development in der Praxis, Heidelberg 1981, S. 91—104

MORRIS, G.: The role of the consultant in organization development. In: TAYLOR, B. / LIPPITT, G. L.: Management development and training handbook, London 1975, S. 485—500

NACHREINER, F.: Die Messung des Führungsverhaltens, Bern 1978

NEUBERGER, O.: Theorien der Arbeitszufriedenheit, Stuttgart 1974a

NEUBERGER, O.: Messung der Arbeitszufriedenheit, Stuttgart 1974b

NEUBERGER, O. / ALLERBECK, M.: Messung und Analyse von Arbeitszufriedenheit, Bern 1978

PARTIN, J. J. (Hrg.): Current perspectives in organization development, Reading/Mass. 1973

QUISKE, F. H. / SKIRL, S. J. / SPIESS, G.: Denklabor Team, Stuttgart 1973

RANDOLPH, A.: Planned organizational change and its measurement. In: Personnel Psychology, 35/1982, S. 117—138

SCHRADER, E. / GOTTSCHALL, A. / RUNGE, Th. E.: Der Trainer in der Erwachsenenbildung. Rollen, Aufgaben und Verhalten. In: JESERICH, W. u. a. (Hrg.): Handbuch der Weiterbildung für die Praxis in Wirtschaft und Verwaltung. Bd. 5, München 1984

STIEFEL, R. Th.: Betriebliches Bildungswesen als Instrument der Organisationsentwicklung. In: FB/IE 27/1978, Heft 2, 77—80

STIEFEL, R. Th.: Häufig Flickwerk nach Maß. In: Absatzwirtschaft, 1/1982a, S. 72—84

TAYLOR, B. / LIPPITT, G. L.: Management development and training handbook, London 1975

TREBESCH, K. (Hrg.): Organisationsentwicklung in Europa, Bd. 1 B: Fälle, Bern 1980 b

VARNEY, G. H.: Organization development for managers, Reading/Mass. 1977

WEINERT, A.: Lehrbuch der Organisationspsychologie, München 1981

WIESMANN, M.: Das Szenarioverfahren als Instrument der ersten Phase des Organisationsentwicklunsprozesses. In: Agogik, Sept. 1981, S. 26—36
Ebenso in: Gruppendynamik 3/1982, S. 275—284

Wirtschaftswoche: Millionen für den Aufbau, Nr. 51 vom 14. 8. 1981, S. 51—55

WUNDERER, R. / GRUNWALD, W.: Führungslehre, Bd. 2: Kooperative Führung, New York 1980

ZANDER, E. / REINEKE, W.: Führungsentwicklung, Organisation Development in der Praxis, Heidelberg 1981

7. Kapitel

OE-Interventionen auf verschiedenen Ebenen

Bei einer Klassifizierung der verschiedenen OE-Interventionen, d.h. Eingriffe, unterscheidet man allgemein den personalen und den strukturalen Ansatz, wobei sich die Beiträge des betrieblichen Bildungswesens zur Organisationsentwicklung hauptsächlich auf den personalen Ansatz beziehen. Man kann mit OE-Interventionen auf drei Ebenen ansetzen:

Bei den **Interventionen auf der individuellen Ebene** liegt der Schwerpunkt bei gruppendynamischen Übungen und bei Maßnahmen zur Beurteilung, Beratung und persönlichen Entwicklung des einzelnen.

Die **Maßnahmen auf der interpersonellen und Teamebene** sollen die Sensibilität und Kompetenz von Gruppenmitgliedern für soziale Situationen steigern sowie die Leistungsfähigkeit von Arbeitsgruppen entwickeln bzw. fördern (Teamentwicklung).

Auf der **Intergruppen- und Organisationsebene** werden einerseits Maßnahmen zur Verbesserung der Zusammenarbeit zwischen Gruppen oder ganzen Bereichen durchgeführt, andererseits organisationsumgreifende Maßnahmen wie die Surveyfeedback-Methode oder komplette Programme zur Entwicklung der Gesamtorganisation. Konzepte wie ‚Management by objectives', Lernstätten oder Qualitätszirkel können, aber müssen nicht Elemente einer OE-Strategie sein.

Alle Empfehlungen für die Durchführung von Veränderungsprojekten laufen darauf hinaus, daß man sich im Vorgehen an OE-Prinzipien hält, daß möglichst günstige Rahmenbedingungen für das OE-Projekt vorhanden sind und daß der OE-Berater selbst Vorbild in eigener Sache ist und nicht durch eigenes Verhalten unnötige Widerstände provoziert.

Gliederung

7.1	Klassifizierung von OE-Maßnahmen	341
7.2	**Interventionen auf der individuellen Ebene**	
7.2.1	Gruppendynamik und Sensitivity-Training	346
7.2.2	Beurteilung, Beratung und Entwicklung	348
7.3	**Interventionen auf der interpersonellen und Teamebene**	
7.3.1	Training sozialer Fertigkeiten und Klärung von Rollen und Beziehungen	356
7.3.2	Teamentwicklung (TE)	365
7.3.2.1	Die Ziele von Teamentwicklung	365
7.3.2.2	Anlässe für Teamentwicklung	367
7.3.2.3	Die Vorbereitung des Vorgesetzten und des Teams	370
7.3.2.4	TE-Workshops	373
7.4	**Interventionen auf der Intergruppen- und Organisationsebene**	
7.4.1	Selbsterfahrung für Gruppen	375
7.4.2	Aufbau der Zusammenarbeit zwischen Gruppen	377
7.4.3	Institutionsberatung und Konfrontationssitzungen	380
7.4.4	OE-Interventionen für die Gesamtorganisation	383
7.5	**Leitfaden für ein Veränderungsprojekt**	395
7.6	**Faustregeln für Veränderer**	399
7.7	**Anhang:** Übung ‚Konzernspiel'	406
	Literaturhinweise	410

7.1 Klassifizierung von OE-Maßnahmen

Es gibt eine Fülle von Maßnahmen oder — wie der Organisationsentwickler sagt — **Interventionen,** zu denen man im Rahmen eines Veränderungsprozesses greifen kann. Diese Interventionen sind, wie der Name schon sagt, Eingriffe in das betreffende System mit seinen Subsystemen und in die darin ablaufenden Prozesse. Jede Intervention hat ihren bestimmten Zweck: z.B. Diagnoseaktivitäten (s. Kapitel 6) oder Maßnahmen zur Schaffung von Problembewußtsein, Interventionen zur Klärung oder Beschreibung der Problemlage, Maßnahmen zur Einteilung oder Stabilisierung von Lernprozessen bei den Beteiligten (einzelne oder Gruppen), Aktivitäten unmittelbar zur Problemlösung sowie Maßnahmen zur Steuerung und Aufrechterhaltung des angestrebten Prozesses und zu seiner Erfolgssicherung. Allgemein definieren FRENCH und BELL (1977, S. 126):

> „OE-Interventionen sind eine Reihe strukturierter Aktivitäten, in denen sich ausgewählte organisatorische Bereiche (Zielgruppen oder Individuen) mit einer Aufgabe oder einer Reihe von Aufgaben beschäftigen, wobei sich die Aufgabenziele direkt oder indirekt auf die Verbesserung der Organisation beziehen. Interventionen sind die eigentlichen Antriebsmomente der OE und bringen die Veränderungen in Gang."

Zu welchen Aktivitäten, in welcher Reihenfolge und mit welcher Zielsetzung sich der Organisationsentwickler entschließt, hängt von dem Ergebnis der jeweiligen Problemdiagnose ab. Die spezielle Abfolge der einzelnen OE-Interventionen innerhalb des Gesamtprojektes bezeichnet man als **Interventionsstrategie.**[1]) Dabei müssen alle Beteiligten, der OE-Berater ebenso wie das Klientensystem, an jeder Stelle des Prozesses für experimentierendes Lernen offen und bereit sein, jederzeit auf veränderte situative Gegebenheiten mit einer entsprechenden Änderung der Interventionsstrategie zu reagieren. Eine Zusammenstellung möglicher OE-Maßnahmen stellt also sozusagen den ‚Werkzeugkasten' des Organisationsentwicklers dar. Dieser muß wissen bzw. lernen, in welcher Situation oder bei welcher Problemlage welche Werkzeuge angebracht sind.

Es gibt zahlreiche Versuche, eine Systematik der OE-Interventionen aufzustellen. So unterscheidet LEAVITT (1968) in **strukturelle, technische** und **humane** Ansätze. KIESER et al. (1979, S. 153) orientieren sich an PORTER, LAW-

---

1) Über solche Gesamtstrategien geben zahlreiche veröffentlichte Fallschilderungen und Praxisbeispiele Auskunft, u. a. bei GLASL und DE LA HOUSSAYE (1975), TREBESCH (1980b), KOCH, MEUERS und SCHUCK (1980), GOERKE (1981) sowie in den Zeitschriften „Gruppendynamik" (u. a. Themenhefte 5/1979 und 4/1981), „Industrielle Organisation" (Thementeil über OE in 1/1980), „Zeitschrift für Führung + Organisation" (u. a. Themenheft 2/1983) und „Organisationsentwicklung — Zeitschrift der Gesellschaft für Organisationsentwicklung."

LER III und HACKMAN (1975, S. 440) und unterscheiden in Ansätze beim **Individuum**, bei der **organisatorischen und technischen Struktur** und bei den **sozialen Beziehungen der Organisationsmitglieder** (Abb. 58).

Bezugsebenen für Änderungen	Typische Interventionstechniken	Unmittelbar angestrebte Ergebnisse	Annahmen über Verhalten in Organisationen
Individuum	Laboratoriumstraining	Steigerung sozialer Geschicklichkeit und psychischer Belastbarkeit	Im wesentlichen bestimmt durch Eigenschaften der Menschen, die die Organisation bilden
Organisatorische und technologische Struktur	Änderung von solchen organisatorischen Regelungen und technologischen Bedingungen, die auf das Arbeitsverhalten der Menschen Einfluß haben	Schaffen von (dauerhaften) Bedingungen, in denen funktionales Verhalten honoriert wird und individuelle Bedürfnisse berücksichtigt werden	Im wesentlichen bestimmt durch die organisationale Situation, in der Menschen tätig sind
Soziale Beziehungen der Organisationsmitglieder	Survey-Feedback-Methode, Lab-Training für Arbeitsgruppen, Prozeßberatung, Konfrontationssitzungen	Vertrauen und Offenheit der Organisationsmitglieder untereinander, Abbau dysfunktionalen Konflikts und Wettbewerbs	Im wesentlichen bestimmt durch das Klima in den Beziehungen der Organisationsmitglieder untereinander

Abb. 58: Klassifikation von Organisationsentwicklungsmaßnahmen nach L. W. PORTER, E. E. LAWLER III und J. R. HACKMAN, 1975, S. 440 (entnommen aus: KIESER et al., 1979, S. 153)

NEUBERGER (1977, S. 75) übernimmt die drei Stufen des LEWIN'schen Veränderungsmodells und ordnet in Interventionen zum **Auftauen** (z.B. Laboratoriumstraining, Diagnose des IST-Zustandes mit Rückkopplung), zum **Verändern** (z.B. Prozeßberatung, Teamentwicklung, Intergruppenarbeit usw.) und zum **Einfrieren** (z.B. Unterstützung durch das Top-Management, Auswertung und Kontrolle usw.). STIEFEL (1978, S. 77) differenziert in Eingriffsmöglichkeiten, die sich auf die Organisationsstruktur beziehen, in solche, die sich auf die zur Aufgabenbewältigung notwendigen Prozesse beziehen, und in solche, die bei den in der Organisation arbeitenden Mitarbeitern ansetzen.

DYER (1978) konstruiert eine Matrix, welche für jedes der vier in Abschnitt 3.5.2 beschriebenen Subsysteme einer Organisation entsprechende OE-Interventionen auf den drei Ebenen ‚Individuum', ‚Interpersonell und Team' sowie ‚Intergruppen-Ebene und Gesamtorganisation' ausweist.[2]) Gleich mehrere Klassifikationssysteme für OE-Interventionen finden sich bei FRENCH und BELL (1977, S. 134 ff.), z.B. Zuordnung nach Zielgruppen, nach Veränderungsmechanismen, nach Prozeßdimensionen usw. Am häufigsten wird eine Zweiteilung der einzelnen OE-Aktivitäten vorgenommen. So unterscheiden FRIEDLANDER und BROWN (1974) in **human-prozessuale** und in **techno-strukturelle** Ansätze (Abb. 59).

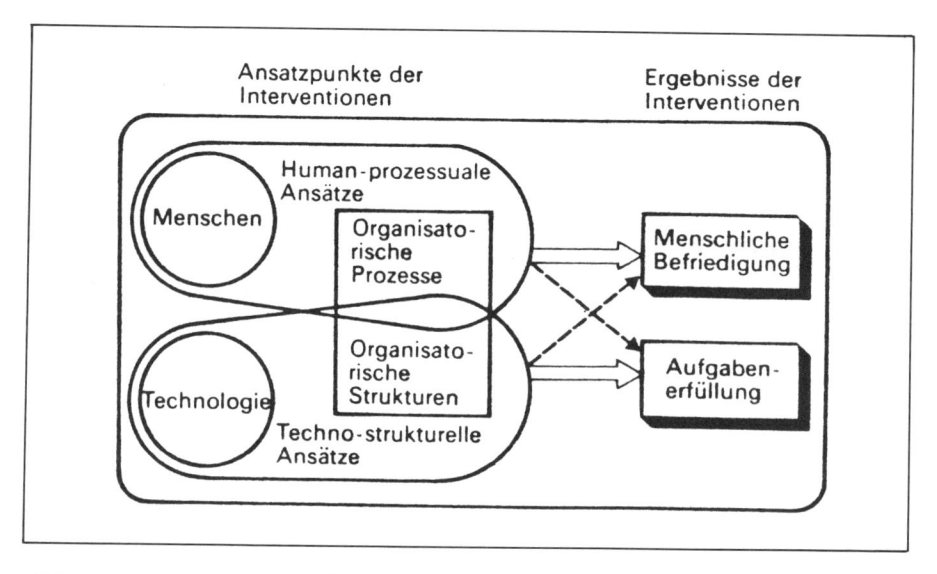

Abb. 59: Ansatzpunkte und Ergebnisse der Organisationsentwicklung nach F. FRIEDLANDER und L. D. BROWN (entnommen aus: B. SIEVERS / K. TREBESCH, 1980, S. 50)

Dieser Darstellung sehr ähnlich ist die Unterteilung von GEBERT (1974, S. 25). Sie wird in der deutschen Literatur wohl am häufigsten zitiert (Abb. 60) und unterscheidet:

- den **personalen Ansatz** (d. h. Veränderungen der ‚inneren' Situation, z.B. über Gruppendynamik) und
- den **strukturalen Ansatz** (d. h. Veränderung der ‚äußeren' Situation, z.B. durch Dezentralisierung).

---

2) Eine solche Matrix-Darstellung macht deutlich, daß Organisationsentwicklung nicht die Aufgabe von Psychologen oder Betriebspädagogen allein ist. Vielmehr ist der Beitrag der Betriebspädagogik nur dann wirksam und sinnvoll, wenn er in Kooperation mit Vertretern anderer Disziplinen praktiziert bzw. angestrebt wird (s. dazu auch KIRSCH et. al., 1979 und VON ROSENSTIEL, 1980, S. 321).

344 OE-Interventionen

```
┌─────────────────────────────────────────────────────────────────┐
│   Personaler Ansatz          Strukturaler Ansatz                │
│   Veränderung der            Veränderung der                    │
│   „inneren" Situation        „äußeren" Situation                │
│   (z. B. über Gruppen-       (z. B. über Dezentra-              │
│   dynamik)                   lisierung)                         │
│                                                                 │
│   Ziel-    z. B. mehr     z. B. mehr       z. B. mehr           │
│   Ebene:   Teamfähig-     Autonomie        Flexibili-           │
│            keit                             tät der Org.        │
└─────────────────────────────────────────────────────────────────┘
```

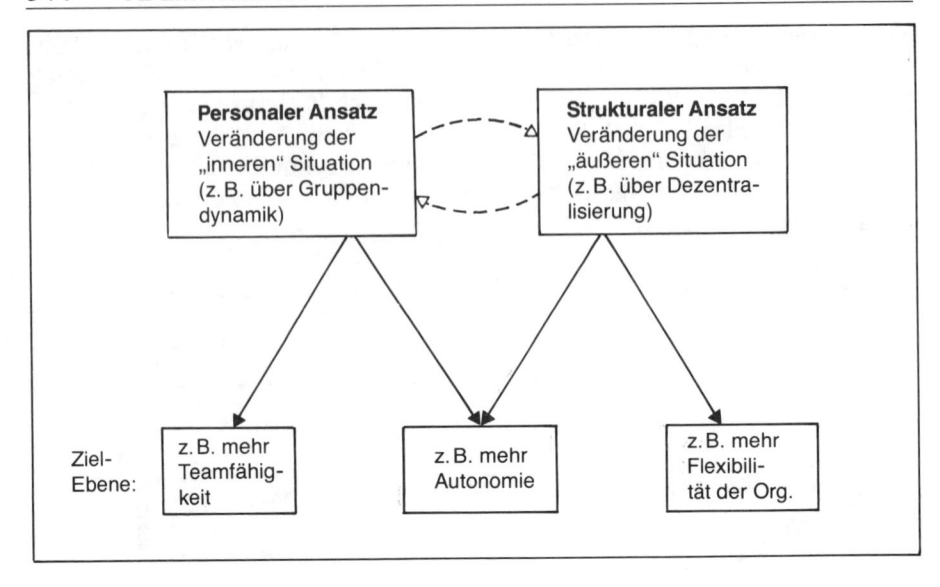

Abb. 60: Personaler und strukturaler Ansatz der Organisationsentwicklung (entnommen aus: D. GEBERT, 1974, S. 25)

Die in Abschnitt 4.4 beschriebene Wechselbeziehung zwischen Verhalten und Verhältnissen wird hier wieder deutlich. Personaler und strukturaler Bereich können nicht isoliert voneinander betrachtet werden: Einerseits hat eine Veränderung der Strukturen Auswirkungen auf das Verhalten der betreffenden Personen, andererseits bleiben veränderte Verhaltensweisen nicht ohne Rückwirkung auf die Strukturen und erzeugen unter Umständen die Notwendigkeit ihrer Veränderung.[3]) Da dieser Band des Handbuches sich mit dem Beitrag des Trainings, d. h. des betrieblichen Bildungswesens zur Organisationsentwicklung befaßt, wird nachstehend fast ausschließlich über Interventionen berichtet, die unter dem personalen Ansatz einzuordnen sind.

Im vorigen Kapitel wurden Aktivitäten zur Vorbereitung von OE sowie diagnostische Maßnahmen behandelt. Im folgenden sollen nun die eigentlichen Veränderungsmaßnahmen geschildert werden, und zwar unterteilt in:

- Interventionen auf der **individuellen Ebene,**
- Interventionen auf der **interpersonellen und Team-Ebene,**
- Interventionen auf der **Intergruppen- und Organisationsebene.**

---

3) Das Leitplankensystem der Autobahn und seine Beziehung zum Fahrverhalten wird hier gerne als illustrierendes Beispiel angeführt.

Ein Teil der Interventionen wird dabei nur relativ kurz beschrieben, weil diese hinreichend bekannt oder in anderen Quellen umfangreich dokumentiert sind.[4]) Auf andere OE-Interventionen wird etwas ausführlicher eingegangen, um dem interessierten Praktiker, der diese Maßnahme übernehmen möchte, möglichst konkrete Durchführungshinweise zu geben. Dabei ist der Organisationsentwickler ständig aufgefordert und auch herausgefordert, die Interventionen zu variieren, mit ihnen zu experimentieren, sie weiterzuentwickeln und sie den jeweils speziellen Bedingungen des gerade von ihm betreuten Projektes anzupassen. Die hier getroffene Einteilung ist — wie jedes andere Klassifizierungssystem von OE-Maßnahmen auch — nicht ohne ‚Unebenheiten': Überlappungen zwischen den einzelnen Bereichen kommen dadurch zustande, daß die gleichen Interventionen auf verschiedenen Ebenen mit unterschiedlichen Zielen stattfinden können. So kann man zum Beispiel eine Rollenanalyse oder Rollenklärung ebenso zwischen zwei Personen (also auf interpersoneller Ebene) durchführen wie etwa zwischen zwei oder mehreren Abteilungen (d. h. auf Intergruppenebene).

---

4) Zahlreiche erwähnte Interventionen waren schon lange vor der Popularisierung der Organisationsentwicklung bekannt und wurden auch in Trainings eingesetzt (z.B. die Anfertigung von Problemkatalogen). Zur OE-Maßnahme werden sie lediglich dadurch, daß man sie als Element einer OE-Investitionsstrategie in ein übergreifendes Gesamtkonzept einbindet.

7.2 Interventionen auf der individuellen Ebene

7.2.1 Gruppendynamik und Sensitivity-Training

Wenn bereits erwähnt wurde, daß viele Maßnahmen erst durch die Einbindung in ein übergreifendes Veränderungskonzept zu einer OE-Intervention werden, so gilt dies besonders für die gruppendynamischen Verfahren. Ohnehin soll bei den Maßnahmen auf der individuellen Ebene der Hinweis nicht fehlen, daß nach bislang vorliegenden Untersuchungen die rein individuumzentrierten Techniken (wie z.B. Sensitivity-Training) kaum Verhaltensänderungen in Organisationen im Sinne ihrer Ziele bewirkt haben, wie auch GEBERT und VON ROSENSTIEL (1981, S. 261) bemerken. Individuelle Maßnahmen sollten bei OE in der Regel eingebettet sein in übergreifende Aktivitäten auf der Team-, Intergruppen- und/oder Organisationsebene.

1. GRUPPENDYNAMIK: Im Abschnitt 2.3 wurde bereits ausführlich dargelegt, daß die Gruppendynamik bzw. die Laboratoriumsmethode als eine der Quellen der Organisationsentwicklung betrachtet wird. Im Rahmen von OE ist unter Gruppendynamik eine Lehr- bzw. Lernmethode zu verstehen. Obwohl es zahlreiche teambezogene gruppendynamische Übungen gibt, wird die Gruppendynamik schwerpunktmäßig bei den auf der Ebene des Individuums ansetzenden Maßnahmen aufgeführt: Ein wichtiges Anliegen gruppendynamischer Verfahren ist schließlich, daß der individuelle Teilnehmer viel über sich (und natürlich auch andere) lernt und daß sein persönliches Repertoire an sozialen Fähigkeiten und Fertigkeiten entwickelt und ausgebaut wird. Da gruppendynamische Kenntnisse und Erfahrungen sozusagen zur Grundausstattung eines Organisationsentwicklers gehören, wird hier auf die Schilderung einzelner Übungen verzichtet. Statt dessen wird verwiesen u. a. auf

— BÖDIKER und LANGE (1975), die einen umfassenden Überblick über gruppendynamische Trainingsformen geben,
— ANTONS (1973), der die wohl populärste deutschsprachige Sammlung gruppendynamischer Übungen für die verschiedensten Zwecke zusammengetragen hat, und
— KÜCHLER (1979), der viele in der Aus- und Weiterbildung verwendete gruppendynamische Verfahren samt ihrem Hintergrund beschreibt und auch komplette Trainingsprogramme skizziert.[5])

---

5) Neben weiteren Quellen in der Literatur wird der Organisationsentwickler auch auf jene Übungen zurückgreifen, die er während seiner eigenen gruppendynamischen Erfahrungen kennengelernt hat. Außerdem sollte er für bestimmte Situationen oder Konstellationen in der Lage sein, bekannte Übungen zu modifizieren bzw. eigene ‚maßgeschneiderte' Übungen zu konstruieren.

In der genannten Literatur findet man auch Hinweise auf Verfahren zur persönlichen Entwicklung und Steigerung der sozialen Kompetenz, die der Klinischen Psychologie, also der Therapie, entlehnt sind. Sie können gegebenenfalls auch den OE-Interventionen zugerechnet werden. Es sind dies zum Beispiel:

- **Encounter:** Darunter versteht man Selbsterfahrungs- oder Begegnungsgruppen, in denen die Teilnehmer bemüht und auch bereit sind, sich offen und ehrlich, d. h ohne Fassade oder Maske, zu begegnen. Die eigenen und gegenseitigen Gefühle werden als wichtig angesehen und sollen nicht mehr mühsam überwacht oder versteckt werden. Aktives Zuhören ist dabei eine hilfreiche Technik und trägt dazu bei, eine Atmosphäre von Offenheit und Akzeptanz zu schaffen.

- **Transaktionsanalyse** (TA) (s. BERNE 1970 u. HARRIS 1975). Dieser Ansatz geht davon aus, daß Menschen in bestimmten Rollen bzw. Ich-Zuständen (Kindheits-Ich, Eltern-Ich oder Erwachsenen-Ich) mit ihren Kommunikationspartnern, die sich ebenfalls in einem dieser drei Zustände befinden, interagieren. Es kommt zu sogenannten Transaktionen. Diese Transaktionen gilt es zu analysieren, d. h. ebenso den eigenen Ich-Zustand zu erkennen als auch den des jeweiligen Kommunikationspartners, um diese aufeinander abzustimmen und zu erfolgreichen Transaktionen zu gelangen. Man kann lernen, seinen Beitrag zu ‚guten' Transaktionen zu leisten bzw. auf heikle Transaktionsangebote von anderen Kommunikationspartnern konstruktiv zu reagieren.

- **Gestalt-Therapie:** Sie wurde Anfang der Fünfziger Jahre von PERLS (1974) begründet und zielt auf die Selbststeuerung und Selbstverwirklichung der Teilnehmer ab. Bei den einzelnen Maßnahmen wird dazu bewußt der Mensch mit seiner ganzen Körperlichkeit, seinen Emotionen, seinen geistigen Regungen und seinen Umweltbezügen erfaßt. Die Beziehungen der Person zu sich selbst und die non-verbale Darstellung von (oft widersprüchlichen) Gefühlen und inneren Spannungszuständen stehen im Zentrum und werden im wahrsten Sinne des Wortes durchgespielt. Der gestalt-therapeutische Ansatz ist stark psychoanalytisch beeinflußt und weist u.a. auch Elemente des Theaters und des Zen-Buddhismus auf.[6]

- **Themenzentrierte Interaktion:** (TZI) Die Begründerin dieses Ansatzes ist COHN (1970). Hierbei sollen die Kommunikationsstrukturen im Lern- und Arbeitsprozeß durch Personalisierung verbessert und die Ziele des Einzelnen (Ich), der Gruppe (Wir) und der Aufgabenstellung (Es) in Einklang, d. h. in Balance gebracht werden.

Alle diese Ansätze begnügen sich nicht damit, den Sachaspekt von Problemen und Konflikten zu beleuchten, sondern richten sich über den Weg der Selbsterfahrung stark auf den Beziehungsaspekt.

---

6) Siehe KÜCHLER, 1979, S. 50 ff.

Es soll abschließend noch einmal betont werden, daß hier an sich therapeutische Verfahren — wenn auch in modifizierter Form — von dem Organisationsentwickler zur ‚Gesundung' einer Organisation und/oder ihrer Mitglieder angewendet werden. Dies kann außerordentlich fruchtbar sein, jedoch sollte man mit diesen Interventionen sorgsam umgehen und ihre Durchführung nur kompetenten Leuten mit Erfahrung in Organisationen übertragen. Auf diese Weise kann die Transferhilfe für die Praxis gewährleistet werden.[7])

2. SENSITIVITY-TRAINING / T-GRUPPEN: Wie schon im Abschnitt 2.3.2 ausgeführt versteht man darunter unterschiedlich stark strukturierte Trainings, in denen die Teilnehmer etwas über sich selbst bzw. ihre Wirkung auf andere, über Gruppen sowie über das Verhalten in und von Gruppen erfahren können. Solche Trainings können sehr stark ‚unter die Haut' gehen und an die Fähigkeit der Teilnehmer, äußere Reize zu verarbeiten, beträchtliche Anforderungen stellen. Sensitivity-Trainings und überhaupt alle gruppendynamischen Verfahren sollten deshalb mit Vorsicht und Besonnenheit eingesetzt werden.[8]) Ohnehin sind Maßnahmen dieser Art nur dann sinnvoll, wenn sie in Gesamtstrategien eingebettet und von Transfermaßnahmen für die betriebliche Praxis begleitet sind. Schließlich sollten sie auch nur von kompetenten und erfahrenen Trainern geleitet werden, denn Sensitivity-Trainings sind keine ‚emotionalen Abenteuerreisen', die man kurz irgendwo ‚buchen' oder einfach irgend jemandem ‚verordnen' kann (Motto: Der hat's mal nötig!). In einer Zeit, in der die Durchführung eines einfachen Intelligenztests unter Umständen bereits einen unzulässigen Eingriff des Arbeitgebers in die Intimsphäre des Mitarbeiters darstellen kann, wird die Frage nach der Zulässigkeit gruppendynamischer Eingriffe an Mitarbeitern immer noch viel zu wenig gestellt.

7.2.2 Beurteilung, Beratung und Entwicklung

Die nachfolgend geschilderten Maßnahmen umfassen die gesamte Skala individueller Interventionen vom persönlichen Feedback bis hin zur Gestaltung der Lebenssituation.

1. INDIVIDUELLES FEEDBACK: Ohne Feedback ist bekanntlich kein Lernen möglich. Verhaltensänderungen bei einem einzelnen ist Detailarbeit, und dazu ist ein gezieltes und auf die betreffende Person maßgeschneidertes Feedback notwendig. Ein solches Feedback muß unmittelbar an den Betroffenen gehen und sollte nicht allzu zeitverzögert sein. Es kann zwischen einzelnen oder in einer Gruppe zum ständigen Verfahren gemacht werden, sich bei

---

7) Erfahrungen nur im klinischen Bereich sind dazu in aller Regel nicht ausreichend.
8) Siehe dazu Abschnitt 4.4.2.

entsprechendem Anlaß und in akzeptabler Form gegenseitig Feedback zu geben. Beginnen sollte dies zunächst in dem Verhältnis Chef/Mitarbeiter, wobei der Vorgesetzte mit seinem Feedbackverhalten Vorbild für die übrigen Mitglieder der Arbeitsgruppe sein sollte. Im nächsten Schritt könnte dann sozial ‚intelligentes' Feedback-Geben und -Annehmen zwischen den Mitarbeitern zur Regel werden. Schließlich sollte aber auch der Vorgesetzte Feedback von seinen Mitarbeitern erhalten. Damit die Feedback-Kanäle in allen Richtungen offen und tragfähig sind, ist im Beziehungsklima ein gewisses Maß an gegenseitigem Vertrauen eine wichtige Voraussetzung. Wie man geschickt Feedback gibt und wie man klug auf erhaltenes Feedback reagiert bzw. es für sich nutzt, müssen Mitarbeiter normalerweise erst in Trainings lernen, da diese sozialen Techniken offensichtlich nicht zur ‚erzieherischen Grundausstattung' in unserer Gesellschaft gehören.[9])

2. BEURTEILUNGSSYSTEME: Formal institutionalisierte Mechanismen für individuelles Feedback sind betriebliche Beurteilungssysteme, vorausgesetzt sie dienen nicht rein administrativen Zwecken (z.B. der Lohn- oder Gehaltsfindung). Sie sollten vielmehr als Führungsinstrument gedacht sein, so daß ihr Schwerpunkt im **persönlichen Gespräch** liegt. Solche Gespräche finden periodisch statt, wobei die Art des eingesetzten Beurteilungsverfahrens (z.B. freie Beurteilung, Beurteilung mit einem Formular, Zielvereinbarungssystem o. ä.) von zweitrangiger Bedeutung ist. Die Tatsache, daß zwischen dem Beurteiler und dem Beurteilten überhaupt ein Gespräch über die Beurteilung geführt wird, ist das Entscheidende. Neben der **Mitarbeiterbeurteilung** haben inzwischen einige Unternehmen (so etwa die Esso AG in Hamburg) mehrjährige Erfahrungen mit der **Vorgesetztenbeurteilung,** d. h. der Beurteilung des Chefs durch seine Mitarbeiter. Eine institutionalisierte **Beurteilung durch Kollegen** (peer assessment) wird in Deutschland so gut wie nicht (zuweilen innerhalb von Assessment-Center) praktiziert, seit einiger Zeit aber diskutiert.

3. ASSESSMENT-CENTERS: Es handelt sich hierbei um eine diagnostische Prozedur, bei der mehrere Kandidaten über mehrere Tage hinweg mit verschiedenen Verfahren (Tests, gemeinsame situationsbezogene Übungen, Praxissimulationen etc.) untersucht werden. Mehrere Beobachter — und zwar keine Psychologen, sondern geschulte und erfahrene Praktiker aus Linien- oder Stabsfunktionen — beurteilen abschließend die Kandidaten hinsichtlich ihrer Eignung oder Qualifikation bezüglich vorher definierter Anforderungen (z.B. Führungsqualifikation). Die Kandidaten erhalten ein umfangreiches individuelles Feedback und auch Hinweise und Anregungen für ihre persönliche Entwicklung.[10])

---

9) Siehe auch Abschnitt 5.4 sowie SCHRADER, GOTTSCHALL und RUNGE (1984, S. 145 ff.) in Band 5 dieser Handbuchreihe.
10) Die Auswahl und Förderung von Mitarbeitern mit dem Verfahren des Assessment-Centers ist Gegenstand von Band 1 dieser Handbuchreihe von JESERICH (1981).

4. EINZELBERATUNG: Hier wird eine Möglichkeit für den Mitarbeiter geschaffen, sich bei Problemen an eine Beratungsinstanz zu wenden. Dabei kann es sich um Probleme in der täglichen Arbeit handeln, um Probleme der persönlichen Entwicklung oder Karriere, um Probleme im Umgang mit Mitarbeitern, Vorgesetzten oder Kollegen, aber auch um Probleme sehr persönlicher Natur. In manchen dieser Fälle könnte der unmittelbare Vorgesetzte diese Beratungsfunktion übernehmen. Da dieser als Funktionsträger oft aber mittelbar oder unmittelbar Bestandteil der Problemsituation ist, wird einer externen Anlaufstation der Vorzug gegeben. Man kennt die **Beratung durch einen Kollegen,** der entsprechend geschult ist, und die **Beratung durch einen Organisationsentwickler.** Inhaltlich geht es bei solchen Beratungsmaßnahmen meist um die Entwicklung von neuen oder zusätzlichen Handlungs- bzw. Lösungsalternativen bei Problemen oder um die Entwicklung alternativer Handlungsweisen bzw. die Erweiterung des sozialen Repertoires für bestimmte Situationen. Angebote zu einer solchen Beratung stoßen anfangs oft auf zum Teil recht große Akzeptanzprobleme. Die Mitarbeiter müssen meist beträchtliche psychologische Hürden überwinden, weil es (immer noch) als persönliches Versagen gilt, Probleme zu haben und bei anderen um Hilfe nachzusuchen.

5. PERSÖNLICHE ENTWICKLUNGSPROGRAMME: Allgemein versteht man darunter, daß zur Fortentwicklung einer einzelnen Person mit dieser ein Bündel von Maßnahmen abgesprochen und durchgeführt wird. Diese Maßnahmen (z.B. Teilnahme an Trainingsveranstaltungen oder Seminaren) dienen entweder dem Ausgleich festgestellter Defizite (z.B. ein Training in Präsentationstechnik) oder dazu, die Kompetenz der betreffenden Person für neue Situationen (z.B. Aufenthalt im Ausland) oder Aufgaben (z.B. Beförderung) weiter auszubauen. Anlässe für die Entwicklung solcher Programme können sein: Beurteilungen, individuelles Feedback, persönliche Beratung, ein Assessment-Center o. ä., aber auch persönliche Initiative des betreffenden Mitarbeiters. Die Entwicklungsmaßnahmen können sich auf **kognitive, fachliche, administrative** und **zwischenmenschliche Fähigkeiten** richten. Entsprechend unterschiedlich sind die Maßnahmenpakete solcher individuellen Programme. Viele Unternehmen gehen heute mit ihren Entwicklungsprogrammen bewußt über den oft sehr engen rein betrieblichen Bereich hinaus: Sie beziehen **allgemeinbildende Maßnahmen** mit ein und entwickeln eine Person und ihren Horizont dadurch, daß sie diese ganz gezielt auch zur Auseinandersetzung mit ‚gesellschaftlichen Reizen' veranlassen.[11])

---

11) So ist in Führungskräfte-Trainings der Schweizerischen Bankgesellschaft beispielsweise für einen Tag die Begegnung mit Künstlern (ein Maler, ein Bildhauer und ein Musiker) als Standardbaustein eingeplant. Man hält die Künstler für die ‚Seismographen der Gesellschaft' und möchte außerdem, daß die eigenen Manager auch in anderen als nur fachlichen Dingen in der Gesellschaft mitreden können. Im gleichen Seminar konfrontiert man die Teilnehmer auch noch mit der Aufzeichnung einer provokanten oder provozierenden Fern-

6. LEBENSGESTALTUNG / KARRIEREPLANUNG: Maßnahmen zur Lebensgestaltung und zur Karriereplanung werden in aller Regel kombiniert durchgeführt, da sie eng miteinander verzahnt sind. Die berufliche Entwicklung ist ein nicht unbeträchtlicher Teil der Lebensgestaltung, und die Lebensumstände bilden oft einen sehr einflußreichen Rahmen für den Berufsweg. Alle Interventionen zur Lebensgestaltung und Karriereplanung sollten an dem Dreiklang **Vergangenheit, Gegenwart** und **Zukunft** orientiert sein. Sie sind also Bilanz des Gewesenen, gegenwärtige Standortbestimmung und Zielsetzung. FRENCH und BELL (1977, S. 179) schildern drei typische Bereiche, die zu bearbeiten sind:

(1) Einschätzung der bisherigen Lebensgestaltung und Karriereplanung, unter Berücksichtigung von Höhepunkten, besonders wichtigen Ereignissen, Wahlmöglichkeiten, Stärken und Schwächen.

(2) Formulierung der Ziele in bezug auf den in der Zukunft gewünschten Lebensstil und die berufliche Laufbahn.

(3) Entwicklung eines realistischen Planes, der zu diesen Zielen führt, d. h. die Ziele werden genau beschrieben, und die dazu erforderlichen Schritte werden bestimmt, um eine Kontrolle des Fortschritts zu ermöglichen.

Werden Maßnahmen zur Lebensgestaltung und Karriereplanung in Gruppen durchgeführt, beschäftigt sich im ersten Schritt grundsätzlich jeder Teilnehmer alleine mit der gestellten Aufgabe oder dem Thema. Im zweiten Schritt erfolgt eine gegenseitige Präsentation der Einzelarbeiten, die dann in einen fruchtbaren Prozeß des Austausches von Erfahrungen, Ansichten und Empfindungen einmündet.

Von externen Instituten werden inzwischen komplette Programme zur Lebensgestaltung und auch zur Vorbereitung auf die Pensionierung angeboten. Andererseits kann man ohne großen Aufwand auch ein eigenes Firmenprogramm entwickeln.[12]) FORDYCE und WEIL (1971, S. 131 ff.) geben beispielsweise folgende Anregungen für Aufgaben und Übungen:

- Jeder Teilnehmer fertigt eine **Collage** aus alten Zeitschriften oder Zeitungen an **als symbolische Darstellung seines bisherigen Lebensverlaufes.** Die Collagen werden an der Wand aufgehängt und anschließend gemeinsam

---

sehsendung, die anschließend mit dem zuständigen Redakteur der Fernsehgesellschaft und mit dem Filmemacher diskutiert wird. — In anderen Firmen schafft man für die Manager Begegnungen und Diskussionen mit interessanten Persönlichkeiten (Philosophen, Politiker, Künstler, Erfinder, Wissenschaftler fremder Fachgebiete etc.), stellt Mitarbeiter eine bestimmte Zeit lang für soziale Aufgaben in der Gesellschaft frei oder schickt Führungskräfte in mindestens einwöchigen Einzeltrainings zu externen Trainern, die mit diesen Mitarbeitern einmal eine ‚persönliche Bilanz' aufstellen und ggfs. persönliche Entwicklungsmaßnahmen — auch über den fachlichen Rahmen hinaus — abstimmen.

12) Anregungen und Material dazu findet sich u. a. bei HAUSER (1982, S. 166—178), der u. a. einen umfangreichen ‚Fragebogen zur Selbstentwicklung' veröffentlicht, sowie bei FRENCH und BELL (1977, S. 179 ff.) und FORDYCE und WEIL (1971, S. 131 ff.).

diskutiert (als ‚Traumwelt' kann man auch ähnliche Collagen **für die Zukunft** anfertigen lassen).

- Der **bisherige und zukünftig erwartete Lebensverlauf** wird als Linienzug gezeichnet mit allen positiv wie negativ gemachten Erfahrungen. Auf diesem Linienverlauf wird dann der derzeitige **Standort** markiert.
- Einen ähnlichen **Linienzug** kann man speziell für den **gehabten und erwarteten beruflichen Werdegang** anfertigen.
- Jeder Teilnehmer schreibt innerhalb von 20 Minuten seinen **eigenen Nachruf**.
- Es wird eine **Bestandsaufnahme für das eigene Leben** angefertigt mit allen wichtigen Ereignissen, z.B.
  - Höhepunkte
  - Dinge, die man gut kann
  - Dinge, die man schlecht kann
  - Dinge, die man am liebsten nicht mehr machen möchte
  - Dinge, die man gerne besser machen oder können möchte
  - Höhepunkte, die man sich wünscht
  - Werte, die man erreichen möchte (z.B. Macht, Geld, Einfluß, Anerkennung o.ä.)
  - Dinge, mit denen man am liebsten gleich anfangen möchte
  - usw.
- Die Teilnehmer setzen sich paarweise zusammen und schreiben eine **Lobrede auf den Partner**.
- Man soll sich vorstellen, daß man in zehn Jahren sterben würde und daß dann ein persönlicher Freund einem anderen Freund in einem Brief über einen selbst und das geführte Leben berichtet. Jeder soll aufschreiben, **wie man gerne** in diesem Brief **beschrieben werden möchte**.
- (In Kombination mit der vorstehenden Aufgabe:) Man stellt sich vor, daß man in der nächsten Woche bei einem Autounfall ums Leben kommt. Was würde dann in einem ähnlichen **Brief** stehen, **den ein Freund über einen an jemand anderen schreibt?**
- Die Teilnehmer fertigen eine **Bestandsaufnahme** des **beruflichen Werdeganges** an mit allen wichtigen Aspekten, wie z.B.
  - Dinge, die einem an der Arbeit besonders gut oder besonders schlecht gefallen,
  - Dinge, die einem an der Karriere besonders gut oder besonders schlecht gefallen,
  - besondere Anlagen, Talente, Fähigkeiten, Kenntnisse, Erfahrungen etc., die man in seiner Tätigkeit verwenden kann,
  - erwartete Belohnungen (wie Geld, Status, Anerkennung, Zugehörigkeit zu einer Gruppe etc.),
  - angestrebte Positionen,
  - Erstellung eines Inventars der dazu notwendigen neuen Kenntnisse, Fähigkeiten etc.
  - usw.

Lebensgestaltungs- und Karriereplanungsseminare sollten mindestens einen ganzen Tag dauern. Grundsätzlich werden alle Einzelaktivitäten der Teilnehmer anschließend immer in der Gruppe präsentiert und besprochen, so daß der einzelne auch die Reaktionen der anderen auf seine Beiträge erfährt und deren Meinungen dazu hört. Dies schafft eine ganz besondere Atmosphäre. Alle Aktivitäten münden schließlich stets in eine persönliche Zielfestlegung und die **Formulierung von individuellen Aktionsplänen zur Erreichung der gesetzten Ziele.**

7. VORBEREITUNG AUF DIE PENSIONIERUNG: Der vorgezogene Ruhestand wird in Deutschland seit einiger Zeit immer aktueller. In verschiedenen Unternehmungen werden bereits vorzeitige Pensionierungen in einem Alter von weniger als 55 Jahren praktiziert. Da wird für manche Organisationen zunehmend die Frage wichtig, ob und wie ihre Mitarbeiter auf diesen Punkt der Laufbahn und ihres Lebensweges vorbereitet sind. Immerhin spricht man vom sogenannten ‚Pensionierungsschock', von dem Mitarbeiter angesichts der Tatsache betroffen sein können, daß ‚man sie plötzlich nicht mehr brauchen kann'. Arbeitsmediziner kennen das Phänomen des ‚Pensionierungstodes'. Darunter verstehen sie, daß ein Mitarbeiter nach wenigen Wochen im ‚verdienten' Ruhestand plötzlich verstirbt. Dies trifft oft gerade jene Leute, die sich — nicht selten unter Vernachlässigung aller übrigen sozialen Kontakte außerhalb des Firmenkreises — jahrzehntelang mit Herz und Seele ihrer Firma verschrieben hatten und die nun durch die Pensionierung ihren Hauptlebensinhalt verlieren und dadurch sozusagen ‚sozial entwurzelt' sind. Angesichts solcher Erscheinungen bedeutet es sicher einen Unterschied, ob jemand durch eine vielleicht sogar vorgezogene Pensionierung plötzlich aus seiner Arbeit herausgerissen wird, oder ob er sich in einer Organisation befindet, die ihre Mitarbeiter durch entsprechende Programme oder Seminarbausteine auf den Zeitpunkt des Ausscheidens vorbereitet und dazu anregt, sich nicht nur mit diesem Gedanken vertraut zu machen, sondern auch nach neuen Inhalten (Hobbies, neue Aufgaben o. ä.) für die Zeit danach zu suchen. Möglicherweise haben diese Organisationen auch Regelungen für einen ‚nahtlosen Übergang', d. h. für ein langsames **Ausblenden aus dem Arbeitsprozeß,** geschaffen.

Wichtig bei allen diesen Aktivitäten ist, daß sie rechtzeitig und nicht als Crash-Programm unmittelbar vor der anstehenden Pensionierung initiiert werden. ABRAHAM (1981) beispielsweise berichtet über entsprechende Maßnahmen, die sich zum Teil bereits an ‚midlife-people' richteten. Firmen wie zum Beispiel die Bayer AG in Leverkusen oder die BP AG in Hamburg haben mit Programmen zur Vorbereitung auf die Pensionierung bereits umfangreiche Erfahrungen.[13])

---

13) Eine gute Informationsquelle ist auch ein von *Pro Senectute* (1981) herausgegebener Sammelband mit Aufsätzen und Referaten zur ‚Vorbereitung auf das Alter im Lebenslauf'.

8. JOB-ROTATION: Der überlegte und geplante periodische Arbeitsplatzwechsel kann eine sehr wirksame OE-Maßnahme sein. Wenn dieser Wechsel allerdings mit einem (größeren) Ortswechsel verbunden ist, ergeben sich heute verstärkt Mobilitätsprobleme auf seiten der Mitarbeiter. Dies gilt weniger für den **kurzfristigen Arbeitsplatztausch** mit dem Ziel, einmal ein Problem oder eine Tätigkeit aus einem anderen Blickwinkel zu sehen oder einen Mitarbeiter — etwa als Urlaubsvertretung — einmal eine angestrebte Position testen zu lassen. Stärkere Mobilitätsprobleme sind beim **Arbeitsplatzwechsel mit längerer Verweildauer** zu erwarten. Aus personalentwicklerischer Sicht kann man bei Job-Rotation verschiedene Strategien verfolgen, z.B. bewußter Wechsel zwischen Spezialisten- und GeneralistenTätigkeit, Wechsel zwischen unterschiedlichen Bereichen (z.B. Einkauf/Verkauf), Wechsel zwischen Stabs- und Linienfunktion usw. Inzwischen wird Job-Rotation auch schon **über Organisationsgrenzen hinaus** praktiziert (Hospitationen), indem verschiedene Organisationen Mitarbeiter für befristete Zeit untereinander austauschen.

9. ARBEITSSTRUKTURIERUNG UND -GESTALTUNG: Zu den OE-Interventionen auf der individuellen Ebene können schließlich auch alle Maßnahmen gehören, die eine Neu- oder Umgestaltung der Arbeit, der Arbeitsbedingungen, der Arbeitsabläufe oder der Arbeitsinhalte (Job-enrichment, autonome Arbeitsgruppen o. ä.) zum Ziel haben. Allerdings müssen sie nach OE-Prinzipien durchgeführt sein. In den meisten Fällen handelt es sich hier um Interventionen im technischen/betrieblichen Subsystem einer Organisation, die deshalb so gut wie nie unter alleiniger Regie der Trainingsabteilung durchgeführt werden, sondern grundsätzlich in Zusammenarbeit mit den Experten anderer Fachdisziplinen stattfinden müssen. Häufig stellt das betriebliche Bildungswesen bei solchen Projekten lediglich seine Moderatorenkapazität zur Verfügung.

10. SELBSTKONTRAKTE: Viele Trainings- oder Seminarmaßnahmen enden mit der Formulierung von Aktivitätsplänen durch die Teilnehmer. Ebenfalls enden viele individuelle Feedback- oder Beratungsgespräche oft mit einem Entschluß des Einzelnen, in nächster Zeit bestimmte Aktivitäten zu entwickeln oder Schritte zu unternehmen. Der **Kontrakt mit mir selbst** ist nun eine Maßnahme, die dafür sorgen soll, daß es nicht nur bei den guten Vorsätzen bleibt, sondern daß auch Taten folgen. Um dies abzusichern und verbindlicher zu gestalten, faßt der Teilnehmer nicht nur einen entsprechenden inneren Vorsatz, sondern er legt sich eine regelrechte formelle Verpflichtung auf, die auch wie in einem Vertrag schriftlich niedergelegt wird.[14] An die gefaßten Vorsätze kann er sich noch erinnern lassen, indem er eine Durchschrift davon

---

[14] Siehe auch BRONNER und SCHRÖDER (1983, S. 257 ff.) in Band 6 dieser Handbuchreihe.

in einem verschlossenen Umschlag an den Trainer (oder den Vorgesetzten bzw. einen Dritten) übergibt, der diesen Brief dann z. B. drei Monate später zur Erinnerung und als Selbstkontrolle an den Betreffenden abschickt. Die verpflichtende Verbindlichkeit solcher Kontrakte wird noch wirksamer, wenn der Teilnehmer zusätzlich zu dem schriftlichen Kontrakt anderen oder dem Trainer gegenüber eine ‚öffentliche Erklärung' über die gefaßten Vorsätze abgibt und seine Umgebung dadurch auf- oder auch herausfordert, die Realisierung mitzukontrollieren.

Bei Agfa-Gevaert schreiben die Teilnehmer im Kommunikationstraining einen Brief an sich selber, der ihnen 3—4 Wochen später zugeschickt wird. Sechs Monate später treffen sich dann die Teilnehmer wieder zur Auffrischung für einen Tag (follow-up) und bilden anschließend sogenannte Partnerschaften (immer zwei Teilnehmer), die sich im beruflichen Alltag helfen, beobachten und Feedback geben sollen.

Das Prinzip dahinter geht davon aus, daß der Teilnehmer die Einhaltung seines Aktionsplanes zur persönlichen Prestigeangelegenheit macht. Er setzt sich sozusagen selber unter Vollzugszwang. Beim Aushandeln solcher Kontrakte sollte man aber sehr darauf achten, daß sich die Teilnehmer, vielleicht aus der Dynamik der Situation heraus, keine zu großen oder unrealistische Schritte vornehmen. Sie werden sonst zu ‚Experten im Scheitern' und nicht im Erzielen von Fortschritten.

7.3 Interventionen auf der interpersonellen und Teamebene

7.3.1 Training sozialer Fertigkeiten und Klärung von Rollen und Beziehungen

Die Interventionen auf dieser Ebene umfassen OE-Maßnahmen zur Gestaltung der Beziehungen zwischen zwei oder mehreren Personen sowie Aktivitäten, die dem Aufbau, der Entwicklung und der Steigerung der Leistungsfähigkeit eines Teams dienen. Dabei sollen unter dem Begriff Team Gruppen verstanden werden, die über eine gewisse Zeitdauer Bestand haben und die (nach GROCHLA und WITTMANN, 1976, S. 3838) als „leistungsorientierte Gruppen (Arbeitsgruppe, task oriented group)" zu charakterisieren sind, deren „Verhalten und soziale Interaktionen ... durch vorwiegend funktionale Leistungs- und Aufgabenorientiertheit ... bestimmt ist." Diese Beschreibung trifft sowohl für feste Arbeitsgruppen (family groups) als auch für auf begrenzte Zeit zusammengestellte Projektgruppen zu. Fast alle in diesem Abschnitt erwähnten Interventionen können sofort oder in leicht modifizierter Form auch auf der Intergruppen-Ebene eingesetzt werden.

1. TRAINING SOZIALER FERTIGKEITEN: Dies geschieht entweder durch den Einbau entsprechender gruppendynamischer Übungen in den Ablauf verschiedener Trainings oder aber durch speziell auf den Erwerb und das Einüben dieser Fertigkeiten abgestellte Trainingsmaßnahmen (z.B. Kommunikationstrainings, Kooperationstrainings, Sensitivity-Trainings, o. ä.). Dabei sollen die Teilnehmer etwas über den **Aufbau und die Erhaltung guter Beziehungen** zu anderen lernen und erfahren sowie befähigt werden, **Gruppenprozesse zu verstehen und zu steuern**.

2. ROLLENANALYSE / ROLLENKLÄRUNG: Jede Organisation überträgt ihren Mitgliedern bestimmte Funktionen und Aufgaben. Dem einzelnen Organisationsmitglied wird also eine bestimmte Rolle zugewiesen, und der einzelne dokumentiert sein **Rollenverständnis** durch die Verhaltensweisen, mit der er die Rolle erfüllt. Zwischen dem Rollenverständnis des Rollenträgers und den **Rollenerwartungen** der anderen bzw. der Organisation ihm gegenüber entstehen nun oft Diskrepanzen. Ein solcher Zustand führt nicht nur zu Reibungsverlusten oder unnötigen Doppelaktivitäten, sondern leicht auch zu Mißverständnissen, Spannungen zwischen einzelnen Gruppenmitgliedern sowie früher oder später zu manifesten Konflikten. Um die Leistungsfähigkeit der Gruppe nicht unnötig zu belasten bzw. um sie wiederherzustellen, trifft man sich in solchen Fällen zur sogenannten Rollenklärung (role clarification meeting). Dazu wird eine **Fishbowl-Situation** aufgebaut mit einer Zentralperson, die

sich (wie in einem Goldfisch-Glas) im Kreis der übrigen Gruppenmitglieder befindet. Die Zentralperson ist diejenige, aus deren Rollenverständnis heraus oder aus deren Rollenausübung sich Probleme ergeben haben. Falls es um eine Rollenklärung bei mehreren oder allen Gruppenmitgliedern geht, sollte als erster der Gruppenleiter ins Fishbowl gehen, bevor auch die anderen nacheinander die folgenden Schritte absolvieren:

(1) Die Zentralperson beschreibt ihren Job wie sie ihn sieht und versteht.
(2) Die anderen beschreiben den Job, wie sie meinen, daß er getan werden sollte.
(3) Die Zentralperson beschreibt, was sie von den anderen (an Hilfestellung, Unterstützung, Zuarbeit etc.) braucht, um ihren Job gut zu tun.
(4) Die anderen berichten der Zentralperson, was sie von ihr benötigen, um ihre Jobs gut zu tun.

Das hierbei anfallende Datenmaterial wird am besten für alle sichtbar (z. B. auf Flip-Chart) dokumentiert. Die anschließende Diskussion soll zu einer Rollenklärung und ggfs. zu konkreten Absprachen zwischen den Beteiligten (s. u.: Rollenverhandeln) führen.

Nachfolgend ein **Beispiel** für die Anwendung einer Rollenanalyse: In einem großen Konzern der chemischen Industrie kommt es zu einer gravierenden Umorganisation im Bereich des Außendienstes und des Vertriebs. Es werden u. a. völlig neue Gruppen gebildet, die zum Teil aus Mitgliedern der früheren Außendienst- und Vertriebsorganisation bestehen, zum Teil aus Mitarbeitern anderer Unternehmensbereiche, denen das neue Tätigkeitsfeld völlig fremd ist. Vor allem bei den letzteren herrschen Verunsicherung und starke Widerstände. In dieser Situation werden dreitägige Klausurtagungen als sogenannte Workshops zum ‚Einschießen in den neuen Job' durchgeführt. Diese beginnen jeweils mit dem Anfertigen einer ‚Landkarte' durch die Teilnehmer, auf der das möglichst komplette Netzwerk aller internen und externen Kommunikationsbeziehungen in der neuen Tätigkeit dargestellt werden soll. Anschließend werden die dabei offenbar werdenden und zum Teil recht widersprüchlichen Rollenerwartungen, die von den verschiedenen Kommunikationspartnern an die zukünftigen Positionsinhaber herangetragen werden, erörtert und analysiert. In einem nächsten Schritt wird der Workshop in zwei Hälften geteilt, und zwar in die ‚Greenhorns' und die ‚Alten Hasen': Während die ersteren in einer Gruppenarbeit einen Fragenkatalog erstellen „Was wollen wir von den ‚Alten Hasen' wissen?", legt die andere Gruppe eine Materialsammlung zu dem Thema „Was müssen wir den ‚Greenhorns' mit auf den Weg geben?" an. Vor dem Hintergrund der gemeinsamen Rollenanalyse wird durch diese beiden Gruppenarbeiten ein fruchtbarer und sehr offener Austausch von Fragen und Antworten angeregt und gleichzeitig auch eine gute Basis für die zukünftige Zusammenarbeit aller in der neuen Tätigkeit geschaffen.

3. ROLLENVERHANDELN: Der Begriff Rollenverhandeln wird oft synonym mit dem Begriff Rollenklärung verwendet. HARRISON (1977, S. 116 ff.) bezeichnet Rollenverhandeln als einen ‚harten' Ansatz bei der Teamentwicklung, denn es kann dabei zu starken Konfrontationen kommen. Deshalb sollte bei dieser Intervention immer ein Moderator (OE-Berater, neutraler Dritter o. ä.) mitwirken. Dem Rollenverhandeln liegt die Überzeugung zugrunde, daß jede Klärung immer besser ist als ungeklärte Verhältnisse und daß eine offen und fair ausgehandelte Vereinbarung zwischen verschiedenen Rollenträgern einer ungelösten Konfliktsituation jederzeit vorzuziehen ist. HARRISON (1977, S. 121—123) schlägt sogar einen Beratervertrag zwischen dem Moderator und den Beteiligten vor, der die folgenden sechs (verkürzt wiedergegebenen) Punkte umfassen sollte:

(1) Der Berater ist nicht berechtigt, Gefühle aus jemandem herauszupressen oder zu untersuchen. Die Beteiligten entscheiden selbst, was und wieviel sie in den Prozeß einbringen.

(2) Offenheit und Ehrlichkeit bei allen Beteiligten ist für ein zufriedenstellendes Ergebnis unbedingt notwendig. Der Berater achtet darauf, daß die Leute ihre Erwartungen und Forderungen an das Verhalten anderer so genau und konkret wie möglich äußern.

(3) Nichts gilt als adäquat mitgeteilt, was nicht schriftlich fixiert ist und bei dem nicht geprüft ist, ob der Empfänger es auch so verstanden hat, wie es vom Sender beabsichtigt war. Erst danach dürfen Äußerungen im Prozeß (weiter)verwendet werden.

(4) Es gilt das Prinzip ‚Quid pro quo' (Was für was). Veränderung wird nicht dadurch erzielt, daß nur Erwartungen und Forderungen ausgetauscht werden. Vielmehr müssen die Betroffenen bereit sein, ihr Verhalten zu ändern. Dazu ist nicht nur notwendig, daß das gewünschte Verhalten klar definiert ist, sondern darüber hinaus muß auch geklärt sein, was der Betreffende von dem oder den anderen als Gegenleistung für seine Verhaltensänderung erhält.

(5) Der Prozeß des Aushandelns gilt erst dann als abgeschlossen, wenn die getroffene Übereinkunft bezüglich der Verhaltensänderung(en) und der Gegenleistung(en) schriftlich niedergelegt ist.

(6) Drohungen und Ausübung von Druck sind **weder illegitim noch** bei den Verhandlungen **auszuschließen!** Allerdings muß allen Beteiligten klar sein, daß solche Mechanismen die Kommunikation erschweren und zu Abwehrreaktionen, zu Vergeltungswünschen oder sogar zum Abbruch der Verhandlungen führen. Im Prinzip hat ohnehin jeder am Prozeß Beteiligte Macht und Einfluß — einerseits durch den Weg des Belohnens und der Zusammenarbeit mit anderen, andererseits durch die Möglichkeit, Widerstand zu leisten, zu blockieren oder vielleicht auch zu bestrafen. Dies muß allen deutlich werden, und es soll versucht werden, das Ziel durch positive Anreize zu erreichen.

Das Rollenverhandeln kann mit einer Diagnosephase von etwa zwanzig bis dreißig Minuten beginnen, in der alle Beteiligten für sich allein reflektieren, wie die Arbeit zwischen ihnen und den übrigen Gruppenmitgliedern aussieht und was man gerne ändern bzw. belassen möchte. Dabei soll sich jeder einzelne auf solche Überlegungen konzentrieren, die seine eigene Effektivität verbessern würden. Nach der Einzelarbeit füllt jeder Teilnehmer für jedes andere Gruppenmitglied einen **Problemdiagnosebogen** aus, in dem er auflistet, was von der anderen Person

→ mehr oder besser
→ weniger oder nicht mehr
→ unverändert

getan werden sollte. Jeder Teilnehmer erhält von jedem anderen einen solchen Diagnosebogen. Daraus fertigt jeder dann auf einem Bogen Papier eine Zusammenstellung an, die alle von den anderen in den obigen drei Kategorien für ihn angeführten Verhaltensweisen enthält. Die individuellen Zusammenstellungen werden für jeden einsehbar an die Wand gehängt, und jeder Teilnehmer kann bei den Sendern der ihm übermittelten Botschaften weitere oder erläuternde Informationen einholen. Zurückweisungen oder Verteidigungen sind nicht erlaubt.

Mit diesem Material steigt man in die Verhandlung ein. Das Prinzip des ‚Quid pro quo' wird den Beteiligten noch einmal verdeutlicht und darauf hingewiesen, daß der Status quo mit hoher Wahrscheinlichkeit bestehen bleiben wird, wenn sich nicht auf *beiden* Seiten Verhalten ändert. Zunächst werden die Teilnehmer dann gebeten, auf den jeweiligen Zusammenstellungen Bereiche zu markieren, in denen sie sich bei den anderen Veränderungen besonders wünschen bzw. in denen sie bei sich selbst am ehesten eine Veränderung für vorstellbar halten. Mit Hilfe des Moderators entsteht auf diese Weise eine Liste von Punkten, die am ehesten verhandlungsfähig sind. Danach bittet der Moderator zwei oder drei Personen, sich mit ihrem Rollenproblem sozusagen als Demonstrationsobjekt zur Verfügung zu stellen, indem sie vor den Augen der anderen in ihren Verhandlungsprozeß einsteigen. An ihnen wird noch einmal gezeigt, daß der Ablauf der Verhandlung stets in einem ‚Wenn Sie X tun, tue ich Y' besteht. Außerdem wird bei jeder getroffenen Vereinbarung auch über zu verhängende **Sanktionen** für den Fall einer Nicht-Einhaltung der vereinbarten Regelungen gesprochen.

Nach dieser Demonstration einer Verhandlung können die weiteren Verhandlungen parallel durchgeführt werden. Die Gesamtgruppe wird jedoch stets über die erzielten Einzelergebnisse informiert und hat diese in bezug auf Mängel oder nicht bedachte Risiken abzuklopfen. Der Gesamtprozeß ist oft sehr zeitaufwendig. Er kann auch in Teilschritten mit jeweils eingeschobenen Nachdenk- oder auch Erprobungsphasen für die Beteiligten durchgeführt werden.

4. NEUTRALER-DRITTER-INTERVENTION: In Spannungs- oder Konfliktsituationen — gleich ob zwischen einzelnen oder Gruppen — ist häufig

die Mitwirkung eines sogenannten ‚neutralen Dritten' oder einer ‚dritten Partei' (third party) als regelnde Kraft hilfreich.[15]) Unbedingte Voraussetzungen dafür sind jedoch, daß

a) von den Beteiligten die Existenz eines Problems zwischen den Parteien zugegeben wird,

b) der ‚Dritte' von den Beteiligten als neutral akzeptiert und wahrgenommen wird,

c) der neutrale Dritte die Techniken der Konfliktdiagnose und -regelung beherrscht (s. Abschnitt 5.6)

Die typischen Merkmale eines neutralen Dritten sind (in Anlehnung an WALTON, 1969, S. 131 ff.):

- seine persönliche Qualifikation als Prozeßregler (d. h. er besitzt diagnostische Fähigkeiten, soziale Kompetenz, hohe Kommunikationsfähigkeit, eine Grundhaltung der Akzeptanz gegenüber den Beteiligten und die Fähigkeit, den Prozeß emotional zu befruchten und zu verstärken),

- seine Fähigkeit, Neutralität glaubwürdig zu demonstrieren und durchzuhalten,

- seine Fähigkeit, einen optimalen Spannungszustand bei den Beteiligten aufrecht zu erhalten. Wie die Abb. 61 zeigt, stellt eine **mittlere Spannungslage** das Optimum dar für die Fähigkeit der Beteiligten, im Rahmen der Konfliktregelung Botschaften zu senden, zu empfangen und integrativ zu verarbeiten. Bei zu geringer oder zu hoher Anspannung geht diese Fähigkeit zurück bzw. wird blockiert und bricht zusammen.

Als neutrale Dritte können zum Beispiel der unmittelbare Vorgesetzte, ein (eventuell entsprechend geschulter) Kollege gleicher organisatorischer Ebene oder ein interner bzw. externer OE-Berater in Frage kommen. Das Grundprinzip dieser Intervention ist die **direkte Konfrontation** der unterschiedlichen Standpunkte, wobei dem neutralen, d. h. dem nicht engagierten oder envolvierten Dritten die Aufgabe zufällt, den zum Teil sehr dynamischen Prozeß zu strukturieren und zu steuern. Die Konfrontationsbegegnung kann dabei entweder nur zwischen den Beteiligten und dem neutralen Dritten stattfinden oder unter Umständen auch im Beisein der gesamten Arbeitsgruppe bzw. Teilen von ihr. Die Konstruktion des Situationsrahmens mit oder ohne weitere Leute kann den Regelungsprozeß fördern, aber auch hemmen. Der neutrale Dritte entscheidet in Abstimmung mit den Beteiligten, welche Variante gewählt wird. Immer ist es für den Prozeß günstig, wenn die Regelungsbemühungen an einem neutralen Ort stattfinden (neutrality of the turf), der auch die Möglichkeit bietet, die Rahmenbedingungen bei Bedarf informell zu

---

15) Eine ausführliche Beschreibung dieser Interventionsform einschließlich vieler Anwendungsvarianten findet sich bei WALTON (1969).

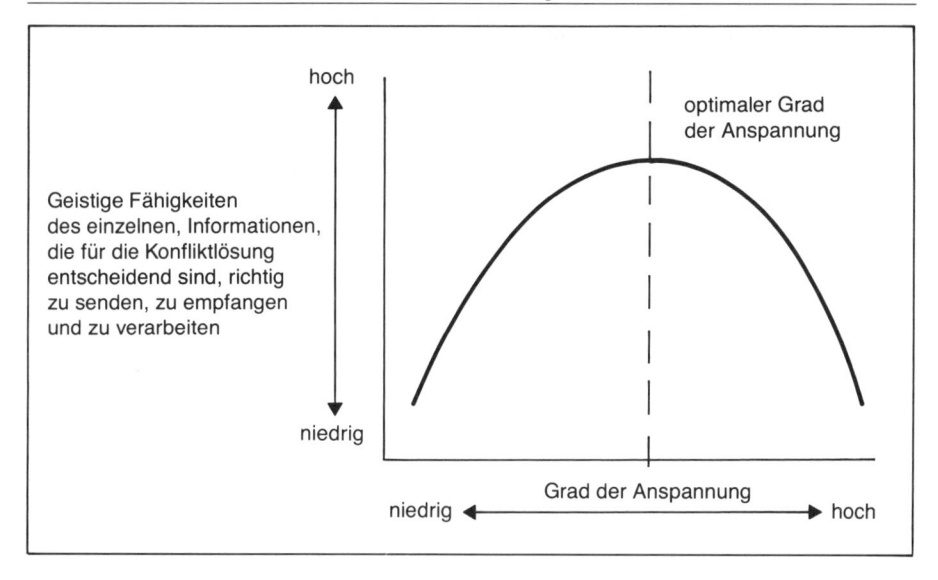

Abb. 61: Die Leistungsfähigkeit von Beteiligten beim Konfliktlösen in Abhängigkeit von ihrem Spannungszustand (entnommen aus: R. E. WALTON, 1969, S. 112)

gestalten. Das ist mitunter sehr hilfreich für den Durchbruch zu einer Lösung. Außerdem sollte man auf genügenden Zeitpuffer achten und unpassende Unterbrechungen in einem laufenden Regelungsprozeß vermeiden.

Als Ziel der Intervention werden meistens konkrete schriftliche Vereinbarungen (s. u.: Kontrakte) zwischen den Beteiligten als Verhaltensabsprachen für die zukünftige Zusammenarbeit angestrebt.

5. KONTRAKTE: Zwischen Menschen, die miteinander klarkommen müssen, etwa weil sie in einer Organisation zusammenarbeiten, gibt es *immer* gewisse Spielregeln über die Art und Weise, wie man miteinander umgeht. Es werden sozusagen ‚soziale Vereinbarungen' miteinander getroffen. Bei der hier geschilderten Interventionsform nun werden solche ‚Kontrakte' **formalisiert,** indem sie **schriftlich fixiert** und von allen Beteiligten mit ihrer **Unterschrift bekräftigt** werden. Die erste Reaktion von den Beteiligten auf dieses Verfahren sind häufig Kommentare wie ‚Ist doch nicht notwendig', ‚Ein Mann ein Wort' oder auch ‚Kindisch'. Von dem Prinzip der schriftlichen Fixierung wird jedoch nicht abgewichen, und es ist normalerweise keine Schwierigkeit, aus dem Erfahrungsbereich der Beteiligten genügend Beispiele von gebrochenen oder mißinterpretierten mündlichen Vereinbarungen anzuführen. Wie auch bei den individuellen Kontrakten (s. Abschnitt 7.2.2) stellen die schriftliche Form sowie die Besiegelung der getroffenen Vereinbarungen durch die

eigene Unterschrift offensichtlich eine stabile psychologische Hürde gegen ‚Vertragsbruch' dar. Außerdem werden die Beteiligten angesichts der Tatsache, daß alles schwarz auf weiß fixiert wird, bereits in der Aushandlungsphase eines Kontraktes sehr schnell vorsichtig mit leichtfertigen Zusagen oder leeren Versprechungen, und sie überlegen sich genau, welcher Regelung sie unter welchen Bedingungen zustimmen wollen.

Kontrakte sind nur wirksam, wenn

→ sie in gegenseitigem Einvernehmen geschlossen werden,
→ die Verantwortlichkeiten, Rechte und Pflichten für beide Seiten unmißverständlich fixiert sind und
→ Sanktionen für den Fall eines Vertragsbruches festgeschrieben werden.

Grundsätzlich gilt die Regel: Ändert sich die Situation, muß auch der Kontrakt überprüft werden.

6. PROZESSBERATUNG: Die Prozeßberatung ist eng verwandt mit der Laboratoriumsmethode (s. Abschnitt 2.3). Bei dieser Intervention beschränkt sich der OE-Berater im Prinzip darauf, einer agierenden Gruppe die während des laufenden Prozesses angestellten Beobachtungen ‚zurückzuspiegeln', um dadurch bei der Gruppe einen Lernprozeß einzuleiten. Zu diesem Zweck unterbricht der Prozeßberater nach bestimmten Abschnitten oder auch bei Bedarf (‚Was spielt sich jetzt hier gerade zwischen den Gruppenmitgliedern ab?') die Arbeitstätigkeit der Gruppe und tritt mit den Mitgliedern in eine Diskussion und Reflexion über die gemachten Prozeßbeobachtungen ein.[16]) Nach SCHEIN (1969, S. 9) ist Prozeßberatung eine

> „Reihe von Beraterinterventionen, die dem Klienten helfen, Prozeßereignisse in seiner Umwelt wahrzunehmen, zu verstehen und auf sie zu reagieren"

Prozeßberatung eignet sich hervorragend zur Anwendung ‚vor Ort': Echte Besprechungen, Sitzungen oder Konferenzen (statt Seminarübungen oder Praxissimulationen) werden zum Gegenstand von Prozeßberatung gemacht. Dabei ist es eine große Hilfe und außerdem für die Teilnehmer sehr instruktiv, wenn der Gruppenprozeß wie in einem Seminar auf Video oder zumindest auf Tonband aufgezeichnet wird, so daß man später jederzeit per Playback darauf zurückgreifen kann.[17])

Praktisch alle Autoren sind sich darin einig, daß der Erfolg von Prozeßberatung mehr als bei vielen anderen OE-Interventionen von der *Person* des Beraters und weniger von den praktizierten Einzelschritten abhängig ist (s. BEER, 1976, S. 937 ff). Das allgemeine **Ziel einer Prozeßberatung** ist es, die Gruppe zu befähigen, bewußt und aus eigener Kraft die in ihr ablaufenden

---

16) Siehe dazu: Abschnitt 6.4.9 über Prozeßanalyse
17) Eine sehr detaillierte Beschreibung der Prozeßberatung gibt SCHEIN (1969).

Prozesse zu steuern und im Hinblick auf die Erreichung des gesetzten Zieles entsprechend zu gestalten. Mit Erreichen dieses Zieles wird sie unabhängig vom Berater, der sich dann ausblendet.

7. PROBLEMLÖSE-WORKSHOPS: Diese Intervention gehört wohl mit zu den populärsten OE-Maßnahmen. Bei einem Problemlöse-Workshop nimmt die betreffende Gruppe einen **konkreten Vorfall** oder ein **konkretes Ereignis** zum Anlaß, in einen gemeinsamen Problemlöseprozeß einzutreten. Solche Anlässe können sein:

— sogenannte ‚kritische Vorfälle' (critical incidents) wie Reklamationen, Beschwerden, Pannen, Unfälle etc.
— Arbeitsfehler, Ausschuß, Qualitätsverschlechterung, Absinken der Produktivität, Fluktuation, Absentismus etc.
— Konflikte oder Störungen der Zusammenarbeit in der Gruppe
— Ergebnisse von (intern oder durch Externe angestellten) Untersuchungen bzw. Befragungen etc.

Ein Problemlöse-Workshop kann auch mit einer diagnostischen Intervention (Problemkatalog, Collage, o. ä.) gestartet werden. Nach der Auswahl bzw. Festlegung des zu bearbeitenden Problems steigt man in die einzelnen Phasen des Problemlöseprozesses ein und folgt dabei im Prinzip der in Abschnitt 5.5 beschriebenen Systematik. Grundsätzlich sollte immer in Kleingruppen von möglichst nur vier bis sechs Teilnehmern gearbeitet werden, um den einzelnen dadurch eine hohe Aktivitäts- und Beteiligungschance zu geben. Die Ergebnisse der Kleingruppen werden nach jedem Teilschritt im Plenum gegenseitig präsentiert oder man macht gegenseitige Gruppenbesuche in den verschiedenen Arbeitsräumen. Die jeweiligen Zuhörer haben dabei stets die Funktion eines ‚Fehlersuchgerätes' und sind aufgefordert, der präsentierenden Gruppe zusätzliche Anregungen zu geben. Bei Gruppen, die in Problemlösetechnik weniger versiert sind, empfiehlt es sich übrigens, für die einzelnen Bearbeitungsschritte des Problemlöseprozesses konkrete Checkfragen als strukturierende Hilfe vorzugeben.

Problemlöse-Workshops sollten je nach Umfang des Problems mindestens zwei Tage dauern.[18]) Für die Teilnehmer ist es unbefriedigend, wenn nach sorgfältiger und engagierter Analyse eines Problems kaum noch Zeit für die Entwicklung von Lösungen, geschweige denn für ihre Umsetzung in konkrete Aktivitätspläne findet.

---

18) Man muß genügend Zeit für die Auftauphase und für eine sorgfältige Diagnose des Problems vorsehen. Danach wird Zeit benötigt für die Sammlung und Prüfung von Lösungsalternativen sowie für die Auswahl der geeigneten Lösung(en) und die Planung der Aktivitäten zu ihrer Realisierung. Setzt man — knapp gerechnet! — für jeden dieser genannten Teilschritte (jeweils Kleingruppenarbeit mit Präsentation und Diskussion im Plenum) einen halben Trainingstag an, dann sind bereits zwei Tage ‚verbraucht'.

Man kann Problemlöse-Workshops unterschiedlich konstruieren: So müssen die Kleingruppen nicht unbedingt an einem gemeinsamen, sondern können auch **parallel an** jeweils **verschiedenen Problemen** arbeiten. Bei einem weiteren Workshop-Design wird eine **Arbeitsstafette** eingerichtet, wobei eine Gruppe von einer anderen Teilergebnisse übernimmt und diese dann weiterbearbeitet. Hierbei kann auch ein **Austausch von Delegierten** praktiziert werden, d. h. ein Gruppenmitglied wird zusammen mit dem Zwischenergebnis an die weiterarbeitende Gruppe abgegeben und kann dort den bisherigen Arbeitsprozeß erläutern und interpretieren. Die gegenseitigen Präsentationen von Teilergebnissen bleiben aber immer ein fester Bestandteil, damit jede Kleingruppe die übrigen Teilnehmer stets als Korrektiv oder Rückkopplungsinstanz zur Verfügung hat.

Häufig steht man bei der Vorbereitung von Problemlöse-Workshops vor der Frage, ob sie unter **Mitwirkung von Vorgesetzten** stattfinden sollen. Dafür gibt es keine feste Regel, denn dies ist stark abhängig von der Natur des Problems sowie von den jeweiligen Vorgesetzten. Im Laufe des Problemlöseprozesses erkennen die Beteiligten allerdings meist recht schnell, daß man schließlich auch im betrieblichen Alltag mit dem Vorgesetzten täglich zusammenarbeiten und klarkommen muß und daß der Vorgesetzte als (Mit-)Betroffener oder Beteiligter auch später bei der Realisierung der Problemlösung gebraucht wird. Somit lautet die Frage also weniger, ob man den Vorgesetzten ausschließen soll oder nicht, sondern eher, wie und wann man ihn in die Workshop-Aktivitäten einblendet. Dazu gibt es einige Möglichkeiten, z. B.:

- Der Vorgesetzte kommt später hinzu, d. h. die Auftauphase geschieht ohne ihn, und er wird durch eine Prozeßpräsentation der Gruppe auf den Stand der Dinge gebracht und über die bisherigen Abläufe informiert.

- Der Vorgesetzte schickt ‚Post' in den Workshop mit der Beschreibung der Problemlage aus seiner Sicht. Auf diese Weise ist er sozusagen indirekt dabei.

- Der Vorgesetzte ist von Anfang an dabei, aber die Gruppe entscheidet auf Anregung des Moderators oder auf Antrag der Gruppe durch verdeckte Abfrage, ob er bei bestimmten Phasen stört, d. h. die Gruppe für eine bestimmte Zeit allein lassen soll, oder ob er bleiben darf.[19])

Das zuletzt genannte Verfahren, bei dem die Gruppe den oder die Vorgesetzten vor die Tür schicken darf, muß selbstverständlich vorher mit den Betroffenen abgesprochen und diesen auch erläutert werden. Dieses Verfahren

---

19) Für die betreffenden Vorgesetzten sind solche Abstimmungsergebnisse oft ein wichtiges Feedback. Viele Vorgesetzte überschätzen den Grad ihrer Integration in die Gruppe und übersehen, daß sie von ihren Mitarbeitern eben nicht nur als ‚Mensch', sondern auch in ihrer Rolle als unternehmerischer Willensträger und damit oft als ‚outgroup' wahrgenommen werden.

macht den Teilnehmern übrigens am schnellsten bewußt, wie praxisfern an sich das Herausschicken des Vorgesetzten ist, und löst meistens sehr schnell eine entsprechende Diskussion aus. Prinzipiell sollte der Vorgesetzte so schnell wie möglich integriert werden und bleiben. Bei bestimmten Problemstellungen kann sogar die aktive Teilnahme der nächsthöheren Ebene(n) wünschenswert bzw. notwendig sein.

7.3.2 Teamentwicklung (TE)

TEAMENTWICKLUNG: Der Begriff Teamentwicklung (TE) steht nicht für eine einzelne Intervention, sondern man faßt darunter eine Fülle unterschiedlichster Maßnahmen zusammen.[20] Diese zielen darauf ab, neu gebildete Teams schnellstmöglich zu voller Leistungsfähigkeit zu bringen (start-up-meetings) oder bestehende Teams in ihrer Leistungsfähigkeit fortzuentwickeln bzw. die Leistungskraft und -bereitschaft bestehender Teams, die in Routine zu ersticken drohen, zu beleben. TE-Maßnahmen gehören zu den am meisten praktizierten OE-Interventionen überhaupt. Zugleich sind sie ein Beispiel für die Abkehr von der traditionellen Schulung in Führung und Teamarbeit mit bunt gemischten Teilnehmergruppen. Statt dessen wendet man sich mehr und mehr dem Training bestehender organisatorischer Einheiten zu. TE-Maßnahmen eignen sich zudem hervorragend, in überschaubarem Rahmen und mit relativ kalkulierbarem Risiko Organisationsentwicklung in einer Organisation zu beginnen und in der Praxis zu erproben.

7.3.2.1 Die Ziele von Teamentwicklung

Unter Bezug auf eine amerikanische Quelle (University Associates Publishers, San Diego, 1974) nennt VARNEY (1977, S. 154—155) folgende **Hauptziele von Maßnahmen zur Teamentwicklung** (in freier Übersetzung des Autors):

(01) Verbesserung des Verständnisses für die Rolle eines jeden Teammitgliedes innerhalb der Arbeitsgruppe,

(02) Verbesserung des Verständnisses für die Beschaffenheit (character) des Teams und seine Rolle innerhalb der Gesamtabläufe der Organisation,

(03) Verbesserung der Kommunikation zwischen den Teammitgliedern über alle Punkte, welche die Effektivität der Gruppe angehen,

(04) Stärkung der gegenseitigen Unterstützung (support) unter den Gruppenmitgliedern,

---

20) Die wohl umfangreichste Zusammenstellung von Maßnahmen, Anregungen und Hilfsmitteln zur Teamentwicklung, in der englisch-sprachigen Literatur meist ‚team-building' genannt, findet sich zusammen mit zahlreichen Anwendungsbeispielen bei DYER (1977).

(05) Klareres Verständnis für die ablaufenden Gruppenprozesse, d. h. für jene gruppendynamischen Ereignisse, die in jeder Gruppe vorkommen, in der Leute eng zusammenarbeiten,

(06) Finden von effektiveren Wegen für die Gruppe, die in ihr bestehenden Probleme auf der Sach- wie auf der Beziehungsebene zu bewältigen,

(07) Entwickeln der Fähigkeit, Konflikte positiv (statt destruktiv) zu nutzen,

(08) Verstärkung der Zusammenarbeit zwischen den Teammitgliedern und eine Verringerung jenes Wettbewerbs, der auf Kosten der jeweiligen Gruppe bzw. der Organisation geht,

(09) Verbesserung der Fähigkeit des Teams, mit anderen Arbeitsgruppen innerhalb der Organisation zusammenzuarbeiten,

(10) Stärkung des Bewußtseins des gegenseitigen Aufeinanderangewiesen-Seins innerhalb des Teams.

Diese Auflistung von Zielen läßt sich zweifellos noch erweitern. So könnten TE-Maßnahmen auch dazu eingesetzt werden, die Teamziele zu klären bzw. abzustimmen, Zielkonflikte auszuräumen, die Problemlösefähigkeit des Teams zu verbessern, die Entscheidungsprozesse zu optimieren usw.

Man kann Teamentwicklung sowohl mit *permanenten* Arbeitsgruppen (family groups) als auch mit *Projektgruppen* betreiben, d. h. mit Gruppen, die nur für die Dauer eines Projektes oder einer bestimmten Aufgabenstellung existieren und dann wieder aufgelöst werden. Dazu gehören auch Ausschüsse.

Um erste Ansatzpunkte für TE-Interventionen herauszufinden, kann man die inhaltliche Aussage der Abb. 62 als diagnostisches Modell benutzen.

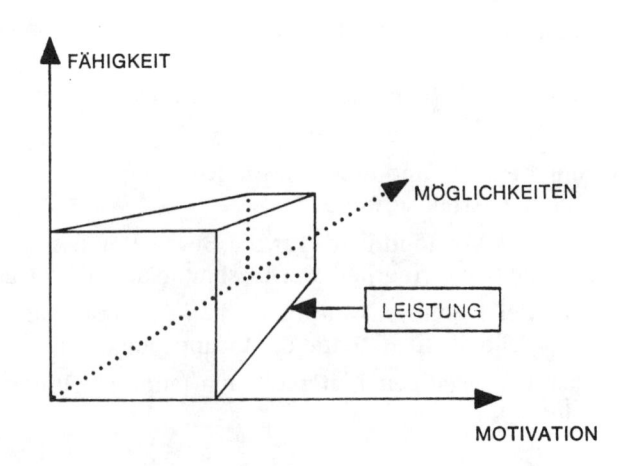

Abb. 62: Die drei Hauptfaktoren für eine Gruppenleistung (entnommen aus: G. COMELLI, 1979, S. 37)

Die Abbildung zeigt, daß die von einem Team erbrachte Leistung von drei Hauptfaktoren abhängig ist: Von den vorhandenen **Fähigkeiten** des Teams und seiner Mitglieder zur Teamarbeit, von den **Möglichkeiten**, die dem Team für die Erledigung der gestellten Aufgabe gegeben sind, und von der **Motivation** des Teams bzw. seiner Mitglieder zur Zusammenarbeit bzw. für die gemeinsame Zielsetzung.[21]) *Bevor* mit irgendwelchen TE-Maßnahmen begonnen wird, sind deshalb zunächst die folgenden drei Fragen zu klären:

(1) Mangelt es dem Team an *Fähigkeiten* (skills), z.B. Unkenntnis von Arbeitstechniken, Vorgehensweisen, Methoden etc.?
(2) Mangelt es dem Team an *Möglichkeiten*, erfolgreich zu arbeiten, z.B. unzureichende äußere Bedingungen, mangelhafte Ausstattung, keine Zeit etc.?
(3) Ist das Team insgesamt oder sind einzelne Mitglieder *nicht* ausreichend *motiviert,* z.B. wegen Spannungen, Unzufriedenheit, konkurrierenden Motiven, Desinteresse, Reaktionen auf schlechte Führung o. ä.?

Es wird deutlich, daß die Ursachen unbefriedigender Teamleistungen in völlig unterschiedlichen Feldern liegen können, wobei die Beantwortung dieser drei Grundfragen nur ein Einstieg ist, der selbstverständlich keine komplette Teamdiagnose ersetzt.

7.3.2.2 Anlässe für Teamentwicklung

Die Anregung zu Teamentwicklungsaktivitäten oder gleich zu einem konkreten TE-Workshop kann von dem Vorgesetzten, der seiner Gruppe eine solche Intervention vorschlägt, ebenso ausgehen wie von der Gruppe, die einen entsprechenden Vorschlag an ihren Vorgesetzten heranträgt. **Grundsätzlich** angebracht und dann meist auch **zwingend notwendig** sind TE-Maßnahmen bei den nachfolgend genannten *Frage-* bzw. *Problemstellungen:*[22])

— Wenn die Bedingungen, auf die der Vorgesetzte mit seinem Team reagieren muß, so schnell wechseln und so komplizierte Interaktionsstrukturen aufweist, daß der Vorgesetzte auf intensives Mitdenken seiner Mitarbeiter unbedingt angewiesen ist,
— wenn es darauf ankommt, daß die Mitarbeiter eines Teams wegen hoher wechselseitiger Abhängigkeit einander reibungslos zuarbeiten, damit die Ziele erreicht werden,

---

21) Daß Teams zudem noch mit unterschiedlichem Wirkungsgrad (Aufwand-Ergebnis-Verhältnis) tätig sein können, wird durch die Abbildung nicht dargestellt.
22) In Anlehnung an DYER, 1977, S. 37 ff.

— wenn es an genügend ausgearbeiteten Kommunikationsverbindungen fehlt, um dringend benötigte oder hilfreiche Informationen, Analysen, Bewertungen und Entscheidungen unter den Teammitgliedern austauschen zu können,

— wenn Kooperationsprobleme in dem Team zwar offenbar geworden, aber schon viel zu lange unbearbeitet geblieben sind, so daß sie nun dringend gemeinsam beraten und bearbeitet werden müssen.

Gerade in solchen Situationen ist es für die Effektivität eines Teams besonders bedeutsam, wie die Führung ausgeübt wird, wie die Ressourcen der Gruppe genutzt werden, wie gut die einzelnen Gruppenmitglieder in das Team integriert sind, wie prozedurbewußt und zielorientiert die Gruppe arbeiten kann, wie stark sich der einzelne für das Team und die Ziele engagiert, wie fähig die Gruppe im Umgang mit Konflikten ist usw. DYER (1977, S. 36 ff) hat verschiedene Fragebögen zur Identifizierung von Teamproblemen entwickelt, die er zur Einschätzung der Dringlichkeit von TE-Maßnahmen einsetzt. Einen davon zeigt die Abb. 63.

Bei diesem Bogen schätzen die einzelnen Teammitglieder in vierzehn typischen Problemfeldern ein, ob bzw. wie stark ihrer Meinung nach in der Gruppe Hinweise auf eine problematische Situation vorliegen. Mit Hilfe einer Punkteauswertung, über die man sicherlich streiten kann, wird dann festgestellt, mit welcher Dringlichkeit TE-Maßnahmen angezeigt sind. Natürlich gibt es keine verbindlichen und allgemein gültigen Regeln darüber, bei welcher ‚Krankheit' (= Problemlage) dem ‚Patienten' (= Gruppe) nun welche ‚Pille' (= Intervention) zu verordnen ist. Die Entscheidung darüber obliegt dem Trainer bzw. dem Moderator.[23]) Aufgrund der Diagnose hat der Moderator aus der Fülle der verschiedenen OE-Interventionen diejenigen auszuwählen, welche der konkreten Problemlage bzw. den sich daraus ergebenden Teilzielen adäquat sind. Dies erfordert genaue Kenntnisse der einzelnen Interventionsmöglichkeiten, Flexibilität und diagnostische Fähigkeiten. Das gilt ebenso für die Vorbereitungsphase wie auch später im laufenden Projekt beim Reagieren auf die aktuell ablaufenden Gruppenprozesse. Fast immer stehen mehrere mögliche Maßnahmen in einer Situation zur Wahl. Folglich laufen auch Teamentwicklungsprozesse fast immer unterschiedlich ab. Selbst wenn man dem gleichen ‚Drehbuch' folgt, machen die jeweiligen Geschehnisse in der Gruppe so viele Anpassungsinterventionen notwendig, daß kein TE-Projekt absolut identisch mit einem früheren verlaufen wird.

---

23) Bei neu mit Teamentwicklung beginnenden Gruppen sollte grundsätzlich ein Nicht-Gruppenmitglied die TE-Aktivitäten moderieren. Mit wachsender Erfahrung in Teamentwicklung bei dem Vorgesetzten und der Gruppe kann sich der Moderator ausblenden, bzw. er wird nur noch in kritischen Fällen als neutraler Dritter hinzugebeten. Die Arbeit mit zwei Moderatoren bringt zusätzliche Vorteile: Gegenseitige Supervision (‚Vier-Augen-Prinzip'), zwei Anlaufstellen für die Teilnehmer, intensivere Betreuung bei Kleinstgruppenarbeit usw.

Problemfelder bei Teamarbeit:	schwache Hinweise		einige Hinweise		starke Hinweise
01. Verlust an Produktivität / Leistungsabfall der Gruppe	1	2	3	4	5
02. Klagen oder Beschwerden in der Arbeitsgruppe	1	2	3	4	5
03. Konflikte oder Feindschaft zwischen Gruppenmitgliedern	1	2	3	4	5
04. Unklare Kompetenzen oder Beziehungen zwischen den Mitarbeitern	1	2	3	4	5
05. Mangel an klaren Zielen oder geringe Identifikation mit diesen	1	2	3	4	5
06. Apathie, allgemeine Interesselosigkeit oder Mangel an Engagement bei den Teammitgliedern	1	2	3	4	5
07. Mangel an Innovation / Risikobereitschaft / Kreativität / Initiative	1	2	3	4	5
08. Ineffektive Besprechungen	1	2	3	4	5
09. Probleme in der Zusammenarbeit mit dem Vorgesetzten	1	2	3	4	5
10. Unzureichende Kommunikation: die Mitarbeiter wagen nicht zu widersprechen, man hört einander nicht zu, man spricht nicht miteinander	1	2	3	4	5
11. Mangel an Vertrauen zwischen dem Vorgesetzten und seinen Mitarbeitern bzw. den Mitarbeitern untereinander	1	2	3	4	5
12. Es werden Entscheidungen getroffen, die von den Mitarbeitern nicht verstanden werden oder denen sie nicht zustimmen	1	2	3	4	5
13. Die Mitarbeiter haben den Eindruck, daß gute Arbeit nicht anerkannt oder belohnt wird	1	2	3	4	5
14. Die Mitarbeiter werden nicht zur Zusammenarbeit und zu gemeinsamen Anstrengungen ermutigt	1	2	3	4	5

Auswertung:

Gesamtpunktzahl 14—28 = es sieht so aus, als seien Maßnahmen zur Teamentwicklung nicht erforderlich

29—42 = es gibt einige Hinweise; aber keine unmittelbare Notwendigkeit für Teamentwicklungsmaßnahmen.
Ausnahme: besonders hohe Punktzahlen in zwei oder drei Bereichen

43—56 = Maßnahmen zur Teamentwicklung sollten ernsthaft erwogen werden

über 56 = Teamentwicklungsmaßnahmen sollten höchste Priorität erhalten

Abb. 63: Fragebogen zur Problemidentifizierung in einem Team (frei übersetzt nach W. G. DYER, 1977, S. 36—37)

7.3.2.3 Die Vorbereitung des Vorgesetzten und des Teams

Sowohl bei der Planung des Gesamtprogramms als auch bei den Einzelentscheidungen über notwendige Anpassungsinterventionen sind u. a. die folgenden Punkte zu beachten:

- Alle Interventionen müssen auf die spezielle Situation der Gruppe ‚maßgeschneidert' sein.
- Die konkret gegebenen situativen Rahmenbedingungen (wie z.B. zeitliche Möglichkeiten) sind zu beachten.
- Die spezielle Problemlage der Gruppe und der Problemdruck sind zu berücksichtigen.
- Vorhandene Gruppennormen müssen ebenso einkalkuliert werden wie vorhandene Strukturen (Machtstrukturen, Statusbeziehungen, Abhängigkeiten etc.).
- Die (Vor-)Geschichte der Gruppe ist von Bedeutung.
- Es muß an Vorwissen und Vorkenntnisse (z.B. über Problemlösetechnik) und an die Vorerfahrungen (z.B. gruppendynamische oder Kommunikationstrainings) der betreffenden Gruppe angeknüpft werden.

Es bedarf deshalb bereits **vor dem Einstieg in ein TE-Programm** einer ganzen Reihe diagnostischer Aktivitäten, die dem Moderator helfen, sich in die Problemlage des Teams einzufühlen und eine entsprechende Interventionsstrategie vorzubereiten. Die Informationen zur Situation und Problemlage wird er dabei hauptsächlich bei dem Vorgesetzten oder Teamleiter sowie bei den Teammitgliedern, etwa durch Einzel- oder Gruppeninterviews, einholen. Ebenfalls wird er in vorgeschalteten Sitzungen oder Besprechungen sowohl mit dem Teamleiter als auch mit der Gruppe die eigentliche Maßnahme detailliert vorbereiten. Zur **Vorbereitung des Vorgesetzten/Teamleiters** gehört, daß

→ dieser exakt über die Vorgehensweise und das Konzept der Teamentwicklung informiert wird,

→ er erfährt, welche Rolle der Moderator dabei übernehmen wird (Hilfestellung für den **Prozeß** geben, aber **nicht für die Gruppe** Probleme lösen),

→ er die Wichtigkeit seiner Vorgesetztenrolle und seiner Unterstützung für den Erfolg der Maßnahmen erkennt und

→ ihm verdeutlicht wird, auf welche Risiken (auch) er sich einläßt.

Vor allem der letztgenannte Punkt geht darauf hinaus, daß es bei einer TE-Maßnahme mit Sicherheit u. a. auch darüber zur Diskussion kommen wird, wie die Rolle des Führers durch den Vorgesetzten in der Gruppe wahrgenommen und ausgefüllt wird. In Projektgruppen wird dazu mitunter die Meinung vertreten, es gebe in dem betreffenden Team keinen ‚Führer'. Führerlose Gruppen lassen sich jedoch allenfalls in einem künstlichen Laborexperiment — und dann auch nur für begrenzte Zeit — konstruieren. Ansonsten beweist die sozialpsychologische Forschung, daß in *jeder* Gruppe einzelne Mitglieder jene Funktionen wahrnehmen, die das Verhalten eines Führers kennzeichnet.[24]) Diese gruppendynamische Grundtatsache läßt sich weder ideologisch wegdiskutieren noch hinter einer Formel wie ‚primus inter pares' verbergen. Ein Unterschied kann lediglich darin bestehen, ob ein Führer (Vorgesetzter, Teamleiter) formell bestimmt bzw. ernannt wird oder ob er sich informell herausgeschält hat. Aus der Sicht der Organisationsentwicklung ist die Frage ‚Führer — ja oder nein?' weniger bedeutsam, als vielmehr die Art und Weise, d. h. der Stil, wie die Führungsfunktionen ausgeübt werden und wie die Gruppenmitglieder sich dadurch betroffen fühlen. Insofern sind Themen wie Führung, Ausübung von (Positions-)Macht und Einflußnahme zentrale Punkte, an denen in der Teamentwicklung gearbeitet wird.

Es ist notwendig, daß der Vorgesetzte bzw. der Teamleiter durch seine Person die späteren TE-Maßnahmen aktiv unterstützt und auch die entsprechenden Möglichkeiten für ihre Durchführung schafft. Deshalb sollten ihm in der Vorbereitung unbedingt die folgenden Fragen vorgelegt werden:[25])

1. Prüfung der **persönlichen Haltung:**
   - Empfinden sie es als angenehm, wenn Sie Ihre Entscheidungen zusammen mit Ihren Mitarbeitern in einer partnerschaftlichen Atmosphäre treffen?
   - Sind Sie bereit, Ihre eigene Rolle und Ihre eigene Leistung mit in Frage stellen zu lassen?

2. Prüfung des **vorhandenen Spielraumes:**
   - Teamentwicklung kostet Zeit — für Sie und Ihre Mitarbeiter. Schaffen Sie es, dafür genügend Arbeitszeit freizuhalten?
   - Ist gewährleistet, daß das Team jeweils zu den erforderlichen Besprechungen zusammenkommen und störungsfrei arbeiten kann, und steht auch die notwendige Ausstattung (z.B. Flip-charts, Pinn-Wände etc.) zur Verfügung?

Diese Fragen sollen dem Vorgesetzten/Teamleiter bewußt machen, was (besonders) von ihm bei einem solchen Projekt erwartet wird und auf was er sich

---

[24] Nach LEWIN (1938) sind dies die Lokomotionsfunktionen (d. h. Zielerreichungsaktivitäten) und die Kohäsionsfunktion (d. h. Aktivitäten zur Sicherung und Stabilisierung des Gruppenzusammenhaltes). Sobald eine Gruppe gemeinsam aktiv wird und sich zu strukturieren beginnt, fühlen sich einzelne besonders verantwortlich für das gute Funktionieren der Gruppe und für die Erreichung des gesetzten Zieles. Sie übernehmen diese Funktionen in der Gruppe häufiger als andere und entwickeln sich damit zu Führern.
[25] Siehe auch DYER, 1977, S. 37 ff.

einläßt. Seine Aussagen zu diesen Fragen können unter Umständen bereits darüber entscheiden, ob überhaupt Teamentwicklung im Sinne von OE angezeigt ist. Sollte sich beispielsweise herausstellen, daß die von dem Leiter vertretene Auffassung von Führung offensichtlich in krassem Widerspruch zu dem von der Organisationsentwicklung bevorzugten partizipativen Ansatz steht, dann wird der Erfolg von Maßnahmen zur Teamentwicklung extrem fraglich sein, wenn nicht sogar unmöglich gemacht werden. Oft wird es dann von den Reaktionen der betreffenden Gruppe abhängig sein, ob man unter diesen Bedingungen überhaupt ein TE- oder OE-Projekt beginnt.

In jedem Fall aber muß man sich darüber klar sein, daß Teamentwicklungsmaßnahmen von sehr vielen betroffenen Vorgesetzten zumindest anfangs stark als persönliches Risiko erlebt werden. Immerhin lassen sie sich in ihrer Rolle und ihrem Leistungs- bzw. Führungsverhalten von den Mitgliedern ihres Teams in Frage stellen. Die Bereitschaft zur Mitwirkung wird man natürlich auch dadurch zu gewinnen suchen, daß man die mit der Teamentwicklung verbundenen Chancen für alle Beteiligten herausstellt. Auch wird man auf die weiter oben beschriebenen Ziele von Teamentwicklung hinweisen, die ja darauf ausgerichtet sind, die atmosphärischen Bedingungen in einer Gruppe zu verbessern, die in der Gruppe ablaufenden Prozesse zu optimieren und dadurch schließlich die Effektivität eines Teams zu steigern.

Falls die Vorabstimmungen mit dem Vorgesetzten soweit gediehen sind, daß er über Teamentwicklung genügend informiert ist, den geplanten TE-Aktivitäten zustimmt und seine Unterstützung bzw. Mitwirkung zugesagt hat, sind noch mit ihm zu klären (a) der vorgesehene Teilnehmerkreis, (b) der Zeitrahmen und eventuell schon vorgesehene Termine, (c) Vorinformation der Gruppe und deren Vorbereitung sowie (d) wer außerdem noch über das geplante Projekt informiert werden sollte. So kann es unter Umständen günstig sein, den Betriebsrat oder weitere unmittelbar Beteiligte über das geplante Projekt in Kenntnis zu setzen.

Es hat sich bewährt, die **Vorbereitung der Gruppe** nicht dem Vorgesetzten zu überlassen, sondern dies dem zukünftigen Moderator zu übertragen. Damit wird nicht nur eine erste Kontaktnahme zur Gruppe geschaffen, sondern auch sichergestellt, daß die Gruppe wie der Vorgesetzte sozusagen aus erster Hand über Ziele und Konzepte der Teamentwicklung informiert wird. Zu diesem Zweck werden die Teammitglieder entweder zu einer Vorbesprechung (ca. 2 Stunden) oder gleich zu einem Vorseminar ($^{1}/_{2}$ Tag) eingeladen. Beides findet während der Arbeitszeit und innerhalb des Betriebes statt. Bei diesem Vorbereitungstreffen gibt außerdem der Vorgesetzte seine Stellungnahme zu den ins Auge gefaßten TE-Maßnahmen ab und begründet, warum er Maßnahmen zur Teamentwicklung für angebracht bzw. notwendig hält.

Auch bei den Teammitgliedern muß damit gerechnet werden, daß zumindest einige den geplanten Maßnahmen zur Teamentwicklung zunächst abwartend oder skeptisch gegenüberstehen. Sie sind unsicher, wie offen man in einem solchen Prozeß sein kann und wie tragfähig die derzeitigen Beziehungen in der Gruppe bzw. zum Vorgesetzten sind. Mancher wird auch nicht frei von Ängsten sein, daß vielleicht Aussagen von ihm in einem solchen Prozeß zu einem späteren Zeitpunkt gegen ihn verwendet werden. Jeder hat schließlich seine bisherigen Erfahrungen ... Diese Punkte müssen in der Vorbereitungssitzung angesprochen werden. Sind schließlich die Teammitglieder — wie zuvor schon der Vorgesetzte — bereit, ‚es einmal mit Teamentwicklung zu versuchen' und diesem Vorhaben ‚gewisse Chancen einzuräumen' (evtl. anonyme Abfrage per Stimmungsbarometer), dann werden sie gleich in die organisatorische Planung (Termine, Teilnehmerkreis, wer sollte noch informiert werden? usw.) mit einbezogen. Falls man mit einem halbtägigen Vorseminar startet, bleibt sogar meistens noch genügend Zeit für diagnostische Zwecke (Erstellung eines Problemkataloges, Bearbeitung eines Fragebogens zur Problemfeststellung oder zur Gruppendiagnose o. ä.), so daß man für die erste Teamsitzung gleich schon einiges Datenmaterial zur Verfügung hat.

7.3.2.4 TE-Workshops

In ihrem Grundaufbau folgen alle nach solchen Vorbereitungsarbeiten konzipierten TE-Maßnahmen der Systematik der Problemlösetechnik bzw. der generell für Organisationsentwicklung typischen Phasenfolge von Problemerkennung, Datensammlung und Diagnose, Maßnahmenplanung, Maßnahmendurchführung und Erfolgskontrolle. Viele TE-Seminare ähneln deshalb stark den schon beschriebenen Problemlöse-Workshops und bestehen in der Regel aus: **diagnostischen Bausteinen** (Gruppenarbeiten, Übungen, Abfragen etc.), aus den sich daraus ergebenden **Arbeiten an konkreten Problemstellungen** (ständiger Wechsel zwischen Kleingruppenarbeit sowie Präsentation und Diskussion im Plenum) und aus eingestreuten **gruppendynamischen Übungen**, um bei Bedarf den Teilnehmern bestimmte Lernerfahrungen zu vermitteln. Falls man bei einem Teamentwicklungstraining nicht von konkreten Praxisproblemen der Gruppe ausgehen möchte oder kann, ist der klassische Start in Teamentwicklung ein sogenannter **Teamdiagnose-Workshop**, der in folgenden Schritten abläuft:

A. Jedes Gruppenmitglied beantwortet für sich allein folgende Fragen:
- Was hindert das Team daran, so effektiv zu arbeiten, wie man es sich wünscht?
- Was hindert **Sie** daran, so effektiv zu arbeiten, wie Sie es gerne möchten?
- Was gefällt Ihnen an Ihrem Team, so daß man es erhalten sollte?
- Was würden Sie ändern, um das Funktionieren des Teams zu verbessern?
- o.ä. Fragen

B. Die Aussagen von allen werden im Plenum (evtl. zuerst in Kleingruppen) zusammengetragen und besprochen.

C. Es werden Schwerpunkte gebildet und entschieden, an welchen man arbeiten will.

D. Man tritt in den Problemlöseprozeß ein mit dem Ziel, einen Veränderungs- bzw. Aktivitätsplan zu entwickeln.

Trainings oder **Workshops zum Aufbau *neuer* Teams** (start-up-meetings) sind sehr stark mit dem Rollenverhandeln verwandt. Hier sollen neue Teams zusammengefügt und/oder für neue Aufgaben vorbereitet werden. Der Schwerpunkt dieser Intervention liegt bei der Klärung von Bedürfnissen, Erwartungen, Beziehungen, Pflichten und Rechten sowie von Zielen der einzelnen Teammitglieder in dieser neuen Situation. Gleichzeitig geht es um die Verdeutlichung bzw. Abklärung der Teamziele, Aufstellung von Prioritäten sowie um die Erarbeitung von Grundregeln der Zusammenarbeit (Arbeitsmethoden, Verhalten in Besprechungen, Entscheidungsverhalten, Erfolgssicherung etc.). Schließlich wird besprochen, wie man sich bei zukünftigen Problemen oder Konflikten verhalten will und was unternommen werden soll, falls sich die erwarteten (Teil-)Erfolge nicht einstellen.

Untrennbar mit allen TE-Interventionen verbunden und deshalb von Anfang an einzuplanen sind **Maßnahmen zur Erfolgskontrolle.** Im Anschluß an Workshops handelt es sich in den meisten Fällen um Follow-up-meetings (Nachfolgetreffen), die in der Regel etwa einen halben Tag dauern. Sie sollten frühestens nach drei Monaten angesetzt werden, damit zwischen Workshop und Erfolgskontrolle genügend Zeit verstrichen ist, in denen Aktivitäten durchgeführt werden und greifen konnten. Bei diesen Treffen zur Erfolgskontrolle — eventuell mehrere in entsprechenden Abständen — wird eine Bilanz aufgemacht:

→ Was wurde realisiert?
→ Was scheiterte? Warum?
→ Wo kann/muß man nachfassen bzw. nach verbesserten Lösungen suchen? usw.

Gegebenenfalls tritt man erneut in einen Problemlöseprozeß ein oder legt neue Termine für weitere Aktivitäten fest.

7.4 Interventionen auf der Intergruppen- und Organisationsebene

Die in diesem Abschnitt skizzierten OE-Maßnahmen gehen über die Ebene der Gruppe hinaus und erfassen gleichzeitig mehrere organisatorische Einheiten bzw. die gesamte Organisation. Vor der Schilderung einzelner Maßnahmen soll noch einmal daran erinnert werden, daß im Prinzip alle Interventionen der Team-Ebene (wie Fishbowls, Rollenklärungen, Rollenverhandeln, Neutraler-Dritter-Interventionen, Kontrakte, Problemlöse-Workshops usw.) sich ebenfalls eignen als Maßnahmen, die mehrere Gruppen erfassen. Ein Unterschied besteht lediglich darin, daß der Platz, der auf der Team-Ebene von einem einzelnen ausgefüllt wird, nun von einer ganzen Gruppe oder auch von einer größeren organisatorischen Einheit bzw. deren Vertretern eingenommen wird. Aus diesem Grund werden Interventionen, die bereits in vorangegangenen Abschnitten abgehandelt wurden, nur dann noch einmal erwähnt, wenn über eine neue oder zusätzliche Variante zu berichten ist.

7.4.1 Selbsterfahrung für Gruppen

1. GRUPPENDYNAMIK: Selbstverständlich gibt es auch auf der Intergruppen-Ebene mehrere gut einsetzbare gruppendynamische Übungen (z.B. die Quadrat-Übung, die ‚Kohlengesellschaft‘ o. ä.). Auf die entsprechende Literatur wurde bereits in Abschnitt 7.2.1 verwiesen. Darüber hinaus wird die Übung ‚Konzernspiel‘, die sich auf der Intergruppen-Ebene für das Thema Kooperation und Wettbewerb besonders gut eignet, im Anhang zu diesem Kapitel ausführlich beschrieben.

2. SELBSTBILD/FREMDBILD-BESCHREIBUNGEN: Diese Intervention wird bevorzugt bei Intergruppen-Problemen verwendet. Die konkrete Vorgehensweise kann dabei aus folgenden Schritten bestehen:

<u>1. Schritt</u>: Die beiden Gruppen erarbeiten (eventuell mit Hilfestellung des Beraters) zunächst ihr Selbstbild sowie das Fremdbild für die anderen, d. h. jede Gruppe fertigt eine Präsentation an zu den beiden Fragenkomplexen

— **Wie sehen wir uns?** Wie sind wir? (Stärken, Schwächen, Probleme etc.) und
— **Wie sehen wir die andere Gruppe?** Welches Image hat sie bei uns? (Eventuell mit der Zusatzfrage: Warum sehen wir die anderen so?).

<u>2. Schritt</u>: Die erstellten Bilder werden im Plenum gegenseitig präsentiert, wobei sich die jeweils betroffene Gruppe beim Austausch der Bilder zunächst

nur auf das Zuhören beschränkt und lediglich zur Kenntnis nehmen soll, wie ihre Aktivitäten auf die andere Gruppe gewirkt haben.

3. Schritt: Nach erfolgter Präsentation darf nun bei der anderen Gruppe nachgefragt und ergänzende oder erläuternde Information eingeholt werden. Rechtfertigungen, Erklärungen oder Anschuldigungen sind nicht erlaubt.

4. Schritt: In diesem Schritt arbeiten die beiden Gruppen getrennt und suchen nach Gründen für die festgestellten Selbstbild-Fremdbild-Differenzen.

5. Schritt: Die angefertigten Diagnosen werden wiederum im Plenum gegenseitig präsentiert und bestehende Konfliktpunkte herausgearbeitet.

6. Schritt: Gemeinsame Suche nach den Konfliktursachen (eventuell auch in parallel arbeitenden gemischten Kleingruppen) mit daran anschließender Entwicklung von Lösungsalternativen und Aufstellung von Aktivitätsplänen (Wer macht was bis wann?).

Zur Bereicherung des Datenmaterials kann man auch noch weitere Bildvarianten bzw. Fragestellungen erarbeiten lassen, z. B.:

— Wie sieht vermutlich unser Bild bei den anderen aus?
— Warum sehen die uns so wie wir vermuten?
— Wie möchten wir gerne gesehen werden?
— Welches Bild erwarten wohl die anderen von uns als ihr Fremdbild?
— Warum erwarten die das so?
— Was könnten/müßten (evtl. wollen) wir ändern, damit unser Bild bei den anderen besser wird?
— Was könnten/sollten die anderen für ihr Bild bei uns tun? usw.

Eine Beschreibung und Beispiele für das Verfahren des Austausches von Bildern zwischen Gruppen findet man u. a. bei BURKE (1974, S. 255 ff.) und bei BLAKE, MOUTON und SLOMA (1975, S. 179 ff.). Die letztgenannten Autoren beschreiben eine Maßnahme, die für Gewerkschaftsvertreter und die Unternehmensleitung durchgeführt wurde.

3. ORGANISATIONSSPIEGEL: Beim Organisationsspiegel (organizational mirroring) geht es ebenfalls darum, daß eine organisatorische Einheit etwas erfährt über ihre Außenwirkung, d. h. darüber, wie sie von anderen, die mit ihr zu tun haben, wahrgenommen, erlebt und verstanden wird. Aus der Diskrepanz zwischen ihrem eigenen Selbstbild und dem von den anderen zurückgespiegelten Fremdbild kann die betreffende Gruppe oder Einheit lernen, ihre Schlüsse zu ziehen und vielleicht auch ihr Verhalten ändern, um ungewollte Negativ-Wirkungen nicht entstehen zu lassen.

Bei einem Organisationsspiegel sollte die betroffene Gruppe bzw. Einheit zunächst einmal ein Selbstbild anfertigen. Dann bittet sie **Kontaktpersonen** aus verschiedenen oder aus den sie besonders interessierenden Segmenten ihrer Umgebung zu einer Sitzung, **um deren Meinung und Eindrücke über sie zu erfahren.** Solche Kontaktpersonen können Organisationsmitglieder verschiedener Bereiche sein, aber auch externe Personen wie Lieferanten, Kunden, Händler o. ä. Die Sitzung läuft meistens in Form eines Fishbowls ab, wobei die gastgebende und den Prozeß auslösende Gruppe zunächst den Außenkreis bildet und zuhört, was die Gäste im Innenkreis über sie diskutieren. Anschließend tauscht man die Plätze, und nun reflektiert die Gastgebergruppe im Innenkreis das Gehörte und stellt Nachfragen zum besseren Einverständnis. Entsprechend den Regeln für das Annehmen von Feedback gilt auch hierbei, daß sofortige Rechtfertigungen und Klarstellungen verboten sind. Im weiteren Verlauf entwickelt sich zwischen der Zentralgruppe und ihren Gästen ein Dialog, der in die Planung von Handlungsalternativen einmündet.

7.4.2 Aufbau der Zusammenarbeit zwischen Gruppen (Inter-group-building)

Praktisch alle Intergruppen-Interventionen stellen eine Art Teamentwicklung auf nächsthöherer Ebene dar: Zwei Gruppen oder Bereichen wird Gelegenheit gegeben,

— die Art ihrer Beziehungen zu klären,
— vorliegende Probleme oder Konflikte gemeinsam zu analysieren und anzugehen,
— die Formen ihrer Zusammenarbeit zu prüfen und bei Bedarf neue oder zusätzliche Regeln für das Zusammenleben und für die Arbeit zu entwickeln und auch
— Unterschiede herauszuarbeiten, die man bei der anderen Seite akzeptieren kann.

Und wie bei der Teamentwicklung werden auch hier verschiedene Einzelinterventionen zu einem Programmpaket zusammengefaßt. Bei Interventionen auf der Intergruppen- oder Organisationsebene ist aus bereits erwähnten Gründen besonders zu empfehlen, mit *zwei* Moderatoren (ggfs. in der Kombination intern/extern) zu arbeiten.

Beim INTER-GROUP-BUILDING, d. h. bei Interventionen zum Aufbau oder zur Verbesserung der Zusammenarbeit zwischen zwei Gruppen bzw. organisatorischen Einheiten, gibt es in der konkreten Vorgehensweise verschiedene Grundvarianten.[26])

---

26) Siehe dazu auch DYER, 1977, S. 115 ff.

378 OE-Interventionen

Variante 1: Die beiden Gruppen oder — wenn größere organisatorische Einheiten beteiligt sind — eine ausreichend große Zahl von Vertretern dieser Bereiche treffen sich und beginnen mit einem **Fishbowl** (s. Abb. 64).

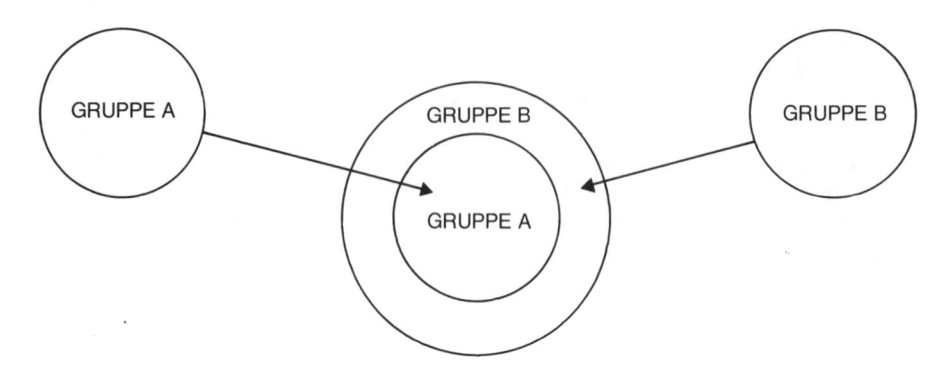

```
    ┌─────────┐         ┌───────────────┐         ┌─────────┐
    │ GRUPPE A│─────────│   GRUPPE B    │─────────│ GRUPPE B│
    └─────────┘         │   ┌───────┐   │         └─────────┘
                        │   │GRUPPE A│   │
                        │   └───────┘   │
                        └───────────────┘
```

Abb. 64:   Fishbowl-Situation beim Inter-group-building

Zunächst geht die Gruppe A in den inneren Sitzkreis und diskutiert — während die Gruppe B zuhört — Fragen wie:

→ Welche Aktivitäten der Gruppe B verursachen uns Probleme bzw. hindern uns in unserer Effektivität?
→ Was gefällt uns an der anderen Gruppe?
→ Welche Dinge tun wir, die der Gruppe B Probleme bereiten?
→ Was könnte die andere Gruppe bei sich ändern, um die Zusammenarbeit zu verbessern?
→ Was könnten wir dazu beitragen? usw.

Natürlich können auch nur drei oder vier der angeführten Fragen vorgegeben werden. Im zweiten Schritt tauschen die beiden Gruppen die Plätze, und die Gruppe B bearbeitet nun im Fishbowl die gleichen Fragen wie vorher die Gruppe A. Anschließend werden im dritten Schritt **gemischte Kleingruppen** gebildet mit der Aufgabe, jetzt **Verfahren oder Spielregeln** für eine bessere Zusammenarbeit oder zur Konfliktlösung zu erarbeiten. Wichtig ist, daß in diesen Gruppen keine Schuldzuweisungen erfolgen, sondern daß gezielt die Frage verfolgt wird: **Was können wir konkret tun bzw. vereinbaren, damit dies oder jenes in Zukunft nicht mehr passiert?** Die getroffenen Vereinbarungen werden eventuell per **Kontrakt** besiegelt. In diesem Kontrakt muß auch eine Erfolgsüberprüfung vorgesehen sein.

Variante 2: Sie gleicht der ersten Variante und unterscheidet sich nur dadurch, daß die beteiligten Gruppen nicht in ein Fishbowl steigen, sondern zunächst **allein** die beschriebenen **Eingangsfragen bearbeiten und schriftlich beantworten**. Das eigentliche Gruppentreffen beginnt dann mit dem Austausch der angefertigten Papiere (am besten Flip-charts).

Variante 3: Ein **unbeteiligter Dritter** macht **Interviews** mit mehreren Mitgliedern der beteiligten Gruppen und versucht,

— vorliegende Probleme zu identifizieren,
— die Ursachen dafür herauszufinden und
— Lösungsvorschläge der Befragten zu sammeln.

Die zusammengefaßten **Ergebnisse** seiner Befragung bringt er in der ersten gemeinsamen Sitzung den beiden Gruppen zur Kenntnis, wobei die Ergebnisse entweder jedem Teilnehmer in Form eines **schriftlichen Berichtes** vorliegen oder als **Poster-Präsentation** allen zugänglich sein müssen. Über die Diskussion der präsentierten Ergebnisse steigt die Gruppe dann in den Problemlöseprozeß ein.

Variante 4: In getrennter Vorbereitungsarbeit fertigen beide Gruppen drei Listen an:
— eine **positive Feedbackliste** (sie enthält alles, was man an der anderen Gruppe schätzt)
— eine **Beschwerdeliste** (mit allen Punkten, die an der anderen Gruppe stören) und
— eine **Vorhersageliste** (sie enthält die angestellten Vermutungen, was wohl die andere Gruppe für einen selbst aufgelistet haben wird).

Die Listen werden ausgetauscht und die Konfliktpunkte gemeinsam herausgeschält. Anschließend wird in gemischten Gruppen mit der Problemlösung begonnen.[27])

Variante 5: Es wird eine **gemischte Arbeitsgruppe** (als task force) aus beiden betroffenen Gruppen gebildet mit der Aufgabe, die vorliegenden Probleme zu durchleuchten und praktikable Lösungsalternativen zu entwickeln. Die Bildung der gemischten Arbeitsgruppe erfolgt so, daß die beiden Gruppen Listen austauschen, auf der *alle* Gruppenmitglieder aufgeführt sind, welche die Gruppe angemessen repräsentieren könnten. Die jeweilige ‚Gegengruppe' wählt von dieser Aufstellung drei oder vier Namen aus, denen sie am ehesten auch ihre Interessen anvertrauen würde. So entsteht eine Arbeitsgruppe von beidseitig akzeptierten Mitgliedern. Diese können in *beiden* Gruppen Interviews führen und Vorschläge sammeln.

Die erste gemeinsame Sitzung der Gruppen beginnt mit einer Präsentation der Ergebnisse der gemischten Arbeitsgruppe. Diese Ergebnisse stellen sozu-

---

27) Siehe auch FORDYCE und WEIL, 1971, S. 124 ff.

sagen den Input für die Intergruppen-Sitzung(en) dar, in der(denen) anschließend Vereinbarungen für die Zukunft ausgehandelt und Aktivitäten verbindlich beschlossen werden.

Variante 6: Die beteiligten Gruppen gehen — eventuell nach einem vorbereitenden Treffen zur Problemabklärung — sofort in eine mindestens zwei- bis dreitägige **Klausur** zum Zwecke des **Rollenverhandelns** oder der **Konfrontation mit einem akuten Konflikt.** Dies geschieht unter der Moderation eines **neutralen Dritten.** Ziel solcher Aktivitäten ist jeweils die Aushandlung von Kontrakten. MASTENBROEK (1981, S. 323 ff.) betont dazu, daß sich solche Klärungsprozesse nicht nur auf die instrumentellen und sozial-emotionalen Beziehungen ausrichten dürfen, sondern daß unbedingt auch die sogenannten Verhandlungs- und die Machtbeziehungen mit einbezogen werden müssen.

Variante 7: Den Ausgangspunkt für bzw. den Einstieg in den Intergruppen-Prozeß bildet bei dieser Intervention die in Abschnitt 7.4.1 beschriebene Erstellung von **Selbstbildern** und **Fremdbildern.**

7.4.3 Institutionsberatung und Konfrontationssitzungen

1. INSTITUTIONSBERATUNG: Institutionsberatung leistet auf der Ebene der Organisation das, was die Prozeßberatung auf der Gruppenebene leistet. Während die Prozeßberatung auf Teams und Projektgruppen bezogen ist, richtet sich die Institutionsberatung auf umfassendere Organisationsbereiche oder die Gesamtorganisation. Wie bei der Prozeßberatung sind auch hier die **Erfolge sehr stark von der Person des Beraters abhängig.** Es ist deshalb außerordentlich wichtig, daß sich eine vertrauensvolle und tragfähige Beziehung zwischen Berater und Institution etabliert. Außerdem muß von Anfang an geklärt sein, daß der Berater auf keinen Fall eine Art Super-Experte ist, der weiß, ‚was für die Organisation gut ist'. Seine Rolle ist vielmehr die eines analysierenden und reflektierenden Prozeßbegleiters, der sich dabei nicht nur den rational-kognitiven Aspekten von Ereignissen und Abläufen widmet, sondern auch ihren affektiven und aktionalen Begleiterscheinungen. Er richtet sein Augenmerk stark auf übergreifende Zusammenhänge, Systemvernetzungen und Hintergründe. Seine Interventionen haben katalytische Wirkung: Bestimmte notwendige Prozesse werden durch ihn ausgelöst bzw. gefördert, und er hilft, das in der Institution vorhandene Problemlösepotential zu aktivieren und ihre Ressourcen zu nutzen.

Die **Modalitäten der Zusammenarbeit** zwischen Berater und Institution sowie das **Rollenverständnis** des Institutionsberaters sollten vor Beginn von Aktivitäten unbedingt in Form eines **schriftlichen Beraterkontraktes** geklärt werden.[28])

---

28) Siehe dazu auch R. und G. LIPPITT, 1977, s. 93 ff., sowie SIEVERS, 1975, S. 30 ff.

2. KONFRONTATIONSSITZUNGEN: Als ‚Erfinder' dieser Interventionsart gilt BECKHARD (1975). Ihm erschienen die üblichen Formen des Reagierens auf Probleme der Gesamtorganisation wie Mitarbeiterbefragungen, Bildung von Arbeitsgruppen oder Ausschüssen etc. als zu langsam, und so entwickelte er die Prozedur der Konfrontationssitzung, bei der **in kürzester Zeit** alles ‚auf den Tisch' kommen soll, was zur Zeit an Problemen, Schwierigkeiten und Konflikten die Organisation beschwert. Zu diesem Zweck wird die gesamte Leitungsgruppe der Organisation durch das Top-Management zu einer gemeinsamen Sitzung zusammengezogen. Dies können ohne weiteres mehrere Dutzend Leute sein. Die ganze Intervention dauert nur einige Stunden, maximal einen Tag, und eignet sich deshalb besonders dort, wo es Schwierigkeiten bereiten würde, die komplette Führungsmannschaft der oberen Ebene für längere Zeit aus der laufenden Arbeit herauszuziehen. Darüber hinaus demonstriert die Einberufung eines Konfrontationstreffens den starken **Willen des Top-Managements,** auf beobachtete oder vermutete Probleme in direkter Zusammenarbeit mit dem übrigen Management **prompt zu reagieren.**

Die Intervention selbst ist in ihrem Schwerpunkt eine **diagnostische Maßnahme** mit drei wertvollen ‚Nebenwirkungen':

- Über den Weg der **gemeinsamen Identifizierung von Problemen und der Suche nach Lösungswegen** entwickeln die Führungskräfte neues Engagement für ihre Organisation.
- Die **direkte und unmittelbare Einbeziehung** in die Lösung aktueller Probleme wirkt motivierend und stärkt den Einsatzwillen der Führungsmannschaft.
- Die **Ermöglichung** der besonders in größeren Organisationen oft schon fast versiegten **direkten Kommunikation von unten nach oben,** d. h. zwischen der oberen Führungsebene und dem Top-Management, wirkt zusätzlich motivierend.

Neben der Tatsache, daß man die Beteiligten sehr schnell gewinnt, bei der Problemlösung mit anzupacken, sieht BECKHARD den Hauptvorteil dieser Intervention in der Schnelligkeit, mit der man einen recht genauen Überblick über die Gesamtverfassung einer Organisation gewinnen kann. Konkret läuft eine Konfrontationssitzung in folgenden Schritten ab:[29])

1. **Atmosphäre schaffen** und die Bereitschaft zur Mitarbeit erzeugen: Der Top-Manager führt in die Ziele der Sitzung ein, legt sein eigenes Interesse und Engagement dar, fordert zu offener Nennung und Diskussion von erlebten Problemen auf und sichert zu, daß niemand für seine unverblümt geäußerte Meinung irgendwelche Sanktionen zu befürchten habe. Eventu-

---

29) In Anlehnung an BECKHARD, 1975, S. 402 ff., sowie FRENCH und BELL, 1977, S. 159 ff.

ell fügt der OE-Berater noch einige Erläuterungen zur Vorgehensweise und/oder zu seiner Rolle hinzu.

2. **Sammeln von Informationen:** Zu diesem Zweck werden zahlreiche Untergruppen gebildet, die möglichst heterogen sein sollen. Vorgesetzte und ihre unmittelbar unterstellten Mitarbeiter sollen auf keinen Fall der gleichen Kleingruppe zugeteilt werden. Das Top-Management bildet eine eigene Gruppe. Alle Beteiligten sollen von ihren eigenen Bedürfnissen ausgehen und in die Gruppenarbeit einbringen, welche Einstellungen, Gefühle und auch Frustrationen sie gegenüber ihrer Organisation haben. Auch sollen sie auf Schwachpunkte, Zielunklarheiten oder andere Probleme hinweisen und schließlich auch persönliche Anregungen zur Verbesserung der Situation nennen.

3. **Präsentation aller Gruppenberichte im Plenum:** Die Berichte der Kleingruppen erfolgen im Plenum. Sie werden auf Flip-charts protokolliert und als ‚Lernlandschaft' an die Wände gehängt. Daraus werden anschließend Problemfelder gebildet (z.B. Kommunikationsprobleme, Beziehungsprobleme, administrative Probleme usw.) und die Nennungen entsprechend aufgelistet. Die Listen werden abgeschrieben, kopiert und liegen zu Beginn des nächsten Schrittes jedem Teilnehmer vor.

4. **Setzen von Prioritäten und Festlegen von Sofortmaßnahmen:** Dazu bilden die Teilnehmer Gruppen entsprechend ihren funktionalen Zugehörigkeiten und bearbeiten unter der Leitung ihres jeweiligen Bereichsleiters die folgenden drei Aufgaben:

   — Bestimmung der Prioritäten bei denjenigen Problemen, die in ihre Zuständigkeit fallen, und Festlegung von Sofortmaßnahmen, zu denen sie sich vor der gesamten Gruppe verpflichten wollen,
   — Identifizierung derjenigen Probleme, die ihrer Meinung nach sofort vom Top-Management bearbeitet werden müßten,
   — Überlegung und Entscheidung darüber, wie man die Ergebnisse der Konfrontationssitzung den unterstellten Mitarbeitern mitteilen soll.

Damit endet das Treffen für die Leitungsmannschaft, während das Top-Management sich zu einer weiteren Sitzung trifft:

5. **Sitzung des Top-Managements:** Es werden nach Auswertung der Sitzung erste Entscheidungen über Maßnahmen getroffen und Beschlüsse über weitere Maßnahmen gefaßt. Über diese Entschlüsse werden alle Mitglieder des Managements innerhalb weniger Tage informiert.

6. **Erfolgskontrolle:** Etwa einen bis eineinhalb Monate später trifft sich wieder das gesamte Management, um Bilanz zu ziehen und über die Erfolge der seinerzeit beschlossenen Maßnahmen zu berichten. Dieser letzte Schritt

hat sich als hilfreich und notwendig erwiesen, weil er zweifellos eine gewisse verpflichtende Wirkung hat.

BECKHARD weist ausdrücklich darauf hin, daß diese Intervention kein manipulativer Trick sein darf, um den Führungskräften lediglich das Gefühl der Mitbestimmung zu geben. Zudem müssen solchen Sitzungen wirklich Taten folgen. Wenn nur leere Versprechungen gemacht werden und nichts oder kaum etwas geschieht, erreichen Konfrontationssitzungen das genaue Gegenteil von dem angestrebten Effekt: sie steigern die Frustration in der Führungsmannschaft und lähmen zukünftiges Engagement.

3. MAULKORBSITZUNG: Diese Maßnahme[30]) ist eine Alternative zum sogenannten ‚Hearing' (s. Abschnitt 6.4.7). Bei einer Maulkorbsitzung versammelt der Vorstand oder die Geschäftsleitung einer Organisation von Zeit zu Zeit die gesamte unmittelbar unterstellte Führungsmannschaft oder auch alle ‚Leitenden' zu einer gemeinsamen Sitzung und fordert sie auf, sich alle Kritik und auch alle Ideen und Vorschläge, die sich in der Vergangenheit angesammelt haben, von der Seele zu reden (Zeitrahmen: ca. zwei Stunden). Während bei einem ‚Hearing' vom Management sofort auf Fragen, Anregungen oder Kritik reagiert wird, wird den Top-Leuten bei dieser Sitzung ein unsichtbarer Maulkorb verpaßt. Sie haben sich — zumindest einmal für die Dauer von zwei Stunden — ausschließlich auf das **Zuhören** zu beschränken. In diesem Zuhören-Müssen liegt auch der eigentliche psychologische Sinn dieser Prozedur: Statt sich — während der andere noch seine Gedanken vorbringt — schon die Antwort oder Gegenargumente zu überlegen, sollen die Top-Leute wirklich **hinhören**, was die nächsttiefere Ebene denkt und fühlt.
Die Stellungnahme zu den vorgebrachten Punkten erfolgt dann vierzehn Tage später entweder in schriftlicher Form oder bei einem zweiten Treffen (Nachbereitung). Die ‚Inkubationszeit' soll zum Nachdenken zwingen und stellt außerdem eine angemessene Frist dar, nach der man dann auch erschöpfende und handfeste Stellungnahmen erwarten kann.

7.4.4 OE-Interventionen für die Gesamtorganisation

Die (wenigen) organisationsübergreifenden OE-Interventionen sind in der Literatur durchweg ausführlich beschrieben und werden deshalb nachstehend nur kurz abgehandelt. Auf die ausführlichen Quellen wird verwiesen. Außerdem enthält dieser Abschnitt einige Interventionen, die OE-Maßnahmen sein können, aber nicht sein müssen.

---

30) Dieses Verfahren wird beispielsweise von dem Unternehmer Philip ROSENTHAL mit seinen Führungsleuten praktiziert.

1. SURVEY-FEEDBACK: Die Survey-Feedback-Methode wurde bereits im Abschnitt 2.4 als eine der Quellen für Organisationsentwicklung beschrieben. Das Datenfeedback, d. h. die Rückkopplung von Umfrageergebnissen an die Mitglieder einer Organisation, gehört auf der Organisationsebene wohl zu den wirkungsvollsten OE-Interventionen überhaupt.[31]) Die Abb. 65 zeigt den Unterschied zwischen dieser Methode und der traditionellen Form betrieblicher Meinungsumfragen, welche die Mitarbeiter in der Regel weitgehend von einer Mitwirkung bei der Bewertung der erhobenen Befragungsdaten ausschließt. Beim traditionellen Ansatz obliegt die Bewertung der Daten dem Top-Management, das dann auch über (vielleicht von den Beratern empfohlene) Maßnahmen beschließt.

	Traditioneller Ansatz	*Survey-Feedback*
Datensammlung erstreckt sich auf	Arbeiter und eventuell auf deren Meister	alle Mitglieder des Systems oder Subsystems
Weitergabe der Daten an	Topmanagement Abteilungsleiter (und vielleicht an die übrigen Mitarbeiter durch die Werkzeitung)	alle, die an der Umfrage teilnahmen
Interpretation der Daten erfolgt durch	Topmanagement (gelegentlich)	jeden in seinem Arbeitsteam; durch Workshops, die an der Spitze der Hierarchie beginnen und sich nach unten fortsetzen
Externe Interventionsstrategien erstrecken sich auf	den Entwurf des Fragebogens, Durchführung der Befragung, Erstellen eines Schlußberichtes	die Erarbeitung einer gemeinsamen Strategie, den Entwurf des Fragebogens, die Durchführung der Befragung, die Planung des Workshops und seine Durchführung
Aktionspläne werden ausgearbeitet durch	Topmanagement (ausschließlich)	Arbeitsgruppen auf allen Ebenen
Erwartbarer Umfang an Veränderungen und Verbesserungen	niedrig	hoch

Abb. 65: Gegenüberstellung von traditioneller Einstellungsforschung und Surveyfeedback-Methode (entnommen aus: W. L. FRENCH / C. H. BELL, 1977, S. 163)

---

31) Siehe die Untersuchungen von BOWERS (1973) vom Institut for Social Research der Universität Michigan, einem Zentrum dieser Methode.

Interventionen auf der Intergruppen- und Organisationsebene 385

Nicht selten erfahren die Mitarbeiter nur sehr wenig von den Ergebnissen bzw. sie spüren allenfalls die Auswirkungen einiger Maßnahmen. Es kann auch der Fall eintreten, daß sie gar nichts erfahren, sich nichts tut und daß die Befragungsergebnisse in irgendeiner Schublade verschwinden. Der Survey-Feedback-Ansatz hingegen besteht darin, nicht nur *alle* Organisationsmitglieder bei der Datenerhebung zu erfassen[32]), sondern sie auch sofort nach Vorliegen der Ergebnisse wieder einzubeziehen und über Workshops ihrer jeweiligen Arbeitsgruppen (family groups) bei der Datenbewertung und der Entwicklung von Maßnahmen mitwirken zu lassen. Es ergeben sich also bei dieser Intervention, die in einer Organisation zur ständigen Einrichtung werden kann, immer **zwei untrennbare Schritte**:

(1) Durchführung einer alle Organisationsmitglieder erfassenden Befragung mit einem strukturierten Fragebogen.

(2) Rückkopplung der statistisch aufbereiteten Ergebnisse an alle Organisationsmitglieder und Einstieg in Problemlöse-Workshops (zur Datenbewertung, Entwicklung von Maßnahmen und Vorbereitung ihrer Durchführung) innerhalb der nachfolgenden Monate.

Es stehen fertig konstruierte Befragungsinstrumente zur Verfügung. Man kann aber auch einen eigenen auf die speziellen Verhältnisse maßgeschneiderten Fragebogen entwickeln (s. Abschnitt 6.4). Dabei muß als wichtiges Prinzip beachtet werden, daß in den Fragebogen **nur Punkte aufgenommen werden, zu deren Änderung die betreffende Organisation auch wirklich bereit bzw. fähig ist.** Auf diese Weise soll verhindert werden, daß durch die Befragung falsche Erwartungen ausgelöst werden.

Der gesamte Prozeß läuft konkret so ab, daß nach erfolgter Umfrage die aufbereiteten Ergebnisse zunächst dem Top-Management vorgelegt und erläutert werden. Anschließend durchlaufen die Ergebnisse in einer Kette ineinandergreifender Besprechungen bzw. Workshops alle hierarchischen Stufen von oben nach unten. Jeder Vorgesetzte leitet persönlich den Workshop seiner Leute, eventuell in Anwesenheit eines Trainers oder Moderators als Prozeßanalytiker und -berater. In den Gruppensitzungen werden

— die Ergebnisse diskutiert und bewertet,
— Maßnahmen überlegt und beschlossen,
— Überlegungen angestellt, wie man die Datenweitergabe an die nächsttiefere Ebene gestalten soll.

Auf diese Weise ‚rollen' die Umfrageergebnisse von oben nach unten durch die gesamte Organisation und regen überall zu Aktivitäten an.

---

32) Man kann die Mitarbeiter sogar schon bei der Konstruktion des Befragungsinstrumentes beteiligen.

Als Hauptursachen für die große Wirksamkeit der Survey-Feedback-Methode sind u. a. folgende Punkte zu nennen:

- Die umfassende Erhebung mit strukturierten Befragungsinstrumenten liefert eindrucksvolle und verläßliche Daten, die man nicht einfach als ‚Zufall' beiseite schieben kann.
- Die starke Einbeziehung der Organisationsmitglieder nicht nur bei der Erhebung, sondern auch bei der nachfolgenden Verwertung der Daten reduziert die Widerstände gegen eventuelle Veränderungen.
- Die intensive Mitbeteiligung am Prozeß wirkt für alle Beteiligten sehr motivierend.
- Die valide und oft maßgeschneiderte Rückkopplung, welche die Organisationsmitglieder über ihr gegenwärtiges Verhalten bekommen, fordert diese zum Überdenken bestimmter Verhaltensweisen heraus.
- Durch die Aufarbeitung der Ergebnisse in Workshops werden kooperative Verhaltensmuster verstärkt bzw. eingeübt.
- Durch die Grundfrage ‚Was können wir aus den Befragungsergebnissen für die Zukunft lernen?' wirkt die Survey-Feedback-Methode als innovative Initialzündung.

2. MANAGERIAL GRID: Das sogenannte Grid-Programm (‚Verhaltensgitter') wurde Anfang der sechziger Jahre von BLAKE und MOUTON (1968) entwickelt und gilt als der wohl älteste systematische und organisationsumgreifende OE-Ansatz innerhalb der Organisationsentwicklung. Die Bezeichnung ‚Grid' (Gitter) verdankt das Programm einer didaktischen Zwecken dienenden Veranschaulichung (Abb. 66), bei der mit Hilfe eines Rastergitters unterschiedliche Führungsstile durch Zahlenwerte in zwei Dimensionen (Mitarbeiterorientierung und Leistungsorientierung) festgelegt werden. Das Grid-Programm besteht neben einer Vorphase aus sechs, sich in der konkreten Durchführung überlappenden Phasen. Für die Durchführung des kompletten Programms setzen die Autoren drei bis fünf Jahre an. Allgemein zielt das Programm darauf ab, die Manager einer Organisation zu befähigen,

▶ ihr eigenes Verhalten zu überprüfen und zu hinterfragen sowie gezielt neue Verhaltensweisen zu entwickeln, die sowohl eine hohe Produktivität als auch optimale zwischenmenschliche Beziehungen zulassen.

Das Grid-System ist inzwischen in vielen Ländern kommerzialisiert und der Begriff ‚Grid' als Warenzeichen geschützt.[33]) BLAKE und MOUTON (1975) betonen, daß ihr System keines externen Beraters bedarf, sondern mit entsprechend instruierten und in das Grid-Material eingeführten Managern (mana-

---

33) Eine zusammenfassende Beschreibung der Grid-Organisationsentwicklung gibt FRIEDRISZIK (1980).

Interventionen auf der Intergruppen- und Organisationsebene

Betonung des Menschen							
hoch 9	1.9 Führungsverhalten Sorgfältige Beachtung der zwischenmenschlichen Beziehungen führt zu einer bequemen und freundlichen Atmosphäre und zu einem entsprechenden Arbeitstempo					9.9 Führungsstil Hohe Arbeitsleistung von begeisterten Mitarbeitern. Verfolgung des gemeinsamen Zieles führt zu gutem Verhalten	
8							
7							
6			5.5 Führungsstil Genügende Arbeitsleistung, möglich durch das Ausbalancieren der Notwendigkeit zur Arbeitsleistung und zur Aufrechterhaltung der zu erfüllenden Arbeitsleistung				
5							
4							
3						9.1 Führungsverhalten Wirksame Arbeitsleistung wird erzielt, ohne daß viel Rücksicht auf zwischenmenschliche Beziehungen genommen wird	
2	1.1 Führungsverhalten Geringstmögliche Einwirkung auf Arbeitsleistung und auf die Menschen						
niedrig 1							
	1 niedrig	2	3	4	5 Betonung der Produktion	6	7	8	9 hoch

Abb. 66: Das Verhaltensgitter (entnommen aus: R. R. BLAKE / J. S. MOUTON, 1968, S. 33)

ger of learning) der betreffenden Organisation durchgeführt werden kann. Entscheidend für den Erfolg des Programms ist für sie die volle Einbeziehung und Mitbeteiligung des Top-Managements, weil sonst der partizipative Ansatz unglaubwürdig wird. Als Richtgröße für den Veränderungserfolg übernehmen sie aus der Atomphysik den Begriff der ‚kritischen Masse'. Darunter verstehen sie den Anteil der Organisationsmitglieder bzw. des Managements, der bei einer Veränderung im beabsichtigten Sinne mindestens mitziehen und somit die Veränderung ins Rollen bringen muß. Als ‚kritische Masse' setzen sie — zumindest für amerikanische Verhältnisse — sechzig Prozent an.

In der sogenannten Vorphase, die der Entscheidung einer Organisation für ein Grid-Programm in der Regel vorausgeht, werden Manager der Organisation in Trainings mit dem Grid-Ansatz vertraut gemacht. Sie durchlaufen ein einwöchiges Trainingslaboratorium, das etwa der späteren Phase 1 des eigentlichen Programms entspricht. Weiterhin können in dieser Phase bereits interne Instruktoren in das Material und die Programme der folgenden Phasen eingearbeitet werden. Nachdem sich die Organisation endgültig entschlossen hat, das Grid-System einzuführen (besser: durchzuführen), beginnen die eigentlichen sechs Phasen des Programms mit den beiden Schwerpunkten **Entwicklung des einzelnen Managers** (mit Phase 1 ‚Individuelles Lernen' und Phase 2 ‚Teamentwicklung') und **Entwicklung der Organisation** (mit Phase 3 ‚Intergruppen-Entwicklung', Phase 4 ‚Entwicklung eines idealen strategischen Modells', Phase 5 ‚Umsetzung des strategischen Modells' und Phase 6 ‚Systematische Diagnose und Kritik'). Man beginnt also auf der individuellen bzw. Gruppenebene und arbeitet dann weiter auf der Intergruppen- und Organisationsebene. Die sechs Phasen des Grid-Modells werden übrigens nicht sukzessive durchgeführt, sondern sollen ineinandergreifen und sich überlappen.

Das Grid-Konzept ist nicht ohne Kritik geblieben. Die am häufigsten vorgebrachten Kritikpunkte sind:

→ die außerordentlich starke Kommerzialisierung,

→ die zweidimensionale Ausrichtung seines Führungsmodells (d. h. zu geringe Einbeziehung von situativen und externen Faktoren).

→ eine sehr starke Betonung von Autorität und Hierarchie sowie

→ die Verabsolutierung der Effizienz als Kriterium für den Erfolg von Organisationsentwicklung.[34])

3. 3-D-MODELL: Dieses von REDDIN (in Deutschland 1977) vorgelegte Programm zur Leistungssteigerung von Managern unterscheidet ähnlich wie das Grid-Programm beim Managementverhalten zunächst in zwei Dimensionen, und zwar in Aufgabenorientierung (AO) und Beziehungsorientierung (BO).[35]) Der persönliche Stil des Managers ergibt sich aus den individuellen Ausprägungen in diesen beiden Verhaltensbereichen, wobei REDDIN zunächst von vier Grundstilen ausgeht: Verfahrensstil (AO und BO gering), Beziehungsstil (Schwerpunkt: hohe BO), Aufgabenstil (Schwerpunkt: hohe AO) und Integrationsstil (AO und BO hoch). Ausgehend von der Annahme, daß die Effektivität jedes Stils von den situativen Bedingungen abhängig ist, entwickelt der Autor — wie Abb. 67 zeigt — aus den vier genannten Stilen je vier Grundstile mit eher niedriger Effektivität (Bürokrat, Gefälligkeitsapostel, Kompromißler, Autokrat) auf der einen Seite und mit höherer Effektivität (Verwalter, Förderer, Integrierer, Macher) auf der anderen.

Mit Hilfe eines Diagnosebogens kann sich jede Führungskraft ein persönliches Stilprofil anfertigen, aus dem man den vorherrschenden und die untergeordneten Stilarten entnehmen kann. Die Entwicklung des Managers zu höherer Leistungsfähigkeit vollzieht sich dann in drei Bereichen: Steigerung des Situationsgespührs, Erhöhung der Stilflexibilität und Verbesserung der Fähigkeit zum Situationsmanagement.

---

34) Siehe dazu auch GEBERT und VON ROSENSTIEL, 1981, S. 256.
35) Sowohl das Grid- wie auch das 3-D-Programm basieren im Prinzip auf einer Zwei-Faktoren-Theorie des Führungsverhaltens. Schon LEWIN (1938) hatte in Lokomotion (d. h. alle Vorgänge zur Zielerreichung bzw. Aufgabenbewältigung) und Kohäsion (d. h. alle Vorgänge zur Stabilisierung und Sicherung der Gruppenexistenz) unterschieden. Entsprechend verwenden z.B. FLEISHMAN (1953, S. 1—6) und FLEISHMAN, HARRIS und BURTT (1955) die Benennung ‚initiating structure' (task orientation) und ‚consideration' (socio-emotional support). Ausführlicher dazu: LUKASCZYK (1960, S. 179 ff.), CAMPBELL, DUNNETTE, LAWLER III und WEICK (1970, S. 416 ff.) sowie KATZ, KAHN und ADAMS (1980, S. 360).

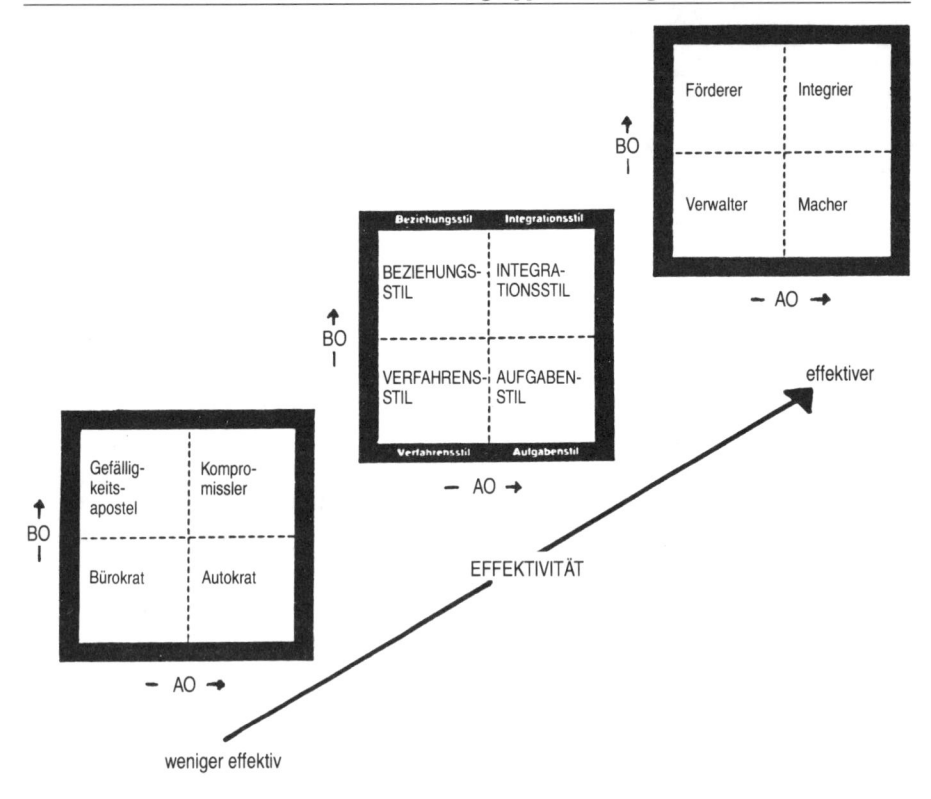

Abb. 67: Grundstilarten für Führung nach W. REDDIN (1977, S. 28)

Im Gegensatz zum Grid-Programm wird man bei dem Modell von REDDIN darüber streiten können, ob es eine echte OE-Konzeption darstellt oder nicht.[36])

4. MANAGEMENT BY OBJECTIVES (MBO): Es ist bei den verschiedenen Autoren strittig, ob dieses ‚Führen durch Zielvereinbarung'[37]) bereits eine regelrechte OE-Intervention darstellt oder ob man MbO eher als einen guten Weg zur Organisationsentwicklung bezeichnen soll. Der entscheidende Punkt

---

36) Vorbehalte gegen das Grid-Programm wurden bereits weiter oben angeführt. Beim 3-D-Programm soll ausdrücklich angemerkt sein, daß die populäre Darstellung und die augenfällige Plausibilität nicht über die schwache wissenschaftliche Fundierung hinwegtäuschen dürfen. Modelle dieser Art können die Komplexität der konkreten Führungssituation eben nur sehr unzureichend abbilden. Zudem sind an manchen Stellen die Begriffe nicht ausreichend präzise: So sollte — um ein Beispiel zu nennen — das, was REDDIN (1977, S. 120 ff.) ‚Organisationsphilosophie' nennt, treffender als ‚Organisationskultur' bezeichnet werden.
37) Literatur: HUMBLE, 1972, und BRIGHTFORD, 1974 und 1981.

ist wohl zunächst, *wie* MbO innerhalb einer Organisation praktiziert wird. Unbestritten ist, daß die Technik der Zielvereinbarung eine hervorragende Methode sein *kann*,

— Mitarbeiter an der Zielfindung und der Zielabstimmung zu beteiligen,
— den Stil, mit dem eine organisatorische Einheit geführt wird, nachweislich positiv (d. h. in Richtung zu mehr Kooperation) zu verändern,
— die Selbstentfaltung der Mitarbeiter durch ihre Einbeziehung zu steigern und
— Team-orientierte Arbeitsmethoden zu verstärken.

So vertritt denn auch BRIGHTFORD (1981) den Standpunkt, daß **richtig praktiziertes** und **verhaltensorientiertes MbO** eine **gute Methode zur Einführung von OE** sein kann[38]) und sieht darin sogar einige taktische Vorteile[39]). Er weist allerdings ausdrücklich darauf hin, daß man **MbO zu OE weiterentwickeln** müsse und daß nach seinen Erfahrungen die meisten MbO-Ansätze früher oder später im Sande verlaufen seien, wenn die Bereitschaft zu einer solchen Weiterentwicklung gefehlt habe.

FRENCH und BELL (1977, S. 203 ff.), führen MbO nicht ausdrücklich in ihrer Auflistung von OE-Interventionen. Zwar bestätigen sie, daß MbO starke Elemente von OE enthalten könne, weisen aber auch zu Recht darauf hin, daß MbO-Programme oft auch sehr bürokratisch, autokratisch und nichtpartizipativ durchgeführt würden.[40]) Sie vermuten, daß in vielen Fällen die für OE so wichtige Betonung von ausreichender Diagnose, Problemlöseansatz und Team-Orientierung nicht gegeben sei. Im Gegenteil zu der Ansicht, daß MbO zu OE führen kann, vertreten andere Autoren wie z.B. BECK und HILLMAR (1976) den Standpunkt, daß man **mit OE überhaupt erst die richtigen klimatischen Voraussetzungen schaffen** müsse, um dann MbO einzuführen.

5. LERNSTATT: Die Entstehung von Lernstätten wird auf die akute Notsituation in den Betrieben Anfang der 70er Jahre zurückgeführt, als angesichts eines steigenden Anteils an ungelernten und/oder ausländischen Arbeitern an der Belegschaft die traditionellen Informations- und Anlernmethoden

---

38) Die Durchführung eines in diesem Sinne angelegten MbO-Programmes wird sehr detailliert von HIVES (1975) beschrieben.
39) BRIGHTFORD meint, der Begriff Organisationsentwicklung sei für viele Mitarbeiter zu vage und löse möglicherweise Unverständnis aus, während das Konzept des MbO mit konkreten Stichworten wie klare Ziele, Delegation, Handlungsspielraum, Mitarbeitergespräch und Rückmeldung über gezeigte Leistungen viel leichter akzeptiert würde.
40) In einem autoritären Führungsklima kann MbO so ziemlich die härteste Methode sein, Mitarbeiter einfach auf ‚gemeinsame' Ziele festzulegen, gegen deren Setzung sie sich nicht wehren konnten oder zu wehren wagten. LEVINSON (1970, S. 123 ff.) fragt deshalb zu Recht, wessen Ziele dies dann eigentlich sind, und BRIGHTFORD (1981, S. 41) nennt ein solches Verfahren die Einführung eines ‚Akkordsystems für Führungskräfte'.

ineffizient wurden.[41]) So ergab sich unmittelbar aus dem betrieblichen Geschehen ein unbefriedigter Lern- bzw. Wissensbedarf bei vielen Mitarbeitern. Aus dieser Situation heraus entstand die Idee, (a) diesen Lernbedarf unmittelbar ‚vor Ort' zu ermitteln und (b) über die Einrichtung von Lerngruppen in Mitarbeiter-orientierter (und nicht in schulischer) Form den Arbeitern neue Lernchancen anzubieten. SAMSON und WIESMANN (1981, S. 2) bezeichnen Lernstätten als „Organisationsentwicklung von unten".[42])

Eine Lernstatt besteht aus mehreren **Elementen.** Da ist zunächst die **Lerngruppe,** die aus etwa fünf bis zehn Mitarbeitern des gleichen Betriebes besteht, die sich über eine bestimmte Zeitspanne regelmäßig treffen. Jede Lerngruppe hat zwei **Moderatoren.** Dies sind anerkannte und akzeptierte Mitarbeiter des Betriebes, die als pädagogische Laien natürlich für ihre Moderatorenaufgabe trainiert wurden. Bei Bedarf stehen **Experten** als Spezialisten für bestimmte Fachgebiete zur Verfügung bzw. können angefordert werden. Die **Lernstattzentrale** schließlich ist ein Projektteam, das auf Anforderung in das Lernstatt-Konzept einführt, die Lernstatt besonders in der Anlaufphase betreut und schnellstmöglich in die eigene Regie des Betriebes übergibt. Die Lernstattzentrale unterstützt und betreut auch die Moderatoren und steht diesen bzw. auch den Vorgesetzten bei Rückfragen und für Beratung zur Verfügung.

In einer zusammenfassenden Darstellung der bei der Hoechst AG praktizierten Lernstattkonzeption schildert ISCHE (1982, S. 295 ff.) einen sechsstufigen Lernstattprozeß:

1. Informationen (über das Lernstattkonzept)
2. Lernbedarfsermittlung (bei den Mitarbeitern ‚vor Ort')
3. Planungsgespräche (Start, Dauer, thematische Schwerpunkte der vorgesehenen Lernstatt etc.)
4. Intensivübungen (Viertägiges Intensivtraining für die Moderatoren. Zweitägige Follow-ups folgen später)
5. Zusammenstellung der Lerngruppe (durch die Moderatoren und den/die Vorgesetzten) und anschließend Beginn der regelmäßigen Lernstattzusammenkünfte
6. Auswertungsgespräche nach Abschluß der vorgesehenen Lernstattperiode (mit den Moderatoren, der Lerngruppe und den Vorgesetzten).

Bei allen Lernstattaktivitäten empfiehlt es sich, den Betriebsrat laufend zu informieren.

---

41) So SAMSON und SETULLA (1980b, S. 731) in einem Bericht über die Erfahrungen mit Lernstätten bei der Hoechst AG, die seit mehreren Jahren Lernstatt-Konzepte praktiziert.
42) Eine Zusammenstellung der zentralen Grundsätze für Lernstätten findet sich bei SAMSON und WIESMANN, 1981, S. 4—5.

6. QUALITÄTSZIRKEL: Qualitätszirkel (Quality Circles, QC) oder Qualitätskreise sind nicht aus der Bewegung der Organisationsentwicklung heraus entstanden. Bei richtiger Anwendung entsprechen sie jedoch sowohl in ihrer Vorgehensweise als auch in ihrem partizipativen Ansatz voll dem Gedankengut der Organisationsentwicklung.[43]) Die inzwischen auch in Deutschland recht populär gewordenen Qualitätszirkel gelten gemeinhin als eine japanische ‚Erfindung'. Dies ist falsch, denn den Anstoß dazu gaben in Japan Ende der 40er Jahre amerikanische Fachleute für Qualitätssicherung.[44]) Qualitätszirkel kann man nicht ‚verordnen'. Wie auch bei Lernstätten ist das Prinzip der Freiwilligkeit strikt zu beachten. Von oben befohlene Qualitätszirkel scheitern meist nach kurzer Zeit, was KROMEN (1982, S. 288) zum Anlaß nimmt, auf die Bedeutung des Führungsklimas für den Erfolg von Qualitätszirkeln hinzuweisen und die Empfehlung auszusprechen:

> „So sollte beispielsweise ein konsequent autokratisch geführtes Unternehmen erst einige weniger sensible Übungen veranstalten, bevor es sich an Qualitätskreise heranwagt."

Die Qualitätssicherung wird in den Qualitätszirkeln als Problemlöseprozeß betrieben. Dabei orientiert man sich an dem von dem japanischen Professor ISHIKAWA entwickelten Ursache-Wirkung-Diagramm. Dieses ist sehr leicht verständlich und basiert auf der Grundidee, daß man Ursachen und Wirkung trennen muß. Die Trennung wird in Form eines Tannenbaum- oder Fischgräten-Diagramms visualisiert. Die Abb. 68 zeigt ein solches Diagramm für das Problem ‚ineffiziente Wissensvermittlung'.

Zum Aufbau eines Systems von Qualitätszirkeln bildet man eine **Projektionsorganisation** mit einem **Lenkungsausschuß** und **Betreuern** (Beauftragten). Die Betreuer haben eine stützende und unterstützende Funktion. Sie schulen

---

43) Eine gute und mit vielen Beispielen angereicherte Einführung gibt ENGEL (1981). HANE (1981) berichtet ebenfalls über Anwendungsbeispiele und QC-Erfolge.

44) „Die Japaner haben lediglich das wirklich *gemacht*, was wir ihnen geraten haben", sagen amerikanische Experten heute. Bei der Forcierung des Qualitätswesens sind den Japanern zudem die besonderen kulturellen Gegebenheiten ihres Landes (starke Gruppenorientierung, intensive Bindung an den Betrieb, große Aufgeschlossenheit für technische Neuerungen etc.) zu Hilfe gekommen. Dies erklärt einen großen Teil ihres Erfolges. Für die Anwendung hier bedeutet dies aber auch, daß man nicht von japanischen Erfolgserwartungen ausgehen darf, weil bei uns Qualitätszirkel auf einem völlig anderen kulturellen Fundament aufbauen. Außerdem wird immer wieder übersehen bzw. unterschätzt, daß die beachtlichen Erfolge japanischer Qualitätszirkel die Frucht einer mehr als 30jährigen und an einem gezielten Ausbildungskonzept ausgerichteten Aufbauarbeit sind. Diese langfristigen Anstrengungen haben dazu geführt, daß heute in Japan qualitätsbewußtes Handeln bei den am Fertigungsprozeß beteiligten Mitarbeitern sozusagen zur zweiten Natur geworden ist. Die Qualitätsphilosophie ist inzwischen zu einer „geistigen Grundhaltung" geworden (AEPLI, 1982, S. 375). Diese Vorgeschichte wird häufig übersehen, was zu manchen Frustrationen führt, wenn sich bei uns ‚japanische' Erfolge nach der Einführung von Qualitätszirkeln nicht (so schnell) einstellen wollen.

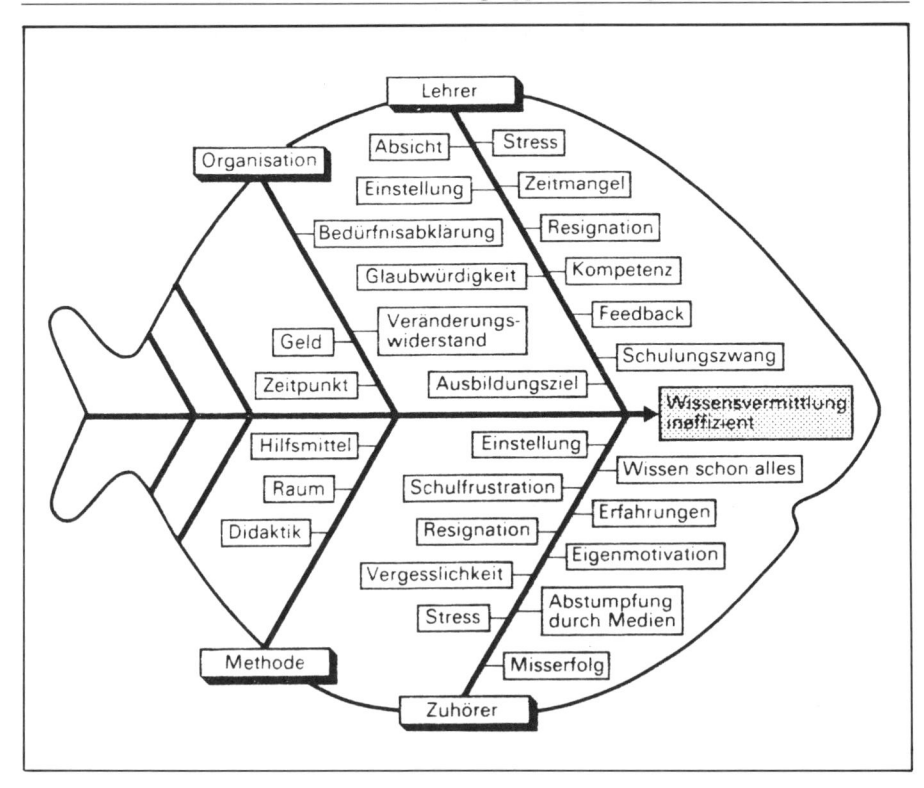

Abb. 68: Anwendungsbeispiel eines Ursache-Wirkung-Diagramms für das Problem ‚Wissensvermittlung ineffizient' (entnommen aus: A. P. AEPLI, 1982, S. 375)

auch die **Leiter** der einzelnen Qualitätszirkel für ihre Moderatorenarbeit. Die Betreuungsfunktion wird ausgeblendet, sobald die Zirkel genügend Reife und Eigendynamik entwickelt haben.

Ein Problem, das sich häufiger bei der Einführung von Qualitätszirkeln ergibt, sind **Schwierigkeiten oder Blockierungen im mittleren Management.** Die Führungskräfte dieser Ebenen fühlen sich häufig ‚eingeklemmt' oder auch übergangen, wenn mit Stützung des Top-Managements plötzlich ‚unter ihnen' Aktivitäten beginnen, die sich ihrer unmittelbaren Einflußnahme entziehen. Vor allem wenn sie nicht ausreichend vorbereitet und vorinformiert wurden, fühlen sie sich nicht selten als Opfer der Situation und befürchten, Machtbefugnisse zu verlieren. Die Angst, daß durch die Arbeit der Qualitätszirkel eventuell auch noch eigene (Führungs-)Fehler aufgedeckt werden könnten, kann noch hinzukommen.

7.5 Leitfaden für ein Veränderungsprojekt

Jeder Veränderungsprozeß besteht aus einer typischen Folge von Teilschritten. Der nachfolgende Leitfaden ist als **Checkliste** gedacht und enthält die wichtigsten Positionen, die innerhalb eines Veränderungsprojektes berücksichtigt werden sollten:

(01) Welche konkreten <u>Anzeichen/Hinweise auf das Problem</u> bzw. die Notwendigkeit einer Veränderung gibt es?

(02) Betroffene Organisationseinheit(en):

(03) Betroffene Mitarbeiterkreise:

(04) Ist bei den Entscheidungsträgern und/oder den Betroffenen bereits ausreichendes <u>Problembewußtsein</u> vorhanden?

(05) Aktivitäten/Maßnahmen zur Herstellung bzw. Verstärkung des notwendigen Problembewußtseins:

(06) Werden weitere Informationen/Daten zum Problem benötigt?

(07) Verfügbare Informationsquellen:

(08) Programm zur <u>Datenbeschaffung:</u>
Benötigte Informationen

Von wem zu beschaffen?

Welche Methoden könnte man dazu einsetzen?

Methode: Vorteile: Nachteile/Risiken:

_____

_____

Entscheidung über die ausgewählte(n) Methode(n):

_____

Datenbeschaffung bis ... (Datum):

_____

(09) Welche Schlüsselpersonen müssen für das Projekt gewonnen werden?

_____

(10) Wie soll das konkret geschehen?

_____

(11) Welche Organisationsbereiche bzw. Mitarbeiterkreise müssen in das Projekt mit einbezogen werden?

_____

Wer muß beteiligt werden?

_____

Wer muß informiert werden?

_____

(12) Wie gewinne ich die Betroffenen für eine Beteiligung am Projekt? (Konkrete Maßnahmen)

_____

_____

(13) Ist unter Berücksichtigung der Komplexität und ggfs. Brisanz des Problems sowie angesichts des verfügbaren internen Know-Hows ein externer Berater notwendig?

_____

Wenn ‚Ja': Welche externen Berater kommen dafür in Frage?

Über welche Qualifikationen und Erfahrungen muß dieser Berater verfügen?

Wie kann ich mich über seine bisherigen Tätigkeiten und Projekte informieren? (z.B. um zu prüfen, ob er für *unsere* Organisation paßt)

(14) Wie soll der externe Berater in unsere Organisation und in die spezielle Problemlage eingeführt werden, und wer soll das tun?

(15) Wie soll die Person des externen (ggfs. auch des internen) Beraters in der Organisation bzw. in dem betreffenden Organisationsbereich eingeführt werden?
Beim Management:

Beim Betriebsrat/Personalrat:

Bei den beteiligten Mitarbeitern:

Bei welchen betrieblichen Funktions- und/oder Entscheidungsträgern muß er außerdem noch eingeführt werden und wie?

(16) Welche konkreten Veränderungsziele sollen durch das Projekt erreicht werden? (d. h. was soll konkret angestrebt bzw. verändert werden?)

(17) Welche Schwierigkeiten/Widerstände könnten sich während des Projektes wo und wann ergeben?

Geplante Vorbeugungsmaßnahmen:
_____
_____

(18) Wer ist für die Organisation des Projektes verantwortlich?
Ein einzelner:
_____

Eine (Fach-)Abteilung bzw. organisatorische Einheit:
_____

Ein Projekt-Team mit folgenden Mitgliedern:
_____
_____

Wer ist für einzelne Teilschritte verantwortlich:
_____
_____

(19) Planung des Projektablaufes (d. h. Schritte/Stufen/Phasen):
Gesamt-Strategie:
_____

Konkrete Teilschritte (jeweils mit Angabe des geschätzten Zeitrahmens und ggfs. des Verantwortlichen:
_____
_____
_____
_____
_____
_____
_____

Günstigster Zeitpunkt für den Start:
_____

Wahrscheinliche Zeitdauer des Gesamtprojektes bzw. geplantes Ende:
_____

(20) Welche Prozeß-stützenden Maßnahmen müssen vorgesehen und durchgeführt werden?
___
___

(21) Wie soll der Projekterfolg gemessen werden?
___
___

Wie kann für eine laufende Rückkopplung der Projektfortschritte gesorgt werden?
___
___

An wen müssen Teilerfolge und der Gesamterfolg rückgemeldet werden?
___
___

(22) Welche sonstigen Punkte sind noch zu beachten?
___
___
___

Dies sind wohl die wichtigsten, aber sicher nicht alle Fragen, die während der Vorbereitung eines OE-Projektes zu berücksichtigen sind. Ihre Reihenfolge ergibt sich aus der Chronologie des Projektablaufes, jedoch können die einzelnen Positionen auch in anderer Reihenfolge bzw. parallel bearbeitet werden.

7.6 Faustregeln für Veränderer

Jeder OE-Berater hat seine Erfahrungen mit Rückschlägen, Fehlschlägen, abgebrochenen Projekten, Widerständen und Blockierungen. Einen Teil davon wird er sehr wahrscheinlich seinem eigenen Verhalten in den betreffenden Situationen zuzuschreiben haben. Aber auch solche negativen Erfahrungen haben ihren Wert: Sie sensibilisieren für zukünftige Situationen, und aus ihnen lassen sich Verhaltensregeln für weitere Projekte ableiten. Nachstehend findet sich eine Zusammenstellung solcher Verhaltensempfehlungen als **Faustregeln für Veränderer**.[45]) Die insgesamt zwanzig Faustregeln fassen die meisten der in den vorangegangenen Kapiteln ausführlicher beschriebenen Empfehlungen, Prinzipien und Erkenntnisse noch einmal zusammen:

(01) **Vergreise nicht.**

„Lernen ist Schwimmen gegen den Strom — wer nicht schwimmt, wird abgetrieben" — so lautet sinngemäß ein chinesisches Sprichwort. Wer Veränderungsprozesse vorbereiten und begleiten will, muß selbst offen sein für Lernen und laufend neue Erfahrungen. Im eigenen beruflichen Feld bedeutet dies, stets auf dem neuesten Erkenntnisstand zu sein, statt mit einem einmal eingefahrenen Programm zu vergreisen und in Routine zu ersticken.

(02) **Sei ‚opportunistisch'!**

Diese etwas provozierende Formulierung soll ausdrücken, daß der Organisationsentwickler vor allem dort arbeiten sollte, wo er einen möglichst guten Nährboden für Veränderungen vorfindet, statt sich in unergiebigen oder hoffnungslosen Projekten aufzureiben. Ähnlich wie ein Arzt sich jenen Patienten bevorzugt widmet, die mit ihm bei der Behandlung kooperieren statt seine Empfehlungen in den Wind zu schlagen, wird man es auch dem Organisationsentwickler nicht verdenken können, wenn er bevorzugt in jenen Organisationen, Bereichen und/oder Problemfeldern arbeitet, die ihm am vielversprechendsten erscheinen.

(03) **Übernehme kein Projekt *unter* Deinen Minimalanforderungen!**

Jeder OE-Berater muß in dem Spannungsfeld zwischen wünschenswerten Idealbedingungen für ein Projekt und der herrschenden Realität Kompromisse eingehen. Zu diesem Zweck sollte er für sich ein bestimmtes methodisches und inhaltliches Anspruchsniveau definieren, das er nicht unterschreiten möchte. Soll er die (Mit-)Verantwortung für ein Projekt übernehmen, dürfte

---

45) Die Anregung zu diesem Abschnitt ergab sich durch eine ähnliche Zusammenstellung von SHEPARD (1978) und ist eine Erweiterung einer früheren Sammlung solcher ‚Faustregeln' (COMELLI, 1981, und 1983, S. 83).

es niemanden überraschen, wenn er dann auch wenigstens Minimalbedingungen zur Erfolgssicherung formuliert (z.B. Zeitrahmen, Unterstützung durch bestimmte Personen in der Organisation usw.). Diese Minimalbedingungen müssen selbstverständlich realistisch sein und auch unzweifelhaft zum Ausdruck bringen, von welchem Punkt ab der OE-Berater die Übernahme eines Projektes ablehnen wird. Dies gilt für externe OE-Berater ebenso wie für interne.[46]) Keinem Manager würde es einfallen die Verantwortung für ein Aufgabengebiet zu übernehmen, wenn er nicht über die Rahmenbedingungen seiner Tätigkeit zumindest mitreden dürfte. Nicht mehr und nicht weniger sollte man von dem OE-Berater, dem Ausbildungsmann oder dem Trainer auch erwarten.

(04) **Organisiere den Erfolg Deiner Projekte!**

Dies bedeutet einerseits, daß man sich um möglichst günstige und erfolgssichernde Rahmenbedingungen kümmern muß. Andererseits sollte man auch dafür sorgen, daß sich möglichst bald nach Start eines Projektes erste Erfolge einstellen. Aus diesem Grund dürfen die ersten Schritte nicht zu groß geplant werden. Außerdem muß man sich darum kümmern, daß die Erfolgsmeldungen auch an die ‚richtige Adresse' kommen.

(05) **Don't push too hard!**

Dieses englische Sprichwort empfiehlt, die Anstrengungen nicht zu übertreiben und Dinge nicht mit Gewalt oder zu schnell durchsetzen zu wollen. Der ungeduldige ‚Pusher' bzw. der übermotivierte Berater überfordert die Veränderungsfähigkeit des Betroffenensystems und erzeugt unnötige Widerstände oder sogar Reaktanz (d. h. eine ‚Und jetzt gerade nicht'-Haltung).

(06) **Denke in Wirkungen und nicht in Absichten!**

Wer Veränderungen an und mit Menschen betreibt, muß jenes Grundprinzip beachten, wonach es unerheblich ist, wie man etwas **gemeint** hat, sondern daß es vielmehr für den oder die Betroffenen einzig und allein entscheidend ist,

---

46) Die Behauptung, daß sich ein Externer die Ablehnung eines Projektes viel eher leisten könne als der Interne, dem oft einfach keine Wahl gelassen würde, trifft in dieser Kraßheit in den seltensten Fällen zu. Sehr oft nämlich kommt der Impuls zu einem Projekt nicht ‚von oben', sondern von dem Internen selbst. Er kann sich also vorher überlegen, ob er überhaupt einen Ansatz vorschlagen soll, der vielleicht im Moment noch die Mitwirkungsbereitschaft wichtiger Entscheidungsträger überfordert. Unter Umständen kann er auch einen Externen beiziehen (Tandem-Prinzip). Falls aber ein Projektauftrag wirklich von oben verordnet wird, ohne daß ausreichende Erfolgsbedingungen garantiert werden können, dann ist es die Aufgabe des internen Praktikers und Fachmannes, den Auftraggeber über die Machbarkeit seiner Idee aufzuklären. Stößt dies auf taube Ohren, sollte auch er ein unsinniges oder aussichtsloses Projekt ablehnen, falls er es nicht durch Modifizierungen praktikabel machen kann. Dies gilt um so mehr, als heute verschärft Erfolgsnachweise gefordert sind.

wie etwas **subjektiv empfunden** wurde, wie es gewirkt hat (s. Abschnitt 5.2). Subjektive Eindrücke und Empfindungen stellen schließlich für die Betroffenen die Realität dar, auf welche diese reagieren und mit welcher der Organisationsentwickler umgehen muß.

(07) **Schaffe Dir nicht selber Stolpersteine!**
Diese Empfehlung soll daran erinnern, daß man nicht durch sein eigenes Verhalten Widerstände erzeugen sollte. Da gibt es zahlreiche ‚Stolpersteine', wie zum Beispiel:

— Es wird vergessen, die eigene Rolle und die eigenen Absichten (ausreichend) zu (er)klären.
— Es wird vergessen, zu erklären *warum* man etwas tut, und nur erläutert, *was* geschieht (fehlende Begründungen blockieren die Einsicht).
— Kleinigkeiten, die für den/die anderen aber wichtig sind, werden unterschätzt.
— Man kämpft um unwichtige oder unnötige Kleinigkeiten (vielleicht aus falsch verstandenem Perfektionismus heraus).
— Man gerät in die Rolle des Schiedsrichters oder sogar in die eines Richters und verspielt damit zumindest das Vertrauen einer Partei.
— Man über-organisiert.
— Man wirkt missionarisch, erdrückt andere durch Übermotivation oder erzeugt das Image eines Weltverbesserers.
— Man arbeitet allein, wo zwei es besser (und leichter) könnten.
— Man beharrt zu starr auf Positionen, die (im Moment) nicht zu gewinnen oder durchzusetzen sind usw.

(08) **Baue gute Beziehungen zu den Betroffenen auf!**
In Abschnitt 5.3 wurde schon ausgeführt, wie wichtig eine gute und ungestörte Beziehungsebene für den Kommunikationsprozeß ist. Allerdings muß man für solche positiven persönlichen Beziehungen zu seinen Kommunikationspartnern etwas tun, bevor es zu kritischen oder heiklen Situationen kommt. Allgemein gilt in diesem Zusammenhang die Grundregel: Akzeptiere andere, wenn Du selber akzeptiert werden möchtest.

(09) **Verspiele kein Vertrauen — taktiere nicht!**
Dies schließt unmittelbar an den vorangehenden Punkt an. Vertrauen ist schnell verspielt. Es wieder aufzubauen, erfordert meistens sehr viel Mühe und Anstrengung — falls man überhaupt noch eine Chance dazu bekommt. Taktieren oder ‚Spielchen' mit verdeckten Karten sind unverträglich mit der OE-Philosophie. Die eigene Rolle und die eigenen Absichten sollten deshalb stets von Beginn an klargestellt sein. Außerdem sollte man sich penibel und

ausnahmslos an die den Betroffenen zugesicherten Prinzipien der Offenheit, Ehrlichkeit, Transparenz und Vertraulichkeit halten.

(10) **Sei Vorbild!**
Der Organisationsentwickler mit seinem Anspruch, Verhalten und/oder Verhältnisse ändern bzw. bessern zu wollen, wird von den anderen an seinem eigenen Verhalten gemessen. Seine Fähigkeit, mit Konflikten umzugehen, Feedback zu geben bzw. zu akzeptieren oder Gefühle auszudrücken, ist Vorbild, d. h. Lernmodell, für die übrigen Beteiligten. Dabei braucht er keinesfalls ein sogenanntes ‚perfektes', d. h. fehlerloses, Modell zu sein.[47] Auch der OE-Berater kann wie jeder Mensch ruhig einmal einen Fehler machen. Er sollte dann jedoch Vorbild darin sein, wie man Fehler bei sich selbst akzeptiert, mit ihnen umgeht und sich um Korrektur bemüht.

(11) **Fang dort an, wo das System steht!**
‚Start, where the system is', sagt man in der englischen Literatur. Und die Gruppendynamiker empfehlen, jedes Gruppenmitglied ‚dort abzuholen, wo es steht'. Diese Formulierungen besagen, daß man einzelne, Gruppen oder ganze Organisationen nicht mit zu hohen Zielen oder Ansprüchen überfordern soll. Der Ausgangspunkt einer jeglichen Veränderung wird durch den gegenwärtigen Zustand/Status des Klientensystems festgelegt. Aus diesem Grund ist auch bei OE die Diagnosephase so eminent wichtig. Sie liefert Informationen über die momentanen Fähigkeiten der Organisation, über die Organisationskultur (Normen, Werte, Traditionen, Tabus etc.) sowie über die Vorgeschichte des Problems. Auf dieser Informationsbasis wird man die Organisationsreife einzuschätzen suchen und entscheiden, **wo** man **wie** mit **welchen OE-Interventionen** ansetzen kann.

(12) **Es gibt mehr Betroffene als Du denkst.**
Die Erfahrung lehrt, daß bei OE-Projekten immer wieder Leute, ganze Gruppen oder sogar Bereiche, die mit zum Kreis der Betroffenen hätten gezählt werden müssen, übersehen bzw. vergessen werden. Das produziert unnötige Widerstände. Es schafft einen gewissen Schutz vor dieser ‚Blindheit', wenn man bei Veränderungen niemals danach fragt, wer betroffen **ist,** sondern besser danach, wer sich **betroffen fühlen könnte.**

(13) **Arbeite nicht bergauf!**
In seiner ‚Theorie des dynamischen Gleichgewichtes' unterscheidet LEWIN in sogenannte Antriebskräfte, die einen neuen Zustand herbeiführen sollen, und in die sogenannten Hemmkräfte, welche der angestrebten Veränderung ent-

---

[47] Das könnte sogar eine gefährliche demotivierende Nebenwirkung haben nach dem Motto: ‚So wie der werde ich das nie können' — und es wird noch nicht einmal versucht.

gegenwirken. Niemand würde versuchen, ein Auto mit angezogenen Bremsen bergauf zu schieben, weil es sinnvoller ist, zunächst einmal die Bremsen zu lösen. Entsprechend lautet denn auch bei OE-Projekten die Empfehlung: Abbau von Hemmkräften *vor* Entwicklung von Antriebskräften! Aber nicht selten werden bei Veränderungsprozessen die Hemmkräfte übersehen oder nicht ausreichend berücksichtigt. Statt alles Denken darauf auszurichten, mit welchen Maßnahmen und Argumenten man Leute *zu etwas hin* bewegen kann, sollte zunächst gefragt und analysiert werden, was die Leute im Moment daran hindert, an der Veränderung teilzunehmen, und wie man das abbauen könnte.

(14) **Jede Innovation benötigt eine gute Idee, Initiative, Zeit und ein paar gute Freunde.**
Diese Formulierung von SHEPARD (1978) weist darauf hin, daß es mit einer guten Idee allein nicht getan ist. Man muß sich für ihre Realisierung einsetzen, die entsprechende Zeit wird benötigt, und die Unterstützung von ‚ein paar guten Freunden' ist notwendig. Letztere sind einflußreiche ‚Promotoren' in der Organisation, die der Veränderungsidee wohlwollend gegenüberstehen und bereit sind, sie tatkräftig und demonstrativ zu unterstützen. Besonders in kritischen Phasen, die bei jedem Projekt auftreten, ist eine solche Unterstützung enorm wichtig.

(15) **Zünde viele Feuer an!**
Auch diese Regel hat SHEPARD (1978) formuliert. Er spielt damit speziell auf die vielschichtigen Vernetzungen im System mit seinen verschiedenen Subsystemen an. An zahlreichen Nahtstellen des Systems gibt es viele Beteiligte und Betroffene. Damit erste Veränderungsimpulse nicht den entstehenden natürlichen Hemmkräften unterliegen, sollte man nicht nur an einer Stelle ansetzen, sondern ‚viele Feuer anzünden', d. h. an verschiedenen Stellen des Systems gleichzeitig Veränderungsbereitschaft erzeugen.

(16) **Achte auf richtiges ‚Timing'!**
Der Erfolg eines Veränderungsprojektes kann stark davon abhängen, ob der richtige Zeitpunkt für den Start zur Veränderung gewählt wurde. So muß man darauf Rücksicht nehmen, ob das Problembewußtsein ausreichend geschärft ist, ob störende Randbedingungen (organisatorisch, personal o. ä.) vorliegen oder ob bestimmte Erfolgsbedingungen ausreichend erfüllt sind. Die Frage nach dem richtigen Zeitpunkt lohnt sich immer. Sie ist jedoch leichter beim Reagieren auf zukünftige Probleme zu berücksichtigen, während bei akuten Problemen der aktuelle Problemdruck diese Fragemöglichkeit oft sehr einschränkt.

(17) **Lasse Deine Ideen ‚gegenchecken'!**

Wer als Organisationsentwickler mit seinen Ideen für Ziele, Strategien oder Maßnahmen ‚im eigenen Saft schmort', der muß wissen, daß der ‚Vater von Ideen stets mit einer gewissen Blindheit für Mängel an seinen ‚Kindern' geschlagen ist. Deshalb sollte man es sich zum Prinzip machen, seine Ideen vor Beginn ihrer Umsetzung einem oder mehreren kompetenten Gesprächspartnern — mit der Bitte um kritische Stellungnahme vorzutragen. Dieser Vorschlag gilt sowohl für den einzelnen Berater, als auch für den Fall, daß ein Projekt durch ein ganzes OE-Team betreut wird. Gerade im letztgenannten Fall können Gruppeneuphorie und wechselseitige Beeinflussungsprozesse innerhalb des Teams die ganze Gruppe blind machen gegenüber Mängeln und Risiken bei den von ihnen entwickelten Lösungsideen.[48])

(18) **Weise das System auf mögliche Konsequenzen hin!**

Systemdenken, d. h. Denken in Netzen und Folgewirkungen, ist ein Kennzeichen von OE. Dies gilt ebenso für das Gesamtprojekt wie für jeden einzelnen Teilschritt. Es ist deshalb mehr als nur ein Gebot der Fairness, vor Beginn des Projektes die voraussehbaren bzw. möglichen Folgewirkungen bzw. Konsequenzen der geplanten Maßnahmen gegenüber der betreffenden Organisation offen darzulegen, damit sie in die Entscheidung über das Projekt eingehen können. Solche Folgewirkungen können z. B. sein:

— andere oder höhere Ansprüche von Mitarbeitern gegenüber Führungskräften (evtl. Konflikte, wo die Ansprüche nicht erfüllt sind),
— geänderte und steigende Erwartungen bezüglich der bisher geübten Kooperationspraxis,
— Wünsche nach Umstrukturierungen,
— Folgekosten (z. B. durch Entstehung neuen oder zusätzlichen Trainingsbedarfs) usw.

(19) **Strahle Optimismus aus!**

Jeder OE-Prozeß hat seine Rückschläge, Störungen, eventuell auch Krisen. Ein euphorisierter Organisationsentwickler ist da unpassend. Aber es wird jemand gebraucht, der auch in Tiefen seinen Optimismus behält, diesen Optimismus auch mitteilen kann und der sich von aufkommender Frustration nicht anstecken läßt. Eine positive Grundhaltung kombiniert mit einer stabilen und realistischen Zuversicht ‚Wir werden das schon schaffen') immunisiert gegen destruktive Stimmungen und hilft über kritische Situationen hinweg.

---

48) In Teams bestimmt man deshalb oft einen ‚advocatus diaboli', d. h. ein ‚Anwalt des Teufels', der jeden Vorschlag unerbittlich auf den Prüfstand zu bringen und möglichst kritisch zu zerpflücken hat. Dies geschieht mit der für das Team oft schmerzlichen Absicht, nicht die Vorteile der Ideen, sondern vorzugsweise ihre Mängel herauszufinden.

(20) **Übernehme kein Projekt, an das Du nicht glaubst!**

Diese Empfehlung schließt unmittelbar an den vorangehenden Punkt an. Der Organisationsentwickler muß an die Machbarkeit seines Projektes glauben und ausreichende Zuversicht haben, daß die Veränderungsziele sowohl sinnvoll als auch erreichbar sind. Eine solche positive Grundhaltung gegenüber dem Projekt und dessen Zielen gibt zusätzliche Schubkraft — gleich, ob man diese mit jenem Glauben erklärt, die Berge versetzen kann, oder mit dem psychologischen Phänomen der sogenannten ‚self-fulfilling prophecy', wonach die Träger von Erwartungshaltungen durch ihr eigenes Verhalten dazu beitragen, daß sich ihre Prophezeiung (= Erwartungen) erfüllt.

7.7 Anhang: Übung ‚Konzernspiel'

Diese Übung ist eine Weiterentwicklung des schon seit Jahrzehnten in der Psychologie bekannten ‚Gefangenendilemmas' (prisoner's dilemma), das gerne für experimentelle Laboruntersuchungen über Kooperation oder Verhandlungen verwendet wird.[49] In der ursprünglichen Version dreht es sich dabei um zwei Personen, die wegen Verdacht auf bewaffneten Raubüberfall verhaftet worden sind. Sie befinden sich getrennt in Untersuchungshaft, also ohne Möglichkeit, sich untereinander zu besprechen bzw. sich abzustimmen. Sie werden einzeln von der Polizei verhört. Da trotz starken Verdachtes die Beweismittel zu einer Verurteilung nicht ausreichen, entschließt sich die Polizei jedem Gefangenen einzeln folgendes Geschäft vorzuschlagen: Wenn einer das Verbrechen gesteht und der andere nicht, wird der Geständige frei gelassen, während der andere zu einer besonders schweren Strafe verurteilt wird. Wenn beide nicht gestehen, wird man sie nur geringfügig bestrafen, etwa wegen unerlaubten Waffenbesitzes. Gestehen beide, werden sie zwar vor Gericht gestellt, aber unter Zubilligung mildernder Umstände nur zu einer mittleren Strafe verurteilt.

Man nennt diese Übung auch ein Spiel mit gemischten Motiven. So steht in diesem Fall das Vertrauen in die Reaktion des Partners in Konkurrenz zu der Verführung, auf Kosten des anderen das eigene Fell zu retten. In seiner klassischen Version ist das Gefangenendilemma aber relativ ungeeignet für betriebliche Trainingszwecke, weil es inhaltlich zu weit entfernt liegt von der beruflichen Realität der Teilnehmer. Auf dem Bundeskongress 1979 der Sektion Arbeits- und Betriebspsychologie im Berufsverband Deutscher Psychologen (bdp) präsentierte MÜLLER (1979) eine auf betriebliche Verhältnisse transferierte Version, von der die nachfolgende Spielanleitung abgeleitet ist.

Als sogenanntes KONZERNSPIEL eignet sich die Übung hervorragend zur Bewußtmachung von Kooperations- und Konkurrenzproblemen (z.B. Abteilungsegoismus), innerhalb von Trainings zur Verbesserung der Zusammenarbeit zwischen Gruppen oder Bereichen.

Durchführung der Übung

Die Übung wird mit zwei Gruppen (möglichst nicht über acht Teilnehmer) gespielt, welche die beiden Töchter eines Konzerns darstellen und die im Anschluß an die gemeinsame Instruktion in separaten Räumen agieren. Es werden insgesamt zehn Spielrunden (= 10 Gruppenentscheidungen) gespielt. Der Trainer

---

49) Siehe z.B. L. MANN, 1974, S. 97 ff. und HERKNER, 1981, S. 427 ff.

fungiert als Spielleiter. Der Zeitbedarf für die Übung plus Kurzauswertung sollte mit mindestens zwei Stunden angesetzt werden. Je nach Intensität der Auswertung und besonders dann, wenn eine oder beide beteiligten Gruppen auf Video aufgezeichnet werden und zumindest ausschnittweise Playbacks vorgesehen sind, sollte für Durchführung, Auswertung und Diskussion der Übung ohne weiteres ein halber bis dreiviertel Trainingstag einkalkuliert werden, bei intensiverer Diskussion des Playbacks entsprechend mehr.

In einer **gemeinsamen Instruktion** wird den beiden Teilnehmergruppen mitgeteilt, daß sie ab sofort die beiden Töchter ‚A' und ‚B' eines Konzerns seien, die auf dem Markt miteinander im Wettbewerb stehen. Ihr Ziel sei, ‚zur Maximierung des Konzerngewinns beizutragen'. In zehn Spielrunden hätten sie nun die Möglichkeit, Runde für Runde zu entscheiden, wie man im Wettbewerb auf dem Markt miteinander umgehen wolle. Dabei stehen drei Entscheidungsalternativen zur Wahl:

M = ‚Mauern' (d. h. keine Information weitergeben, nichts ‚rauslassen'),
T = ‚Tricksen' (d. h. tendenziöse Informationspolitik),
E = ‚Entgegenkommen' (d. h. offenes, transparentes Informationsverhalten).

A ▼ \ B ▶	M („Mauern")	T („Tricksen")	E („Entgegenkommen")
M („Mauern")	−2 / −2	−2 / +2	−4 / +4
T („Tricksen")	+2 / −2	0 / 0	−2 / +2
E („Entgegenkommen")	+4 / −4	+2 / −2	+2 / +2

Abb. 69: Wertematrix für das Konzernspiel

In jeder Spielrunde sollen ‚A' und ‚B' nun beraten und entscheiden, wie man verfahren will. Wie diese Entscheidungen dann vom Markt honoriert werden, hängt allerdings auch vom Entscheidungsverhalten der Gegengruppe ab. Die Wertematrix im Abb. 69 weist aus, wieviel Punkte die jeweiligen Entscheidungskonstellationen für die Beteiligten bringen.

Entschließt sich beispielsweise Gruppe ‚A' für ‚Mauern' und Gruppe ‚B' für ‚Entgegenkommen' (rechtes oberes Feld der Matrix) gewinnt ‚A' vier Punkte, während ‚B' vier Punkte verliert. Den Teilnehmern wird mitgeteilt, daß jeder Punkt bei der Endabrechnung (Bilanz) mit einer Million Mark Gewinn bzw. Verlust angerechnet wird. Außerdem wird den Teilnehmern noch gesagt, daß alle Entscheidungsrunden getrennt erfolgen, aber **nach** der 4., 7. und 9. Runde über Delegierte miteinander verhandelt werden kann. Die von den Gruppen gestellten Delegierten verhandeln in einem separaten Raum und berichten dann an ihre Gruppen zurück, die anschließend entscheiden. Die Delegiertenverhandlung ist eine Kann-Bestimmung, keine Muß-Regel, so daß auch auf die Stellung eines Delegierten von einer oder von beiden Gruppen ein- oder mehrmals im Spiel verzichtet werden kann. Nach jeder Verhandlungsmöglichkeit — gleich, ob sie wahrgenommen wurde oder nicht — erhöhen sich die Punktzahlen: Von der 5. Runde an werden die in der Matrix ausgewiesenen Punkte verdoppelt, von der 8. Runde an verfünffacht und in der 10. Runde verzehnfacht. Jede Runde sollte max. 5—8 Minuten dauern.

Ablauf der zehn Spielrunden

Die Entscheidung der ersten Spielrunde wird unmittelbar nach der gemeinsamen Instruktion dadurch ermittelt, daß jeder Teilnehmer seine persönliche Entscheidung (M, T oder E) auf einen mit ‚A' oder ‚B' gekennzeichneten Zettel schreibt und dem Spielleiter zur Auswertung übergibt. Danach trennen sich die Gruppen, wobei jede Gruppe die Wertematrix auf einer Flip-Chart zur Verfügung haben sollte. Der Spielleiter wertet die abgegebenen Zettel aus und teilt den beiden Gruppen kurz danach das Ergebnis der ersten Runde mit. Sollte sich in dieser Runde innerhalb einer oder in beiden Gruppen der relativ seltene Fall einer Stimmengleichheit für zwei Alternativen ergeben, entscheidet der Spielleiter — ggfs. unter Berücksichtigung der Entscheidung der Parallelgruppe —, welche Alternative nun die Gruppenentscheidung darstellen soll. Diese einzige mögliche Mitbeteiligung am Spiel sollte er gleich bei der Instruktion den Teilnehmern bekanntgeben und darauf hinweisen, daß er dann die für die *jeweilige Gruppe finanziell* günstigste Alternative wählen werde.

Von der zweiten Runde an ist der Spielleiter lediglich Briefträger für die Gruppen. Er tauscht die Entscheidungen aus oder gibt den Gruppen bekannt, wieviel Millionen Plus oder Minus sie ‚gemacht' haben. Die Gruppen schließen dann anhand der Matrix auf die Entscheidungen der Parallelgruppe zurück. Darüber hinaus erinnert der Spielleiter an die möglichen Delegiertenverhandlungen, fragt an, ob die Gruppen einen Delegierten schicken wollen, übermittelt auch diese Entscheidungen und achtet ggfs. darauf, daß die Gruppen ihr Punktekonto fehlerlos führen. Außerdem notiert er wichtige Beobachtungen für die spätere Auswertung (evtl. anhand der Zählwerkstände des Videorecorders). Für eine intensive Auswertung der Übung ist es von Vorteil, wenn sogar zwei Spielleiter — pro Gruppe einer — zur Verfügung stehen.

Auswertung der Übung

Nach der zehnten Entscheidung treffen sich die beiden Gruppen wieder im Plenum, und der Spielleiter fertigt die Konzernbilanz an. Er stellt die Gewinne der beiden Konzerntöchter fest und rechnet diese ggfs. gegeneinander auf. Anschließend errechnet er die durch das Entscheidungsverhalten der beiden Konzerntöchter entgangenen Gewinne: Wenn beide Gruppen von Anfang an die — angesichts der Zielsetzung (Maximierung des Konzerngewinns) — klügste Entscheidung, nämlich ‚Entgegenkommen' getroffen hätten, wäre bei jeder Konzerntochter insgesamt ein Gewinn von 60 Millionen Mark (2+2+2+2+4+4+4+10+10+20) möglich gewesen, insgesamt also 120 Millionen. Als Einstieg in die Auswertungsdiskussion dient die Frage: Wodurch kam es zu den Verlusten?

Der besondere Reiz des Konzernspiels liegt darin, daß es in den meisten Fällen sehr ‚lebensecht' abläuft und daß die Teilnehmer meist mit großer Verblüffung, mitunter fast mit Beschämung erkennen, wie blind sie durch Wettbewerbs- und Konkurrenzdenken (berufsmäßige Verformung?) wurden und wie stark sie nur den eigenen Gruppenvorteil im Auge hatten. Üblicherweise dauert es bei diesem Spiel meist mehrere Spielrunden, bis *beide* Gruppen begriffen haben, daß sie mit ‚Entgegenkommen' am erfolgreichsten sein werden und daß jede andere Entscheidung mit hoher Wahrscheinlichkeit entsprechende Gegenreaktionen der Parallelgruppe erzeugt. Ob dann aber zum Zeitpunkt dieser Erkenntnis noch eine ausreichende Vertrauensbasis zwischen den Partnern vorliegt bzw. eventuell durch Verhandlungen wieder hergestellt werden kann, ist eine der spannenden Fragen in dieser Übung. So erhöhen beispielsweise die gegen Spielende ansteigenden Punktzahlen die Angst, daß sich die Gegengruppe — eventuell sogar trotz einer entsprechenden Vereinbarung in der Delegiertenverhandlung — vielleicht doch noch für früheres ‚Mauern' oder ‚Tricksen' rächen könnte, indem sie sich etwa in der letzten Runde für ‚Mauern' entscheidet und auf diese Weise 40 Millionen Mark auf ihr Konto bringt (ohne Rücksicht darauf, daß der Konzern bei der anderen Gruppe die gleiche Summe verliert).

Im Verlauf der Übung läßt sich eine Fülle sozialer Phänomene beobachten, bei den Teilnehmern bewußt machen und anschließend diskutieren: z. B. Meinungsbeeinflussung, Konformitätsdruck, Anpassungseffekte, soziale Wahrnehmung, Entwicklung von Vertrauen bzw. Mißtrauen sowie die Auswirkungen davon auf die Wahrnehmung und das Verhalten, Entstehung von Fehlwahrnehmungen und Feindbildern, beabsichtigte und unbeabsichtigte gruppendynamische Wirkungen (z.B. wenn kein Delegierter geschickt oder der Delegierte ausgewechselt wird), Wahrnehmungsverzerrungen (z.B. Berichte der Delegierten in den Gruppen über die Verhandlungen) usw.

Die Konzernübung eignet sich sehr gut als ‚Eisbrecher' in Trainings oder Workshops zur Verbesserung der innerorganisatorischen Kooperation. Sie sensibilisiert außerordentlich stark gegenüber ungesunden Wettbewerbs- oder Konkurrenzverhältnissen innerhalb einer Organisation.

Literaturhinweise

ABRAHAM, E.: Vorbereitung auf das Alter im Betrieb. In: *Pro Senectute* (Hrg.): Vorbereitung auf das Alter im Lebenslauf, Paderborn 1981, S. 149—160

ADAMS, J. D. (Hrg.): New technologies in organization development, Bd. 2, Arlington (Virg.) 1974

AEPLI, A. P.: Was steckt hinter dem „Mythos" Qualitätszirkel? In: Management-Zeitschrift io, 10/1982, S. 374—377

ANTONS, K.: Praxis der Gruppendynamik — Übungen und Techniken, Göttingen 1973

BECK, A. C. / HILLMAR, E. D.: Making MBO/R work, Reading/Mass. 1976

BECKHARD, R.: Die Konfrontationssitzung. In: BENNIS, W. G. / BENNE, K. D. / CHIN, R.: Änderung des Sozialverhaltens, Stuttgart 1975, S. 402—412

BEER, M.: The technology of organization development. In: DUNNETTE, M. (Ed.): Handbook of industrial and organizational psychology, Chicago, 1976, S. 937 bis 993

BENNIS, W. G. / BENNE, K. D. / CHIN, R.: Änderung des Sozialverhaltens, Stuttgart 1975

BERNE, E.: Spiele der Erwachsenen, Hamburg 1970

BLAKE, R. R. / MOUTON, J. S.: Verhaltenspsychologie im Betrieb, Düsseldorf 1968

BLAKE, R. R. / MOUTON, J. S.: Managerial grid in practice. In: TAYLOR, B. / LIPPITT, G. L.: Management development and training handbook, London 1975, S. 385 bis 398

BLAKE, R. R. / MOUTON, J. S. / SLOMA, R. L.: Das Intergruppen-Laboratorium für Gewerkschaft und Unternehmensleitung: eine Strategie für die Lösung von Konflikten. In: BENNIS, W. G. / BENNE, K. D. / CHIN, R.: Änderung des Sozialverhaltens, Stuttgart 1975, S. 179—199

BÖDIKER, M. L. / LANGE, W.: Gruppendynamische Trainingsformen, Hamburg 1975

BOWERS, D. G.: OD techniques and their results in 23 organizations: The Michigan ICL study. In: The Journal of Applied Behavioral Science 1973, S. 21—43 (Nachdruck in KATZ, C. / KAHN, R. / ADAMS, J. (Hrg.): The study of organizations, San Francisco, 1980, S. 506—522

BRIGHTFORD, E. G.: Verhaltensorientiertes Management, Frankfurt 1974

BRIGHTFORD, E. G.: Beobachtungen zur internationalen Entwicklung von OD in der Praxis. In: ZANDER, E. / REINEKE, W.: Führungsentwicklung, Organisation Development in der Praxis, Heidelberg 1981, S. 31—54

BRONNER, R. / SCHRÖDER, W.: Weiterbildungserfolg. Modelle und Beispiele systematischer Erfolgssteuerung. In: JESERICH, W. u. a. (Hrg.): Handbuch der Weiterbildung für die Praxis in Wirtschaft und Verwaltung. Bd. 6, München 1983

BURKE, W. W.: Managing conflict between groups. In: ADAMS, J. D. (Hrg.): New technologies in organization development, Bd. 2, Arlington/Virg. 1974, S. 255—268

CAMPBELL, J. P. / DUNNETTE, M. D. / LAWLER III, E. E. / WEICK, K. E. jr.: Managerial behavior, performance and effectiveness, New York 1970

COHN, R.: Das Thema als Mittelpunkt interaktioneller Gruppen. In: Gruppendynamik, 2/1970, S. 251—259

COMELLI, G.: Menschenführung und Organisationsentwicklung, Schriftenreihe der Textilverbände Nord-West, Heft 41, Münster 1979

COMELLI, G.: Training als Beitrag zur Organisationsentwicklung. Vortrag auf dem Symposium „Weiterbildung in Wirtschaft und Verwaltung", Köln, November 1981. Auch in: DECKER, F.: Weiterbildung im Wandel, RKW-Bericht 20, Köln 1982, S. 47

COMELLI, G.: Veränderung als ständige Herausforderung. In: *Berufsbildungswerk der Versicherungswirtschaft* (Hrg.): Bildung in einer sich ändernden Arbeitswelt, Karlsruhe 1983, S. 13—39 und S. 83

DECKER, F.: Weiterbildung im Wandel in Wirtschaft und Verwaltung. RKW-Bericht 20, Köln 1982

DYER, W. G.: Team building: Issues and alternatives, Reading/Mass. 1977

DYER, W. G.: Ein Organisationskonzept. Trainingsunterlage (Übersetzung), Travemünde 1978

ENGEL, P.: Japanische Organisationsprinzipien — Verbesserung der Produktivität durch Qualitätszirkel, Zürich 1981

FLEISHMAN, E. A.: The description of supervisory behavior. In: Journal of Applied Psychology, 1953, S. 1—6

FLEISHMANN, E. A. / HARRIS, E. F. / BURTT, H. E.: Leadership and supervision in industry, Columbus/Ohio, 1955

FORDYCE, J. K. / WEIL, R.: Managing with people, Reading/Mass. 1971

FRENCH, W. L. / BELL, C. H. jr.: Organisationsentwicklung, Bern 1977

FRIEDLANDER, F. / BROWN, L. D.: Organization development. In: Annual Review of Psychology, 25/1974, S. 219—341

FRIEDRISZIK, R.: Ein Gitter hilft, wenn es ums Führen geht. In: KOCH, U. / MEUERS, H. / SCHUCK, M. (Hrg.): Organisationsentwicklung in Theorie und Praxis. Europäische Hochschulschriften: Reihe 5, Volks- und Betriebswirtschaft, Band 275, Frankfurt 1980, S. 99—128

GEBERT, D.: Organisationsentwicklung, Stuttgart 1974

GEBERT, D. / ROSENSTIEL, L. VON: Organisationspsychologie, Stuttgart 1981

GLASL, F. / DE LA HOUSSAYE, L.: Organisationsentwicklung, Bern 1975

GOERKE, W.: Organisationsentwicklung als ganzheitliche Innovationsstrategie, Berlin 1981

GROCHLA, E. / WITTMANN, W. (Hrg.): Handwörterbuch der Betriebswirtschaft, Band 3, 4. Auflage, Stuttgart 1976

HANE, K.: Die Kleingruppenaktivität im Betrieb. Bericht 19/1981 der Deutschen Vereinigung zur Förderung der Weiterbildung von Führungskräften (Wuppertaler Kreis) e.V.

HARRIS, T. A.: Ich bin o.k. — Du bist o.k., Hamburg 1975

HARRISON, R.: Rollenverhandeln: ein ‚harter' Ansatz zur Teamentwicklung. In: SIEVERS, B. (Hrg.): Organisationsentwicklung als Problem, Stuttgart 1977, S. 116—133

HAUSER, E.: Selbstentwicklung, Zürich 1982

HERKNER, W.: Einführung in die Sozialpsychologie. 2. überarbeitete und ergänzte Auflage, Bern 1981

HIVES, P.: Management by objectives in practice. In: TAYLOR, B. / LIPPITT, G. L.: Management development and training handbook, London 1975, S. 399—427

HUMBLE, J. W.: Die Praxis des Management by Objectives (MBO), München 1972

ISCHE, F.: Lernstatt — ein Modell der Praxis. In: Zeitschrift Führung + Organisation zfo, 5—6/1982, S. 295—298

JESERICH, W.: Mitarbeiter auswählen und fördern — Assessment-Center-Verfahren. In: JESERICH, W. u. a. (Hrg.): Handbuch der Weiterbildung für die Praxis in Wirtschaft und Verwaltung. Bd. 1, München 1981

KATZ, C. / KAHN, R. / ADAMS, J. (Hrg.): The study of organizations, San Francisco 1980

KIESER, A. / KRÜGER, M. / RÖHRER, M.: Organisationsentwicklung: Ziele und Techniken. In: Wirtschaftswissenschaftliches Studium, 1979, 4, S. 149—155

KIRSCH, W. / ESSER, W.-M. / GABELE, E.: Das Management des geplanten Wandels von Organisationen, Stuttgart 1979

KOCH, U. / MEUERS, H. / SCHUCK, M. (Hrg.): Organisationsentwicklung in Theorie und Praxis. Europäische Hochschulschriften: Reihe 5, Volks- und Betriebswirtschaft, Band 275, Frankfurt 1980

KROMEN, E.: Qualitätskreise — eine Antwort auf Organisationsverdrossenheit. In: Zeitschrift Führung + Organisation zfo, 5—6/1982, S. 283—290

KÜCHLER, J.: Gruppendynamische Verfahren in der Aus- und Weiterbildung, München 1979

LEAVITT, H. J.: Organisatorische Änderungen — Strukturelle, technische und humane Ansatzpunkte. In: Zeitschrift für Organisation ZO, 6/1968, S. 202—211

LEVINSON, H.: Management by whose objectives? In: Havard Business Review. Jul./Aug. 1970, S. 125—134

LEWIN, K.: The conceptual representation and the measurement of psychological forces, Durham/N.C., 1938

LIPPITT, R. / LIPPITT, G.: Der Beratungsprozeß in der Praxis. Untersuchung zur Dynamik der Arbeitsbeziehung zwischen Klient und Berater. In: SIEVERS, B. (Hrg.): Organisationsentwicklung als Problem, Stuttgart 1977, S. 93—115

LUKASCZYK, K.: Zur Theorie der Führer-Rolle. In: Psycholog. Rdsch., 11, 1960, S. 179—188

MANN, L.: Sozialpsychologie, 3. Aufl., Weinheim 1974

MASTENBROEK, W. F. G.: Organisationsentwicklung und Umgang mit Konflikten. In: Gruppendynamik, 4/1981, S. 323—336

MÜLLER, G. F.: Erfahrungseffekte in Labor-Verhandlungen. Vortrag auf dem Bundeskongress 1979 der Sektion Arbeits- und Betriebspsychologie im Berufsverband Deutscher Psychologen e.V. (bdp), Hannover, Mai 1979

NEUBERGER, O.: Organisation und Führung, Stuttgart 1977

PERLS, F. S.: Gestalt-Therapie in Aktion, Stuttgart 1974

PORTER, L. W. / LAWLER, E. E. III / HACKMAN, J. R.: Behavior in organizations, New York 1975

Pro Senectute (Hrg.): Vorbereitung auf das Alter im Lebenslauf, Weiterbildung Band 7, Paderborn 1981

REDDIN, W.: Das 3-D-Programm zur Leistungssteigerung des Managements, München 1977

ROSENSTIEL, L. von: Grundlagen der Organisationspsychologie, Stuttgart 1980

SAMSON, H. / SETULLA, R.: Lernstatt Hoechst — Ein Weg zur Organisationsentwicklung im Betrieb. In: TREBESCH, K. (Hrg.): Organisationsentwicklung in Europa, Bd. 1 B: Fälle, Bern 1980 b, S. 729—747

SAMSON, H. / WIESMANN, M.: Lernstatt — Methode der Organisationsentwicklung von unten. In: Agogik, Sept. 1981, S. 2—14

SCHEIN, E. H.: Process consultation: Its role in organization development, Reading/Mass. 1969

SCHRADER, E. / GOTTSCHALL, A. / RUNGE, Th. E.: Der Trainer in der Erwachsenenbildung. Rollen, Aufgaben und Verhalten. In: JESERICH, W. u.a. (Hrg.): Handbuch der Weiterbildung für die Praxis in Wirtschaft und Verwaltung. Bd. 5, München 1984

SHEPHARD, H. A.: Rules of thumb for change agents. Paper 1978 (?)

SIEVERS, B.: Theorien und Methoden der Organisationsentwicklung in den USA. In: Gruppendynamik, 1/1975, S. 29—49

SIEVERS, B. / TREBESCH, K.: Bessere Arbeit durch OE: Offenheit und Effizienz. In: Psychologie Heute, 7, Juni 1980, S. 49—56

STIEFEL, R. Th.: Betriebliches Bildungswesen als Instrument der Organisationsentwicklung. In: FB/IE 27/1978, Heft 2, S. 77—80

TAYLOR, B. / LIPITT, G. L.: Management development and training handbook, London 1975

TREBESCH, K. (Hrg.): Organisationsentwicklung in Europa, Bd. 1B: Fälle, Bern 1980 b

VARNEY, G. H.: Organization development for managers, Reading/Mass. 1977

WALTON, R. E.: Interpersonal peacemaking: Confrontations and thirdparty consultation, Reading/Mass. 1969

ZANDER, E. / REINEKE, W.: Führungsentwicklung, Organisation Development in der Praxis, Heidelberg 1981

8. Kapitel

Organisationsentwicklung: Zwischenbilanz und Ausblick

Auch beim derzeitigen Entwicklungsstand der Methoden des Erfolgsnachweises für OE gilt als unbestritten, daß OE-Projekte faßbare Erfolge bringen können. Diese beziehen sich schwerpunktmäßig auf Verbesserungen des Klimas, der Kommunikation, der Zusammenarbeit, der Anpassungs- und Konfliktlösefähigkeit, aber auch auf Veränderungen der betrieblichen Verhältnisse und auf eine Anpassung gegebener Strukturen an veränderte Situationen.

Solche Erfolge stellen sich allerdings nur ein, wenn OE mit der ernsthaften Absicht zur Veränderung betrieben und nicht manipulativ mißbraucht wird. Wichtige Bedingungen für den Erfolg von OE sind u.a. Problembewußtsein bei den Beteiligten, eine gründliche Problemdiagnose, klare und transparente Zielsetzungen, Abwesenheit von ungesundem Zeitdruck und ein qualifizierter interner oder externer OE-Berater.

Die Haltung der Gewerkschaften, von denen es bisher nur vorläufige Stellungnahmen zu OE gibt, ist zwiespältig: Einerseits mißtraut man OE als ‚Selbstausbeutungssystem der Mitarbeiter zugunsten der Arbeitgeber', andererseits kann man mit Sicht auf die Mitarbeiter den emanzipatorischen Charakter von OE nicht von der Hand weisen. Es herrscht Klarheit darüber, daß man sich mit der Herausforderung durch OE in Zukunft noch zu beschäftigen haben wird.

Mit Sicherheit kann man feststellen, daß OE mehr ist als eine Modeerscheinung oder eine neue psycho-soziale Heilslehre. OE muß und wird sich in Zukunft fortentwickeln. Das Konzept der Organisationsentwicklung stellt eine Bereicherung des organisatorischen bzw. des organisationspsychologischen Instrumentariums dar.

Gliederung

8.1	**Erfolge von Organisationsentwicklung**	
8.1.1	Was bewirken OE-Prozesse?	417
8.1.2	Sechs Postulate für den Erfolg von OE, die erfüllt sein **müssen**...	420
8.1.3	Zehn weitere Postulate für den Erfolg von OE, die erfüllt sein **sollten**...............................	422
8.1.4	Hindernisse für den OE-Erfolg.......................	426
8.2	**Die Haltung der Gewerkschaften zu OE**..................	429
8.3	**Die Zukunft der Organisationsentwicklung**	
8.3.1	OE: Modeerscheinung oder psycho-soziale Heilslehre?.......	434
8.3.2	Die Fortentwicklung von OE	437
	Literaturhinweise..................................	439

8.1 Erfolge von Organisationsentwicklung

8.1.1 Was bewirken OE-Prozesse?

Die meisten Projektberichte über OE schildern erfolgreich verlaufene Programme, und nur eine kleinere Zahl der Veröffentlichungen analysiert gescheiterte OE-Projekte. Dabei muß man natürlich berücksichtigen, daß ein großer Teil der Fallberichte von den Projektverantwortlichen oder -promotoren stammt (was leicht zu einer schönfärberischen Berichterstattung verleiten kann) und daß außerdem ein empirisch gesicherter Erfolgsnachweis für OE-Projekte mit einigen methodischen Schwierigkeiten verbunden ist (siehe Abschnitt 6.5). Dennoch gilt als unbestritten, daß OE-Projekte faßbare Erfolge bringen können, die auch von Betroffenen, Beteiligten und/oder Beobachtern von außen den OE-Aktivitäten — zumindest subjektiv — zugeschrieben werden. Voraussetzung dafür ist allerdings, daß in einer Organisation OE ernsthaft betrieben wird und nicht nur als modisches Etikett herhalten muß. Über folgende Auswirkungen bzw. Erfolge von OE-Prozessen wird immer wieder berichtet:

- Der **Führungsstil** ändert sich in Richtung auf stärkere Mitarbeiterorientierung.
- Das **Klima** (Gruppe, Bereich oder ganze Organisation) verbessert sich spürbar.
- Die **Zusammenarbeit** in oder zwischen Gruppen wird leichtgängiger und leistungsfähiger.
- Eine **Verbesserung der Kommunikation** in allen ihren Aspekten ist festzustellen (Inhalt, Beziehungsebene, funktionierende Kommunikationskanäle usw.).
- Es gibt **größere Aufgeschlossenheit gegenüber Feedback,** sowohl im Geben wie im Annehmen, und ein bewußteres Nutzen der in jedem Feedback enthaltenen Lernchance.
- Die Fähigkeit der Mitarbeiter und der ganzen Organisation, **Konflikten zu begegnen,** sie zu regeln und als Innovationsimpuls zu nutzen, ist gestiegen. Unnötige Reibungsverluste fallen weg.
- Wirkungsvollere **Techniken der Planung, Entscheidungsfindung und Zielsetzung** werden eingeübt und verbreiten sich in der Organisation.
- Die für OE typische Systematik des Vorgehens und die starke Betroffenenbeteiligung verringern das **Fehlerrisiko** und verbessern die **Entscheidungsqualität.**
- Kooperatives Vorgehen führt zu einer spürbaren **Verringerung der Durchsetzungswiderstände** (d.h. der Widerstände, die von den Betroffenen einer Veränderung entgegengesetzt werden).
- Notwendige **Anpassungen der Strukturen** an veränderte Gegebenheiten erfolgen rechtzeitiger und/oder unter geringeren Widerständen.

- Die Einstellungen von Mitarbeitern gegenüber Veränderungen wandeln sich: statt allgemeiner *Angst vor* entwickelt sich der *Wunsch nach* notwendiger **Veränderung**.
- Die meisten in OE-Aktivitäten einbezogene Mitarbeiter reagieren darauf mit größerer **Zufriedenheit**, mehr **Engagement** und dadurch, daß sie sich stärker mit ‚ihrer' Organisation identifizieren.
- Eine erhöhte **Problemlösefähigkeit der Organisation**, eine bessere Nutzung der menschlichen Ressourcen und die Vermeidung unnötiger Reibungsverluste stärken die Revitalisierungs- und Innovationskraft der Organisation.[1])

Den berichteten OE-Erfolgen steht in der Praxis allerdings auch eine Art ‚Nachteilsrechnung' gegenüber: Die beiden Hauptargumente sind, daß OE-Prozesse erstens zu zeitaufwendig seien und daß zweitens die Mitarbeiter durch OE anspruchsvoller und ‚anstrengender' würden, und zwar sowohl für ihren Vorgesetzten als auch für die gesamte Organisation.[2]) Beiden Einwänden ist relativ leicht zu begegnen. Zunächst ist es trivial, daß alle kooperativen Vorgehensweisen — so auch OE — zeitaufwendiger sind als autokratische Prozeduren. Entscheidet sich eine Organisation für OE, dann muß sie auch die entsprechenden zeitlichen Rahmenbedingungen schaffen, damit OE überhaupt möglich ist. Man kann nicht die durch OE möglichen Erfolge haben, wenn man sie gleichzeitig mit dem Tempo autoritärer Durchsetzungsstrategien zu erreichen sucht. Ähnlich verhält es sich mit dem durch OE veränderten Mitarbeiter. So hat u.a. SHEPHARD (1975, S. 467) darauf hingewiesen, daß man keine Organisationsentwicklung betreiben kann, ohne nicht gleichzeitig auch einen Mit- oder Nachentwicklungsprozeß für Mitarbeiter in Gang zu setzen. Es liegt auf der Hand, daß die auf diese Weise emanzipierten Mitarbeiter nicht nur ihre Ansprüche gegenüber sich selbst, sondern auch anderen gegenüber erhöhen und daß sie bezüglich der betrieblichen Verhältnisse in vielen Punkten sensibler werden. Hart formuliert sollte eine Organisation, die solche Mitarbeiter nicht will, keine Organisationsentwicklung betreiben.

Auf keinen Fall ist OE ein neuer psychologischer Trick, Durchsetzungswiderstände elegant zu unterlaufen. OE ist auch keine neue raffinierte Technik, mit Hilfe kooperativ wirkender, jedoch keinesfalls so gemeinter Teambesprechungen bei den Mitarbeitern die bereitwillige Annahme dessen zu erreichen, was der Chef oder ein Gremium bereits längst vorgedacht und/oder entschieden hat. Kein Veränderer sollte so naiv sein, die Mitarbeiter für dumm zu verkaufen oder für dumm zu halten. Nicht nur weil dies der OE-Philosophie wi-

---

1) Die in Abschnitt 3.1 beschriebenen Hauptzielsetzungen von OE spiegeln sich in diesen Nennungen wider.
2) In manchen Organisationen spricht man sogar davon, die Mitarbeiter würden durch OE ‚verwöhnt' oder ‚verdorben' — was ein kennzeichnendes Licht auf die jeweilige Organisationskultur wirft und Rückschlüsse auf die dort herrschenden Verhältnisse zuläßt.

dersprechen würde, sondern auch weil Widerstände gegen Veränderungen ihren psychologischen Sinn haben: Sie haben eine wichtige Warn- bzw. Hinweisfunktion auf die ihnen zugrunde liegenden Ursachen bzw. auf Dinge, die übersehen oder nicht ausreichend berücksichtigt wurden. Eine weitere Funktion von Widerständen ist, daß sie sozusagen durch ihre Bremswirkung Betroffene vor allzu rasanten Veränderungen, von denen diese sonst überrollt würden, schützen.[3])

Daß OE-Projekte zum Teil außerordentlich erfolgreich verlaufen können, steht also außer Frage. Für den Praktiker ist deshalb mehr die Frage interessant, ‚Unter welchen Bedingungen ist OE erfolgreich?'. Die Kenntnis solcher erfolgsichernden Faktoren ist wichtig. Der Organisationsentwickler kann vor Beginn oder Übernahme eines Projektes prüfen, ob genügend stützende oder unterstützende Rahmenbedingungen eine erfolgreiche Projektabwicklung erwarten lassen. Je nachdem, welche Faktoren gegeben sind und welche nicht, wird er auch abschätzen können, welchen Zeitraum er realistisch für die Erreichung der Projektziele veranschlagen muß. Sind erfolgsichernde Faktoren nicht oder nicht in ausreichendem Maße gegeben, *muß* sich der Organisationsentwickler dafür entscheiden, die zur Diskussion stehende Veränderung *nicht als OE-Projekt* zu betreiben bzw. unter Umständen sogar die Organisation warnen, mit OE-Konzepten zu arbeiten.[4])

Zahlreiche Autoren haben Zusammenstellungen von Bedingungen für den OE-Erfolg angefertigt[5]) bzw. veröffentlichte OE-Fallschilderungen hinsichtlich erfolgsichernder Faktoren analysiert (GEBERT, 1974, S. 131 ff.). Die von den verschiedenen Autoren genannten Erfolgsfaktoren sind keinesfalls identisch, denn in den Aufstellungen haben sich selbstverständlich die individuellen Erfahrungen der Autoren niedergeschlagen. Sie ergänzen sich häufig, stehen zuweilen aber auch im Widerspruch zueinander. Die nachfolgende Zusammenstellung von **Postulaten zur Erfolgssicherung von OE-Projekten** soll nicht den Eindruck erwecken, daß bei einem Projekt alle genannten Punkte erfüllt sein müssen.[6]) Statt dessen wird eine Aufteilung versucht in **Postulate,**

---

3) Das Thema ‚Widerstände' wird in Band 2 dieser Handbuchreihe von LEITER et al. (1982, S. 259 ff.) etwas ausführlicher angesprochen. Interessante Ausführungen über verschiedene Ursachen von Widerständen finden sich bei WATSON (1975). D. KLEIN (1975) setzt sich mit der Dynamik von Widerständen und der Rolle des/der Opponenten auseinander.
4) So kann es für die Betroffenen sehr frustrierend sein und Aggressionen bzw. Resignation auslösen, wenn sich Mitarbeiter durch ein OE-Projekt emanzipieren und ihre Erwartungen bezüglich Mitarbeiterführung und Partizipation steigen, während gleichzeitig die betrieblichen Verhältnisse (z.B. einsame Entscheidungen, autoritäre Führung auf der obersten Ebene) unverändert bleiben.
5) Entsprechende Aufstellungen findet man u.a. bei BECKHARD (1969, S. 93 ff.), BEER und HUSE (1977, S. 89 ff.), BORRMANN (1977, S. 41 ff.), FOLTZ, HARVEY und McLAUGHLIN (1974, S. 126 ff.), JONES(1978, S. 183 ff.) und TREBESCH (1983).
6) Dies könnte dazu verführen, die Rahmenbedingungen für ein OE-Projekt so hoch zu schrauben, daß der durch einen OE-Prozeß angestrebte Zustand sozusagen schon zu Beginn eines Projektes gegeben ist. Rahmenbedingungen von so hervorragender Art sind ausgesprochen selten.

die erfüllt sein *müssen,* und solche **Postulate, die erfüllt sein *sollten*.**[7]) Auch gibt es **keine Rechenformel für Mindestbedingungen** bei der Durchführung von OE-Maßnahmen. Sicher ist nur, daß die Aufgabe eines Organisationsentwicklers an Schwierigkeit und an Risiko zunimmt, je weniger erfolgsichernde Faktoren ihm bei seiner OE-Arbeit ‚assistieren'.

8.1.2 Sechs Postulate für den Erfolg von OE, die erfüllt sein **müssen**

1. Bei den Betroffenen muß Problembewußtsein vorhanden sein

Anlaß für OE-Prozesse ist, daß akute oder zukünftige Probleme identifiziert wurden. Dabei reicht es nicht, daß dies durch einzelne oder durch den OE-Berater geschieht, sondern ein Problembewußtsein muß bei allen späteren Trägern der Veränderung in der ganzen Organisation bzw. mindestens in dem betreffenden Bereich vorliegen. Falls dieser Zustand noch nicht erreicht ist, muß dieses Problembewußtsein (= Identifikation mit dem Problem) erst geschaffen werden, statt Probleme zu bemänteln, zu beschönigen oder gar zu leugnen.

2. Ein kompetenter OE-Berater ist unerläßlich

Diese Erfolgsbedingung für OE wird offensichtlich von vielen Autoren als so selbstverständlich angesehen, daß sie in den meisten Fällen kaum besonders erwähnt wird. Die OE-Idee allein reicht jedoch nicht aus, wenn sie in ihrer Realisierung nicht von einem sachkundigen OE-Berater (s. Abschnitt 6.2) betreut und moderiert wird. Dabei ist es unerheblich, ob dies ein Organisationsmitglied oder ein externer Spezialist ist.[8]) Beim Einsatz eines Externen sollte man sich nicht scheuen, Auskünfte über bisher geleistete Arbeit einzuholen, und prüfen, ob der Betreffende auch (genügend) Erfahrungen auf dem zur Bearbeitung anstehenden Problemfeld besitzt.

3. Es muß eine gründliche Problemdiagnose durchgeführt werden

Eine gründliche Diagnose ist für den Organisationsentwickler ein unverzichtbares und für die Qualität seiner gesamten Arbeit wichtiges Fundament. In der Praxis wird mit dem Organisationsentwickler gerne darüber ‚verhandelt', ob denn die vielen und/oder aufwendigen diagnostischen Aktivitäten überhaupt alle notwendig sind. Man glaubt, die Probleme doch schon ausreichend

---

[7]) Diese Einteilung in zwei Gruppen wird natürlich stark von eigenen Erfahrungen beeinflußt. Welche Faktoren bei einem konkreten Projekt zum ‚Muß' erklärt werden, hängt im Endeffekt von unterschiedlichsten Faktoren ab: z.B. Organisationskultur, bisherige OE-Praxis der betreffenden Organisation, Erfahrung des Beraters, Komplexität des Problems, spezielle Situation, Problemdruck, Vorwissen und Ausbildungsstand der Mitarbeiter usw.

[8]) Viele Organisationen greifen bei ihren ersten Schritten in OE bevorzugt auf externes Know-how zurück, um anschließend auf interne Leute umzustellen.

erkannt zu haben, und wartet ungeduldig auf Lösungsaktivitäten. Ein Bewußtsein, daß die Lösungsqualität bei Problemlöseprozessen qualitativ wie quantitativ zwingend von der zur Verfügung stehenden und verarbeiteten Informationsbasis abhängt, ist nicht überall gegeben.

4. Bei OE-Prozessen darf kein ungesunder Zeitdruck herrschen

Organisationsentwicklung ist eine kooperative Methode und benötigt Zeit. Sie setzt bei allen Beteiligten nicht nur die Fähigkeit zum Denken in größeren Zeiträumen voraus, sondern erfordert auch die Bereitschaft zu langfristigem Engagement. Zudem haben alle Veränderungsprozesse wegen ihrer meist vielseitigen Vernetzungen eine gewisse natürliche Schwergängigkeit. Diese ist gleichzeitig auch ein Schutzmechanismus für die Betroffenen, indem sich auf diese Weise ein Veränderungstempo ergibt, das jene notwendigen Zeitfristen aufweist, innerhalb derer die Betroffenen in gesunder Weise die entsprechenden Anpassungsmechanismen für den angestrebten neuen Zustand entwickeln können. Damit hat auch der Widerstand von Betroffenen gegen Veränderungen, der diese angesprochene Schwergängigkeit stark mitverursacht, einen psychologischen Sinn, weil die Menschen sonst von Neuerungs- oder Veränderungsprozessen allzu leicht überrollt und überfordert würden. Der Initiator von Veränderungen muß dies alles akzeptieren und entsprechende Geduld und Beharrlichkeit bei OE-Prozessen entwickeln.[9])

5. Eine ernsthafte Absicht zu verändern muß gegeben sein, und klare Veränderungsziele müssen vorliegen

Eigentlich sind dies *zwei* Erfolgsbedingungen, die jedoch eng miteinander verknüpft sind. OE-Prozesse leben von der Redlichkeit, mit der sie betrieben werden. Wenn auf der einen Seite von den Betroffenen und Beteiligten Engagement bei der Problemlösung und Identifikation mit den erarbeiteten Lösungen erwartet wird, so kann man auf der anderen Seite von den Initiatoren der Veränderung erwarten, daß wirklich und ernsthaft eine Veränderung der Verhältnisse oder Verhaltensweisen angestrebt wird. Ist dies nicht der Fall, wird nicht nur die Glaubwürdigkeit von OE-Aktivitäten verspielt, sondern generell Vertrauen erschüttert.[10])

Eine möglichst **klare und konkrete Zielfestlegung** für den OE-Prozeß stellt einen ganz guten Schutz vor diesen unechten OE-Ansätzen dar. Dabei sollten

---

9) Auch von dieser Seite her kann begründet werden, daß OE nicht ein Standardinstrument für ‚trouble-shooting' sein kann.

10) Unverträglich mit OE-Denken ist schon eine Grundhaltung à la ‚Erst mal sehen, wie sich das anläßt, und dann können wir ja immer noch entscheiden, *ob* wir etwas tun'. Noch schlimmer ist es natürlich, ein OE-Projekt mit voller Absicht als ‚therapeutisches Programm' für die Mitarbeiter ohne die geringste Veränderungsabsicht zu betreiben (Motto: Wir wollen zwar nichts ändern, aber es ist immer gut, wenn die Mitarbeiter einmal Dampf ablassen und sich mal alles von der Seele reden). Auf diese Weise tötet man schnell die generelle Bereitschaft von Mitarbeitern, sich bei zukünftigen Problemlösungen zu engagieren.

die festgelegten Ziele Bestandteil des Beraterkontraktes sein bzw. — wenn sie erst innerhalb des Projektes erarbeitet werden müssen — später in diesen eingefügt werden. Eine klare und transparente Zielbeschreibung erlaubt allen Beteiligten eine Zielüberprüfung und macht es offenbar, wenn diese Ziele später nicht exakt, nicht mit ehrlicher Anstrengung oder überhaupt nicht angestrebt werden. Die exakte Festlegung von Zielen schafft darüber hinaus in aller Regel auch noch mehr Klarheit bezüglich ihrer ‚Machbarkeit' und schützt einigermaßen vor utopischen, zu euphorischen oder vielleicht sogar falschen Zielsetzungen. Das Bemühen um möglichst klare, prägnante und konkrete Zielformulierungen fördert schließlich nicht selten auch noch verdeckte bzw. unausgesprochene Unter- oder Teilziele zutage, die bei pauschalen Formulierungen oft unentdeckt bleiben und unter Umständen den späteren Prozeß stark stören.[11])

6. Verzicht auf jegliche Manipulation von Prozessen und eisernes Akzeptieren der Prinzipien von Offenheit, Ehrlichkeit, Vertraulichkeit und Transparenz bei der Organisationsentwicklung

OE-Prozesse können nur fruchtbar werden auf einer Basis gegenseitigen Vertrauens zwischen allen Beteiligten. Dieses Vertrauen muß laufend unter Beweis gestellt, stabilisiert und vor allen Dingen vor Erschütterungen bewahrt werden. Verdeckte Ziele und/oder irgendwelche Manipulationen, etwa um den Prozeß in eine bestimmte gewünschte Richtung zu bringen, erzeugen berechtigtes Mißtrauen — denn sonst hätte man die angestrebte Richtung ja als eines der OE-Ziele offenlegen können. Eine weitere und für OE-Prozesse fast immer ‚tödliche' Gefahr besteht darin, daß die Organisation insgesamt oder einzelne Entscheidungsträger in ihr der Versuchung nicht widerstehen können, die von den Beteiligten im Rahmen des Prozesses offenbarten Informationen anschließend oder später einmal gegen die Betreffenden zu verwenden.

8.1.3 Zehn weitere Postulate für den Erfolg von OE, die erfüllt sein **sollten**

1. Eine Unterstützung durch die Führungsspitze der Organisation sollte gegeben sein

Eine große Anzahl von Autoren hält die Unterstützung durch die Führungsspitze sogar für eine unverzichtbare Erfolgsbedingung (siehe Abschnitt 3.4.1: Top-down-Strategie). Man kann diese Position jedoch etwas nuancierter sehen: Bei organisationsumgreifenden OE-Interventionen ist die Unterstützung

---

11) So berichtet LANZENBERGER (1981, S. 309 ff.), wie — verdeckt und zunächst nicht spürbar — über OE-Projekte ein innerbetrieblicher Machtkampf zwischen den Leitern zweier Bereiche ausgetragen wurde und damit OE zum Vehikel innerorganisatorischer Kriegsführung wurde.

durch die oberste Leitung der Organisation wirklich unabdingbar notwendig (Notkompromiß: mindestens *ein* Mitglied des obersten Führungsgremiums stellt sich hinter den OE-Prozeß). Bei Interventionen auf der Intergruppen- oder Teamebene sollte man den bzw. die entscheidenden Einflußträger des Bereiches gewinnen, in dem die Intervention stattfindet. Als Faustregel könnte gelten: Stützung des Prozesses durch eine Person, die hierarchisch mindestens zwei Stufen über der Interventionsebene angesiedelt ist. Bei Interventionen auf der individuellen Ebene kann die Unterstützung des unmittelbaren bzw. nächsthöheren Vorgesetzten ausreichend sein.[12])

2. Ein der OE-Philosophie entsprechendes Menschenbild sowie ein damit verträgliches Wertesystem dient als Orientierung

Dies muß nicht unbedingt bedeuten, daß dieses Menschenbild sowie das entsprechende Wertesystem bereits realisiert oder schon fest in der Organisationskultur verankert sein müssen. Schließlich gehört es ja zu den Zielen von OE, Veränderungen in diesem Sinne anzustreben. Die Bereitschaft, diese Ziele zu akzeptieren und sich ihnen bei zukünftigen Handlungen und Entscheidungen verpflichtet zu fühlen, muß aber auf jeden Fall vorhanden sein. Da es sich um eine Veränderung in der Organisationskultur handelt, ist es wichtig, daß diese Bereitschaft auf der obersten Führungsebene vorliegt.

3. Eine eher kooperativ ausgerichtete Führungspraxis mit der Verwendung entsprechender Führungstechniken sollte gegeben sein

Es liegt klar auf der Hand, daß OE-Projekte davon profitieren, wenn in der betreffenden Organisation bereits ein Führungsstil und eine Kooperationspraxis herrschen, welche der Philosophie der Organisationsentwicklung entsprechen. Als Minimalbedingung wäre anzusetzen, daß eine ‚kritische Masse' von mindestens 50% der Führungskräfte eher kooperativ ausgerichtet sein sollte, damit Organisationsentwicklung nicht an der OE-feindlichen Mentalität einer eher autoritativ handelnden Mehrheit scheitert. Mitarbeiterorientierte Führung entwickelt und fördert bei Führungskräften wie Mitarbeitern entsprechende Einstellungen, Fähigkeiten und Fertigkeiten, so daß von diesen ein OE-Prozeß als ganz natürliche und konsequente Fortsetzung der bisherigen Managementpraxis empfunden wird.

4. Die Bereitschaft zum experimentellen Lernen und zum aktionsforscherischen Vorgehen ist wichtig

Die Organisation oder wenigstens der einen OE-Prozeß tragende Teil einer Organisation muß genügend Mut entwickeln, neue Wege zu gehen. Dazu ge-

---

[12] Wenn hier von Unterstützung gesprochen wird, dann ist damit nicht eine verbale Begleitmusik mit schönen Worten gemeint, sondern ein glaubwürdig und offen demonstriertes Interesse an dem Projekt, eventuell sogar eine persönliche Beteiligung an den Aktivitäten sowie die Bereitschaft, jederzeit Hilfestellung zu geben, wenn dies notwendig sein sollte.

hört ein Klima, das vorsichtiges und kalkuliertes Experimentieren nicht nur erlaubt, sondern fördert und somit das ‚Lernen am eigenen Leib' ermöglicht. In einer Atmosphäre ständiger Angst, daß jeder gemachte Fehler unnachsichtig gegen irgendeinen Schuldigen verwendet wird, können OE-Prozesse nicht gedeihen. Bei OE ist nicht die Suche nach Schuldigen der Schwerpunkt von Problemlöseaktivitäten, sondern die Frage, was man aus vorkommenden Fehlern lernen kann.[13])

5. Die Einsicht, daß die Verhaltenswissenschaften einen brauchbaren Beitrag zur Gestaltung von Veränderungsprozessen leisten können, muß zum Tragen kommen

Im Idealfall herrscht in einer Organisation bereits das Bewußtsein und die Überzeugung, daß von allen Veränderungsprozessen direkt oder indirekt schließlich Menschen betroffen sind und daß somit auch jener Wissenschaftszweig, der sich mit menschlichem Verhalten beschäftigt, aufgefordert ist, dazu seine Beiträge zu leisten. Ein solches Bewußtsein, daß die Verhaltenswissenschaften bei Vorbereitung, Durchführung und Evaluierung von Veränderungsprozessen kompetente Beiträge machen und Hilfen geben können, liegt in den meisten Fällen nicht von Anfang an vor. Verhaltenswissenschaftliches Denken ist noch zu fremd, so daß die Sozialwissenschaftler ihre Akzeptanz in den Organisationen oft erst noch erarbeiten müssen. Dazu muß die Organisation aber zumindest Freiraum und Möglichkeiten für sozialwissenschaftliche Aktivitäten schaffen.[14])

6. Die Organisation sollte einigermaßen gesund sein

Ähnlich wie man einen kreislaufkranken Patienten nicht einer schweren Operation unterwirft, sondern ihn zunächst kreislaufmäßig wieder aufbaut, ist nach unserer Meinung eine wenig gesunde Organisation kaum fähig, die auf jeden Fall mit einem OE-Prozeß verbundenen Anstrengungen und Belastungen in integrativer Form zu verkraften. Eine gesunde Organisation (s. Abschnitt 3.7) bringt in OE-Prozesse eine ganz andere Vitalität mit ein. Dies verleiht dem OE-Prozeß fruchtbare Dynamik und wirkt sich positiv auf den Erfolg aus. Die Prüfung, welche bzw. wie viele OE-Projekte ‚seine' Organisation in ihrer momentanen Verfassung verkraften kann, fällt in die Verantwortung des OE-Beraters. Er darf sie trotz seines Engagements für die OE-Idee nicht mit unangemessenen Interventionen überfordern.

---

13) In der Installierung von vielen Rückmeldeschleifen zum Zwecke des Lernens' innerhalb des Prozesses dokumentiert sich der aktionsforscherische Ansatz (s. Abschnitt 2.5).

14) Dabei ist häufig ein Problem, daß viele Leute sich auf dem Gebiet der Verhaltenswissenschaften grundsätzlich für kompetent halten (Motto: Bin ja selber Mensch, also verstehe ich auch etwas von Verhalten). In der Diskussion mit Laien über bestimmte Methoden, Vorgehensweisen oder die Interpretation von Erhebungsdaten muß der Organisationsentwickler oft viel Überzeugungsarbeit leisten, um für seine professionelle Vorgehensweise oder Sichtweise Verständnis zu gewinnen.

7. Es sollte keine Krise in Sicht sein

Befindet sich eine Organisation in einer akuten Krisensituation, ist sie mit hoher Wahrscheinlichkeit zumindest durch ein größeres OE-Programm überfordert. Organisationsentwicklung hat als ein kooperativer Ansatz den ‚Nachteil' eines höheren Zeitbedarfs gegenüber autoritären Strategien. In aller Regel versagen in Krisensituationen kooperative Vorgehensweisen — also auch OE — wegen des dann typischen Zeitdrucks. Ein Ziel von Organisationsentwicklung kann es jedoch sein, zu einem früheren Zeitpunkt, d.h. vor Eintreten einer Krise, die Fähigkeit der Organisation zu steigern, zukünftigen Krisen erfolgreich zu begegnen.

Damit soll nicht gesagt sein, daß OE grundsätzlich nur für krisen- und spannungsfreie Hoch-Zeiten in Frage kommt. Ein Organisationsentwickler muß selbstverständlich auch bereit sein zu Noteinsätzen, zum sogenannten ‚trouble-shooting'.[15] Der OE-Gedanke verliert jedoch seine Glaubwürdigkeit und wird wirkungslos, wenn eine Organisation immer nur in Krisen zum ‚Rettungsstrohhalm' der Organisationsentwicklung greift. Eine solche Praxis erinnert stark an jenen unvernünftigen Patienten, der — statt seine Lebensweise zu ändern — nach jedem Kollaps darauf vertraut, daß der Doktor ihn mit Medikamenten schon wieder hinkriegen wird.

8. Eine gewisse ‚Kontinuität der Köpfe' ist notwendig

Da OE-Projekte durchweg längerfristige Ansätze sind, die die Betroffenen zu Beteiligten im Prozeß machen, muß gesichert sein, daß die Trägerschaft für die Dauer eines Prozesses in etwa stabil bleibt. Der Wechsel von tragenden Köpfen in einem OE-Prozeß kann nicht nur störend sein, sondern kann verursachen, daß entweder das ganze Projekt zum Erliegen kommt oder der Prozeß auf einer früheren Stufe wieder aufgenommen werden muß. Ist schon in der Vorbereitungsphase eines Projektes abzusehen, daß eine Kontinuität der Köpfe nicht mit einiger Sicherheit garantiert werden kann (z.B. personelle Umbesetzungen oder eine Umorganisation stehen an, eine Fusion ist geplant o.ä.), sollte in dieser Situation gegebenenfalls auf den Start eines OE-Programms verzichtet werden.[16]

9. Ein normales Verhältnis zwischen der Führungsspitze und dem Betriebsrat/Personalrat

Das Beziehungsklima zwischen diesen beiden Partnern sollte gekennzeichnet sein von gegenseitigem Respekt sowie auf beiden (!) Seiten frei sein von takti-

---

15) So kann in einer akuten Notsituation ein Intergruppen-Workshop zur Konfliktlösung oder eine gemeinsame Situationsanalyse enorm hilfreich sein und wichtige Kräfte, die sonst durch interne Reibereien verbraucht würden, zur Bewältigung der Krise frei machen.
16) Organisationen, in denen ein ständiges Umsetzen von Personen schon zu einem Merkmal ihrer ‚Organisationskultur' geworden ist, werden eventuell nie einen günstigen Zeitpunkt für erfolgversprechende Organisationsentwicklung finden.

schen und/oder politischen ‚Spielchen'. Falls die Beziehungen gestört sind, werden mit einiger Wahrscheinlichkeit zumindest alle organisationsumgreifenden OE-Strategien undurchführbar. Hingegen ist es besonders begrüßenswert, wenn der Betriebsrat/Personalrat sich innerhalb eines OE-Projektes ebenfalls in die Rolle eines Beteiligten begibt und sich zum aktiven Mitmachen entschließt.[17])

10. Keine zu großen Schritte planen

OE-Prozesse sind relativ langfristig und benötigen Beharrlichkeit und Geduld. Um das Vertrauen der Beteiligten in den OE-Prozeß von Beginn an zu stärken und um ihre Bereitschaft zu stabilisieren, sich weiterhin in den OE-Aktivitäten zu engagieren, sollten möglichst bald nach dem Start deutlich spür- und sichtbare Erfolgserlebnisse eintreten. Die ersten Projektschritte dürfen also nicht zu groß angesetzt werden, damit die Zeitspanne bis zum Eintreten solcher ‚Belohnungen' durch (Teil-)Erfolge nicht zu lang wird. Zu große Teilschritte strapazieren die Durchhaltekraft der ohnehin durch ihren beruflichen Alltag meist auf schnelle Erfolge ‚getrimmten' Beteiligten und bergen die Gefahr in sich, durch den Prozeß frustrierte ‚Experten im Scheitern' zu erzeugen, statt deren Motivation zu stärken. Eine Planung in kleinen und realisierbaren Schritten kann überdies überhöhten oder unrealistischen Erwartungshaltungen entgegenwirken.

8.1.4 Hindernisse für den OE-Erfolg

Ein Organisationsentwickler wird daran interessiert sein, zur Erfolgssicherung seines Projektes möglichst viele der nicht oder nicht so optimal gegebenen Bedingungen entsprechend zu entwickeln. Falls sich jedoch herausstellt, daß einzelne erfolgsichernde Bedingungen nicht nur nicht gegeben sind, sondern daß statt dessen sogar das genaue Gegenteil praktiziert wird, dann werden solche Gegebenheiten zu ausgesprochenen Hindernissen für den OE-Erfolg. Besonders typische und häufig anzutreffende Erfolgshindernisse sind:

→ Diskrepanz zwischen den verbalen Statements der Führungsspitze über das Wertesystem der Organisation und dem wirklich praktizierten Verhalten,

→ ungesunder Zeitdruck,

→ zu starkes Rezeptdenken, d.h. man erwartet von dem OE-Berater schnell wirksame Tips oder ‚Tricks' und ist uninteressiert daran, Zusammenhänge zu verstehen oder die eigene Problemlösefähigkeit zu entwickeln,

---

[17] Die Faustformel vieler Praktiker für die Beteiligung der Mitarbeitervertretung bei OE-Programmen lautet: „Mitmachen oder mindestens dulden", wobei ‚dulden' die Minimalbedingung darstellt (s. auch Abschnitt 8.2).

→ Fixierung auf ausschließlich kurzfristiges Erfolgsdenken (in der Regel in der Vergangenheit durch die Organisation so ‚gezüchtet'),

→ Klassenkampfdenken in den Beziehungen zwischen Betriebsrat/Personalrat und Führungsspitze (kann beidseitig sein),

→ kein ehrliches und echtes Engagement der Organisation für OE (OE wird mitgemacht, weil es gerade modern ist, dient als ‚Therapeutikum' für Mitarbeiter oder hat Deckmantelfunktion, um von den Realitäten abzulenken),

→ zu große Selbstoffenbarungsängste der Organisation oder ihrer entscheidenden Repräsentanten, d.h. Probleme werden tabuisiert, nicht angesprochen, verdeckt oder unter den ‚Harmonie-Teppich' gekehrt; jeder hat seine ‚Leiche im Schrank',

→ blockierendes mittleres Management, das sich nicht ausreichend beteiligt bzw. übergangen fühlt.

Abschließend sollen noch **zwei Gefahrensignale** für erfolgreiche Organisationsentwicklung erwähnt werden. Da ist zunächst eine **zu starke Abhängigkeit vom Berater** zu nennen. Ein solcher Zustand mag zwar dem Berater schmeicheln (oder auch seinen finanziellen Interessen entgegenkommen), jedoch zielt Organisationsentwicklung per definitionem darauf ab, eine Organisation zu befähigen, ihre Probleme selber zu meistern und dazu die eigenen Ressourcen zu nutzen. Dahin soll der OE-Berater sie entwickeln. Die Berateraktivitäten müssen also darauf ausgerichtet sein, die Organisation von ihm unabhängig zu machen, sich früher oder später auszublenden und — wenn man so will — sich selber überflüssig zu machen. Einen in diesem Sinne arbeitenden Berater wird man daran erkennen, daß er vom ersten Schritt eines Projektes an darauf achtet, daß die von ihm betreute Organisation alle die Teilschritte in eigener Regie übernimmt, deren sie bereits fähig ist bzw. zu denen man sie anleiten kann.[18])

Eine zweite Gefährdung für den OE-Prozeß ist **OE-Euphorie.** Eine zu starke Begeisterung bezüglich dessen, was OE will und bewirken kann, kann leicht zu einem innerbetrieblichen Sektierertum werden. Ausgelöst werden solche Erscheinungen meistens durch missionarische OE-Berater (intern wie extern), die aus Begeisterung an der guten Sache bei ihren ‚Anhängern' unrealistische (Heils-)Erwartungen züchten. Dies muß keinesfalls bewußt oder absichtlich geschehen. OE-Euphorie bei Beteiligten kann auch das Resultat er-

---

18) Die in der Erziehungspsychologie bekannte Erscheinung der sogenannten ‚over-protection' (d.h. Übertreiben der Schutzfunktion durch die Mutter gegenüber dem Kind) kann sich auch in der Beziehung zwischen Berater und Klientensystem einstellen. Das Resultat davon sind meist (Berater-)abhängige und unselbständige ‚Kinder', die — wenn sie sich dann einmal lösen, um selbständig zu werden — dies nicht selten in Form einer mit Aggressionen verbundenen ‚Explosion' tun.

ster Erfahrungen oder Erfolge mit OE-Interventionen sein. Ein qualifizierter Berater spürt jedoch solche euphorischen Entwicklungen und wird sie thematisieren, um ihnen entgegenzuwirken. Über-Begeisterung bei OE-Beratern und bei ‚OE-Fans' verstellt den Blick für die Realitäten, macht blind gegenüber Gefahrensignalen, führt zum Unterschätzen von Schwierigkeiten und macht schließlich auch intolerant. Während Beharrlichkeit, Konsequenz und Engagement einen OE-Prozeß auszeichnen, bauen Sektierertum, unrealistische Euphorie oder sogar Fanatismus Fronten gegenüber OE auf.[19])

---

19) Die unangemessene Euphorisierung der Gruppendynamik in Organisationen mag dazu als kritisches Lehrbeispiel aus den letzten Jahren gelten.

8.2 Die Haltung der Gewerkschaften zu OE

„Organisationsentwicklung — Chance für die gewerkschaftliche Interessenvertretung oder ‚Weichmacher'?" — so ist ein kritischer Artikel über Organisationsentwicklung von den Gewerkschaftern SCHREINER und WROBEL (1982, S. 76 f.) überschrieben. Er ist kennzeichnend für die noch unentschlossene (oder offene?) Haltung der Gewerkschaften gegenüber OE-Konzepten. Sie ist in den letzten Jahren unverändert skeptisch: Man sieht in der Organisationsentwicklung ein neues „Instrument unternehmerischer Rationalisierungspolitik" (KÜLLER, 1981)[20]) und fürchtet, daß die Mitbestimmung durch OE-Praktiken unterlaufen werden könne. Andererseits wächst bei den Gewerkschaften das Bewußtsein dafür, daß man sich mit dem Gedankengut und den Methoden der Organisationsentwicklung ernsthaft auseinandersetzen *muß*, weil man OE doch als eine Entwicklung betrachtet, die in Zukunft wahrscheinlich zunehmende Tendenz und wachsende Dynamik aufweisen wird und der gegenüber die Gewerkschaften eine Position einnehmen müssen. Zudem werden Gewerkschaftsmitglieder und Betriebsräte im betrieblichen Alltag schon längst mit OE-Projekten konfrontiert.

Gewerkschaftliche OE-Kritiker, denen der Einsatz psychologischer bzw. sozialwissenschaftlicher Techniken offensichtlich verdächtig erscheint, äußern eine Vielzahl von pauschalen Aburteilungen: ‚Psycho-Trick', ‚Seele anzapfen', ‚Selbstausbeutungssystem der Mitarbeiter zugunsten der Arbeitgeber', ‚Tranquilizer', ‚Sozialwissenschaftliches Psychopharmakon', ‚raffinierte Pazifierungstechnik' usw. Solche negativen Pauschalurteile verraten jedoch meist nur die Uninformiertheit über den Gegenstand oder den ideologischen Standort. Eine nüchterne Darstellung der Organisationsentwicklung im Spannungsfeld zwischen Arbeitgebern und Arbeitnehmern (respektive Gewerkschaften) gibt MEUERS (1980, S. 244 f.). Er schildert zunächst historische Projekte in den USA und in Kanada, die gemeinsam von Arbeitgebern und Gewerkschaften betrieben worden sind.[21]) Er berichtet auch von Trainingsmethoden, die Manager *und* Gewerkschafter als gemeinsame Zielgruppe ansprechen und zur Verbesserung der Zusammenarbeit bzw. zum Abbau von Feindbildern beitragen sollen.[22]) MEUERS (1980, S. 253) weist jedoch ebenfalls darauf hin, daß in den sechziger Jahren in den USA Organisationsentwicklungs-Konzepte in manchen Fällen auch benutzt wurden, „um die Gewerkschaften aus der Unternehmung herauszuhalten".

---

20) Hans-Detlev KÜLLER ist Mitarbeiter der Abteilung Gesellschaftspolitik des Deutschen Gewerkschaftsbundes.
21) Einige davon liegen bereits Jahrzehnte zurück und datieren sogar aus der Zeit vor dem Entstehen von OE als eigenständiger Methode.
22) Vorschläge für ähnliche Trainings bzw. Berichte darüber liegen seit einiger Zeit auch in Deutschland vor.

Die Situation in der Bundesrepublik ist besonders gekennzeichnet durch die Neufassung des Betriebsverfassungsgesetzes von 1972, also von der Mitbestimmungsfrage. Die Furcht der Gewerkschaften, hier Terrain zu verlieren bzw. ihr Bestreben, mit Hilfe von OE „Pflöcke für Beteiligungstatbestände zu verankern" (SCHREINER und WROBEL, 1982, S. 76), hindert sie offenbar stark, sich wirklich für OE zu öffnen. So kommen denn zur Zeit die weitaus meisten Anstöße zu OE-Aktivitäten von der Unternehmensseite, während die Gewerkschaften dazu neigen, den OE-Berater als „Agenten" der Unternehmensleitung zu bezeichnen und OE als „Mittel des Managements zur Anpassung der Beschäftigten" anzusehen (BRIEFS, 1980, S. 90). Kritisch stellt KAPPLER (1980, S. 218) dann auch fest: „Organisationsentwicklung ist immer auch eine Einbindungsstrategie."

Die Diskussion über OE wird immer wieder durch zwei Mißverständnisse bzw. Denkfehler belastet. Zunächst ist es in den meisten Fällen nicht korrekt, wenn Organisationsentwicklung und andere partizipative Ansätze wie etwa Humanisierung der Arbeit (HdA-Projekte) oder Partnerschafts- bzw. Mitbeteiligungsmodelle vermischt oder sogar gleichgesetzt werden. Nur in der geringeren Zahl der Fälle werden solche Prozesse auch konsequent nach OE-Prinzipien betrieben. Zum anderen ist die These ‚Organisationsentwicklung = Mitbestimmung' ebenso unzutreffend wie die Befürchtung ‚Organisationsentwicklung gefährdet Mitbestimmung'. Ein Verfahren (OE) und ein Zustand (Mitbestimmung) werden hier verwechselt. Mitbestimmung ist eigentlich nichts anderes als die gesetzlich festgelegte **Machtverteilung** zwischen Arbeitgeberseite und Arbeitnehmervertretung, und demzufolge gehört sie zu den **situativen Rahmenbedingungen,** innerhalb derer OE-Prozesse ablaufen bzw. deren Berücksichtigung bei der Gestaltung von OE-Prozessen geboten ist. Bei der Planung, Durchführung und Evaluierung von OE-Prozessen sind deshalb die Mitbestimmungsregelungen wie andere Faktoren auch strikt zu berücksichtigen und zu respektieren. HOFMANN (1980, S. 236) stellt dazu sogar fest, daß „die betriebliche Mitbestimmung als Beitrag zur Demokratisierung der Wirtschaft und zugleich Selbstverwirklichungs-Chance der Mitarbeiter ... praktisch in jedem Teilstück des Begriffs der OE und auch in der praktischen OE-Arbeit enthalten" ist.[23]

---

23) Insofern müßte der OE-Gedanke in den Gewerkschaften an sich offene Ohren und volle Zustimmung finden. Im Spannungsfeld von Auseinandersetzungen zwischen Arbeitgeberseite und Gewerkschaften um Macht und Einfluß kann Organisationsentwicklung allerdings nur schwer gedeihen. Wenn es auf beiden Seiten zu Wahrnehmungsfantasien über die andere Seite sowie zu doppelbödigem Verhalten und/oder verdeckten Motivationen kommt, entstehen Vorsicht und Mißtrauen (und in Folge taktisches Verhalten), wo Offenheit und gegenseitiges Bemühen angebracht wären. Die Gefahr einer sich selbst erfüllenden Prophezeiung ist gegeben. In einer solchen Atmosphäre dominiert das Sieg:Niederlage-Denken gegenüber möglichen Sieg:Sieg-Lösungen. Das eigentliche Problem gerät nicht selten in den Hintergrund.

Aus der Perspektive der Gewerkschaften sieht KÜLLER (1981, S. 15 ff.) in Organisationsentwicklung den Griff der Unternehmer nach dem Strohhalm angesichts veränderter gesellschaftlicher Verhältnisse. Über OE tritt seiner Meinung nach das Management die Flucht nach vorne an, nachdem die Ansprüche an die Führung gewachsen sind und man wegen steigender Automatisierung und der Einführung von Großtechnologien gezwungen ist, die Kreativität und die Improvisationsfähigkeit der Mitarbeiter zu fördern.[24]) Mit seiner Feststellung, daß das gestiegene Selbstbewußtsein der Mitarbeiter zu mehr Partizipation zwingt, hat er natürlich recht. Und er denkt als Gewerkschafter konsequent, wenn er kritisch beobachtet, daß es bei OE um individuelle Werte und Einstellungen geht und daß „von dieser Denkrichtung her ... für die kollektive Interessenvertretung kein Platz" ist (1981, S. 336). KÜLLER verweist außerdem auf das Vertrauensleutekonzept (1980, S. 333, und 1981, S. 339) und betont, daß aus gewerkschaftlicher Sicht das „viel flexiblere Gestaltungsinstrument Tarifvertrag in jedem Fall Priorität" genießt. Die von ihm (1981, S. 339) daraus gezogene Konsequenz lautet: „Würde dieser Konzeption der Gewerkschaften entsprochen, wären OE-Prozesse in den Betrieben zumindest teilweise überflüssig." Nimmt man Bezug auf die in Kapitel 4 beschriebene ‚Philosophie' der Organisationsentwicklung, wird man diese Positionen nicht gut teilen können. Vielmehr dokumentiert sich hier das bereits angesprochene Mißverständnis, daß OE eine besonders raffinierte Methode einer sanften Rationalisierung ist, die sich sogar noch unter Mitbeteiligung der Betroffenen vollzieht. Hier ist zweifellos noch viel Informationsarbeit zu leisten, wobei die Idee gemeinsamer OE-Trainings für Betriebs-/Personalräte und das Management in diese Richtung geht.

Zahlreiche gewerkschaftlich orientierte Autoren weisen übrigens auf den **vorläufigen Charakter** ihrer Standpunkte hin, und auch KÜLLER (1981, S. 335) bemerkt, daß innergewerkschaftlich bisher erst wenige Erfahrungsberichte aus Betrieben vorliegen, die es erlauben würden, zu entsprechenden Verhaltensempfehlungen zu gelangen.

Es soll hier aber auch nicht geleugnet werden, daß von Seiten der Arbeitgeber Organisationsentwicklung keinesfalls immer nur reinen Herzens betrieben wird. Natürlich gibt es Manager, die sich zwar der psychologischen Methoden bedienen möchten, ohne allerdings die dazu passenden inneren Einstellungen zu entwickeln oder sich dem Menschenbild der Organisationsentwicklung verpflichtet zu fühlen. In der Regel verlaufen Projekte dieser Art jedoch kaum erfolgreich. Sie zerbrechen an ihrer Unechtheit, weil die Betroffenen die humane Fassade durchschauen und instinktsicher berechtigte Zweifel an der Glaubwürdigkeit der Aktivitäten bekommen. Bedenkenswert ist auch das Argument, OE könne eine Strategie sein, die dazu benutzt wird, berech-

---

24) Nach KÜLLER (1981) ist es überhaupt nur über die neue Sozialtechnologie (OE) möglich, Akzeptanz für die technologischen Veränderungen zu gewinnen.

tigte Ängste oder Widerstände von Mitarbeitern gegen eine Veränderung mit Hilfe eines durch gemeinsame Gruppenaktivitäten erzeugten Anpassungsdrucks sozusagen ‚wegzunivellieren'. In allen diesen Fällen handelt es sich um Mißbrauch von OE als Methode (wie jede Methode und jedes Instrument sich mißbrauchen läßt). Die Befürchtung schließlich, daß die Arbeitgeberseite OE (erfolgreich!) benutzen könne, die Mitbestimmung zu unterlaufen, ist ebenfalls nicht ganz unbegründet. RIECKMANN (1980, S. 378—379) führt entsprechend aus:

> „Die Furcht der Betriebsräte und Gewerkschaftler vor der Demontage gesamtgewerkschaftlich benötigter Solidarität durch prozessuale Bindung der Kollegen an partielle Team- und Betriebsinteressen sowie vor der Unterwanderung und Überflüssigmachung hart erkämpfter Betriebsverfassungsrechte durch partizipative (und motipulative) Entscheidungsprozesse und Mitbestimmung am Arbeitsplatz in teilautonomen Gruppen erscheint mir durchaus nicht unbegründet."

Hier ist ein Dilemma angesprochen, das sich für die Gewerkschaft als Institution stellt: Es kann passieren, daß die Betriebsräte oder die Mitarbeiter ‚vor Ort' die bei OE gebotene Mitwirkung erfreut begrüßen, die Chancen der gemeinsam erarbeiteten Lösungsmodelle erkennen und ihnen gerne zustimmen. Die Gewerkschaft als Institution und ihre Funktionäre jedoch reagieren irritiert, weil ihnen die Möglichkeit zur Einflußnahme entgleitet und oft die entscheidenden Prozesse bereits im Feld abgelaufen sind, bevor sie Einfluß nehmen können. MEUERS (1980, S. 245) empfiehlt in diesem Zusammenhang, drei Interaktionsebenen zwischen Arbeitnehmern und Arbeitgebern zu unterscheiden:

1. Arbeitnehmer/Betriebsrat — Arbeitgeber
2. Lokale Gewerkschaft — Lokaler Arbeitgeberverband
3. Gewerkschaftsbund — Arbeitgeberverband

Nicht nur in der Theorie kann sich dabei leicht die Situation ergeben, daß die Gewerkschaft meint, sich aus machtstrategischen Gründen oder aus Gründen der Einflußerhaltung gegen OE-Prozesse oder deren Ergebnisse stellen zu müssen, die den unmittelbar beteiligten Mitarbeitern nachweislich eine qualitative Verbesserung ihres Arbeitslebens bringen. RIECKMANN (1980, S. 378) hält es deshalb für „wünschenswert, wenn Gewerkschafter und Betriebsräte ihre Strategien der Gegenmachtbildung mit basisdemokratischen Qualitäten ergänzten und transzendierten". Auch wird sich die Gewerkschaft als Institution einmal fragen müssen, ob nicht bald (oder endlich?) auch bei ihr selbst Organisationsentwicklung angebracht ist, ob ihre Ziele wirklich noch die Ziele ihrer Mitglieder sind, ob gegen innere Hierarchisierungs- und Bürokratisierungstendenzen nicht angegangen werden muß und ob sie von ihren Mitgliedern wirklich weiß, ob und wie diese sich verändern und welches Bild sie von ihrer Organisation haben. VANSINA (1980, S. 90) sieht hier „Turbulenzen" aufkommen, nachdem nicht nur Gewerkschaftsfunktionäre, sondern politische Führer, Arbeitgeberorganisationen und auch Fachverbände die Einflußmöglichkeiten des einzelnen immer mehr eingeengt haben, indem sie mit dem Anspruch auftraten,

> „daß die Menschen ihren Lebensstandard, ihre Möglichkeiten am Arbeitsplatz und auch sonst bei der Arbeit etc. nur erhöhen können, wenn sie sich voll und ganz auf sie verlassen. Für die Aufgabe ihrer eigenen Individualität und ihres unabhängigen, rationalen Denkens werden den Leuten Versprechungen über Stabilität und Schutzmaßnahmen gemacht und wird ihnen die Zugehörigkeit zur anonymen Masse geboten. **Als ob jede politische Partei, Gewerkschaft, Föderation und jeder Verband von Arbeitgebern und Fachbereichen für sich in der Lage wäre, die Zukunft mittels ihrer eigenen individuellen Bemühungen ohne Zusammenarbeit mit anderen zu gestalten.**"

Trotz aller Skepsis bezeichnet denn auch KÜLLER (1981, S. 339—340) OE als eine „Herausforderung an die Gewerkschaften". Er stellt verschiedene gewerkschaftliche Forderungen im Zusammenhang mit OE-Projekten auf und kommt zu dem Schluß, daß sich eine reine Ablehnung von gewerkschaftlicher Seite verbietet, solange OE-Prozesse ambivalent ausfallen, also neben dem unternehmensstrategisch angestrebten Ziel zugleich auch „in gewissem Maße emanzipatorisches Potential" freisetzen. Dabei betrachtet er OE zwar als eine „Wartungs- bzw. Reparaturmaßnahme" der Unternehmensleitungen, ohne deren Durchführung die überkommene Hierarchie sich selbst lahmzulegen droht, möchte diese Situation aber nutzen, das über den „Themenkomplex ‚betriebliche Hierarchie' gebreitete Tabu endgültig zu zerreißen und die Diskussion über das, was früher Mitbestimmung am Arbeitsplatz genannt wurde, neu zu beginnen". Seiner Meinung nach müssen sich die Gewerkschaften, wenn OE weiter an Bedeutung gewinnt, mit den einzelnen OE-Techniken näher befassen und nach Alternativen suchen. Er sieht sonst kommen, daß „erneut ein bei den Arbeitnehmern mit positiven Inhalten belegtes Feld von den Unternehmern ‚besetzt' wird" (KÜLLER, 1981, S. 340).

8.3 Die Zukunft der Organisationsentwicklung

8.3.1 OE: Modeerscheinung oder psycho-soziale Heilslehre?

Die Frage, ob OE lediglich eine Modeerscheinung ist, eine momentane Laune oder „Schrulle" (RUSH, 1973, S. 4), beschäftigt die Autoren bereits seit zwei Jahrzehnten. Eigentlich ergibt sich daraus auch schon die Antwort. Das typische Merkmal von Modeerscheinungen ist ihre Kurzlebigkeit, ihre Kurzfristigkeit. Moden leben von einem bestechenden Einfall oder von einem Gag sowie von ihrer Unterschiedlichkeit zum Vorangegangenen. Dies alles trifft auf OE nicht zu, denn OE entstand nicht als plötzlicher Gag, sondern stellt — wie im Kapitel 2 beschrieben — die konsequente Fortentwicklung und Verknüpfung sozialwissenschaftlicher Erkenntnisse aus verschiedenen Quellen dar. Inzwischen sind auch die Grundgedanken von OE bereits zu weit verbreitet, als daß man sie quasi über Nacht als modische Durchgangsstation ad acta legen könnte. OE ist nicht vergleichbar mit einer flotten Kundentypologie, mit deren Hilfe man für einige Zeit ein langweilig werdendes Verkäufertraining aufpeppen kann. Wenn man unbedingt einen Vergleich im Trainingsbereich sucht, könnte man die Bedeutung von OE eher gleichsetzen mit der von Problemlöse- oder Entscheidungstechnik. Hier würde niemand zu behaupten wagen, diese Techniken seien im nächsten Jahr passé, unmodern oder in Zukunft nicht mehr notwendig.

An dem Vorwurf, OE sei nur simple Sozialromantik oder psycho-soziale Heilslehre, sind die Organisationsentwickler und auch manche Prozeßbeteiligten nicht ganz unschuldig. Euphorisierte Träger von OE-Prozessen oder missionarische OE-Berater haben zur Mystifizierung und Idealisierung von OE zum Teil kräftig beigetragen. Einer solchen Mystifizierung muß entgegengewirkt und deutlich gemacht werden, daß **OE keinesfalls *die* omnipotente Methode** der Zukunft ist. Geschieht dies nicht, droht der Bewegung der Organisationsentwicklung ein Abgleiten ins realitätsferne Sektierertum, und die problemlöseorientierte Entwicklungsmethode für Organisationen wird zum ‚Kult' degenerieren. OE-Berater dürfen deshalb auf keinen Fall den Boden der Realität unter den Füßen verlieren und damit vielleicht bereits erworbene Akzeptanz aufs Spiel setzen.

Organisationsentwicklung wird in Zukunft verstärkt an ihren nachweisbaren Erfolgen gemessen werden. VARNEY (1977, S. 57) ist der Überzeugung, daß OE sich nicht dem Zwang entziehen kann, den Effektivitätsnachweis anzutreten. Die beste Zukunftssicherung für OE ist demnach gegeben, wenn die OE-Konzepte auch auf dem betriebswirtschaftlichen Prüfstand bestanden haben. Was hilft es, wenn die Organisationsmitglieder nach einem OE-Programm ein besseres Gefühl haben und mehr Sinn in der Arbeit entdecken, aber kurze Zeit später die Unternehmung die Tore schließen muß?[25])

Das Problem des Erfolgsnachweises ist ohne Frage das ‚schwächste Glied in der Kette' bei OE. Dabei besteht die Schwierigkeit nur zum geringeren Teil in der mangelhaften Qualität der bzw. in dem Fehlen von Methoden für den Erfolgsnachweis. Die zur Verfügung stehenden sozialwissenschaftlichen Instrumente liegen keinesfalls unter dem Niveau von Erfolgsnachweisen in anderen betrieblichen Fachgebieten (wie z.B. Marketing, Werbung, Personalwesen, Organisationsforschung, oder allgemein: Betriebswirtschaftslehre). Die eigentlichen Hemmnisse für die Evaluierung von OE-Projekten sind oft ganz andere:

- ein Wissensdefizit bei vielen Praktikern, die nicht ausreichend informiert sind über die Methoden, die die Wissenschaft für die Evaluierung zur Verfügung hat,
- Angst von OE-Beratern und/oder -Promotoren, die eigenen Aktivitäten überhaupt auf einen kritischen Prüfstand zu bringen,
- mangelnde Bereitschaft von Organisationen zu solchen Erfolgsuntersuchungen: einerseits, weil dies natürlich (zusätzliche) Kosten verursacht, andererseits weil es zudem den Gesamtprozeß verlängert.[26])

Kein Zweifel kann daran herrschen, daß OE innerorganisatorisch wie außerorganisatorisch im Trend gegenwärtiger Entwicklungen liegt. Dies ist ein wichtiger Punkt, welcher für das Weiterbestehen des OE-Ansatzes in der Zukunft spricht. Innerorganisatorisch betrachtet ist Organisationsentwicklung in mehrfacher Hinsicht eine logische Folge bzw. notwendige Konsequenz der normalen Fortentwicklung:

(a) OE bietet sich an als ein Instrument für ein Management, das nach neuen Wegen guter Zusammenarbeit mit informierteren und emanzipierteren Mitarbeitern sucht.

---

[25] BORRMANN (1977, S. 42—43) konstatiert, daß eine gewisse Ernüchterung im Hinblick auf die „uneingeschränkte Anwendung" von OE eingetreten sei, weil u.a. die ursprünglich erwarteten Resultate nicht immer eingetreten seien und „insbesondere mehrjährige umfassende Organisationsentwicklungs-Programme nicht immer wirtschaftlich gerechtfertigt" waren. Unbefriedigend an dieser Aussage ist, daß der Autor nicht darüber berichtet, wie diese Wirtschaftlichkeitsberechnungen angestellt wurden. Hinzu kommt die Frage, ob die enttäuschenden Resultate nicht u.a. auch (mit-)verursacht werden durch unrealistische Erwartungen oder durch mangelnde Mitwirkung des Systems und/oder maßgeblicher Entscheidungsträger beim OE-Prozeß.

[26] Was diesen Punkt angeht, zeigt die Erfahrung, daß in vielen Organisationen das Interesse an der Fortführung des OE-Prozesses leider erlahmt, sobald mit Hilfe der OE-Interventionen die ‚Kastanien aus dem Feuer geholt' und die akuten Probleme gelöst sind. Das in vielen Organisationen ‚gezüchtete' kurzfristige Erfolgsdenken verstärkt diese Tendenz, und man gibt sich der Illusion der Ruhe hin, bis man über kurz oder lang mit dem nächsten Problem konfrontiert wird.

(b) OE ist eine neue und zusätzliche Methode für Organisatoren und Organisationsabteilungen,
- die mit ihrer ausschließlich nach funktionalen und betriebswirtschaftlichen Kriterien ausgerichteten Arbeit nicht länger zufrieden sind,
- die erkannt haben, daß zwischen heutigem wissenschaftlichen Erkenntnisstand und dessen Anwendung in der Organisationspraxis eine zu neuen Wegen herausfordernde Kluft liegt,
- die angesichts neuer Sachzwänge (z.B. wachsende Widerstände oder steigende Kompetenz bei Betroffenen) nicht mehr in die ‚alte Trickkiste' und zu den gewohnten und so schön vertrauten Werkzeugen der Umorganisation greifen mögen (SCHMIDT, 1980, S. 233).

(c) OE kann schließlich betrachtet werden — und das ist das Hauptanliegen dieses Buches — als eine Fortentwicklung des betrieblichen Bildungswesens: Organisationsentwicklung stellt ein übergreifendes pädagogisches Gesamtkonzept dar und erlaubt eine Verknüpfung von bisher vielleicht isoliert durchgeführten Einzelmaßnahmen zu einer Gesamtstrategie. Die Bildungsarbeit ist durch die OE „zu einer integrierten pädagogischen Strategie im Unternehmen" geworden (DECKER, 1984, S. 282)

Außerorganisatorisch liegt OE in der Tendenz der gesellschaftlichen Entwicklungen. ANKER (1983, S. 49) spielt auf die bestehenden Wechselwirkungen zwischen Organisation und Gesellschaft an, wenn er die Frage aufwirft, ob die Gesellschaftskonflikte von heute nicht die Managementkonflikte von morgen seien. Unumstritten ist, daß man in den nächsten Jahrzehnten vor gravierenden Veränderungen stehen wird, die sich sowohl in ihrer Komplexität als auch in dem Tempo, mit dem sie sich vollziehen, von früheren Veränderungen unterscheiden werden. Eine wachsende Flexibilität von Organisationen wird dann erforderlich sein. OE hat genau dies zum Ziel.[27]) Gleichzeitig steigt in der Gesellschaft das kritische Bewußtsein und die Sensibilität für Vernetzungen, für komplexe Zusammenhänge und für die Verknüpfung einer Organisation mit dem externen System der Gesellschaft und den daraus resultierenden Verantwortlichkeiten. In der Gesellschaft und damit auch bei den Organisationsmitgliedern werden Stichworte wie Umweltverschmutzung, Baumsterben, ‚Chemische Bombe', Umweltausbeutung, Öko-Systeme, ökologisches Denken usw. verstärkt diskutiert und mit entsprechenden Bewußtseinsinhalten verbunden. OE-Aktivitäten werden somit in künftigen Jahren auf ein ganz anders denkendes und auf OE wahrscheinlich besser vorbereitetes ‚Publikum' von Betroffenen bzw. Beteiligten stoßen. Die bei OE übliche Betonung der Organisationskultur und die Berücksichtigung der Wechselwirkungen zwischen Verhalten des einzelnen und den Verhältnissen, d.h. den si-

---

27) Wobei KAPPLER (1980, S. 224) allerdings zu Recht anmerkt, daß OE nur dann nützt, wenn wirklich Organisations*entwicklung* betrieben wird und nicht nur Organisation.

tuativen Rahmenbedingungen, wird diese Leute ansprechen. Dies meinen FRENCH und BELL (1977, S. 236), wenn sie ausführen:

> „Man wird in wachsendem Maße solche organisatorischen Kulturen ablehnen, in denen die menschlichen Ressourcen als relativ passive Masse behandelt werden, die vorwiegend ausgewählt, kommandiert und bewertet werden. Die Menschen wollen eine größere Kontrolle über ihr eigenes Schicksal ausüben, und ihre Ungeduld mit solchen Kulturen wird sich immer offener zeigen. Das allgemeine Interesse an der Qualität des Lebens in der physischen wie auch in der organisatorischen Umwelt wird, so glauben wir, das Interesse an der OE fördern."

Sozusagen im Gegenzug verspricht sich GLASL (1975, S. 226) von praktizierter Organisationsentwicklung wiederum **Auswirkungen auf die Gesellschaft:**

> „Wenn es in den Organisationen gelingt, auf evolutionärem Wege einen sozialen Organismus kleinerer Dimension aus eigener Kraft so weiterzuentwickeln, daß die Menschen in ihm nicht zu Veränderungen manipuliert werden, sondern selbst Motoren der Entwicklung sind, dann braucht einem auch um die Entwicklung des großen sozialen Organismus ‚Gesellschaft' weniger bange zu sein."

8.3.2 Die Fortentwicklung von OE

Man wird der Organisationsentwicklung sicherlich nicht gerecht, wenn man sie als kurzfristige ‚Mode' oder ‚Marotte' betrachtet. OE wird eine Zukunft haben. ZANDER (1981, S. 115) greift mit Sicherheit zu kurz, wenn er eine Expansion von OE bis Mitte der 80er Jahre prognostiziert. Dabei sieht er einen Schwerpunkt von OE darin, daß sie das Verhältnis der Menschen zu ihrer Arbeit und ihrem Beruf verändert und dadurch den Menschen hilft, mehr Sinn in ihrer Arbeit zu finden (was wohl mehr ist als nur ein ‚modisches' Anliegen).[28]) Auf jeden Fall aber wird OE sich fortentwickeln *müssen*. Schließlich ist Organisationsentwicklung noch sehr jung (BENNIS, 1969, S. 2) und kommt (bei uns) gerade erst auf. Die Notwendigkeit der Weiterentwicklung von OE (FRENCH und BELL, 1977, S. 233) wird von keinem ernsthaften Autor bestritten, was gleichzeitig bedeutet, daß sich OE in der Zukunft verändern wird. Sie wird ihre diagnostischen Instrumente laufend überprüfen und verfeinern, und sie wird ständig die Wirksamkeit, Angemessenheit und Auswirkungen der verschiedenen OE-Interventionen zu evaluieren suchen. Auch in Zukunft wird der Schwerpunkt von OE darin liegen, daß OE eine langfristige Maßnahme und kein schnell wirksames Mittel ist. Mit Sicherheit stellt **OE auch keine totale Ablösung der konventionellen Organisationstheorien oder -methoden** dar, sondern eine zusätzliche Bereicherung. So sind auch VARNEY

---

28) Für ZANDER muß der von ihm genannte Zeitpunkt nicht unbedingt das Ende von OE darstellen, denn er läßt offen, ob die bereits in den USA sich entwickelnde Bewegung des ‚Human Resource Development' OE ablösen wird, oder ob damit nur eine spätere Phase von OE beginnt.

(1977, S. 56) und RUSH (1973, S. 15) sich darin einig, daß OE ihren festen Platz finden und institutionalisiert werden wird als eine systematische Methode der Veränderung mit einer problemzentrierten und ergebnisorientierten Vorgehensweise. Und wenn WEINERT (1981, S. 124) feststellt, daß bisher keine der verschiedenen Organisationstheorien eine zufriedenstellende und praktikable Antwort für das Problem der Integration individueller Ziele mit denen der Organisation gefunden habe, und wenn GREENFIELD (1975, S. 19) den Organisationstheorien vorwirft, sie „vereinfachten die Natur der Realität, mit der sie sich befassen, in ungeheuerlicher Weise", dann wird man dem Konzept der Organisationsentwicklung zubilligen müssen, daß sie hier zumindest einige zusätzliche und anregende Impulse aus neuer Richtung beisteuert.[29])

Im Rahmen ihrer Fortentwicklung wird sich die OE-Bewegung allerdings lösen müssen aus ihrer Pionierphase, in welcher die Generation der ersten Stufe durch ihren Unternehmungsgeist und ihre Kreativität beeindruckte (BENNIS, 1969, S. 81). Die zweite Generation von Organisationsentwicklern wird sich weder auf das schlichte Kopieren früherer Pioniertaten beschränken noch die OE-Arbeit auf dem Niveau des ‚Selbstgestrickten' und des ‚Über-den-Daumen-Peilens' fortsetzen können. Ihre Herausforderung ist die theoretische Fundierung und die weitere Konzeptentwicklung, die nicht hinter dem Ausbau der praktischen Anwendung herhinken darf.[30]) Hier sind in erster Linie die Universitäten gefordert, die BENNIS (1969, S. 82) immerhin schon damals auffordert, „die Türen aufzumachen" und die ihren Beitrag zur Fortentwicklung von OE liefern sollten. Dazu wiederum benötigen die Wissenschaftler an den Universitäten ‚harte Fakten' und keine anekdotischen (Erfolgs-)Berichte über OE.[31])

Die von BENNIS geforderten ‚offenen Türen an den Universitäten sind aber noch in einer anderen Richtung zu verstehen: Die Qualifikation zum Organisationsentwickler sollte an der Universität erworben werden und nirgendwo sonst. Dabei sind die Universitäten aufgefordert, anwendungsorientierte und mit der Praxis eng verzahnte Lehr- bzw. Lernformen (z.B. Projektlernen) zu forcieren. Selbst wenn man eine Verbandsbildung (z.B. Gesellschaft für Organisationsentwicklung e.V. / GOE) als Zeichen von Professionalisierung betrachtet, ist es

---

29) WAMPLER (1973, S. 81) sieht einen Vorteil von OE allein schon darin, daß die bestehende Kluft zwischen Erkenntnissen und Modellen der Forscher und dem, was die Manager davon für sich anwenden, verkleinert wird.

30) Der zunehmende Fundus an Wissen und Anwendungserfahrung muß zusammengetragen und ausgewertet werden. Erst die Kumulierung des Wissens und die darauf fußenden Bemühungen, generelle Theorien aufzustellen bzw. zu überprüfen, geben der Organisationsentwicklung eine solide wissenschaftliche Basis. Zwar ist OE kein weißer Fleck auf der wissenschaftlichen Landkarte, jedoch noch ‚Entwicklungsland', denn bis heute gibt es keine geschlossenen Theorien für OE.

31) Dazu meint GEBERT (1980, S. 291), daß auch der „Deckmantel des neuen Zauberwortes ‚Aktionsforschung'" mit seiner Ablehnung bestimmter traditionell-wissenschaftlicher Vorgehensweisen davon nicht entbinden kann.

eigentlich nicht gut, wenn ein privater Verein oder auch private Institutionen sich das Recht geben, Organisationsentwickler ‚zu machen' und sozusagen Berufsqualifikationen zu vergeben. Wenn dies geschieht, ist es vielmehr ein Zeichen des Versagens der eigentlich dafür geschaffenen Bildungsinstitutionen, die ihre Funktionen nicht ausreichend wahrnehmen und hinter dem offensichtlich vorhandenen Bedarf herhinken.[32]) Ohnehin ist Skepsis angebracht, wenn mit dem Organisationsentwickler ein neuer Spezialistenberuf geschaffen werden soll. Die Chance für Organisationsentwicklung wird vielmehr in einem ausgesprochen interdisziplinären Ansatz bestehen. Dazu wird es nicht wichtig sein, ob es ein neues Berufsbild gibt, sondern wo und wie auf der einen Seite der ‚gelernte' Organisator mehr soziale Kompetenz und organisationspsychologisches Wissen erwerben kann bzw. wo und wie auf der anderen Seite ein Sozialwissenschaftler seine mit einiger Wahrscheinlichkeit vorhandenen Defizite in den Feldern der Betriebswirtschaftslehre, der Organisationslehre und in den Ingenieurwissenschaften beseitigen kann. So ausgestattet wird die Organisationsentwicklung, deren Schwerpunkt momentan zwar nicht ausschließlich, aber doch ziemlich deutlich das psychologische und soziologische Feld ist, in der Lage sein, sich verstärkt sozio-technischen Ansätzen zu widmen und wichtigen technologischen bzw. strukturellen Fragen und ihren Auswirkungen auf Menschen nachzugehen.

---

[32]) Dies ist kein Vorwurf gegenüber der GOE, unseriöse Arbeit zu leisten, vielmehr setzt sich die GOE redlich und mit Engagement für den Gedanken der OE ein. Allerdings sollte auch nicht die Gefahr übersehen werden, daß ein solcher ‚einzig wahrer' Verband das weiter oben angesprochene Sektierertum verstärkt und/oder zur Bildung einer elitären Gemeinschaft beiträgt.

Literaturhinweise

ADAMS, J. D. (Hrg.): New technologies in organization development, Bd. 2, Arlington/Virg. 1974

ANKER, R.: Gesellschaftskonflikt heute — Managementkonflikte morgen? In: Management-Zeitschrift io, 2/1983, S. 49

BECKHARD, R.: Organization development: Strategies and models, Reading/Mass. 1969

BEER, M. / HUSE, E. F.: Ein Systemansatz zur Organisationsentwicklung. In: SIEVERS, B. (Hrg.): Organisationsentwicklung als Problem, Stuttgart 1977, S. 68—91

BENNIS, W. G.: Organization development: Its nature, origins and prospects, Reading/Mass. 1969
   Deutsch: Organisationsentwicklung: Ihr Wesen, ihr Ursprung, ihre Ansichten. Baden-Baden 1972

BENNIS, W. G. / BENNE, K. D. / CHIN, R.: Änderung des Sozialverhaltens, Stuttgart 1975

BORRMANN, W. A.: Grundlagen der Organisationsentwicklung. In: MACHARZINA, K. / OECHSLER, W. A.: Personalmanagement, Bd. II: Organisations- und Mitarbeiterentwicklung, Wiesbaden 1977, S. 19—45

BRIEFS, J.: „Organisationsentwicklung" im Spannungsfeld von Systembedingungen und „Humanisierungsanspruch" — Anmerkungen zu OE aus gewerkschaftlicher Sicht. In: TREBESCH, K. (Hrg.): Organisationsentwicklung in Europa, Bd. 1 A: Konzeptionen, Bern 1980 a, S. 89—104

DECKER, F.: Grundlagen und neue Ansätze in der Weiterbildung. In: JESERICH, W. u. a. (Hrg.): Handbuch der Weiterbildung für die Praxis in Wirtschaft und Verwaltung. Bd. 7, München 1984

FOLTZ, J. A. / HARVEY, J. B. / MCLAUGHLIN, J.: Organization development: A line management function. In: ADAMS, J. D. (Hrg.): New technolgies in organization development, Bd. 2, Arlington (Virg.) 1974, S. 183—210

FRECH, W.: Organization development objectives, assumptions and strategies, California Management Review, 12, Winter 1969, S. 23—34

FRENCH, W. L. / BELL, C. H. jr.: Organisationsentwicklung, Bern 1977

GEBERT, D.: Organisationsentwicklung, Stuttgart 1974

GEBERT, D.: Organisationsentwicklung. In: HOYOS, C. GRAF / KROEBER-RIEL, W. / ROSENSTIEL, L. VON / STRÜMPEL, B. (Hrg.): Grundbegriffe der Wirtschaftspsychologie, München 1980, S. 282—292

GLASL, F.: Das NPI-Strategie-Modell in der gesellschaftspolitischen Diskussion. In: GLASL, F. / DE LA HOUSSAYE, L.: Organisationsentwicklung, Bern 1975, S. 221—227

GLASL, F. / DE LA HOUSSAYE, L.: Organisationsentwicklung, Bern 1975

GREENFIELD, T. B.: Organisationen als soziale Erfindungen: Annahmen über Veränderungen — neu überdacht. In: Gruppendynamik 1/1975, S. 2—21

HOFMANN, M.: Organisationsentwicklung — Ein Weg zur Mitbestimmung. In: TREBESCH, K. (Hrg.): Organisationsentwicklung in Europa, Bd. 1A: Konzeptionen, Bern 1980 a, S. 235—250

HOYOS, C. GRAF / KROEBER-RIEL, W. / ROSENSTIEL, L. VON / STRÜMPEL, B. (Hrg.): Grundbegriffe der Wirtschaftspsychologie, München 1980

JONES, G. N.: Soziale Systeme als Veränderungsagenten. In: WÖHLER, K. H. (Hrg.): Organisationsanalyse, Stuttgart 1978, S. 126—154

KAPPLER, E.: Wem nützt Organisationsentwicklung? Acht kritische Thesen und ihre Begründung. In: KOCH, U. / MEUERS, H. / SCHUCK, M. (Hrg.): Organisationsentwicklung in Theorie und Praxis. Europäische Hochschulschriften: Reihe 5, Volks- und Betriebswirtschaft, Band 275, Frankfurt 1980, S. 214—226

KLEIN, D.: Einige Bemerkungen zur Dynamik des Widerstandes gegen Innovationen: Die Rolle des Opponenten. In: BENNIS, W. G. / BENNE, K. D. / CHIN, R.: Änderung des Sozialverhaltens, Stuttgart 1975, S. 429—441

KOCH, U. / MEUERS, H. / SCHUCK, M. (Hrg.): Organisationsentwicklung in Theorie und Praxis. Europäische Hochschulschriften: Reihe 5, Volks- und Betriebswirtschaft, Band 275, Frankfurt 1980

KÜLLER, H.-D.: Mögliche Einflüsse der Mitbestimmung auf die Organisation der Unternehmung. In: TREBESCH, K. (Hrg.): Organisationsentwicklung in Europa, Bd. 1A: Konzeptionen, Bern 1980 a, S. 321—336

KÜLLER, H.-D.: Organisationsentwicklung — ein Rationalisierungsinstrument. In: Mitbestimmungsgespräch, 10/1981, S. 335—340
Zum großen Teil wörtlich auch als „Organisationsentwicklung — ein neues Instrument unternehmerischer Rationalisierungspolitik" in: Agogik, Sept. 1981, S. 15—25

LANZENBERGER, M.: „Wer manipuliert wen?" — Die Rolle von Machtkonstellationen in der OE-Beratung, ihr Einfluß auf den „Vertrag" zwischen Unternehmen und Beratung. In: Gruppendynamik, 4/1981, S. 309—313

LEITER, R. u. a: Der Weiterbildungsbedarf im Unternehmen. Methoden der Ermittlung. In: JESERICH, W. u. a. (Hrg.): Handbuch der Weiterbildung für die Praxis in Wirtschaft und Verwaltung. Bd. 2, München 1982

MACHARZINA, K. / OECHSLER, W.: Personalmanagement, Bd. II: Organisations- und Mitarbeiterentwicklung, Wiesbaden 1977

MEUERS, H.: Organisationaler Wandel als gemeinsames Anliegen von Arbeitgebern und Arbeitnehmern? In: KOCH, U. / MEUERS, H. / SCHUCK, M. (Hrg.): Organisationsentwicklung in Theorie und Praxis. Europäische Hochschulschriften: Reihe 5, Volks- und Betriebswirtschaft, Band 275, Frankfurt 1980, S. 244—266

PARTIN, J. J. (Hrg.): Current perspectives in organization development, Reading/Mass. 1973

RIECKMANN, H.: 5 Jahre „Internal Change Agent": Vorläufiges Fazit eines Lebens zwischen „Erweckungsbewegung" und „Sozialtechnologie". In: TREBESCH, K. (Hrg.): Organisationsentwicklung in Europa, Bd. 1B: Fälle, Bern 1980 b, S. 351—389

RUSH, H. M. F.: Organization development: A reconnaissance. The Conference Board Inc., Report No. 605, New York 1973

SCHMIDT, G.: Die Entwicklung von Organisationsmethoden und Techniken. In: Zeitschrift für Organisation ZO, 6/1980, S. 322—335

SCHREINER, N. / WROBEL, J.: Organisationsentwicklung — Chance für die gewerkschaftliche Interessenvertretung oder „Weichmacher"? In: Die Mitbestimmung, 2/1982, S. 76—77

SHEPHARD, H. A.: Innovationshemmende und innovationsfördernde Organisationen. In: BENNIS, W. G. / BENNE, K. D. / CHIN, R.: Änderung des Sozialverhaltens, Stuttgart 1975, S. 458—467

SIEVERS, B. (Hrg.): Organisationsentwicklung als Problem, Stuttgart 1977

TREBESCH, K. (Hrg.): Organisationsentwicklung in Europa, Bd. 1A: Konzeptionen, Bern 1980 a

TREBESCH, K. (Hrg.): Organisationsentwicklung in Europa, Bd. 1B: Fälle, Bern 1980 b

TREBESCH, K.: Bedingungen für den positiven und negativen Verlauf von Organisationsentwicklung. Seminar-Unterlage, 6. Organisationsentwicklungsseminar, USW/Schloß Gracht, April 1983

VANSINA, L.: Beabsichtigte und unbeabsichtigte Reaktionen und Anpassungsversuche der Organisationen, Institutionen, ihrer Mitglieder und Führung. In: TREBESCH, K. (Hrg.): Organisationsentwicklung in Europa, Bd. 1B: Fälle, Bern 1980 b, S. 79—93

VARNEY, G. H.: Organization development for managers, Reading/Mass. 1977

WAMPLER, K. F.: Organization development in an airline setting. In: PARTIN, J. J. (Hrg.): Current perspectives in organization development, Reading/Mass. 1973, S. 70—98

WATSON, G.: Widerstand gegen Veränderungen. In: BENNIS, W. G. / BENNE, K. D. / CHIN, R.: Änderung des Sozialverhaltens, Stuttgart 1975, S. 415—429

WEINERT, A.: Lehrbuch der Organisationspsychologie, München 1981

WÖHLER, K. H. (Hrg.): Organisationsanalyse, Stuttgart 1978

ZANDER, E.: Organisationsentwicklung und die zukünftige Arbeitswelt. In: ZANDER, E. / REINEKE, W.: Führungsentwicklung, Organisation Development in der Praxis, Heidelberg 1981

ZANDER, E. / REINEKE, W.: Führungsentwicklung, Organisation Development in der Praxis, Heidelberg 1981

Gesamtliteraturverzeichnis

ABRAHAM, E.: Vorbereitung auf das Alter im Betrieb. In: *Pro Senectute* (Hrg.): Vorbereitung auf das Alter im Lebenslauf, Paderborn 1981, S. 149—160

ACKER, H. B.: Organisationsanalyse, Baden-Baden 1977 (9. Aufl.)

ADAMS, J. D. (Hrg.): New technologies in organization development, Bd. 2, Arlington/Virg. 1974

AEPLI, A. P.: Was steckt hinter dem „Mythos" Qualitätszirkel? In: Management-Zeitschrift io, 10/1982, S. 374—377

ANGER, H.: Befragung und Erhebung. In: GRAUMANN, C. F. (Hrg.): Handbuch der Psychologie, Bd. 7, Sozialpsychologie, 1. Halbband, Göttingen 1969, S. 567—617

ANKER, R.: Gesellschaftskonflikt heute — Managementkonflikte morgen? In: Management-Zeitschrift io, 2/1983, S. 49

ANTONS, K.: Praxis der Gruppendynamik — Übungen und Techniken, Göttingen 1973

ARGYRIS, C.: Integrating the individual and the organization, New York 1964

ARGYRIS, C.: Unerwartete Folgen ‚strenger' Forschung. In: Gruppendynamik, 3, Heft 1, März 1972, S. 5—22

ARGYRIS, C.: Intervention theory and method, 2. Auflage, Reading/Mass. 1973

BACHARACH, S. / LAWLER, E.: Power and politics in organizations, San Francisco 1980

BAKKE, E.: The fusion process, 1954. Zit. nach: OLDENDORFF, A.: Sozialpsychologie im Industriebetrieb, Köln 1970

BALLSTAEDT, S. P. / MANDL, H. / SCHNOTZ, W. / TERGAN, S.-O.: Texte verstehen, Texte gestalten, München 1981

BAUMGARTEL, H.: Using employee questionnaire results for improving organizations: The survey „feedback" experiment. In: Kansas Business Review, 12, Dez. 1959, S. 2—6

Bayerisches Staatsministerium für Arbeit und Sozialordnung (Hrg.): Betriebsklima heute (Forschungsbericht), München 1982

BECK, A. C. / HILLMAR, E. D.: Making MBO/R work, Reading/Mass. 1976

BECKER, H.: Organisationsentwicklung und Gruppendynamik in der betrieblichen Praxis. In: Der Betriebswirt (DBw) 4/1977, S. 93—99

BECKER, H.: Organisationsentwicklung und Gruppendynamik in der betrieblichen Praxis. In: NEUBAUER, R. / ROSENSTIEL, L. VON: Handbuch der Angewandten Psychologie, Band 1, Arbeit und Organisation, München 1980

BECKER, H.: Organisationsentwicklung. In: Management & Seminar, 1/1981, S. 14—16

BECKHARD, R.: Organization development: Strategies and models, Reading/Mass. 1969

BECKHARD, R.: Die Konfrontationssitzung. In: BENNIS, W. G. / BENNE, K. D. / CHIN, R.: Änderung des Sozialverhaltens, Stuttgart 1975, S. 402—412

BEER, M.: The technology of organization development. In: DUNNETTE, M. (Ed.): Handbook of industrial and organizational psychology, Chicago, 1976, S. 937—993

BEER, M. / HUSE, E. F.: Ein Systemansatz zur Organisationsentwicklung. In: SIEVERS, B. (Hrg.): Organisationsentwicklung als Problem, Stuttgart 1977, S. 68—91

BENNE, K. D.: Principles of training method. In: The Group, 10/2, Januar 1948, S. 17 ff.

BENNE, K. D.: Geschichte der Trainingsgruppe im Laboratorium. In: BRADFORD, L. / GIBB, J. R. / BENNE, K. D.: Gruppentraining — T-Gruppentheorie und Laboratoriumsmethode, Stuttgart 1972, S. 95—154

BENNIS, W. G.: Organization development: Its nature, origins and prospects, Reading/Mass. 1969
Deutsch: Organisationsentwicklung: Ihr Wesen, ihr Ursprung, ihre Ansichten, Baden-Baden 1972

BENNIS, W. G.: Organisationswandel. In: BENNIS, W. G. / BENNE, K. D. / CHIN, R.: Änderung des Sozialverhaltens, Stuttgart 1975, S. 470—482

BENNIS, W. G. / BENNE, K. D. / CHIN, R.: Änderung des Sozialverhaltens, Stuttgart 1975

BENNIS, W. G. / BERLEW, D. / SCHEIN, E. H. / STEELE, F. I. (Hrg.): Interpersonal dynamics, 3. Auflage, Homewood/Ill. 1973

BERELSON, B. / STEINER, G. A.: Menschliches Verhalten, Bd. 1, Forschungsmethoden / Individuelle Aspekte, Weinheim, 2. Aufl., 1971

BERNE, E.: Spiele der Erwachsenen, Hamburg 1970

BICKEL, W.: Über die Ethik in der Unternehmensberatung. In: Zeitschrift für Organisation ZO, 2/1981, S. 62—65

Blackbox-Medienverbundprogramm: Praxis der betrieblichen Gesprächsführung, Baustein I: Das personenorientierte Gespräch, Zürich 1977

Blackbox-Medienverbundprogramm: Praxis der betrieblichen Gesprächsführung, Baustein III: Das Konfliktgespräch, Zürich 1977

BLAKE, R. R. / MOUTON, J. S.: Verhaltenspsychologie im Betrieb, Düsseldorf 1968

BLAKE, R. R. / MOUTON, J. S.: Managerial grid in practice. In' TAYLOR, B. / LIPPITT, G. L.: Organization development and training handbook, London 1975, S. 385—398

BLAKE, R. R. / MOUTON, J. S. / SLOMA, R. L.: Das Intergruppen-Laboratorium für Gewerkschaft und Unternehmensleitung: eine Strategie für die Lösung von Konflikten. In: BENNIS, W. G. / BENNE, K. D. / CHIN, R.: Änderung des Sozialverhaltens, Stuttgart 1975, S. 179—199

BLEICHER, K.: Unternehmensentwicklung und Organisationsplanung. In: Zeitschrift für Organisation, 2/1976, S. 103—108

BÖCKMANN, W.: Leistungsbilanz am Arbeitsplatz als Sinn-Bilanz der Arbeit. In: Personal 5/1980, S. 189—192

BÖDIKER, M. L. / LANGE, W.: Gruppendynamische Trainingsformen, Hamburg 1975

BOJE, D. M. / FEDOR, D. B. / ROWLAND, K. M.: Myth making: A qualitative step in OD-interventions. In: Journal of Applied Behavioral Science, 18/1982, S. 17—28

BORRMANN, W. A.: Grundlagen der Organisationsentwicklung. In: MACHARZINA, K. / OECHSLER, W. A.: Personalmanagement, Bd. II: Organisations- und Mitarbeiterentwicklung, Wiesbaden 1977, S. 19—45

BOWERS, D. G.: OD techniques and their results in 23 organizations: The Michigan ICL study. In: The Journal of Applied Behavioral Science 1973, 9 (1), S. 21—43. (Nachdruck in KATZ, C. / KAHN, R. / ADAMS, J. (Hrg.): The study of organizations, San Francisco, 1980, S. 506—522)

BRADFORD, L. P. / GIBB, J. R. / BENNE, K. D. (Hrg.): Gruppentraining, Stuttgart 1972

BRIDGER, H.: The relevant training and development of people for O.D. roles in open systems. In: TREBESCH, K. (Hrg.): Organisationsentwicklung in Europa, Bd. 1B: Fälle, Bern, 1980 b, S. 739—754

BRIDGES, F. J. / CHAPMAN, J. E.: Critical incident in organizational behavior and administration with selected readings, London 1977

BRIEFS, J.: „Organisationsentwicklung" im Spannungsfeld von Systembedingungen und „Humanisierungsanspruch" — Anmerkungen zu OE aus gewerkschaftlicher Sicht. In: TREBESCH, K. (Hrg.): Organisationsentwicklung in Europa, Bd. 1 A: Konzeptionen, Bern 1980 a, S. 89—104

BRIGHTFORD, E. G.: Verhaltensorientiertes Management, Frankfurt 1974

BRIGHTFORD, E. G.: Beobachtungen zur internationalen Entwicklung von OD in der Praxis. In: ZANDER, E. / REINEKE, W.: Führungsentwicklung, Organisation Development in der Praxis, Heidelberg 1981, S. 31—54

BRONNER, R. / SCHRÖDER, W.: Weiterbildungserfolg. Modelle und Beispiele systematischer Erfolgssteuerung. In: JESERICH, W. u. a. (Hrg.): Handbuch der Weiterbildung für die Praxis in Wirtschaft und Verwaltung. Bd. 6, München 1983

BÜHLER, K.: Sprachtheorie, Jena 1934

Bundesverband Junger Unternehmer BJU (Hrg.): Heute für morgen Initiative mobilisieren, Bonn 1978

BURKE, W. W. (Hrg.): New technologies in organization development, Band 1, Arlington/Virg. 1972

BURKE, W. W.: Managing conflict between groups. In: ADAMS, J. D. (Hrg.): New technologies in organization development, Bd. 2, Arlington/Virg. 1974, S. 255—268

BURKE, W. W. / HORNSTEIN, H. A.: The social technology of organization development, La Jolla/Calif. 1972

CAMPBELL, J. P. / DUNNETTE, M. D. / LAWLER III, E. E. / WEICK, K. E. jr.: Managerial behavior, performance and effectiveness, New York 1970

CARRIGAN, ST. B.: Organization development in a pharmaceutical setting. In: PARTIN, J. J. (Hrg.): Current perspectives in organization development, Reading/Mass. 1973

CHEIN, I. / COOK, S. / HARDING, J.: The field of action research. In: American Psychologist, 3, Februar 1948, S. 43—50

CHIN, R. / BENNE, K. D.: Strategien zur Veränderung sozialer Systeme. In: BENNIS, W. G. / BENNE, K. D. / CHIN, R.: Änderung des Sozialverhaltens, Stuttgart 1975, S. 43—81

COHN, R.: Das Thema als Mittelpunkt interaktioneller Gruppen. In: Gruppendynamik, 2/1970, S. 251—259

COLLIER, J.: United states indian administration as a laboratory of ethnic relation, Social Research, 12, Mai 1945, S. 275—276

COMELLI, G.: On-the-job-Trainingsmaterial zur Optimierung von Führung und Zusammenarbeit in einem Handelsunternehmen, Düsseldorf 1977

COMELLI, G.: Menschenführung und Organisationsentwicklung, Schriftenreihe der Textilverbände Nord-West, Heft 41, Münster 1979

COMELLI, G.: Die Rolle des Betriebspsychologen und seine Beziehungen zur Unternehmensleitung. In: NEUBAUER, R. / ROSENSTIEL, L. VON: Handbuch der Angewandten Psychologie, Band 1, Arbeit und Organisation, München 1980 a, S. 52—64

COMELLI, G.: Motivation — magic word or hard work? Vortrag auf dem „1980 employee relations managers' meeting / ESSO-EUROPE", Vevey, Oktober 1980 b

COMELLI, G.: Training als Beitrag zur Organisationsentwicklung. Vortrag auf dem Symposium „Weiterbildung in Wirtschaft und Verwaltung", Köln, November 1981. Auch in: DECKER, F.: Weiterbildung im Wandel, RKW-Bericht 20, Köln 1982, S. 47

COMELLI, G.: Einige Bemerkungen zum sogenannten Verhaltenstraining. In: Personalführung 2/1982, S. 50—57

COMELLI, G.: Veränderung als ständige Herausforderung. In: *Berufsbildungswerk der Versicherungswirtschaft* (Hrg.): Bildung in einer sich ändernden Arbeitswelt, Karlsruhe 1983, S. 13—39 und S. 83

CRAIG, R. L.: Training and development handbook, 2. Aufl., New York 1976

DECKER, F.: Weiterbildung im Wandel in Wirtschaft und Verwaltung. RKW-Bericht 20, Köln 1982

DECKER, F.: Grundlagen und neue Ansätze in der Weiterbildung. In: JESERICH, W. u. a. (Hrg.): Handbuch der Weiterbildung für die Praxis in Wirtschaft und Verwaltung. Bd. 7, München 1984

DEKAR, A. D.: L'entreprise américaine à l'heure du choix. In: Projet, 39, 1969. Zit. nach: MORIN, P.: Einführung in die Angewandte Organisationspsychologie, Stuttgart 1974

DERSCHKA, P.: Die Mischung bringt's: In: Manager Magazin 3/1981, S. 114—118

DEUTSCH, M.: The resolution of conflict. Constructive and destructive processes, New Haven—London 1973

Deutsche Shell AG (Hrg.): Stabilisierung nach der Trendwende. Reihe: Aktuelle Wirtschaftsanalysen, 14, April 1982

DÖRNER, D.: Die kognitive Organisation beim Problemlösen, Bern 1974

DUBIN, S.: The psychology of lifelong learning: New developments in the professions. In: International Review of Applied Psychology, April 1974, S. 17—31

DUNNETTE, M. (Ed.): Handbook of industrial and organizational psychology, Chicago 1976

DYER, W. G.: Team building: Issues and alternatives, Reading/Mass. 1977

DYER, W. G.: Ein Organisationskonzept. Trainingsunterlage (Übersetzung), Travemünde 1978

ENGEL, P.: Japanische Organisationsprinzipien — Verbesserung der Produktivität durch Qualitätszirkel, Zürich 1981

EXNER, H. J.: Ist die Aktionsforschung gescheitert? In: Zeitschrift für Arbeitswissenschaft, 35 (7 NF), 2/1981, S. 71—76

FATZER, G. / JANSEN, H. H.: Die Gruppe als Methode, Weinheim 1980

FENGLER, J.: Editorial zum Schwerpunktthema ‚Aktionsforschung'. In: Gruppendynamik, 9, Dezember 1978, S. 377—379

FITTKAU, B. / MÜLLER-WOLF, H. M. / SCHULZ VON THUN, F. (Hrg.): Kommunikations- und Verhaltenstraining für Erziehung, Unterricht und Ausbildung, München 1974

FITTKAU, B. / SCHULZ VON THUN, F.: Ein paar Worte über Kommunikationstrainings. In: Psychologie Heute, 3, Februar 1976, S. 60—64

FITTKAU-GARTHE, H. / FITTKAU, B.: Fragebogen zur Vorgesetzten-Verhaltens-Beschreibung (FVVB), Göttingen 1971

FLEISHMAN, E. A.: The description of supervisory behavior. In: Journal of Applied Psychology, 1953, S. 1—6

FLEISHMAN, E. A. / HARRIS, E. F. / BURTT, H. E.: Leadership and supervision in industry, Columbus/Ohio 1955

FÖRSTER, G.: Organisationsplanung und Organisationsentwicklung in der Praxis einer internationalen Industrieunternehmung (2. Teil von GROCHLA, E. / FÖRSTER, G., 1977)

FOLTZ, J. A. / HARVEY, J. B. / MCLAUGHLIN, J.: Organization development: A line management function. In: ADAMS, J. D. (Hrg.): New technologies in organization development, Bd. 2, Arlingtin (Virg.) 1974, S. 183—210

FORDYCE, J. K. / WEIL, R.: Managing with people, Reading/Mass. 1971

FRECH, W.: Organization development objectives, assumptions and strategies, California Management Review, 12, Winter 1969, S. 23—34

FRENCH, W. L. / BELL, C. H. JR.: Organisationsentwicklung, Bern 1977

FRIEDLANDER, F. / BROWN, L. D.: Organization development. In: Annual Review of Psychology, 25/1974, S. 219—341

FRIEDRISZIK, R.: Ein Gitter hilft, wenn es ums Führen geht. In: KOCH, U. / MEUERS, H. / SCHUCK, M. (Hrg.): Organisationsentwicklung in Theorie und Praxis. Europäische Hochschulschriften: Reihe 5, Volks- und Betriebswirtschaft, Band 275, Frankfurt 1980, S. 99—128

GABELE, E.: Personalschulung im Spannungsfeld ökonomischer und sozialer Ziele des Unternehmens. In: Zeitschrift für Betriebswirtschaft (ZfB), 1/1981, S. 50—64

GEBERT, D.: Organisationsentwicklung, Stuttgart 1974

GEBERT, D.: Vom Sensitivity-Training zum Organizational Development. In MACHARZINA, K. / ROSENSTIEL, L. V.: Führungswandel in Unternehmen und Verwaltung, Wiesbaden 1974a, S. 91—109

GEBERT, D.: Organisation und Umwelt, Stuttgart 1978

GEBERT, D.: Organisationsentwicklung. In: HOYOS, C. GRAF/KROEBER-RIEL, W. / ROSENSTIEL, L. VON / STRÜMPEL, B. (Hrg.): Grundbegriffe der Wirtschaftspsychologie, München 1980, S. 282—292

GEBERT, D. / ROSENSTIEL, L. VON: Organisationspsychologie, Stuttgart 1981

GLADWIN, TH. N. / WALTER, I.: Multinationals under fire — lessons in the management of conflict, New York 1980

GLASL, F.: Situatives Anpassen der Strategie. In: GLASL, F. / DE LA HOUSSAYE, L.: Organisationsentwicklung, Bern 1975, S. 145—158

GLASL, F.: Das NPI-Strategie-Modell in der gesellschaftspolitischen Diskussion. In: GLASL, F. / DE LA HOUSSAYE, L.: Organisationsentwicklung, Bern 1975, S. 221—227

GLASL, F. / DE LA HOUSSAYE, L.: Organisationsentwicklung, Bern 1975

GOE, Gesellschaft für Organisationsentwicklung e.V., Satzung, Fassung vom 14. Dezember 1981, 1981a

GOE, Gesellschaft für Organisationsentwicklung e.V., Geschäftsordnung, Fassung vom 14. Dezember 1981, 1981b

GOE, Gesellschaft für Organisationsentwicklung, Informationsmaterial, März 1983

GOERKE, W.: Organisationsentwicklung als ganzheitliche Innovationsstrategie, Berlin 1981

GORDON, T.: Familienkonferenz, Hamburg 1973

GORDON, T.: Managerkonferenz, Hamburg 1979

GOTTSCHALL, D.: Kein Pardon für einsame Entschlüsse. In: Manager Magazin 1/1973, S. 50—55

GOTTSCHALL, D.: Die Betroffenen zu Beteiligten machen. In: Manager Magazin 10/1978

GREENFIELD, T. B.: Organisationen als soziale Erfindungen: Annahmen über Veränderungen — neu überdacht. In: Gruppendynamik 1/1975, S. 2—21

GREINER, L. E.: Evolution and revolution as organizations grow. In: Havard Business Review, July—August 1972, S. 37—46. Auch in: NEWSTROM, J. W. / REIF, W. E. / MONCZKA, R. M.: A contingency approach to management: Readings, New York 1975, S. 495—507

GROCHLA, E.: Management, Düsseldorf 1974

GROCHLA, E.: Organisationsplanung und -entwicklung als permanente Aufgabe der Unternehmensführung (1. Teil von GROCHLA, E. / FÖRSTER, G., 1977)

GROCHLA, E. / FÖRSTER, G.: Organisationsplanung und Organisationsentwicklung — Theorie und Praxis. Bericht Nr. 182 der Arbeitsgemeinschaft für Rationalisierung des Landes Nordrhein-Westfalen, 1977

GROCHLA, E. / WITTMANN, W. (Hrg.): Handwörterbuch der Betriebswirtschaft, Band 3, 4. Auflage, Stuttgart 1976

HAAG, F. / KRÜGER, H. / SCHWÄRZEL, W. / WILDT, J. (Hrg.): Aktionsforschung — Forschungsstrategien, Forschungsfelder und Forschungspläne, 2. Auflage, München 1975

HAAG, F.: Sozialforschung als Aktionsforschung. In: HAAG, F. / KRÜGER, H. / SCHWÄRZEL, W. / WILDT, J. (Hrg.): Aktionsforschung — Forschungsstrategien, Forschungsfelder und Forschungspläne, 2. Auflage, München 1975, S. 22—55

HANE, K.: Die Kleingruppenaktivität im Betrieb. Bericht 19/1981 der Deutschen Vereinigung zur Förderung der Weiterbildung von Führungskräften (Wuppertaler Kreis) e.V.

HANDY, C. B.: Zur Entwicklung der Organisationskultur einer Unternehmung durch Management-Development-Methoden. In: Zeitschrift für Organisation, 7/1978, S. 404—410

HANLEY, J.: Our experience with quality circles. In: Quality Progress, Febr. 1980, S. 22—24

HARRIS, T. A.: Ich bin o.k. — Du bist o.k., Hamburg 1975

HARRISON, R.: Rollenverhandeln: ein ‚harter' Ansatz zur Teamentwicklung. In: SIEVERS, B. (Hrg.): Organisationsentwicklung als Problem, Stuttgart 1977, S. 116—133

HAUSER, E.: Betriebliche Bildung der 80er Jahre, Zürich 1980

HAUSER, E.: Selbstentwicklung, Zürich 1982

HERKNER, W.: Einführung in die Sozialpsychologie. 2. überarbeitete und ergänzte Auflage, Bern 1981

HERZBERG, F.: Work and the nature of man, Cleveland (World) 1966

HERZBERG, F.: One more time: How do you motivate employees? In: Havard Business Review, Jan.—Febr. 1968

HILB, M.: Die periodische Personal-Kurzumfrage. In: Management-Zeitschrift io, 1/1982, S. 20—24

HIVES, P.: Management by objectives in practice. In: TAYLOR, B. / LIPPITT, G. L.: Management development and training handbook, London 1975, S. 399—427

HÖLTERHOFF, H. / BECKER, M.: Aufgaben und Organisation der betrieblichen Weiterbildung. In: JESERICH, W. u.a. (Hrg.): Handbuch der Weiterbildung für die Praxis in Wirtschaft und Verwaltung. Bd. 3, München in Vorbereitung für 1985

HOEPFNER, F. G.: Transfer-Probleme des Management-Trainings. In: Gruppendynamik, 4/1973, S. 266—272

HOFMANN, M.: Organisationsentwicklung — Ein Weg zur Mitbestimmung. In: TREBESCH, K. (Hrg.): Organisationsentwicklung in Europa, Bd. 1A: Konzeptionen, Bern 1980 a, S. 235—250

HOLM, K.-F.: Die Mitarbeiter-Befragung, Hamburg 1982

HOLTGREWE, K. G.: Methode Kepner Tregoe. In: TUMM, G. (Hrg.): Die neuen Methoden der Entscheidungsfindung, München 1972, S. 30—50

HORN, K. (Hrg.): Aktionsforschung: Balanceakt ohne Netz? Frankfurt 1979

HOYOS, C. GRAF / KROEBER-RIEL, W. / ROSENSTIEL, L. VON / STRÜMPEL, B. (Hrg.): Grundbegriffe der Wirtschaftspsychologie, München 1980

HÜRLIMANN, W.: Methodenkatalog, Bern 1981

HUMBLE, J. W.: Die Praxis des Management by Objectives (MBO), München 1972

ISCHE, F.: Lernstatt — ein Modell der Praxis. In: Zeitschrift Führung + Organisation zfo, 5—6/1982, S. 295—298

JAQUES, E.: The changing culture of a factory, New York 1952

JESERICH, W.: Mitarbeiter auswählen und fördern — Assessment-Center-Verfahren. In: JESERICH, W. u. a. (Hrg.): Handbuch der Weiterbildung für die Praxis in Wirtschaft und Verwaltung. Bd. 1, München 1981

JESERICH, W. / OPGENOORTH, W.: Führungsstilanalyse, Königstein/Taunus 1977

JONES, G. N.: Soziale Systeme als Veränderungsagenten. In: WÖHLER, K. H. (Hrg.): Organisationsanalyse, Stuttgart 1978, S. 126—154

Jugendwerk d. Dt. Shell / VON ILSEMANN, W. (Hrg.): Jugend zwischen Anpassung und Ausstieg, Hamburg 1980

Jugendwerk d. Dt. Shell (Hrg.): Jugend '81, Lebensentwürfe, Alltagskulturen, Zukunftsbilder, Band 1—3, Hamburg 1981

Jugendwerk d. Dt. Shell (Hrg.): Näherungsversuche — Jugend '81, Hamburg 1982

KAHN, R. L.: Organisationsentwicklung: Einige Probleme und Vorschläge. In: SIEVERS, B. (Hrg.): Organisationsentwicklung als Problem, Stuttgart 1977, S. 281—301

KAPPLER, E.: Wem nützt Organisationsentwicklung? Acht kritische Thesen und ihre Begründung. In: KOCH, U. / MEUERS, H. / SCHUCK, M. (Hrg.): Organisationsentwicklung in Theorie und Praxis. Europäische Hochschulschriften: Reihe 5, Volks- und Betriebswirtschaft, Band 275, Frankfurt 1980, S. 214—226

KATZ, C. / KAHN, R.: The Social Psychology of Organizations, New York 1966

KATZ, C. / KAHN, R. / ADAMS, J. (Hrg.): The study of organizations, San Francisco 1980

KAZMIER, L.: Einführung in die Grundsätze des Management — programmiert, München 1971

KEPNER, CH. / TREGOE, B. B.: Managemententscheidungen vorbereiten und richtig treffen, 3. Auflage, München 1971

KIESER, A. / KRÜGER, M. / RÖHRER, M.: Organisationsentwicklung: Ziele und Techniken. In: Wirtschaftswissenschaftliches Studium, 1979, 4, S. 149—155

KIRSCH, W. / ESSER, W.-M. / GABELE, E.: Das Management des geplanten Wandels von Organisationen, Stuttgart 1979

KLAGES, H. / SCHMIDT, R. W.: Methodik der Organisationsänderung, Baden-Baden 1978

KLEIN, D.: Einige Bemerkungen zur Dynamik des Widerstandes gegen Innovationen: Die Rolle des Opponenten. In: BENNIS, W. G. / BENNE, K. D. / CHIN, R.: Änderung des Sozialverhaltens, Stuttgart 1975, S. 429—441

KLEIN, L.: Was die Sozialwissenschaften bieten und welche Probleme sich bei der Anwendung ergeben. In: TREBESCH, K. (Hrg.): Organisationsentwicklung in Europa, Bd. 1B: Fälle, Bern 1980 b, S. 165—186

KNABE, G.: Führen in der Krise. In: Personalführung 3/1974, S. 54—57

KNABE, G.: Probleme des Managements in den achtziger Jahren. In: DMG-INFO, 5/1980, S. 6—8

KNABE, G.: Überwindung von verhärteten Fronten und Leistungsabfall in einem Ingenieurteam. Vortrag auf einer Tagung des Arbeitskreises ‚Organisationspsychologie' der Sektion Arbeits- und Betriebspsychologie im Berufsverband Deutscher Psychologen (bdp), Mainz, September 1981

KNABE, G. / COMELLI, G.: Psychologische Unterstützung bei der Neuordnung des internationalen Service-Netzes eines multinationalen Konzerns. In: NEUBAUER, R. / ROSENSTIEL, L. VON: Handbuch der Angewandten Psychologie, Bd. 1, Arbeit und Organisation, München 1980, S. 920—946

KOCH, U. / MEUERS, H. / SCHUCK, M. (Hrg.): Organisationsentwicklung in Theorie und Praxis. Europäische Hochschulschriften: Reihe 5, Volks- und Betriebswirtschaft, Band 275, Frankfurt 1980

KÖNIG, R. (Hrg.): Das Interview, Köln, 7. Aufl., 1972

KOLVENBACH, H. / LAUMANNS, H. J.: Nachbereitungsgespräche — eine Transferhilfe für das Führungs- und Verhaltenstraining. In: Personal — Mensch und Arbeit, 1/1982, S. 15—19

KROMEN, E.: Qualitätskreise — eine Antwort auf Organisationsverdrossenheit. In: Zeitschrift Führung + Organisation zfo, 5—6/1982, S. 283—290

KRÜGER, W.: Konfliktsteuerung als Führungsaufgabe, München 1973a

KRÜGER, W.: Können Sie Konflikte managen? In: PLUS — Zeitschrift für Führungspraxis, 5/1973b, S. 29—33

KUBICEK, T.: The organization planning: What it is and how to do it, Part 1 — The organizational audit. In: Cost and Management, Jan.—Febr. 1972, S. 33—41. Auch in: NEWSTROM, J. W. / REIF, W. E. / MONCZKA, R. M.: A contingency approach to management: Readings, New York 1975, S. 73—89

KÜCHLER, J.: Gruppendynamische Verfahren in der Aus- und Weiterbildung, München 1979

KÜLLER, H.-D.: Mögliche Einflüsse der Mitbestimmung auf die Organisation der Unternehmung. In: TREBESCH, K. (Hrg.): Organisationsentwicklung in Europa, Bd. 1A: Konzeptionen, Bern 1980 a, S. 321—336

KÜLLER, H.-D.: Organisationsentwicklung — ein Rationalisierungsinstrument. In: Mitbestimmungsgespräch, 10/1981, S. 335—340
Zum großen Teil wörtlich auch als „Organisationsentwicklung — ein neues Instrument unternehmerischer Rationalisierungspolitik" in: Agogik, Sept. 1981, S. 15—25

KUTTER, P.: Gruppendynamik der Gegenwart. Wege der Forschung Nr. 543, Darmstadt 1981

LANGER, I. / SCHULZ VON THUN, F.: Messung komplexer Merkmale in Psychologie und Pädagogik, Beiheft der Zeitschrift Psychologie in Erziehung und Unterricht, Heft 68, Münch4en 1974

LANGER, I. / SCHULZ VON THUN, F. / TAUSCH, R.: Verständlichkeit, München 1974

LANZENBERGER, M.: „Wer manipuliert wen?" — Die Rolle von Machtkonstellation in der OE-Beratung, ihr Einfluß auf den „Vertrag" zwischen Unternehmen und Beratung. In: Gruppendynamik, 4/1981, S. 309—313

LAUTERBURG, CH.: Organisationsentwicklung — Strategie der Evolution. In: Management-Zeitschrift io, 49, Nr. 1/1980, S. 1—4
Ebenfalls in: KOCH, U. / MEUERS, H. / SCHUCK, M.: Organisationsentwicklung in Theorie und Praxis, Frankfurt 1980

LAVERTY, F. T.: The organization renewal process in practice. In: TAYLOR, B. / LIPPITT, G. L.: Management development and training handbook, London 1975, S. 454—469

LAWRENCE, P. R. / LORSCH, Y. C.: Developing organizations: Diagnosis and action, Reading/Mass. 1969

LEAVITT, H. J.: Creativity is not enough. In: Harvard Business Review 41 (1963) Nr. 3, S. 72—83

LEAVITT, H. J.: Organisatorische Änderungen — Strukturelle, technische und humane Ansatzpunkte. In: Zeitschrift für Organisation ZO, 6/1968, S. 202—211

LEHRNER, R.: Funktionale Mitbestimmung bei Herz Armaturen AG. In: Gruppendynamik 2/1976, S. 108—119

LEITER, R. u.a.: Der Weiterbildungsbedarf im Unternehmen. Methoden der Ermittlung. In: JESERICH, W. u.a. (Hrg.): Handbuch der Weiterbildung für die Praxis in Wirtschaft und Verwaltung. Bd. 2, München 1982

LEVINSON, H.: Management by whose objectives? In: Havard Business Review. Jul./Aug. 1970, S. 125—134

LEVINSON, H.: Organizational diagnosis, Cambridge 1972

LEWIN, K.: The conceptual representation and the measurement of psychological forces, Durham/N.C. 1938

LEWIN, K. / LIPPITT, R. / WHITE, R. K.: Patterns of aggressive behavior in experimentally created social climates. In: Journal of social Psychology, 1939, S. 271—299

LINSTONE, H. / TUROFF, M.: The delphi-method, techniques and applications, Reading/Mass. 1975

LIPPITT, R. / LIPPITT, G.: Der Beratungsprozeß in der Praxis. Untersuchung zur Dynamik der Arbeitsbeziehung zwischen Klient und Berater. In: SIEVERS, B. (Hrg.): Organisationsentwicklung als Problem, Stuttgart 1977, S. 93—115

LUFT, J.: Einführung in die Gruppendynamik, Stuttgart 1972

LUKASCZYK, K.: Zur Theorie der Führer-Rolle. In: Psycholog. Rdsch., 11, 1960, S. 179—188

MACHARZINA, K. / OECHSLER, W.: Personalmanagement, Bd. II: Organisations- und Mitarbeiterentwicklung, Wiesbaden 1977

Manager Magazin: trend letter, 33, 11. August 1980

Manager Magazin: mm-Umfrage zur Weiterbildung, Nr. 3/1981, S. 114—118

MANN, F. C.: Studying and creating change: A means to understanding social organization. Research in Industrial Relation No. 17, Michigan 1957

MANN, L.: Sozialpsychologie, 3. Aufl., Weinheim 1974

MASLOW, A. H.: Psychologie des Seins, München 1973

MASTENBROEK, W. F. G.: Organisationsentwicklung und Umgang mit Konflikten. In: Gruppendynamik, 4/1981, S. 323—336

MATENAAR, D.: Vorwelt und Organisationskultur — vernachlässigte Faktoren in der Organisationstheorie. In: Zeitschrift Führung + Organisation zfo, 1/1983, S. 19—27

MATUSCHEWSKI, U.: Organisationsentwicklung in einem Raumfahrtunternehmen. In: ZANDER, E. / REINEKE, W.: Führungsentwicklung, Organisation Development in der Praxis, Heidelberg 1981, S. 91—104

MCGREGOR, D.: Leadership and motivation, Cambridge/Mass. 1966

MCGREGOR, D.: The professional manager, New York 1967

MCGREGOR, D.: Der Mensch im Unternehmen, Düsseldorf/Wien 1971

MEININGER, J.: Transactional Analysis — Die neue Methode erfolgreicher Menschenführung, München 1974

MEUERS, H.: Organisationaler Wandel als gemeinsames Anliegen von Arbeitgebern und Arbeitnehmern? In: KOCH, U. / MEUERS, H. / SCHUCK, M. (Hrg.): Organisationsentwicklung in Theorie und Praxis. Europäische Hochschulschriften: Reihe 5, Volks- und Betriebswirtschaft, Band 275, Frankfurt 1980, S. 244—266

MILES, M. B. / HORNSTEIN, H. A. / CALLAHAN, D. M. / CALDER, P. H. / SCHIAVO, R. S.: Feedback von Befragungsergebnissen: Theorie und Bewertung. In: BENNIS, W. G. / BENNE, K. D. / CHIN, R.: Änderung des Sozialverhaltens, Stuttgart 1975, S. 374—388

MORIN, P.: Einführung in die angewandte Organisationspsychologie, Stuttgart 1974

MORRIS, G.: The role of the consultant in organization development. In: TAYLOR, B. / LIPPITT, G. L.: Management development and training handbook, London 1975, S. 485—500

MOSER, H.: Aktionsforschung als kritische Theorie der Sozialwissenschaften, 2. Auflage, München 1978

MOSER, H. / ORNAUER, H. (Hrg.): Internationale Aspekte der Aktionsforschung, München 1978

MUCCHIELLI, R.: Gruppendynamik, Salzburg 1972

MÜLLER, G. F.: Erfahrungseffekte in Labor-Verhandlungen. Vortrag auf dem Bundeskongreß 1979 der Sektion Arbeits- und Betriebspsychologie im Berufsverband Deutscher Psychologen e.V. (bdp), Hannover, Mai 1979

NACHREINER, F.: Die Messung des Führungsverhaltens, Bern 1978

NEFF, F. W.: Survey research: A tool for problem diagnoses and improvement in organizations. In: GOULDNER, A. W. / MILLER, S. M. (Hrg.): Applied sociology, New York 1966, S. 23—38

NEUBERGER, O.: Theorien der Arbeitszufriedenheit, Stuttgart 1974a
NEUBERGER, O.: Messung der Arbeitszufriedenheit, Stuttgart 1974b
NEUBERGER, O.: Organisation und Führung, Stuttgart 1977
NEUBERGER, O. / ALLERBECK, M.: Messung und Analyse von Arbeitszufriedenheit, Bern 1978
NEWSTROM, J. W. / REIF, W. E. / MONCZKA, R. M.: A contingency approach to management: Readings, New York 1975
NIERENBERG, G. I.: Gut verhandelt ist doppelt gewonnen, Bern 1971

OLDENDORFF, A.: Sozialpsychologie im Industriebetrieb, Köln 1970

PARTIN, J. J. (Hrg.): Current perspectives in organization development, Reading/Mass. 1973
PAULS, W.: Psychologische Forschung: Mehr Demokratie! In: Psychologie Heute, 7, Februar 1980, S. 37—52
PERLS, F. S.: Gestalt-Therapie in Aktion, Stuttgart 1974
PETZOLD, H.: Moreno — nicht Lewin — Begründer der Aktionsforschung. In: Gruppendynamik, 11, Juni 1980, S. 142—166
PIEPER, R.: Aktionsforschung und Systemwissenschaften. In: HAAG, F. / KRÜGER, H. / SCHWÄRZEL, W. / WILDT, J. (Hrg.): Aktionsforschung — Forschungsstrategien, Forschungsfelder und Forschungspläne, 2. Auflage, München 1975, S. 100—116
PORTER, L. W. / LAWLER, E. E. III / HACKMAN, J. R.: Behavior in organizations, New York 1975
Pro Senectute (Hrg.): Vorbereitung auf das Alter im Lebenslauf, Weiterbildung Band 7, Paderborn 1981
Psychologie Heute, Sonderteil: Humanisierung des Arbeitslebens, Nr. 9/1977, S. 39—46

QUISKE, F. H. / SKIRL, S. J. / SPIESS, G.: Denklabor Team, Stuttgart 1973

RANDOLPH, A.: Planned organizational change and its measurement. In: Personnel Psychology, 35/1982, S. 117—138
REDDIN, W.: Das 3-D-Programm zur Leistungssteigerung des Managements, München 1977
REHN, G.: Modelle der Organisationsentwicklung, Bern 1979
RIECKMANN, H.: 5 Jahre „Internal Change Agent": Vorläufiges Fazit eines Lebens zwischen „Erweckungsbewegung" und „Sozialtechnologie". In: TREBESCH, K. (Hrg.): Organisationsentwicklung in Europa, Bd. 1B: Fälle, Bern 1980 b, S. 351—389
ROGERS, C. R.: Die nicht-direktive Beratung, München 1972
ROGERS, C. R.: Encounter Gruppen, München 1974
ROGERS, C. R.: Entwicklung der Persönlichkeit, Stuttgart 1976

ROSENSTIEL, L. VON / MOLT, W. / RÜTTINGER, B.: Organisationspsychologie, 3. Auflage, Stuttgart 1977

ROSENSTIEL, L. VON: Grundlagen der Organisationspsychologie, Stuttgart 1980

RÜTTINGER, B.: Konflikt und Konfliktlösen, München 1977

RUSH, H. M. F.: Organization development: A reconnaissance. The Conference Board Inc., Report No. 605, New York 1973

SAMSON, H. / SETULLA, R.: Lernstatt Hoechst — Ein Weg zur Organisationsentwicklung im Betrieb. In: TREBESCH, K. (Hrg.): Organisationsentwicklung in Europa, Bd. 1 B: Fälle, Bern 1980 b, S. 729—747

SAMSON, H. / WIESMANN, M.: Lernstatt — Methode der Organisationsentwicklung von unten. In: Agogik, Sept. 1981, S. 2—14

SAUL, S. / STIEFEL, R.: Förderung des Lerntransfers in der Management-Schulung als eine Strategie der Organisationsentwicklung. In: ZANDER, E. / REINEKE, W.: Führungsentwicklung, Organisation Development in der Praxis, Heidelberg 1981, S. 185—207

SCHEIN, E. H.: Organizational psychology, Englewood Cliffs, 1965

SCHEIN, E. H.: Process consultation: Its role in organization development, Reading/ Mass. 1969

SCHEIN, E. H.: Das Bild des Menschen aus der Sicht des Managements. In: GROCHLA, E. (Hrg.): Management, 1974, S. 69—91. Original in: SCHEIN, E. H.: Organizational psychology, 1965, S. 47—63

SCHEIN, E. H.: Individuum, Organisation und Karriere. In: Gruppendynamik, 2/1972, S. 139—156

SCHLICKSUPP, H.: Kreative Ideenfindung in der Unternehmung, Berlin 1977

SCHMIDT, G.: Die Entwicklung von Organisationsmethoden und Techniken. In: Zeitschrift für Organisation ZO, 6/1980, S. 322—335

SCHRADER, E. / GOTTSCHALL, A. / RUNGE Th. E.: Der Trainer in der Erwachsenenbildung. Rollen, Aufgaben und Verhalten. In: JESERICH, W. u. a. (Hrg.): Handbuch der Weiterbildung für die Praxis in Wirtschaft und Verwaltung. Bd. 5, München 1984

SCHREINER, N. / WROBEL, J.: Organisationsentwicklung — Chance für die gewerkschaftliche Interessenvertretung oder „Weichmacher"? In: Die Mitbestimmung, 2/1982, S. 76—77

SCHULZ VON THUN, F.: Verständlich informieren. In: Psychologie Heute, 2, Mai 1975, S. 43—51

SCHULZ VON THUN, F.: Miteinander reden: Störungen und Klärungen, Reinbek 1981

SHEPHARD, H. A.: Innovationshemmende und innovationsfördernde Organisationen. In: BENNIS, W. G. / BENNE, K. D. / CHIN, R.: Änderung des Sozialverhaltens, Stuttgart 1975, S. 458—467

SHEPHARD, H. A.: An action research model. In: An action research program for organization improvement, Ann Arbor 1960, S. 33—34
  Deutsch zitiert nach: W. L. FRENCH & C. H. BELL jr., Bern 1977, S. 113—114

SHEPHARD, H. A.: Rules of thumb for change agents. Paper 1978 (?)

SHERMAN, H.: It all depends: A pragmatic approach to organisation, University of Alabama Press, 1966

SIEVERS, B.: Theorien und Methoden der Organisationsentwicklung in den USA. In: Gruppendynamik, 1/1975, S. 29—49

SIEVERS, B. (Hrg.): Organisationsentwicklung als Problem, Stuttgart 1977

SIEVERS, B. / TREBESCH, K.: Bessere Arbeit durch OE: Offenheit und Effizienz. In: Psychologie Heute, 7, Juni 1980, S. 49—56

SILBERER, G.: Reaktanz bei Konsumenten. In: HOYOS, C. GRAF / KROEBER-RIEL, W. / ROSENSTIEL, L. VON / STRÜMPEL, B. (Hrg.): Grundbegriffe der Wirtschaftspsychologie, München 1980, S. 386—391

STIEFEL, R. TH.: Betriebliches Bildungswesen als Instrument der Organisationsentwicklung. In: FB/IE 27/1978, Heft 2, S. 77—80

STIEFEL, R. TH.: Häufig Flickwerk nach Maß. In: Absatzwirtschaft, 1/1982a, S. 72—84

STIEFEL, R. TH.: Relevante Entwicklungstendenzen für die betriebliche Weiterbildungsarbeit — Ein Input für eine Strategiesitzung in Ihrer Abteilung. In: Management-Andragogik und Organisationsentwicklung (MAO), 4/1982b, S. 2—5

TAYLOR, B. / LIPPITT, G. L.: Management development and training handbook, London 1975

THEIS, W.: Was kommt nach dem Boom? In: Psychologie Heute, 2, Februar 1979, S. 45—53

TREBESCH, K. (Hrg.): Organisationsentwicklung in Europa, Bd. 1A: Konzeptionen, Bern 1980 a

TREBESCH, K. (Hrg.): Organisationsentwicklung in Europa, Bd. 1B: Fälle, Bern 1980 b

TREBESCH, K.: Ursprung und Ansätze der Organisationsentwicklung (OE). In: Management-Zeitschrift io, 49/1980 c, Nr. 1, S. 9—12

TREBESCH, K.: Ursprung und Ansätze der Organisationsentwicklung sowie Anmerkungen zur Situation in Europa. In: KOCH, U. / MEUERS, H. / SCHUCK, M. (Hrg.): Organisationsentwicklung in Theorie und Praxis, Frankfurt 1980 d, S. 31—50

TREBESCH, K.: 50 Definitionen der Organisationsentwicklung — und kein Ende. In: Organisationsentwicklung 2/1982, S. 37—62

TREBESCH, K.: Bedingungen für den positiven und negativen Verlauf von Organisationsentwicklung. Seminar-Unterlage, 6. Organisationsentwicklungsseminar, USW/Schloß Gracht, April 1983

TREGOE, B. B.: Where it went and how to get it back. In: Management Review, Febr. 1983, S. 23—45

TRIST, E. L.: On Socio-Technical Systems. (PoC). Deutsch: Soziotechnische Systeme. In: BENNIS, W. G. / BENNE, K. D. / CHIN, R.: Änderung des Sozialverhaltens, Stuttgart 1975, S. 201—218

TUMM, G. (Hrg.): Die neuen Methoden der Entscheidungsfindung, München 1972

ULRICH, P. / FLURI, E.: Management, Bern 1975

VANSINA, L.: Beabsichtigte und unbeabsichtigte Reaktionen und Anpassungsversuche der Organisationen, Institutionen, ihrer Mitglieder und Führung. In: TREBESCH, K. (Hrg.): Organisationsentwicklung in Europa, Bd. 1B: Fälle, Bern 1980 b, S. 79—93

VARNEY, G. H.: Organization development for managers, Reading/Mass. 1977

VILMAR, F. (Hrg.): Menschenwürde im Betrieb, Reinbeck 1973

WALTON, R. E.: Interpersonal peacemaking: Confrontations and thirdparty consultation, Reading/Mass. 1969

WAMPLER, K. F.: Organization development in an airline setting. In: PARTIN, J. J. (Hrg.): Current perspectives in organization development, Reading/Mass. 1973, S. 70—98

WATSON, G.: Widerstand gegen Veränderungen. In: BENNIS, W. G. / BENNE, K. D. / CHIN, R.: Änderung des Sozialverhaltens, Stuttgart 1975, S. 415—429

WATZLAWICK, P. / BEAVIN, J. H. / JACKSON, D. D.: Menschliche Kommunikation, 4. Auflage, Bern 1969

WEBER, M.: Wirtschaft und Gesellschaft, 2 Bde., Tübingen 1956

WEGENER, C.: Konfliktregelung in der betrieblichen Praxis. In: Zeitschrift Führung + Organisation zfo, 4/1982, S. 205—209 und 212—217

WEINERT, A.: Lehrbuch der Organisationspsychologie, München 1981

WIESMANN, M.: Das Szenarioverfahren als Instrument der ersten Phase des Organisationsentwicklungsprozesses. In: Agogik, Sept. 1981, S. 26—36
Ebenso in: Gruppendynamik 3/1982, S. 275—284

Wirtschaftswoche: Millionen für den Aufbau, Nr. 51 vom 14. 8. 1981, S. 51—55

Wirtschaftswoche: Ständig auf der Suche, Nr. 26 vom 25. 6. 1982, S. 46—49

WÖHLER, K. H. (Hrg.): Organisationsanalyse, Stuttgart 1978

WOLK, E. VAN DE: Gedurfd Beleid bij des Bronsmotorenfabriek. In: Doelmatig bedrijfsbeheer, 17, 3, 1965 (zit. nach A. OLDENDORFF, 1970)

WUNDERER, R. / GRUNWALD, W.: Führungslehre, Bd. 2: Kooperative Führung, New York 1980

YUKL, G. / WEXLEY, K.: Readings in organizational an industrial Psychology, Oxford 1971

ZANDER, E.: Organisationsentwicklung und die zukünftige Arbeitswelt. In: ZANDER, E. / REINEKE, W.: Führungsentwicklung, Organisation Development in der Praxis, Heidelberg 1981

ZANDER, E. / REINEKE, W.: Führungsentwicklung, Organisation Development in der Praxis, Heidelberg 1981

ZELIKOFF, S. B.: On the obsolence and retraining of engineering personnel. In: Training and Development Journal, May 1969, S. 3—15

Personenregister

A

Abraham, E. 353
Adams, J. D. 21, 388
Adler, A. 202
Aepli, A. P. 393
Allerbeck, M. 281
Anger, H. 275
Anker, R. 436
Antons, K. 199, 207, 212, 346
Argyris, C. 60, 93, 109

B

Bakke, E. 22, 23, 24
Ballstaedt, S. P. 202, 203
Baumgartel, H. 58
Becker, H. 155, 249, 254
Beckhard, R. 30, 109, 114, 381, 419
Beer, M. 114, 362, 419
Bell, C. H. 49, 61 f., 67 f., 92 f., 97, 104 f., 116, 124, 180, 343, 347, 381 384, 390, 436 f.
Benne, K. D. 51 ff., 69 f., 71, 73
Bennis, W. G. 25 f., 73, 109, 437 f.
Berelson, B. 275
Berne, E. 347
Bickel, W. 263
Blake, R. R. 49, 56, 376, 386 f.
Bleicher, K. 145
Böckmann, W. 281
Bödiker, M. L. 160, 162, 164, 346
Boje, D. M. 104
Borrmann, W. A. 419, 435
Bowers, G. D. 59, 384
Bridges, F. J. 271
Bridger, H. 258
Briefs, J. 430
Brightford, E. G. 389 f.
Bronner, R. 161, 176, 253, 281, 354
Brown, L. D. 343
Bühler, K. 202
Burke, W. W. 376
Burtt, H. E. 388

C

Calder, P. H. 58
Callahan, D. M. 58
Campbell, J. P. 388
Carrigan, St. B. 93
Cartwright, D. 57
Chapman, J. E. 271
Chein, I. 67
Chin, R. 69 ff.
Cohn, R. 202, 347
Collier, J. 66 f.
Comelli, G. 37, 122, 130, 151, 159, 171, 177, 196, 249, 264, 299 f., 366, 399
Cook, S. 67

D

Decker, F. 18, 170, 436
Dekar, A. D. 29
Deutsch, M. 57, 234
Dörner, D. 182
Dubin, S. 29
Dunnette, M. D. 388
Dyer, W. G. 55, 96, 116 ff., 121, 342, 365, 367 ff., 371, 376

E

Engel, P. 392
Exner, H. J. 66

F

Fedor, D. B. 104
Fengler, J. 65, 66
Festinger, L. 57
Fittkau, B. 173, 281, 301 f.
Fittkau-Garthe, H. 281
Fleishman, E. A. 167, 388
Fluri, E. 56, 90, 93
Förster, G. 107

Foltz, J. A. 419
Fordyce, J. K. 131, 351, 376
French, W. L. 49, 57, 61 f., 67 f., 92 f., 97, 104 f., 116, 124, 180, 341, 343, 347, 381, 384, 390, 436 f.
Friedlander, F. 343
Friedriszik, R. 386

G

Gabele, E. 252 f.
Gandhi, M. 70
Gebert, D. 89 ff., 114, 264, 307, 343 f., 346, 388, 419, 438
Gladwin, Th. N. 234
Glasl, F. 69, 99, 109, 112 ff., 286, 341, 437
Goerke, W. 26 f., 34, 36, 49, 100, 341
Gordon, T. 208
Gottschall, A. 203, 206, 259, 349
Gottschall, D. 75 f., 89, 150, 174, 178
Greenfield, T. B. 438
Greiner, L. E. 39 ff.
Grochla, E. 107, 145 f., 356
Grunwald, W. 89, 280

H

Haag, F. 65
Hackman, J. R. 90 f., 106, 109, 342
Handy, C. B. 105
Hane, K. 392
Harding, J. 67
Harris, T. A. 347, 388
Harrison, R. 358
Harvey, J. B. 419
Hauser, E. 261, 351
Herkner, W. 235, 406
Herman, St. N. 21
Hermans, F. 20
Hilb, M. 281
Hives, P. 390
Hölterhoff, H. 254
Hoepfner, F. G. 176
Hofmann, M. 430
Holm, K. F. 275, 281, 310
Holtgrewe, K. G. 218

Hornstein, H. A. 58
Houssaye, de la L. 99, 109, 287, 341
Humble, J. W. 389
Hürlimann, W. 287
Huse, E. F. 114, 419

I

Ingham, H. 197, 199
Ische, F. 391

J

Jaques, E. 71
Jeserich, W. 146, 257, 281, 349
Jones, G. N. 419

K

Kahn, R. L. 89, 388
Kappler, E. 430, 436
Katz, C. 124, 388
Kazmier, L. 167
Kepner, Ch. 218
Kiesner, A. 341 ff.
Kirsch, E. 59, 64 f., 67, 343
Klein, D. 419
Klein, L. 93, 263
Knabe, G. 36 f., 130, 167 f., 173
Koch, U. 72, 182, 341
König, R. 275
Kolvenbach, H. 176
Kromen, E. 392
Krüger, W. 231
Kubicek, T. 24
Küchler, J. 346 f.
Küller, H.-D. 429, 431, 433
Kutter, P. 69

L

Lange, W. 160, 162, 164, 346
Langer, I. 203
Lanzenberger, M. 422
Laumanns, H. J. 176

Lauterburg, C. H. 93 ff., 155, 254, 263
Laverty, F. T. 280
Lawler III, E. E. 90 f., 106, 109, 341 f., 388
Lawrence, P. R. 107
Leavitt, H. J. 227, 341
Lehrner, R. 75
Leiter, R. 146, 170, 253, 259, 270, 281, 290
Levinson, H. 280, 390
Lewin, K. 50 f., 53, 57, 66 f., 97, 117, 371, 388
Likert, R. 57
Linstone, H. 291
Lippitt, G. 101, 261, 264, 280, 380
Lippitt, R. 51, 57, 101, 260, 264, 380
Lorsch, J. W. 107
Luft, J. 197 ff.
Lukasczyk, K. 388

M

Mandl, H. 203
Mann, F. C. 57
Mann, L. 406
Maslow, A. H. 149
Mastenbroek, W. F. G. 380
Matenaar, D. 104 f.
Matuschewski, U. 267
McGregor, D. 49, 55 ff., 149 ff.
McLaughlin, J. 419
Meuers, H. 72, 182, 341, 429, 432
Miles, M. B. 58
Moreno, J. L. 67
Morin, P. 29 f.
Morris, G. 291
Moser, H. 61
Mouton, J. S. 49, 56, 376, 386, 387
Mucchielli, R. 52 f.
Müller, G. F. 406

N

Nachreiner, F. 281
Neff, F. W. 58
Neuberger, O. 275, 281, 342

Newstrom, J. W. 24, 39, 41
Nierenberg, G. I. 196

O

Oldendorff, A. 23, 149, 184, 185
Ossig, H. 10
Opgenoorth, W. 281

P

Partin, J. J. 89, 251, 259
Pauls, W. 66
Perls, F. S. 202, 347
Petzold, H. 67
Pieper, R. 62
Porter, L. W. 90 f., 106, 109, 341 f.

Q

Quiske, F. H. 298

R

Radke, M. 57
Randolph, A. 308
Rehn, G. 68, 74
Reddin, W. 388 f.
Rieckmann, H. 433
Rogers, C. R. 171, 202, 215
Roland, K. M. 104
Rosenstiel, L. von 99, 281, 343, 346, 388
Rosenthal, P. 383
Rüttinger, B. 231
Runge, Th. E. 174, 178, 203, 206, 259, 349
Rush, H. M. F. 96, 102, 104, 116, 117, 434, 438

S

Samson, H. 391
Saul, S. 176

Schein, E. H.   49, 109, 149, 362
Schiavo, R. S.   58
Schlicksupp, H.   220, 223 ff.
Schmidt, R.   436
Schnotz, W.   203
Schrader, E.   174, 178, 203, 206, 259, 349
Schreiner, N.   429 f.
Schröder, W.   161, 176, 253, 281, 354
Schuck, M.   72, 182, 341
Schulz von Thun, F.   173, 202 f., 301 f.
Setull, A.   391
Shepard, H. A.   49, 65, 399, 403, 418
Sherman, H.   28
Sievers, B.   58, 62 ff., 74, 77, 93, 343, 380
Silberer, G.   181
Skirl, S. J.   298
Sloma, R. L.   376
Spiess, G.   298
Steiner, G. A.   275
Stiefel, R. Th.   176, 254 f., 342

T

Tausch, R.   203
Taylor, B.   280
Tergan, S. O.   203
Theis, W.   162
Tregoe, B. B.   179, 218
Trebesch, K.   58, 63, 74, 76, 81 f., 93, 250, 341 f., 419
Trist, E. L.   71, 73
Turoff, M.   291

U

Ulrich, P.   56, 90, 93

V

Vansina, L.   432
Varney, G. H.   35, 131, 281, 365, 434, 437

W

Walter, I.   234
Walton, R. E.   360 f.
Wampler, K. F.   438
Watson, G.   419
Watzlawick, P.   161, 202
Weber, M.   181
Weick, K. E.   388
Weil, R.   131, 351, 376
Weinert, A.   57, 281, 438
Wegener, C.   231
Wiesmann, M.   287, 391
Wittmann, W.   356
Wolk, van de, E.   184
Wrobel, J.   429, 430
Wunderer, R.   89, 280

Z

Zander, E.   437
Zelikoff, S. B.   29

Sachregister

A

Ablaufphasen eines Aktions-
   forschungsprozesses 63
Abstimmungsdreieck 175
Aktionsforschung 50, 60 ff.
Aktives Zuhören 208 ff., 237 ff.
Anforderungsprofil 257
Angst 268
   Selbstoffenbarungs- 204
Anstöße zur OE 249 ff.
Antriebskräfte 97 ff.
Appell 203
Arbeitsstrukturierung 354
Arbeitszufriedenheit (Betriebsklima)
   322 ff., (Mitarbeiterbefragung)
   310 ff.
Assessment-Center 349
Auftauen 97, 342
Auswertung betrieblicher Vorgänge
   271 ff.
Auswertung von Fragebögen (s. Frage-
   bögen) 279

B

Bedingungen für OE-Erfolg
   (s. OE-Erfolg) 419 ff.
Befragung 274 ff.
Beobachtung 270 f.
Berater 257 ff.
   Anforderungen an Berater 257 ff.
   Rolle des Beraters 260 ff.
Beteiligung der Betroffenen 150 f.,
   185, 269 f.
Betriebliches Bildungswesen 252 ff.
Betriebsklima 322 ff.
Betroffene als Datenquelle 150, 269 f.
Betroffenenorientierung 150 ff., 269 f.
Beurteilungssysteme 290, 349
Bewußtsein schaffen für Verände-
   rungen 17
Beziehung(saspekt) 203 f.
Bildgestaltung 221 f.

Blinder Fleck 198 f.
Brainstorming 223 ff.
Briefings 267

C

change-agent (CA, s. Berater) 259
Checklisten
   für den Besuch eines gruppendyna-
      mischen Trainings 163 ff.
   für die Merkmale einer „gesunden"
      und einer „kranken" Organisation
      131 ff.
   für ein Veränderungsprojekt 394 ff.
   und Modelle 292
   zum Vier-Phasen-Modell des
      Problemlöseprozesses 220, 222,
      226 f., 228
   zur Organisationsdiagnose 131 ff.
   zur Prozeßanalyse 297
   zur Umwelt-Faktoren-Analyse 19 f.
Critical incident-Methode 271

D

Datenfeedback (s. Survey-Feedback-
   Methode) 49, 57 ff., 384 f.
Datenrückkopplung 125
Daten-Rückkopplungs-Methode
   57 ff., 384 f.
Datensammlung 118
Delegationskontinuum 150 ff.
Delphi-Befragung 291
Denken in Netzen (s. Systemdenken)
   33, 121 f., 182
Denken in Prozessen 179 f.
Diagnose-Berichte 291
Diagnostische Maßnahmen 268 ff.
Diagnostische Sitzungen 282
Dokumentationsanalyse 273 f.
Drei-D-Modell 388 f.
Dritter, neutraler 359 ff., 379
Durchsetzungswiderstände 152

E

Einfrieren 97, 342
Einzelberatung 350
Eisberg, organisatorischer 20 f.
Empirisch-rationale Strategien 69
Encounter 347
Entschlußbildung 227 f.
Entwicklung von Führungsleitlinien 185 ff.
Entwicklungsphasen einer Organisation 39 ff.
Erfahrungslernen 155 ff.
Erfolgskontrolle 126
Erfolgsmessung 307 f.
Externer Berater 264

F

Fallbeispiele
 Entwicklung von Führungsleitlinien 185 ff.
 Keil-Strategie 129 f.
 Leistungsabfall 137 ff.
 Von Theorie X zu Theorie Y 184 f.
family-group 59
Faustregeln für Veränderer 399
Feedback 205 f.
 individuelles 348 f.
Fishbowl 378
Fortbildung 80
Fragebögen
 Auswertung von 279, 298
 fertige 280 ff.
 für Mitarbeiterbefragungen 310 ff.
 für Stimmungsbarometer (Fragen-Pool) 332 ff.
 selbst erstellte 276
 zum Informationswesen 309
 zur Auswertung von Abteilungsbesprechungen 300
 zur Erfassung des Betriebsklimas 322 ff.
 zur Prozeßanalyse 298
Fremdbild 196 f.
 Selbstbild/Fremdbild-Beschreibung 375 f.
Führungsklima 278
Führungsleitlinien, Entwicklung von 185 ff.

Führungsstil 56, 387, 389
Führungsverhalten 387
Fusionsprozeß 24

G

Geschichte der OE 45 ff.
Gestalt-Therapie 347
„gesunde" Organisation 131 ff.
Gewerkschaft und OE 429 ff.
GRID-System-Programm 56, 386 ff.
Gruppenbildung 219 f.
Gruppendynamik 51, 155, 161 ff., 346 ff., 375
Gruppenleistung 366 f.

H

Hearings 283 f.
Hemmkräfte 97 f.
„Heute-Gestern"-Übung 18
Hindernisse für OE-Erfolg 426 ff.
Humanistische Psychologie 149
Hypothesen für die OE (s. OE) 183

I

Individuelles Feedback 348
Institutionsberatung 380
Instrumentelles Laboratorium 54
Inter-group-building 377 ff.
Interner Berater 264
Interventionen 339 ff.
 auf der individuellen Ebene 346 ff.
 auf der Intergruppenebene 375 ff.
 auf der interpersonellen Ebene 346 ff.
 auf der Organisationsebene 383 ff.
 auf der Teamebene 356 ff.
Interventionsstrategie
Inventar der Fertigkeiten 291

J

Job-rotation 354
JOHARI-Fenster 197 ff.

K

Karriereplanung 351
Keilstrategie 112, 129 f.
Kleingruppen 156
Kommunikation
  Einweg/Zweiweg- 205
Kommunikationsmodell (Vier „Seiten"
  einer Nachricht) 201 ff.
Konflikt
  -lösemodell 231 ff.
  -lösung 231 ff.
  -regler 235 f.
  -Rollenspiele 237 ff.
  -signale 231
  -verlauf 232
Konfrontationssitzung 360, 381 f.
Kontaktphase 102
Kontrakt 102, 140, 361 f., 378
  mit sich selbst 354 f.
Konzernspiel 406 ff.
Kooperation 63 f., 151 f.
Kooperationsbereitschaft 152
Kooperationsfähigkeit 152
Kooperationsklima 287
Kraftfeldanalyse 284 ff.
„kranke" Organisation 131 ff.
Kreativität 39
Kundentreffen 284

L

Laboratoriumsmethode 49, 51 ff., 53
Lebensgestaltung 351
Leitfaden für ein Veränderungsprojekt 394 ff.
Leitlinien zur Mitarbeiterführung 188 f.
Lernen
  ein Lernmodell (Drei „Straßen" des Lernens) 171 f.
  Erfahrungslernen 155 ff.
  Lernstatt 390 f.
  normatives Lernmodell 65
life-items 271 f.
Lösungsfindung 223

M

Macht 26
Macht- und Zwangsstrategien 70 f.
management by objectives (MBO) 389 f.
managerial Grid 386
Maßnahmen (s. Interventionen) 339 ff.
  diagnostische 268 ff.
  -durchführung 126
  -planung 125
Maulkorbsitzung 383
Menschenbild 26, 149
Mensch-gerechte Organisation 22 ff.
Metakommunikation 302
Mitarbeiter-Orientierung 150 ff.
Modelle
  Delegationskontinuum 150 ff.
  Die Organisation als System von Systemen 119, 122
  Kommunikationsmodell (Vier „Seiten" einer Nachricht) 201 ff.
  Konfliktlösemodell 231 ff.
  Lernmodell (Drei „Straßen" des Lernens) 171 f.
  NPI-Modell (Polaritätsmodell des NPI) 99 f.
  Phasenmodell eines Veränderungsprozesses 116 f.
  Phasenmodell für den Beratungsprozeß 101
  Problemlösemodell 217 ff.
  Strategie-Modelle 109 ff.
  Systematik des OE-Prozesses 116 ff.
  Verhaltensmodell 167 ff.
  Wahrnehmungsmodelle 196 ff.
move 97

N

Neutraler-Dritter-Intervention 359 ff.
Normativ-reedukative Strategien 69 f.
NPI (Nederlands Paedagogisch Institut) 99
NPI-Modell 99 f.

O

OE (Organisationsentwicklung)
  als Prozeß 96 f., 180
  als systematischer Prozeß 116 ff.
  Anlässe/Anstöße 249 f.
  Definitionen 93 ff.
  Geschichte 45 ff.
  Haltung der Gewerkschaften 429 ff.
  Hypothesen 183
  in Deutschland 74 ff.
  in Europa 81 ff.
  Kriterien 94 f.
  personaler Ansatz 343 f.
  Philosophie 143 ff.
  Professionalisierung 78
  Quellen 49 ff.
  strukturaler Ansatz 343 f.
  Ziele 89 ff.
  Zukunft 434 ff.
OE-Berater 257 ff.
OE-Erfolg 417 ff.
  Bedingungen/Postulate 419 ff.
  Hindernisse 426 ff.
OE-Maßnahmen (s. Interventionen) 339 ff.
Offenes Selbst 198 f.
Offenes System 72, 96, 182
off-the-job-Training 165
on-the-job-Training 165
Organisation als System von Systemen 118 ff.
Organisationsdiagnose 118 ff., 123 f.
Organisations-Eisberg (organizational iceberg) 19 ff.
Organisationsentwickler (s. Berater) 257 ff.
Organisationskultur 103 ff.
Organisationsplanung 145
Organisationspsychologie 145
Organisationsspiegel 376 f.

P

Paraphrasieren 208 ff.
Partizipation 150 f.
Passives Zuhören (s. Zuhören) 208
Personalisierungsprozeß 24

Persönliche Entwicklungsprogramme 350
Phasenmodelle
  für das Wachstum einer Organisation 39
  für den Aktionsforschungsprozeß 63
  für den Beratungsprozeß 101
  für den OE-Prozeß 116 f., 180
  für Problemlösung 217 ff.
  für Veränderungsprozesse 97, 117
Philosophie der OE 143 ff.
„Pressespiegel" (s. Übungen) 18
Problemerkennung 116 ff.
Problemkataloge erstellen 283
Problemlösemodell 217 ff.
Problemlöse-Workshops 156 f., 363 f.
Problemlösung durch Verhaltenstraining 165 ff.
Problemträger 269
Projektive Verfahren 288 ff.
Prozesse 97, 293
  über der Oberfläche 294 f.
  unter der Oberfläche 295
Prozeß
  Betonung des Prozeßdenkens 179
  Betrieb als Prozeß 22 ff.
  OE als Prozeß 116 ff.
  OE als Veränderungsprozeß 96 ff.
Prozeßanalyse 292 ff.
Prozeßberater 102
Prozeßberatung 362 f.

Q

Qualitätszirkel 392 f.
Quellen der Organisationsentwicklung 49 ff.
QUEST 32

R

Reaktanz 181
refreezing 97
Rolle des Beraters 257 ff.
Rollenflexibilität 262
Rollenklärung 102, 356 ff.

Rollenspiele zum aktiven Zuhören 237 ff.
Rollenverhandeln 358 ff.
Rückkopplung (s. Survey-Feedback) 57 ff., 384 f.

S

Sachinhalt 203
Selbst, offenes 198 f.
Selbstbeobachtung 291
Selbstbild 196 f.
   Selbstbild/Fremdbild-Beschreibung 375 f.
Selbsterfahrung 156 f., 292, 375 f.
Selbstkontrakte 354 f.
Selbstoffenbarung 204
senior-boards 283
sensing-meetings 282
sensitivity-training 53 ff., 348
Simulierte Vorfälle 273
Situationsfaktoren 167 f.
Sozialbilanz 159, 288
Sozialisierungsprozeß 24
Stabilisierung 99
„Stille Post" 305 f.
Stimmungsbarometer 303 ff.
   Fragenpool für 332 ff.
stranger-groups 53
Strategie-Modelle (s. Strategien) 109 ff.
Strategien
   Basis-upwards-Strategie 110 f.
   bi-polare Strategie 111 f.
   empirisch-rationale Strategie 69
   Keilstrategie 112
   Macht- und Zwangsstrategien 70 f.
   Multiple Nucleus-Strategie 113
   normativ-reedukative Strategien 69 f.
   Top-down-Strategie 109 f.
Strukturierte Übungen 273
Subsysteme 119 ff.
Survey-Feedback-Methode 57 ff., 384 f.
System
   administratives 121
   betriebliches 120

   externes 121
   internes 121
   offenes 72, 96
   soziales 120
Systematik des OE-Prozesses 116 ff.
Systemdenken 33, 121 f., 182
Szenarien 32
Szenario-Technik 287 f.

T

Tavistock-Ansatz 69 ff.
Team 356
Teamarbeit 365 ff.
Teamentwicklung (TE) 55 f., 365 ff.
TE-Workshops 373 f.
Teamleistung 366 f.
Teamleiter 370 f.
T-Gruppe 51 ff., 348
Themenzentrierte Interaktion (TZI) 347
Theorie der sozio-technischen Systeme 72
Theorie X/Y 149
   „Von Theorie X zu Theorie Y" (s. Fallbeispiele) 184 f.
Top-down-Strategie (s. Strategien) 109 f.
Training
   gruppendynamisches 162 ff., 346 ff.
   off-the-job 165, 175
   on-the-job 165, 175
   sozialer Fertigkeiten 356
   Verhaltens- 160 ff., 172 ff., 177
Transaktionsanalyse (TA) 347
Transfer 175 ff.

U

Übungen
   „Heute-Gestern" 18
   Konzernspiel 406 ff.
   „Pressespiegel" 18
   strukturierte Übungen 273
   „Utopie 2000" 27 f.
Umbruch der Werte 36 f.

Umfeld-Faktoren-Analyse (s. Checklisten) 19 f.
„Unbekanntes" (Unbewußtes) 198 f.
unfreezing 97
U-Prozedur 286 f.
USW (Universitätsseminar der Wirtschaft) 265
„Utopie 2000" (s. Übungen) 27 f.

V

Verändern 97, 342
Veränderung (s. Wandel) 16 ff., 96
   Bewußtsein schaffen für 17
   Faustregeln für Veränderer 399 ff.
   Leitfaden für ein Veränderungsprojekt 394 ff.
   Typen von Veränderungen 107
   von Verhalten 127 f.
Veränderungsbereitschaft 90 f.
Veränderungsfelder 25, 29, 30 ff.
Veränderungsprognosen 34 ff.
Veränderungsprozeß 97 f.
Veränderungssignale 25 ff., 38
Veränderungsstrategien 69 f.
Veränderungstrends 31 ff.
Veränderungsziele 107
Verbalisieren 213 ff.
„Verbergen" (Vermeiden, Verstecken) 198 f.
Verhaltensgitter 386 f.
Verhaltensmodell 167
Verhaltenstraining 160 ff., 172 ff.
   Merkmale eines guten V. 177
Verhältnisse schaffen Verhalten 127, 155
Verzerrungswinkel 206 f.
Vier-Phasen-Modell des Problemlöseprozesses 217 ff.
Vier „Seiten" einer Nachricht 202 ff.
Vorbereitung auf die Pensionierung 353
Vorgesetzter
   bei Problemlöse-Workshops 364
   bei Team-Entwicklungs-Programmen 370 ff.

W

Wachstum einer Organisation 39 ff.
Wahrnehmungsmodelle 196 ff.
Wandel (s. Veränderung) 16 ff., 96
Weiterbildung 38, 253 ff.
Weiterbildungsthemen 170
Werte 36 f., 106
Wertvorstellungen 26
Workshopstafette 186, 364

X

X-Theorie 149

Y

Y-Theorie 149

Z

Ziele der OE 89 ff.
Zuhören
   aktives 208 ff.
   passives 208
   Rollenspiele 237 ff.
Zuhörtechniken 208 ff.
Zukunft der OE 434 ff.

Handbuch der Weiterbildung
für die Praxis in Wirtschaft und Verwaltung

Band 1
Mitarbeiter auswählen und fördern
Assessment-Center-Verfahren
Von Dr. rer. pol. Wolfgang Jeserich

Band 2
Der Weiterbildungsbedarf im Unternehmen
Methoden der Ermittlung
Von Dipl.-Kaufm. Reinhard Leiter u. a.

Band 3
Aufgaben und Organisation der betrieblichen Weiterbildung
Von Dr. Ing. Herbert Hölterhoff
und Dr. rer. pol. Manfred Becker

Band 4
Training als Beitrag zur Organisationsentwicklung
Von Professor Dipl.-Psych. Gerhard Comelli

Band 5
Der Trainer in der Erwachsenenbildung
Rolle, Aufgaben, Verhalten
Von Dr. sc. pol. Einhard Schrader, Dipl.-Soziologe Arnulf Gottschall
und Dr. phil. Dipl.-Psych. Thomas E. Runge

Band 6
Weiterbildungserfolg
Modelle und Beispiele systematischer Erfolgssteuerung
Von Professor Dr. rer. pol. Rolf Bronner unter Mitarbeit von
Dipl.-Kfm. Wolfgang Schröder

Band 7
Grundlagen und neue Ansätze in der Weiterbildung
Von Professor Dr. rer. pol. Franz Decker

Band 8
Top-Aufgabe
Die Entwicklung von Organisationen und menschlichen Ressourcen
mit Literaturhinweisen
Dr. rer. pol. Wolfgang Jeserich

Carl Hanser Verlag München Wien